Magistrados e Feiticeiros na França do Século XVII

Coleção Debates
Dirigida por J. Guinsburg

Equipe de realização — Tradução: Nicolau Sevcenko e J. Guinsburg;
Revisão de provas e Produção: Plínio Martins Filho.

robert mandrou
MAGISTRADOS E FEITICEIROS NA FRANÇA DO SÉCULO XVII

Uma Análise de Psicologia Histórica

EDITORA PERSPECTIVA

Título do original
Magistrats et sorciers en France au XVII.ᵉ Siècle

Copyright c Librairie Plon, 1968.

Direitos em língua portuguesa reservados à
EDITORA PERSPECTIVA S.A.
Av. Brigadeiro Luís Antônio, 3025
01401 - São Paulo - Brasil
Telefone: 288-8388
1979

Aos meus pais

SUMÁRIO

Prólogo 11
Introdução: O problema, as fontes 15

Primeira Parte: A HERANÇA MEDIEVAL: AS EPIDEMIAS DO FIM DO SÉCULO XVI E AS PRIMEIRAS DÚVIDAS

1. A Mentalidade Tradicional 63
   1. Os Elementos da Crença 64
      a) Definições Comuns 64
      b) A autoridade da Igreja 73
      c) A autoridade da jurisprudência 76
   2. O Processo Infalível 78
      a) Denúncias e testemunhos: os terrores camponeses 79
      b) Interrogatórios dos acusados: a marca e a tortura 82
      c) Deduções Tautológicas: os magistrados ... 86
   3. A Sentença 89
      a) A confissão e a condenação 89
      b) O confisco dos bens: miséria e feitiçaria .. 93
      c) Fogueira e hereditariedade 94

7

2. Especialistas e Perseguições: A Onda de Processos no Fim do Século XVI 101
   1. A Polêmica e a Onda 102
      a) Feitiçaria e heresia antes de 1580 103
      b) Jean Bodin refuta Jean Wier 106
      c) A onda de perseguições após 1580 111
   2. Os Teóricos das Perseguições 114
      a) Os homens da justiça 115
      b) Os teólogos 118
      c) Os temas maiores 121
3. Primeiras Contestações 127
   1. Alguns Combates Duvidosos 128
      a) Hesitações de juízes 129
      b) Protestos de médicos 131
   2. Marthe Brossier, pretensa demoníaca 135
      a) As tribulações de uma demoníaca 136
      b) Os partidários da possessão 139
      c) Os adversários da possessão 143
   3. Os Parlamentos e as Perseguições no começo do século 148
      a) O Parlamento de Paris 149
      b) O Parlamento de Bordeaux 153

Segunda Parte: A CRISE DO SATANISMO: OS PROCESSOS ESCANDALOSOS

4. Os Três Grandes Casos: Aix, Loudun, Louviers .. 163
   1. Apresentações: Três Relatos Concisos 164
      a) Aix e seus prolongamentos 164
      b) Loudun: Joana dos Anjos e Urbain Grandier 173
      c) Louviers: Madeleine Bavent 180
   2. Os Elementos do Escândalo 186
      a) O padre-feiticeiro 186
      b) Os Conventos entregues ao demônio 192
      c) As rivalidades dos clérigos 198
   3. Contágios Menores 201
      a) Elisabeth de Ranfaing 202
      b) As possessas de Chinon 206
      c) Alguns outros casos 210

5. Os Debates Públicos Sobre esses Escândalos 215
   1. Polêmicas de Loudun 216
      a) A intervenção política 217
      b) Os confrontos dos teólogos 220
      c) Os dois grupos de médicos 226
   2. Polêmicas de Louviers 232
      a) A argumentação médica de P. Yvelin 233
      b) Os defensores da possessão normanda ... 238
   3. O Debate Geral 241
      a) Tratados, consultas, libelos 242
      b) As três soluções 248

6. O Parlamento de Paris Toma Posição Definitivamente 255
   1. A Informação dos Parlamentos Parisienses ... 257
      a) Parlamentares e teólogos 258
      b) Parlamentares e médicos 265
      c) Parlamentares e eruditos libertinos 270
   2. A Nova Jurisprudência Parisiense 278
      a) O apelo automático 280
      b) A atenuação das penas 283
      c) As sanções contra os juízes subalternos .. 288

Terceira Parte: O REFLUXO APÓS 1640: O ABANDONO DO CRIME DE FEITIÇARIA

7. Incertezas e Confusões Fora de Paris, 1640-1662   301
   1. Prosperidade da Mentalidade Tradicional 302
      a) As epidemias do Norte 303
      b) As epidemias Meridionais 308
   2. As Hesitações dos Parlamentos Provinciais .. 313
      a) A aceitação do exemplo parisiense 314
      b) As resistências 324
   3. A Possessão d'Auxonne 329
      a) A acusação de Barbe Buvée 330
      b) O processo de Dijon (7 de dezembro de 1660 a 4 de agosto de 1662) 333
      c) As intervenções reais: o conflito intendente-parlamento 337

8. As Intervenções do Governo Real 1670-1682 345
   1. Últimas Hesitações 346
      a) Os novos tratados 347
      b) Os silêncios da ordenança criminal de agosto de 1670 354
      c) As novas epidemias 356
   2. As Intervenções reais dos anos 1670-1672 360
      a) Claude Pellot, Colbert e os feiticeiros de Carentan 360
      b) A resistência do Parlamento de Rouen 365
      c) As intervenções em Pau e Bordeaux 372
   3. A Ordenança Geral de 1682 378
      a) Colbert e o caso dos venenos 379
      b) Epidemias e possessões em Toulouse (1680-82) 383
      c) O Edito de julho de 1682 388
9. Os Feiticeiros Tornados Falsos 395
   1. As Acusações Menores: delitos de palavras .. 399
      a) Injúrias e difamações 400
      b) Blasfêmias e palavras sacrílegas 403
   2. Os Pastores Envenenadores 405
      a) Os pastores da Brie e o Parlamento de Paris 405
      b) Os pastores normandos e o Parlamento de Rouen 411
   3. Charlatães e Simuladores 416
      a) Falsos feiticeiros escroques 416
      b) Falsas feiticeiras adivinhas 420
      c) Pretensas possessas e religião mal compreendida 425

CONCLUSÕES 437
   1. A administração da justiça 439
   2. Caminhos de uma tomada de consciência 444
   3. Nova jurisprudência, nova estrutura mental .. 450

PRÓLOGO

A feitiçaria é um tema inesgotável cuja "literatura" impressa não foi jamais totalmente arrolada e cuja bibliografia crítica não poderia caber em três grossos volumes **in-quarto;** cujas fontes manuscritas estão espalhadas através da França inteira, e não poderiam ser esgotadas de forma exaustiva durante uma vida de pesquisador. Estudar simplesmente o fim dos processos de feitiçaria nos Parlamentos franceses do século XVII é ainda uma empresa de fôlego muito longo, que foi preciso constrangidamente encerrar ao termo de um período bastante extenso de pesquisas entrecortadas de tarefas mais urgentes: é o destino comum do "historiador artesanal".

Entretanto, essa investigação apresenta também um caráter insólito; não somente em si mesma, já que os processos de feitiçaria não suscitaram jamais, até aqui, apenas trabalhos de ambição limitada: monografias sobre a Lorena ou o Franco-Condado, teses de História de Direito, cuja audiência é sempre muito restrita. Mas também porque essa exploração através da vida judiciária do século XVII é uma pesquisa de psicologia coletiva, essa disciplina ainda mal definida e mal reconhecida no interior da vasta mansão dos historiadores. Por várias vezes, hipóteses foram seguidas durante semanas e meses, depois abando-

11

nadas por falta de documentação adequada; inversamente alguns julgamentos e comentários colocaram problemas de interpretação imprevistos: desacordos inevitáveis em tais domínios. Na esteira de alguns outros que traçaram o caminho, este livro pretende trazer uma nova contribuição, marcar uma nova etapa no desenvolvimento dos estudos de mentalidades coletivas e, por isso mesmo, na renovação dos métodos e dos objetivos da ciência histórica, que está em curso já há meio século.

Ao fim de uma busca que durou uma quinzena de anos, longa é a lista de personalidades e instituições graças às quais nos foi dado economizar muito tempo e cujas numerosas sugestões facilitaram e enriqueceram a pesquisa. Em 1957, consultamos por escrito todos os diretores dos Arquivos Departamentais para tentar um recenseamento global dos procedimentos primários não inventariados: poucos dentre eles não nos responderam; a maior parte nos ajudou eficazmente, e com alguns mantivemos uma correspondência constante que se prolongou durante vários anos; mais de uma vintena de depósitos de documentos, mais ou menos longamente visitados, nos reservaram sempre uma acolhida compreensiva, para não dizer amigável, como foi o caso em Rouen, em Aix-en-Provence e em Besançon por exemplo. À sombra desses depósitos, a curiosidade sempre desperta dos eruditos locais foi preciosa: é o caso do Sr. Albert Colombet em Dijon, o Sr. Dubuc em Rouen. Em Paris, entre 1953 e 1967, os Arquivos Nacionais e os manuscritos da Biblioteca Nacional foram a cada ano e durante meses solicitados com perseverança, sem que jamais se cansasse a paciência dos conservadores e do pessoal. Ainda é necessário acrescentar a essa boa vontade geral a ajuda preciosa que representa sempre uma conversa sobre a composição de um acervo, sobre as lacunas de um catálogo, os recursos de uma série pouco freqüentada, intitulada Mélanges, etc.... Muitos outros depósitos, no Arsenal, em Sainte-Geneviève, na biblioteca do Institut, nos Archives de l'Assistance Publique, solicitados de forma mais ocasional, nos ofereceram a mesma benevolente hospitalidade.

Numerosos colegas e pesquisadores praticaram para comigo essa solidariedade atenta que consiste em assinalar uma referência não catalogada, um artigo escondido em uma obscura revista regional: Paul Leulliot em primeiro lugar, incansável leitor de toda produção histórica francesa, mas também M. Perrichet, F. Billacois, J.-M. Flandrin, J. P. Peter e R. Stauffenegger (que me informou em 1964 sobre a chegada de um acervo novo aos Arquivos Departamentais do Doubs). Em Toulouse, um jovem pesquisador, Yves Castan, realizou para mim algumas sondagens nos enormes arquivos classificados do Parlamento. Em Paris, o

Sr. René Pintard houve por bem me comunicar suas notas sobre os libertinos e a feitiçaria que não tinham encontrado lugar em sua tese admirável. A todos vai o meu reconhecimento.

A erudição francesa contava, quando iniciei essas pesquisas, com dois demonólogos de renome: Francis Bavoux, arquivista em Besançon, especialista em Boguet e nas epidemias do Franco-Condado e do Vosges (Quingey e Luxeuil); Etienne Delcambre, Diretor dos Arquivos de Nancy, que estudou a feitiçaria lorena, e principalmente o caso célebre de Elisabeth Ranfaing. Encontrei junto a um e a outro, até à sua morte, conselho, apoio, trocas de informações da forma a mais constante: muitas referências serão feitas mais adiante a esses casos de feitiçaria nas margens do reino; elas lhes devem muito.

Seria necessário ainda citar aqui dez a vinte encontros, na França e no estrangeiro, de pesquisadores e de colegas que se interessam por esse tema de pesquisa, propondo questões, explicações e hipóteses: eles todos, à sua maneira, apoiaram o meu esforço, Armando Saitta, B. Lesnodorski, W. Kula, F. Lütge, W. Zorn, J. Honoré, B. Grochulska, J. Macek, A. Lublinskaia, L. Rothkrug, J. P. Aron, Ch. Carrière, J. da Silva, L. Dermigny, P. Goubert, R. Barthes, E. Maschke, J. F. Bergier, etc. Dentre eles, destaco um lugar particular para Georges Duby que, durante doze anos, me encorajou com uma discreta e eficaz solicitude nos momentos difíceis.

Essa pesquisa foi empreendida, e são quinze anos, na trilha do pensamento inovador de Lucien Febvre, no prolongamento de seus trabalhos sobre o problema da incredulidade no século XVI, e da aparelhagem mental de uma época; alimentado pelo pensamento inteligente e irradiante dos **Annales** da primeira versão, encontro-me instalado plenamente nessa problemática apaixonante que visa a reconstituir os horizontes mentais específicos das épocas e dos grupos sociais. Além do mais, até setembro de 1956, Lucien Febvre concedeu uma vigilante atenção às primeiras investigações da pesquisa. Desde que chegou a Paris, em 1958, Alphonse Dupront aceitou sem hesitar o acompanhamento iantelectual do empreendimento; ele foi durante dez anos o orientador de tese mais benevolente, mais amigável que se possa imaginar. É a esses dois mestres no pleno sentido da palavra, igualmente associados a esse empreendimento, que vai a minha mais profunda e inalterável gratidão.

INTRODUÇÃO

O Problema, as Fontes

Este trabalho resulta inteiramente de uma reflexão sobre um dos artigos mais sugestivos que escreveu Lucien Febvre no crepúsculo de sua vida, "Feitiçaria, tolice ou revolução mental?"[1], a propósito de um estudo de Francis Bavoux sobre a feitiçaria na região de Quingey, no coração desse Condado que lhe foi tão caro. Como e por que os juízes, que, durante séculos, aceitaram a feitiçaria e condenaram milhares de infelizes à fogueira, decidiram, no século XVII, renunciar e cessar de perseguir aqueles que passavam por vendidos ao Diabo? É a questão à qual Michelet, a quem **La socrière** inspirou todavia algumas de suas mais belas páginas, praticamente se esquivou, sem dúvida porque uma resposta bastante simples já estava dada desde há muito tempo e tinha livre curso: aquela mesma que Voltaire formula com altivez no seu **Dictionnaire philosophique,** ao tempo em que as fogueiras não haviam se extinguido ainda nas regiões vizinhas:

> Já se disse que mais de cem mil pretensas feiticeiras foram condenadas à morte na Europa. Somente a filosofia curou finalmente

---

1. «Sorcellerie, sottise ou revolution mentale?» In: *Annales E.S.C.*, 1948, p. 9 a 15.

os homens dessa abominável quimera e ensinou aos juízes que não se deve queimar os imbecis[2].

Somente a filosofia, ou dito de outra forma, na nossa linguagem do século XX, o progresso das luzes. O que não explica nada na realidade, a menos que se admita que uma graça cartesiana tocou a França judiciária na metade do século XVII e provocou uma conversão geral em alguns decênios, ao termo da qual os feiticeiros e feiticeiras foram confiados aos médicos e não mais aos carrascos.

Tal é, com efeito, o problema: no início do século XVII, as perseguições à feitiçaria gozam ainda de seus belos dias junto ao aparelho judiciário laico (a justiça da Igreja, a provisória, renunciou, na França, muito rápido, ao que parece, à perseguição dos feiticeiros); essa enorme instituição, povoada de pessoas instruídas tanto quanto é possível, persegue sem hesitações (salvo algumas exceções) os partidários de Satã, os cúmplices de uma perversão terrificante que põe em risco a salvação dos homens... No fim do século, os Parlamentos renunciaram todos a esse gênero de acusação, e só tomam conhecimento dos casos, passíveis de enforcamento que lembram de longe as hecatombes de outrora, dos pastores envenenadores, dos escroques que abusam da credulidade pública e das falsas devotas. Como uma jurisprudência solidamente assentada em séculos de prática contínua encontra-se como se vê assim posta em causa, discutida e finalmente abandonada em alguns decênios, a questão merece ser colocada; pois não se trata de um problema relativamente menor como a deserdação dos bastardos ou a punição dos parricidas sobre as quais a doutrina judiciária incessantemente hesitou e se esquivou: é todo o universo mental dos juízes (e dos acusados) que está em questão, já que os crimes cotidianos de Satã e dos seus cúmplices atestam a presença diabólica no mundo e os perigos a que ela expõe todos os homens; através desses processos, é toda a sua concepção dos poderes sobre a natureza e sobre os outros homens exercidos pelo homem, por Deus e por Satã, que está implicada e que se vê finalmente contestada. Para além da máquina judiciária, é ainda a concepção da exclusão social, a mais radical, que é reposta em questão. Em uma palavra, o abandono das perseguições por crime de feitiçaria no século XVII representa o deslocamento de uma estrutura mental que fez parte integrante dessa visão de mundo durante séculos: ao preço de um vasto e complexo debate desconhecido (ou em todo caso muito mal conhecido) que durou quase tanto quanto o século.

O presente trabalho não pretende dar conta, em sua totalidade, de uma tal mutação: as flutuações da opinião comum, a cujo respeito a documentação é quase inexis-

---

2. Voltaire, *Dictionnaire philosophique*, art. Bouc.

tente, seriam as mais apaixonantes para se reconstituir, seguindo as hipóteses tão sedutoras de Michelet, para quem a feitiçaria benigna exerce na aldeia medieval uma função compensatória que regride após as transformações judiciárias do século XVIi. Foi necessário deixar de lado as sobrevivências e mutações das crenças populares e ater-se ao debate em si mesmo, tal como ele se instituiu ao nível das jurisdições superiores, ou seja, os Parlamentos, em Paris, e nas províncias, perante as quais os processos primários chegavam em recurso e eram objeto de exames atentos, comportando a transferência dos condenados, o estudo do dossiê, a audição dos apelantes...
Entretanto, homens de lazeres generosos, pertencentes à elite intelectual do tempo, participando freqüentemente de trabalhos científicos e ligados aos espíritos mais vigorosos dentre seus contemporâneos (não são eles legião dentre os correspondentes de Peiresc e Mersenne?), os parlamentares constituem certamente o grupo social homogêneo que era não apenas o mais diretamente interessado em regulamentar esta contestação, mas o mais apto a discuti-la e a resolvê-la, juntamente com os teólogos e os médicos, que foram seus parceiros habituais nas discussões mais apaixonadas. Enfim, decidindo por meio da "pluralidade" dos votos em suas sentenças, esses togados que povoam os Parlamentos oferecem por isso mesmo a vantagem de proporcionar ao historiador a expressão coletiva de suas convicções conforme as regras, bem conhecidas, que permite apreciar o mais claramente possível as suas tomadas de posição: uma maioria qualificada é sempre requerida para pronunciar matéria criminal como a ordenança criminal de 1670 o recordou (título 25, art. 12) em termos muito explícitos:

os julgamentos... resignar-se-ão à opinião mais doce se a mais severa não contar com mais de um voto nos processos que forem julgados na condição de apelo, e de dois naqueles que forem julgados em última instância[3].

Esse costume, solidamente estabelecido, é uma garantia preciosa para a boa interpretação dos movimentos de opinião que os processos ou as correspondências não revelam sempre com clareza.

Pois, sobre essa questão, que recende a enxofre, as línguas e as penas não se soltam facilmente: sem dúvida, toda uma literatura polêmica floresceu nos anos 30 a propósito dos grandes processos da época, Loudum e Louviers. Mas as confidências, as dúvidas dos próprios juízes, que se exprimiam a propósito de um caso mais difícil, de

3. Um texto do Parlamento de Dijon o recorda claramente em 1736 ainda: «é certo (ao contrário) que em matéria criminal não há jamais divisão e que deve resignar sempre à opinião mais doce e mais favorável ao acusado, quando haja igualdade de votos e mesmo quando haja um a menos a seu favor, se a opinião mais rigorosa não dispõe de dois votos». A. N., U, 1073.

um interrogatório cheio de contradições, de uma personalidade particularmente ambígua, são mais raras. Em sua vida profissional cotidiana, os parlamentares se guardam com prudência de tomar posição individualmente, quando a dúvida começou a penetrar seus espíritos. Essa prudência elementar constitui uma desvantagem certa e acentua as desigualdades da documentação: apesar do costume, geralmente respeitado, de queimar as peças do processo juntamente com a feiticeira, os autos de primeira instância não faltam; os dos apelos são raros e, na maioria das vezes, somente a minuta da sentença dá testemunho da opinião final dos juízes, bem mais que de suas motivações.

Em seu âmago essa pesquisa trata da regressão de uma jurisprudência em benefício de uma inovação, em certo sentido sensacional. Ela é, por assim dizer, uma exploração da consciência judiciária no século XVII, tão penetrante quanto a documentação permitiu, para reconstituir por que e como a alta magistratura modificou suas concepções nesse domínio.

As decisões tomadas pelos Parlamentos preenchem essa lenta e difícil mutação dos reparos essenciais: quando a corte de Paris proíbe aos juízes primários de submeter os acusados de feitiçaria à prova da água, quando o Parlamento de Dijon proíbe esses mesmos juízes de se utilizar dos serviços interessados de "conhecedores de feiticeiros" um e outro manifestam muito claramente os seus escrúpulos, impondo às jurisdições inferiores uma prudência inusitada na condução de suas instruções e transformando, pouco ou muito, tradições respeitadas e práticas inveteradas. Os meios parlamentares, parisienses e provinciais, detêm certamente as chaves dessa mutação.

Que esta haja durado quase um século, isso nada tem de espantoso, tão difícil foi desprender-se de hábitos recebidos em um domínio em que a fé e a ciência (médica) estavam igualmente implicadas; como foi difícil para esses magistrados provinciais e parisienses compreender a justa medida do debate, em um tempo de agitações múltiplas, em que a existência mesma das cortes supremas e seu papel na monarquia se viram postas em questão por várias vezes. Que essa transformação se tenha realizado de maneira irregular, quase que por pequenos saltos aqui, mas brutalmente ali, isso não é menos evidente: a imagem que comporta implicitamente a idéia de progresso das luzes sugere, desastradamente, a ascensão linear de uma tomada de consciência, o que não está conforme à realidade. Nos anos 1580 e 1610, em que a tradição manifesta uma vitalidade extraordinária, vozes dubitativas já se haviam levantado contra os abusos dos processos; e mesmo os mais ferozes demonólogos, um Boguet por exemplo, começam a se questionar. Entre 1610 e 1650, quando os processos escandalosos atraem multidões a certos conventos de ursulinas e suscitam as mais vivas polêmicas, o pró e o contra são sustentados com igual talento pelos partidários e pelos adversários das famosas possessões. E o Parlamento de Paris aparece por muito tempo como cavaleiro solitário, após 1640, ao recusar-se a realizar processos nesse domínio. Mesmo, por fim, após as intervenções reais dos anos 1670/72 e após a celebérrima ordenança de 1682, os partidários das perseguições e das fogueiras não depõem as armas: em pleno século XVIII, sábios tratados ainda argumentam nesse sentido.

A periodização é entretanto clara; os derradeiros decênios do século XVI e os primeiros anos do XVII representam a última grande onda de caça às feiticeiras, desigualmente repartida através do reino, mas florescente por toda a parte. A primeira metade do século pertence a esses grandes processos escandalosos que lançaram no esquecimento vários pequenos processos esparsos; mas estes não podem se comparar às hecatombes da primeira época, mesmo durante os anos turbulentos que precedem a Fronda. Finalmente, para além de 1660, vem o refluxo decisivo que trás consigo seqüelas por vezes pitorescas, mas que significa todavia o fim de uma era multissecular: o crime de feitiçaria (impiedades e sacrilégios postos à parte) cede o lugar definitivamente e até os nosso dias a um crime menor de charlatanice.

As fontes deste trabalho são ao mesmo tempo manuscritas e impressas: manuscritas as deliberações, sentenças, informações dos tribunais, que julgaram feiticeiros e feiticeiras em apelo ou em primeira instância; igualmente as correspondências, libelos, consultas que tratam da questão e que se escondem comumente em depósitos inesperados. Por outro lado, certos processos que provocaram relatos e contestações públicas, toda uma série de tratados, editados no calor da hora e em seguida mesmo às epidemias e aos grandes escândalos, pertencem totalmente à documentação do assunto. São os dois recurss essenciais na sua imensidão; os estudos e tratados publicados no século XIX, que são assinalados em seguida, foram utilizados com uma prudência crítica justificada pelos entusiasmos ocultistas do século passado e pela desenvoltura com a qual seus autores, absolutamente despreocupados com a precisão, citam sem referência documentos que jamais foi possível encontrar: quantas falsas pistas surgidas a partir de indicações imprecisas fornecidas pelos Collin de Plancy e outros Garinet de uma época sequiosa de relatos terríficos tiveram que ser longamente controladas. Por fim, vêm as obras mais recentes — edições de textos, estudos médicos, trabalhos históricos válidos — que contribuíram desde o início do século XX para esclarecer esses problemas difíceis.

1. Fontes Manuscritas

Nos arquivos departamentais — afora as sedes dos Parlamentos —, deixando de lado a pesquisa das jurisdições de primeira instância, pouco havia a fazer: após o envio de um questionário geral a todos os Diretores de Arquivos, algumas sondagens foram feitas nas séries B e G para verificar — de alguma forma — a uniformidade dos processos primários: em Moulins — sobre o Allier, Auch, Montauban, Mâcon, Chartres, Melun, Troyes, Quimper, e por meio de empréstimos aos Arquivos Nacionais, Vesoul, Lille, Colmar. De outros depósitos como Amiens forneceram-nos o microfilme de uma peça interessante. Esses fragmentos representam pouca coisa; eles serão citados no devido tempo e lugar.

Nas capitais que conservam os arquivos de antigas cortes de Parlamento, a busca foi mais insistente; salvo em Grenoble, que não conservou nenhum traço de tais processos no século XVII, em Pau cujos Arquivos do Parlamento foram inteiramente queimados no início do século XVIII, e em Toulouse onde os pacotes dos criminosos não estão classificados (e que forneceu entretanto algumas peças de qualidade). Em outras partes, o acervo do Parlamento da série B foi abundantemente solicitado, com um sucesso, aliás, muito desigual, da mesma forma que os manuscritos das Bibliotecas Municipais vizinhas, que amiúde recolheram documentos sobre a magistratura.

Em Aix en Provence, as minutas de audiência (B4462 a B4487), as sentenças, representações e deliberações (B3660 e B3671), os inquéritos (B6067 e 6068) foram examinados no depósito anexo; na Biblioteca Méjanes, as coleções de deliberações (Mss. 950 a 955), as histórias manuscritas do Parlamento (Mss. 906, 902, RA 53, RA 54), as representações e coleções de sentenças (Mss. 900 e 908), as disputas do Parlamento com outras autoridades (Mss. 963).

Em Bordeaux, onde o acervo parlamentar concernente ao século XVII é muito pobre (os registros secretos foram queimados em 1710), um catálogo das sentenças permite encontrar as decisões de alcance geral: alguns casos mencionados por cronistas do século XIX não puderam entretanto ser identificados.

Em Besançon, um certo número de dossiês foi estudado (se bem que o Parlamento de Dole não faça parte do reino durante a quase totalidade do período), seguindo os passos de F. Bavoux: é o caso dos processos conservados sob as cotas B22, 28, 29, 48, 76, 105, 107, 158, e 3254, 3261, 3344, 3433, 3345. Na Biblioteca Municipal, quatro manuscritos concernentes a diferentes sentenças: I 390, 391, 392 e II 761.

Em Dijon, a série B II forneceu um número importante de sentenças e processos concernentes principalmente à epidemia borgonhesa de 1644; são B II 46 a, B II 4689, B II 1113[3], B II 46[15]; a Biblioteca Municipal forneceu um lote importante de manuscritos concernentes ao Parlamento, quadros, coleções de sentenças (Mss. 1500, 1501, 1310, 932, 776) obras de jurisprudência (Mss. 14305), coleções de processos criminais (Mss. 331).

Em Rennes, no acervo do Palácio, foram utilizados restos mais do que séries contínuas: registros secretos (1 B), dossiês de inquéritos e sentenças I Bb 165, 180, 181, 88; I Bg 155, 170, 203; I Bf 485, 847, 849; I Bn 1255, 1256, 1258; I Bn 502 e quatro dossiês fora de cota não classificados. A biblioteca do Tribunal de Recursos no Palácio de Justiça detém um inventário completo dos registros secretos (L 44[1], 45[1]). Por fim a Biblioteca Municipal nas diferentes coleções relativas ao Parlamento, Ms. 430 a 434, 451 e 452, 456 a 459, 121.

Em Rouen, o estado de conservação do acervo (nos anos 1958-1962) não facilitava a consulta apesar de toda boa vontade do pessoal. O registro secreto dos anos 1671-1672, impossível de encontrar em Saint Aignon, foi finalmente identificado nos Archives Nationales. Foram feitas sondagens nas datas importantes na série B cujas dimensões desencorajam os redatores de repertórios; por fim um pequeno dossiê não clasisficado intitulado feitiçaria (e provavelmente constituído por um curioso do século passado) foi utilizado. Na Biblioteca Municipal, os acervos Leber, Lormier Levillain, foram minuciosamente examinados sem que fosse possível finalmente recuperar todos os dados sobre os quais Floquet trabalhara para tratar da feitiçaria em sua história da Normandia.

Em Toulouse, enfim, onde 80 000 pacotes com processos criminais esperam ainda seu inventário, foi possível somente efetuar algumas sondagens em função dos dados fornecidos pelos impressos, concernentes a alguns casos importantes dessa jurisdição: cf., principalmente, B5001 a 5004; é quase certo que essa massa não devassada conserva ainda um número não negligenciável de processos de feitiçaria suscetíveis de modificar — ao menos parcialmente — as nossas conclusões.

Nos Archives Nationales, foi conduzida uma dupla pesquisa: por um lado, no enorme acervo do Parlamento de Paris, de manipulação difícil (mesmo com a ajuda de um guia claro e preciso como o de Madame Lanhers e dos índices de Le Nain) em razão mesmo das dimensões dessa jurisdição. Os índices alfabéticos e analíticos dos processos criminais empreendidos a partir de 1556 param em 1623: foi necessário proceder a uma sondagem de todas as séries suscetíveis de apresentar documentos interessantes no período estudado. Em X ^{2A}, os registros de sentenças transcritos na série 150 a 595 que não comporta repertório (nominativo) senão para uma parte do século XVIII; nos cartórios (1156 a 1258), bastaram algumas sondagens para mostrar que essas listas de nomes e de locais não são utilizáveis; o mesmo sucede com os índices de sentenças (1382-1388) e os registros de grandes e pequenos criminosos (1287-1300) (1308-1321). Em X ^{2B}, a larga série de minutas de sentenças permitiu encontrar por vezes atas que X ^{2A} não comporta: foram examinados integralmente X ^{2B}, 447, 448, 449, 450, 451, 452, 453, 454, 455, 456, 457, 458, 459, 460, 461, 462; e 347, 350, 351. Na série das instruções as pastas 1179 a 1182 e 1184. Mas o exame integral de todas as sentenças fornecidas pelas duas séries X^{2A} e X^{2B} para um período de um século fica por fazer: (seu interesse é primordial, de resto, para se conhecer a criminalidade da época). Em compensação, os dossiês da série foram devassados por inteiro; é aí que se encontram os registros secretos do Parlamento de Rouen (U 337) e toda uma série referente a Dijon (U 1062, 1073, 1085). Para Paris, a série U fornece: coleções de jurisprudência (U 928 a 944), extratos do conselho secreto e dos discursos de defesa (U 25 a 32 e 413-414), (135 a 139), (326 a 335); (176 a 203), um resumo do registro criminal (U 81 a 84), discursos de reabertura (U 427 e 428), requerimentos e libelos (U 890 e 1025 a 1027), notas sobre os conselheiros (U 989), extratos de casos célebres (U 559, 560, 785, 799). Outro complemento, o acervo Rondonneau, cujas séries AD+ e AD^{III} (legislação criminal) foram vasculhadas: em AD+ as pastas 261 a 272, 359 a 363, 401 a 409, 417 a 437, 480 a 483. Em AD^{III}, as sentenças criminais reunidas em AD^{III} 1 a 19, os textos de jurisprudência das cotas AD^{III}, 27^B a 31, a série AD^{III} 32 a 41, onde são conservados os panfletos de Loudun; finalmente foram examinadas as generalidades de AD^{XIX} J 7 e 8, e AD^{XIX} I.

Por outro lado, as Archives Nationales forneceram a documentação concernente às intervenções da realeza nesses casos criminais: dos cem volumes manuscritos que constituem o repertório das sentenças do Conselho dos Despachos, foram examinados todos aqueles que cobrem o período estudado, correspondendo às pastas 1684 a 1883 da série E. Uma vintena de pastas tornou-se em seguida objeto de pesquisas mais aprofundadas; E 1717, 1719, 1723, 1739, 1748, 1761, 1762, 1763, 1764, 1765, 1768, 1787, 1799, 1802, 1803, 1804, 1809, 1811, 1814, 1815, 1821, 1822. Essas peças permitiram estabelecer com a maior clareza a intervenção da autoridade real nos casos de feitiçaria. Menos frutuosas foram as tentativas de encontrar nos restos do Conselho privado os textos de mesmo conteúdo que poderiam estar aí extraviados: nem as sondagens da imensa série V^6 1 a 1154 (principalmente para o ano 1645, V^6 198, V^6 567 para 1670, etc.), nem os inventários V^6 1249-1251, nem as variedades de V^6 1163, nada forneceram.

O acervo francês do departamento de manuscritos da Biblioteca Nacional forneceu igualmente uma grande quantidade de memórias, correspondências e documentos diversos essenciais à informação da matéria.

Primeiramente os grandes casos:
Para Marthe Brossier, o Mss 18453
Aix, 23851, 23852
Loudun, 2523, 7618, 7619, 12047, 12801, 13055, 14596, 18695, 19191, 19869, 23064, 23830, 24163, 25253; e nas novas aquisições 6764.
Louviers, 18695, 23062, 24122
Auxonne, 13055, 17338, 18149, 18695, 18696, 20973.

Para os diferentes casos de menor importância foram examinados os manuscritos seguintes:
Michel de Moulins, 2542, 5778, 19574, 21730, n.a. 1997.
Irmã Rosa, 18832, 19855, 20973
Pastores da Brie, 21730
Chinon, 24163 e 19191.
Diferentes processos em datas diversas, 5309, 10973, 13346, 16539, 19229, 21605, 794, 13041.

Um certo número de compilações concernentes aos Parlamentos foram vasculhados.
Paris, 18356 a 18361, 21324 a 21330, 23774, 23780, 23781, 23804, 23806.
Pau, 4108, 3410, 4370, 15781, 15833, 16873, 18477, 18555, 21567 e as novas aquisições 5273, 7217, 7897, 9778, 8460, 8461, 8462.
Bordeaux, 22367
Rennes, 11540
Dijon, 11518
Rouen, 22466, 24113
Toulouse 22416
Diferentes pequenos tratados de magia foram estudados: 2555, 13561, 17310, 19041, 21729, 24255.

Finalmente foram feitas investigações importantes nas correspondências de Séguier e Colbert para encontrar algum sinal das relações com os Parlamentos e mesmo com outras autoridades:
Para Séguier: 17306 a 17309, 17311, 17324, 17336 a 17349, 17355, 17368 a 17378.
Nos quinhentos de Colbert: 218, 219, 286.
Nas Miscelâneas de Colbert, os volumes 155 a 162, 135, 151 a 153, 169, 174 bis, 131 bis, 7, 166, 170, 175, 32,

33, 173, 123 bis, 107 bis, 159 bis, 110, 127, 102, 108, 109, 121, 121 bis, 147, 26, 164, 126, 127 bis, 118. No acervo Clairambault, diversos dossiês comportando miscelâneas, peças sobre os Parlamentos, memórias, fragmentos da correspondência de Colbert: 983 a 986, 1052, 759, 442, 1080, 525, 613, 1064, 781, 1080, 384, 791 a 793.

Na coleção Dupuy, por fim, a mesma variedade de documentos se encontra nos dossiês de numeração 591, 673, 89, 137, 488, 599, 93, 379, 30, 672, 74, 735, 869, 873, 876, 892 e 893.

Várias grandes bibliotecas parisienses nos forneceram igualmente textos de um grande valor (e freqüentes cópias de memórias conservadas na Biblioteca Nacional); a Arsenal possui toda uma série de memórias e partes de correspondências referentes aos processos do século XVII: Os Mss. 5371 e 5554 (Loudun), 5418 e 2496 (Auxonne), 2663 (Moulins), 2664, 4824, 2890, 2830, 822 a 824 (diversos casos e tratados). No acervo Conrart, os Mss. 5416, 5421, 5423, 5425.

O acervo da Bastilha detém os dossiês (freqüentemente esqueléticos) de um número imponente de "falsos" feiticeiros do século XVIII: foram consultados os Mss. 10545, 10557, 10577, 10590, 10607, 10622, 10802, 10812, 10817, etc. Nesse mesmo acervo igualmente 10441 (pastores da Brie), 10338 a 10359 (caso dos venenos: interrogatórios, informações, perquirições) e 10442 a 10448 (para um caso de falsa conspiração contra o Rei, documentos falsos e malefícios em Rouen em 1688).

A Biblioteca Sainte-Geneviève possui um documento essencial, a consulta do Padre Lalement por Pellot (Mss 487) e um certo número de polêmicas impressas que se encontram por toda parte na coleção Z-8.°, 1097. O Mss 1885 contém as memórias, preciosas, de Beurrier.

A biblioteca do Institut, no acervo Godefroy, forneceu vários textos pertencentes à correspondência de Séguier: Mss. 271, 272, 273, 274; e peças diversas com os Mss. 181, 289, 481, 483, 549, 644.

A Biblioteca Mazarino possui algumas cartas (de Joana dos Anjos e do Padre Surin) concernentes a Loudun, que o Padre de Certeau utilizou.

Enfim, no acervo do Hôtel-Dieu dos Archives de l'Assistance Publique, um certo número de inventários **post-morten** foram examinados para a análise de bibliotecas parisienses privadas: são as pastas 1036, 1037, 1048, 1062, 1068, 1070, 1071, 1092, 1129, 1218, 1232, 1264, 1438, 1040, 1042, 1047, 1050, 1052, 1056, 1064, 1069, 1122, 1177, 1200, 1222, 1234, 1236.

Esses inventários não forneceram os resultados esperados em virtude do costume adotado pelos notários de não inventariar em detalhe os livros **in-quarto, in-oitavo** e de formatos menores. Em contrapartida a análise, nos impressos da Biblioteca Nacional, dos catálogos de livrarias e dos primeiros catálogos de vendas (do século XVII) foi mais proveitosa; duzentos catálogos da série Q foram estudados com esse objetivo.

Finalmente duas bibliotecas municipais de província (além das bibliotecas das cidades de Parlamentos) deram a sua contribuição: a Biblioteca Imguebertine de Carpentras por seu admirável acervo Peiresc, e a Biblioteca de Troyes que possui inesgotáveis riquezas sobre o século XVII.

2. Fontes Impressas

Da enorme literatura sobre o assunto que foi consultada, retivemos aqui somente as obras efetivamente utilizadas: tratados de demonologia, libelos polêmicos, tratados judiciários e discursos de defesa, memórias e correspondências publicadas posteriormente (como as cartas de Colbert). Uma classificação cronológica à parte foi feita para os libelos anônimos, indicados pela rubrica. As obras assinadas vêm em seguida por ordem alfabética de autores.

1. Libelos e Tratados Anônimos

1. **Le Grand Kalendrier et compost de berges avecq leur astrologie, et plusieurs aultres choses,** Impresso novamente em Troyes por Nicolas le Rouge, 1524, 108p.
2. **Les grands et effroyables merveilles veues prés la ville de Authun, en la duché de Bourgongne, de la Caverne nommée aux Fées, et la déclaration de la dite caverne, tant des fées, seraines, géants et autres esprits; le tout veu par le seigneur de galtiere et les tesmoignage des deux paysans lesquels luy firent ouverture en ladite caverne,** conforme a cópia impressa em Rouen, 1582.
3. **Histoire admirable et véritable des choses advenues à l'endroit d'une religieuse professe du couvent des soeurs noires de la ville de Mons en Hainaut, natifve de sore sur Sambre, aagée de 25 ans, possédée du maling esprit et depuis délivrée,** Paris, 1586, nova edição, Bibliothéque Diabolique, 1886, 110p.
4. **Discours très veritable d'un insigne voleur qui contrefaisait le Diable, lequel fut pris et pendu à Bayonne,** Villefranche, 1608, 16p.
5. **Discours très veritable d'un insigne voleur qui contrefaisait le Diable lequel fut pris et pendu à Bayonne au mois de décembre dernier 1608,** Troyes, 1609, 8p.
6. **Discours prodigieux et espouvantable du Thrésorier et banquier du Diable et son fils: qui ont esté bruslés à Vesoul en la Franche Comté, le janvier 1610. Après avoir confessé une infinité des maléfices et sorcelleries par eux commises. Ensemble le le moyen comme ils furent descouvers, avec la copie de l'arrest du Parlement de Dole,** Lyon, s.d. (1610), 16p.
7. **Histoire horrible et épouvantable de ce qui s'est fait et passé au fauxbourg St. Marcel, à la mort d'un misérable qui a été dévoré par plusieurs diables transformez en dogues et ce pour avoir blasphémé le sainct nom de Dieu et battu se mére,** Paris, 1610, 8p.

25

8. **Histoire prodigieuse, d'un gentilhomme auquel le Diable s'est apparu, et avec lequel il a conversé, soubs le corps d'une femme morte: Advenue à Paris le 1er de Janvier 1613**, Paris, 1613, 16p.
9. **Histoire prodigieuse d'un gentilhomme auquel le Diable est apparu, le 15 janvier 1613**, Paris, 1613, 8p.
10. **Discours merveilleux et véritable d'un capitaine de la ville de Lyon que Sathan a enlevé dans sa chambre depuis peu de temps. Dedans lequel est contenu comme le tout s'est passé**, Paris, s.d. (1613), 16p.
11. **Histoire nouvelle, merveilleuse est espouvantable, d'un jeune homme d'Aix-en-Provence, emporté par le Diable, et pendu à un amandier pour avoir implement blasphémé le sainct Nom de Dieu, et mesprisé la saincte Messe, deux siens compagnons demeurez sans aucun mal. Arrivé le 12 Janvier de la présente année 1614**, Paris, 1614, 16p.
12. **Discours merveilleux et véritable d'un capitaine de la ville de Lyon que Satan a enlevé dans sa chambre depuis peu de temps**, Paris, 1615, 16p.
13. **Histoire espouvantable de deux magiciens qui ont esté estranglés par le Diable dans Paris la sepmaine Saincte**, Paris, 1615, 16p.
14. **Les conjurations faites à un démon possédant le corps d'une grande Dame. Ensemble les estranges responses par luy faites aux Saincts Exorcismes en la chapelle de N.D. de la guarison au diocèse d'Auch le 19 Novembre 1618 et jours suivants: Suivant l'attestation de plusieurs personnes dignes de foy**, Paris, 1619, 16p.
15. **Procès verbal du crime détestable de trois sorcières surprises ès faulx bourgs Sainct Germain des Prez ensemble leur interrogatoire; sentence du bailly dudit du Parlement et exécution diceluy, le mercredi 14 d'Aoust dernier**, Paris, 1619, 16 p.
16. **La vision publique d'un horrible et trés espouvantable Demon sur l'Église cathedralle de Quimpercorentin en Bretagne, le premier jour de ce mois de février 1620. Lequel Demon consomme une pyramide par feu, et y survint un grand tonnerre et foudre du ciel**, Paris, 1620, 8p.
17. **Les estranges et espouvantables amours d'un Diable, en forme d'un gentilhomme et d'une Damoiselle, de Bretagne. Arrivez près la ville de Rennes, le 5, 6 et 7eme Janvier dernier. Ensemble, tout ce qui cy est passé à ce suject**, Paris, 1620, 14p.
18. **Histoire mémorable et espouvantable arrivée au chasteau de Bissestre près Paris. Avec les apparitions des Esprits et fantosmes qui ont esté veuz aux caves et chambres dudit chasteau**, Paris, s. d. (1623), 15p.
19. **Discours admirable d'un magicien de la ville de Moulins qui avait un démon dans une phiole, condamné d'estre bruslé tout vif par arrest de la Cour de parlement**, Paris, 1623, 16p.
20. **Apparition admirable et prodigieuse (du diable) advenue en la personne de Jean Helias, laquais du Sieur d'Audiguer le 1er jour de l'an 1623, au fauxbourg St. Germain; ensemble la conversion dudit Helias à la religion catholique**, Paris, 1623, 8p.
21. **Discours admirable du Diable, lequel, pensant avoir trompé un notable marchand de Tholoze, se trouva luy mesme deçeu par providence divine**, Paris, 1625, 16p.
22. **Histoire prodigieuse nouvellement arrivée à Paris d'une jeune fille agitée d'un esprit fantastique et invisible et de ce qui s'est passé en la présence des plus illustres personages de ladite ville. Avec l'estrange et effroyable histoire de nouveau arrivée au bailly de la ville de Bonneval, diocèse de Chartres**, Paris, 1625, 16p.

23. **Résolutions de Messieurs les docteurs de Sorbone sur plusieurs questions qui concernent le crime de sortilège, dont ils ont esté requis donner esclaircissement aux procès intentez à la requeste du procureur du roy au siège présidial d'Orléans, contre plusieurs accusez dudict crime, par devant le Lieutenant criminel dudict siège, à Orléans**, 1625, 34p.
24. **Histoire véritable et prodigieuse sur la vie, la mort, et punition d'un homme qui a été condamné par arrêt à être pendu et étranglé et puis brûlé, pour avoir tué son père aux Alleux le Roy près Poissy, et à qui le diable a tordu le cou étant sur l'échelle**, Paris, 1627, 16p.
25. **Récit véritable des choses estranges et prodigieuses arrivées en l'exécution de trois sorciers et magiciens déffaits en la ville de Lymoges, le 24 d'avril 1630**, Bordeaux, s. d. (1630), 16p.
26. **Arrêt de condamnation de mort contre maistre Urbain Grandier prestre, curé de l'Église de Sainct Pierre du marché de Loudun, et chanoine de l'Église Saincte Croix dudit lieu, atteint et convaincu du crime de magie, et autres cas mentionnés au procès**, Paris, 1634, 16p.
27. **Interrogatoire de Maistre Urbain Grandier, prestre, curé de St. Pierre du Marché de Loudun et chanoyne de l'Église Saincte Croix dudit lieu, avec les confrontations des Religieuses possédées contre ledit Grandier. Ensemble la liste et les noms des Juges députez par Sa Majesté**, Paris, 1634, 12p.
28. **Extrait des registres de la commission ordonnée par le Roy pour le jugement du procès criminel fait à l'encontre de Maistre Urbain Grandier et ses complices**, Poitiers, 1634, 26p.
29. **Remarques et considérations servans à la justification du curé de Loudun, autres que celles contenues en son factum**, S.l., n.d., (1634), 8p.
30. **Véritable relation des justes procédures observées au faict de la possession des Ursulines de Loudun, et au procès d'Urbain Grandier. Avec l'arrest donné contre ledict Grandier, ensemble les noms des Messieurs les Commissaires députés par le Roy**, Poitiers, 1634, 40p.
31. **Récit véritable de ce qui s'est passé à Loudun contre Maistre Urbain Grandier, prestre curé de l'Eglise de St. Pierre de Loudun, attaint et convaincu du crime de Magie, maléfice et possession arrivée par son faict ès personnes d'aucunes des Religieuses Ursulines de la ville de Loudun**, Paris, 1634, 16p.
32. **L'ombre d'Urbain Grandier de Loudun, sa rencontre et conférence avec Gaufridy en l'autre monde**, S.l., 1634, 16p.
33. **Le grand miracle arrivé en la ville de Loudun, en la personne d'Isabelle Blanchard, fille séculière recevant le S. Sacrement de l'Autel. Et le procez verbal faict sur ce sujet par Monsieur de Laubordemont, avec l'exorcisme faict à la dite possédée**, Poitiers, 1634, 16p.
34. **La démonomanie de Loudun qui montre la véritable possession des religieuses Ursulines et autres séculières; avec la liste des religieuses et séculières possédées, obsédées et maléficiées, le nom de leurs démons. le lieu de leur résidence et signe de leur sortie**, La Flèche, 1634, 16p.
35. **Factum pour Maistre Urbain Grandier, prestre curé de l'Église St. Pierre du Marché de Loudun et l'un des chanoines en l'Église saincte Croix dudit lieu**, S.l., n.d. (1634), 12p.
36. **Remarques et considérations servans à la justification du curé de Loudun, autres que celles contenues en son factum**, S.l., n.d. (1634), 8p.

37. **Lettre de N. à ses amis sur ce qui s'est passé à Loudun**, S.l., n.d., (25 août 1634), 16p.
38. **Relation véritable de ce qui s'est passé aux exorcismes des religieuses ursulines possédées de Loudun en la présence de Monsieur, frère unique du Roy, avec l'attestation des exorcistes**, Paris, 1635, 48p.
39. **Lettre écrite à Monseigneur l'évêque de Poitiers par un des Pères Jésuites qui exorcisent à Loudun, contenant un brief récit de la sortie de Leviathan chef de cinquante démons, qui possèdent tant les filles religieuses que séculières. Avec un extraict du procès verbal des exorcismes qui se font à Loudun, par ordre de Monseigneur l'évêque de Poitiers, sous l'authorité du Roy.** Paris, 1635, 14p.
40. **Relation de la sortie du démon Balam du corps de la mère Prieure, des Ursulines de Loudun, et des espouvantables mouvemens et contorsions de l'exorcisme. Avec l'extraict du procès verbal des dits exorcismes qui se font à Loudun par ordre de Monseigneur l'Évesque de Poitiers sous l'authorité du Roy**, Paris, 1635, 14p.
41. **Représentation Sommaire des signes miraculeux qui ont esté faits à la gloire de Dieu et de son Église, en la sortie des sept démons qui possédaient le corps de la Mère Prieure des Religieuses Ursulines de Loudun**, S.l., n.d., (1636), 4p.
42. **Admirable changement de vie d'un jeune advocat en la Cour, nouvellement opéré, par le moyen d'un Démon nommé Cédon dans les exorcismes des religieuses possédées de Loudun; avec deux discours du même Démon: l'un touchant la cause d'une si longue possession desdites filles, l'autre sur la conversion de la Madeleine**, La Flèche, 1636, 56p.
43. **Histoires véritables arrivées en la personne de deux bourgeois de la ville de Charleville qui ont esté étranglez et emportez par le Diable dans ladite ville**, Charleville, 1637, 10p.
44. **Véritable relation de l'effroyable mort de trois sorciers et magiciens exécutés dans la ville de Bazas, près Bordeaux, le 11 Février 1637 et des horribles et espouvantables action des Diables et Démons tant en l'air que sur terre, durant icelle exécution au grand étonnement du peuple**, Paris, 1637, 16p.
45. **Arrêt de la Cour du Parlement portant déffences à tous juges et officiers des justices subalternes de plus procéder à l'advenir à l'instruction des procès des accusez de sortilège sans appel**, Paris, 1641, 4p.
46. **Attestation de Messieurs les Commissaires envoyez par Sa Majesté pour prendre connaissance avec Monseigneur l'évesque d'Evreux, de l'estat des Religieuses qui paraissent agitées, au Monastère de St. Louys et Ste. Élisabeth de Louviers**, S.l., n.d. (1634), 4p.
47. **Procès verbal de M. le pénitencier d'Évreux, de ce qui luy est arrivé dans la prison, interrogeant et consolant Magdeleine Bavent, magicienne, à une heureuse conversion et repentance**, Paris, 1643, 7p.
48. **Exorcismes de plusieurs religieuses de la ville de Louviers, en présence de M. le pénitencier d'Évreux et de M. le Gauffre. Avec la délivrance d'une fille possédée ayant en une des reliques du R. Père Bernard, en présence de plusieurs personnes**, Paris, s.d. (1643), 7p.
49. **Response à l'examen de la Possession des religieuses de Louviers, à Monsieur Levilin**, Évreux, 1643, 14p.
50. **Censure de l'examen de la possession des religieuses de Louviers**, S.l., 1643, 39p.

51. **Examen de la possession des religeuses de Louviers**, Paris, 1643, 18p. (tratado de Pierre Yvelin publicado sem o nome do autor como a **Apologie**; veja-se P. Yvelin).
52. **Récit véritable de ce qui s'est fait et passé à Louviers touchant les religieuses possédées qui depuis ont esté amenées au Parlement de Rouen, pour faire leur procès extraordinaire** (extrato de uma carta escrita de Louviers a um bispo), Rouen, s.d. (1643), 8p.
53. **Récit véritable contenant ce qui s'est fait et passé aux exorcismes de plusieurs religieuses de la ville de Louviers, en présence de M. le pénitencier d'Évreux et de M. le Gauffre**, Paris, 1643, 8p.
54. **Procès verbal de M. le pénitencier d'Évreux de ce qui lui est arrivé dans la prison interrogeant et consolant Magdeleine Bavent, magicienne à une heureuse conversion et repentance**, Rouen, 1644, 7p.
55. **Traicté des marques des possédez, et la preuve de la véritable possession des Religieuses de Louviers**, par P.M. Ex. D. en M., Rouen, 1644, 94p.
56. **Responce à l'apologie de l'examen du Sieur Yvelin sur la possession des Religieuses de St. Louis de Louviers**, Rouen, 1644, 74p.
57. **Discours de la découverte des maléfices et charmes des religeuses de Louviers.**, S.l., n.d., (Rouen, 1647), 8p.
58. **Arrest de la Cour de Parlement de Rouen contenant le procès et exécution de Maistre Mathurin le Picart, curé Du Mesnil Jourdain et son vicaire, accusé de Magie et sortilège, lesquels ont esté bruslés tous vifs (sic) au vieil marché de Rouen, le 21 aoust 1647**, Paris, 1647, 4p.
59. **Ce que donnera beaucoup de connaissance et de lumière à Mr. le lieutenant criminel pour le jugement de la petite Mère Françoise Supérieure des Religieuses de la Place Royale**, Paris, s.d. (1647) 2p.
60. **Arrest de la cour du parlement de Rouen contre Mathurin Picard et Thomas Boullé, deuement attaints et convaincus des crimes de Magie, Sortilège, Sacrilèges, impiétez et cas abominables commis contre la Majesté divine, et autres mentionnez au procès**, Rouen, 1647, 8p.
61. **Histoire prodigieuse et espouvantable de plus de 250 sorciers et sorcières emmenez pour leur estre fait er parfait leur procez au Parlement de Tholoze. Avec l'exécution exemplaire d'un grand nombre en divers lieux: ce qui a causé la cherté des bleds**, Paris, 1649, 8p.
62. **Le Grand Calendrier et compost des Bergers composé par le Berger de la Grande Montaigne, avec le compost manuel réformé selon le retranchement des dix jours et calendrier Grégorian. Plus y est adjousté la manière comme il se doit gouverner le Berger, pour empescher qu'aucuns sorciers ne facent mourir leurs troupeaux**, Rouen, s.d. (1651), 120p.
63. **Histoire de Magdeleine Bavent, religieuse du monastère St. Louis de Louviers, avec sa confession générale et testamentaire ou elle déclare les abominations, impiétez et sacrilèges qu'elle a pratiqué et veu pratiquer tant dans les Monastères qu'au Sabat, et les personnes qu'elle y a remarquées. De plus, l'arrest donné contre Mathurin Picart. Thomas Boullé et ladite...**, Paris, 1652, 70 + 30p.
64. **Sentences et arrests servans à la justification de la calomnieuse accusation faite contre Soeur Françoise de la Croix, cy devant supérieure des Religieuses et couvent des Hospitalières de la Charité Notre Dame, proche la Place Royale**, Paris, 1654, 30p.
65. **Jugement de Mosseigneurs les Commissaires nommés par le Roy,**

au fait des personnes religieuses et autres possédées du malin esprit à Aussonne, sur le rapport de Monseigneur l'Évesque de Châlon, commissaire député de Sa Majesté, Paris, 1662, 42p.

66. Lettre à un docteur de Sorbonne sur le sujet de plusieurs écrits composez de la vie et de l'état de Marie des Vallés, du diocèse de Coutances, S.l., n.d. Rouen, 1665, 128p.

67. Factum (pour la déffence de l'autheur de la Lettre à un Docteur, etc., et pour répondre au objections et invectives du P. Eudes ou de ses amis"), S.l., n.d. (1665), 52p.

68. Brève réponse à un écrit que l'on fait courir contre las Lettres à un docteur (Marie des Vallées) S.l., n.d. (1665), 26p.

69. Factum et arrest du Parlement de Paris contre les bergers sorciers exécutez depuis peu dans la province de Brie, Paris, 1695, 86p.

70. Factum pour Marie Benoist dite de la Bucaille, apelante de la réception de la plainte, et de tout ce qui a été fait contre elle par le bailly de Cotentin, ou son lieutenant criminel à Valognes, ainsi que de la sentence définitive prononcée le 28 Janvier 1699, Rouen, s.d. (1699), 48p.

71. Mémoire contenant les faits extraordinaires reportez dans le procès de Marie Bucaille, et les crimes pour lesquels elle a été condamnée, Rouen, s.d. (1699), 29p.

72. Réflexions sur le factum fait pour Marie Benoist dite de la Bucaille, et sur le mémoire fait contre ledit factum, s.l., n.d. (Rouen, 1699), 16p.

73. Lettre d'un amy à l'autheur des réflexions sur le factum de Marie Bucaille, et le mémoire fait contre elle, Rouen, 1699, 28p.

74. Factum pour Catherine Bedel dite la Rigolette, qui doit servir de Réponse à celui de Marie Benoist dite de la Bucaille, et au mémoire du lieutenant général de Vallognes, qui contient les faits extraordinaires rapportés dans le procès, contre ladite Marie Benoist..., Rouen, 1699, 16p.

75. A nos seigneurs de Parlement, supplie humblement Marie Benoist dite de la Bucaille, aux qualités qu'elle procède contre M. le procureur général du Roy..., Paris, s.d. (1669), 12p.

76. Répliques de Catherine Bedel dite la Rigolette à la Requête de conclusions de Marie Benoist dite de la Bucaille, contre ladite Marie Benoist..., Rouen, 1699, 12p.

77. Réplique de Marie Bucaille à la réponse qu'on a donnée à son factum, Rouen, s.d. (1699), 24p.

78. Histoire de la fille maléficiée de Courson; avec une dissertation physique sur ce maléfice, (por M. Lange conselheiro e médico do Rei), Lisieux, 1717, 32p.

79. Examen du procès commencé à instruire au bailliage du Neufchâtel, entre Laurent Gaudouet Laboureur demeurant en la paroisse de Bully, demandeur en plainte, contre le Sieur Nicolas d'Esquinemare prieur, curé de la même paroisse de Bully, bachelier en théologie de la Faculté de Paris, Rouen, s.d. (1726), 24p.

80. Mémoire pour maître Nicolas d'Esquinemare prêtre, bachelier en théologie de la Faculté de Paris, prieur, curé de la paroisse de St. Eloy de Bully, diocèse de Rouen, détenu par lettres de cachet en l'abbaye du Boscachard, contre Laurent Gaudouet, laboureur en ladite paroisse, S.l., n.d. (1726), 10 + 16p.

81. Examen du procès commencé à instruire au bailliage du Neufchâtel, entre Laurent Gaudouet laboureur, demeurant en la paroisse de Bully demandeur en plainte, contre le sieur Nicolas d'Esquinemare, prieur curé de la même paroisse de Bully..., Rouen, 1728, 24p.

82. **Mémoire justificatif de la possession de huit personnes de la paroisse de Landes**, s.l., 1735, 29p.
28. **Journal de la possession ou obsession de demoiselle Claudine Françoise le Vaillant de Léaupartie, le pour et le contre de la possession des filles de la paroisse des Landes, diocèse de Bayeux**, (em Antioche = Caen), 1738, 32p.
84. **Conclusions de M. le procureur du Roy au Parlement d'Aix du 11 septembre 1731, au sujet du procès d'entre le Père Girard Jésuite, Catherine Cadière, le père Cadière Dominicain, et la Père Nicolas, Carme déchaussé**, s.l., n.d. (Paris, 1731), 4p.
85. **Copie du prononcé de l'arrest de la Cour du Parlement de Provence au sujet de l'affaire du père J.B. Girard et de Catherine Cadière, Nicolas de St. Joseph Carme, Estienne Thomas et François Cadière frères**, s.l., n.d., (Aix, out. 1731), 4p.
86. **Anatomie de l'arrest rendu par le Parlement de Provence, le 10 Octobre 1731, sur laffaire de la demoiselle Cadière et du R.P. Girard, jésuite. Adressée à M.L.B. par un magistrat d'un autre Parlement**, S.l., n.d., (Aix, 1731), 8p.
87. **Sentence de Monsieur l'official de l'évêché de Toulon qui renvoie le père Girard absous des accusations à lui imputées, et du délit commun, Extrait du greffe de l'évesché de Toulon**, S.l. n.d. (1732), 4p.

2. *Obras assinadas*

88. ACONCE, Jacques. **Satanae stratagemata libri octo** (Jacobo Acintio Authore). Bâle, 1555, 263 + 18 (epístola) + 30 (index) pp.
89. AGRIPPAE, Henri Cornelie. "Ab Nettesheym, armatae militae equitis aurati, et juris utriusque ac medicinae Doctoris". **Opera**, Bâle, 1555, 694 p.
90. ALEXIS (Bérulle), Léon d'. **Traicté des énergumènes, suivy d'un discours sur la possession de Marthe Brossier, contre les calomnies d'un Médecin de Paris**. Troyes, 1599, 83 p.
91. ANDILLY, Robert Arnauld d'. **Les vies des Saints Pères des déserts et de quelques saintes escrites par des pères de l'église et autres anciens auteurs ecclésiastiques, traduits en français par M. Arnauld d'Andilly**. Paris, 1653, 2 volumes.
92. AUBIN. **Histoire des diables de Loudun ou de la possession des religieuses Ursulines et de la condamnation et du supplice d'Urbain Grandier, curé de la même ville. Cruels effets de la vengeance du Cardinal de Richelieu**. Amsterdã, 1715, 380 p.
93. AUTUN (Jacques Chevanes), R.P. Jacques d'. **L'incrédulité savante et la crédulité ignorante au sujet des Magiciens et sorciers. Avecque la response à un livre intitulé Apologie pour Tous les grands personnages qui ont esté faussement soupçonnés de Magie**, Lyon, 1671, 1008 p.
94. AYRAULT, Pierre. **Extraict d'aucuns pledoyers et arrests faicts et donnez en la cour du Parlement de Paris, avec les raisons et moyens des Advocats**. (Junto um discurso com uma arenga ao senhor duque de Anjou). Paris, 1571, 8 + 240 p.
95. AYRAULT, P. **Les plaidoyers de feu Monsieur Ayrault, vivant lieutenant criminel au siège présidial d'Angers, avec les arrests donnez sur iceux**. Lyon, (2.ª edição), 1613, 402 p. + listas e prólogo.
96. BAILLY, Pierre. (doutor em Medicina). **Les Songes de Phestion, paradoxes phisiologiques. Ensemble un dialogue de l'immortalité de l'âme et puissance de nature**. Paris, 1634, 762 p. mais lâminas.
97. BARDET, Pierre. (advogado da Corte). **Recueil d'arrest du Parlement de Paris pris des mémoires de feu Me Pierre Bardet ancien**

avocat en la cour avec les notes et les dissertations de Me Claude Berroyer. Paris, 1690, 620 e 700 p.

98. BARON. Quaestionum medicarum, quae circa medicinae theoriam et praxim, ante dua saecula, in scholis facultatis medicinae parisiensis, agitatae sunt discussae, series chronologica, cum doctorum praesidum et baccalaureorum propugnatium nominibus. Paris, 1752, 110 + 10 + 21 p.

99. BASSET, Jean Guy. **Notables arrests de la Cour de Parlement, Aydes et Finances de Dauphiné.** Grenoble, 1676, XL + 354 + 26 p.

100. BASSET, Jean Guy. **Plaidoyez de Maistre J.G. Basset, advocat consistorial au parlement de Grenoble. Ensemble divers arrests et règlements du Conseil et dudit Parlement sur flusieurs notables questions et matières bénéficielles, civiles et criminelles.** Grenoble, 1668, LII + 316 + 110 + 32 p.

101. BAYLE, François (e Henri Grangeron). **Relation de l'État de quelques personnes prétendues possédées. Faite d'autorité du Parlement de Toulouse, par Me François Bayle, docteur en médecine, et professeur aux Arts libéraux de l'Université de Toulouse, et Me Henri Grangeron, docteur en médecine, où ces docteurs expliquent clairement par les véritables principes de la phisique des effets que l'on regarde ordinairement comme prodigieux et surnaturels,** Toulouse, 1682, 120 p.

102. BAYLE, Pierre. **Oeuvres diverses.** (no tomo III: "Résponses aux questions d'un provincial"). Amsterdã, 1727, 3 v.

103. BEAUVOIS DE CHAUVINCOURT. **Discours de la Lycanthropie ou de la transmutation des Hommes en loups.** Paris, 1599, VIII + 32 p.

104. BEKKER, Balthazar (Pastor em Amsterdã). **Le monde enchanté ou examens des communs sentiments touchant les Esprits, leur nature, leur pouvoir, leur administration et leurs óperations...** Amsterdã, 1694, 4 v.

105. BENEDCTI, R.P.J. (frade franciscano). **La triomphante victorie de la vierge Marie, sur 7 malins esprits, finalement chassés du corps d'une femme, dans l'Église des Cordeliers de Lyon. Laquelle histoire est enrichie d'une belle doctrine pour entendre l'astuce des Diables. A l'histoire est adjoutée un petit discours d'un autre diable, possédant une jeune fille et aussi expulsé auparavant orné de même doctrine. Sur la fin est inséré un excellent exorcisme de merveilleux efficace pour conjurer et chasser les diables des corps humains.** Lyon, 1611, 171 p.

106. BENOIST, René (Cura de St. Eustache). **Traicté enseignant en bref les causes des maléfices, sortilèges et enchanteries, tant des ligatures et noeuds d'esguillettes pour empescher l'action et exercise du mariage, qu'autres et du remède qu'il faut avoir à l'encontre.** Paris, 1579, 68 p.

107. BENOIST, René. **Petit fragment catéchistic d'une plus ample catèchèse de la magie repréhensible et des magicien, pris de l'une des catéchèses et opuscules de M. René Benoist Angevin, Docteur en théologie et curé de St. Eustache à Paris.** s.l., n.d. (Paris, 1579), 36 p.

108. BENOIST, René. **Trois sermons de St. Augustin, non moins doctes que utiles en ce temps... Auxquels il est enseigné que ceux qui adhèrent aux magies, sorcelleries, superstitions, et infestations diaboliques, pour néant sont Chrestiens et abusent de leur foy.** (Traduzidos por René Benoist), Paris, 1579, 50 p.

109. **Correspondance du Cardinal Pierre de Bérulle,** Jean DAGENS editor, Biblioteca da **Revue d'histoire ecclésiastique**, fasc. 17, 18, 19, Paris, 1937-1939.

110. BIGNON. **Divers plaidoyers touchant la cause du gueux de Vernon, avec le plaidoyé de Monsieur Bignon, advocat général. Et quelques autres plaidoyez, et arrests sur différentes matières.** Paris, 1665, (paginação 159 a 426) 74 + 50 + 41 + 12 p.
111. BINSFELDIUS, Petrus. **Tractatus de confessionibus maleficorum et sagarum recognitus et auctus, an et quanta fides iis adhibenda sit.** Trêves, 1589, 633 p.
112. BIRETTE, Fr. Samson (Religioso Agostiniano). **Réfutation de l'erreur du vulgaire, touchant les responses des diables exorcisez, avec permission et approbation des docteurs.** Rouen, 1618, 332 p.
113. BLENDECQ, Dom Charles (Artesiano). **Cinq histoires admirables esquelles est montré comme miraculeusement par la vertu et puissance du S. Sacrement de l'Autel, a esté chassé Beelzebub, prince des Diables, avec plusieurs autres Démons, qui disoient estre de ses subjects, hors des corps de 4 diverses personnes; et le tout advenu en ceste présente année 1582 en la ville et diocèse de Soissons, recueillies des actes d'un notaire royal.** Paris, 1582, 125 p.
114. BOAISTUAU, Pierre (cognominado Launay). **Histoires prodigeuses les plus mémorables qui ayent esté observées depuis la nativité de J.C. jusqu'à notre siécle.** Paris, 1560, 310 p.
115. BOAISTUAU, Pierre (e Tessorant, Belleforest, etc...). **Histoires prodigeuses extraictes de plusieurs fameux autheurs, grecz et latins, sacrez et profanes, mises en nostre langue par P. Boaistuau, surnommé Launay...** Anvers, 1594, 720 p.
116. BODIN, Jean. **La Démonomanie des sorciers.** Paris, 1580, 510 p.
117. BODIN, Jean. **Le fléau des Démons et Sorciers par J.B. Angevin... revu et corrigé de plusieurs faultes qui s'estoyent glissées es précédentes impressions.** Niort, 1616, 556 + 22 p.
118. BOGUET, Henry (Juiz principal do Condado da Borgonha). **Discours exécrable des sorciers ensemble leur procez, faits depuis deux ans en ça, en divers endroits de la France, avec une instruction pour un jugement en faict de Sorcellerie, Revu et corrigé de nouveau.** 2.ª ed., Paris, 1603, 208 p.
119. BOISSARD, Jacques. **Tractatus posthumus Jacobi Boissardi vesuntini, De divinatione et magicis praestigiis, quarum veritas ac vanitas solide exponitur per descriptionem deorum fatidicorum qui olim responsa dederunt; eorundemque prophetarum, sacerdotum, phoebadum, sibyllarum et divinorum qui priscis temporibus celebres oraculis exstiterunt...** Oppenheim, 1615, XXVI + 358 p. + índice.
120. BOISSIER. **Recueil de Lettres au sujet des maléfices et du sortilège, servant de réponse aux Lettres du Sieur de St. André, médecin à Coutances sur le même sujet: par le sieur Boissier, avec la sçavante remontrance du Parlement de Rouen faite au Roy Louis XIV au sujet du sortilège, ou maléfice, des sabats, at autres effets de la magie, pour la perfection du proces dont il est parlé dans ces Lettres.** Paris, 1731, 13 + 387 p.
121. BONÉ, Jean. **Plaidoyers de Me J. Boné, Conseiller du Roy et substitut de Mr. le Procureur Général, au Parlement de Thoulouze et Chambre de l'Éditc de Castres...** Paris, 1638, XXIV + 307 p.
122. BONIFACE, Hyacinthe de (Senhor de Machières e advogado). **Arrêts notables de la Cour du Parlement de Provence.** Aix, 1670-1689, 5 v.
123. BONNET BOURDELOT, Pierre. **Histoire de la musique et de ses effets depuis son origine jusqu'à présent.** Paris, 1725, (2.ª ed.), 4 v.

124. BORDELON, Laurent. **l'Histoire des imaginations extravagantes de Monsieur Oufle causées par la lecture des livres qui traitent de la Magie, du grimoire, des Démoniaques, Sorciers, loupsgaroux, incubes, succubes et du Sabbat, des fées, ogres, esprits folets, génies, phantômes et autres revenans, des songes, de la pierre philosophale, de l'astrologie judiciaire, des horoscopes talismans, jours heureux et malhereux, eclypses, comètes et almanachs, enfin de toutes les sortes d'apparitions, de divinations, de sortilèges, d'enchantements, et d'autres superstitions pratiques, Le tout enrichi de figures...** Amsterdã, 2 v., 244 e 188 p.
125. BORDENAVE, Arnaud de. **Plaidoyers et actions de Mr. Me Arnaud de Bordenave, cy-devant advocat au Parlement, à présent Conseiller du Roy, et maistre ordinaire en la chambre des Comptes de Navarre...** Paris, 1641, 11 + 314 f.
126. BOUCHEL, Laurent. **La Bibliothèque ou Thrésor du droit français.** Paris, 2 v.
127. BOUCHEL, Laurent. **Recueil de plaidoyez notables de plusieurs anciens et fameux advocats de la Cour de Parlement, faits en causes célèbres, dont aucunes ont esté plaidées en présence des Roys...** Paris, 1645, 4 f + 556 + 221 p. + lâminas.
128. BOUCHER, Jean (doutor em teologia). **Couronne mystique ou Armes de pieté, contre toute sorte d'impiété, hérésie, athéisme, schisme, magie et mahométisme, par um signe au hiéroglyphique mystérieux en forme de couronne...** Tournay, 1624, 954 p.
129. BOUCHIN, Estienne. **Plaidoyez et conclusions prises par M. Estienne Bouchin, sieur de Varennes, pendant l'exercice de sa charge de conseiller et procureur du Roy aux Cours royals à Beaune.** Paris, 1620, 360 p. + lâminas.
130. BOUDON, Henry Marie. **L'homme de Dieu en la personne du Père Jean Joseph Seurin,** Chartres, 1683, 420 p.
131. BOUDON, Henry Marie. **Le triomphe de la Croix en la possession de la vénérable Mère Marie Elisabeth de la Croix de Jésus, fondatrice de l'institut de N.D. du Refuge des vierges et filles pénitentes.** Liège (Nancy), 1686, 584 p.
132. BOULAESE, Jean. **Le Manuel de l'admirable victoire du corps de Dieu, sur l'esprit maling Beelzebub obtenue à Laon en 1566, au Salut de tous, par le commandement de nos Saints Pères les Papes Pie V et Grégoire XIII...** Paris, 1575, 320 p.
133. BOULAESE, Jean. **Le thrésor et entière histoire de la triomphante victoire du corps de Dieu sur l'esprit maling Beelzebub, obtenue à Laon l'an 1566, au salut de tous...** (Nicole Obry). Paris, 1578, 788 p.
134. BOULAESE, Jean. **L'abbrégée histoire du grand miracle par notre Sauveur et Seigneur Jésus Christ en la saincte hostie du Sacrement de l'Autel, faict à Laon...** Paris, 1578, 32 p.
135. BOURGEOIS, Claude. **Pratique civile et criminelle pour les justices inférieures du duché de Lorraine, conformément à celle des Sièges ordinaires de Nancy.** Nancy, 1614, 53 f.
136. BOUVET (preboste geral dos exércitos do Rei na Itália). **Les manières admirables pour découvrir toutes sortes de crimes et sortilèges. Avec l'instruction solide pour bien juger un procez criminel. Ensemble l'espèce des crimes et la punition d'iceux, suivant les loix, ordonnances, canons et arrests.** Paris, 1650, 342 p.
137. BOYER D'ARGENS, Marquis J.P. de. **Lettres juives ou correspondance philosophique historique et critique entre un juif voyageur en différents États de l'Europe et ses correspondants em divers endroits.** La Haye (Paris), 1754, 8 v.

138. BRILLON, P.J. **Dictionnaire des arrests, ou jurisprudence universelle des Parlements de France et autres tribunaux.** Paris, 1711, 3 v.
139. BUISSERET, François. **Histoire admirable et véritable des choses advenues à l'endroict d'une Religieuse Professe du couvent des Soeurs Noires de la ville de Mons en Hainaut, native de Sare sur Sambre, aagée de 25 ans, possédée du Maling Esprit, et depuis délivrée...** Paris, 1586, 51 p.
140. CADIÈRE, Catherine. **Les véritables sentiments de Mademoiselle Cadière, tels qu'elle les a donnez à son confesseur, écrits de sa propre main, pour les rendre publics.** Roterdã (Paris), 1731, 8 p.
141. CALMET, Dom Augustin. **Dissertation sur les apparitions des anges, des démons, et des esprits, et sur les revenans et vampires de Hongrie, de Bohême, de Moravie et de Silésie.** Paris, 1746, 500 p.
142. CAMPION, Nicolas de. **Entretiens sur divers sujets d'histoire, de politique et de morale.** Paris, 1704, XII + 476 p. (A 3.ª conversação: "sur la possession des religeuses de Louviers", e a 4.ª: "De la simplicité chrétienne", tratam de Louviers, p. 138 a 226).
143. CARDAN, Jérôme. **De rerum veritate libri XVII...** Bâle, 1557, 1194 p. + índice e pranchas.
144. CARDAN, Jérôme. **De causis, signis ac locis morborum liber unus.** Bâle, 1538, 244 + índice.
145. CARON, Claude. **Response aux blasphèmes d'un Ministre de Calvin Sacramentaire, semez dans ses escris contre le St. Sacrifice de l'Autel.** Tournon, 1590, 202 p.
146. CATELAN, Laurens (mestre boticário em Montpellier). **Rare et curieux discours de la plante appelée Mandragore; de ses espèces, vertus et usage. Et particulièrement de celle qui produict une racine représentant de figure le corps d'un homme; qu'aucuns croyent celle de Joseph appelé Baaras; et d'autres, les Téraphins de Laban, en l'Écriture Saincte.** Paris, 1638, V + 53 p.
147. CAUSSIN, R.P. Nicolas, sj. **Lettre à une persone illustre sur la curiosité des horoscopes.** Paris, 1649, 10 p.
148. CAYRON, Gabriel (advogado no Parlamento e secretário Regular da câmara do Rei). **Le parfait praticien françois divisé en 3 parties...** Toulouse, 1655, 10 + 504 p. + lâminas.
149. CHALLINE, Paul (advogado). **Méthode générale pour l'intelligence des coustumes de France, suivant l'authorité des arrests de la Cour...** Paris, 1666, 373 p. + lâmina.
150. CHARONDAS LE CARON, L. **Responses du droict français confirmées par arrest des cours souveraines de France et rapportées aux lois romaines...** Paris, 1579-1582, 529 p.; 3.ª ed., 1637, 660 p.
151. CHARONDAS LE CARON, L. **De la tranquillité d'esprit, livre singulier, plus un discours sur le procès criminel faict à une sorcière condamnée à mort par arrest de la Cour de Parlement, et exécutée au bourg de la Neufville le Roy en Picardie, avec ses interrogatoires et confessions.** Paris, 1588, 200 p.
152. CHENU, Jean. **Cent notables et singulières questions de droict, décidées par arrest mémorables des cours souveraines de France.** Paris, 1603, 621 p.
153. CHENU, Jean, advogado no Parlamento. **Recueil de Réglemens notables tant généraux que particuliers, donnez entre Ecclésiastiques, pour la célébration du service divin; Juges, magistrats et autres officiers royaux et des seigneurs justiciers inférieurs et subalternes pour l'exercice de leurs offices, rang, séance prérogative, institution et destitution d'iceux, édition seconde,** Paris, 1603, 852 + 624 p.

154. COLBERT, Pierre Clément. **Lettres, instructions et Mémoires de Colbert.** Paris, 1861-1869, 6 v.
155. CONGNARD. Histoire de Marthe Brossier, prétendue possédée, tirée du latin de Messire Jacques Auguste de Thou, président au parlement de Paris, avec quelques remarques et considérations générales sur cette matière tirées pour la pluspart aussi du latin de Bartholomeus Perdulcis, célèbre médecin de la Faculté de Paris, le tout pour servir d'appendice et de plus ample éclaircissement au sujet d'un livre intitulé la piété affligée... Rouen, 1652, 40 p.
156. CORBERON, Nicolas de. **Plaidoyez de Messire N. de Corberon, chevalier de Torvillers, Conseiller du Roy en ses conseils, advocat général au Parlement de Metz, et ensuite Maistre des Requestes ordinaires de l'hotel de S.M. ... Ensemble les plaidoyers de M. Abel de Sainte Marthe, advocat au Parlement et depuis conseiller du Roy en son conseil d'Estat, et garde de la bibliothèque de S.M. à Fontainebleau,** Paris, 1693, 532 p. + lâminas.
157. CORBIN, Jacques. **Plaidoyez de Mr. Jacques Corbin, advocat en parlement. Ensemble les arrests intervenus sur iceux et autres, prononcez en robes rouges, et autrement dignes et remarquables à la posterité.** Paris, 1610, 28 + 462 p.
158. CORBIN, Jacques. **Les lois de la France promulguées sur la necessité des controverses par les arrests du parlement de Paris...** Paris, 1614, 672 p. + lâminas.
159. CORBIN, Jacques. **Le Code Louis XIII, roy de France et de Navarre, contenant des ordonnances et arrests de ses cours souveraines...** Paris, 1628, 600 p. + lâminas.
195. CORBIN, Jacques & COULON, Louis. **L'Ulysses français ou le voyage de France, de Flandre et de Savoye.** Paris, 1643, 616 p. + lâmina.
160. CRESPET, F.P. (Prior dos Celestinos de Paris). **Deux livres de la hayne de Satan et malins esprits contre l'homme et de l'homme contre eux. Où sont par notables discours et curieuses recherches, expliquez les arts, ruses et moyens qu'ils pratiquent pour nuyre à l'homme par charmes, obsessions, Magie, sorcellerie, illusions, phantosmes, impostures et autres estranges façons, avec les remèdes convenables pour leur résister suyvant l'usage qui se pratique en l'Église...** Paris, 1590, 428 f.
161. CRUSEAU. **Chronique d'Estienne de Cruseau, publiée par les bibliophiles de Guyenne.** Bordeaux, 1881, 324 e 256 p.
162. CYRANO DE BERGERAC. **Oeuvres diverses** (Carta XII "pour les sorciers", carta XIII "contre les sorciers"). Paris, 1654, 298 p.
163. DANEAU, Lambert. **Deveneficis, quos olim sortilegos, nunc autem sortiaros vocant dialogus, in quo quae de hoc argumento quaeri solent breviter et commode explicantur.** Genebra, 1574, 127 p.
164. DANEAU, Lambert. **Deux traitez nouveaux très utiles pour ce temps. Le premier touchant les sorciers auquel ce qui se dispute aujourd'huy sur cette matière, est bien amplement résolu et augmenté de deux procès extraicts des greffes pour l'éclaircissement, et confirmation de cet argument. Le second contient une brève remontrance sur les jeux de cartes et de dez.** s.l. (Gien), 1579, 160 p.
165. DAUGIS, Louis. **Traité sur la Magie, le sortilège, les possessions, obsessions et maléfices, où l'on en dèmontre la vérité et la réalité, avec une méthode sûre et facile pour les discerner; et les règlements contre les devins, sorciers, magiciens, etc... Ouvrage très utile aux ecclésiastiques, aux médecins et aux juges.** Paris, 1732, 328 p.

166. DELAMARE, Nicolas. **Traité de la police, où l'on trouvera l'histoire de son établissement, les fonctions et les prérogatives de ses magistrats, toutes les loix et tous les règlements qui la concernent...** (Amsterdã), 1729, 4 v.
167. DEL RIO, Martin. **Disquisitionum magicarum libri sex.** Lyon, 1608, 558 p. + preâmbulos.
168. DEL RIO, Martin. **Les controverses et recherches magiques de M. Delrio, divisées en six livres auxquels sont exactement et doctement confutées les sciences curieuses les vanitez et superstitions de toute magie, avec la manière se procéder contre les magiciens et sorciers, trad. du latin par André Duchesne accommodée à l'instruction des confesseurs. Oeuvre très utile et nécessaire à tous les théologiens, jurisconsultes, médecins et philosophes.** Paris, 1611, 1104 p. + peças preliminares e lâminas.
169. DENISART, J.B. **Collection de décisions nouvelles et de notions relatives à la jurisprudence présente.** Paris, 1756, 6 v.
170. DEPPING, Georges Bernard. **Correspondance administrative sous le règne de Louis XIV.** Paris, 1850-55, 4 v.
171. DESMARETS, R.P. **Histoire de Magdelaine Bavent, religieuse du Monastère de St. Louis de Louviers, avec sa confession générale et testamentaire, où elle déclare les abominations, impiétés et sacrilèges qu'elle a pratiqué et veu pratiquer tant dans led. Monastère qu'au Sabbat et les personnes qu'elle y a remarquées. Ensemble l'arrêt donné contre Mathurin Picard, Thomas Boullé et lad. Bavent, brulés pour le crime de magie, l'un vif et l'autre mort...** Paris, 1652, 80 p.
172. DIGBY, Kenelm. **Discours fait en une célèbre assemblée par le chevalier Digby, chancelier de la Reine de la Grande Bretagne, touchant la guérison des playes par la poudre de sympathie, où sa composition est enseignée et plusieurs autres merveilles de la nature sont développées.** Paris, 1668, 198 p.
173. DOMINIQUE DE SAINTE CATHERINE, R.P. (Religioso Carmelita). **Le grand pêcheur converty, représentée dans les deux estats de la vie de M. Queriolet, prestre, conseiller au Parlement de Rennes.** 3.ª ed., Paris, 1677, 456 p.
173a. DROZ, Jean. **Recueil d'aucuns édicts, status et mandemens publiez et observez au conté de Bourgoigne.** Dole, 1570, 340 p.
174. DU BÉ, Paulus. **Medicinae theoreticae medulla seu medicina animi et corporis, ad latrophilum, Pauli du Bé doctoris medici opus.** Paris, 1671, 354 p.
175. DU FAIL, Noël. **Les plus solennels arrêsts et règlements donnez au Parlement de Bretagne, recueillis par Messire Noël du Fail, sieur de la Hérissaye, conseiller au Parlement, avec les annotations de Maître Mathurin Sauvageau, avocat en la Cour...** Nantes, 1715, 2 v.
176. DU FOSSÉ, Pierre Thomas. **Mémoires de P. Th. du Fossé publiés par F. Bouquet.** Rouen, 1879, 4 v.
177. DUNCAN, Marc (médico em Saumur). **Discours de la possession des Religieuses Ursulines de Loudun.** s.l., 1634, 64 p.
178. DUNCAN, Marc. **Apologie pour M. Duncan, Docteur en médecine contre le traité de la mélancholie tiré des réflexions du Sieur de la M.** (Menardière), s.l., n.d. (1635), 196 p.
179. DUPLEIX, Scipion. **La curiosité naturelle rédigée en questions selon l'ordre alphabétique.** Paris, 1606, 312 f. + preliminares.
180. DUPLEIX, Scipion (Conselheiro do Rei e lugar-tenente particular, assessor criminal no tribunal presidencial de Condor e referendário regular da Rainha Margarida). **La troisième partie de la Métaphysique ou science surnaturelle qui est des Anges et**

Daemons. Paris, 1610, 536 p. (Retirado de **Corps de philosophie,** 3 v.).

181. DUPLESSIS, Claude. **Traité des Matières criminelles, dans Oeuvres de M. Duplessis,** 5.ª ed., Paris, 1728 (tomo II, p. 1 a 114).

182. DU PONT, R. **La Philosophie des esprits, divisée en cinq livres et généraux discours chrestiens. Le premier de la majesté de Dieu; le second, de l'essence et ministère des anges; le troisième, du paradis et de la félicité des bien heureux; le quatrième, de l'enfer et des tourments des damnés; le cinquième, de l'estre des Démons, et de leur malice.** Paris, 1602, 294 p. + lâminas.

183. DURAND DE MAILLANE. **Dictionnaire de droit canonique et de pratique bénéficiale.** Paris, 1761, 2 v.

184. DU VAIR (primeiro presidente do Parlamento de Aix). **Arrests sur quelques questions notables prononcez en robbe rouge au Parlement de Provence.** Paris, 1606, 383 p.

185. DU VAIR. **Recueil des harangues et traictez du Sr. Du Vair,** Paris, 1610, 546 p. + preliminares.

186. DUVAL, André (Doutor em Teologia). **La vie admirable de Soeur Marie de l'Incarnation, religieuse converse en l'ordre de Notre Dame du Mont Carmel et fondatrice d'iceluy en France, appellée au monde, la demoiselle Acarie.** Paris, 1622, (5.ª ed.), 836 p.

187. ERARD, Claude. **Plaidoyez de Mr. Claude Erard, avocat au Parlement.** Paris, 1696, 496 p. + lâmina.

188. ERASTUS, Thomas. **De strigibus liber,** publicado em Nicolas JACQUIER: **Flagellum haeraticorum fascinariorum,** Frankfurt, 1581, 605 p. (tradução francesa de Jean Wier, edição Bibliothèque Diabolique, cf. n.º 342).

189. ESPPRIT DE BOSROGER, R.P. (Provincial dos Capuchinhos da Normandia). **La piété affligée ou discours historique et théologique de la possession des Religieuses dites de Sainte Elizabeth de Louviers.** Rouen, 1652, 458 p.

190. EWICH, D. Johan (Médico). **De sagarum (quas vulgo veneficos appellant) natura, arte, viribus et factis, item de notis indicisque, quibus agnoscantur; et poena qua afficiendae sint, censura aequa et moderata.** Bremen, 1584, 94 p.

191. EXPILLY, Claude. **Plaidoyez de C. Expilly, conseiller du Roy, et son advocat général au Parlement de Grenoble. Avec quelques arrests et règlements notables dudit Parlement.** Paris, 1608, 663 p. + preliminares.

192. EXPILLY, Claude. **Plaidoyez de Mr. Cl. Expilly, chevalier, conseiller du Roy en son conseil d'Etat et présidant au Parlement de Grenoble. Ansamble plusieurs arrests et règlemans notables dudit Parlement, le tout divisé en 5 parties.** 5.ª ed., revista e aumentada, Lyon, 1636, 900 + lâminas.

193. FAYE, Barthélemy. **Energumenicus. Ejusdem Alexicacus cum liminari.** Lutécia, 1571, IV + 398 p.

194. FAYE, Jacques. **Les remonstrancess ou harangues faictes en la cour de Parlement de Paris aux ouvertures des playdoyries par feu M. Jacques Faye, seigneur Despeisses conseiller du Roy en ses conseils d'Estat et privé, lors advocat dudit seigneur, et depuis président en ladite Cour.** La Rochelle, 1591, VI + 119 p.

195. FERRIÈRE, Claude de (advogado no Parlamento de Paris). **Le nouveau praticien, contenant l'art de procéder dans les matières civiles, criminelles et bénéficiales...** Paris, 1681, 563 p. + preliminares.

196. FILESAC, Jean. **De idolatria magica dissertatio, Joannis Filesaci theologi parisiensis.** Paris, 1659, 70 p.

197. FONTAINE, J. (conselheiro e médico oficial do Rei, primeiro professor em sua Universidade de Bourbon na cidade de Aix). **Discours des marques des sorcières et de la réelle possession que le diable prend sur le corps des hommes sur le sujet de l'abominable et détestable sorcier Louis Gaufridy, prestre bénéficié en l'Église parrochiale des Accoules de Marseille...** Paris e Lyon, 1611, 46 p.
198. FOUCAULT, Nicolas. **Mémoires de Nicolas Joseph Foucault,** publicadas por F. BAUDRY (**Collection de documents inédits**), Paris, 1862, 590 p.
199. GAFFAREL, Jacques. **Curiositez inouyes sur la sculpture talismanique des Persans, horoscope des Patriarches, et lecture des Estoiles.** Paris, 1629, 644 p.
200. GALLAND, Auguste. **Recueil de divers plaidoyers prononcez au parlement de Paris, par feu Me. A. Galland, très célèbre advocat au dit Parlement.** Paris, 1656, 480 p.
201. GALLAND, Auguste e Thomas. **Nouveau recueil de divers plaidoyers, de feus Mes A. et Th. Galland, et autres fameus advocats de la cour de Parlement.** Paris, 1656, 572 p. + preliminares.
202. GAULTIER, Claude. **Les plaidoyez de Monsieur Gaultier advocat en parlement avec les arrests intervenus sur iceux.** Paris, 1662, XVI + 724 p.
203. GAYOT DE PITTAVAL (Advogado no Parlamento). **Causes célèbres et intéressantes avec les jugements qui les ont décidées.** Paris, 1734-1743, 20 v.
204. GILLET, Francis Pierre. **Plaidoyers et autres oeuvres de F.P. Gillet, avocat au Parlement.** Paris, 1696, 664 p. + preliminares.
205. GODELMANN, Johann. **Tractatus de magis, veneficis et lamiis, deque his recte cognoscendis et puniendis.** Nuremberg, Trad. alemã, 1592, 483 p.
206. GUIBELET, Jourdain. **Trois discours philosophiques, le premier de la comparaison de l'homme et du monde, le second du principe de la génération de l'homme, le troisième de l'humeur mélancolique.** Évreux, 1603, 286 p. + lâminas.
207. GUYOT, Pierre. **Répertoire universel et raisonné de jurisprudence civile, criminelle, canonique et bénéficiale, ouvrage de plusieurs jurisconsultes.** Paris, 1784-85, 17 v.
208. HAULTIN, L'Hierosme (Ministro do Evangelho). **Traité de l'enchantement qu'on appelle vulgairement le nouement de l'Esguillette, en la célébration des mariages en l'Église réformée, et des remèdes à l'encontre pour le soulagement des fidèles.** La Rochelle, 1591, 87 p.
209. HEDELIN, F., Abade de AUBIGNAC (Advogado no Parlamento). **Des Satyres, brutes, monstres et démons, de leur nature et adoration, contre l'opinion de ceux qui ont estimé les Satyres estre une espèce d'hommes distincts et séparez des adamicques.** Paris, 1627, 236 p.
210. HENRYS, Claude (Conselheiro do Rei e seu primeiro advogado no bailiado e tribunal presidial de Forès). **Oeuvres contenant son recueil d'arrêts, ses plaidoiers et harangues, et 22 questions postumes, tirées des écrits de l'Auteur, trouvés après son décès...** Paris, 1708, 2 v.
211. HERVIEU DE LA BOISSIÈRE, Abade. **Traité des Miracles, dans lequel on examine leur nature et les moyens de les discerner d'avec les prodiges de l'enfer, leurs fins, leur usage.** Paris, 1764, 540 e 546 p.
212. HUET. **Mémoires de Daniel Huet évêque d'Avranches.** Traduzidas por Ch. Nisard, Paris, 1853, 308 p.

213. HUMIER, François (Padre e pregador da diocese de Sainctes, doutor em teologia). **Discours théologiques sur l'histoire de Magdeleine Bavent, religieuse hispitalière du Monastère de Louviers en Normandie.** Nyort, 1659, 64 p.

214. IMBERT, Hugues. **Les grands jours de Poitou, Registres criminels (1531, 1567, 1579, 1634), Mémoires de la Société de Statistique, Sciences, Lettres et Arts du département des Deux-Sèvres.** Niort, 1878, 362 p.

215. IMBERT, Jean. **La practique judiciaire tant civile que criminelle, receue et observée par tout le royaume de France. Composée tant en latin qu'en Français par Mr. Jean Imbert, lieutenant criminel au siège royal de Fontenay le Comte...** 4.ª ed., revista por Pierre Guenois, Paris, 1609, 840 p. + preliminares e lâminas.

216. JACMON, Antoine. **Mémoires d'A. Jacmon, bourgeois du Puy.** Publicadas por A. Chassaing, Le Puy, 1885, XXVI + 308 p.

217. LA BIGOTIÈRE, René de (Senhor de Perchambault, Presidente de Inquéritos). **Commentaires sur la coutume de Bretagne.** Rennes, 1702, 816 p. + lâminas e preliminares.

218. LA FOUCAUDIÈRE, M. de. **Les effets miraculeux de l'église romaine sur les estranges et effroyables actions des démons et princes des diables, en la possession des religieuses ursulines et filles séculières de Loudun.** Paris, 1635, 16 p.

219. LA MENARDAYE (Padre). **Examen et discussion critiqueude l'histoire des diables de Loudun, de la possession des religieuses ursulines et de la condamnation d'Urbain Grandier.** Paris, 1747, 528 p.

220. LAMOIGNON, A. de. **Plaidoyé sur le Congrès par M. de Lamoignon, avocat général au Parlement de Paris.** Paris, 1680, 118 p.

221. LANCRE, Pierre de (Conselheiro do Rei no Parlamento de Bordeaux). **Tableau de l'inconstance des mauvais anges et démons, où il est amplement traicté des sorciers et de la sorcelerie. Livre très utile et nécessaire non seulement aux juges, mais à tous ceux qui vivent sous les loix chrestiennes. Avec un discours contenant la procédure faite par les inquisiteurs d'Espagne et de Navarre à 53 magiciens, apostats, juifs et sorciers, en la ville de Logrogne en Castille, le 9 Novembre 1610. En laquelle on voit combien l'exercice de la justice en France est plus juridiquement traicté avec de plus belles formes qu'en tous autres empires, royaumes, républiques et estats.** Paris, 1612. 569 p.

222. LANCRE, P. de. **L'incrédulité et mescréance du sortilège plainement convaincue où il est amplement et curieusement traicté de la vérité ou illusion du sortilège, de la fascination, de l'attouchement, du scopelisme, de la divination, de la ligature ou liaison magique, des apparitions...** Paris, 1622, 841 p.

223. LAVAL, Antoine de. **Examen des almanachs, prédictions, présages, et divinations, où est descouvert à nud la vanité, l'impiété, le mensonge, les contrariétes absurdes et la détestable imposture de toute sorte de divination et de fausse astrologie qu'ils appellent judiciaire,** dans **Desseins de professions nobles et publiques, contemans plusieurs traités divers et rares autrefois proposés en forme de leçons paternelles pour avis et conseils des chemins du monde.** Paris, 1612, 461 f. (f. 396 a 444).

224. LAVATER, Loys (Ministro da Igreja de Zurique). **Trois livres des apparitions des Esprits, fantosmes, prodiges et accidens merveilleux qui précèdent souventes fois la mort de quelque personnage renommé, ou un grand changement ès choses de ce monde.** s.l., 1571, 304 p. + preliminares.

225. LÉAUPARTIE, De. **Mémoire justificatif de la possession de huit personnes de la paroisse de Landes**, s.l., (Caen), 1735, 4 p.
226. LE BRETON, Jean. **La défense de la vérité touchant la possession des religieuses de Louviers.** Évreux, 1643, 28 p.
227. LE BRUN DE LA ROCHETTE, Claude (Jurisconsulto do Beaujolais). **Les procez civil et criminel contenants la méthodique liaison du Droict et de la Practique judiciaire, civile et criminelle...** Lyon, 1643, 468 + 194 + 60 p.
228. LE BRUN, Pierre. **Histoire critique des pratiques superstitieuses, qui ont séduit les peuples, et embarassé les savans, avec la méthode et les principes pour discerner les effets naturels d'avec ceux qui ne le sont pas, par un prête de l'Oratoire.** Rouen, 1702, 638 p. + lâminas + epístola e prefácio.
229. LECAUCHOIS, Me (Advogado no Parlamento de Rouen). **Mémoire justificatif pour Marie Françoise Victoire Salmon, née en 1760, originairement accusée de crimes de poison et de vol demestique...** Paris, 1786, 144 p.
230. LE GAUFFRE. **Récit véritable de ce qui s'est fait et passé aux exorcismes de plusieurs religieuses de la ville de Louviers en présence de M. le pénitencier d'Évreux et de M. le Gauffre.** Paris, 1643, 107 p.
231. LE LOYER, P. (Conselheiro no Parlamento de Angers). **Quatre livres des spectres ou apparitions et visions d'Esprit, Anges et Démons se monstrant sensiblement aux hommes.** Angers, 1586, 642 e 338 p.
232. LE LOYER, Pierre. **Discours des Spectres, ou visions et apparitions d'esprits, comme anges, démons et ames se monstrans visibles aux hommes,** Segunda edição revista e aumentada, Paris, 1608, 12 + 979 p.
233. LE MAISTRE, Ant. **Les plaidoyez et harangues de Monsieur le Maistre, cy-devant advocat au parlement et conseiller du Roy en ses conseils d'Estat et privé, Donnez au public par Monsieur Islali, advocat au Parlement.** Paris, 1657, 707 p. + lâminas e preliminares.
234. LEMNIUS, Levinus. **Les Secrets Miracles de nature et divers enseignemens de plusieurs choses par raison probable et artiste conjecture expliquez en deux livres et nouvellement traduits en françois.** Lyon, 1566, 459 p. + índice.
235. LENGLET DU FRESNOY, Abade Nicolas. **Recueil de dissertations anciennes et nouvelles sur les apparitions, les visions et les songes. Avec une préface historique et un catalogue des auteurs qui ont écrit sur les Esprits, les visions, les apparitions, les songes et les sortilèges.** Avignon e Paris, 1751-1752, 4 v.
236. LE NORMANT, Jean. (Senhor de Chiremont). **De l'exorcisme.** s.l., 1619, 56 p.
237. LE NORMANT, Jean (Senhor de Chiremont). **Histoire véritable, mémorable de ce qui s'est passé sou l'exorcisme de trois filles possédées ès pais de Flandre, en la descouverte et confession de Marie de Sains, soy disant princesse de la Magie, et Simone Dourlet, complice, et autres. Où il est aussi traité de la police du Sabbat, et secrets de la Synagogue des magiciens et magiciennes. De l'Antechrist et de la fin du monde. De la vocation des magiciens et magiciennes par le ministère des démons, et particulièrement des chefs de magie, à scavoir de Magdeleine de la Palud, Marie de Sains, Louys Gaufridy, Simone Dourlet, etc... Item de la vocation accomplie par l'entremise de la seule authorité écclésiastique, à scavoir de Didyme, Maberthe, Loyse, etc... Avec trois petits traictez...** Paris, 1623. 2 v.

238. LE PICARD, Mathurin. **Le fouet des Paillards ou juste punition des voluptueux et charnels.** Rouen, 1623, 356 p.
239. LE POT, Laurent. **Histoire véritable arrivée de notre tems en la ville de Beauvais, touchant les conjurations et exorcismes faits à Denise de la Caille, possédée du Diable,** histoire remplie d'admirables et estranges effets des Démons. Avec les actes et procès verbaux faits sur les lieux par le commandement de Mr. l'evesque dudit Beauvais. Paris, 1623, 16 p.
240. LUCHÉ, R.P. Mathieu de (Capuchinho). **L'admirable changement de vie d'un advocat de la Cour, nouvellement opérée par le moyen 'und Démon, dans les exorcismes faits en la ville de Loudun.** Paris, 1637, 16 p.
241. LUCHÉ, R.P. Mathieu de. **Les interrogatoires et exorcismes nouvellement faites à un démon sur le sujet de la possession des filles ursulines de la ville de Loudun; avec les réponses du démon au R.P. Mathieu de Luché, capucin, exorciste,** sur le mesme sujet au grand estonnement du peuple. Paris, 1637, 16 p.
242. MAIGNART (Médico em Rouen). **Lettre adressée à Monsieur D.L.V. Médecin du Roy, et doyen de la Faculté de Paris sur l'apologie du sieur Yvelin, médecin.** Rouen, 1644, 6 p.
242a. MAIOLE D'AST, Simon (Bispo de Valtoure). **Les jours caniculaires, c'est-à-dire 23 excellents discours des choses naturelles et surnaturelles...** Paris, 1609, 1029 p.
243. MALDONAT, Jean, sj. **Traicté des Anges et Démons** (mis en français par Maistre F. de la Borie, grand archidiacre et chanoine à Périgueux). Paris, 1605, 242 p.
244. MARCONVILLE, Jean de (gentil-homem de Perche). **Recueil mémorable d'aucuns cas merveilleux advenus de nos ans et d'aucunes choses estranges et monstrueuses advenues es siècles passez.** Paris, 1564, 132 f.
245. MARESCOT, Michel (médico em Paris). **Discours véritable sur le fait de Marthe Brossier, de Romorantin, prétendue démoniaque.** Paris, 1599, 48 p.
246. MARESCOT, Pierre. **Traicté des marques des possédés et la preuve de la véritable possession des religieuses de Louviers par M.P.M.** Rouen, 1643, 94 p.
247. MARION, Simon. **Plaidoyez de M.S. Marion advocat en Parlement, baron de Druy, avec les arrests donnés sur iceux.** Lyon, 1594, 484 p. + preliminares.
248. MARION, Simon. **Plaidoyez et advis sur plusieurs grands et importants affaires de messire S. Marion conseiller du Roy en son conseil d'Estat, et son advocat général au Parlement de Paris.** Paris, 1625, 978 p. + índice.
249. MAROLLES, Michel de (Abade de Villeloin). **Mémoires.** Paris, 1656, 1657, 458 p.
250. MARTIN, Gabriel. (Abade de Clausone no Delfinado). **La religion enseignée par les Démons aux Vaudois sorciers desquels ceux de la R.P.R. se disent estre descendus...** Paris, 1641, 16 p.
251. MASSÉ, P. (Advogado em Mans). **De l'imposture et tromperie des diables, devins, enchanteurs, sorciers, noueurs d'aiguillettes, chevilleurs, Nécromanciens, Chiromanciens et autres qui por telle invocation Diabolique, ars magiques et superstitions abusent le peuple.** Paris, 1579, 220 f. + lâminas.
252. MAUQUEST, Me Guillaume (Senhor de la MOTTE, cirurgião juramentado em Valogne). **Traité complet de chirurgie contenant des observations et des réflexions sur toutes les maladies chirurgicales et sur la manière de les traiter.** Paris, 1722, 3 v.

253. MENGHO, Jérôme. **Fuga daemonum, adjurationes potentissimas et exorcismos formidabiles atque efficaces, in malignos spiritus propulsandos, et maleficia ab energumenis pellenda.** Veneza, 1596, 345 + 104 p., índice.
254. MENGHO, Jérôme. **Flagellum daemonum, seu exorcismi terribiles, potentissimi et efficaces, remediaque probatissima in malignos spiritus expellendos et maleficia effuganda, de obsessis corporibus cum suis benedictionibus et omnibus requisitis ad eorum expulsionem.** Lyon, 1608, 250 p.
255. MERÉ (Cavaleiro de). **Oeuvres.** Amsterdã, 1692, 2 v.
256. MERSENNE, Marin. **Correspondance.** Publicada por C. de Waard e outros. Paris, 1945-1967 (edição em curso; notadamente o t V, 1959, 640 p.).
257. MERSENNE, Marin. **Quaestiones celeberrimae in genesim, cum accurata textus explicatione.** Paris, 1623, 1916 colunas, mais lâminas e 430 p. de complementos.
258. MEYSSONNIER, Lazare. **La belle magie ou science de l'esprit contenant les fondemens des subtilitez et des plus curieuses et secrètes connaissances de ce temps.** Lyon, 1669, 542 p. + lâminas, 28 p. não numeradas.
259. MICHAELIS, Sébastien (Dominicano). **Pneumalogie, Discours des sprits en tant qu'il est de besoin pour entendre et résoudre la manière difficile des sorciers. Fait et composé par le R.P. Sébastien Michaelis, Docteur en théologie, de l'ordre des Frères Prescheurs, et prieur au couvent Royal de St. Maximin en Provence.** Paris, 1587, 308 p.
260. MICHAELIS, Sébastien. **Histoire admirable de la possesion et conversion d'une pénitente, séduite par un magicien, la faisant sorcière et princesse au pays de Provence conduite à la Ste Baume pour y estre exorcizée l'an 1610 ou mois de Novembre soubs l'authorité du R.P.F. Sébastien Michaells, prieur du couven royal de Ste Magdelaine à St. Maximin...** Última edição, Paris, 1614, 465 + 308 p.
261. MICHAELIS, Sébastien. **Histoire véritable et mémorable de ce qui s'est passé sous l'exorcisme de trois filles possédées ès pais de Flandre en la descouverte et confession de Marie de Sains, soy disant princesse de la Magie, et Simone Dourlet et autres, où il est aussi traicté de la police du Sabbat, et secrets de la Synagogue des Magiciens et Magiciennes. De l'Antechrist et de la fin du monde.** Paris, 1623, 346 p.
262. MOLITOR, Ulrich. **De lamiis et phitonicis milieribus tractatus.** Colônia, s.d. (por volta de 1500), 22 f. (Paris, 1561, 40 fólios).
263. MOLITOR, Ulrich. **Des sorcières et devineresses,** reproduit en facsimilé d'après l'édition latine de Cologne et traduit pour la première fois en français. Paris, 1926, VII + 56 + 86 p.
264. MONCONYS, Balthazar de. **Journal des voyages de Mr. de Monconys, conseiller du Roy en ses conseils d'Etat et privé, et lieutenant criminel au siège présidial de Lyon.** Lyon, 1665, primeira parte (1.º tomo), 492 p.
265. MONTFAUCON DE VILLARS, Abade. **Le comte de Gabalis ou entretien sur les sciences secrètes et mistérieuses suivant les principes des anciens mages ou sages cabalistes.** Paris, 1670, 327 p.
266. MONTVALLON, Barrigue de. **Motifs des juges du Parlement de Provence qui ont été d'avis de condamner le P. Jean Baptiste Girard, envoyez è M. le Chancelier, le 31 décembre 1731. Ensemble la lettre de ce Magistrat à M. le président de Maliverny: la Réponse de ce Juge, et celle des autres Messieurs qui ont été de son opinion.** s.l., Paris, 1733, 4 + 32 p.

267. MORRY, Anthoine de (capelão do Rei). **Discours d'un miracle advenu en la Basse Normandie, avec un traité des Miracles, ou pouvoir des démons et de leurs prestiges et le moyen de le recognoistre.** Paris, 1598, 68 p.
268. NAUDÉ, Gabriel. **Apologie pour tous les grands personnages qui ont esté faussement soupçonnés de magie.** Paris, 1625, 616 p. (reedição): **Apologie pour les grands hommes soupçonnez de Magie,** Paris, 1712, 470 p.
269. NAUDÉ, Gabriel. **Considérations politiques sur les coups d'estat.** Rome, 1639, 222 p.
270. NAUDÉ, Gabriel. **Jugement de tout ce qui a esté imprimé contre le cardinal Mazarin. Depuis le 6 janvier jusques à la déclaration du 1er avril 1649 (appelé aussi le Mascurat).** s.l., n.d. (1649, Paris), 718 p. + lâminas.
271. NAUDÉ, Gabriel. **Lettres inédites écrites d'Italie à Peiresc,** Paris, 1887 (Extraídas do **Bulletin des bibliophiles**), 118 p.
272. NAUDÉ, Gabriel. **Naudaeana et Patiniana, ou Singularitez remarquables prises des conversations de Mess. Naudé et Patin.** Amsterdã, 1703, 132 p. + lâminas.
273. NICOLAS, Augustin. **Si la torture est un moyen seur à vérifier les crimes secrets, dissertation morale et juridique par laquelle il est amplement traité des abus qui se commettent partout en l'instruction des procès criminels, et particulièrement en la recherche du sortilège. Ouvrage nécessaire à tous Juges tant souverains que subalternes et à tous avocats consultants et patrocinans.** (Amsterdã), 1682, 232 p.
274. NODÉ, Pierre (Mínimo). **Declaration contre l'erreur exécrable des maléfices, sorciers, enchanteurs, magiciens, devins, et semblables observateurs des supertitions, lesquels pullulent maintenant couvertement** (sic) **en France; à ce que recherche et punition d'iceux soit faite, sur peine de rentrer en plus grands troubles que jamais.** Paris, 1578, 20 + 80 p.
275. NYNAULD, J. de (Doutor em Medicina). **De la lycanthropie transformation et extase de sorciers où les astuces du diable sont mises tellement en évidence qu'il est presque impossible, voire au plus ignorant, de se laisser dorénavant séduire. Avec la réfutation des arguments contraires que Bodin allègue au chapitre VI du second livre de sa Démonomanie...** Paris, 1615, 110 p.
276. ORMESSON, Olivier Lefèvre d'. **Journal,** publicado por CHÉRUEL. Paris, 1860-1861, 2 v.
277. PAPON, Jean. **Recueil d'arrests notables des cours souveraines de France, ordonnez par tiltres en 24 livres...** Paris, 1566, 532 f.
278. PARACELSE. **De praesagiis, vaticiniis et divinationibus, astronomica item, et astrologica fragmenta lectu jucunda et utilia.** Bâle, 1569, 119 p.
279. PARÉ, Ambroise. **Les oeuvres... corrigées et augmentées par luy mesme...** Paris, 1607, 1288 p. + lâminas e preliminares.
280. PATIN, Guy. **Lettres de Guy Patin,** 1630-1672, nova edição confrontada com os manuscritos autografados pelo doutor P. Triaire, Paris, 1907, 716 p.
281. (PATIN) Achille Chereau. **Quelques lettres inédites de Guy Patin, 1651-1661.** Paris, 1877, 48 p.
282. PATRU, Olivier. **Plaidoyez et autres oeuvres d'O. Patru, conseiller du Roy en ses conseils, et avocat de la cour de Parlement.** Paris, 1670, 742 p. + preliminares.
283. PEIRESC. **Lettres de Peiresc.** Edição Tamizey de Larroque, Paris, 1888-1898, 7 v.

284. PELEUS, Julien. **Les plaidoyez de Maistre J. Peleus, advocat en Parlement et au conseil de sa Majesté.** Paris, 1614, 435 f. + lâmina e preliminares.
285. PELLOT, Claude. **Notes du premier président Pellot sur la Normandie: clergé, gentilshommes et terres principales, officiers de justice (1670-1683), éditées par G.A. Prévost.** Rouen, 1915, 34 + 400 p.
286. PEREYRA, Benedictus, sj. **De Magia, de observatione somniorum et de divinatione astrologia libri tres adversus fallaces et superstitiosas artes.** Lyon, 1592, 258 p. + índice.
287. PERREAUD, F. **L'Antidémon de Mascon, ou la relation pure et simple des principales choses qui ont esté faites et dites par un Démon il y a quelques années dans la ville de Mascon en la maison du sieur Perreaud, opposées à plusieurs faussetez qui en ont couru ci devant sous le nom du diable de Mascon... Ensemble la démonologie ou discours en général touchant l'existence, puissance et impuissance des Démons et des sorciers...** Genebra, 1656, 25 + 254 + 94 p.
288. PETREMAND, Jean (Doutor em Direito, Conselheiro na Corte Suprema do Parlamento de Dole). **Recueil des ordonnances et édicts de la franche conté de Bourgongne...** Dole, 1619, 390 + 192 p.
289. PEUCER, Gaspar. **Les devins ou commentaire des principales sortes de devinations: distingué en quinze livres, esquels les ruses et impostures de Satan son découvertes, solidement refutées et séparées d'avec les sainctes prophéties et d'avec les prédictions naturelles.** Nouvellement tourné en françois par S.G.S. (Simon Goulard, Senlisien). Anvers e Lyon, 1584, 670 p.
290. PICHARD, Rémi (escudeiro e Doutor em Medicina). **Admirable vertu des Saints exorcismes sur les princes d'Enfer, possédants réellement vertueuse Damoiselle Elisabeth de Ranfaing; avec des justifications contre les ignorances et calomnies de F. Claude Pithoys, minime.** Nancy, 1622, 674 + 104 p.
291. PIGRAI, Pierre. **Epitome des Preceptes de Médecine et de Chirurgie, avec ample déclaration des remèdes propres aux maladyes.** Paris, 1606, 776 p. + lâminas (livro VII).
292. PILET DE LA MÉNARDIÈRE, H.J. **Traitté de la mélancholie, scavoir si elle est la cause des effets que l'on remarque dans les possédées de Loudun. Tiré des réflexions de M. sur le discours de M.D.** (Duncan), La Flèche, 1635, 136 p.
293. PINSON DE LA MARTINIÈRE, Jean. **La Connestablie et Mereschaussée de France, ou recueil de tous les édicts, déclarations et arrests...** Paris, 1661, 1036 p. + preliminares.
294. PLACET, R.P. François. **La Supperstition du temps, reconnue aux talismans, figures astrales, et statues fatales, contre un livre anonyme intitulé les Talismans justifiez. Avec la poudre de sympathie soupçonnée de magie.** Paris, 1667, 226 p.; a edição de 1668 acrescenta ao título: "Et les véritables moyens dont plusieurs tant saints que prophanes ont communiqué avec leurs amis absents et éloignés de plus de cent lieues").
295. POMEREU, Mme de (M.P.D.V.). **Les Chroniques de l'ordre des Ursulines, recueillies pour l'usage des religieuses du même ordre.** Paris, 1673, em três partes de 480, 538 e 564 p.
296. PONS, Vincent (Doutor em teologia). **De potentia et Scientia daemonum quaestio theologica. An diabolus pater mendacii semper loquatur mendacium? An ipssius verbis fides adhibenda sit.** Aix en Provence, 1612, 160 p.

297. PORÉE, Abade Charles Gabriel. **Examen de la pétendue possession des filles de la paroisse de Landes, diocèse de Bayeux et réfutation du mémoire par lequel on s'efforce de l'établir.** s.l. 1735, x + 28 p.

298. PORÉE, Abade Charles Gabriel. **Mémoire sur la prétendue possession des demoiselles de Léaupartie.** Caen, 1733, 17 p.

299. PORÉE, Abade Charles Gabriel (e DUCLOUET, médico). **Le Pour et le contre de la possession des filles de la paroisse de Landes, diocèse de Bayeux.** Antioche (Caen), 1738, IV + 276 p.

300. PORÉE, Abade Charles Gabriel. **Réponse de l'auteur de l'Examen de la possession de Landes à la lettre de M. de XXXX pour servir de suite au Pour et Contre.** Antioche (Caen), 1739, 16 p.

301. PORTA, J.B. **La Magie naturelle, qui est les secrets et miracles de nature, ... nouvellement traduite de latin en français.** Rouen, 1612, 545 p. + preliminares e índice.

302. PRIEUR, F. Claude (nativo de Laval au Mayne e Religioso da ordem dos irmãos Franciscanos da observância). **Dialogue de la lycanthropie ou transformation d'hommes en loups, vulgairement dits loups-garous, et si telle se peut faire. Auquel en discourant est traicté de la manière de se contregarder des enchantements et sorcelleries, ensemble de plusieurs abus et superstitions, lesquels se commettent en ce temps.** Louvain, 1596, 72 p.

303. PSELLOS, M. **Traicté par dialogue de l'énergie ou opération des diables, traduit en français du grec de Michel Psellos poète et philosophe, précepteur de l'Empereur Michel surnommé Parapinacien ou Affamé environ l'an de grace 1050, par Pierre Moreau.** Paris, 1573, 46 + 54 p.

304. PYTHOIS, R.P. Claude. **La Descouverture des faux possédez. Très utile pour recognoistre et discerner les simulations, feintises et illusions, d'avec les vrayes et réelles possessions diaboliques. Avec une briefve instruction qu'il ne faut croire aux diables possédants. Ensemble la conférence tenue entre Monsieur l'Evesque de Toul et le R. Père Pythois, Minime, touchant la prétendue possédée de Nancy,** em Chaalons. 1621, 66 + 46 p.

305. QUARRÉ, Gaspar. **Les plaidoyez et harangues de Monsieur Quarré, conseiller du Roy en ses conseils, advocat général au Parlement de Bourgogne.** Paris, 1658, 234 p.

306. RAEMOND, Florimond de. **L'Histoire de la naissance progrez et décadence de l'hérésie de ce siècle...** Rouen, 1623, 1065 p. + lâmina.

307. RAPINE, Claude. **Des choses merveilleuses en nature où est traicté des erreurs des sens, des puissances de l'âme et des influences des cieux.** Traduzido por Jacques Girard de Tournus. Lyon, 1557, 192 p.

308. RAYNAUD, Th., sj. **De stigmatismo sacro et profano, divino, humano, daemoniaco.** Lyon, 1654, 455 p.

309. **Recueil des grandes ordonnances, édits et déclarations des Rois de France, concernant l'ordre judiciaire, et les matières publiques les plus importantes depuis 1536 jusques en 1681 inclusivement.** Toulouse, 1786, 702 p. + 206 de lâminas.

310. REMY, Nicolas. **Nicolai Remigii, Sereniss. Ducis Lotharingiae a consiliis interioribus, et in ejus ditione Lotharingiae cognitoris publici, Demonolatriae libri tres.** Lyon, 1595, 14 + 394 p.

311. RENAUDOT, Eusèbe. **Recueil général des questions traitées dans les conférences du bureau d'adresse, sur toutes sortes de matières, par les plus beaux esprits de ce temps.** Paris, nova edição, 1666, 5 v.

312. RHODES. **Lettre en forme de dissertation de Mr. de Rhodes, escuyer, docteur em médicine, aggregé au collège des médecins de Lyon, à Monsieur Destaing, comte de Lyon, au sujet de la prétendue possession de Marie Volet de la paroisse de Pouliat en Bresse, dans laquelle il est traicté des causes naturelles de ses accidens et de sa guérison.** Lyon, 1691, 76 p.

313. ROSSET, François de. **Les Histoires tragiques de nostre temps où sont contenues les morts funestes et lamentables de plusieurs personnes, arrivées par leurs ambitions, amours desréglées, sortilèges, vols, rapines, etc... et autres accidents divers mémorables,** Rouen, 1620, 4.ª ed., 632 p. (1.ª ed., Paris, 1614).

314. SAINT ANDRÉ. **Lettres de Mr. de Saint André, conseiller médecin ordinaire du Roy, à quelques-uns de ses amis, au sujet de la magie, des maléfices et des sorciers, où il rend raison des effets les plus surprenans qu'on attribue ordinairement aux Démons; et fait voir que ces Intelligences n'y ont souvent aucune part; et que tout ce qu'on leur impute, qui ne se trouve ni dans l'Ancien, ni dans le Nouveau Testament, ni autorisé par l'Église, est naturel ou supposé.** Paris, 1725, 448 p.

314a. SAINT BEUVE, Jacques de. **Résolutions de plusieurs cas de conscience touchant la morale et la discipline de l'Église.** Paris, 1689, 3 v.

315. SAULNIER, Claude. **Autun chrétien, la naissance de son église, les evesques qui l'ont gouverné; et les hommes illustres qui ont esté tirez de son sein pour occuper les Sièges les plus considérables de ce Royaume, et les premières dignitez de l'Église, ses prérogatives et son progrès.** Autun, 1686, 240 p.

316. SCHOTTI, P. Gasparis, sj. **Magia Universalis naturae et artis, sive recondita naturalium et artificialium rerum scientia.** Frankfurt, 1657, 4 v.

317. SEGUIER. **Lettres et Mémoires adressés au Chancelier Séguier (1633-1649),** publicadas por Roland Mousnier, Paris, 1964, 1284 p. em 2 v.

318. SERCLIER, Jude (cônego oficial do Delfinado). **L'anti-démon historial, où les sacrilèges, larcins, ruses et fraudes du Prince des ténèbres pour usurper la Divinité, sont amplement traictez, tant par le témoignage des Saintes Écritures, Pères et Docteurs de l'Église qu'aussi par le rapport des historiens sacrez et profanes.** Lyon, 1609, 552 p.

319. SERVIN, Messire Loys. **Actions notables et plaidoyez; Avec les plaidoyez de A. Robert Arnault et autres, à la fin desquelz sont les arrests intervenus sur iceux.** Última edição, Rouen, 1629, 552 + 264 p.

320. SOREL, Charles. **Des talismans ou figures faictes sous certaines constellations, pour faire aymer et respecter les hommes, les enrichir, guérir les maladies, chasser les bestes nuysibles, destourner les orages et accomplir d'autres effects merveilleux. Avec des observations contre le livre des curiositez inouyes de M.J. Gaffarel. Et un traicté de l'unguent des armes ou unguent sympathétiques et constellé pour savoir si l'on peut guérir une playe, l'ayant appliqué seulement sur l'espée qui a faict le coup ou sur le baston ensanglanté, ou sur le pourpoint et la chemise du blessé, le tout tiré de la seconde partie de la science des choses corporelles.** Paris, 1636, 417 p.; 2.ª ed., 1640, título **Les secrets astrologiques...**

321. SPEE, Friedrich. **Cautio criminalis, seu de processibus contra sagas Liber, ad Magistratus Germaniae hoc tempore necessarius, tum autem consiliariis et confessariis principium, Inquisitionibus,**

Judicibus, **Advocatis, Confessariis** reorum, concionatoribus, caeterisque: lectu utillissimus. Auctore incerto theologo Romano. Rinteln, 1631, 398 p.

322. SPEE, Frédéric. **Advis aux Criminalistes sur les abus qui se glissent dans les procès de sorcellerie. Dédié aux magistrats d'Allemagne. Livre très nécessaire en ce temps cy, à tous Juges, Conseillers, Confesseurs (tant des Juges que des criminels), Inquisiteurs, Prédicateurs, Advocats et même aux Médecins,** Par le P.N.S.J., Théologien romain; imprimé pour la seconde fois à Francfort en 1632 Et mis en français par F.B. de Velledor, M.A.D. Lyon, 1660, 336 p.

323. SPRENGER, Jacques. **Malleus maleficarum ex variis auctoribus concinnatus, et in tres tomos distinctiis: quorum postremus qui fustis daemonum inscribitur, nunc primum reliquis adjectus est. Siuvi de J. Nider, Liber insigniis de maleficiis et eorum deceptionibus**... Frankfurt, 1582, 693 p.

324. SURIN, J.J. **Lettre escrite à Monsieur l'Évêque de Poictiers par un des pères Jésuites qui exorcisent à Loudun. Contenant un bref récit de la sortie de Leviatan, chef de cinquante démons qui possèdent tant les filles religieuses que séculières**... Paris, 1635, 8 p.

325. SURIN, J.J. **Lettre du Révérend Père Seurin Jésuite, Exorciste des Religieuses Ursulines à Loudun, escrite à un sien amy Jésuite; où se voyent des choses estranges arrivées en sa personne, lesquelles excitent puissamment à la foy et à la crainte des jugemens de Dieu.** s.l. n.d., (1635), 8 p.

326. SURIN, J. Joseph. **Histoire abrégée de la possession des Ursulines de Loudun et des peines du P. Surin.** Paris, 1828, 365 p.

327. SURIN, J. Joseph. **Triomphe de l'Amour divin sur les puissances de l'enfer en la possession de la mère prieure des Ursulines de Loudun, et Science experimentale des choses de l'autre vie, avec le moyen facile d'acquérir la paix du coeur.** Avignon, 1829, 312 p.

328. (SURIN, J.J.) Michel de CERTEAU, sj. **Correspondance de Jean Joseph Surin,** (coleção Bibliothèque européenne). Paris, 1966, 1830 p.

329. TAGEREAU, Vincent. **Le vray praticien français contenant les plus fréquentes et ordinaires questions de practique tant en matière civile et criminelle que bénéficiale et prophane**... Paris, 1633, 556 p. + preliminares.

330. TAGEREAU, Vincent (Angevino). **Discours sur l'impuissance de l'homme et de la femme auquel est déclaré que c'est qu'impuissance empeschant et séparant le mariage, Comment elle se cognoist et ce qui doit estre observé aux procès de séparation, etc**... Paris, 1611, 191 p.

331. TAILLEPIED, Frère Noël. **Traicté de l'apparition des Esprits, à scavoir des âmes séparées, fantosmes, prodiges et accidens merveilleux, qui précèdent quelquefois la mort des grandes personnages ou signifient changement de la chose politique.** Rouen, 1600, 314 p.

332. TAXIL, Jean (Doutor em Medicina, Médico de Arles). **Traicté de l'Epilepsie, maladie vulgairement appelée au pays de Provence la gouttete aux petits enfants; Avec plusieurs belles et curieuses questions touchant les causes prognostiques et cures d'icelles.** Lyon, 1602, 326 p.

333. THIERS, Jean Baptiste. **Traité des superstitions selon l'Écriture Sainte, les décrets des conciles, et les sentiments des Saints Pères et des théologiens.** Paris, 1679, 4 v.

334. THILLAC, R.P. de. **Abrégé de l'histoire prodigieuse de Jean Bertet du comtat d'Avignon, avec une dissertation pour distinguer les vraies possessions d'avec les fausses. Et un abrégé du livre intitulé: le triomphe du Saint Sacrement sur le Démon.** Paris, 1732 (coleção de relatos variados), 11 + 48 + 80 + 80 p.

335. THYRAEUS, Petrus, sj. **De daemoniacis liber unus; in quo daemonum obsidentium conditio, obssessorum hominum status, rationes item et modi quibus ab obsessis daemones exiguntur discutiuntur el explicantur.** Colônia, 1594, 130 p. + índice.

336. TRANQUILLE, R.P. **Véritable relation des justes procédurs observées au faict de la possession des Ursulines de Loudun et au procès d'Urbain Grandier.** Paris, 1634, 32 p.

337. TRANQUILLE, R.P. **Véritable relation des justes procédures observées au faict de la possession des Ursulines de Loudun, et au procez d'Urbain Grandier. Avec les thèses générales les diables exorcisez.** La Flèche, 1634, 80 p.

338. VAIR, Léonard. **Les trois livres des charmes, sorcelages ou enchantemens, esquels toutes les espèces et causes des charmes sont méthodiquement descrites, et doctement expliquées, selon tant l'opinion des philosophes que ses théologiens: avec les vrais contrepoisons pour rebattre les impostures et illusions des Démons, et par mesme moyen, les vaines bourdes qu'on met en avant touchant les causes dela puissance des sorcelleries y sont clairement refutées.** Elaborados em latim por Léonard Vair, Espanol, doutor em teologia, e traduzidos para o francês por Julian Baudon, Angevino, impressos em Paris, 1583, 553 p. + lâminas.

339. VALDERAMA, R.P.P. **Histoire générale du monde et de la nature ou traictez théologiques de la fabrique, composition et conduite générale de l'Univers. Divisez en 3 livres: le premier traictant de Dieu, comme souverain architecte du monde suivant la doctrine sacrée des Pères de l'Église, Juifs, Hébreux, Cabalistes, Turcs, Payens, Ethniques, philosophes, anciens et modernes. Le second de la conduite admirable du mond, les divers degrez des Anges rapportés à la diversité des cieux, de leurs fonctions, qualitez et propriétez. Le troisième des grades diverses des Démons, de la puissance terrible des esprits malins, de leur science apelée magie, de leus pactions, horribles accords, sabbats, assemblée qu'ils font avec les magiciens et sorciers, des diverses parties de la Magie, et plusieurs autres illusions diaboliques.** Paris, 1619, 300 + 336 p. + lâminas.

340. VALMONT, DE. **Dissertation sur les maléfices et les sorciers, selon, les principes de la théologie et de la physique, où on examine en particulier l'état de la fille de Tourcoing.** Tourcoing, 1752, 88 p.

341. WIER, Jean (médico do Duque de Clèves). **Histoires, disputes et discours des illusions et impostures des diables, des magiciens infâmes, sorcières et empoisonneurs; des ensorcelez et démoniaques et de la guérison d'iceux; item de la punition que méritent les magiciens, les empoisonneurs et les sorcières** (traduzido por Jacques Grévin, médico). Paris, 1569, 470 p. + lâminas.

342. WIER, Jean. **Histoires, disputes et discours...** seguido de Thomas ERASTUS, **Deux dialogues touchant le pouvoir des sorcières et de la punition qu'elles méritent.** (Bibliothèque Diabolique), Paris, 1885, 2 v., 624 e 608 p.

343. YVELIN, Pierre. **Examen de la possession de las religieuses de Louviers, tiré de une lettre escrite par une personne de croyance à un sien ami.** Paris, 1643, 18 p.
344. YVELIN, Pierre. **Apologie pour l'autheur de l'examen de la possession des religieuses de Louviers, à Messieurs l'Emperière et Magnart, Médecins à Rouen.** Paris, 1643, 28 p.
345. YVELIN, P. **Apologie pour l'autheur de l'examen de la possession des religieuses de Louviers, à Messieurs l'Emperière et Magnart, Médecins à Rouen,** (in fine: Extraict d'une lettre escrite par un docteur en théologie de la ville de Rouen au Sieur du Bal). Rouen, 1643, 32 p.

3. Estudos e obras de orientação

Essa última categoria não compreende a massa das obras consagradas a esses problemas no século XIX: a paixão dos meios paramísticos por essas questões foi tal, que tornou necessária uma triagem severa para que somente se retivesse as obras que se esforçam por apresentar uma interpretação coerente. A classificação aqui é alfabética, sem distinguir entre a produção do século XIX e a do século XX.

346. ADAM, Antoine. **Les libertins au XXVIIe siècle.** (Textes choisis et commentés). Paris, 1964, 328 p.
347. AMADOU, Robert e colabs. **La Magie,** número especial de **La Tour Saint-Jacques,** Paris, 1957, 272 p.
348. ARBAUMONT, Joseph d'. "Autour d'un procè de sorcellerie au commencement du XVIIIe siècle". In: **Bulletin de l'Académie de Besançon,** 1907, p. 314 a 343.
349. ASSIER, Alexandre. "Le Diable en Champagne". **Bibliothéque de l'amateur champenois,** Paris, 1869, 60 p.
350. AUBENAS, Roger. **La sorcière et l'inquisiteur, épisode de l'Inquisition en Provence (1439).** Aix-en-Provence, 1936, 10 + 82 p.
351. BACHELARD, Gaston. **La formation de l'esprit scientifique, contribuition à une psychanalyse de la connaissance objetctive.** Paris, 1947, 260 p.
352. BAISSAC, Jules. **Les grands jours de la sorcellerie.** Paris, 1890, V + 735 p.
353. BASCHWITZ, Karl. **Hexen und Hexenprozesse, die Geschichte eines Massenwahns und seiner Bekämpfung.** Munique, 1963, 482 p.
354. BAVOUX, Francis. **La sorcellerie au pays de Quingey.** Besançon, 1947, 204 p.
355. BAVOUX, Francis. **Hantises et diableries dans la terre abbatiale de Luxeuil; d'un procès de l'inquisition (1529) à l'épidémie démoniaque de 1628-1630.** (prefácio de Lucien Febvre), Mônaco, 1956, 202 p.
356. BAVOUX, Francis. **Les procès inédits de Boguet en matière de sorcellerie dans la grande judicature de Saint Claude (XVI-XVIIe siècles).** Dijon, 1958, 104 p.
357. BAVOUX, Francis. **Boguet, grand juge de la Terre de Saint Claude,** Besançon, 1956, 20 p.
358. BENET, A. **Procès verbal fait pour délivrer une fille possédée par le malin esprit à Louviers, publié d'après le ms original.** Paris, 1883, CXIV + 99 p.
359. BERNOU, Jean. **La chasse aux sorcières dans le Labourd (1609), étude historique.** Agen, 1897, 414 p.
360. BERTIN, Paul. "Une affaire de sorcellerie dans un village d'Artois aux XVIe siècle". In: **Bulletin de la Société Académique des Antiquaires de la Morinie,** Saint-Omer, 1957, p. 609 a 617.
361. BILA, Constantin. **La croyance à la magie au XVIIe siècle, dans les contes, romans et traités.** Paris, 1925, 159 p.

362. BLUM, Elisabeth. **Das Staatliche und Kirchliche Recht des Frankenreichs in seiner Stellung zum Daemonen, Zauber und Hexenwesen.** Paderborn, 1936, 86 p.
363. BOASE, M. "Montaigne et la sorcellerie". **Humanisme et Renaissance,** 1935, 2, p. 402 a 421.
364. BOIS, Jules. **Le satanisme et la magie.** Paris, 1895, XXVII + 427 p.
365. BONOMO, Giuseppe. **Caccia alle streghe, La credenza nelle streghe dal secolo XIII al XIX con particolare riferimento all'Italia.** Palermo, 1959, 550 p.
366. BORKENAU, Franz. **Der Ubergang vom feudalem zum bürgerlichen Weltbild, Studien zur geschichte der Philosophie der Manufakturperiode.** Paris, 1943, 560 p.
367. BOSC, E. **La psychologie devant la science et les savants (Od et fluide odique, Aura Fluide astral, Magnétisme, Hypnotisme, Suggestion, Somnambulisme, Possessions, Obsessions, Spiritisme, Magie et Goëtie, Occultisme),** 3.ª ed., revista e aumentada, Paris, 1908, XVIII + 299 p.
368. BOURNEVILLE e REGNARD, Paul, Drs. **Iconographie photographique de la Salpétrière (Service de Mr. Charcot).** Paris 1876-1880, 3 v.
369. BOURNEVILLE. **La possession de Jeanne Fery, religieuse professe du couvent des soeurs noires de la ville de Mons (1584).** Paris, 1886, 112 p.
370. BOUTEILLER, Marcelle. **Sorciers et jeteurs de sort** (prefácio de Cl. Lévi-Strauss). Paris, 1958, 230 p.
371. BREMOND, Henri. **Histoire littéraire du sentiment religieux en France,** principalmente o tomo V "L'École du père Lallemant". Paris, 1920, 414 p.; tomo II, "L'Invasion mystique", Paris, 1921, 618 p.
371a. BRUNO, J.M. de, P. Fr. Carmelita descalço. **La Belle Acarie, bienheureuse Marie de l'Incarnation.** Paris, 1942, 764 p.
372. BYLOFF, Fritz. **Hexenglaube und Hexenverfolgung in den österreichischen Alpenländern.** Berlim, 1934, 194 p.
373. CABANIS, P.J.G. **Rapports du physique et du moral de l'homme.** 2. ed., Paris, ano XII (1805), 2 v.
374. CARMEIL, L.F. (Doutor em Medicina, Médico da Casa de Charenton). **De la folie, considérée au point de vue pathologique, philosophique, historique, et judiciaire, depuis la renaissance des sciences en Europe jusqu'au XIXe siècle. Description des grandes épidémies de délire simple ou compliqué qui ont atteint les populations d'autrefois et régné dans les monastères. Exposé des condamnations auxquelles la folie a donné lieu.** Paris, 1845, 2 v.
375. CASTELLI, Enrico. **Le Démoniaque dans l'Art, sa signification philosophique** (traduzido do italiano por E. Valenziani). Paris, 1960, 128 p. e 75 pranchas.
376. CAUZONS, Th. de. **La Magie et la sorcellerie en France.** Paris, s.d. (1860), 4 v.
377. CHARCOT, J.M. **La foi qui guérit.** Paris, Bibliothèque diabolique Bourneville, 1897, 39 p.
378. CHRISTIAN, P. **Histoire de la Magie, du monde surnaturel et de la fatalité à travers les temps et les peuples.** Paris, s.d. (1870), VIII + 668 p.
379. CLOSMADEUC, Dr. G. de. "Les sorciers de Lorient, procès criminel devant la sénéchaussée d'Hennebont en 1736". In: **Bulletin de la Société polymathique du Morbihan,** Vannes, 1885, 46 p.
380. COHN, Norman. **Les fanatiques de l'apocalypse, courants millénaristes révolutionnaires du XIe au XVIe siècle.** Paris (edição francesa), 1962, 344 p.

381. COLLIN de PLANCY, J. **Légendes infernales, relations et pactes des hôtes de l'enfer avec l'espèce humaine.** Paris, s.d. (1861), 396 p.
382. COLLIN de PLANCY, J. **Dictionnaire infernal. Répertoire universel des êtres, des personnages, des livres, des faits et des choses qui tiennent aux esprits, aux démons, aux sorciers, etc... et généralement à toutes les fausses croyances...** 6. ed., Paris, 1863, 582 p.
383. COLLIN de PLANCY, J. **Le champion de la sorcière et autres légendes de l'histoire de France au moyen âge et dans les temps modernes.** 5. ed., Paris, 1854, 244 p.
384. CORRE, Armand e AUBRY, Paul, Drs. **Documents de criminologie rétrospective (Bretanha, séculos XVII e XVIII).** Lyon, 1895, VII + 581 p.
385. COURTALON-DELAITRE, Jean Charles. **Topographie historique de la ville et du diocèse de Troyes.** Troyes, 1874, 3 v.
386. COYNARD, Ch. de. **Une sorcière au XVIIIe siècle: Marie Anne de la Ville (1680-1725).** Paris, Hachette, 1902, 288 p.
387. CULLERRE, A. "Psychopathologie dans l'histoire, les religions; sorcellerie, démonomanie, lycanthropie". In: **Traité de psychologie pathologique,** dirigido por AUGUSTE MARIE. Paris, 1912, 15 p.
388. DALMAS, J.B. **Les sorcières du Vivarais devant les inquisiteurs de la foi.** Privas, 1865, 251 p.
389. DELACROIX, Frédéric. **Les procès de sorcellerie au XVIIe siècle.** Paris, 1894, 328 p.
390. DELCAMBRE, Étienne. **Le concept de la sorcellerie dans le duché de Lorraine au XVIe et au XVIIe siècle.** Nancy, 3 v., 1948 a 1951, 256, 290 e 252 p.
391. DELCAMBRE, Étienne e LHERMITTE, Jean. **Un cas énigmatique de possession diabolique en Lorraine au XVIIe siècle, Elisabeth de Ranfaing, l'énergumène de Nancy, fondatrice de l'ordre du Refuge.** Nancy, 1956, 152 p.
392. DELCAMBRE, Étienne. Les procès de sorcellerie en Lorraine, Psychologie des juges. **Revue d'histoire du droit,** Groningue, 1953, p. 389 a 420.
393. DELCAMBRE, Étienne. La psychologie des inculpés lorrains de sorcellerie. **Revue historique de droit français et étranger,** 1954, p. 383 a 404 e 508 a 526.
394. DENIS, Albert. **La sorcellerie à Toul aux XVIe et XVIIe siècles.** Toul, 1888, 192 p.
395. DEVOILLE, A. "Histoire de la sorcellerie au comté de Bourgogne". In: **Mémoires de la comm. d'Archéologie de la Haute Saône,** 1861, tomo II, p. 1 a 121.
396. DUHR, Bernhard, sj. **Die Stellung der Jesuiten in den deutschen Hexenprozessen,** Colônia, 1900, 96 p.
397. EBERSOLT, J.G. "Le couple Dieu-Satan aux XVe et XVIIe siècles". **Foi et éducation,** jan. 1955, 8 p.
398. ENCAUSSE, Ph. **Sciences occultes et déséquilibre mental.** Paris, 1943, 314 p.
399. ESMEIN, A. **Histoire de la procédure criminelle en France et spécialement de la procédure inquisitoire depuis le XIIe siècle jusqu'à nos jours.** Paris, 1882, 596 p.
400. ESQUIROL, Jean Étienne. **Des maladies mentales considérées sous les rapports médical, hygiénique et médico-légal.** Paris, 1838, 2 v.
401. FAGGIN, Giuseppe. **Le Streghe.** Milão, 1959, 312 p.
401a. FAURE BIGUET, A. **Recherches sur les procès de sorcellerie au XVIe siècle.** Valence, 1877, 46 p.

402. FAY, Dr. H. Marcel. **Histoire de la lèpre en France: Lépreux et cagots du Sud Ouest, notes historiques, médicales, philologiques**... Paris, 1910, XXVI + 784 p.
403. FEBVRE, Lucien. **Le problème de l'incroyance au XVIe siècle, La religion de Rabelais.** Paris, 1942, 550 p.
404. FEBVRE, Lucien. **Au coeur religieux du XVIe siècle.** Paris, 1957, 360 p.
405. FIGUIER, L. **Histoire du merveilleux dans les temps modernes.** Tomo I: "Les diables de Loudun. Les convulsionnaires jansénistes", Paris, 1860, 4 v.
406. FLOQUET, Amable. **Histoire du Parlement de Normandie.** Rouen, 1842, 7 v.
407. FORGET, M. Une quadruple execution pour sacrilège à Marseille en 1693. **Provence historique,** dez., 1956, p. 240 a 243.
408. FOUCAULT, Maurice. **Les procès de sorcellerie dans l'ancienne France devant les juridictions séculières.** Paris, 1907, 362 p.
409. FOUCAULT, Michel. **Folie et déraison, Histoire de la folie à l'âge classique.** Paris, 1961, 674 p. (Trad. bras.: **História da Loucura,** São Paulo, Ed. Perspectiva, 1978).
410. FRANÇAIS, J. **L'Église et la sorcellerie, précis historique suivi des documents officiels, des textes principaux et d'un procès inédit.** Paris, 1910, 272 p.
411. GARÇON, Maurice. Les procès de sorcellerie. **Le Mercure de France,** 1923, p. 5 a 57.
412. GARÇON, Maurice. **La vie exécrable de Guillemette Babin, sorcière.** Paris, 1930, 220 p.
413. GARÇON, Maurice e VINCHON, J. **Le diable, Étude historique, critique et médicale.** Paris, 1926, 255 p.
414. GARDÈRE, J. **Histoire de la seigneurie de Condom et de l'organisation de la justice dans cette ville.** Condom, 1902, 395 p.
414a. GARDÈRE, J. "Un connaisseur de sorciers à Condom en 1670". Revue de Gascogne, 1901, p. 408-413.
415. GARINET, J. **Histoire de la Magie en France depuis le commencement de la monarchie jusqu'à nos jours.** Paris, 188, LIV + 364 p.
416. GARNIER, Dr. Samuel. **Barbe Buvée, en religion Soeur Ste Colombe et la prétendue possession des Ursulines d'Auxonne (1658-1663)** (prefácio de Bourneville). Paris, 1895, 96 p.
417. GAYRAL, L. e J. **Les délires de possession diabolique.** Paris, 1944, 208 p.
418. GENER, P. **La Mort et le diable. Histoire et philosophie de deux négations suprêmes.** Reinwald, 1880, 820 p.
419. GERMAIN A. "De la Médecine et des Sciences Occultes à Montpellier dans leurs rapports avec l'astrologie et la magie". In: **Mémoires de l'Académie des Sciences et Lettres de Montpellier (Section des lettres),** Montpellier, 1872, 48 p.
420. GINESTE, R. **Les grandes victimes de l'Hystérie. Louis Gaufridi, Curé des Accoules et Magdelaine de la Palud, relation historique d'un procès de sorcellerie.** Paris, s.d., 315 p.
421. GINSBURG, Carlo. **I benandanti, Ricerche sulla stregoneria e sui culti agrari tra cinquecento e seicento.** Turin, 1966, 204 p.
422. GIRALDO, Mathias de, e FORNARI, M. **Histoire curieuse et pitoresque des sorciers, devins, magiciens, astrologues, voyants, revenants, âmes en peine, vampires, spectres, fantômes, apparitions, visions, gnomes, lutins, sprits malins, sorts jetés, exorcismes, etc**... Depuis l'antiquité jusqu'à nos jours, par le R.P. Mathieu de Giraldo, Ancien exorciste de l'inquisition revue et augmentée par M. Fornari, Professeur de philosophie hermétique à Milan, Paris, 1846, 2 v.

423. GIRAUD, Dr. "Étude sur les procès de sorcellerie en Normandie". In: **Précis analytique des travaux de l'Académie de Rouen,** Rouen, 1897, 54 p.
424. GOLDMANN, Lucien. **Le Dieu caché. Étude sur la vision tragique dans les Pensées de Pascal et dans le théâtre de Racine.** Paris, 1955, 454 p.
425. GOUGENOT des MOUSSEAUX. **Moeurs et pratiques des démons ou des esprits visiteurs d'après les autorités de l'Église, les auteurs païens, les faits contemporains,** etc... Paris, 1854, 404 p.
426. GRILLOT DE GIVRY. **Le Musée des Sorciers, Mages et alchimistes.** Paris, 1929, 452 p.
427. GRIVOT e BAYARD. **Le diable dans la cathédrale, de l'abbé D. Grivot** (seguido do: **Essai sur les représentations du diable dans l'art médiéval,** p. J.B. BAYARD), Paris, 1960, 251 p.
428. GUEUDRE, Marie de Chantal. **Histoire de l'ordre des Ursulines en France,** (o Antigo Regime, tomo I). Paris, 1958, 356 p.
429. HABASQUE, Francisque. **Épisodes d'un procès en sorcellerie dans le Laburd au XVIIe siècle (1605-1607).** Biarritz, 1912, 10 p.
430. HANSEN, Joseph. **Zauberwahn, Inquisition un Hexenprozesse in Mittelalter und die Entstehung der grossen. Hexenverfolgung.** Munique, 1900, XV + 538 p.
431. HANSEN, Joseph. **Quellen und Unstersuchungen sur Geschichte des Hexenwahns und der Hexenverfolgung im Mittelalter.** Bonn, 1901, XI + 703 p.
432. HERNANDEZ, Dr. Ludovico (pseudônimo de Fernand Fleuret e Louis Perceaux). **Les procès de bestialité aux XVIe et XVIIe siècles.** Paris, 1920, 238 p.
433. HERNANDEZ, Dr. Ludovico (pseudônimo de F. Fleuret e L. Perceau). **Les procès de Sodomie aux XVIe, XVIIe et XVIIIe siècles.** Paris, 1920, 191 p.
434. HIEGEL, Henri. **Le bailliage d'Allemagne de 1600 a 1632. L'administration, la justice, les finances et l'organisation militaire.** Sarreguemines, 1961, 310 p. + mapas.
435. HUGHES, Pennethorne. **Witchcraft.** Londres, 1952, 240 p.
436. IMBERT, Jean. **Quelques procès criminels, des XVIIe et XVIIIe siècles, présentés par un groupe d'étudiants** (coleção Travaux et Recherches de la Faculté de Droit et des Sciences économiques de Paris, série ciências históricas). Paris, 1964, 208 p.
437. JOLIBOIS, Emile. **La Diablerie de Chaumont, ou recherches historiques sur le grand pardon général de cette ville ,et sur les bizarres cérémonies et représentations à personnages auxquelles cette solennité a donné dieu depuis le XVe siècle...** Chaumont, 1838, 155 p.
438. JORDANS, Wilhelm. **Der germanische Volksglaube von den Toten und Dämonen im Berg und ihrer Beschwichtigung; die Spuren in England.** Bonn, 1933, 72 p.
439. JOUIN, E. e DESCREUX, V. **Bibliographie occultiste et maçonique. Répertoire d'ouvrages imprimés et mss relatifs à la Franc-Maçonnerie, la Magie... jusqu'en 1717.** Paris, 1930, 656 p.
440. KAISER, J.B. "La sorcellerie dans la seigneurie d'Audun le Tiche aux XVIe et XVIIe siècles". In: **Annuaire de la Societé d'histoire et d'archéologie de la Lorraine,** t. 44, 48.° ano, 1935, p. 1 a 54.
441. KÖNIG, Emil. **Hexenprozesse, Historische Schandsäulen des Aberglaubens.** Berlim, s.d. (1950), 812 p.
442. KRÄMER, Wolfgang. **Kurtrierische Hexenprozesse im 16. und 17. Jahrhundert, vornehmlich an der unteren Mosel,** (ein Beitrag zur Kulturgeschichte). Munique, 1959, 120 p.
443. LACHÈVRE, Fred. **Le libertinage au XVIIe siècle:** tomo I, "Le procès du poète Théophile de Viau". Paris, 1909, 2 v.

444. LADAME, Dr. Paul. **Le procès criminel de la dernière sorcière brûlée à Genène le 6 Avril 1652 publiée d'après les documents inédits et originaux conservés aux Archives de Genève (Bibliothèque diabolique),** Paris, 1888, 52 p.
445. LADAME, Dr. Paul. "Les mandragores ou diables familiers à Genève au XVIe et au XVIIe siècles". In: **Mémoires et documents publiés par la société d'histoire et d'archéologie de Genève.** Genebra e Paris, 1892, p. 237 a 281.
446. LAGACHE, Daniel. **Les hallucinations verbales et la parole,** Thèse de médecine. Paris, 1934, 186 p.
447. LAIGNEL-LAVASTINE e VINCHON, J. **Les malades de l'esprit et leurs médecins du XVIe ou XIXe siècles: Les étapes des connaissances psychiatriques, de la Renaissance à Pinel.** Paris, 1930, 377 p.
448. LEA, Henri C. **Histoire de l'inquisition au Moyen Age.** Paris, 1902, 3 v.
449. LEA, Henri C. **Materials toward a history of witchcraft.** Nova York, 1957, 3 v.
449a. LE BRUN, Jacques. Le Père Pierre Lalemant et les débuts de l'Académie Lamoignon. **Revue d'Histoire Littéraire de la France,** abr., 1961, p. 153 a 176.
450. LECANU, Abade Auguste F. **Histoire de Satan, sa chute, son culte, ses manifestations...** Paris, 1861, 506 p.
451. LEGUÉ, G. **Urbain Grandier et les possédées de Loudun; Documents inédits de Ch. Barbier.** Paris, 1880, 327 p.
452. LEGUÉ, Gabriel. **Documents pour servir à l'histoire médicale des possédées de Loudun, Thèse de Médecine.** Paris, 1874, 72 p.
453. LEGUÉ, Gabriel e TOURETTE, Gilles de la. **Soeur Jeanne des Anges, Supérieure des Ursulines de Loudun, autobiographie d'une hysterique possédée** (prefácio de Charcot). Paris, 1886, 322 p.
454. LEPROUX, Marc. **Médecine, Magie et Sorcellerie** (na série: **Contributions au folklore Charentais, Angoumois, Aunis, Saintonge).** Paris, 1954, 288 p.
455. LESPY, Jean, dit. Vastin. "Les sorcières dans le Béarn 1393-1672". In: **Bulletin de la Société des Sciences, Lettres et Arts de Pau,** Pau, 1875, 72 p.
456. LEVRON, Jacques. **Le diable dans l'art.** Paris, 1935, 111 p.
457. LHERMITTE, J. **Vrais et faux possédés.** Paris, 1956, 170 p. (cf. também DELCAMBRE n.º 391).
458. LIVET, G. e colab. "Le Conseil souverain d'Alsace, instrument essentiel dans la formation de l'unité alsacienne et de son intégration à la Nation française". In: **Saisons d'Alsace,** n.º 13, Colmar, s.d., 26 p.
459. LOREDAN, Jean **Un prince de Belzebuth, la mort d'un sorcier.** Paris, 1912, 2. ed., s.d. (1950), 192 p.
460. LOUISE, Th. **De la sorcellerie et de la justice criminelle à Valenciennes (XVIe et XVIIe siècles).** Valenciennes, 1851, IV + 216 p.
461. MANDROU, Robert. **Introduction à la France Moderne, essai de psychologie historique (1500-1640).** Paris, 1961, 400 p.
462. MANDROU, Robert. "Tragique XVIIe siècle". In: **Annales E.S.C.,** 1957, p. 305 a 313.
463. MANDROU, Robert. "Le baroque européen: mentalité pathétique et révolution sociale". In: **Annales E.S.C.,** 1960, p. 898 a 914.
464. MARECHAUX, Dom B.M. **Le merveilleux divin et le merveilleux démoniaque.** Paris, 1901, 424 p.
465. MARX, J. **L'inquisition en Dauphiné: étude sur le développement et la répression de l'hérésie et de la sorcellerie du XIVe siècle au début du règne de François 1er.** Paris, 1914, XXIV + 294 p.

466. MASSON, A. **La sorcellerie et la science des poisons au XVIIe siècle.** Paris, 1904, 344 p.
467. MAURY, A. **La magie et l'astrologie dans l'Antiquité et au Moyen Age.** Paris, 1860, 450 p.
468. MAXWELL, Dr. J. **La Magie, (bibliothèque de philosophie scientifique).** Paris, 1922, 252 p.
469. MICHELET, Jules. **La sorcière** (prefácio de Roland Barthes). Paris, 1959, 352 p.
470. MICHELET, Jules. **La sorcière.** Apresentação de Robert Mandrou. Paris, 1964, 356 p.
471. MILNER, Max e colab. **Entretiens sur l'homme et le Diable.** Paris, 1966, 360 p.
472. MURRAY, Margaret Alice. **The witch-cult in western Europe.** Oxford, 1921 (e 1962), 304 p.
473. MURRAY, Margaret. **Le Dieu des sorcières** (traduzido do inglês por Th. Vincent). Paris, 1957, 256 p.
474. OESTERREICH, T.K. **Les Possédés. La possession démoniaque chez les primitifs dans l'Antiquité, au Moyen et dans la Civilisation moderne.** Paris, 1927, 478 p.
475. O'REILLY, E. **Mémoires sur la vie publique et privée de Claude Pellot, conseiller, maître des requêtes, intendant et premier président au Parlement de Normandie (1619-1683), d'après de nombreux documents inédits, notamment sa correspondance avec Colbert et le chancelier Séguier.** Paris, 1881, 2 v., 682 e 756 p.
476. OSMONT, A. **Envoûtements et exorcismes à travers les âges, rituel de défense.** Paris, 1954, 160 p.
477. PAILLOUX, R.P. Xavier, sj. **Le magnétisme, le spiritisme et la possession, entretiens sur les esprits entre un théologien, un avocat, un philosophe et un médecin.** Paris, 1863, 460 p.
477a. PALOU, Jean. **La Sorcellerie.** Paris, 1957, 128 p.
478. PARFOURU, Paul. "Un procès de sorcellerie au Parlement de Bretagne. La condamnation de l'abbé Poussinière (1624-1643)", **Hermine**, Rennes, 1893, 11 p.
479. PENSA, Henri. **Sorcellerie et religion. Du désordre dans les esprits et dans les moeurs aux XVIIe et XVIIIe siècles.** Paris, 1933, 384 p.
480. PETROCCHI, Massimo. **Esorcismi e magia nell'Italia del Cinquecento e del Seicento.** Nápoles, 1957, 48 p.
481. PFISTER, Christian. Nicolas Rémy et la sorcellerie en Lorraine à la fin du XVIe siècle. **Revue historique,** 1907, 32 p.
482. PFISTER, Christian. **L'énergumène de Nancy, Elisabeth de Ranfaing, et le couvent du Refuge.** Nancy, 1901, 84 p.
483. PFISTER, Oskar. **Calvins Eingreifen im die Hexer und Hexenprozesse von Peney 1545 nach seiner Bedeutung fur Geschichte und Gegenwart; ein kritischer Beitrag sur Charakteristik Calvins und zur genwärtigen Calvinrenaissance.** Zurique, 1947, 212 p.
484. PINTARD, René. **Le libertinage érudit dans la première moitié du XVIIe siècle.** Paris, 1943, 768 p. em 2 v.
485. PINTARD, René. **La Mothe le Vayer, Gassendi, Guy Patin, Études de bibliographie et de critique suivies de textes inédits de Guy Patin.** Paris, 1943, 96 p.
486. RAVIART, Dr. Georges. **Sorcières et possédées, la démonomanie dans le Nord de la France.** Lille, 1936, 60 p.
487. REGNÉ, Jean. La sorcellerie en Vivarais et la répression inquisitoriale ou séculière du XVe ou XVIIe siècle. **Revue du Vivarais,** Paris, 1913, 48 p.
488. RIBET, J. **La mystique divine distinguée des contrefaçons diaboliques et des analogies humaines.** Paris, 1879, 4 v.
489. RICAU, Osmin. **Histoire des cagots, race maudite...** Bordeaux, 1963, 120 p.

490. RICHET, Dr. Charles. **L'homme et l'intelligence. Fragments de physiologie et psychologie.** Paris, 1884, VII + 570 p.
491. ROCHOT, B. e colab. **Pierre Gassendi, sa vie et son oeuvre (1592-1655).** Paris, 1955, 208 p.
492. ROGER, Abade J. **Histoire de Nicole de Vervins, d'après les historiens contemporains et témoins occulaires ou le triomphe du Saint Secrement sur le démon à Laon en 1566.** Paris, 1863, 496 p.
493. ROGER, Jacques. **Les Sciences de la vie dans la pensée française du XVIIe siècle.** Paris, 1963, 844 p.
494. ROMIEU, M. **Histoire de la vicomté de Juliac.** Romorantin, 1894, 477 p.
495. SALVERTE, Eusèbe de. **Des sciences occultes, ou essai sur la Magie, les prodiges et les miracles.** Paris, 1829, XXIV + 527 p.
496. **Satan, Études Carmélitaines,** Paris, 1948, XXIV + 527 p.
497. SEIGNOLLE, Cl. **Le Diable dans la tradition populaire.** Paris, s.d., 181 p.
498. SINISTRATI D'AMENO, Louis Marie. **De la Démonialité et des animaux incubes et succubes, où l'on prouve qu'il existe sur terre des créatures raisonnables autres que l'homme ayant comme lui un corps et une âme, naissant et mourant comme lui, rachetées par N.S. Jésus Christ et capables de salut et de damnation.** Paris, 1875, 224 p.
499. SOLDAN, W.G. e HEPPE, H. **Geschichte der Hexenprozesse.** Stuttgart, 1880, 2 v.
500. STAROBINSKI, Jean. **Histoire du traitement de la mélancolie des origines à 1900, Thèse de médecine.** Bâle, 1960, 104 p.
501. SUMMERS, Montagne. **The history of witchcraft and demonology.** Nova York, 1956, 356 p.
502. SUTTER, Antoine. **Lucy, regards sur le passé d'un village Lorrain.** Metz, 1957, 184 p.
503. TONQUEDEC, J. de, s.j. **Introduction à l'étude du merveilleux et du miracle.** Paris, 1916, VII + 463 p.
504. TONQUEDEC, J. de, s.j. **Les maladies nerveuses ou mentales et les manifestations diaboliques.** Paris, 1938, 242 p.
505. TUETEY, Alexandre. **La sorcellerie dans le pays de Montbéliard au XVIIe siècle, d'après des documents inédits.** Dole, 1886, 96 p.
506. TURMEL, J. **Histoire du Diable.** Paris, 1931, 297 p.
507. VIGNIER, Françoise. "Procès de sorcellerie en 1644". In: **Annales de Bourgogne,** jan.-mar., 1961, p. 27 a 32.
508. VILLENEUVE, Roland. **Gilles de Rays, une grande figure diabolique.** Paris, 1955, 288 p.
509. VILLENEUVE, Roland. **Le Diable dans l'art, essai d'iconographie comparée à propos des rapports entre l'art et le satanisme.** Paris, 1957, 190 p.
510. VILLENEUVE, Roland. Lycanthropie et vampirisme. **Aesculape,** dez. 1956, 64 p.
511. VILLETTE, P. "La sorcellerie dans le Nord de la France du XVe à la fin du XVIIe siècle". In: **Mélanges de Science réligeuse,** Lille, 1956, p. 96 a 132.
512. WAGNER, Robert-Léon. **Sorcier et magicien, contribution à, l'histoire du vocabulaire de la Magie.** Paris, 1939, 294 p.
513. WESCHE, Heinrich. **Der althochdeutsche Wortschatz im Gebiete des Zaubers und der Weissagung.** Halle, 1940, 112 p.
514. YVE-PLESSIS, R. **Essai d'une bibliographie française méthodique et raisonnée de la Sorcellerie et de la possession démoniaque.** Paris, 1900, 258 p.
515. ZWETSLOOT, Hugo, s.j. **Friedrich Spee und die Hexenprozesse: Die Stellung und Bedeutung der "Cautio Criminalis".** Trèves, 1954, 348 p.

PRIMEIRA PARTE: A HERANÇA MEDIEVAL: AS EPIDEMIAS DO FIM DO SÉCULO XVI E AS PRIMEIRAS DÚVIDAS

> *É necessário que, em sua estrutura profunda, a mentalidade dos homens mais esclarecidos do fim do século XVI e início do XVII tenha diferido, e radicalmente, da mentalidade dos homens mais esclarecidos do nosso tempo.*
>
> FEBVRE, Lucien. "Sorcellerie, Sottise ou revolution mentale?". In: Annales E.S.C., 1948, p. 14.

A história medieval da feitiçaria é escrita atualmente a partir de peças e fragmentos às vezes reunidos em sínteses brilhantes que esboçam uma imagem global, à escala da Europa Ocidental, da difusão resoluta até a época moderna da perseguição aos partidários de Satã[1]. Retraçar como o domínio cultural francês foi tomado por essa febre demoníaca, como esta se manteve durante vários séculos e mesmo, no século XVI, em meio às perturbações da fé e das crenças suscitadas pela Reforma, não é o nosso propósito. Todos que desejem compreender, de resto, como as angústias de uma Idade Média em declínio puderam acender fogueiras às centenas, dizimar aldeias e províncias, devem ler o mais célebre tratado de demonologia que foi produzido no século XV, o **Malleus maleficarum** de Sprenger; que ainda é tão freqüentemente reeditado[2], um século mais tarde, quando ao fim das guerras de religião as epidemias de bruxaria retomam seu impulso.

1. Como por exemplo o grande livro alemão de Soldan e Heppe, n.º 499 da bibliografia.

2. JAC. SPRENGER, *Malleus maleficarum ex variis auctoribus concinnatus*... Frankfurt, 1582; Lyon, 1584; etc...

Nos anos de 1580, a febre que parecia ter cedido anteriormente diante da concorrência da heresia, (alguns amálgamas teriam conseguido resistir por vezes aos zelos defensores da ortodoxia), retoma o vigor, graças a publicações polêmicas como a de Bodin contra Wier, e também em vista das tréguas de esgotamento que a guerra religiosa manifesta após o São Bartolomeu. Jamais os magistrados franceses contaram com tantos demonólogos eruditos, apaixonados pela jurisprudência, devotados à salvação de seus compatriotas, tão eloqüentes e prodigiosos em argumentações nessas matérias quanto em quaisquer outras. Tantos juízes convictos do dever de lutar contra o Diabo, tantos focos ativos de repressão que multiplicam as perseguições e as fogueiras: nas fronteiras do Franco-Condado com Boguet, na Lorena com Rémy; na França mesmo, na Guyenne e no Labourd com Pierre de Lancre, no Anjou com le Loyer, no Bourbonnais com Pierre Gaulmin, no Laonnais com Bodin... As primeiras reservas formuladas, no decorrer do século XVI, contra essa pululação satânica não provocaram todavia, à sua maneira, a retomada das perseguições; os magistrados que hesitam e que duvidam são ainda em número muito pequeno; e eles não falam muito alto: no Parlamento de Paris, na passagem do século, suas intervenções se limitam, de fato, a proibir uma forma de prova nos processos utilizados para condenar os suspeitos; enquanto que, ao mesmo tempo, seus colegas de Bordeaux, fiéis às mais inveteradas tradições, perseguem alegremente aldeias inteiras denunciadas por um garoto de quatorze anos.

Essas divergências, constatadas em 1600-1610, reaparecem, mais acentuadas, sem dúvida, à medida que o tempo passa, durante três quartos de século: elas são incompreensíveis, sem o conhecimento pelo menos global da tradição herdada dos tempos precedentes, na coerência fundamental que faz a sua força.

1. A MENTALIDADE TRADICIONAL

Três elementos constituem o conteúdo essencial do sistema mental que legitima a caça às feticeiras: uma crença cristã, fundada ao mesmo tempo sobre a tradição eclesiástica e sobre os inumeráveis exemplos de uma jurisprudência sem falhas; uma experiência visível, oferecida a todos, do processo judiciário que implica um consenso fácil de todos os participantes, juízes, testemunhos e acusados; enfim e sobretudo sentenças e confissões, fogueiras e confiscos, representando o julgamento de Deus e dos homens, a apresentar o melhor testemunho em favor do crime. Todos esses componentes praticamente unívocos desempenham sua parte nesta tradição, assegurando-lhe a solidez: eles fundamentam em verdade de experiência os inúmeros relatos que transmitem, tanto quanto os sábios tratados dos juízes e dos teólogos, os pequenos libelos de algumas páginas, contando as histórias prodigiosas "de um gentil-homem ao qual o Diabo apareceu e com o qual ele conversou sob o corpo de uma mulher morta"[1], ou "de um mágico da cidade de Moulins que tinha um Demônio dentro de um pequeno frasco"[2].

1. *Os Elementos da Crença*

Para recompor a imagem da feitiçaria neste fim do século XVI, a "vulgata" da crença comum aos juízes e às suas vítimas, basta colher, a mancheias, nos depoimentos e sentenças, nos relatos e descrições de interrogatórios, freqüentemente recopiados, que constituem um dossiê imenso e inesgotável. Só à demonologia lorena, Étienne Delcambre consagrou recentemente 3 volumes a essa investigação a partir de Nicolas Rémy e dos processos que se amontoam às centenas nos arquivos de Nancy[3]; pesquisou, analisando minuciosamente cada prática, as origens distantes das crenças, seus atributos folclóricos tanto quanto cristãos; as contaminações sofridas em território loreno. De preferência a seguir-lhe o passo, parece mais útil destacar, tão claramente quanto possível, os traços característicos apresentados por essa representação do Diabo e de seus filiados, suas práticas e atos nefastos, para fazer aparecer, nestes elementos constitutivos de uma crença, aquilo que contribui em particular para torná-la perfeitamente plausível; a dar-lhe, mesmo aos olhos da maioria, este caráter de evidência que têm os testemunhos irrecusáveis e as experiências atestadas pelos juristas e teólogos.

a) **Definições comuns.** O Diabo presente em toda parte, quotidianamente: tanto quanto Deus Pai, é a realidade primeira que constitui o fundamento de toda crença. Um maniqueísmo grosseiro, simplista e terrivelmente eficiente faz da vida terrestre um combate constante entre o Malino e as criaturas. Satã (e seu exército demoníaco) pode cometer todo o mal que Deus lhe permitiu. Mas essa permissão é ampla, uma vez que ele está sempre pronto a aproveitar-se das fraquezas humanas: o "Príncipe do Inferno" é antes de tudo um tentador que promete riquezas e todos os esplendores terrestres: a quem quer que seja, mesmo àqueles que já estão deles providos. Em 1626, um barão de Chenevières, carregado já de anos, glórias e dinheiro, foi condenado pelas monstruosas impiedades às quais o diabo o arrastou; um libelo faz a seguinte reflexão moral a seu respeito:

É loucura do homem abandonar seu criador, para entregar-se ao detrator da raça humana, ao Pai da Mentira, cujas promessas, seja qual

---

1. O relato foi publicado em Paris e em Caen em 1613, com o subtítulo «Histoire d'un gentilhomme qui a recueilli une jeune fille sous son porche, l'a hebergée jusque dans son lit, et la trouve morte au matin». O autor especifica: «Difícil de se crer se não fosse o testemunho daqueles que vieram no-lo informar».
2. Trata-se do marceneiro Michel, de Moulins, de quem se tratará mais adiante (1605 e 1623).
3. Étienne Delcambre, *Le concept de la sorcellerie dans le duché de Lorraine du XVIe au XVIIe siècle*, n.º 390 da Bibliografia.

for a aparência de verdade que elas tenham e de quaisquer que forem efeitos de que sejam seguidas por algum tempo, não tendem senão a nos enganar no fim, para nos precipitar nas trevas eternas. Certamente o Barão de Chenevières devia estar contente com a honra e as riquezas que seu nascimento lhe assegurara sem se deixar dominar pelas tentações da ambição, da avareza, e da curiosidade, dos quais Satã se serviu como de instrumentos para perdê-lo[4].

Assim fazendo, o Tentador dispõe de armas que o tornam quase irresistível já que possui toda ciência: anjo decaído, segundo os teólogos e o senso comum, ao mesmo tempo, ele tudo sabe: o Padre Coton exorcizando uma possessa em fins do reino de Henrique IV "pretendeu tirar partido disso para si próprio, formulando-lhe questões sobre diversas passagens das Escrituras", relata um maledicente[5]. Não é pois surpreendente que a mão do Diabo se encontre por toda parte: Pierre de l'Estoile sustenta a respeito de Biron esse julgamento definitivo:

> Ele se fiava mais no Diabo que em Deus, invocando-o e comunicando-se com esse espírito maligno por meio de feiticeiros e de necromantes que ao fim o enganaram... salário ordinário que o diabo reserva a seus servidores, sendo assassino desde o começo do mundo e mentiroso[6].

O Diabo é o homem negro, ou vestido de negro, que todas as confissões sempre descrevem tal como ele aparece ao cair da noite e carrega seus cúmplices sobre um grande cavalo negro após haver-lhes prometido mil maravilhas e após haver-lhes depositado sob o travesseiro um punhado de escudos que surgem como folhas de salva ao amanhecer[7].

O feiticeiro se faz criatura do Diabo através do pacto; o mágico que conhece os segredos da natureza, as propriedades ocultas das plantas, dos metais e das pedras e pode também produzir fenômenos admiráveis não é um feiticeiro, porque ele não firmou com Satã esse pacto que implica renúncia a Deus em troca de poderes sobre os homens e sobre as coisas, que o Diabo dispõe. A magia natural interpreta signos obscuros, faz aparecer mortos, lê nos elementos...; a magia diabólica

> é aquela que, pela assistência e intervenção dos demônios, em virtude de um pacto expresso ou tácito, que um mágico terá feito com eles, produz efeitos maravilhosos e fora do curso e da ordem

---

4. B. Ste. Geneviève, Q 53 bis, peça 18.

5. B. M. Rouen, acervo Leber, 4193 1 e B N, Mss. Dupuy, 74, f.º 98: «Quaestiones spiritui immundo ad explicandum propositae a P. Cottono societatis quam dicunt Jesu ..»: a possessa chama-se Adrienne du Fresne.

6. *Journal de Pierre de l'Estoile*, 29 de julho de 1602.

7. Exemplo dessas descrições padronizadas: em Langres em 1514 «o qual diabo estava sob a forma de homem vestido de negro, e o qual a fez montar sobre um grande cavalo negro .» B. N. Mss., Clairambault, 1052, 207 .; em Riom em 1606 «um homem vestido de pano negro, gibão e calções de tecido negro» B. N. Mss., Quinhentos de Colbert, 218, f.º 168; cf. Delcambre. *Le cancept...* I, p. 41.

da natureza e do conhecimento dos homens. E este é de bom direito condenada pela Igreja[8].

Ninguém pode enganar-se no caso, quaisquer que sejam os meios utilizados pelos feiticeiros para cumprir em seguida sua tarefa, mesmo (e sobretudo) se o feiticeiro utilizar os serviços de um padre, como esse marceneiro de Moulins que mistura sobre o altar o sangue de pombo e a água benta e realiza o feitiço contra um casamento mandando dizer missas com um missal colocado sobre o serpão[9]. Deste pacto, entretanto, os acusados de feitiçaria dificilmente podem fornecer a prova sob a forma de um documento subscrito por eles. Mas a marca satânica ocupa o lugar deste, desempenhando, por esta razão, um papel muito importante nas instruções. O Diabo torna insensíveis certas partes do corpo; os juízes mandam portanto procurar, com a ajuda de longos alfinetes, os pontos nos quais os cúmplices do diabo nada sentem e onde o sangue não jorra. De tal forma este aspecto faz parte do pacto diabólico que a descoberta da marca tem o valor de uma confissão.

De outra parte, o sabá representa o lado pitoresco, cujas descrições preenchem largas páginas nos interrogatórios conforme a curiosidade dos juízes; a tradição apresenta aqui um duplo aspecto: por um lado, não há feiticaria (ou feiticeiro) que não vá ao sabá, exceção feita aos licantropos, esses escravos miseráveis que, segundo se diz, devoram as criancinhas, depois de transformados em lobos, a tempo de saciar sua fome[10]. E todo sabá, mensal, anual — ou mais raro ainda, comporta alguma cerimônia de missa invertida, a veneração ao Diabo, a refeição, a dança e a orgia que constituem o essencial do rito. Mas, ao mesmo tempo, a descrição, adaptada à paisagem local, permite inúmeras variantes: a reunião é realizada mais freqüentemente sobre um cume, em uma clareira; mas no Delfinado pode ter sido num precipício "onde surde uma corrente subterrânea"[11]. O número dos pequenos diabos

8. B. N., Mss., fds., fs., 17310, f.º 168. Essas distinções foram postas em evidência com uma admirável clareza por R. L. Wagner em seu estudo do vocabulário da magia intitulado *Sorcier et Magicien* (n.º 512 da Bibliografia). Wagner tratou de viés de uma parte do problema que está no coração deste livro.

9. B. N., Mss., fds., fs., 2542, f.º 197 v.º.

10. Fenômeno da região do Jura muito freqüente: exemplo em Dole em 1573. B. N. Mss., fds., fs., 16354, f.º 192 e s.; em Poligny dois em 1521, um em 1583, A. N., Ad III 1 78. «Errando pelos bosques e desertos nesse estado, ele encontrou-se com um fantasma sob a figura de homem que lhe prometeu mundos e fundos, e entre outras coisas de ensinar-lhe a pouco custo a forma de tornar-se, quando ele quisesse, lobo, leão ou leopardo, à sua escolha: e pelo fato de o lobo ser uma fera mais mundanizada por aqui do que essas outras espécies de animais, ele prefere estar disfarçado nele».

11. Cf. B. M. Carpentras, Ms., 2099, f.º 447: «Histoire admirable et trés prodigieuse d'un terrible abisme et precipice, sortant d'une petite source remuante, gourvernée par des Demons, ayant esté la place oú possession donnée au Diable par le propriétaire d'icelle au lieu de Sainct Aure, proche Barra, mandement de Voyron en Dauphine, avec l'atestation du sieur Chastelain dudit lieu.»

que acompanham o mestre do sabá, o efetivo dos participantes, nada é fixo. Da mesma forma o desenrolar da cerimônia, a missa às avessas[12], o vestuário do diabo oficiante, as comezainas e as danças costas contra costas. As confissões se fazem mais loquazes quando se trata do coito diabólico, que excita a imaginação dos juízes. No começo do século XVI, os escrivães pudicos anotavam em latim a passagem

> Et post dictum convivium factum, dictus Moretus diabolus en forma simili hominis tunc cum illa stans, faciebat inclinare dictam delatam in ante et equitabat dictam et cognoscebat carnaliter per indebitum sexum, posteriori, per anum, qui diabolus habebat suum membrum sicut homo sed frigidum. Quo facto, dictus Moretus dabat dicte que loquiter Candelam picis et ibat facere hommagium alteri diabolo, cujus anum bucca sua osculabatur[13].

Enfim, Satã convida freqüentemente seus cúmplices a narrar suas ações nefastas mais recentes para encorajá-los em seguida a perseverar no mal. Essa grande festa do imaginário diabólico que dura até a madrugada, quando então as feiticeiras cavalgam suas vassouras para retornarem mais rapidamente, constitui certamente a representação mais rica, a mais concreta, da ação exercida por Satã dentre os homens: uma espécie de sonho de libertação, como o assinalou muito bem Michelet. O sabá tem tanta importância na crença diabólica quanto os malefícios.

Estes são no entanto inumeráveis: feitiços, urgüentos, encantamentos, são invocados face a quaisquer acontecimentos, felizes ou infelizes; e os vestígios desse temor relativo ao sortilégio encontram-se por toda parte: a invenção diabólica e a astúcia de seus cúmplices dispõem de um crédito sem limites. E não é impróprio invocar procedimentos mágicos até em uma operação tão simples quanto o duelo; o Sr. de Souvigny em suas **Mémoires** o relembra:

> Assim que as partes avançaram com seus padrinhos... juraram não se utilizar de magia, feitiçaria, fraude banal, nem mal engenho para obter a vitória[14].

Com muito maior razão, as intempéries e as calamidades da vida rural são facilmente atribuídas às intervenções do Diabo, obstinado em pôr a perder os homens, reduzindo-os ao desespero por todos os meios: em 1750, nos confins lorenos, o fim de junho foi arruinado por tem-

---

12. A. N. AD III 33, 83 (5-VI-1609).

13. A. D. Ardeche, E. 105, citado por Régné, in *Revue du Vivarais* 1913), p. 153. Outros registram simplesmente as declarações com precisão: «Interrogada essa Jehanne se naquele sabá o Diabo tomou companhia dela, disse que sim pelas partes naturais como os homens, mas o sentiu frouxo e frio e quando ela foi à oferenda no dito sabá com a dita vela, beijou-lhe, com perdão ao pudor, o ânus, o pescoço, beijou e amou melhor que seu marido embora ela o achasse sempre bastante frio». (8-I-1514, Langres), B. N., Ms. Clairambault 1052, p. 207.

14. *Mémoires* de Souvigny, n.º 320 da Bibliografia, III, 75.

pestades e a explicação possível não demorou a aparecer:

> Ocorrendo por volta da festa de São João, não se sabendo por que causa, exceto pelo mérito de seus pecados ou pelo curso natural, ou igualmente por sugestões e superstições antinaturais e diabólicas, deram-se em algumas regiões, tormentas, tempestades, raios e nevoeiros, as vinhas ficaram piores e deram para trás...[15].

Na prática dos sortilégios comuns, a crença confunde muito freqüentemente magia natural e magia diabólica: as numerosas receitas dadas para se obter o amor procedem o mais das vezes da magia natural: fazer com que a jovem cobiçada engula determinado pó obtido da queima desde a madrugada de cinco folhas de serpão misturadas a três cabelos tirados à cabeça da amada, não pode ser senão "natural". Se a operação é feita por um homem ligado ao Demônio, não há maior diferença; o feitiço, imaterial, é freqüentemente mais diabólico do que essas numerosas composições, mesmo quando ele se encontra numa maçã ou "num armário fechado com uma cavilha de madeira de cipreste"[16].

O inventário tipológico desses feitiços segundo sua finalidade e segundo seu princípio de atividade não seria sem interesse; mas ele ultrapassa nosso propósito. Dois aspectos entretanto merecem ser sublinhados, pois eles esclarecem largamente o conteúdo dessas crenças ligadas à intervenção do Diabo na vida dos homens. Trata-se primeiramente — no plano das finalidades — da freqüência das considerações relativas ao feitiço de impotência, essa operação perversa que pretendia impedir a consumação do casamento. Os processos que argumentam sobre tais casos são legião; as obras de Direito que tratam do casamento e da separação arrolam-nos[17]; as coleções de defesas de causas-modelo como a de Bauchin evocam uma causa deste gênero, com um calor bastante característico na expressão:

> Uma jovem ficou magoada porque aquele que a freqüentava constantemente, e se dizia ser seu servidor, a havia deixado para desposar uma outra que ela considerava menos que ela, quer de qualidade quer de beleza... enfim com ciúmes deste... ela se informa sobre os meios de realizar o feitiço de impotência... ela se gaba em diversos lugares durante o noivado deste enamorado que anteriormente se dissera tão apaixonado de que ela o tornará impotente pelo feitiço... Intimação pessoal é pronunciada contra essa jovem por requisição do procurador de ofício, instigação e persecução dos ditos recém-casados, os quais expõem que na noite em que Vênus e Píton deveriam presidir, semelhantes à pedra turquesa que permanece sempre fria em meio ao brasileiro mais quente, eles não puderam aquecer-se[18].

15. A. D., Meurthe-et-Moselle, B. 9413.

16. B. N., Ms. 5778, f.º 37.

17. Vicent Tagereau, *Discours sur l'impuissance de l'homme et de la femme*, n.º 330 da Bibliografia.

18. Éstienne Bouchin, *Plaidoyez*..., n.º 129 da Bibliografia, p. 66.

Ocorre mesmo que no momento da publicação dos proclamas, ou durante a missa do casamento, o padre proíbe solenemente todos os realizadores de feitiço de impotência de virem a exercer durante a cerimônia seu temível talento. Assim, em Riom, em 1615, esta declaração de excomunhão publicada com a proclama do casamento que abandona de boa fé a Satã aqueles que a ele se consagraram para adquirir esse poder maléfico:

Ainda que de direito todos feiticeiros e feiticeiras, encantadores e encantadoras sejam excomungados, pela autoridade do Monsenhor N. nosso prelado bispo e pastor, nós denunciamos como excomungados de fato aqueles ou aquelas que por encantamento e feitiço de impotência ou outras formas pretenderam impedir a consumação do casamento entre essas duas pessoas que estão aqui presentes e lhes ordenamos que se retirem desta companhia, proibindo-lhes de assistirem à solenidade do casamento que se fará na igreja e os abandonamos ao poder de Satã para serem punidos em seus corpos, a fim de que pela penitência e por corrigirem suas vidas, suas almas estejam sãs no dia do Senhor. Amém[19].

O diabólico feitiço de impotência traduz certamente uma preocupação obsessiva largamente difudida.

Segundo aspecto concernente aos meios — o sortilégio maléfico emprega freqüentemente, à sua maneira, os ritos da Igreja: assim como o sabá é uma missa às avessas, onde as cerimônias da Igreja são menos ridicularizadas de que tomadas a contra-senso, assim os procedimentos do sortilégio tiram partido dos ritos; e mesmo os clérigos os utilizam. Dessa forma em 1604, um padre de Château-Landon foi enforcado em Nemours porque ele tinha consagrado o **corpus domini** com um manuscrito, no qual ele fizera um feitiço[20]. A utilização de hóstias, para a confecção de pós, a dissimulação de objetos diversos sob os ornamentos do altar, a recitação **in petto** de preces particulares no momento da consagração representam o repertório comum desta recuperação do rito para fins demoníacos: uma parte dos poderes sobrenaturais que a Igreja exibe no decurso da missa se encontra assim açambarcada, desviada de seus fins, em proveito da obra satânica. Mas quanto a isso ninguém aí há de deixar-se enganar: "os fazedores de malefícios" obsedam as igrejas; curas, sacristãos e bedéis estão vigilantes e fiscalizam com atenção tudo que possa ter o ar de uma operação diabólica. Um simples testemunho sem prevenção mostra bem a que ponto estas práticas correntes podiam perseguir os espíritos e as imaginações:

Jean Faye Parisiense, com a idade de 40 anos, anteriormente oficial das guardas do Rei no prebostado do castelo, residindo presentemente no colégio de Montagut e tendo residido outras vezes na casa do pequeno Santo Antônio fora de sua caserna, diz que

19. A. C. Riom GG 43, texto publicado no inventário impresso dos Archives Communales, p. 135.

20. A. N., AD III 33, 81.

por volta do ano de 1607 ou 1608 e durante o plantão de julho, agosto ou setembro, Mons le Cigne então sacristão da Igreja do pequeno Santo Antônio que depois faleceu, no horário de meio-dia e uma hora imediatamente após haver fechado as portas da Igreja, quis dobrar conforme seu costume os ornamentos dos altares e particularmente as toalhas e com a ajuda dele, depoente, e quando este veio ao altar de St. Claude onde estão ainda as imagens de Nossa Senhora, de São Roque, de São Sebastião e de São Nicolau, tendo levantado as toalhas eles encontraram sob elas sobre a pedra sagrada um pequeno papel dobrado em quadrado no qual havia quatro pequenas patas de animais com as garras de pêlo negro ou cinza bastante escuro, e um crânio pela metade, sem que eles pudessem reconhecer se se tratava de uma toupeira, de um rato, ou de outro animal porque elas estavam muito secas; esse sacristão bem viu que devia tratar-se de algum sortilégio e não ousou tocar isso que estava no papel mas ele foi ao mesmo tempo jogar no fogo da cozinha da dita casa[21].

A igreja é o lugar de predileção onde se exerce a atividade satânica.

Esta presença do Diabo na vida quotidiana alimenta-se de duas fontes essenciais: para os juízes e o mundo culto da época, uma literatura jurídica e teológica onde o **Malleus Maleficarum** de Jacob Sprenger, difundido por toda a Europa, na sua versão latina primitiva, e em diversas traduções[22], é a peça essencial; mas o final do século XVI enriquece, nós o veremos, este "conhecimento" livresco das atividades diabólicas. Por outro lado, uma tradição oral imensa e inapreensível, amálgama impossível de se reconstituir, onde se mesclam as tradições cristãs providas pelo ensinamento dominical do sermão, pelas representações figuradas das igrejas, pelas recordações, próximas ou distantes, de processos locais, de fogueiras levantadas nos locais mesmos do crime e as inesgotáveis histórias nas quais se emaranha a memória coletiva na aldeia e na cidade. Que as imaginações sejam assim nutridas de toda uma série de representações onde o homenzarrão negro, as orgias sabáticas e os malefícios têm seu lugar, não é possível duvidar. Até que ponto essas imagens podem perseguir os espíritos e induzir as mulheres a confessarem suas participações imaginárias nestas atividades diabólicas, não faltam indícios nos processos primários, onde juízes e acusados rivalizam em ardor nessas descrições, os juízes guiando as acusadas por suas perguntas. Um exemplo será suficiente para torná-lo sensível, dado a sua amplitude pouco freqüente; ele é fornecido por um depoimento registrado em Riom em 1606[23]. Eis uma menina de treze anos, Magdaleine des Aymards filha de uma servente (aparentemente viúva) que muda freqüentemente de casa:

21. B. M. Carpentras, Ms. 1825, f.º 341.

22. J. Sprenger, *Malleus maleficarum ex variis auctoribus et in tres omos concinnatus...*, n.º 323 da Bibliografia.

23. Depoimento de Magdelaine des Aymards (2-VI-1606), B. N., Ms. Quinhentos de Colbert, 218, f.º 78 e s.

a patroa de sua mãe, no lugar em que por último se empregara, persuadiu a pequena a confessar na justiça, para assegurar a salvação, sua freqüentação do sabá, suas relações com o Diabo. Sem ser pressionada pelo juiz, ela narra largamente toda uma aventura diabólica, que teria durado vários anos; relato simples que constitui um resumo muito bonito desta crença comum, uma vez que se encontram aí todas as definições essenciais. Inicialmente o Diabo em sua primeira aparição:

Há muitos anos que estando ela com pouca idade, seus pais a enviaram para morar na cidade de Pontgibaud na casa de um seu tio paterno de cujo nome ela diz não se recordar dada a pouca idade que ela tinha quando morou em sua casa, onde ela viveu cerca de um ano; depõe que morando já ela com seu dito tio cerca de dois meses, uma noite dentre outras e por volta da meia-noite a dita depoente estando deitada em um quarto separado da casa de seu dito tio que ela disse ser de condição superior à de lavrador, acorda pisando-a com o pé, e estando ela acordada ela vê com os raios da claridade da lua que se tratava de um homem vestido de pano negro, gibão e calções de tecido negro fino, bem como um chapéu negro, tendo também uma espada pendente em seu flanco, botas e esporas, o qual logo disse à dita confessante que se ela gritasse ele a mataria, e então ele disse que era necessário que a dita confessante se entregasse a ele e lhe prometeu torná-la rica e dar-lhe todo o conforto e que ele lhe daria dinheiro à força.

Em seguida logo vem o gesto ritual invertido e a marca que não carece de audácia:

No mesmo instante, o dito Diabo fez com que a dita depoente fizesse o sinal da cruz com a mão esquerda, fez com que a dita depoente renunciasse ao batismo que ela havia recebido, renunciasse a Deus, à Virgem Maria, aos santos e santas do Paraíso e à Igreja e a seu pai, mãe e parentes, e depois o Diabo disse à dita depoente que ele queria marcá-la no olho direito e a dita depoente lhe perguntou por que e o dito Diabo lhe disse que era porque ela era das suas que ele queria marcá-la, mas que ele não lhe faria nenhum mal, e de fato o dito Diabo mordeu com seus dentes no olho direito da dita depoente, e depois do dito tempo a dita depoente viu muito mal com o dito olho.

A menina declarou então que o demônio a conheceu carnalmente, e o juiz inquire o que significa isso para essa criança que tinha então tão pouca idade; mas a pequena fornece imediatamente a precisão pedida:

sobre essa nossa interpelação, disse como aqui mesmo nos disse que o dito Diabo lhe pareceu um homem muito negro tendo a barba negra que parecia ser de idade avançada, que então ele se despiu e deitou com a dita depoente, ele parecia ter a pele muito negra e que ele tomou com sua mão seu membro viril e o colocou na natureza da dita depoente e lhe causou uma grande dor tal que ela constrangiu a dita depoente a gritar muito alto e então o dito Diabo disse à dita depoente que não era necessário gritar e a fez calar-se.

Depois o Diabo volta sob diversas formas, um gato, um cachorro negro; ele a leva ao sabá após tê-la feito tomar uma vassoura e tê-la friccionado com um ungüento:

Após tê-la conhecido carnalmente, fê-la tomar o cabo de uma vassoura de pau que estava na dita casa e a impregnou de algum ungüento e ordenou à dita depoente de colocá-la atrás de suas costas e a caminho ordenou-lhe que se aproximasse e que se colocasse sob a chaminé e assim que ela se colocou sob a chaminé e que ela estava com o dito cabo de vassoura atrás de suas costas segurando-o com as mãos, súbito ela foi arrebatada pela dita chaminé e carregada pelo ar a uma montanha muito distante da casa de seu dito tio como ela supunha, toda nua como ela estava na cama e era tempos de inverno e ela não sentiu frio jamais, na qual montanha ela encontrou grande número de pessoas tanto homens como mulheres de todo tipo e condição e tão grande afluência como é a multidão que vai se reunir nos sermões das igrejas católicas quando eles são ditos e na dita multidão havia todos os tipos de homens e de mulheres, uns nus e outros trajados e vestidos.

Este sabá é descrito com algum detalhe: a menina aí viu alguns eclesiásticos, camponeses, gente de baixa condição, diabos grandes e pequenos agitando-se em frente a um altar coberto de tecido negro; esse demônio da Auvérnia não é muito agradável, e utiliza como água benta a sua própria urina; mas ele celebra a missa infernal com minúcia, usando um cálice negro, hóstias negras também, vem depois as danças "costas contra costas", o espaço de duas horas que terminam com a adoração do diabo "que estava apoiado sobre o altar e curvado, tendo sua batina arregaçada em torno de suas mãos"; em seguida, o demônio faz com que os participantes contem "que pessoas eles mataram e envenenaram, tornaram indispostas e adoentadas, que animais eles fizeram morrer e também tornaram indispostos, e que outros males eles fizeram". O primeiro relato do sabá termina com a distribuição de pós e ungüentos necessários aos malefícios. A pequena prossegue contando que o Diabo a fez vir assim uma vez por mês, enquanto ela morou na casa de seu tio em Pontgibaud. Depois ela recomeça para completar sua descrição:

Disse ter omitido de nos dizer e declarar que após terem eles adorado o dito Diabo de maneira aqui acima especificada, o dito Diabo extinguira a luz e então cada homem daqueles que assistiam o dito sabá tomou cada uma das mulheres e moças que aí estavam na proporção que elas aí afluíam, e deitando-as por terra e gozando-as e conhecendo-as carnalmente ao comando do dito Diabo, e disse a dita depoente que no dito primeiro sabá ela foi conhecida carnalmente por um homem que começara a envelhecer e a encanecer, que estava vestido de cetim negro, e as outras vezes foi conhecida carnalmente por homens tanto jovens quanto velhos, alguns de grande condição e outros de medíocre e nenhum de inferior.

Volvendo a viver com sua mãe, que a deitava com ela, Magdaleine não mais recebeu visitas noturnas até o momento em que, em novos lugares, a jovem novamente a sós voltou a ser presa de seu Demônio, e reencontrou-se no sabá com uma velhinha que lhe recomendou com insistência (ela lhe repetiu 3 vezes) a "freqüentar constantemente a Igreja e fingir ser devota a fim de que ninguém soubesse que elas eram feiticeiras e adoravam o diabo". Finalmente "inspirada por Deus" a menina se fia a uma patroa de sua mãe, que a fortalece em boas resoluções, insufla-lhe a coragem de repelir o Diabo quando ele se apresenta a ela, e a encaminha à justiça para aliviar sua consciência. Apesar de tudo ela jamais possuiu ungüentos ou pós, nem fez mal a ninguém; quando ela guardava o gado com sua mãe em La Font (da Árvore) o Diabo quis persuadi-la a pegar pós, mas ela recusou, pois "era mau feito incomodar e prejudicar seus senhores". Entretanto, o juiz quer obter mais e pensa nos cúmplices do sabá:

> Inquirida por nós sobre se nós lhe apresentássemos algumas pessoas, ela não saberia dizer se são estas que assistiram aos ditos sabás e se ela as teria aí visto ou não. Disse e respondeu que se nós lhe apresentarmos e fizermos ver alguns daqueles que estiveram nos ditos sabás e se ela os reconhecer como sendo aqueles que ela viu assistir aos ditos sabás, ela no-lo dirá muito verdadeiramente, e que ela estaria bastante pesarosa de no-lo confirmar.

Este longo depoimento, cuja tagarelice é continuamente encorajada pelo juiz, contém bem o essencial dessa obsessão diabólica e ele se encerra com a ameaça inerente a todas essas confissões, a denúncia em cadeia que acarreta dez a vinte processos, por menos que o juiz faça disso um dever. Como hesitaria ele quando esse crime é condenado por leis divinas e humanas?

b) **A autoridade da Igreja.** As leis divinas são prolixas e sem ambigüidade; Lancre o proclama bem alto em seu tratado contra os incrédulos:

> A santa escritura diz claramente em uma infinidade de lugares, que existem a magia e o sortilégio, e os mágicos e feiticeiros[24].

É uma evidência reconhecida e que basta recordar sucintamente: quem quer que possua uma Bíblia em sua biblioteca reencontra Satã e seus sortilégios a todo instante; e os demonólogos não se cansam de citações peremptórias.

No Antigo Testamento, eles buscam no Deuteronômio, no Levítico, Jó, Isaías: o tentador da Gênese é freqüentemente invocado, por certo; porém mais ainda que os relatos, os juízes evocam as fórmulas sob a forma de mandamento. No Livro de Jó, de preferência a narrar o famoso diálogo de Satã e Iavé no prólogo: "Um dia quando os filhos de Deus vinham apresentar-se ante Iavé, também Satã adiantou-se entre eles..."[25], um Bodin prefere evocar a ameaça do monstro marinho ou do Leviatã[26]; ou ainda, no Levítico, a condenação sem apelo: "Aquele que se dirigir aos espectros e aos adivinhos para se prostituir

---

24. Pierre de Lancre, *L'incrédulité et mescrèance...*, n.º 222 da Bibliografia, p. 601.
25. Jó, I, 6 a 12.
26. Jó, III, 8; VII, 12.
27. Levítico XX, 6. As citações feitas por Bodin são extraídas de seu primeiro capítulo, «Definição do feiticeiro».

conforme eles, eu me voltarei contra esse homem, e o eliminarei do meio do meu povo"[27]; que é o equivalente mais eloqüente da ordem proferida no Êxodo: "Tu não deixarás com vida à mágica". O **Malleus Maleficarum,** que consagra a questão I da sua primeira parte a definições semelhantes, utiliza a passagem do Deuteronômio que enumera as atividades proibidas: adivinhação, encantamento, vaticínio ou magia, fascínio, espectros, espíritos, mortos e várias passagens do Levítico[28]. Todos esses textos que anunciam a freqüência das agressões satânicas e suas necessárias punições representavam seguramente a melhor das justificações: eles trazem quer a prova da continuidade com a qual Satã percorre a terra propagando o Mal, quer o argumento da vontade divina constantemente expressa em favor de uma repressão. Bodin cita com convicção Isaías constatando que "o país está cheio de adivinhos e de mágicos semelhantes aos filisteus" e proclamando mais adiante que "Iavé punirá com sua espada dura, o grande e forte Leviatã, a serpente fugitiva, a serpente tortuosa"[29].

O Novo Testamento, que também fornece boas referências contra "o príncipe deste mundo", inspirou menos os demonólogos, apesar da luta de Jesus durante quarenta dias no deserto, apesar do relato divertido (talvez precisamente demasiado divertido) dos demônios transformados em uma vara de porcos na região dos Gerasenos; mesmo a inspiração satânica de Judas[30] não se constituiu objeto de comentários e citações abundantes. Bodin de sua parte cita São Marcos, mas sobretudo o Apocalipse, que representa, é verdade, uma passagem merecedora de escolha: o enorme Dragão, a antiga serpente, o sedutor do mundo inteiro, todas essas qualificações merecem citação. A Besta satânica fornece mesmo a este pesquisador uma prova escritural da marca com a qual se reconhecem os cúmplices do Diabo: "Quem quer que adore à Besta e sua imagem e se faça marcar sobre a fronte ou sobre a mão, deverá beber o vinho do furor de Deus"[31]: mesmo que as feiticeiras de Laonnais apresentassem o mais das vezes marcas de insensibilidade localizadas em outros pontos que não sobre a fronte ou as mãos, a autoridade poderia ser invocada a bom título. Da mesma forma que as Epístolas dos Apóstolos, São Paulo aos Coríntios espezinhando repetidas vezes "o deus deste mundo", e São João confessando que "o mundo inteiro jaz sob o poder do mau".

Enfim, ao menos com o apoio de alguns teólogos nutridos de vastas leituras, os juízes e seus teóricos recorrem aos Padres e aos Doutores da Igreja. Sprenger cita

---

28. Deuter., XVIII, 10-11. Levítico, XIX e XX. Sprenger, *Malleus...*, n.º 323 da bibliografia, edição de Frankfurt, 1582, p. 5.
29. Bodin, *ibidem*, e Isaías, III, 6 e II, 27.
30. Luc. XXII, 3: «Então Satã entrou em Judas».
31. Apocalipse, XIV, 9-10, citado por Bodin em seu primeiro capítulo.

abundantemente São Tomás (**an uti auxilio daemonum sit malum**); Bodin prefere Santo Agostinho cuja **Cidade de Deus** trata abundantemente dessas intervenções diabólicas na vida quotidiana dos homens; e que se indigna, ele também, de que alguns possam emitir dúvidas:

(Ele) diz que tal cópula dos diabos com as mulheres é tão certa, que seria grande imprudência pensar-se o contrário[32].

Sprenger e Bodin foram os demonólogos mais reeditados e mais lidos do século XVI: eis por que essas referências que fundam a autoridade da Igreja em tais matérias foram tomadas a eles de preferência a todos os demais. Estes últimos entretanto usam dos mesmos argumentos. Toda demonstração implica, na época, a evocação dos "auctores" que deram sua opinião sobre a questão tratada. Cada um retoma portanto esses textos da Escritura e seus comentários posteriores como primeiro elemento de sua argumentação. Peucer, por exemplo, cita preferivelmente o Gênese, os Salmos, São João, as epístolas de São Paulo[33]. A lição permanece fundamentalmente a mesma: a onipresença de Satã, inimigo perseverante do gênero humano.

Da mesma forma, esta lição se encontra em várias obras que não tratam somente do poder do demônio: quando Cornelius Agrippa, preocupado com as ciências ocultas, pergunta-se se as feiticeiras deveriam ser entregues ao fogo, ele passa a evocar os Magos do Faraó, assim como vários outros[34]. Mas os relatos hagiográficos mais populares, as vidas dos santos da literatura de cordel, procedem da mesma forma e contam possessões diabólicas às centenas: assim a vida de Santa Ana anuncia que no tempo do nascimento de Maria "foram resgatadas ao inimigo duzentas e cinqüenta pessoas demoníacas, no país da Judéia e na Samaria"[35]. Todos estes textos que atribuem a Satã um principado de fato sobre a terra inteira deram a estabilidade da evidência desta crença na destruição satânica.

Uma estabilidade que pode compelir até à angústia — ou à obsessão — os teólogos constantemente alimentados dessas imagens, conhecendo de cor o fim do Livro de Jó onde se afirma o domínio de Deus sobre as forças satânicas; o Padre Garasse que se sentia cercado por todos os lados e via em Paris libertinos e diabretes proliferar aos milhares, não se cansa de vociferar que o Diabo é um Nemrod, e que tem aberto um matadouro de nossas almas.

---

32. Santo Agostinho, livro XV: «Et quoniam creberrima fama est, multique se esse expertos... plures talesque asseverant, ut hoc negare imprudentiae esse videatur». Bodin, *Demonomanie*, n.º 116 da Bibliografia, p. 105 v.º.
33. G. Peucer, *les Devins...*, cf. n.º 289 da Bibliografia, *passim*.
34. «An sagar vel mulieres, quas expiatrices vulgatim nominamus, ignis mulcta sint damnandae». H. Cornelius Agrippa, *Opera*, n.º 89 da Bibliografia, p. 496 (e B. Arsenal, Ms. 824, f.º 22 v.º).
35. *La vie de Sainte Anne, Mère de la Sainte Vierge*, Troyes (século XVII).

O Padre Coton, confessor de Henrique IV, não é menos patético: H. Bremond reproduziu belas passagens de um sermão onde o jesuíta descreve Lúcifer, príncipe do inferno, sentado numa cátedra vermelha de fogo:

> Quando ele chama a si diversos demônios, e em particular Leviatã que tenta pelo orgulho, Baalberit que acende a cólera, Belzebu que excita a inveja, Mamon que atiça a cupidez das riquezas, Asmodeu que inflama a concupiscência, Belfegor que induz à gulodice, Baalin e Astaroth que nutrem a indolência, e em seguida a esses um formigueiro de outros espíritos imundos, aos quais ele assim fala... Eia pois, espíritos guerreiros, poderosos em malícia, valentes em audácia, correi por mim as Itálias, as Alemanhas, as Espanhas, as Gálias, as Ilhas Britânicas... Ide pois, bravos espíritos, marchai, correi, voai e vingai-vos d'Aquele que vos condenou a essas horríveis penas, e uma vez que ele vos atormenta sempre, ofendei-o sempre: uma vez que vos faz a guerra sem esperanças de trégua, fazei-a contra ele incessantemente, continuamente e cruelmente[36].

Essa eloqüência vibrante dos pregadores, rica de referências bíblicas, não contribuiu certamente pouco para a difusão, sob uma forma imagética ainda mais imediatamente acessível, do ensinamento da Escritura: como resistir a uma tal convicção expressa no púlpito, como hesitar a sentir-se ameaçado, atacado por este demônio onisciente, onipresente e polimorfo, que não tem outra função senão a de consumar a ruína do gênero humano. O combate impõe-se como o dever mesmo de todo bom cristão, que pretende viver segundo a vontade de Deus: as leis humanas que organizam a repressão não dizem outra coisa, no plano, mais prosaico, da distribuição da justiça.

c) **A autoridade da jurisprudência.** Sortilégios, malefícios e sortilégios: os motivos das perseguições que conduzem tantos partidários de Satã à fogueira não são os mais variados e atêm-se a essas duas fórmulas. Os juízes preocupados em apoiarem-se na jurisprudência e que examinam as sentenças anteriores, reencontram-nas sempre. Nas sentenças, uma redação mais eloqüente invoca às vezes o crime de lesa-majestade divina, sendo enunciado na definição da confissão pública o detalhe do crime cometido[37]: o caso não é de forma nenhuma freqüente, e a fórmula mais seca de "feitiçaria" basta comumente para descrever o crime.

---

36. R. P. Pierre Coton, *Sermons sur les principales et plus difficiles matières de lo foi*, Paris, 1617, pp. 134-135; citado em H. Bremond, n.º 317 da Bibliografia, II, p. 111 a 113.

37. Exemplo: a 10 de março de 1583, o Parlamento de Paris confirma nesses termos a sentença pronunciada contra «Jehan Tabourdet, dito de Bertiles, e Jehan Cahouet lavrador, residente na localidade de Vosy, paróquia de Veaulges, prisioneiros nas prisões da portaria do Palácio, apelantes da sentença contra eles pronunciada, pela qual eles foram declarados suficientemente incriminados do crime de lesa-majestade divina antes de qualquer outro, e casos mencionados no dito processo, e para reparação destes foram condenados a fazer confissão pública de sua culpa em camisa, cabeça e pés nus... e confessar em alta voz que maldosamente e desgraçadamente eles recusaram a Deus todo-poderoso seu Criador e deram-se e devotaram-se ao Diabo, e o adoraram e o tomaram por mestre em sabás e alhures, pelo que eles chamarão e pedirão a Deus perdão e mercê»; B. N. Ms. Dupuy 137, p. 72.

No fim do século XVI os juízes podiam sublinhar que tinham "seguido e estão conformes à jurisprudência de um grande número de sentenças", qualquer que fosse a jurisdição na qual operavam: o Parlamento de Paris entre 1590 e 1600 confirma vários apelos por ano[38]. Em Dijon entre 1568 e 1580, a Corte confirma várias condenações para "reparação de sortilégios e malefícios", mas atenua algumas[39]. Em Toulouse se se deve crer em Pierre de Lancre, que não teme as estimativas maciças, o Parlamento teria expedido à fogueira em 1577 quatrocentas mulheres. Conseqüentemente, não é necessário publicar uma ordenança geral na França para incitar os juízes a perseguir os blasfemadores "que são dados ao Diabo" em palavras, publicamente, como foi feito no Condado da Borgonha em 1533 e 1538[40]; os juízes franceses têm à sua disposição uma rica jurisprudência. Ela lhes fornece sobre o crime de feitiçaria propriamente dito motivos absolutamente idênticos, e uma escala de penas de uma simplicidade perfeita, já que na quase totalidade dos casos a condenação à fogueira é a sanção adotada.

A necessidade das perseguições encontra-se assim confinada, **ipso facto**, pelo simples conhecimento dos quadros de sentenças arrolado pelos exercícios anteriores das cortes. Antes mesmo do recrudescimento maciço, que marca os dois últimos decênios do século XVI, o pessoal judiciário dos tribunais pôde por outro lado tirar partido, além de confortar suas convicções, de alguns tratados eruditos, que não deviam nada à crônica judiciária do tempo, e tratavam abundantemente dos segredos da natureza e das espertezas, sutilezas e ardis de Satã; repertório de sábios, de filósofos, e não de juristas, como mais tarde, esta literatura não é essencial; ela ajunta simplesmente a confirmação de sua devida erudição[41].

Ninguém podia negar que existiam feiticeiros que, "por meios sutis, diabólicos, e desconhecidos corrompem o corpo, o entendimento, a vida e a salvação dos homens e outras criaturas", escreve Ambroise Paré: pois a prova é administrada pela autoridade de numerosos doutores antigos e modernos. E ele acrescenta este outro argumento, o da justiça ela mesma: "além do mais a experiência

---

38. Segundo as listas de sentenças fornecidas principalmente (nos A. N.) por AD III 1 e 2 e as escolhas apresentadas ulteriormente por teóricos como Lancre no fim de seu «Incrédulité et Mescréance», p. 765 e s. Sentenças como essas são ainda citadas nos fins do século XVII, cf. o *Factum contre les bergers sorciers de Brie*, em 1695, citada na Terceira Parte, Cap. 9.

39. A. N., U 1073; para essas atenuações, ver mais adiante parágrafo: A Sentença.

40. Cf. Jean Droz, *Recueils d'anciens édicts*... n.º 174a da Bibliografia, pp. 193 e 212. Ordenança além do mais repetida em 1604 e 1608: «Ordenamos bem expressamente a todos nossos oficiais de informar diligentemente cada um em sua jurisdição daqueles ou daquelas que forem difamados de serem feiticeiros e feiticeiras.» Cf. Pétremond, n.º 288 da Bibliografia, p. 209.

41. Cf. os números 234, 88 e 224 da Bibliografia: Levinus Lemnius (1566) Jacques Aconce (1565), Loys Lavater (1571).

e a razão nos obrigam a confessá-lo, pois as leis estabeleceram penas contra tais tipos de pessoas"[42].

Sem nenhum equívoco, a jurisprudência acrescenta pois a sua autoridade à da Escritura: as leis divinas e humanas implicam a repressão mais severa contra todos aqueles que fazem pactos diabólicos, renegando seu Deus e colaborando na perdição dos homens. E a organização mesma do aparelho judiciário não poderia senão estender-se no mesmo sentido.

2. O Processo Infalível

As instruções dos processos de feitiçaria são de uma leitura monótona; é um ritual quase imutável, que arrasta o suspeito até a fogueira: a partir do momento em que o juiz abre um dossiê sobre uma denúncia, rapidamente confirmada pelo rumor público, o encarceramento, os depoimentos e interrogatórios, a procura das marcas e a confissão se encadeiam imutavelmente. Não que os juízes, tendo sua crença absolutamente formalizada, atamanquem a instrução e contentem-se em aplicar o esquema de um questionário muito simples: os interrogatórios cobrem freqüentemente páginas e páginas, demorando-se na descrição das cerimônias sabáticas, enumerando os recursos maleficentes do suspeito; a procura da prova faz-se sempre dentro da maior seriedade, com o concurso de médicos, de cirurgiões barbeiros que começam por raspar todo o corpo do acusado, antes de picar conscienciosamente todas as partes a fim de encontrar a marca de insensibilidade. A mesma consciência anima a obstinação com a qual os juízes se encarniçam em obter confissões de boa forma que constituem a peça mais importante desta instrução. Esses juízes não são incapazes de hesitações, de escrúpulos; chegam a exigir precisões aos acusados, quando estes se contradizem; a sublinhar as refutações e as incertezas que daí resultam. Mas as dúvidas não duram muito tempo. Pode enfim acontecer que os juízes se inquietem quanto ao estado mental de seu acusado, e confiem-no, para uma opinião, aos homens da Igreja: estes casos são muito raros; Charondas le Caron nos fornece um exemplo, o único conhecido para esta época, e ele ressalta que esta consulta médica não é requerida pelo juiz ordinário mas pelo Conselho da cidade de Montdidier, mais prudente ou menos aguerrido que o homem de ofício. O relato merece aliás uma longa citação, pois ele decompõe bem a mecânica dos processos:

> uma feiticeira chamada Marie Martin, a qual reside no burgo da Neufville e le Roy na Picardia, é acusada por suspeitas, indícios e presunções de ser feiticeira: são feitas informações contra ela, que contêm somente indícios fundamentados no senso comum, tendo sobre-

---

42. A Paré, *Oeuvres complétes*, ed. Malgaigne, III, 53.

vindo a morte a algumas pessoas que ela ameaçara ou aos seus animais, e as curas que ela tinha feito por ervas de outras pessoas que definhavam há longo tempo. Estando ela aprisionada em virtude do decreto pronunciado sobre as ditas informações todas negadas, o juiz estava em deliberação de soltá-la: quando pelo dito Burgo passa um feiticeiro ou mágico, que a reconhece por tê-la visto em algumas reuniões de feiticeiros; parecia por essas palavras que ele fora superintendente destes; ele fala e se comunica algum tempo com ela; e por conselho seu o juiz faz-lhe raspar os pêlos em todas as partes do seu corpo, e fá-la examinar, no qual é encontrada uma marca branca tendo impressões como de pata de gato sobre o ombro esquerdo, no lugar que se chama vulgarmente de pá; e faz-lhe vestir uma camisa nova de tecido cru. Sendo interrogada novamente pelo juiz após este fato, ela confessa todas as coisas que ele lhe pergunta, e tão estranhas e detestáveis que só a grande custo se poderia acreditar que uma mulher os teria confessado. O juiz que é um homem de bem, e embora um simples prático, muito experimentado em seu ofício, vendo que ela confessou ter feito morrer o pai dele, passa o conhecimento ao Preboste, o qual a interroga diligentemente, e após os recolhimentos e confrontações remete o processo ao conselho na cidade de Montdidier: na presença do qual a dita Martin é novamente interrogada, e persiste nas suas confissões. Todavia o conselho sabiamente deseja conhecer se não há nela ponto de humor melancólico e perturbação de espírito, e a põe nas mãos de um honesto homem da Igreja. Enfim ela é condenada por sentença do segundo dia de junho de 1586 a ser enforcada e estrangulada e seu corpo reduzido a cinzas; e tendo apelado em seguida ao Parlamento, a sentença é confirmada e executada no décimo quinto dia de julho[43].

O papel da "commune renommée"*, suspeitas e denúncias, marcas, confissão e testemunhos, até a confirmação da sentença dada pelo Parlamento de Paris, todas as etapas de um processo completo encontram-se nessas poucas linhas. Testemunhos, acusados, juízes participantes da demonstração, aparecem seguramente assombrados pelos mesmos fantasmas satânicos, por esse fundo comum definido no instante. Mas seus papéis não são idênticos: cada um tem seu lugar nesta instrução convergente que não pode resultar senão na condenação do suspeito.

a) **Denúncias e testemunhos: os terrores camponeses.**
É pelo jogo das denúncias e dos rumores camponeses que a feitiçaria herdada dos séculos medievais é mais rural que urbana: a reputação de feiticeira se adquire nesta atmosfera de temores incessantes que constitui o cenário permanente da sensibilidade camponesa: a feiticeira reconhecida como tal, e que pode ser passivamente aceita por um longo tempo em razão dos serviços que se pode esperar dela, está à mercê de um incidente; deixar-se "publicamente chamar de feiticeira sem ter jamais protestado"[44], torna-se repentinamente um motivo de perseguição, quando um aldeão descontente se decide a notificar ao bailio a exis-

---
43. Charondas le Caron, *De la tranquillité d'esprit...*, 1588, n.º 151 da bibliografia, B. Ste Gen., R. 80 475, p. 164 e s.
* Notoriedade comum (N. dos T.)
44. Exemplos numerosos: essa fórmula é tirada do rico acervo de Alto Saona (B. 5057): processo de Madeleine Brot, dita a Chaillotte.

tência em sua comunidade desta personagem incomum que tem convivência com o Diabo, e que pode curar ou fazer morrer animais e pessoas à sua conveniência.

Todas as pequenas querelas, todas as tagarelices de aldeia podem servir de base para denúncias, e para testemunhos acabrunhantes como os que se seguem: a aparência pouco atraente e a vestimenta do acusado, as estravagâncias do comportamento, assim como o eco ensurdecedor dos dramas conjugais, e sobretudo as desgraças as mais penosas, epizootias que dizimam os estábulos e os chiqueiros, granizo sobre as vinhas, cereais enferrujados e derrubados, etc... Esses temores aldeões nutrem-se também por vezes da presunção imprudente das mulheres reputadas como feiticeiras que se gabam de seus poderes extraordinários na ocasião de uma tormenta ou de uma chuva há muito desejada. Por pouco que se fundam coincidências e rancores pessoais, os testemunhos acumulam rapidamente sobre os suspeitos todos os males: dores de rins, reumatismo, falsos partos e perdas de aves domésticas. Não é mesmo raro ver as crianças envolvidas nessas febres denunciatórias: para afligir seus próprios pais[45], ou como vítimas; em 1629, o Parlamento de Dole detém cinco crianças de sete a dez anos acusadas de sortilégio, cuja libertação os pais não conseguem.

> Observam humildemente Nicolas Rouhier e Claude Bacherey de Contreglise que estão com os filhos detidos no cárcere desta localidade de Dole entre os quais está Catherine Rouhier de nove a dez anos de idade e outro chamado Claud Rouhier de sete a oito anos de idade, os quais foram acusados de sortilégios e contra os quais foi intentada persecução criminal na justiça e castelania de Amanse onde foi processada contra eles[46].

É verdade que nas terras do Franco-Condado, fora da suserania francesa, a Inquisição opera e contribui com mais método que um juiz leigo, para suscitar os testemunhos dos vizinhos e dos parentes: F. Bavoux publicou recentemente sobre Luxeuil as "informações secretas" do Inquisidor que em 1529 atuou contra Desle la Mansenée, d'Anjeux, esses depoimentos freqüentemente indiscretos acumulam os indícios, doenças, mortos, sabá, granizo, tudo o que "o domínio público e comum" bem solicitado pelo inquisidor, pode encontrar nos incidentes da vida cotidiana para agravar a desgraçada[47]. Nos casos de feitiçaria urbana, mais raros durante longo tempo, as denúncias podem tomar um outro aspecto: próximo a Épinal em 1630, um habitante de Valdetarde é vítima de

---

45. Em 1635, Pierre Alexandre (16 anos) e Josephe (11 anos) Lamy acusam seu ai, vinhateiro borguinhão (próximo de Vitteaux): B. N., Ms. acervos fs., 5309, 89.
46. A. D. Doubs, B, 3345.
47. Cf. F. Bavoux, *Hantises et diableries...?* N.º 355 da Bibliografia, documentos, p. 35 e s. F. Bavoux insiste sobre a particular dependência das populações submetidas, nessas terras abaciais, ao regime de mão morta.

um religioso capuchinho que pretende ter sido prevenido no confessionário das maquinações maléficas tramadas pelo acusado.

Nestas informações, todas as animosidades rancorosas podem portanto encontrar uma boa ocasião para exprimir-se; os juízes não se deixam enganar; eles admitem perfeitamente que a vingança possa guiar certas palavras, se eles conhecem sua causa: um amigo do marceneiro Michel, em 1623, em Moulins, reconhece muito simplesmente que o desentendimento o decidiu a depor uma queixa e a revelar as confidências outrora feitas pelo acusado[48].

É verdade que neste jogo de denúncias, os acusados podem também tirar uma fácil desforra: no decurso da informação assim como ao longo do processo, os juízes não deixam jamais de lhes perguntar se tiveram cúmplices; se eles encontraram, no sabá ou em outras oportunidades, outros partidários de Satã, dos quais seria mister purgar o mais rapidamente a superfície da terra. Freqüentemente a sentença comporta uma sessão particular (e suplementar) de tortura, precedendo imediatamente o suplício final, para obter que o feiticeiro forneça o nome daqueles que estiveram envolvidos nos seus procedimentos. O mesmo Michel, citado há pouco, não espera por esta prova, e no decurso de seu interrogatório, observa a seu juiz que ele não é o mais sábio dos mágicos do país, e fornece imediatamente alguns nomes, começando pelo de um advogado, almotacel da cidade, com o qual está em contato desde há uma dezena de anos[49].

O essencial entretanto permanece aqui a atmosfera mental na qual vivem as populações camponesas, e até mesmo citadinas: tudo pode tornar-se sinal de uma intervenção satânica para quem vive neste temor cotidiano — ameaças, violências, maledicências representam o seu papel nesta passagem. O autor do **Monde enchanté** contando no fim do século XVII as desventuras do pastor Perraud, de Mâcon, de cuja casa ressoavam em 1612 ruídos alarmantes, viu claramente o papel deste rumor público, que alimenta as angústias e desata as línguas ante os juízes:

> falava-se muito neste tempo, e nas cercanias desta cidade, de Espíritos e enfeitiçamentos: o que fazia com que se desse fé muito

---

48. B. N., Ms., fds. fs., 5778, p. 104: «Inquirido por que ele depunha contra o dito Michel já que eles eram bons amigos.
Disse que nesse tempo ele lhe fazia guerra.
Perguntado qual guerra e por que lha fazia.
Disse que ele lhe fazia diversos barulhos em sua casa e que ele se queixou ao Sr. Me Gilbert Gaulmin nosso pai lugar-tenente criminal.
Perguntado como ele podia fazer-lhe ruído não estando alojado próximo de sua casa. Disse que ele o fazia por meio de demônios, com os quais o dito Michel lhe havia confessado que ele havia feito pacto expresso.»

49. Denúncia de Michel Charbonnier, B. N., Ms., fds. fs., n.a., 1997, f.º 43.

mais facilmente ao que se passava na casa do Ministro, e que se tomasse por Magia tudo o que tivesse com isso qualquer relação[50].

Desde que a máquina judiciária foi alertada por uma queixa, por uma tagarelice, é certo que a instrução encontra do que se alimentar, basta que o juiz se disponha a inquirir.

b) **Interrogatórios dos acusados: a marca e a tortura.** Entregues à justiça, os acusados de feitiçaria devem sustentar um longo combate, do qual raramente saem vencedores. Os interrogatórios, as confrontações com os testemunhos, constituem já uma prova terrível, uma vez que os juízes conhecem bem esses problemas e podem perguntar sobre feitiços e malefícios, sabás e orgias, confiantes em sua experiência, tendo em vista que instruíram já outros casos, ou de seu saber livresco, já que leram e meditaram sobre Sprenger, ou Bodin, Massé e Boguet mais tarde. Aquele que entra na prisão, a fronte elevada, indignado por uma denúncia imprópria e responde com altivez às primeiras questões, termina por se persuadir e se confessar feiticeiro após um mês deste tratamento. Além do mais, o juiz dispõe, para obter as respostas satisfatórias, de dois meios que são de uma eficácia terrível: a procura de uma prova tangível, objetiva e independente de declarações — freqüentemente contraditórias ou retratáveis — dos acusados e a tortura. Étienne Delcambre que fez o inventário das atitudes adotadas pelos acusados lorenos[51] insistiu sobretudo na tortura, e nas reações que ela suscitava. É o conjunto do "tratamento" que importa situar rapidamente para apreender a mecânica dos processos.

O juiz dispõe, no interrogatório mesmo, de vantagens consideráveis: a crença comum preparou certamente os incriminados que não podem pretender ignorar o que é o sabá; sobretudo, as acusações recuperadas de um processo anterior (seguindo um encadeamento freqüente), os depoimentos dos vizinhos, os parentes que evocam as calamidades sofridas na aldeia, constituem um dossiê comumente bastante denso, o qual lhe basta consultar, para acusar ou sugerir: a maior parte dos interrogatórios põem com efeito o acusado no caminho, lembrando-lhe os fatos antigos que pertencem à crônica da comunidade; ou então fornecendo-lhe os elementos da resposta. Inquirido se ele não está orgulhoso de ter ido ao sabá ante tal ou tal pessoa, o acusado não tem outro recurso senão contradizer-se a si mesmo: responde que sim, mas no entanto não diz a verdade... Da mesma forma a resposta já vem pronta, uma vez que o juiz especifica bem

50. B. Bekker, *Le monde enchanté*, n.º 104 da Bibliografia, tomo II, p. 421.

51. Étienne Delcambre, «La psychologie des inculpés lorrains de sorcellerie» n.º 393 da Bibliografia.

em sua pergunta que o sabá se realizou naquele ano na montanha de Vitteaux "nas casas Carroy"; ou então quando ele fornece alguns nomes de participantes que já reconheceram sua culpa e empreende a descrição das danças e da missa satânica que o Malino celebrou. Certamente o acusado pode negar, recusar todos os testemunhos "todos eles feiticeiros", protestar a sua ignorância; a pergunta repetida a cada vez que se reinicia o interrogatório, termina por obcecar o incriminado perturbado, acuado, perseguido durante semanas[52].

Ao que o juiz acrescenta os recursos de sua erudição satânica: os especialistas como Sprenger e Molitor são pródigos em conselhos e recomendações concernentes aos subterfúgios enganosos do Diabo, e descrevem as cerimônias do sabá e os malefícios dentre os quais os ungüentos, pós e feitiços são os instrumentos habituais. Não é freqüente ver o juiz citar essas fontes e mostrar ao incriminado toda a sua ciência. Mas elas lhe permitem discutir sentenciosamente as declarações dos acusados: como acreditar em uma feiticeira que confessa um único sabá anual, quando, por notoriedade erudita, as reuniões têm lugar todas as semanas. As discussões que animam os interrogatórios são freqüentemente desta ordem. Essas boas leituras têm portanto pelo menos o efeito de fornecer aos magistrados um arsenal de questões gerais, que atingem o alvo, e sobretudo uma segurança na investigação, uma serenidade inabaláveis: elas **explicam** o tom seguro peremptório mesmo, com o qual os juízes exortam os incriminados, convidando-os a não se deixarem persuadir, a romper o pacto com o Demônio. Como o próprio Molitor no termo de suas conclusões, eles elevam a voz por diversas vezes, recordando os compromissos assumidos no batismo, encorajando suas vítimas a resistir às sugestões diabólicas[53].

Concessões, negações, retratações constituem pois a matéria que aparece nesses processos confusos, onde o medo de comprometer a salvação arrasta muito comumente os incriminados a perderem eles mesmos o controle de sua defesa. Mas os juízes dispõem de meios eficazes para chegar a conclusões mais seguras: para começar, a busca das provas objetivas.

O **punctum diabolicum**, marca imposta pelo Diabo às suas criaturas, é estabelecido muito correntemente pelos juízes, mesmo que os acusados não apresentem dificuldades para confessar seus crimes. Com a ajuda de um cirur-

---

52. Todos os processos apresentam a utilização desses métodos. As «casas Carroy» citadas são extraídas de Ms. 5309, B. N., fds. fs. O acusado nega por muito tempo e confessa após um mês de processo.

53. Cf. Ulrich Molitor, n.º 263 da bibliografia, em seguida à sua oitava conclusão: «vos igitur, o Mulieres, mementote professionis vestrae in baptismo factae, etc».

gião que se encarrega de raspar totalmente o acusado e de picá-lo, eles procedem à procura do ponto de insensibilidade; nos melhores casos, a vítima não sente nada quando a agulha é enfiada em sua carne, e o sangue não corre quando ela é retirada. Esta insensibilidade estreitamente localizada representa uma prova tão boa, que é procurada com muita perseverança pelos barbeiros: em 1624, próximo de Vesoul, uma infeliz foi picada tão fortemente que o operador não pôde recuperar sua agulha:

> encontrada marcada de marca invisível e de sortilégio, reconhecida e confirmada como tal por todos os sobreditos... nos músculos da nádega do lado direito, na qual marca entrou um alfinete do comprimento de quatro dedos... tendo aí entrado a dita agulha completamente de forma que ninguém a pôde de maneira alguma retirar...[54].

O exame do corpo inteiro pode necessitar de um largo tempo, várias horas durante as quais o juiz espera pacientemente que cada cicatriz devidamente sondada seja avaliada pelo cirurgião. Este conclui mais ou menos rapidamente, pode mesmo reservar seu julgamento, já que os sinais de antigas feridas poderiam ter causas naturais muito evidentes. É o caso de um cirurgião borguinhão, que examina em 1635 um camponês, Lazare Lamy, cujo corpo não apresenta senão duas cicatrizes pouco convincentes: apesar da confissão do acusado, que declara saber onde o Diabo o marcou, ele deixa à autoridade judiciária a responsabilidade da conclusão:

> Eu abaixo assinado Mestre cirurgião... certifico que... examinei Lazare Lamy de Safre acusado de sortilégio em todas as partes de seu corpo onde minha vista e meu tato puderam chegar e não encontrei nele quaisquer marcas nem cicatrizes, senão duas a saber uma sobre a nuca do pescoço muito pequena e muito sensível e a outra, acima do ânus juntando-se ao cóccix, um pouco puxado ao lado da nádega esquerda, e tendo-me dito o dito Lamy que o Diabo o havia marcado naquela parte, eu o apalpei e piquei em seis ou sete lugares tanto sobre a dita cicatriz quanto nas proximidades dela, sem que o dito Lamy se queixasse de que se lhe fazia mal, embora as ditas picadas fossem bastante profundas; entretanto todas elas verteram sangue. A dita cicatriz sendo da largura de cerca de um duplo tornês de cor semelhante às outras cicatrizes que podem ocorrer seja por queimadura de carvão, chagas e outras coisas semelhantes que impedem de reconhecer a causa primitiva e eficiente[55].

Mas esta prudência do cirurgião de Vitteaux é excepcional. Ordinariamente, a marca insensível é facilmente identificada pelo homem de ofício, encorajado pelo juiz.

O banho tem uma característica pública bastante diferente enquanto que a procura da marca no gabinete do juiz se efetua no intervalo dos interrogatórios, com todas as garantias de uma operação douta onde o mestre cirurgião desempenha o papel essencial, o banho é uma prova

---

54. Alto-Saona B. 5056, citado em Delacroix, n.º 389 da Bibliografia, p. 257.
55. B. N., Ms., fds. fs., 5309, f.º 188.

pública ante a multidão: segundo a crença popular, o feiticeiro lançado na água com os pés e as mãos amarradas não vai ao fundo, mas sobrenada. O inocente ao contrário afunda. Em maio de 1594, em Bar-sur-Seine, uma geada tardia sobre as vinhas, provoca uma onda de prisões, que são acompanhadas desse ordálio judiciário, na presença de aldeias inteiras: os suspeitos são imersos perto do pisador de cascas; um homem foi mesmo lançado na água com um peso de cinqüenta libras amarrado ao seu corpo: apesar do que não lhe foi possível ir ao fundo da água. A "provação" está feita. O mesmo Lazare Lamy citado há pouco, que viveu com reputação de feiticeiro por longo tempo, fez-se banhar por duas vezes por seus compatriotas a fim de lhes provar a sua inocência:

> disse que tinha a crença que ele iria ao fundo da água e que assim fazendo, que ele acreditava que o povo de Saffres não o teria mais por feiticeiro como ele fazia.

Ao que o juiz retruca que esses banhos teriam provado o contrário, já que ele não foi ao fundo da água[56]; a prova pela água é válida para o juiz assim como para os réus.

Essas provas todavia não bastam: os juízes necessitam, para assentar definitivamente a acusação, da confissão explícita. Essas provas exteriores acrescentam-se de alguma maneira aos elementos de convicção que os testemunhos e os interrogatórios puderam fornecer. Mas nada substituiria a confissão; para obtê-la, a tortura da inquisição é empregada cada vez que o acusado se mostra obstinado em suas negações, ou perseverante em um mutismo que parece a vontade inabalável de não trair o pacto diabólico. Conforme as jurisdições, os instrumentos da tortura de interrogatório variam; os juízes lorenos descritos por Delcambre dispõem de um arsenal de quatro graus: grilhões, pelourinhos, torniquetes, estrapadas. Os juízes do reino distinguem também tortura ordinária e extraordinária; de fato, eles fazem variar os sofrimentos a fim de não diminuir ao extremo a resistência do paciente, que deve poder responder de quando em quando às questões reiteradas pelo juiz (os processos, além do mais, não fornecem dessas sessões senão as transcrições dos interrogatórios — e não as operações sofridas pelas vítimas). A capacidade de resistência de que dão prova os acusados é bastante notável: eles são sustentados por sua própria fé, convencidos de que Deus, Jesus e todos os Santos invocados quando começam os seus sofrimentos, dar-lhes-ão a força necessária para resistir ao juiz tentador, a fim de não cometer perjúrio confessando aquilo que não cometeram. Nesse sentido, a própria tortura, como o banho, toma a aparência de julgamento de Deus, do qual os juízes respeitam o significado após terem prolongado

56. B. N., Ms., fds., fs., 5309, 64.

as sessões tanto quanto foi possível[57]. Porém, qualquer que seja a resistência física e moral dos incriminados, a tortura alcança o seu objetivo na maior parte dos casos: muitos preferem a morte rápida — assegurada a todos que confessam — à continuação de longas sessões trespassadas de sofrimentos terríveis; eles terminam, entrando no jogo, por relatar o sabá e os malefícios, por denunciar próximos e vizinhos, sob o risco de se retratar no momento em que as chamas da fogueira começam a atingi-los, negando tudo e pedindo perdão às suas vítimas.

O comportamento dos acusados face a esse aparelho judiciário rigoroso não carece de variedade: demasiados camponeses rabugentos rejubilavam-se abertamente contentes com as desgraças sobrevindas aos seus vizinhos, ou se vangloriavam de dispor de poderes sobre-humanos para poder afrontar o juiz com altivez, e protestar a sua inocência muito simplesmente. Um número demasiado de relatos sobre sortilégios e sabás, luta do Diabo e do Bom Deus, corriam os serões e as vigílias das aldeias para que as imaginações não trabalhassem por sua conta, desde que o juiz começasse a interrogar. Todas as atitudes podem ser observadas ao longo do processo, desde o mutismo estúpido até a confissão prolixa. Mas as conclusões desses inquéritos são mais monótonas: nos processos satânicos, a convicção dos juízes que lutam contra um inimigo considerado capaz de todos os ardis, de todas as falsidades, se estabelece da maneira mais automática que seria possível conceber.

c) **Deduções tautológicas: os magistrados.** O juiz que instrui um processo de feitiçaria não considera o seu interlocutor como um acusado comum: habita-o o medo constante de ser enganado pelas mentiras satânicas, e ele desconfia de tudo o que lhe é dito em resposta às suas perguntas; pode até mesmo desconfiar das pesquisas objetivas de prova. Para salvar os seus cúmplices, o Diabo poderia perfeitamente fazer ir ao fundo da água o mais assíduo participante dos sabás; e encontram-se no século XVII juízes que concluem, ao fim de uma procura vã das marcas insensíveis, que o demônio interviu para apagá-las momentaneamente e enganar a justiça.

A vigilância é, pois, a regra, e até mais que a vigilância: o magistrado que conduz este combate contra Satã tem perfeitamente o direito de tentar enganar o seu adversário por todas as formas de fintas. Não só as perguntas capciosas que são moeda corrente do interrogatório, mas belas mentiras: Sprenger no **Malleus** aconselha prometer-se aos suspeitos a libertação; mais tarde Bodin recomenda

---

57. Delcambre cita na Lorena alguns casos em que os suspeitos se entregam como prisioneiros para submeter-se à prova, e ser purgados das acusações, cf. artigo citado na nota 51, p. 82; e A. D., Meurthe-et-Moselle, B. 3347 (n.º 19) e 8684 (n.º 1).

que se simule a piedade, para surpreender os acusados e obter confissões de compaixão.

Entretanto, a convicção íntima dos juízes de ter de tratar com um inimigo, cujas dissimulações e mentiras ultrapassam tudo o que se possa imaginar, leva-os a concluir pela presença diabólica em todas as declarações: forma de argumentação contra a qual os acusados não possuem qualquer defesa, já que o seu interlocutor, seguro de sua ciência demonológica, encontra sempre o sinal do Demônio. Quando a feiticeira se recusa a responder, negando em bloco o que lhe é imputado, ela manifesta o endurecimento suscitado por Satã, o pacto de silêncio que ele lhe recomenda para manter em xeque os justiceiros. Quando ela se desfaz em lamentos amargos sobre as infelicidades que sofreu, sobre a maldade dos vizinhos, trai a angústia que os atos nefastos por ela cometidos lhe suscitam, em um momento em que o seu protetor a abandonou. Da mesma forma, as lágrimas vertidas durante a tortura ou ao fim de um interrogatório extenuante traem a culpabilidade reconhecida: ao passo que um olho desesperadamente seco exprime a perseverança na cumplicidade diabólica.

Os juízes possuem assim uma resposta unívoca para todas as atitudes de seus adversários: a um acusado que, após a primeira noite passada na prisão, se queixa de ter sido atormentado por aparições, espancado e importunado até a aurora, o juiz observa:

> Que ele tinha talvez o espírito perturbado; o medo, a vergonha e sua própria consciência de tantos malefícios de que a voz pública o acusava de haver cometido ter-lhe-iam conturbado os sentidos interiores ou mesmo o próprio Diabo...[58].

Esta lógica implacável deve ter confundido necessariamente o infeliz, que está no fundo de si mesmo atormentado pela angústia de sua salvação, e oprimido pelos depoimentos e denúncias de que os dossiês estão providos: se ele confessa, o juiz fica então convencido de que ele diz a verdade, sem rodeios, nem fingimento diabólico. Mas se ele se decide a voltar atrás nas confissões extorquidas pelos borzeguins ou pelo pelourinho, que lhe escaparam em um momento de fraqueza, o juiz faz-se então sentencioso para repelir essa retração, manifestamente sugerida pelo espírito demoníaco. Eis em Blamont, em 1603, uma mulher que se retrata; o juiz se recusa a acompanhá-la:

> Fez-se-lhe notar que suas negativas eram capciosas, que provinham de um instinto do Diabo que desejava fazer perder sua pobre alma e impedi-la de vir a um arrependimento e reconciliação com Deus, ou bem por qualquer suborno de mau conselho, tendo em vista

---

58. B. N., Ms., 19574, f.º 29 v.º, processo de Michel, 15 de junho de 1623.

que suas confissões foram acompanhadas de circunstâncias muito críveis[59].

O automatismo dessas deduções feitas pelos juízes foi denunciado desde 1631 pelo jesuíta Friedrich Spee que durante mais de dez anos assistiu os condenados renanos em seus últimos momentos e observou grande quantidade de processos: ele acumula os exemplos destas conclusões idênticas tiradas de fatos contraditórios:

> Ou esta infeliz foi de uma vida má, ou uma vida boa: se foi má, eis um indício violento da pretendida feitiçaria; pois de uma maldade a uma outra, a presunção está aberta: se ela foi de uma vida boa e costumes louváveis, o indício não é menor, pois eles dizem que é próprio das feiticeiras cobrirem-se assim pela aparência de uma vida boa.
>
> ...Ou ela testemunha medo ou não: se ela o testemunha (pode ser por ter compreendido as tormentas que tem de sofrer, em uma palavra por reconhecer o estado deplorável de sua condição). Eis um grande indício (dizem eles) pois a sua consciência a acusa. Se ela não testemunha nenhum medo (confiando na sua inocência): isso não deixa de ser um indício muito forte; pois eles dizem que as feiticeiras têm o costume de fazer maior ostentação de sua inocência, e testemunhar maior confiança que as pessoas de bem[60].

Assim os juízes podem acumular indícios seguros que constituem outras tantas fortes presunções contra os acusados.

Assim fazendo, eles têm o sentimento de salvá-las contra si mesmas. Os demonólogos do fim do século não se cansam de repeti-lo; mas os processos também o indicam claramente. Os juízes são invulneráveis a qualquer ataque satânico: sua missão está colocada sob a proteção do Deus Pai, e não têm nada a temer pessoalmente do Demônio que não possui nenhum poder sobre eles. Perseguindo os feiticeiros, constrangindo-os a confessar seu pacto e a renunciar sobre a fogueira a esta traição, eles asseguram a salvação dessas desgraçadas criaturas, transviadas pelo anjo decaído: eles lhes evitam as penas eternas que teriam sofrido infalivelmente se houvessem perseverado na negação de seu redentor. Essa função judiciária que exercem, os juízes a vêem portanto como uma missão superior: a Igreja delegou-lhes um encargo de perseguição que deverá purificar o mundo do domínio satânico, salvar as criaturas arrastadas pelo Demônio, e limpar as aldeias, as comunidades infectadas pelas desordens desses sequazes do Diabo. Penetrados dessa convicção, os juízes dificilmente deixam escapar o menor sinal de cumplicidade com o Diabo; examinando e reexaminando as palavras e os gestos dos acusados, terminam por encontrar esses sinais em cada atitude.

---

59. A. D., Meurthe-et-Moselle, B 3327, n.º 23, citado em parte por Delcambre, artigo sobre a psicologia dos acusados, n.º 393 da Bibliografia.

60. Spee, tradução francesa de 1660, n.º 322 da Bibliografia, pp. 320 e 321. Cf., para Spee os capítulos 6 e 8.

Mesmo a piedade lhes é proibida: dizem-no incidentalmente Bodin e Lancre no auge da crise do fim do século XVI. Deixar-se apiedar pelas lágrimas, pelas súplicas, seria correr o risco de entrar em cumplicidade com Satã, e até de dar a uma de suas criaturas uma nova oportunidade de praticar atos nefastos. Essas lágrimas poderiam muito bem ter sido suscitadas pelo próprio Diabo... A lógica formal desta atitude, extravio místico comum aos juízes e às vítimas, é inabalável. Ao fim do inquérito, o juiz completa tais e tais indícios convergentes pela confissão: o processo está acabado. A fogueira não está longe.

3. *A Sentença*

A condenação acompanha de perto a confissão: assim que o suspeito reconheceu o seu crime, o juiz de primeira instância considera-se satisfeito. Ele realizou a tarefa mais difícil e venceu o Diabo, desarmando seus estratagemas e retomando-lhe a presa. O resto não passa de formalidade: pronunciar a sentença, prever nela um interrogatório suplementar, a fim de obter denúncias de cúmplices ou de outros partidários de Satã; estipular alguma cláusula de confisco dos bens a fim de prover as custas do processo; prontificar os preparativos da execução sobre o cadafalso ou nos lugares do sabá, nas horas que se seguem à proclamação da sentença imediatamente executável; tudo isso representa a rotina para os juízes acostumados, ao menos em certas regiões, a condenar desta forma dezenas de feiticeiras por ano. Uma vez "lançadas as cinzas ao vento", que arrasta os últimos traços dos culpados (e freqüentemente até mesmo de seu processo jogado na fogueira após a última leitura da sentença), os juízes retornam a outros afazeres e, certamente, a novas perseguições de feiticeiras. Essa justiça implacável, e por muito tempo imperturbável, não se pode compreender fora dessa atmosfera de angústias ante a salvação eterna, evocada a pouco.

a) **A confissão e a condenação.** O diálogo entre o juiz instrutor e o suspeito pode durar um tempo muito longo; os processos conservados mostram uma resistência comumente obstinada dos acusados, que não se resignam a seguir passo a passo as proposições dos juízes. Freqüentemente os camponeses, que foram denunciados e arrancados de seu lar sem comedimento, resistem durante dias e replicam às insinuações, às delações com veemência e com grande coragem, antes de entregar as confissões as quais os juízes se apegam tanto. Essas réplicas podem tomar diferentes formas: imprecações, blasfêmias, invectivas violentas, negações pacíficas, e até mesmo invocações diabólicas. No entanto, a perseverança dos juízes, que tiram de todas essas atitudes provas variadas contra seus adversários, triunfa o mais das vezes sobre estas obstinações: essas longas discussões que revertem sempre em desvantagens para a mesma parte, quaisquer que sejam seus argumentos, terminar por fazer uso do bom senso e da paciência dos acusados. A dúvida os invade, e mais ainda o desespero; quando os que lhe são próximos se envolvem, quando os filhos vêm afligir os pais, o juiz tem a partida ganha muito rapidamente; e os relatos sabáticos, corroborados pelos dizeres dos testemunhos e pelas denúncias, tomam o lugar das negativas e das ameaças.

As confissões tranqüilas e graves, que implicam a aceitação pacífica da condição de feiticeiro, são, pois, excepcionais. A inquietude suscitada pelos juízes que não cessam de recordar os prazos próximos da salvação eterna, cria nos acusados verdadeiros terrores: a confissão, a descrição das cerimônias sabáticas, acaba por aliviá-los, no meio das lamentações, das queixas onde se fundem o arrependimento por esses atos imaginários e o ressentimento pela maledicência dos vizinhos, dos outros feiticeiros, companheiros dessas reuniões noturnas. Na maior parte dos casos, esses interrogatórios em que o acusado dá enfim satisfação ao juiz traem sobretudo a confusão, ligada ao desespero; confusão a ponto de se perder a si mesmo nestes relatos alucinantes, onde desfilam, com a ajuda do juiz, todos os fantasmas da demonologia; desespero ante a idéia da punição imediata, e ao mesmo tempo das penas eternas: acontece mesmo desse desespero ultrapassar as forças da vítima que não espera o suplício ordenado pela autoridade judiciária e enforca-se em sua prisão, no decurso do inquérito[61].

O mais importante aos olhos dos juízes é todavia o fato de reconhecer explicitamente as ligações com o Diabo: o próprio pacto; ninguém se preocupa — até os grandes delírios monásticos do século XVII — em encontrar o seu traço tangível, sob a forma de um pergaminho, onde Satã teria posto a sua assinatura. As confissões dos acusados bastam desde o momento em que afirmam ter encontrado o Demônio e aceitado servi-lo; o resto — inclusive os sabás e as cópulas — nunca é mais do que a ilustração e a conseqüência lógica deste acordo formal com o poder infernal. E mesmo os malefícios praticados contra animais e homens, sobre os quais repousa o mais freqüentemente a denúncia inicial, não passam, uma vez adquirida a confissão principal, de complementos de provas, dos quais

---

61. Cf. Bavoux, *Hantises et diableries*..., n.º 355 da Bibliografia. Dois casos, Antoninette Annel e Deslot Triboulet.

as sentenças nunca chegam mesmo a fazer menção[62]. A crença atribuía tais poderes aos feiticeiros, graças aos ungüentos, pós e fórmulas mágicas, que a enumeração dessas maldades não teria muito sentido, nem para os juízes nem para o público, cujos temores eram confirmados pela leitura do julgamento.

A obstinação com que se lançam os juízes para obter uma confissão é plenamente compreensível na sua óptica; por isso, quando a resistência física e a força de espírito permitem a alguns acusados suportar, persistir na negação, sem fraqueza até ao extremo da tortura, os magistrados ficam fortemente impressionados e renunciam a perseguição, ao menos provisoriamente. A jurisprudência de relaxação é admitida, em meados do século XVI, pelo Parlamento de Paris, mesmo em casos que não tratem do Diabo; em 1560, um rapaz, ferrador, de Magny, condenado à fogueira por bestialidade pelo juiz local, consegue recorrer, persistindo em dizer-se inocente apesar da tortura extraordinária, e a pena é comutada para açoitamento, mas ele não é libertado, pois a corte o declara "veementemente suspeito do crime de sodomia cometido com bestas brutas"[63]. O mesmo procedimento é também observado nas regiões limítrofes, cujo pessoal judiciário fala, escreve e raciocina em francês. Em Épinal, em pleno século XVII, um detento, cuja mulher fora queimada por feitiçaria em 1628, é libertado após haver sofrido uma última tortura particularmente vigorosa e sem resultado:

> Tendo sido ordenado que o dito Ralbon (Jean) fosse submetido à tortura, à qual ele sofreu e sob a qual embora sendo muito violenta negou sempre constantemente ter cometido o crime do qual ele era acusado, de tal modo que pela forma de pronunciação usada nesta região ele teve sua prisão revogada[64].

No conjunto da Lorena, Étienne Delcambre estima que um acusado dentre dez conseguia evitar a fogueira desse modo; a avaliação, feita sobre as centenas de processos que ele estudou nos Arquivos de Meurthe-et-Moselle, parece generosa demais; na Lorena como em outros

---

62. Quando o malefício não implica relações diretas com Satã, a confissão é mais fácil, parece: O bispo de Chartres, Nicolas de Thou conta mesmo como uma mulher: «muito difamada na região de Beausse» veio espontaneamente confessar-se a ele: «Apresentou-se em nossa morada e palácio a 26 de junho de 1574 uma mulher chamando-se Thiphaine Cornu, a qual fez-nos ouvir que ela sentia sua consciência pesada por ter enfeitiçado a viúva do Senhor de Marolles, Senhora Marguerite Vignon, fato de que ela dizia ter tal pesar que ela gostaria de estar morta, requerendo-nos com clamores que consentíssemos recebê-la mercê e penitência e dar-lhe absolvição». (B. N., Ms. Dupuy, 488, f.º 21 e s.). Mas esta feiticeira de boa vontade era na realidade perseguida pelo filho de sua vítima que a conduziu novamente à casa do bispo. Essa Thiphaine Cornu acreditava ter encontrado através de sua confissão o meio de escapar da justiça.

63. Sentença de 7 de outubro de 1560, relatada em L. Perceau, *Procès de bestialité*... n.º 432 da Bibliografia, p. 50 e s.

64. B. N., Ms. Dupuy, 673, f.º 180.

lugares da França, quando se desencadeia uma epidemia de perseguições, em Labourd por exemplo com Pierre de Lancre, é no máximo 5% (de preferência aos 10%) dos acusados que consegue dessa forma evitar a fogueira[65].

A condenação que se segue ao inquérito propriamente dito refere-se sucintamente às atas do processo e ao crime reconhecido; ela é precisa — e de feição lacônica — sobre as modalidades da execução: a confissão da culpa é pronunciada ante a igreja paroquial local, cabeça e pés nus, uma tocha de duas libras na mão é de regra imutável. É evidentemente um ato essencial já que o condenado deve pedir perdão a Deus e aos Santos, ao Rei e à justiça por tê-los abandonado para seguir o Diabo. É também, sem qualquer dúvida, um espetáculo edificante, ao qual a multidão comparece, para ouvir o perjuro proclamar em alta voz as suas maldades, o seu arrependimento e testemunhar o seu retorno a melhores disposições. Depois vem a execução propriamente dita: o executor da alta justiça deverá conduzir o condenado a um cadafalso armado na praça pública da aldeia ou a um lugar elevado nas circunvizinhanças, considerado propício aos encontros com o demônio. Piedosos na sua determinação, os juízes concedem por vezes ao carrasco a autorização de estrangular ou enforcar o feiticeiro antes de acender a fogueira; eles decidem também das penas menos pesadas para os menores. Quando o inquérito envolve no mesmo julgamento os filhos do acusado, estes nem sempre são condenados ao fogo: na Borgonha, em 1635, um juiz local baniu por nove anos, um filho de 15 anos de idade que fora três vezes ao sabá, comera, dançara e "fizera as adorações ao diabo"; e os menores que não tinham dez anos seriam colocados, após terem assistido ao suplício de seu pai, nas mãos do cura local "para serem instruídos no serviço de Deus e fazerem todas as abjurações necessárias"[66].

A sentença pronunciada é imediatamente executável salvo em caso de processo de apelo que os condenados, humildes na maior parte, não assistidos de conselhos jurídicos, nem mesmo sonham em iniciar. As únicas demoras são de ordinário as que reclama o carrasco para armar um cadafalso e uma fogueira no local designado pelo juiz: não mais de vinte e quatro horas na maior parte dos casos.

65. Essa avaliação não pode ser senão indicativa, em vista do grande número de processos perdidos, ou não recenceados. Cf. Ét. Delcambre, *Psychologie des Juges*, n.º 392 da Bibliografia; Hiegel em seu estudo do bailiado da Alemanha, n.º 434 da Bibliografia, fornece uma porcentagem ainda mais discutível: 75% somente de condenações a morte para o período de 1580 a 1632. A ausência de confissão constituindo-se aí como alhures no principal motivo de relaxação, leva-nos a crer numa tortura mais suave? O autor dessa monografia não encarou esse aspecto da questão.

66. B. N., Ms., fds. fs. 5309, f.º 186; cf. da mesma forma em 17 de dezembro de 1611, em Dijon ainda, a sentença pronunciada contra Claude Pelletrat: o pai queimado, a mãe banida perpetuamente do reino, o filho simplesmente submetido à confissão de sua culpa.

b) **O confisco de bens: miséria e feitiçaria.** Cada sentença comporta uma cláusula financeira: multa e confisco de todos os bens, para prover os custos do processo, do aprisionamento, e da execução. Esta justiça que não é, a bem dizer, diligente, custa bastante caro para que as despesas sejam reclamadas às vítimas: os deslocamentos do juiz e dos cirurgiões que examinam as marcas, o trabalho dos auxiliares encarregados da tortura, as despesas para a instalação do patíbulo e da fogueira, a retribuição do carrasco generosamente pago, as despesas do cartório, a manutenção da prisão mesma, a alimentação dos detidos (pão, vinho, sopas...), todas essas despesas, às vezes contabilizadas em peças anexas, terminam por representar somas bastante vultuosas. No começo do século XVII, um processo que se desdobra por dois meses — e o caso é freqüente — representa trezentas a quatrocentas libras, soma que é amiúde difícil de recuperar, mesmo decretando-se o confisco total dos bens. Os parentes próximos, as comunidades (livradas de um flagelo terrível) são por vezes convidadas a contribuir para assegurar o pagamento das despesas da justiça. Para uma persecução bastante rápida seguida da execução imediata de um acusado convicto de "feitiçaria", a cidade de Condom pagou em 1597, quarenta e dois escudos ao lugar-tenente criminal; mas a mesma cidade, trinta anos antes, havia hesitado em iniciar um processo contra uma mulher aprisionada pela mesma razão de "feitiçaria", e "tendo de escolher entre o apelo a um preboste que permitiria evitar o apelo e as despesas" e a expulsão da feiticeira, a **Jurade*** decide-se finalmente a expulsá-la da cidade, sem outra sanção que implicasse pesadas despesas[67].

Entretanto nem os juízes, nem as comunidades entregam-se a considerações circunstanciadas sobre esses aspectos da caça às feiticeiras: não é pois possível afirmar que as ondas de perseguição possam ter-se abrandado por falta de recursos dos senhores que podem justiçar, ou das comunidades camponesas queixosas. Mesmo a integridade dos juízes dificilmente pode ser posta em questão, embora desde o século XVII certos autores tenham-se perguntado se os juízes obstinados nas perseguições não tiravam algum proveito material destes processos em cadeia. Spee em sua penosa experiência germânica pôde assinalar alguns desses casos, mas duvidosos; e ele não considera essa motivação como fundamental. Mais tarde, quando no primeiro terço do século XVII, as ondas de

---

67. *Jurade* de 18 de junho de 1564, cf. J. Gardère, *Histoire de la seigneurie de Condon*, n.º 414 da Bibliografia, p. 362.

* *Jurade* — sessão magistratura municipal. (N. do T.)

perseguições atingem os meios urbanos abastados, a acusação vem à luz. Um libelo anônimo de 1626, consagrado à condenação de Charles de Franchillon, de tom violento, afirma peremptório:

> Além do mais, há juízes de tão má consciência e de tal forma possuídos de avareza (assim como de muitas outras coisas) que os bens de um homem são capazes de torná-lo atingido diante deles do maior mal do mundo. O que eu não digo sem tê-lo visto encontrando-me em uma certa cidade da Lorena, onde de um grande número de acusados de feitiçaria, dos quais eu ouvi os interrogatórios e as respostas, não se executou senão aqueles que possuíam (como se diz comumente) com o que se fazer enforcar[68].

Para Franchillon, Barão de Chenevières, a cupidez dos juízes poderia talvez entrar em jogo. Mas o caso é excepcional; e na Lorena, onde o autor residiu, os casos denunciados neste panfleto são muito raros, a acreditar-se em Delcambre, que se colocou a questão; ele conclui de sua pesquisa, na qual, entre 1590 e 1610, ele não encontrou dez casos suscetíveis de dúvidas, que esses feiticeiros, comumente pobres, não são perseguidos em virtude de sua fortuna.

No conjunto, a maior parte das vítimas dessas perseguições são miseráveis, que não representam certamente presas interessantes para as autoridades judiciárias; a cupidez dos juízes, que encontrava mil outras ocasiões de exercer-se na área civil e na criminal, não intervém quase nunca nessa repressão. O laço que une miséria e epidemias repressivas é de outra ordem: as calamidades que se abatiam, a intervalos irregulares sobre os rebanhos e as colheitas desempenharam certamente um papel muito mais importante; submergindo no desespero comunidades inteiras a quem nada pode socorrer, afligindo particularmente as mulheres que as preocupações domésticas cotidianas arrastam até à angústia, as desgraças do tempo criaram a atmosfera de terror na qual as imaginações vagam sem fadiga e encontram logo alguém para acusar[69]. Receptivos a essas denúncias pelas razões já vistas, os juízes não têm senão que pôr em movimento a mecânica de um processo bastante conhecido. A perspectiva de ganhos pelo confisco dos bens cobrados sobre as heranças das pobres "mulheres de aldeia" era quase nulo. Por outro lado, a miséria alucinatória é o contexto por excelência no qual as ondas de perseguições tomam corpo e assolam províncias inteiras.

c) **Fogueira e hereditariedade.** "Tendo sido armada" a fogueira "no local e lugar usual para semelhantes execuções", a sentença é aplicada ao condenado de

---

68. B. Ste-Gen., Q 53 *bis*, peça 18.

69. É isso que sentiu muito bem Jean Palou, n.º 477a da Bibliografia, em seu pequeno *Que sais-je?* (capítulo II). Mas ele vai muito longe procurando uma coincidência cronológica estrita entre conjunturas econômicas e ondas de perseguição.

acordo com as prescrições mesmas dos juízes: alguns distinguem o enforcamento e a incineração do corpo morto, outros desejam que a feiticeira seja queimada viva e profira "altos gritos"[70]; possuindo cada justiça senhorial seu local de suplício, o desenvolvimento dessas execuções apresenta outras variantes ligadas à configuração dos locais, à presença de autoridades importantes assistindo ao suplício e ao número de vítimas executadas simultaneamente.

Um aspecto é, entretanto, notável neste último ato dos processos: é freqüente ver os juízes prescreverem a incineração do processo com o acusado, para que não reste mais nenhum traço de seus crimes, mesmo nos arquivos da justiça; e cabe perguntar se o costume não estava de tal modo bem estabelecido que esse ponto nem sempre é mencionado na sentença[71]. Pode igualmente ocorrer que os juízes mandem lançar ao fogo, junto com o condenado, os instrumento de magia que foram encontrados em seu domicílio, e que puderam servir-lhe para a prática de suas ações nefastas. É o caso de um religioso franciscano, François de Nobilibus, condenado pelo Parlamento de Grenoble em 14 de agosto de 1606: "O hábito de religioso franciscano ser-lhe-á tomado"; ele faz a confissão pública de sua culpa como qualquer pessoa e deve ser conduzido

> à praça de Bruel, local costumeiro para se fazer semelhantes execuções, para que ele aí seja pendurado e estrangulado, até que resulte a morte natural em um cadafalso que para esse fim será aí montado;

por fim seu corpo lançado no fogo:

> no qual serão também igualmente lançados todos os livros, facas, caracteres, bilhetes, platinas gravadas, animais, imagens, calçados, cartões, agulhas e outras coisas encontradas com ele quando de sua captura e alhures servindo para a magia para serem queimadas e consumidas com seu corpo conforme referido acima[72].

Estando todo vestígio desse comércio diabólico "reduzido e consumido em cinzas" e o executor das penas capitais tendo terminado sua tarefa, o mal encontra-se então extirpado: o Diabo recua, perdeu uma de suas criaturas e o juiz pode regozijar-se de ter cumprido bem o seu dever. Restam, entretanto, os descendentes dos feiticeiros. A feitiçaria é hereditária na crença comum e no

---

70. Um único exemplo concernente a esses detalhes: em setembro de 1623, o Parlamento de Paris julga em apelo Michel, marceneiro de Moulins; a sentença definitiva especifica: «está entendido que assim que o dito Michel tenha sentido a chama do fogo vivo, ele será imediatamente estrangulado». A. N., X2A, 217 (12 de setembro de 1623).

71. Um julgamento pronunciado a 19 de março de 1627 em Pont de l'Arche o especifica para Allizon Picart, feiticeira de Saint-Germain-d'Allizay: Nesta época o costume começava a perder-se? Questão (de detalhe) aberta. Cf. B. N. Ms., fds. fs. 16350, f.º 846.

72. B. N., Ms., Dupuy, 89, f.º 199 (Nobilibus é condenado também a quinhentas libras de multa).

espírito dos juízes. As crianças, que em alguns casos atormentaram pai e mãe com seus depoimentos e que foram condenadas pelos juízes a assistir ao suplício de seus pais, são suspeitas vinte anos mais tarde, e freqüentemente num prazo menor ainda: filho e filha de feiticeiro herdaram um talento principalmente de cura, que é inseparável das práticas diabólicas das quais os seus pais deram prova. Em um mundo onde as noções de hereditariedade tem um lugar eminente nas idéias sociais, a descendência diabólica é admitida sem dificuldade. Nos interrogatórios e depoimentos, a lembrança dessa hereditariedade têm um lugar eminente nas idéias sociais, a descendência diabólica é admitida sem dificuldade. Nos interrogatórios e depoimentos a lembrança dessa hereditariedade que não é rara, desempenha o papel de indício tão probante quanto as deduções pelas quais os juízes chegam a crer na culpabilidade de seus suspeitos. Com muito maior razão, já que o incriminado pode ter-se gabado desses antecedentes familiares, lembrando-os a algum vizinho ranzinza e fornecendo assim o pretexto a todas as denúncias. Nos considerandos de um julgamento, o magistrado não hesita em fazer figurar essa hereditariedade em primeiro lugar. Eis, nas regiões do Alto-Saona, em Monthureux-sur-Saône, em 1620, uma mulher chamada Anne Humbert que parece sobretudo ter negligenciado de negar a acusação quando seus conterrâneos a trataram como feiticeira; a primeira censura judiciária é a de ser filha de feiticeiro:

> Por ser nascida e saída de um pai feiticeiro que conheceu o fogo, Pierre Humbert, o qual sendo acusado do dito crime de feitiçaria foi por isso condenado à pena comum dos feiticeiros, há cerca de dezessete anos, na localidade de Amjeux e subseqüentemente executado com morte pelo fogo: por ter igualmente seguido os rastros de seu dito pai no mesmo fato e crime de sortilégio, que comumente vários do dito Monthureux a acusaram, injuriando-a e chamando-a feiticeira, ambas feiticeira e bruxa sem que ela demonstrasse ter tido ressentimento, tendo assim sofrido tais injúrias mesmo nos lugares públicos sem ter procurado qualquer reparação por meio da justiça, embora isso tenha sido algumas vezes na presença de seu marido que assim a chamou ele mesmo...[73].

A memória coletiva dos seres e da crônica aldeã desempenha nesta transmissão um papel essencial que seria difícil minimizar. O rumor público é alimentado superabundantemente desses relatos familiares em que os feitos e ações dos antepassados perseguem os vivos, tanto na boa quanto na má fama; os historiadores do fim do século passado, atentos a esses aspectos da vida coletiva, sublinharam muitas vezes esse traço que liga às famílias, e até aos ditos lugares em que elas viviam

---

73. A. D., Alto-Saona, B. 9677 (citado no inventário impresso, tomo III, p. 436).

(nas regiões de habitat disperso), toda uma história conhecida por todos, verdadeiramente coletiva[74]. Por isso as epidemias que dizimam as aldeias da Borgonha e do Franco-Condado encontram na hereditariedade o princípio decisivo de sua renovação, de geração em geração: F. Bavoux o viu bem no caso de Luxeuil[75].

Assim se apresenta, evocada em seus traços gerais, a herança medieval em matéria de processos de feitiçaria. Michelet em **La Sorcière**, lembrou na sua maneira visionánária que é inimitável, esse enorme fenômeno de obsessão coletiva que povoa os últimos dois séculos da Idade Média, se prolonga e se renova nos tempos modernos. Mesmo se a imaginação criadora de Michelet o arrastou por vezes muito longe dos textos que lhe serviam de documentação, é bastante evidente que as páginas vibrantes onde ele evoca a desforra dos mendigos sobre os poderosos, a maldição dos miseráveis, e tudo o que tange à feitiçaria rural, constituem uma admirável tentativa para restituir a esse largo movimento todas as suas significações sociais e espirituais.

Sem nenhuma dúvida a repressão selvagem das práticas mágicas representa uma das partilhas, uma das recusas mais incisivas que a civilização ocidental praticou: na sua ambigüidade mesma, já que a feitiçaria rural, utilizando os malefícios e também uma medicina dos simples, dos segredos da natureza, viu-se ao mesmo tempo aceita e rejeitada; ao longo dos séculos, os dois movimentos aparecem como complementares. No entanto as cóleras populares e as exasperações mais refletidas dos juízes são mais incômodas que a prática ordinária dos feitiços, curativos ou modestamente malfazejos. Nessa história turva, a linha de partilha não é clara, e suas determinações não se apreendem facilmente; a feitiçaria de aldeia, aceita, solicitada — mesmo com um medo inconfessado — cessa um dia de ser reconhecida como benfazeja, como uma ajuda possível. Por quê? Não é fácil de se saber: acúmulo de atos malfazejos, fracasso de medicamentos aconselhados, aparição de signos celestiais, calamidades atmosféricas atribuídas à sua influência. Todas essas explicações podem ser invocadas, como causas imediatas. Nos recônditos da memória coletiva, que reviravoltas podem animar os espíritos, recordar repentina-

---

74. Um bom exemplo: na sua história do viscondado de Juliac, M. Romieu relata: «Vimie, proprietário da meação de Fontaine em Créon, descendia desse famoso Cyprien Vimie, enforcado em Bordeaux, por ter envenenado Jacques de Pardaillan, Visconde de Juliac. Acreditava-se ser ele um pouco mágico como seu bisavô; nenhum camponês da região ousaria passar na frente da Avenida de Fontaine ao cair da noite. É o que indica um fragmento de carta datada de 1624 onde ele é acusado com palavras encobertas de malefícios diabólicos.»

75. Para Bodin e Bouguet além do mais, a hereditariedade é um índice seguro: infalível para um, mais ligeiro para o outro.

mente coincidências estranhas e mortes inesperadas, e doenças incuráveis por tão longo tempo em que a feiticeira não tenha intervindo? Os depoimentos que respondem sempre à expectativa do juiz dão apoio a essas maldades, que oprimem os suspeitos: a boa feiticeira é então praticamente esquecida.

Os fantasmas que obscurecem essas imaginações ajudam, por certo, a fabular magnificamente. Michelet em **La Sorcière** parece admitir sabás reais, e toda uma vida noturna do camponês que pode à noite escapar de seus senhores sem piedade para correr pelas charnecas, e encontrar nas danças e nas festividades do sabá a liberdade que a vida cotidiana lhe negava[76]. No entanto, essa realidade dos sabás e de outras manifestações coletivas, que Pierre de Lancre descreve no início do século XVII com tanta complacência, não é o mais importante: no limite ela não conta, em face do fenômeno de alucinação coletiva, que constrói e encontra a partir da morte de uma vaca as representações da desordem diabólica. A história deve encarregar-se desse conjunto imaginário que dá ao feiticeiro e ao Diabo um dos primeiros lugares nas preocupações dos homens.

Feiticeiro e mágico são seres de mistério, cercados de uma aura que se dirige antes de mais nada à sua comunicação particular com as coisas e com os homens: a seus poderes, mal definidos, impossíveis de serem conhecidos e por isso mesmo temíveis. Companheiros de um personagem prestigioso e familiar ao mesmo tempo (que pode aparecer sob a forma de um príncipe ricamente vestido, de um gato ou de um cachorro), hóspede às vezes incômodo, visitante assíduo e interessante, os feiticeiros são assim engrandecidos aos olhos de todos e de cada um. E sua glória se acresce ainda do fato de que eles participam regularmente desse famoso sabá onde o mundo cotidiano se vê invertido, tanto a ordem social como a liturgia dominical, e os trabalhos substituídos por festas e diversões.

Entretanto, o fim dessa associação entre o Diabo e o feiticeiro permanece sendo a hostilidade contra Deus: não a revolta contra os senhores desse mundo terrestre, mas contra o próprio Deus, negado por um pacto expresso, abandonado e desamparado mesmo quando uma aparente fidelidade de prática pretenda enganar mais seguramente. No conjunto dessas representações, a pequena guerra infligida aos vizinhos, as doenças dos homens e dos animais contam certamente menos que essa recusa do Deus redentor — ou, melhor dizendo, essa substituição de Deus pelo Diabo: crime maior, "Lesa Majestade Divina", como dizem as atas judiciárias a propósito da menor blasfêmia, esta

76. Cf. o capítulo 11, primeira parte de *la Sorcière;* a Comunhão da revolta, os sabás, a Missa Negra.

substituição basta para justificar todas as perseguições conduzidas assiduamente contra as criaturas do Demônio; elas devem impedir que sua germinação não venha um dia ameaçar a própria ordem divina pela perversão de todos os homens. A lógica interna desses fantasmas ordena as perseguições mais implacáveis, esses milhares de fogueiras flamejantes sobre a Europa inteira.

Esse duplo aspecto dá conta da complexidade e da importância do fenômeno: favorecida pela miséria e pelo rigor da condição camponesa, a extensão das crenças diabólicas, cujas lições essenciais estão todas contidas no ensinamento tradicional da Igreja, não foi freada mas multiplicada pelos clérigos, da Igreja ou do Estado, inquisidores ou promotores eclesiásticos aqui, magistrados lá, todos contribuíram por muito tempo com todas as suas forças para expandir esta crença. Esses sonhos de revolta e desforra suscitados por uma impotência total frente às coerções exercidas pela sociedade medieval foram sancionados, por assim dizer, pelas autoridades judiciárias e eclesiásticas, renovadas e alimentadas ao mesmo tempo pela experiência dos homens de justiça, elaborando a própria doutrina da repressão à medida que a jurisprudência se acumulava. Tantos lares, tantos juízes obsequiosos em subjugar Satã. Os sabás, imaginários, as missas às avessas e os feitiços de impotência não representam simplesmente os descaminhos dos simples de espírito, pobres indivíduos afligidos pelas misérias cotidianas que procuravam uma compensação em uma evasão polimorfa. São também os horizontes mentais dos homens cultos, eloqüentes, nutridos de direito canônico e de direito civil, que são encarregados dos processos criminais onde quer que se exerça a alta justiça, nas senhorias, nos bailiados, e presidiais e nas cortes superiores que constituem os Parlamentos. De uns aos outros, o consenso permanece o mesmo durante muito tempo: as ondas de perseguições em fins do século XVI o provam com toda evidência.

2. ESPECIALISTAS E PERSEGUIÇÕES: A ONDA DE PROCESSOS DOS FINS DO SÉCULO XVI

As epidemias de perseguições apresentam alguma analogia com as sublevações populares: quando a documentação permite recenseá-las e analisá-las (o que não é sempre o caso), a empreitada que deve ser conduzida ao nível de todas as jurisdições possuidores de alta justiça, é bastante enganosa, no sentido de que ela fornece as circunstâncias nas quais começa um conjunto de perseguições: denúncias, querelas, calamidades, as causas imediatas de qualquer tipo, mas não os elementos explicativos que permitiriam encontrar os ritmos e identificá-los. O exame somente dos inventários impressos da série B dos Arquivos Departamentais provou-nos muito largamente até que ponto toda generalização era aventurosa, pois toda periodização que ordena em largos traços as ondas de perseguição era passível de contestação: ao longo dos séculos, a repressão dos empreendimentos satânicos não se deixa apreender facilmente. Se é verdade que a própria lei sálica e algumas capitulares carolíngias recomendam essa perseguição, seu efeito não é visível nos arquivos que nos são conservados antes dos séculos

XIV e XV. Se é verdade que a escolástica contribui para elucidar e definir o crime, não é menos certo que desde as primeiras perseguições contra os valdenses, confusões — verdadeiros amálgamas — foram cometidas pelos inquisidores entre heresia e feitiçaria, tanto no Delfinado[1], como no Norte da França.

A herança medieval compreende ao mesmo tempo o **corpus** das crenças e representações e das tradições jurídicas que são rapidamente descritas, e, por outro lado, essa incoerência no ritmo aparente das perseguições. Não há epidemias sem um ou vários juízes bem decididos a livrar a sua jurisdição da ingerência diabólica: nesse sentido o especialista cria a perseguição, sem nenhuma dúvida; mas as motivações mesmo circunstanciais dos juízes escapam à investigação ao longo dos decênios. Somente uma coincidência cronológica é clara; a discussão Wier-Bodin de 1580 preludia a grande onda de perseguições que se prolonga até o primeiro decênio do século XVII. A febre de perseguições se duplica então com uma vontade de persuasão, de demonstração: os juízes fazem-se teóricos e relatam suas façanhas para demonstrar diante do mundo erudito (que constituía seu público) a verdade dos empreendimentos satânicos. Auxiliados pelos teólogos que aurem com toda sua erudição as lições da tradição, esses juízes dão ao mesmo tempo provas da experiência e argumentos teológicos necessários para provar aos hesitantes a existência e a vitalidade do Diabo — não sem veemência agressiva, que Montaigne realçou vivamente nas poucas páginas dos **Essais** consagrados às feiticeiras: "Bem vejo que as pessoas que se enfurecem, e me proíbem de duvidar disso, sob pena de injúrias execráveis. Nova maneira de persuadir"[2]. Ela não é de modo algum tão nova...

1. *A Polêmica e a Onda*

Antes desse esforço de uma geração de juristas para redefinir a demonologia e assegurar o seu lugar na jurisprudência, antes de 1580, os juízes não dispunham de outro guia na matéria senão o **Malleus Maleficarum** (publicado em Paris já em 1517) e os exemplos, multiplicados através de toda Europa Ocidental, de confusão entre a heresia, sempre renascente, e a feitiçaria: os valdenses em primeiro lugar, depois Lutero e Calvino representados como os enviados de Satã para perder o mundo, e não salvá-lo, a imagem é fácil. Ela reaparece sob todos os tipos de penas, bem mais freqüente seguramente que nos protestos contra esses amálgamas, ou contra as próprias perseguições: houve, é verdade, na Áustria no século XV,

---

1. Cf. J. Marx, *L'inquisition en Dauphiné*, n.º 465 da Bibliografia.
2. Montaigne, *Essais*, III, XI, Des boyteux.

um arquiduque que discutiu prudentemente com o inquisidor Ulrich Molitor, de Constança, sobre as feiticeiras e adivinhas, no mesmo momento em que o livro de Sprenger multiplicava as suas edições[3]. Mas o tratado latino de Molitor — que não nega o poder das feiticeiras e do Diabo — não teve o sucesso do **Malleus** e foi pouco traduzido. Além de que as perseguições não cessam nem na França nem alhures; se a primeira metade do século XVI parece relativamente tranqüila, o é em comparação à segunda. Pois ela não é "o século da tolerância" entre dois períodos de perseguições obstinadas que Michelet acreditava ter aí visto, em seguida a uma leitura muito rápida[4].

a) **Feitiçaria e heresia, antes de 1580.** Sprenger e seu êmulo Nider lançaram eles mesmos a expressão heresia das feiticeiras **(haeresis maleficarum).** A confusão chegou a causar problema para os teólogos que nem sempre encontravam junto aos Padres da Igreja uma equivalência tão simples entre os dois termos. Em uma coleção de **Quaestiones** do século XV, a proposição é apresentada de uma forma bem clara:

> Queritur utrum sortilegi sint heretici reputandi et videtur aut non, quia Sanctus Augustinus in libro de Trinitate loquens de Isis loquitur non sicut de hereticis sed sicut de malis hominibus[5].

Todavia, para os espíritos menos eruditos, o problema é mais simples: o empreendimento satânico de perversão do mundo utilizou a via direta de uma contestação à Igreja para dilacerá-la e garantir a derrota de Deus. Na metade do século XVII um abade inspirado do Delfinado, Gabriel Martin, publica um libelo muito claramente intitulado: "A religião ensinada pelos demônios aos feiticeiros valdenses, dos quais aqueles da religião pretendida Reformada se dizem ser descendentes." Dezesseis páginas sob forma de diálogo que se pode resumir em uma única exclamação:

> Por que não iremos dizer e não iremos clamar por todos os lugares que a Religião pretendida Reformada é a doutrina dos Diabos[6].

A filiação é muito natural e não demanda justificação. No fim do século XV quando os valdenses são perseguidos por toda parte, tanto pelas autoridades eclesiásticas quanto seculares, a confusão é feita correntemente. O Parlamento de Paris chegou mesmo a reabilitar em 1491, em Arras, uma trintena de burgueses valdenses, de pensamento pouco ortodoxo, executados por "sacrilégio e

---

3. Ulrich Molitor, *De lamiis et phitonicis mulieribus*, n.º 262 da Bibliografia.

4. *La sorcière*, livro II, capítulo 3: «Cent ans de tolerance en France». De fato Michelet limita esse bom período aos reinados de Carlos VIII, Luís XII e Francisco I.

5. B. M. Carpentras, Ms. 177, f.º 63.

6. Gabriel Martin, título citado no texto, n.º 250 da Bibliografia, p. 11.

valdismo", sob o regime borguinhão em 1461[6a]. Naudé em seu **Mascurat**, faz a glorificação dos parlamentares parisienses:

> Quando a região de Artois foi infectada por essas imaginações depravadas relacionadas com o Sabá e uma infinidade de pessoas acusadas de valdismo, como eles diziam naquele tempo, sofreram estranhas perseguições por comissário e juízes subalternos que abusavam muito freqüentemente de seu poder, o Parlamento de Paris quis disso tomar conhecimento, e após boas e suficientes informações sobre o fato, ele pronunciou a sentença de 20 de maio de 1491, pela qual todos os acusados foram absolvidos, os processos considerados nulos, os Juízes e Comissários castigados, e todos os banidos e exilados reinvestidos em sua condição anterior...[7].

No Vivarais, onde os processos se fazem mais freqüentes no século XVI às vésperas da Reforma, Jean Régné arrolou cinco feiticeiras para o ano de 1519, duas para o ano de 1530: as peças dos processos revelam uma acumulação de queixas aldeãs "clássicas" (feitiço, doenças e mortes de animais) e a acusação maior de renegar Deus, a Virgem e os Santos e seu batismo, de esquecer **Pater**, **Ave** e **Credo**, para ir à sinagoga[8] e entregar-se ao Diabo. Os monjes de Aubenas que dirigem as investigações, principalmente em Montpezat, e recorrem de bom grado às torturas, atribuem uma grande importância a todos os gestos de renegação: várias mulheres confessam não mais engolir a hóstia da Páscoa e cuspi-la na lama ao sair da missa; outras pisam uma cruz desenhada na terra, recitando suas rezas às avessas a fim de provar que elas realmente compactuam com seus diabos, Barrabam e Mouret[9]. No Norte da França, o começo do século XVI viu também um crescimento do número de processos, com as mesmas características, ao que parece[10].

Na segunda metade do século, quando a ruptura entre a Igreja romana e as Igrejas protestantes se consuma, a mesma confusão segue seu curso, tanto mais facilmente quanto vários relatos concernentes aos reformadores fa-

---

6a. A cópia tardia (escrita do século XVII) da sentença e seu comentário conservados nos A. D. do Norte (B 939/16451) mostram efetivamente a confissão: o resto da cópia declara estes burgueses «falsamente acusados e condenados como pretensos feiticeiros». O texto da sentença indica «todos acusados de feiticeiros e valdensaria». Enfim no relato das cerimônias expiatórias organizadas para a proclamação da sentença (serviço diário na catedral, sermão nos locais da execução, levantamento de uma cruz de 15 pés, apresentações teatrais), é dito que eles eram «acusados de ser valdenses e feiticeiros». Monstrelet narra a história desses homens tratando-os de feiticeiros e, no século XVIII, a Enciclopédia acompanhou Monstrelet.

7. G. Naudé, *Mascurat*, n.º 270 da Bibliografia, p. 320.

8. A expressão sinagoga do Diabo para designar o sabá não é própria ao Vivarais. Ela se encontra um pouco em toda parte, na França meridional: a contaminação de vocabulário é muito significativa.

9. Jean Régné, *La sorcellerie en Vivarais*..., n.º 487 da Bibliografia, processo de Catherine Peyretose, Jeanne Charreyre, Agnès Colombe, Béatrix Laurence, Catherine Vosse (1519), Jeanne Perayrone e Catherine Las Hermes (1530).

10. Cf. P. Villette, *La sorcellerie dans le Nord de la France*, n.º 511 da Bibliografia.

zem intervir Satã: não só Lutero teve de lutar em Wartburg contra as tentações diabólicas, e defendeu-se a golpes de tinteiro, mas ele próprio era uma criatura satânica. "Diz-se também que Lutero nasceu do abraço do diabo com sua mãe Margarida", relata sem sorrir Boguet, no início do século XVII[11]. Que os reformadores tenham retomado por sua conta, muito rapidamente, as perseguições contra os cúmplices de Satã: isso não entra realmente em consideração por Calvino desde 1545[12]. Nem os juízes, nem o povo, estão suficientemente informados a esse respeito; e uma visão maniqueísta dos homens, mais satisfatória para o espírito, tem maior ressonância, encontra melhor acolhida. Enfim, nos casos em que os polemistas se indignam com o grande número de adeptos recrutados por Satã, reclamando perseguições, eles não deixam de pôr em causa, ao menos indiretamente, os reformados, que introduziram a confusão e a dúvida na vida religiosa, e contribuíram conseqüentemente para oferecer o campo livre ao Diabo. Assim proclama Charondas le Caron nos anos 1580, quando a onda de perseguições começa:

> Deus manda exterminá-los da terra, os Imperadores Romanos ordenam que eles sejam punidos de morte. Nós temos contra eles a sanção do Concílio de Ancyre, e outros santos e severas constituições mesmo dos Reis da França, que é mais que necessário executar presentemente tanto mais que o número desses feiticeiros e feiticeiras condenáveis pulula e aumenta, devido ao desprezo, desordem e abuso que trouxeram à religião cristã os novos dogmatistas[13].

Após a primeira fase de perseguições de 1547 a 1560 e após as primeiras guerras de religião, a feitiçaria retoma, por assim dizer, sua autonomia. O amálgama, admitido e desejado durante tanto tempo, não é mais a regra geral para os demonólogos que, após Bodin, deverão encarregar-se de descrever em minúcias as perversidades de Satã. Sem dúvida restam ainda, no século XVII, espíritos inquietos e obscuros como o Padre Garasse que via na Paris de Henrique IV libertinos heréticos e cúmplices de Satã às dezenas de milhares; mas este confunde tudo: os irmãos Rosacruz são a seus olhos **"perniciosissima magorum societas"**, da mesma forma que toda espécie de heréticos[14]. A onda de perseguições que marca os últimos decênios do século XVI não se situa no plano de uma tal confusão. Os demonólogos definiram melhor qual era seu inimigo: a polêmica que Jean Bodin publicou em 1580 contra o médico renano Jean Wier contribuiu muito para esta clarificação, ao mesmo tempo que para a retomada das

---

11. Boguet, *Discours exécable* n.º 118 da Bibliografia, p. 33.

12. «Fazer legítima inquisição contra tais hereges a fim de extirpar tal raça da dita terra», citado em Oskar Pfister, *Calvins Eingreifen...*, n.º 438 da Bibliografia, p. 33.

13. Charondas le Caron, *op. cit.*, n.º 151 da Bibliografia, p. 163-164 (a autorização de impressão do tratado é de 1583).

14. *Le Mercure français* relata estas palavras extraídas de *la Doctrine curieuse* com uma nuança de ironia (*Mercure français*, 1624, p. 384).

perseguições que inumeráveis fogueiras no fim do século pontuam.

b) **Jean Bodin refuta Jean Wier.** É sempre difícil avaliar, para essas épocas distantes, a repercussão de uma obra ou de uma discussão como essa. Contudo, o debate que se abre com a publicação do tratado de Jean Wier, em 1563, não pode ser minimizado: muitos tratados lhe respondem, muitos juízes fazem referência a seus opositores. Se é necessário propor um ponto de partida ao grande debate, ao fim do qual os processos de feitiçaria deixam de ser promovidos na França — um bom século mais tarde —, é bem esse: a publicação de **De praestigiis daemonum et incantationibus et veneficiis**[15].

Jean Wier é um médico renano que fez seus estudos em parte na Alemanha onde teve por mestre Cornelius Agrippa, grande sábio ocultista do século XVI, autor de **De incertitudine et vanitate scientiarum**[16] e na França, em Paris e em Orléans. Durante vinte e oito anos (de 1550 a 1578) ele exerceu as funções de médico junto ao Duque de Clèves Juliers. Escreve então diversos tratados de medicina, e em 1562 sua primeira obra contra os processos de feitiçaria, publicada em Basiléia em 1563. Ele retorna em 1577 ao mesmo assunto a fim de refutar seus adversários em pequenas obras complementares, onde mantém no essencial as posições firmadas em seu primeiro livro[17].

Wier não nega a existência de Satã, nem seus intentos: conhece os textos sagrados que afirmam sua presença no mundo, e não deixa de citá-los, desde o começo de sua obra. Mas retém uma característica essencial a seus olhos: o Diabo é mestre em impostura, em ardis falaciosos, graças aos quais se esforça por perverter a tudo. A partir daí, distingue bem os "mágicos infames" que fizeram pactos com o demônio, e participam de seus desígnios: esses não são defensáveis; não mais que os envenenadores vulgares que usam produtos nocivos bem conhecidos; e, por outro lado, as infelizes feiticeiras, vítimas de insinuações, imaginações e aparições que lhes suscita o Diabo; é aí que o médico aparece, argumentando largamente sobre "o humor melancólico", a velhice "caduca" e sobre as medicações capazes de curar os enfeitiçados e endemoninhados. Refutando as interpre-

---

15. No século precedente, o tratado latino de Molitor citado mais atrás apresentou-se como precursor não ouvido: ele não teve audiência, não suscitou nenhuma agitação (na França pelo menos).

16. Wier não deixa de lembrar o que ele deve a Agrippa, sábio e filósofo; este conseguiu, é necessário frisar aqui, a absolvição de uma feiticeira em Metz, em 1518; sobre Cornelius Agrippa e sua influência, veja-se os trabalhos da especialista, Paola Zambelli, principalmente a resenha publicada em 1965: «Cornelio Agrippa scriti inediti e dispersi, publicati et illustrati», em *Rinascimento*, Forença, 1965, p. 129.

17. *De lamiis liber unus*, *Pseudo monarchia daemonum*, publicados em 1577 em Basiléia em apêndice a uma reedição dos seis livros sobre as ilusões e imposturas.

tações equívocas das Escrituras, reprovando os abusos "blasfematórios" de exorcismos e do "mau uso da palavra de Deus", ele deposita confiança no "médico que seja de boa consciência" para cuidar das "convulsões, contrações de nervos, melancolia, epilepsia, sufocação, degeneração seminal" a que se reduzem muitas possessões: e somente quando os medicamentos do facultativo tiverem fracassado, ele apelará ao ministro da Igreja. Relatando as suas próprias experiências e aquelas cujas circunstâncias conheceu nos países vizinhos, sabendo reconhecer as falhas dos médicos ignorantes tão bem quanto as falsidades dos endemoninhados simuladores, Jean Wier conta com verve cem histórias onde se esforça por reconhecer a parte do Diabo e a da natureza, para concluir pelo justo castigo dos envenenadores e dos mágicos fiéis ao Diabo e no tratamento médico cuidadoso de suas vítimas infelizes[18].

O sucesso do tratado publicado em Basiléia foi considerável: quatro edições se sucedem de 1563 a 1568. A quinta edição latina em 1577 compreende importantes adições; em 1567 uma tradução francesa é publicada em Paris, realizada por Jacques Grévin, médico; ela é reeditada já em 1569. Uma nova edição em 1579 é completada com os diálogos de Erastus e as respostas de Wier[19]. Uma tradução alemã dedicada ao Conselho da cidade de Bremen é editada em 1567. Nas regiões de língua alemã, as teorias médicas de Wier provocaram publicações nos dois sentidos: Erastus, Binsfeld, mais tarde Del Rio tomam posição contra ele, Ervich, Gödelmann, Lercheimer, Loos a favor de suas teses[20]. Nenhuma resposta entretanto foi tão vigorosa quanto a de Jean Bodin, célebre sábio e erudito angevino, que escreveu para refutar esse "pequenino médico" renano quinhentas páginas virulentas, freqüentemente sarcásticas, injuriosas às vezes, e de uma lógica imperturbável. A **Démonomanie des sorciers** foi escrita para denunciar o crime mais execrável que jamais existiu e

> para responder àqueles que por livros impressos se esforçam por salvar os feiticeiros por todos os meios: de forma que parece que Satã os inspirou e puxou seu cordão para publicarem esses belos livros[21].

O tom e o talento do autor asseguraram a glória da **Démonomanie:** dez edições pelo menos de 1580 a 1600,

---

18. Os espíritos mais fortes, no fim do século XIX, quiseram fazer de Wier um «racionalista» que teria dissimulado sua total impiedade ao longo de mil páginas, e aceitado a existência do Diabo, para evitar maiores aborrecimentos para si: é a história de Abel Lefranc e de Rabelais, aos quais Lucien Febvre fez justiça em seu *Problème de l'incroyance*. Cf. a reedição de Wier por Bourneville em 1885 (biblioteca diabólica), notadamente pp. XIV e XV.

19. Tradução de Simon Goulart, de Senlis, reproduzida na edição Bourneville citada na nota precedente: «Deux dialogues de Thomas Erastus, docteur en médicine à Heidelberg touchant le pouvoir des sorcières et de la punition qu'elles méritent».

20. Cf. Bibliografia, segunda parte.

21. J. Bodin, prefácio.

em Paris, Antuérpia, Lion e Rouen, uma tradução latina em Basiléia desde 1581, retomada em Frankfurt em 1590, uma tradução italiana em Veneza em 1589, reeditada em 1592. Sem nenhuma dúvida, o Bodin demonólogo foi mais lido e admirado que o Bodin economista, discutindo com o Sr. de Malestroit sobre o crescimento da massa monetária. Bodin procede com um senso preciso das necessidades da argumentação: antes de refutar diretamente Wier, retomando um certo número de seus argumentos, — é o apêndice da **Démonomanie** — ele adianta rigorosamente: "Feiticeiro é aquele que por meios diabólicos se esforça conscientemente para chegar a alguma coisa", tal é a boa definição sobre a qual abre o seu primeiro capítulo. A existência do Diabo evidentemente não se discute:

> Não há menos impiedade em pôr em dúvida, se é possível que existam as feiticeiras, que pôr em dúvida se existe um Deus, aquele que por sua fé atestou um atestou o outro.

Sua erudição, seu conhecimento da vida científica do século XVI lhe servem para adiantar comparações arrebatadas, que podiam impressionar seus leitores: seu prefácio, que é bem composto, reúne em algumas páginas seus argumentos mais impressionantes; é o caso da diversidade das ciências nos seus fundamentos.

> O cúmulo de todos os erros preveio de que os que negaram os poderes dos espíritos e as ações dos feiticeiros, pretenderam disputar fisicamente coisas sobrenaturais ou metafísicas, que é uma incongruência notável. Pois cada ciência possui seus princípios e fundamentos que são diversos uns dos outros: o físico tem que os átomos são corpos indivisíveis, o que é um erro intolerável entre os Matemáticos que têm e demonstram que o menor corpo do mundo é divisível em corpos infinitos[22].

Ele retira argumento dos erros dos sentidos, que nos induzem ao engano: os olhos que "fazem ver na água as coisas muito maiores do que são, e tortos, os paus que são retos", e também dos novos conhecimentos recém-adquiridos:

> Aqueles que dizem que é impossível que o espírito maligno transporte o homem a cem ou duzentas léguas de sua casa, não consideraram que todos os céus e todos os grandes corpos fazem seu movimento em vinte e quatro horas, ou seja duzentas e quarenta e cinco milhões setecentos e noventa e um mil quatrocentas e quarenta léguas a dois mil passoas a légua.

Ele sabe, ainda, tirar argumento das ignorâncias humanas ante os segredos da natureza: quem ousaria negar a atração do ímã ou o poder do peixe torpedo sob o pretexto de que ignora sua causa real?

> Assim deve-se considerar como loucos e insensatos aqueles que vendo as ações estranhas dos feiticeiros e dos espíritos e, entretanto, porque não podem compreender a causa... não querem crer nelas.

22. J. Bodin, *Demonomanie*, prefácio, assim como todas as citações seguintes.

Enfim sobra o argumento de fato: há três mil anos, as feiticeiras nos relatam suas ações, seus sacrifícios, suas danças, seus transportes noturnos, seus homicídios, fascinações, ligações e feitiçarias "que elas confessam e em que persistem até a morte".

Essa clareza na argumentação — inclusive o apelo às evidências dos fatos confessados pelos acusados — certamente que contou muito para persuadir os contemporâneos: uma linguagem firme, exemplos precisos, um conhecimento seguro dos textos antigos e das Escrituras, tudo concorre para a solidez da demonstração, que é ordenada com o mesmo rigor até a última parte[23]. É necessário convencer os espíritos fracos que poderiam deixar-se arrastar pelos maus argumentos de seu adversário, ou mesmo pela piedade, como é o caso já visto em Poitiers na metade do século XV: um teólogo pregando que "era um ato cruel condená-los à morte... a punição dos feiticeiros cessou e o reino de Satã foi estabelecido, crescendo o número infinito de feiticeiros[23a]. A refutação propriamente dita a Wier — em cerca de sessenta páginas — apóia-se, entretanto, sobre os fatos, mal conhecidos ou mal compreendidos pelo médico renano. Bodin não teme atacá-lo em todos domínios e mesmo na medicina. Wier admite que as feiticeiras são mais numerosos na Alemanha do que em outros lugares, e que a compleição melancólica as predispõe a esses extravios: "ora", responde Bodin, "vê-se todos os povos do setentrião brancos, os olhos verdes, os cabelos loiros e finos, a face vermelha, alegres e tagarelas, coisa em tudo contrária ao humor melancólico"[24]. Os fatos ainda: "Já que Wier é médico, ele não pode ignorar que o humor da mulher é diretamente contrário à melancolia"[25]. Fatos que não podem ser negados uma vez que eles são afirmados em todos os lugares; Wier zomba da cópula das feiticeiras com os Demônios, e Bodin retruca:

> Sabe-se bem que as mulheres não costumam vangloriar-se de suas luxúrias. E como confessariam elas terem copulado com os Diabos se não fosse verdade? Ora nós lemos que os juízes da Alemanha, da Espanha, da França e da Itália afirmaram por escrito que todas as feiticeiras, que eles mandaram executar, confessaram e persistiram em suas confissões até a morte inclusive, e várias também a que se perdoou, que elas copularam com os Demônios, chegando até a dizer que elas acharam seu sêmen frio...[26].

---

23. Bodin sabe também utilizar a escolástica: discutindo a definição das feiticeiras dada por Jean Wier, ele lhe censura de ter falhado em termos de Dialética: «Ridículo por ter posto seis disjunções em sua definição, tendo em vista que a definição é viciosa se há somente uma disjunção como diz Aristóteles», J. Bodin (refutação), p. 249 v.º

23a. J. Bodin, (refutação), p. 240.

24. J. Bodin, (refutação), p. 247.

25. *Ibid.*, p. 246 v.º

26. *Ibid*, p. 251 v.º

A concordância desses relatos é o grande argumento que permite a Bodin proclamar com desenvoltura:

> Quando ele se vê sobrecarregado de um milhão de histórias divinas e humanas relativas às transformações da figura humana em bestas, ele diz que Satã adormece aos corpos[27].

Bodin todavia não ignora que todos esses relatos não valem senão em função do crédito atribuído a essas inúmeras confissões em que as feiticeiras contaram suas façanhas a juízes tão atentos quanto benevolentes. Wier no livro VI de seu tratado apresenta contra o argumento essencial, aquele retomado por Montaigne nos **Essais** e por Cyrano por volta de 1650: "Uma confissão deve conter verdade e coisa possível"[28]. A resposta de Bodin apóia-se sobre a definição do possível, que para ele engloba o sobrenatural. Por isso, explica:

> a gente não deve deter-se nas confissões, se elas não são verdadeiras e possíveis, no que eu concordo com ele; mas sua assunção está em que ele diz, que não há nada possível de direito, que não o seja possível por natureza; isto é não somente falsa, mas também pleno de impiedade. Pois ela suprime todas as maravilhas de Deus, e suas obras feitas contra o curso da natureza...[29].

Esse laço estreito que liga as obras do Diabo e as de Deus pelo fato mesmo de seu caráter sobrenatural, metafísico, é um argumento de peso, que os partidários de uma justiça severa não cessam de evocar durante todo o decurso do século XVII. Bodin nesse domínio, forneceu todas as demonstrações de que se alimentam as polêmicas ulteriores.

Em sua peroração enfim, é o argumento da autoridade, entretanto, que o domina: frente a Wier, Bodin sente-se forte graças aos testos das Escrituras, dos filósofos, dos juristas mais eminentes de todas as épocas e de todos os países.

Para a conclusão resta verificar se se deve de preferência deter-se nas blasfêmias e falsidades de Wier do que na lei de Deus repetida em todos os lugares das Escrituras Santas, que pronunciam a pena capital contra os feiticeiros, que Deus abomina de uma execração extrema; se se deve de preferência deter-se num medicozinho de que nos livros e sentenças de todos os filósofos que por um consentimento comum condenaram os feiticeiros; se se deve de preferência deter-se nos sofismas pueris de Wier do que nas leis de Platão, das Doze Tábuas, dos Jurisconsultos, dos Imperadores e de todos os povos, e legisladores, persas, hebreus, gregos, latinos, alemães, franceses, italianos, espanhóis, ingleses, que decretaram penas capitais

---

27. *Ibid.*, p. 266 v.º.

28. Wier, livro VI, capítulo XIX. «Nas causas criminais não se deve em absoluto deter-se na confissão», (Edição Bourneville, II, p. 306). Montaigne, livro III, capítulo XI: «Nessas outras acusações extravagantes, eu diria de bom grado que é o bastante que um homem, qualquer recomendação que ele tenha, creia naquilo que é humano». Cyrano, «Voyage dans la Lune», citado por Lucien Febvre em seu artigo «Sorcellerie, sottise ou revolution mentale», n.º 404 da Bibliografia.

29. Bodin (refutação), p. 261.

contra os feiticeiros, e contra aqueles que os encobrem, ou que os lhes permitem evadir; se se deve de preferência deter-se em Wier de que na experiência de todos os povos, reis, príncipes, legisladores, magistrados, jurisconsultos, que conheceram a dedo e a olho as impiedades e maldades execráveis, de que os feiticeiros são acusados; se se deve de preferência deter-se no discípulo do maior feiticeiro, que jamais foi de sua idade, que nos profetas, teólogos, doutores, juízes e magistrados que descobriram a verdade por milhares e milhares de presunções violentas, acusações, testemunhos, depoimentos, confrontações, convicções, reconhecimentos, arrependimentos e confissões voluntárias até a morte[30].

c) A onda de perseguições após 1580.

Bodin foi mais ouvido que o audacioso médico do Duque de Clèves: esse apelo veemente à repressão implacável foi entendido pelos magistrados da alta justiça encarregada da repressão dos delitos e crimes comuns, dos quais a feitiçaria faz parte[31]. E se é verossímil que as perseguições foram raras sob o reinado de Carlos IX, como o afirma sem pilheriar Pierre de l'Etoile em 1587[32], o período posterior nada poupará para fazer regressar a "infecção satânica". O encarniçamento dos juízes não se mede apenas pela abundância dos processos e das fogueiras, mas também pela proliferação dos sábios tratados onde relatam suas experiências e o bom fundamento de seu zelo. Com a ajuda dos teólogos que também são às vezes juízes (como Del Rio), eles multiplicam as obras eruditas que enaltecem, como Bodin, a repressão. Essas publicações difundidas por toda a parte, dedicadas muito freqüentemente aos homens da justiça que precisam ser ajudados em sua luta contra as astúcias demoníacas, acentuaram elas próprias a propagação torrencial da epidemia sobre o conjunto da França (para não dizer a Europa Ocidental). Elas definiram, com uma prolixidade inesgotável, o dever de consciência da magistratura.

> Os feiticeiros andam por todas as partes aos milhares, multiplicando-se na terra, assim como as lagartas em nossos jardins. O que é uma vergonha para os magistrados, aos quais cabe o castigo dos crimes e delitos[33].

Ninguém pode ser mais claro que Henry Boguet juiz superior do Condado de Borgonha, cujo **Discours exécrable des sorciers** conheceu o mesmo sucesso que a **Démono-**

---

30. Bodin (refutação), p. 251.

31. Uma sentença do Parlamento de Paris, a 12 de março de 1588, o confirma; cf. ADIII, 28, 7.º livro, 4.

32. A propósito da execução de um italiano, Dominique Miraille, acusado de ter morto com feitiço sua primeira mulher para esposar outra bastante jovem, ele escreve em 26 de fevereiro de 1587: «Considerou-se essa execução completamente nova em Paris porque essa vermina sempre aí permaneceu livre e sem ser perseguida, principalmente na corte... e mesmo no tempo do rei Carlos IX, chegou graças à impunidade até ao número de trinta mil, como confessou seu chefe, no ano de 1572». Cf. também A. N., ADIII, 1, sentenças, 95.

33. Boguet, *Discours exécrable...*, edição de 1627, p. 3 v.º.

manie. Esse bom discípulo, que se reporta sem cessar à lição de Sprenger[33a] e Bodin[34], faz da perseguição dos feiticeiros um dever de Estado que tem prioridade sobre todos os outros, porque ele é ordenado pelo próprio Deus. Quando a autoridade real atribui missão especial em 1609 a dois juízes do Parlamento, Pierre de Lancre e Jean d'Espagnet, para limpar o Labourd, ela logo menciona os perigos que ameaçam as "pessoas e famílias", "os frutos da terra e o gado", evocação muito comum:

> Nossos queridos e Bem Amados, escreve Henrique IV, os camponeses e habitantes de nossa região de Labourd nos fizeram dizer e demonstrar que após quatro anos já se encontra na dita região um tão grande número de feiticeiros e feiticeiras que ela está quase infectada em todos os lugares, do que eles recebem uma tal aflição que serão constrangidos a abandonar suas casas e a região, se não lhes forem providos prontamente meios para preservá-los de tais e tão freqüentes malefícios[35].

Dessa forma o dever dos magistrados encontra-se bem traçado, ao mesmo tempo pelos demonólogos, orgulhosos de suas proezas, e pelas autoridades que são arrastadas no fervor repressivo solicitado pelas populações assim como pelos próprios juízes[36].

Cada tratado cita como exemplo perseguições recentes às dezenas: Pierre de Lancre ao fim de seu longo discurso sobre a verdade do sortilégio e a incredulidade de certos juízes constitui uma pequena coleção de sentenças (uma vintena para o Parlamento de Paris, as outras de Bordeaux) destinadas a completar sua demonstração[37]. Boguet que comenta pacientemente alguns dos casos que lhe caíram nas mãos conduziu ao menos trinta processos em uma dezena de anos. Nicolas Rémy, o juiz loreno, condenou ao fogo em trinta anos duas a três mil feiticeiras, de 1576 a 1606; e ele se gaba de seu rigor em seu tratado sobre a **Démonolâtrie**[38]. Quando os arquivos conservam os processos, é fácil enumerar os casos, o que permite atingir cifras também imponentes: para Toul e sua pequena região plana, cerca de 70 perseguições foram

---

33a. Aliás reeditado em Lyon em 1584 e 1595.

34. Cf. principalmente, no fim de seu discurso, a instrução para um juiz a respeito da feitiçaria, artigos V, VI, VII, XX, XXII, etc...

35. «Lettres patentes du Roy portant commission à Messieurs Despaignet président et de Lancre conseiller en la cour de Parlement à Bordeaux pour aller au pays de Labourt faire le procès aux sourciers et sourcières et les juger souverainment», 17 de janeiro de 1609. A. D. Gironde, 1B 19, f.º 123 v.º e 124. Cartas completadas por cartas de mandato mais imperativas ainda de 18-II-1609, mesma referência, f.º 124 v.º e 125.

36. No Condado de Boguet, os arquiduques expedem uma ordenança geral, a 10 de fevereiro e 18 de março de 1604. Cf. Pétremend, *Ordonnances de la Comté*, n.º 288 da Bibliografia, p. 209.

37. *L'incrédulité et mescreance du sortilège*..., n.º 222 da Bibliografia pp. 765 e 833.

38. Avaliações feitas por Chr. Pfister: «Nicolas Rémy et la sorcellerie en Lorraine a la fin du XVIe siècle», *Revue historique*, n.º 481 da Bibliografia.

enumeradas entre 1584 e 1623[39]. O recenseamento dos inventários publicados para série B dos Arquivos Departamentais, por lacunar que seja, fornece indicações aproximativas sobre essa epidemia tanto para o Alto-Saona quanto para o Norte em particular[40]. No Labourd, enfim, os processos dirigidos por Pierre de Lancre saldaram-se por centenas de fogueiras. Por isso convém aceitar sem reservas o julgamento de Naudé que possui idéias próprias sobre a questão e que escreve pouco depois em seu **Mascurat:**

> Os juízes são de tal forma prevenidos que eles tornam desertas muito comumente regiões inteiras, sob o pretexto de purgá-las e limpá-las dessas doenças populares, ao ponto de queimarem quatrocentas de uma vez[41].

A onda não poupou, ao que parece, nenhuma região da França; a obsessão demoníaca não foi o único fato dessa magistratura instituída e nutrida com abundantes publicações que a cada ano lhe recordam os deveres de seu cargo. Através de muitos libelos que revesavam com o rumor público, dando-lhe consistência com os relatos dos mais circunstanciados das infelicidades sofridas pelas vítimas de Satã, essa angústia pôde estender-se às populações humildes, às camadas das mais largas: aquelas que enviam requerimentos a Henrique V em 1608 contra as feiticeiras pirenaicas; aquelas que podiam ler, como l'Estoile, "as histórias trágicas" do tempo, onde são narradas as desventuras daqueles que se fiam no Diabo, cujo relato se encontra em 1614 na saleção de François de Rosset, tão freqüentemente reeditada (em edições além do mais aumentadas) ao longo do século XVII[42]. Assim a "histoire d'un démon qui apparait en forme de demoiselle ou lieutenant du chevalier du guet de Lyon, de leur accointance charnelle, et de leur fin malhereuse qui en succéda", ou ainda a "histoire prodigieuse d'un sorcier sacrilège qui s'obligea envers Sathan par promesse signée de son sang, de désrober le St. Sacrement en l'eglise de St. Sauveur en Blaye". Tantos relatos horrendos, tantos exemplos precisos, providos de tantas imagens quanto possível, das perversidades difundidas sobre toda a terra por esse anjo decaído que ameaça o reino.

---

39. A. Denis, *La sorcellerie à Toul aux XVIe et XVIIe siècles*, n.º 394 da Bibliografia.

40. Mas o Anjou que participou largamente da febre — Le Loyer o prova — nada fornece.

41. Naudé, *Mascurat*, n.º 270 da Bibliografia, p. 320.

42. F. de Rosset, *Les histoires tragiques de notre temps* (où sont contenues les morts funestes et lamentables de plusiers personnes arrivées par leurs ambitions, amours déréglées, sortilèges), n.º 313 da Bibliografia, Paris, 1614 depois 1619, 1623; Rouen 1619, 1620, 1632 1654, 1665, 1688, 1700; Lyon 1653, 1685, 1701, 1721; 632 pp. Cf. também, muito anteriormente, Jean de Marconville, *Recueil Mémorable*... n.º 244 da Bibliografia, 132 fs., que além do mais narra um caso de relaxação no Parlamento de Paris, não datado (p. 96).

A onda de perseguições dessa forma nutre-se ao menos até o fim do reinado de Henrique IV, graças à difusão dos escritos eruditos e dos relatos populares[43], que visam todos a persuadir os hesitantes e a conter aqueles que poderiam ser tentados de alguma fraqueza. O pleno sucesso dessas demonstrações é evidente. Eis por que a argumentação dos juízes e de seus amigos teólogos merece um exame mais aprofundado antes de se pesquisar os sinais da hesitação, da perturbação das consciências: os ateus, epicuristas, libertinos, heréticos denunciados com veemência pelos sucessores de Bodin não são certamente tão numerosos quanto esses. Mas não se compreende uns sem os outros.

2. *Os Teóricos das Perseguições*

Uma trintena de tratados foram consagrados no fim do século XVI à tentação diabólica por juízes teóricos de seus próprios processos e por teólogos preocupados em difundir entre um público cultivado seu saber nessa matéria[44]. Essa produção abundante responde também a uma curiosidade do público; não a curiosidade feminina que explica por que "nós vemos mais mulheres entregues à feitiçaria que homens, pois aquele sexo é mais curioso e mais fraco"[45]. Mas uma vontade de conhecer esse domínio infernal: Bodin, que retornou longamente no **Heptaplomeres** às feiticeiras, faz com que um de seus sete eruditos confesse esta paixão:

> Certamente eu tive antigamente um maravilhoso desejo de ver com os meus olhos esses transportes de feiticeiras, e suas assembléias com os demônios, mas após ter pesquisado a esse respeito tudo que escreveram os antigos gregos e latinos, e as leis divinas e humanas da mais distante antigüidade, conferidas com nossas histórias de sortilégios, julgamentos, confissões, composições e também de suas assembléias, eu tive medo de ver-me entregar a esses sentimentos,

sem passar para além da experiência "com perigo de minha vida"[46]. No começo do século XVII, a curiosidade demoníaca teria mesmo assumido uma tal amplitude em Paris que teria permitido frutuosas trapaças: Dulaure conta, segundo as crônicas, a história pitoresca de um Capitão César, mágico e falso moedeiro, que exibia o diabo — um bode carregado de correntes cercado de mastins

---

43. Veja, na Bibliografia, a quinzena de relatos anônimos publicados sob a forma de libelos, enumerados no início da primeira parte.

44. Veja, na segunda parte da Bibliografia; juízes: Boguet, Charonda Le Caron, Duplei-, Jancre, Le Loyer, Massé, Rémy; teólogos: Benedicti, Benoist, Binsfeld, Blendecq, Boucher Boulaese Crespet, Del Rio, Filesac, Maldonat, Mengus, Morry, Nodé, Serclier, Vair, Taillepied, Valderama; teólogos reformistas, Haultin e Daneau.

45. Scipion Dupleix, *Corps de philosophie*, n.º 180 da Bibliografia, I, p. 1206.

46. Jean Bodin, *Heptaplomeres*, Manuscrito do Arsenal, n.º 5425, p. 31.

uivantes, excitados por comparsas — em uma gruta de Gentilly, por cincoenta pistolas[47]. A narrativa carece de provas concretas; esses espectadores curiosos contam pouco frente à imensa corte dos leitores, de imaginação curiosa, que sonhavam acordados ao repassarem seu Boguet ou seu Del Rio.

Os teólogos são mais numerosos, e mais eloquentes em geral que os juízes. Esses que tratam mais largamente de sua experiência esclarecem melhor entretanto a busca dos encadeamentos que favoreceram a propagação da epidemia; mais e melhor que os teólogos sábios exegetas do cânon **Episcopi,** do Concílio de Ancira, e as considerações de Santo Agostinho sobre os demoníacos da Antiguidade cristã. Todos escrevem como Charondas

a fim de incitar os outros juízes a procurar e punir tais crimes e admoestar os franceses a rezar e invocar mais devotamente a Deus, para apaziguar sua ira que permite devido aos nossos enormes pecados que tais impiedades e maldades perdurem entre nós[48].

Eles copiam, citam e parafraseiam abundantemente uns aos outros: Pierre de Lancre que é de uma erudição inesgotável, não cessa de receber seu **Incrédulité et mescréance** de referências a seus contemporâneos, Filesac, Rémy, Del Rio, e às autoridades mais tradicionais, os Decretos Papais, as epístolas de São Paulo ou as visões de Ezequiel. Nesta literatura pletórica, é necessário selecionar e resignar-se a não apresentar senão as obras mais características e os temas maiores que reaparecem sob todas essas penas loquazes.

a) **Os homens de justiça.** Toda a França está representada nesse rol de prodígios formado pelos teóricos: Scipion Dupleix é assessor criminal no Presidial de Condom. e Pierre de Lancre conselheiro no Parlamento de Bordeaux; Pierre le Loyer é conselheiro no Presidial de Angers e Pierre, filho e pai, são lugares-tenentes criminais em Moulins no Bourbonês; enfim os mais célebres exerceram suas atividades fora das fronteiras do reino, em regiões de língua culta francesa, Nicolas Rémy junto ao duque de Lorena, e Henry Boguet na Terre de Saint-Claude no Franco-Condado. É difícil estabelecer qual dentre eles foi o mais lido, mas admirado, afora Del Rio que foi teólogo e juiz, ao mesmo tempo, e cujas **Disquisiciones in folio** se encontram em tantas bibliotecas. Nicolas Rémy, que relata suas façanhas no território loreno com o maior desvelo, foi muito divulgado: seu tratado, publicado em latim em Lyon em 1595, em Frankfurt e Colônia em 1596, foi traduzido em alemão já 1598. Mas ele não conheceu o sucesso fulminante do pequeno livro de Boguet, do

---

47. Dulaure, *Histoire de Paris*, VI, pp. 177 e 54.
48. Charondas le Caron, *De la tranquillité d'esprit*, n.º 151 da Bibliografia, p. 167, o mesmo Charondas é também categórico em suas *Responses de droit français*, n.º 150 da Bibliografia.

qual se contam na França pelo menos dez edições entre 1602 e 1610[49]. Esse pequeno livro, de duzentas páginas **in-octavo**, terminado por uma instrução em setenta e um artigos para os processos, desempenhou o papel de um verdadeiro breviário para os juízes subalternos. Esses "inimigos jurados" dos feiticeiros e do Diabo encontraram assim um amplo público para apreciar o rigor retórico das grandes demonstrações onde são passadas em revista todas as formas de magia, ou ainda a precisão clínica dos interrogatórios e descrições de casos judiciários cuja freqüência poderia torná-los banais.

Pois esses homens de justiça não são simples práticos, que não veriam mais longe do que o termo de sua experiência cotidiana; a maior parte dentre eles distingue-se por qualidades intelectuais que os colocam acima dos juízes comuns. Gilbert Gaulmin, de Moulins, que processou em 1623 o marceneiro Michel já citado, efetuou em 1615 uma tradução de Psellos **De operatione daemonum** que o situa dentre os maiores eruditos da época; ele escreve versos, traduções, mantém uma correspondência, até o fim de sua vida, com Peiresc e muitos outros. Nicolas Rémy, a quem o duque da Lorena confiou várias missões diplomáticas, participou da redação da jurisprudência consuetudinária lorena, publicada em 1596 e redigiu uma história do Duque René II (1473-1508)[50], Henry Boguet fez-se conhecer ao mesmo tempo como demonólogo e civilista por um estudo latino da jurisprudência consuetudinária da Borgonha, publicado em 1603, e de boa reputação; também historiador em seus lazeres, compilou a Hagiografia local para escrever uma vida de Saint-Claude que reúne todas as tradições populares que se transmitiram no Franco-Condado a seu respeito; aí discute abundantemente os milagres, as indulgências e a impiedade de "nossos pretendidos reformistas"[51]. Pierre le Loyer, antes de se preocupar com os demônios, publicou em 1576, uma **Erotopegnie** ou **Passe temps d'amour** que não revela uma alma assombrada e angustiada pelas empreitadas do Demônio. Enfim, Pierre de Lancre igualmente é um escritor de talento e de grande erudição; este compatriota de Montaigne, cujas palavras terríveis contra pes-

---

49. Três edições somente no ano de 1603, em Lyon, Paris e Rouen; duas em 1606 em Rouen; quatro em Lyon de 1607 a 1611.

50. Tudo o que se refere a Nicolas Rémy está bem estabelecido por Christian Pfister, n.º 481 da Bibliografia.

51. Cf. Bavoux, «Boguet grand juge de la Terre de Saint Claude», n.º 357 da Bibliografia e as duas obras: *In consuetudines generales comitatus Burgundiae observationes...*, Besançon, 1603 (e 1625); *les actions de la vie et de la mort de Saint Claude avec ses miracles et indulgences concédées aux confrères de son nom, ensemble quelques mémoires des terres et villes de Saint-Oyan*, Lyon, 1609 (e 1627).

soas semelhantes[52], ele pretendeu ignorar, escreve bem, copiosamente e sabe discutir seus próprios argumentos. Seu **Incrédulité et Mescréance,** dedicado ao rei Luís XIII, abre-se com um longo poema latino traduzido em francês, intitulado "O Sabá", que o Presidente d'Espagnet compusera em honra da obra precedente do próprio Pierre de Lancre, consagrada à inconstância dos Demônios[53].

Como Jean Bodin todos esses homens pertencem à elite entelectual da época. Eruditos em seu domínio, tão difícil de dominar aliás, possuem um vasto conhecimento da tradição católica e mesmo das obras da Antigüidade Clássica: Aristóteles, Platão, Plínio, Apuleu são tão citados quanto Santo Agostinho, São Paulo ou o Antigo Testamento. Lancre discute Cardan, Scaliger, la Mirandola, Agrippa, Boissard; enfim todos possuem seus autores que escreveram sobre o mesmo assunto. Boguet cita abundantemente Nicolas Rémy, Vair, Thyraeus, Del Rio, Bodin, e ainda Wier, Paracelso (**De Maleficiis**), Florimond de Raemond (seu **Antéchrist**). E se todos escrevem para melhor demonstrar a existência dos cúmplices de Satã e a amplitude do perigo, não deixam de argumentar sobre os pontos mais delicados, que foram postos em contestação. Dessa forma Boguet reconhece:

> em caso de crimes, o Direito quer que as provas sejam mais claras que a luz do dia... (Mas) tratava-se de um crime o mais abominável de todos, e que se comete ordinariamente à noite, e sempre secretamente, de modo que não era já requerido que se dispusesse de provas tão exatas[54].

Ninguém dentre eles pretenderia negar que "isso que se diz dos feiticeiros não seja muito estranho". Mas não se deve esquecer "quanto é grande o saber e a experiência dos demônios". Sobre isso chovem as provas tiradas das Escrituras, de Santo Agostinho e de cem processos que relataram com todos os detalhes essas obras sobrenaturais dos feiticeiros que suscitam o ceticismo de alguns. Da mesma forma, Pierre de Lancre, lançado em uma exegese laboriosa do cânon **Episcopi** e das glosas que o acompanham, não hesita em resolver de modo ambíguo um problema delicado com a ajuda de setenças recentes pronunciadas no Parlamento de Bordeaux pelo Presidente de Nesmond (a quem Scipion Dupleix dedicara em 1600 a sua **Science surnaturelle des Anges et Démons**): para ele o transporte ao sabá é por vezes real e por vezes ilusório, tinha igualmente o sabá por "muito verdadeiro e muito real", mas abandona "a ilusão a transformação do

---

52. No livro III, capítulo XI, «des boiteux», já citado: «Afinal de contas, é colocar suas conjecturas a um preço muito elevado fazer cozer um homem vivo.»

53. De Lancre aliás publicou sobre assuntos correlativos antes de Labourd: sobre a inconstância das nações (*Tableau de l'inconstance et instabilité de toutes choses...*)

54. Boguet, *Discours*, edição de 1603, p. 6 e 7.

homem em lobo" (a licantropia)[55]. Essas discussões, essas nuanças, assim como o enorme aparato de erudição do qual não cessam de se servir para corroborar seus ditos e assegurar suas posições, não deixaram de impressionar e de contar a seu favor.

A irradiação desses escritos publicados por sábios juízes contra os empreendimentos de feitiçaria não é atestado somente pela abundância das reedições. Os testemunhos das práticas são mais preciosos ainda, pois demonstram, da forma mais clara em certos casos, a utilização desses sábios tratados. Eis dois exemplos: o bailio de Luxeuil informa ao Parlamento de Dole das medidas tomadas contra uma epidemia em que estão implicadas crianças: é uma homenagem a Boguet:

> Eu vi o **Auxilium** e todos os doutores que escrevem sobre **delictis puerorum** e **de minore in delictis excusando**, e particularmente o Clarus, ... Tiracqueau. Mas nenhum deles responde **in facti specie** como Boguet, Lancre, Del Rio, e Binsfeld, e todos não tinham nenhum edito exceto Boguet dispondo sobre a pena daqueles que em idade de discrição estiveram voluntariamente no sabá[56].

Da mesma forma Gilbert Gaulmin, precedendo ao interrogatório de um boticário de Bourbonnais suspeito de familiaridades com um feiticeiro, propõe nomes e títulos por várias vezes:

> Inquirido se ele não havia lido livros tratando de demônios, de mágicos e feiticeiros.
> — Disse que não.
> — Inquirido se ele não leu Wier **de prestigiis,** Bodin, Del Rio, os inquisidores da Alemanha como Spranger e outros tratando de processos que foram feitos aos mágicos, feiticeiros e outros acusados de crime de magia escritos em francês e em latim.
> — Disse que não, que ele leu de fato um livro de Henry Boguet, tratando do processo feito a alguns feiticeiros no Franco-Condado pouco tempo após isso.
> — Inquirido se ele não leu livros sobre magia como Agrippa, Petrus de Appano, Roberti **per Servitatoria, Magia Ceremonialis**, Albert **de Misteriis Secretorium**, Pria **de la Theurgie** de Julianus Chaldeus.
> — Disse que não[57].

Esse farmacêutico não leu portanto senão Boguet, juiz superior na Terre de Saint Claude, mas basta para impor a condenação, ele que proclama com veemência: "É maravilhoso que nós vejamos ainda em nossos dias pessoas que não crêem que existam feiticeiros". É maravilhoso, sem nenhuma dúvida, tanto mais quanto os homens de lei não eram os únicos a demonstrar essa existência.

b) **Os teólogos.** Mais numerosas que os juristas, os homens da Igreja que dissertam sobre a feitiçaria não se

---

55. Lancre, *l'encrédulité et mascréance*, edição de 1622, pp. 533-534.

56. A. D. Doubs, II, B 289 (Parlamento), citado em Bavoux, *Hantises et diableries*, p. 162.

57. Interrogatório de Philippe Sanglant, boticário em Moulins, B. N., Ms., fds., fs., 5778, p. 78.

distinguem fundamentalmente deles; o mais célebre dentre eles, o flamengo Del Rio, foi inquisidor e juiz e acumula a dupla experiência do homem da lei e do teólogo — como Sprenger no século precedente. Os outros, jesuítas como Maldonat e Pereyra, simples doutores como Leonardo Vair, Jean Boucher, padres tal como Jean Boulaese, não são autores de grande renome; e suas obras, que não poupam ao leitor qualquer demonstração de boa metafísica, nem sempre despertam o interesse pelos relatos concretos sobre os quais se apóiam os juristas. Entretanto, seus livros também se reeditam: não somente Del Rio, cujas edições latinas em Flandres e na Alemanha, e a tradução francesa (em 1611) são célebres, mas também o **Traité des Anges et des Démons** de Jean Maldonat, traduzido por um cônego de Périgueux em 1505, reeditado em 1607, 1616, 1617, 1619 em Paris ou em Rouen.

Como os homens da lei, esses teólogos não se apresentam como obcecados, que tivessem consagrado sua vida e seu talento exclusivamente à repressão das espertezas diabólicas; escreveram na maior parte vários outros livros, que manifestam amplas curiosidades, muito distantes da feitiçaria: Benedito Pereyra publicou comentários sobre a gênese e as profecias de Daniel; Del Rio glosou o Cântico dos Cânticos, Jeremias, as tragédias de Sêneca; polemiza contra Scaliger. Esse jesuíta que chegou aos mais altos cargos em Brabante é além do mais apresentado pela **Bibliotheca scriptorum s.j.** como uma das luzes de sua ordem, sempre pronto a combater pela esplendor da Igreja e pela honra de Deus: "**Non opinionibus vulgi rapiebatur, in omnibus rationem sequebatur ducem**"[58]. Mais modestamente, Jean Boulaese, professor de hebraico no Collège de Montaigu, que se contentou em escrever o Milagre da derrota de Belzebu na pessoa de Nicole de Vervins, não é menos erudito. Publicou uma espécie de iniciação à língua hebraica, uma **Introduction au sens mystique de l'Écriture Sainte** e uma **Explication de Daniel**[59].

Entretanto sua obstinação em demonstrar a verdade dos empreendimentos infernais não é menor que a dos jesuítas. Sem dúvida, eles fazem uma referência mais constante aos reformistas e à conexão a estabelecer entre o progresso das heresias e o triunfo de Satã. Jean Boucher, doutor em teologia, flamengo que visitou a Alemanha renana toda eriçada de fogueiras na passagem do século, em Treves e principalmente Mogúncia, consagra um livro para demonstrar essa filiação desde sempre reconhecida:

58. *Biblioteca Scriptorum s. j.*, pp. 581-582; para Pereyra, p. 112.

59. Cf. principalmente J. Roger, *Histoire de Nicole Vervins*, n.º 492 da Bibliografia.

Essa mesma Alemanha que nos engendrou a heresia não pôde ficar sem nos fornecer exemplos por dois novos monstros de Magia que pouco após lá se manifestaram[60].

Igualmente, quando Delrio comenta o milagre graças ao qual o Demônio foi expulso do corpo da possuída de Vervins, não deixa de mencionar a presença dos calvinistas, em meio à multidão, que assistiam ao exorcismo; eram vários milhares, escreve ele, que não se sentiam mais enraivecidos ante um espetáculo tão edificante[61]. Todavia, pode-se encontrar teólogos reformistas para sustentar igualmente a existência dos feiticeiros. Lambert Daneau, pastor em Gien, evoca em seu livro na forma de diálogo dedicado ao bailio de São Benedito sobre o Loire, a experiência atestada por "diversas províncias da França" e as "outras nações do mundo"; e recomenda com paixão:

> É necessário que todos os juízes sejam cuidadosos e diligentes em procurá-los e puni-los rigorosamente, não se distraindo com vãs disputas sobre esse fato mas tomando uma resolução; que não existe pior e mais perigosa peste no mundo que essas pessoas, que são mesmo chamadas inimigas comuns do gênero e salvação humana...[61].

Em suma, o método dos teólogos não é original: examinam e reexaminam, após muitos outros, os relatos e as opiniões recebidos, rejeitando alguns com prudência e apegando-se tanto mais firmemente ao essencial. O espanhol Leonardo Vair, que consagra quinhentas e cincoenta páginas aos "encantamentos e feitiçarias", passa assim pelo o crivo todos os tipos de relatos recolhidos de um passado distante e de práticas sempre observadas, inclusive a cura real da escrófula, sobre a qual não se deve crer, como "pensa o vulgo", que "esse dom e favor provêm de uma propriedade natural que é do Rei, e não de uma singular graça de Deus[62]. Vair é pois circunspecto, teme as confusões e declara sem rodeios que toma por fábula mais de um relato antigo que nada tem a ver com os encantamentos: "Eu não sou tão crédulo", escreve, "para dar fé a tudo o que se diz ou se escreve sobre a oculta e secreta virtude das coisas"[63]. Mas está tanto mais convencido quanto aos pontos importantes: o diabo autor da feitiçaria; a marca, a hereditariedade, a ruína do gênero humano.

É aliás o mesmo método que utilizam os "filósofos" e outros escritores que estão igualmente desejosos de denunciar as perversidades do Diabo e suas ameaças con-

---

60. J. Boucher, *Couronne Mystique*, n.º 128 da Bibliografia, p. 552.

61. *Disquisitiones*, VI, II, 3: «Tam norunt calvinistae quorum aderunt multa millia, quam fremunt et rumpuntur.»

61a. Lambert Daneau, n.º 164 da Bibliografia, p. 100.

62. Leonardo Vair, n.º 338 da Bibliografia, p. 472.

63. *Ibidem*, p. 323.

tra espécie humana: quando o tradutor de Gaspard Peucer, "mui douto filósofo, matemático e médico de nosso tempo", traduz em 1584 o **Commentaire des principales sortes de devinations** para desviar o leitor "das imposturas de Satã", divide o longa discurso de Peucer em quinze livros para examinar alternativamente predições, oráculos, encantamentos e feitiços, eliminar o que é mágica simples e vulgar e atribuir a Satã o que propriamente lhe pertence[64]. Do mesmo modo Anthoine de Laval, "geógrafo do rei, capitão de seu parque e castelo nos Moulins do Bourbonnais" que trata dos Almanaques, predições e presságios e da astrologia judiciária proclama sem rodeios sua convicção:

> Lá veio meter-se Satã que, para ocultar o veneno pestilento de sua falsa profecia, persuadiu-os facilmente que esse era o verdadeiro meio de seguir a Deus, **critis sicut Dei**, seu velho jargão; e fê-los educar na observação das influências celestes, e formou sua abominável faculdade de apreciação. Dessa víbora, como de uma hidra, saiu a maldita raça de toda espécie de amuleto, vaticínio e adivinhação[65].

Os teólogos da Igreja Católica (mais facilmente que os protestantes, é bem evidente) dão assim a mão aos homens da justiça: é verdade que na França as provisorias desde há muito tempo deixaram aos juízes leigos o encargo de perseguir os feiticeiros; estes se julgaram, sem hesitações nem escrúpulos inúteis, investidos de uma missão divina e a cumpriram. Mas os teólogos não estão desinteressados dessa luta que atinge o auge no fim do século XVI: os mesmos temas, os mesmos argumentos reaparecem nos juízes e em seus conselheiros, em Dupleix e em Nodé; é o mesmo combate contra um inimigo onipresente e infatigável "que se serve dos homens como cavalos de carga, a após tê-los feito suar de trabalho nesse mundo, nada tem para fazê-lo refrescá-los no outro além de um tanque de fogo e enxofre que não se extinguirá jamais"[66].

c) **Os temas maiores.** Todos esses especialistas das ações diabólicas preocupam-se em descrever a cumplicidade e a perversidade dos homens que se entregaram ao Demônio: na falta de pactos, a cumplicidade é estabelecida pela marca e pelas descrições do Sabá; quanto ao malefício, basta-lhes relatar algumas das inúmeras maldades confessadas e registradas nos processos.

"Os feiticeiros não confessam jamais senão a metade daquilo que fizeram", declara sentenciosamente Boguet a propósito de Françoise Secrétain, sua vítima mais prolixa

---

64. G. Peucer, n.º 289 da Bibliografia.

65. Ant. de Laval, *Examen des Almanachs*..., n.º 223 da Bibliografia, p. 408.

66. *Discours admirable*, n.º 19 da Bibliografia, (B. Ste-Genev., Q 8.º 34 bis *in fini*).

que confessara ter ido "uma infinidade de vezes" ao Sabá, mas declarara ter ali simplesmente dançado e "batido a água para fazer o granizo"[67]. Esse comedimento na confissão autoriza os juízes a dar provas de sua imaginação, a fim de lhes atribuir muito mais do que eles querem dizer. Para alguns, as assembléias gerais "sabáticas não ocorrem senão" a cada oito anos, outros confessaram três sabás anuais, em São João, "após agosto e outro por volta da Candelária"[68]. Há portanto o grande e o pequeno sabá, transporte real e transporte "em alma somente", outra questão sobre a qual os doutores em demonologia podem acumular sentenciosamente os testemunhos e expor suas opiniões em termos comedidos; mas todos estão de acordo na descrição das cerimônias invertidas do Sabá, essa missa que é acompanhada de danças e festins extraordinários, ofertórios de velas, beijos vergonhosos, banquetes sem sal, danças ao som de flautas e oboés, cópulas dos feiticeiros entre si e com o próprio Demônio; "e todas as outras espécies de lubricidade do mundo" desfilam em todos esses tratados, complacentemente evocados mais do que descritos aliás; sem dúvida a insistência de um Boguet que consagra vários capítulos à "copulação das feiticeiras e do Demônio", de um Pierre de Lancre que relata com vivacidade, a beleza pouco comum dessas feiticeiras bearnesas, revela, em grande parte, os fantasmas que perseguem alguns desses juízes: o papel do recalque sexual nos escritos e nos atos judiciários desses demonólogos é inegável; ele é não menos difícil de mensurar, mas não se poderia considerá-lo a única causa de seu comportamento repressivo[69].

Um dos atos mais importantes do sabá é a prestação de contas das atividades e a distribuição das recompensas. O demônio pergunta a cada um dos participantes que estragos ele causou, felicita os mais ativos, repreende os demais, distribui pós, venenos, ungüentos necessários para continuarem suas ações nefastas em torno deles; e mesmo distribui-lhes enfim recompensas em dinheiro devidamente tabeladas para cada uma de suas vítimas; é o que declara Marie Martin descrita por Charondas:

O dito espírito maligno, na dita assembléia, chamou os feiticeiros e feiticeiras por seus nomes e sobrenomes, e os inquiriu sobre os malefícios que eles teriam feito, e pagou-lhes pelo que eles haviam feito, à razão de 2 soldos e 10 dinheiros, para cada homem que tinham feito morrer, e 2 soldos de Tours para cada mulher, e 12 di-

67. Boguet, edição de 1603, p. 50.

68. Charondas le Caron, n.º 151 da Bibliografia, p. 177.

69. É certo que a obsessão dos juízes o compeliu a exigir de suas vítimas os «detalhes». Boguet no capítulo XII relata: «Ela empunhou várias vezes com a mão o membro do demônio que a conhecia», etc. Da mesma forma discutem as conseqüências da copulação satânica, comparada à bestialidade ordinária.

nheiros para cada animal, que ele lhes pagou em boa moeda, e que na última assembléia ela recebeu dois quartos de escudo com os quais ela comprou trigo[70].

Esses malefícios trazem o sinal mais seguro da cumplicidade estabelecida entre o Demônio e suas criaturas: tanto gado perdido, tempestades e catástrofes naturais, quanto mortes de homens podem ser-lhes atribuídas desde que a suspeita recaia sobre eles. Os pós dos quais se utilizam os feiticeiros são tão eficazes quanto os simples feitiços, as palavras, os toques; o Diabo conhecendo todos os segredos da natureza pode compor com ervas bem escolhidas os mais temíveis venenos "para obter por esse meio a morte de uma pessoa, ou a doença de um animal". Ele pode também dar a seus associados as fórmulas, mais estritamente mágicas, compostas de frases latinas extraídas das orações e baralhadas à vontade; ou ainda atribuir-lhes feitiços, puros e simples, que, lançados sob uma porta fulminam todos aqueles que passam pela soleira. O domínio dos pós, ungüentos e unturas — em que entram por vezes na composição de hóstias roubadas, conservadas na boca — é o mais amplamente comentado. Mas o conjunto constitui um arsenal temido e variado no qual as descrições dos demonólogos se abeberam abundantemente, sendo a vingança o motivo habitual indicado pelos teóricos para explicar a utilização desses malefícios: Charondas faz com que Marie Martin confesse que

> usou de pó de osso de crânios mortos, e que o usou contra Jean Bisel, porque a mulher do dito Bisel lhe havia roubado suas respigas nos campos mas não sabia dizer se o dito Bisel morrera disso[71].

A mesma causa é repisada à saciedade para uma forma particular de ação maléfica em que as obsessões sexuais dos juízes encontram um campo de expressão particularmente rico: o feitiço de impotência. Nenhum demonólogo deixa de contar com os enamorados repelidos, os refugos solitários, os velhos perversos, impedem os recém-casados de consumarem sua união, através de meios mágicos largamente descritos, que são geralmente empregados durante a missa de casamento, com o recurso de fórmulas pronunciadas no momento certo ao mesmo tempo em que é dado um nó em um cordão, às ocultas, no fundo da igreja, sem que o percebam os assistentes. Boguet que está sempre tentado a ver o inimigo por toda parte, declara generosamente: "A prática é hoje mais comum do que jamais: pois mesmo as crianças se envol-

---

70. Charondas, n.º 151 da Bibliografia, p. 198; Marie Martin é uma camponesa na miséria: esse salário satânico — aliás modesto — serve-lhe muito bem para enfrentar as necessidades cotidianas.

71. Charondas, *ibidem*, p. 192.

vem nos feitiços de impotência. Coisa que merece uma punição exemplar"[72].

Por fim, esses demonólogos empenham-se em dissertar sobre os homens-lobos: a licantropia; o poder que possui Satã de transformar homens em feras traduz certamente um terror constante dos campos, a perda de crianças que brincam longe de casa, em uma vinha, ou em um bosque, e são atacadas por um lobo. As descrições dos juízes e teólogos são de uma precisão admirável: aos gritos da criança, os pais que acorreram golpearam o animal para fazê-lo largar a presa, quebraram-lhe a pata ou cortaram sua orelha; e no dia seguinte, na aldeia, a feiticeira tendo voltado à sua forma humana, dedica-se a suas ocupações com um braço na tipóia, ou com uma faixa na cabeça para esconder a orelha. Bodin, com talento de etimologista, explica como a expressão lobisomem é derivada de **lopus-garous** (lobisomens) **lopus-gardez-vous** ("lobos — cuidado"), pois esses lobos satânicos atacam os seres humanos, enquanto os verdadeiros lobos preferem os carneiros. Boguet, a quem o princípio de identidade incomoda por vezes ("eu sempre considerei a licantropia tão falsa que tenho como impossível a metamorfose do homem em fera", escreve), dissertou longamente, não sem tropeços, sobre essas ilusões e transformações, perguntou-se mesmo se não era o próprio Diabo que se transformava em lobo devorador enquanto o feiticeiro dorme "atrás de uma moita", mas se rende finalmente à evidência: os ferimentos, os arranhões dos arbustos, e as confissões das feiticeiras são provas mais do que suficientes: "são os próprios feiticeiros que correm e matam"[73].

A argumentação última de todas essas demonstrações repousa no poder sobrenatural de que o Diabo dispõe: como contestar em nome do que a natureza permite, em nome do possível, quando o Deus Pai concedeu ao Demônio o poder de transportar o próprio Jesus ao cume de uma montanha. No exame das ações estranhas, das confissões mais espantosas, é necessário "baixar a fronte ante Deus, e confessar a fraqueza do nosso espírito sem se apegar aos princípios e razões da natureza", declara um deles[74]. Todas essas demonologias baseiam-se pois numa dupla definição da experiência: deve-se chamar naturais os dados imediatos da experiência cotidiana, a lactação das vacas assim como alternância dos dias e das noites; deve-se considerar como experiências sobrenaturais os fenômenos que escapam dessa experiência cotidiana, não podendo pertencer à mesma ordem da natureza e dependem pois da ação empreendida pelo

---

72. «Embora esse feitiço de impotência de nada sirva a bem dizer», acrescenta ele: Boguet, edição de 1603, p. 78.

73. Boguet, capítulo XLVI, pp. 110 a 124 na edição de 1603.

74. Bodin, refutação a Wier, f.º 268 v.º

Demônio para submeter a humanidade; borboletas no inverno, ratos que se entredevoram, espigas que se deslocam em feixes de um campo a outro, são outros tantos fenômenos anormais porque escapam do conhecimento cotidiano; não são contestáveis já que foram constatados, vistos sem ilusão possível, e eles representam outras tantas provas dessa intervenção do Diabo nos negócios humanos. Boguet, em seu prefácio, resumiu em algumas linhas o argumento:

> Não nego que o que se diz das feiticeiras seja muito estranho. Admiramo-nos com seu transporte no sabá. Maravilhamo-nos com seus ofertórios, suas danças, seus beijos vergonhosos, seus festins e suas cópulas carnais com seu mestre. Não se pode compreender como fabricam o granizo e a tempestade para perder os frutos da terra, e como fazem morrer uma pessoa e tornam o gado doente... Em suma, temos as obras das feiticeiras por sobrenaturais e miraculosas, e por isso não se lhes pode dar fé. Mas como? Não sabemos nós quão grande é o saber e a experiência dos Demônios?[75].

Sem dúvida essas deduções simples corriam o risco de baralharem-se, já que os demonólogos reconheciam a existência desses famosos segredos da natureza sobre os quais os sábios do século XVI dissertaram tão freqüentemente; Cardan, pouco inclinado a conceder todo inexplicável ao sobrenatural diabólico, argumentava que: muitas propriedades dos corpos, muitas doenças animais e humanas permanecem fora do alcance dos sentidos e conhecimentos. Mas os demonólogos transpõem esta dificuldade, precisamente porque estão persuadidos de que, no fundo de si mesmos, não podem duvidar da intervenção muito freqüente dos Demônios na vida dos homens; crêem mesmo em um grande desígnio diabólico, que ameaça particularmente seu tempo; não foi anunciado que o triunfo de Satã deve preludiar o fim dos tempos? Todos os sinais que testemunham esse domínio demoníaco sobre a humanidade sofredora são acolhidos por eles como a prova mesmo de que perseguem seu verdadeiro inimigo.

Os demonólogos, neste fim do século XVI, não deixam de ser ambivalentes em sua atitude; em um certo sentido continuadores de uma longa tradição, estão tão convencidos quanto Sprenger e Nider da validade de sua causa. Esse combate contra o inimigo do gênero humano deve ser continuado para a maior glória de Deus e para a salvação dos homens. E se repisam tantos exemplos e estórias que se repetem de um tratado a outro, é em virtude de sua convicção mesma; sabem o quanto as armadilhas do Demônio são variadas e não poupam ao leitor

---

75. Boguet, prefácio não paginado, segunda página (edição 1603).

nenhum relato capaz de persuadi-lo a manter-se em guarda. Mas ao mesmo tempo, mais que Sprenger e Nider, resistem; respondem às contestações, apresentam dúvidas e queixas desses espíritos hesitantes, timoratos — ou secretamente já vendidos ao Diabo — e os refutam da melhor maneira possível, seguros de sua experiência pessoal e desses numerosos textos sagrados que atestam o poder do Demônio. A existência mesma dessas contestações os irrita, os indigna ao ponto de incitá-los a caluniar seus adversários; mas não podem proceder como se não houvessem escrito e dado a conhecer seus escrúpulos.

Seria, entretanto, um erro estabelecer uma ligação de causa e efeito entre a polêmica de 1580 e a moda de perseguições que marca os dois últimos decênios do século XVI: tantas fogueiras armadas para demonstrar a Wier e a seus adeptos que eles estão enganados e não compreenderam nada das tortuosas habilidades de Satã. Nada, se não fora o falacioso **post hoc, propter hoc,** permitiria afirmá-lo. No caso da França, que foi assolada entre 1560 e 1590 pelas guerras civis religiosas, a cronologia sugere antes uma relação entre os combates sangrentos contra os heréticos e as perseguições judiciárias dirigidas contra os feiticeiros. Mas isso não passa de uma sugestão logo contestada pelas comparações necessárias com os países vizinhos. Na Alemanha de Sprenger, a mesma onda parece desenvolver-se com uma idêntica amplitude nos anos 1590 e se prolonga até o coração da Guerra dos Trinta Anos, ao mesmo tempo que a guerra religiosa, conseqüentemente; da mesma forma que as grandes perseguições francesas coincidem com as exuberâncias e os excessos da Liga parisiense entre 1584 e 1598. A relação heresia-feitiçaria é novamente sensível por trás desta periodização dessas novas epidemias, mas não é possível ir muito longe na elucidação dos encadeamentos que permitiriam compreender integralmente o seu desenvolvimento.

Como as ondas precedentes, a epidemia do fim do século XVI presta-se mal à exploração. Mas ela apresenta a originalidade indubitável de ter sido acompanhada de uma abundante "literatura" de autojustificação. Os seus grandes juízes que atuaram em Saint-Claude, em Nancy, em Pau, em Angers não têm a consciência muito tranqüila; advogam ante um vasto público; argumentam a favor de uma opinião que começa a hesitar[76]. Em face dessas dezenas de tratados consagrados a provar a onipotência do Demônio, as vozes hesitantes são seguramente pouco numerosas e sem grande eco; mas os escrúpulos de alguns juízes constituem também uma feição original desse período.

76. Um dentre eles pelo menos, Henri Boguet, parece ter tido remorsos tardios; nos últimos oito ou nove anos de sua vida, impediu a reimpressão de seu *Discours Exécrable.*

3. PRIMEIRAS CONTESTAÇÕES

A crer-se em Jean Bodin quando apresenta sua refutação a Jean Wier, o tratado deste teria obtido um tal sucesso junto aos juízes habituados a perseguir esse crime, que a réplica era necessária. Bodin se devota "pela honra de Deus", aos primeiros sinais dessa vitória:

> Que me deu a ocasião de responder-lhe não por ódio: mas primeiramente pela honra de Deus, contra o qual ele se armou. Em segundo lugar, para recuperar a opinião de alguns juízes, os quais esse homem se orgulha de ter feito mudar de opinião, glorificando-se de ter conquistado este ponto por seus livros, que se libertam agora os feiticeiros a torto e a direito, chamando carrascos os outros juízes que os fazem morrer[1].

Sem nenhuma dúvida, na Renânia assim como na França, a repercussão do tratado dos **Prestiges** não foi tão grande: ambos os países conheceram, ao contrário, uma onda de perseguições em cadeia, que provam à saciedade o quanto os temores do jurisconsulto angevino eram excessivos; não havia necessidade de tratar Wier de "homem muito perigoso" e de insinuar que ele próprio era um agente de Satã, encarregado de induzir em erro os defensores da justiça[2].

1. J. Bodin, f.º 218 (Introdução à refutação).
2. Cf. a seqüência dessa introdução, f.º 218 v.º e 219.

As vozes discordantes que se elevam no coração da epidemia permanecem isoladas, hesitantes; trata-se antes de mais nada de alguns juízes ou médicos chamados para consulta pelos juízes que procuram e encontram explicações naturais aos fenômenos estranhos que constituem a base das acusações: absolvições sem repercussão, discussões sem importância, até que irrompa em Paris, nos últimos anos do século, o caso de Marthe Brossier, essa "pretensa possessa" cujo caso divide o clero, suscita controvérsias até no Parlamento. É o primeiro processo em que podem exprimir-se à plena luz, devido à opinião pública culta de Paris, as dúvidas dos médicos e as prudências dos teólogos: a "afligida" de Romorantin foi a primeira vítima declarada do Diabo a suscitar controvérsias. Ela anuncia à sua maneira, ou seja, modestamente, os grandes debates dos anos de 1630-1650. Entretanto, as desgraças de Marthe Brossier não suscitaram um movimento duradouro de opinião no conjunto da magistratura; o Parlamento de Paris, tomado de espanto, não tirou conclusões gerais dessa desventura: **a fortiori,** os Parlamentos de província que não precisaram tomar conhecimento disso, não tiveram ocasião de inquietar-se: dez anos após os exorcismos espetaculares de Marthe Bossier, os parlamentares bordeleses organizam a expedição repressiva no Labourd. Na época da morte de Henrique IV — boa data de referência — as perseguições dos cúmplices maléficos seguem seu curso como anteriormente: de Jean Bodin a Pierre de Lanche, "a incredulidade ou falta de fé dos juízes" não pesou muito.

1. *Alguns Combates Duvidosos*

Na prática judiciária tradicional as relaxações pronunciadas pelos juízes ocorrem exclusivamente no caso em que o suspeito, submetido à tortura ordinária e extraordinária pudesse manter suas negações: sem confissão, não há fogueira. Relaxado até nova chamada, ou seja, até a abertura de uma nova instrução, ou bem banido sem outro motivo afora sua má reputação, o presumido feiticeiro que consegue resistir a essa máquina salva sua vida. A novidade, nesse fim do século XVI, é encontrar alguns casos em que os juízes — ou os médicos que os auxiliam — alimentam escrúpulos e dúvidas, que nada devem aos protestos de inocência dos acusados. Não há quem se sobressaia na crônica judiciária, suscitado pelas discussões; somente Pierre Pigray, médico de Henrique III, conquista renome (no século seguinte) em virtude de suas intervenções e das explicações dadas em suas obras. As intenções precisas dos juízes nem sempre aparecem claramente através dos interrogatórios (que são muito minuciosos também na antiga prática) e através das sentenças. Mas é possível dar-lhes um destino particular, na medida em que elas podem ser consideradas como o sinal anunciador dessa reflexão crítica sobre os processos criminais a respeito da qual os demonólogos se inquietavam tanto: combates de vanguarda, combates de esclarecedores, essa imagem militar, sem ser completamente adequada, pode situar as escaramuças[2a].

a) **Hesitações de Juízes.** Por volta de 1570, o Parlamento de Dijon pronunciou duas setenças que vão contra os procedimentos habituais, não somente porque não entregam os condenados à fogueira, mas porque fazem intervir as autoridades religiosas que devem velar pela melhor educação cristã de suas ovelhas: os progressos da feitiçaria são atribuídos a uma falha dos curas, como se se tratasse de uma superstição pagã. Em 1568, um camponês de Athies, Phillibert Delafin, foi: "impronunciado e, entretanto, foram-lhe feitas restrições e proibições de usar marcas, toques, palavras e outras coisas supersticiosas contra a honra de Deus, a fé católica e a religião cristã sob pena de ser punido corporalmente", mas a sentença logo acrescenta: "Exorta a dita Corte ao bispo diocesano a prover de bons e fiéis pastores tanto a localidade de Athies quanto outras dependentes de sua diocese para instruí-las na fé e religião cristã"[3]. Em 1571, um novo processo movido a uma família feiticeira de Sombernom dá ocasião à Corte de manifestar uma solicitude semelhante. Se bem que se tenha responsabilizado esse casal e seu filho por terem tornado doentes homens e animais de sua aldeia, a Corte contenta-se em banir perpetuamente o pai e a mãe, e, às custas dos condenados, confia seu filho a um convento para refazer sua instrução cristã negligenciada:

> O juiz na justiça de Aubigny, próximo a Sombernom tendo feito o processo a Chrestien le Rupt, Sébastienne Philipet sua mulher e Émillaud le Rupt seu filho, os declarou praticantes e condenados do crime de feitiçaria, e de terem por maus artifícios tornado doentes vários homens e animais, em entendimento com maus espíritos, e ordena que eles sejam submetidos à tortura, tanto para conhecer seus cúmplices quanto a forma de que eles usaram para cometerem os ditos malefícios. Sobre isso interveio a sentença relatada pelo Sr. Colard, a 22 de de junho de 1571, que condenou a dita Philipet ao açoite, e tanto ela quanto Chrestien le Rupt seu marido a um banimento perpétuo fora do Reino, ordenou que as prisões fossem abertas

---

2.a. Afora os teólogos como d'Ossat que hesitaram em acompanhar os protetores de Marthe Brossier, não há quase homens da Igreja que assumam uma posição dubitativa sobre esses problemas durante a grande epidemia dos anos 1580 a 1610: é necessário procurar (e ler) muito para encontrar algumas formulações desse gênero sob a pena de Simon Maiole d'Ast, bispo de Valtourre em seus *Jours Caniculaires*, n.º 242.ª da Bibliografia, pp. 101-103, «se nós dizemos que não se deve crer nas ilusões dos Demônios, não faltam atualmente pessoas que assegurem conhecê-los com certeza.

3. A. N., U, 1073, na data de 5 de agosto de 1568.

ao dito Emillaud le Rupt filho, e portanto para instruí-lo na piedade e religião cristã, admoestá-lo e adverti-lo do dever dos cristãos, ordenou que ele fosse posto nas mãos do Padre guardião do convento dos frades franciscanos dessa cidade para aí permanecer pelo espaço de um mês a fim de aí receber a dita instrução[4].

A Borgonha que conheceu — e conhece no século XVII — outras epidemias, não parece muito agitada nessa época. E os juízes do Parlamento de Dijon adotam nesses dois casos uma posição reservada que rejeita de fato a responsabilidade dos desvios satânicos sobre a base de insuficiência de informação religiosa, portanto sobre o clero secular, incapaz de assumir sua função essencial; sem entretanto pôr em dúvida a freqüência das intervenções do Demônio que explora essas carências da pastoral.

Os juízes do Parlamento de Paris adotaram, um pouco mais tarde, posições de clemência comparáveis, mas por motivos diferentes. Pigray (de quem falaremos mais adiante), orgulha-se de ter mandado libertar em Tours, em 1589, quatorze pessoas que eram acusadas ante o Parlamento reunido nessa cidade: "Nós não reconhecemos aí senão pobres criaturas estúpidas, uns que pouco se importavam de morrer, outros que o desejavam"[5]. Da mesma forma, em 1598, o Parlamento julga um mendigo angevino, Jacques Roulet, que se acusou a si próprio de licantropia, e de ter devorado uma criança (efetivamente comida em parte pelos lobos). Condenado à morte pelo lugar-tenente criminal e tendo apelado, o infeliz viu sua sentença anulada. O Parlamento julga que há mais loucura que sortilégio no seu caso e ordena que o interne no hospital de Saint-Garmain-des-Prés dois anos, "a fim de ser instruído e endireitado em seu espírito, e de ser reconduzido ao conhecimento de Deus que a extrema pobreza lhe fizera ignorar"[6], argumento que se une já àquele dos juízes borguinhões. A "paixão do espírito", como escreve Pigray, cura-se com uma melhor instrução religiosa.

Essas determinações francas, que ligam o fantasma diabólico a uma certa debilidade de espírito, permanecem portanto muito raras: é mais fácil detectar alguns sinais de uma certa lassidão dos juízes às voltas com esses processos. Brillon, em seu **Dictionnaire des Arrêts,** narra o processo, em 1610, de um mestre de posta de

---

4. A. N., U 1073, na data de 22 de junho de 1571.

5. Pierre Pigray, *epitome des Préceptes,* n.º 291 da Bibliografia, livro VII, cap. X, p. 516.

6. Pierre de l'Estoile narra sua história: «Esse lobisomem (como o chamavam), o qual eu fui ver foi metido nos cárceres negros da prisão, após ter sido rapado. Ele usava os cabelos penteados até os calcanhares, e também a barba, e as unhas eram tão largas e grandes quanto as mãos. O Sr. Lecoigneux, conselheiro na Corte, seu relator, foi quem me disse que, em seus interrogatórios, ele confessava mais do que aquilo que se lhe perguntava.» (l'Estoile, novembro de 1598).

Villejuif, acusado de ter causado a morte de 114 cavalos por encantamento; e uma nota relata:

> Como o advogado quisesse demonstrar que as palavras não eram absolutamente suficientes para encantar, o Sr. Presidente Séguier disse-lhe que não era necessário ir mais adiante nessa questão que havia sido freqüentemente julgada em Tournelle[7].

Agrippa d'Aubigne mostra, em uma carta muito curiosa, um outro juiz que não tinha nenhum gosto por essas perseguições; uma jovem de vinte e dois anos ("uma jovem muito bela, de uma grande brancura, um olho que não manifestava o crime, uma expressão franca"), transtornada por um sermão relativo aos sortilégios, apresenta-se ao segundo presidente do Parlamento bearnês, Sr. de Sponde, para confessar seu crime. O juiz "fatigado dos miseráveis processos que tinha entre as mãos" recusa-se a aprisioná-la e a aconselha a pedir perdão a Deus em segredo. O caso toma um mal caminho, aliás: ela é presa de novo pelo primeiro presidente que para a circunstância, "folheou novamente a sua **Démonomanie** de Bodin, seu Wyerus e outros destes estofo para fazer as mais esquisitas perguntas que se possa rebuscar. O rei assistiu em companhia de Duplessis Mornay e d'Aubigné às acareações de quarenta pessoas acusadas por essa jovem. O processo conduzido a seu termo fez morrer trinta e quatro delas, para a confusão do segundo presidente e de alguns juízes que mudaram de opinião[8]. Esse caso da região de Pau ilustra bem aliás, a incerteza dos juízes que são tentados a crer, com alguns médicos, na doença do espírito. Em Pau, a jovem arrependida designou as ossadas com que se divertiam os participantes do sabá, e que foram encontradas, e isso bastou para convencer o segundo presidente. Em outro lugar, uma velha "aborrecida de viver por se ter tornado velha e caduca, pobre e necessitada, sem parentes nem amigos para sustentá-la" declara-se "bruxa e subornada pelo Diabo"[9], fala copiosamente, denuncia, descreve; e o juiz chega à convicção comum, encarcera a mulher, submete-a à tortura...

No total, se é verdade que um pequeno número de juízes manifesta alguma hesitação em perseguir segundo a tradição, seria arriscado concluir daí uma mudança fundamental: escrúpulos e cansaços determinam essas flutuações. A atitude dos médicos partidários da doença do espírito é muito mais claramente definida.

b) **Protestos dos médicos.** Esses se apóiam com efeito sobre uma experiência científica que lhes permite afir-

---

7. Brillon. *Dictionnaire des Arrêts*, n.º 138 da Bibliografia, Paris, 1711 III 596 2, artigo «feiticeiro», processo de 13-1-1610.

8. A. d'Aubigné, citado por Lespy, *Les sorcières de Béarn*, n.º 455 da Bibliografia.

9. A. D. Meurthe-et-Moselle, B, 8961, n.º 1, f.º 16 a 20.

mar sua convicção com uma certa serenidade. Convocados para consulta por um juiz, apresentam em suma um diagnóstico de enfermidade concluindo por um fenômeno natural: negação pura e simples conseqüentemente da intervenção diabólica nos casos que lhes foram submetidos.

O mais conhecido desses médicos audaciosos foi Pierre Pigray, cirurgião de Henrique III, que Pierre Guyot cita em seu repertório universal, no século XVIII[10], relatando a narração feita pelo próprio Pigray em seus preceitos de medicina no capítulo das "enfermidades onde há paixão de espírito"[11]. O Parlamento de Paris reunido em Tours, em 1589, requer de Pigray e de três médicos de Henrique III (Leroi, Falaiseau e Renard) que examinem quatorze condenados por feitiçaria que apresentam recurso diante dele. Os quatro médicos não reconheceram senão pobres miseráveis "depravados na sua imaginação" que nem mesmo apresentam as "marcas" de insensibilidade assinaladas pelos juízes da primeira instância, e concluem pela absolvição (com o que a corte concorda). "Nosso conselho foi de antes dar-lhes o heléboro para purgá-los de que outro remédio para puni-los"[12]. Pigray expõe igualmente o caso de uma jovem acolhida em 1587 pelos capuchinhos em Paris, que pretendia estar possessa; ela fala latim às vezes com o seu exorcista, mas muito mal, e o médico o nota: "Esse diabo pela boca da mulher respondia a algumas palavras em latim, mas não a tudo, pois não era dos mais sábios"; a jovem e sua mãe invocam todos os tipos de males suscetíveis de provar essa possessão: "Ela disse ter tido flores brancas, que eu reconheci ser isso que nós chamamos uma urina quente". Vigilante, o médico faz uma pesquisa dentre os que acompanhavam a possessa e verifica que o bispo de Amiens mandou açoitá-la dois anos antes, por ter organizado exorcismos públicos que atraíam o povo: ela fora confundida por uma encenação do bispo em que um cura tomara os ornamentos episcopais e lera-lhe Cícero ao invés das Escrituras... Concluindo com a necessária prudência, Pigray demonstra o quanto essas loucuras da imaginação podem levar os melancólicos a "fazer coisas estranhas e extraordinárias", pois "o espírito por sua força, sua prontidão, sutileza e vivacidade se lança à mania". O papel do médico está, portanto, bem demarcado: deve interrogar os suspeitos com toda a sua fineza, para descobrir as mentiras que lhes são habituais.

10. P. Guyot, *Répertoire Universel et raisonné de jurisprudence...*, n.º 207 da Bibliografia.

11. Livro VII, cap. X. Este *Épitome des préceptes de medicine et de chirurgie* foi publicado em Paris em 1606, reeditado já em 1609, depois novamente em Lion em 1616 e 1668, em Rouen em 1642, 1649 e 1658.

12. Pigray, *Épitome*, p. 517. O remédio do heléboro é o mesmo que preconiza Montaigne em seu capítulo já citado.

Para julgar exatamente tal disposição e relatá-la fielmente, é necessário considerar o enfermo e todos os seus costumes, se estes são melancólica ou atrabiliário, interrogá-lo sobre vários pontos, mas destra e finamente porque nem sempre cumpre deter-se na opinião nem na confissão de um melancólico, pois comumente ele diz o que não sabe e pensa ver o que não vê, e ainda que tenha concebido coisas falsas ele se apega a elas tão firmemente que preferirá sofrer a morte a desdizê-las, tanta força possui o movimento de sua imaginação louca[13].

É a descrição da célebre dissimulação histérica.

Entretanto, Pigray não foi o único a manifestar semelhante prudência ante os demoníacos, nem mesmo o primeiro. Em 1574, o bispo de Chartres recorreu ao corpo médico para esclarecer o caso de uma outra possessa. Perrine Sauceron de Blois fora anteriormente excomungada por não ter, após uma monitória, revelado o que sabia de um furto. Ela se julgava possuída por um Diabo que "a instiga sem cessar a matar seu marido e quatro pequenas crianças que tinha, e a acabar consigo mesma". Ela se diz pois feiticeira, mas não "feiticeira jurada": seu cura de Blois a envia a Chartres e o bispo a manda examinar em sua residência, por Mestre Philippe Gavars, doutor em medicina, "para verificar, fora o que dependia de nosso ofício, em que ela podia ser ajudada e socorrida pelos seus conhecimentos". Feito o exame imediatamente, a conclusão do médico é simples:

> Verificamos que ela estava atacada de melancolia, que corrompeu a veia temperada do cérebro e lhe causou as imaginações e impressões desvairadas que teve, a qual poderia ser remediada com a ajuda dos médicos[14].

Ela é, pois, enviada de volta a Blois para "retirar-se em paz à sua casa, para aí conduzir seus afazeres no temor a Deus, observação de seus mandamentos e obediência a seu marido, sem mais pôr no espírito as opiniões e fantasias que imprudentemente incutiu nele", com uma carta recomendando ao marido a mandar medicá-la cuidadosamente de acordo com suas possibilidades". Perrine Sauceron não compareceu à justiça. É igualmente o caso de outras demoníacas exorcismadas por padres: Nicole Obry de Vervins, ante as multidões em Laon e Notre-Damé-de-Liesse em 1556; Françoise Fontaine de Louviers em 1591; Jeanne Féry de Mons; seus "milagres" foram narrados pouco após[14a].

Outros médicos consagraram, como Pigray, algumas páginas de um tratado médico a essas questões. Du

---

13. P. Pigray, pp. 515-516.

14. A história de Perrine Sauceron, seu interrogatório e sua absolvição são contadas em um manuscrito do fundo Dupuy, B. N., Ms., Dupuy 488, f.º 25 e seguintes.

14a. Para Nicole Obry, cf. a obra de Roger, n.º 492 da Bibliografia; para J. Ferv, n.º 369 da Bibliografia; para Françoise Fontaine, cf. B. N. Mss., fds. fs., 24122.

Laurens a propósito da melancolia admite a intervenção do Diabo, ao qual os melancólicos estão particularmente sujeitos, com medo e tristeza: "a astúcia do espírito maligno" consiste, pois, em representar durante os sonhos os segredos ocultos, as ilusões vãs que perturbam a imaginação[15]. Jean Taxil, um pouco mais tarde, consagra um livro inteiro à epilepsia; e em algumas páginas descrevem as desgraças dos demoníacos que são epilépticos (capítulo XVII). A idéia é a mesma que em Du Laurens: "O demônio serve-se do humor melancólico para atormentar os homens"; ou seja, tratar a melancolia significa prevenir os ataques do Diabo. Além do mais, "os medicamentos que contrariam o humor melancólico acalmam os possessos": mascar a arruda é um alívio considerável para eles[16]. Um e outro destacam, como Pigray, esse humor triste e temeroso que constitui o terreno mais favorável à intervenção do Diabo. Outros tratados consagrados à melancolia têm o mesmo tom: assim o médico de Évreux, Jourdain Guibelet em seus **Trois discours philosophiques,** que pondera prudentemente:

> É pois ponto pacífico que o humor melancólico sozinho e sem a ajuda do espírito maligno pode diminuir, depravar e abolir as operações da alma... Nós não devemos por isso entrar em suspeita de Demônio, deixando-nos levar por uma tola superstição como os velhos. É bem certo que também os demônios podem fazer o mesmo, possuindo essa virtude de ocupar todos os sentidos[16].

Mais audacioso ainda foi Jean de Nynauld, que discutiu o caso particular da licantropia[17]. A crença na transformação dos homens em feras, depois em homens novamente, ida e volta, é a seus olhos impiedade, que se tornou acreditada pelas confissões das feiticeiras, mas que não tem fundamento físico ou metafísico. Em seu prefácio dedicado ao Cardeal du Perron, Nynauld se insurge contra essa explicação pelo Demônio "refúgio ordinário dos poucos versados no conhecimento das causas". Como Santo Agostinho, não admite as metamorfoses; tampouco aceita que o Diabo possa separar, depois reunir novamente, a alma e o corpo dos feiticeiros que se lhe entregaram: essas operações, quaisquer que sejam os ungüentos usados, não merecem nenhum crédito. Seu pequeno tratado abala de fato toda a base de crenças sobre o qual repousa a prática judiciária tradicional: as refutações opostas a Bodin e a seus epígonos não valeriam no fundo somente no que se refere aos homens-lo-

---

15. «Discours des maladies melancholiques», §§ 4 e 6.
16. Jean Taxil, *Traité d'épilepsie*, n.º 332 da Bibliografia, p. 157.
16a. Jourdain Guibelet, *Trois discours...*, n.º 206 da Bibliografia.
17. J. de Nynauld, *De la lycantropie, transformation et extase des sorciers*, n.º 275 da Bibliografia. No fim da discussão, Nynauld não admite senão a «loucura feminina», mania imaginativa que tem a virtude de representar coisas que não existem. Em 1599, um *Discours de la lycantropie*, n.º 103 da Bibliografia, assinado por Beauvois de Chauvincourt foi publicado em Paris, criticando igualmente os lobisomens. O livro parece ter tido menos sucesso que o de Nynauld.

bos, mas a todas as operações que são atribuídas aos feiticeiros, ou ao próprio Diabo por seu intermédio. Entretanto, Nynauld não vai até aí: contenta-se com os licantropos cujas transformações admitidas sem reticências por Bodin tinham pouco antes inquietado já o próprio Boguet. Não havia, ainda, chegado a hora de uma refutação sistemática do conjunto das crenças demoníacas. Esses médicos falam e escrevem somente sobre seus conhecimentos, sobre sua arte, em função da experiência que possam ter e das reservas que ela lhes inspira[18]. Esses frágeis protestos não têm de resto nenhuma comparação com a comoção provocada em 1599 pelo caso Brossier.

2. *Marthe Brossier, Pretensa Demoníaca*

O caso de Marthe Brossier é excepcional por várias razões; a mais imediata, conforme testemunha o diário de Pierre de l'Etoile[19], é que esta possessa, ajudada pelos capuchinhos seus hospedeiros, fez acorrer toda Paris e deu bom ensejo a seus pregadores de se lançarem mais uma vez contra os protestantes. A mais importante, para o nosso propósito, está na forma mesma da possessão: Marthe Brossier renova o caso de Nicole Obry, Jeanne Féry, Perrine Sauceron[20], já que ela é possessa, mas não feiticeira jurada; ela não pactuara com Satã, como a feiticeira comum da tradição; ela se coloca simplesmente como vítima, cuja cura depende apenas do exorcismo e de uma terapêutica espiritual. Por esse aspecto, bastante novo, ela anuncia os processos "escandalosos" do período seguinte. Entretanto, Marthe Brossier não teve a discrição de Perrine Sauceron: seus exorcismos fizeram muito barulho e o Parlamento de Paris se assenhora do caso na primavera de 1599 por razões em parte políticas. Marthe Brossier acaba finalmente em um convento em Roma. Ela compeliu o Parlamento de Paris a deliberar várias vezes sobre o seu caso; incitou personalidades eclesiásticas tão importantes como Bérulle

18. Eles não são evidentemente unânimes: alguns continuam a escrever sábios tratados sobre as audácias de Satã, como por exemplo G. Peucer, *Les devins...*, n.º 259 da Bibliografia.

19. Marthe Brossier é citada em seu diário várias vezes na primavera de 1599; a 30 de março, 1.º de abril, 13 de abril, 18 e 20 de abril, 4 de maio, 23 de junho.

20. Pierre de l'Estoile assinala ainda um outro caso de demoníaca exorcismada em dezembro de 1601 e 26 de fevereiro de 1602: «Na terça-feira, dia 26, eu fui pela manhã passear até St. Victor, para onde todos corriam a fim de ver uma demoníaca a qual julguei que iria ser conjurada, e era um simples padre, chamado César, que deveria oficiar; aquilo que eu estava justamente em vias de observar. Mas quando me foi dito que não poderia sair dali antes que as cinco horas, o que significava a paciência de oito boas horas de que seria necessário dispor, guardei a curiosidade para uma outra vez, e me contentei em obter as informações de um monge do dito St. Victor, que me assegurou que era a mesma da rua da Savatterie, que se havia enviado para o Sr. de Bourges por volta do último Natal, que estava de volta, como fazem comumente os maus espíritos: pois ela estava possuída de três diabos, dos quais já se havia expulsado dois, um tendo-se introduzido nela no dia da Quaresma...»

e o Cardeal d'Ossat a tomarem posição; provocou um debate apaixonado entre os médicos acreditados junto ao Parlamento. Na passagem do século, esse caso provocou uma tomada de consciência, em Paris pelo menos.

a) **As tribulações de uma demoníaca.** Marthe é uma das quatro filhas de um negociante arruinado de Romorantin, Jacques Brossier, que não conseguiu casar nenhuma delas. Em 1598, a mais velha aproximava-se dos quarenta; Marthe, a penúltima, tinha vinte e cinco anos. Na cidade de Remorantin, alguns anos antes, vários processos tiveram lugar, em que as feiticeiras foram ocusadas por mulheres possessas. Após as execuções as delatoras declararam-se libertas, e esses processos são seguidos de uma onda de possessões femininas[20a]. No começo do ano de 1598, Marthe começa a julgar-se possuída por um demônio e acusa desse malefício uma de suas vizinhas, Anne Chevreau, que logo é lançada na prisão. Em março de 1599, esta, presa há um ano, dirige uma súplica ao "Senhor de Paris" onde relata o drama que aflige Marthe "muito triste e solitária"... "sem esperança de ser desposada, não sendo senão a terceira", "de tal forma que ela se tornou completamente frenética, como todos acham"[21]. A conselho do cura de Romorantin e do médico que "atesta que isso não podia ser doença", Jacques Brossier envia sua filha a Notre-Dame-de-Cléry; é o início das viagens da família: o pai, a filha mais velha e a "possessa" percorrem o vale do Loire e acabam por dar em Paris, após terem agitado à sua passagem as multidões que vinham assistir às crises nas "hospedarias" e aos exorcismos nas igrejas; no decurso dessa peregrinação, ela encontra o rei e sua corte a caminho da Bretanha, e o chanceler, testemunhando seus tormentos, lhe aconselha a ir a Orléans procurar conforto junto ao bispo. Em março de 1598, está em Orléans, depois volta a Cléry onde reside quase dois meses. Passa o verão em Romorantin e, em outubro, Marthe parte para Notre Dame des Ardilliers, e enfim para Saumur onde se instala por longas semanas; o cura de Saint-Pierre de Saumur a exorcisma em público, durante a semana e no domingo ante uma enorme multidão[22]. Seu demônio, Belzebu, é então muito loquaz; explica como Anne Chevreau deu uma maçã com "um caráter feito de enxofre e de fumaça" à pequena Marthe quando tinha dois anos; que ele "a

---

20a. É ao menos o que conta a vítima indigitada por Marthe Brossier em sua memória ao bispo de Paris em 16 de março de 1599: B. N. Mss., fds. fs. 18453, f.º 9 v.º

21. É o texto da súplica, de uma grande dignidade, assinalado na nota precedente. Anne Chevreau refere-se aí a um «ódio e rancor» entre as duas famílias, e a uma fuga de Marthe Brossier disfarçada de homem, cabelos cortados, oculta por vários dias na Igreja de Remorantin.

22. «Exorcismos que foram feitos publicamente na nave da igreja de St. Pierre, onde eu vi algumas vezes mais de três mil homens», B. N. Mss., fds. fs. 18453, f.º 90.

possuía pelos pecados do pai", que não ia "à missa solene da paróquia"; expõe até mesmo como e por que os feiticeiros são atormentados pelos exorcismos, mas não pelas torturas da justiça; ele se faz teólogo para explicar que não pode afetar a alma "já que o livre arbítrio sempre aí está... coisa tão secreta e oculta que não há senão o grande Deus que aí possa entrar". Toda essa ciência nada tem de misteriosa: esse mesmo Belzebu habitou o corpo de Nicole Obry de Vervins, exorcismada solenemente em 1566. Os padres leram e fizeram com que Marthe lesse durante meses o relato dessa possessão:

> tudo aquilo que eles viam que tinha sido perguntado à dita Nicole Obry, perguntavam também à dita Marthe, e ela respondia conformemente e da mesma maneira que viu escrito no dito livro[23].

No início de março de 1599, Jacques Brossier e sua filha chegam a Paris, instalam-se perto de Sainte-Geneviève, e os capuchinhos se encarregam dos exorcismos, sempre necessários já que o cura de Saumur não havia conseguido livrar Marthe. Como em Saumur, o sucesso popular, sobretudo feminino, é espetacular: "o povo aí acorria (coisa abominável) nem mais nem menos como a um oráculo"[24]. Marthe não se contenta em fazer falar seu Belzebu familiar: "Ela dizia maravilhas contra os huguenotes, e seu diabo ia buscar todos os dias alguma alma nova em La Rochelle e em outras partes para pôr em sua caldeira"[25]; enfim, vaticina, em meio a uma grande afluência de pessoas;

> cada um perguntando-lhe, uns se seus pais e mães falecidos estavam no paraíso ou no purgatório, outros se seus maridos que estavam no campo voltariam sãos e salvos, outros se alguns dentre aqueles com quem eles tinham querela ou processo, não seriam danados após a morte, e mil outras semelhantes questões frívolas[26].

No fim desse mês, o bispo de Paris aproveita-se dos tumultos provocados pelos exorcismos e pelos discursos de Marthe e convoca teólogos e médicos para examinar a possessa na abadia de Sainte-Geneviève. É nesse momento que o caso Brossier assume (quase) as dimensões de uma questão de Estado. A 30 de março, na presença de todos esses doutores,

> Martha fez saltos, contorsões, convulsões, tons e vozes extraordinárias. Mas tendo sido interrogada pelo Senhor de Marius (teólogo) em grego, e pelo Senhor Marescot (médico) em latim, ela respondeu não poder responder, não estando em lugar adequado para isso. A essa resposta, Marescot e vários outros disseram que ela não era demoníaca[27].

No dia seguinte, dois médicos tendo ficado sós, encontram a marca em Marthe "entre o polegador e o indi-

---

23. B. N. Mss. fds. fs. 18453, f.º 47 a 100, *passim*.
24. *Ibidem*, f.º 8 v.º.
25. Pierre de l'Estoile, a 30 de março de 1599.
26. B. N. Mss. fds fs, 18453, f.º 8 v.º (16 de março de 1599).
27. L'Estoile, 30 de março, variante da edição de 1736.

cador". A 1.º de abril, novo exame com todos os doutores, confrontação acompanhada por uma multidão considerável: entre o capuchinho que ordena o exorcismo e Marescot, o diálogo tem um mal resultado; Marthe faz suas "contorsões extraordinárias" e o exorcista lança um desafio:

> Então o Padre Séraphin disse bem alto: Se há alguém que duvide, que ele tente com o perigo de sua vida deter esse demônio. Imediatamente Marescot se levanta, e, pondo sua mão sobre a cabeça de Marthe, a pressiona e retém todos os movimentos de seu corpo. Martha não tendo a força de se mover disse que o espírito se havia retirado, o que o Padre Séraphin confirmou. Ao que Marescot acrescentou: eu expulsei o demônio![28]

Marescot imediatamente renova mais uma vez a experiência que convence os outros médicos presentes. No dia seguinte, o Parlamento de Paris decide confiar Marthe Brossier ao lugar-tenente criminal para fazer cessar o escândalo de suas exibições:

> O procurador do Rei representou à Corte que após alguns dias foi introduzida nessa cidade de Paris uma moça de Anjou que se dizia possuída do espírito maligno, a qual estando na Igreja de Sainte-Geneviève foi vista e examinada por médicos e outras pessoas que se informaram da impostura, de que provieram muitos escândalos requerendo para fazê-los cessar que se ordene ao lugar-tenente criminal que a prenda[29].

No sábado 3 de abril, os capuchinhos convocam a Sainte-Geneviève em presença do bispo alguns médicos novos que examinam Marthe e concluem por uma verdadeira possessão; o bispo de Paris requer então ao Parlamento a suspensão da execução da sentença pronunciada na véspera; pedido rejeitado.

Desde o domingo seguinte, em Sainte-Geneviève e em Saint-Germain l'Auxerrois, os pregadores se levantam contra essa decisão de submeter uma demoníaca à jurisdição temporal, em nome da independência do poder espiritual, e atacam por fim o rei e o Parlamento[30]: polêmicas ardentes, que encontram rapidamente o tom e os temas da Paris da Liga, apesar das admoestações severas impostas pelo Parlamento aos pregadores turbulentos desde 5 de abril. Os epigramas sobre Marthe e sobre os médicos que negaram sua possessão circularam em Paris:

> La justice y a mis obstacle
> Et leur diable a été tondu[31]*.

28. *Ibidem*, 1.º de abril.
29. A. N., U 24, f.º 10.

30. ... «que os seculares se recordem que Deus vingou os cometimentos que são executadas por eles contra a justiça eclesiástica, e que eles devem tomar cuidado para que não lhes ocorra que sejam consumidos pelo fogo por se terem ingerido contra o mandamento de Deus nos assuntos que cabem aos padres...». Deliberações do Parlamento, a 5 de abril, A. N., U 329.

31. Pierre de l'Estoile reproduz três deles, na data de 30 de março.

* A justiça aí colocou obstáculo.
 E seu diabo foi tosquiado. (N. dos T.)

Com as assembléias e os exorcismos proibidos, Marthe Brossier é metida na prissão e submetida durante quarenta dias ao exame de vários membros da Faculdade de Medicina, os espíritos acalmaram-se: a 24 de maio, segundo o relatório do lugar-tenente criminal e dos médicos convocados que concluíram pela ausência de todo espírito maligno, o Parlamento ordena que a família Brossier seja reconduzida a Romorantin, de onde ela não poderá sair sem permissão do juiz castelão da cidade que deve enviar um relatório a Paris, a cada quinze dias[32].

Colocada sob residência vigiada em sua cidade natal, Marthe Brossier atrai a atenção de novo, após seis meses de silêncio: em dezembro de 1599, ela é "arrebatada em um coche" e transportada na Auvérnia, a Saint-Martin--de-Randan, onde é acolhida pelo Prior Alexandre de La Rochefoucauld, irmão do bispo de Clermont. Nem o Parlamento, que expede uma ordem de perseguição em 30 de dezembro[33], nem os Srs. de Caumartin e Miron que representam o rei e o Parlamento em Clermont d'Auvergne nos meses que se seguem, conseguem obter que a fugitiva oculta "ou nos campos em suas residências privadas, ou em Billon" lhes seja entregue[34]. Ante a ameaça de processo contra seu poder temporal, os dois protetores convencem Marthe a deixar o reino: o prior de Randam parte com ela para Roma para entregar o caso ao próprio papa. Viagem longa, colorida de incidentes, de novos exorcismos tumultuosos sobre os quais a correspondência de Bérulle contém uma evocação: uma carta de Avignon datada de 15 de abril de 1600[35]. E em Roma, é necessário que o Cardeal d'Ossat intervenha com firmeza junto a Alexandre de La Rochefoucauld para que Marthe não seja apresentada ao papa, e, finalmente, silenciosa no fundo de um convento romano, seja pouco a pouco esquecida.

b) **Os partidários da possessão.** Não é um acaso se o futuro Cardeal de Bérulle se mantém informado sobre as peripécias da viagem italiana; ele foi o principal defensor da possessão e publicou um pequeno discurso contra Marescot. Mas antes que o caso Marthe Brossier suscitasse essa troca de panfletos, muitos outros haviam tomado posição em favor da intervenção diabólica e seus argumentos merecem ser assinalados rapidamente, se bem

32. Texto da sentença: B. N. Mss., fds., Quinhentos de Colbert, 218, f.º 75. Pierre de l'Estoile data (erradamente) essa sentença de 23 de junho de 1599.

33. Texto na B. N. Mss., fds., Dupuy, 379, f.º 147.

34. Cf. a carta de Miron de 24 de janeiro de 1600 conservada na B. N. Mss., fds. fs., 18453 última folha; e a sentença ronunciada a 31 de março de 1600 contra François de la Rochefoucauld e seu irmão, A. N., U 24, f.º 32 (e B. N., Mss., Dupuys 379, f.º 148).

35. «Eu tenho mais tormentos de que se estivesse no inferno, maldita seja a hora em que me meti nisso... Tu serás a causa de que eu perca meus huguenotes.» Jacques Leprévost relata fielmente as imprecações de Marthe. J. Dagens, *Corresondence de Bérulle*, n.º 109 da Bibliografia, I, pp. 3 a 5.

que sejam perfeitamente tradicionais. Não se trata, com certeza, de estabelecer que a possessa pactuou com o Diabo, como nos processos comuns, mas de reconhecer simplesmente a presença do demônio no corpo pervertido, e fazê-lo sair por meio do exorcismo (que em nada se assemelha ao interrogatório judiciário).

Os primeiros a proclamar sua convicção acerca da possessão são os teólogos convocados pelo bispo de Orléans na primavera de 1598. Os padres Rafael, provincial dos capuchinhos de Orléans, e Rabache, prior dos agostinianos de Bourges, certificam: "pela experiência e conhecimento que possuem de outras demoníacas que viram na França e na Itália" que Marthe é possessa; no decurso dos exorcismos, os "grandes esforços fora do curso ordinário da natureza" e as "várias respostas feitas por diversas vezes muito pertinentemente e a propósito de interrogatórios feitos tanto em grego como em latim" os persuadiram amplamente. Entregaram até mesmo a Jacques Brossier cartas patentes para atestar o fato, e "para delas se servir em tempo e lugar, e assim que razão haja"[36].

Para os médicos que praticaram, na presença do Sr. de Gandi, o contra-exame de 3 de abril de 1599, a demonstração é também simples: como os teólogos de Orléans, viram Marthe, no curso do exorcismo, mostrar-se

tanto em postura conveniente e com o passo de uma pessoa sã de corpo e de espírito, quanto desfigurada de várias irregularidades, caretas inconvenientes e disformes e de quando em quando agitada e trespassada de muitos movimentos diferentes e furiosos de todas as partes visíveis de seu corpo[37].

O argumento dos médicos procede por eliminação. Três causas somente são possíveis: "doença, fingimento ou possessão diabólica". A doença é eliminada, pois nenhuma enfermidade produz efeitos comparáveis; a fórmula dos médicos é peremptória:

As agitações, que aí observamos não têm nada da natureza das doenças, mesmo daquelas às quais, à primeira vista, se parecem mais; não sendo nem epilepsia a qual supõe a perda de todo sentimento e julgamento; nem a afecção que nós chamamos histérica, a qual não ocorre jamais sem privação ou dificuldade de respiração[38].

A dissimulação também não pode ser admitida, porque as provas das agulhas foram várias vezes refeitas, sem gritos, nem sinais de dor; o que prova bem a marca satânica, tal como ela sempre foi reconhecida:

A insensibilidade de seu corpo durante esses êxtases e fúrias provadas por profundas picadas de longas agulhas que se lhe deixou

---

36. B. N. Mss., fds. fs. 18453, f.º 66 v.º.
37. B. N. Mss., fds. fs. 17324, f.º 105.
38. *Ibidem*, os médicos utilizam também argumentos subsidiários; os doentes acometidos dessas enfermidades e que se agitam em «palpitações, convulsões» saem delas esgotadas, «o corpo fraco, o rosto pálido, a respiração ofegante; essa jovem ao contrário».

cravadas de parte em parte, nas mãos e no colo e depois retiradas sem que haja feito nenhum fingimento de senti-los nem pôr nem tirar e sem sinal de dor, a qual sem magia e sem encantamento não se poderia em minha opinião suportar sem aparentar, nem pela constância dos mais corajosos, nem pela contumácia dos mais perversos, nem pela apresentação dos mais criminosos[39].

A conclusão impõe-se, portanto, em pleno rigor científico:

> Nós somos compelidos até esse momento por todas as leis do discurso e da ciência, e quase forçados a acreditar ser essa jovem demoníaca, e o Diabo habitante nela o autor de todos esses efeitos[40].

Ao que os médicos acrescentam ainda dois argumentos que não apresentam como palavras científicas. "Como filósofos cristãos", aprenderam e sabem bem "que não há senão o Diabo que se compraz em fazer o mal"; como testemunhas dos exorcismos, viram Marthe responder questões proferidas em latim "em que não é impertinente por ventura supor conluio"; mas também em grego e em inglês, cujas respostas, segundo Aristóteles, só podem ter-lhe sido inspiradas[41].

A seus confrades, tão prontos a eliminar a epilepsia e a histeria, Michel Marescot, na febre suscitada na primavera de 1599 pelo encarceramento da "pretensa demoníaca", responde ponto por ponto, tanto sobre os argumentos científicos quanto sobre os outros; e com tão maior vivacidade quanto Marthe Brossier em suas crises não hesita em tratar aqueles que negam sua possessão de huguenotes[42]. É a ele que Bérulle replica por seu turno, sob o pseudônimo de Léon d'Alexis, quando em seguida ao seu **Traité des Énergumènes,** apresenta um "discurso sobre a possessão de Marthe Brossier contra as calúnias de um médico de Paris". Com efeito, o conjunto da obra constitui uma defesa da possessão. A primeira parte representa a demonstração teológica, estabelecendo em nove partes a maneira pela qual "Satã se incorpora no homem", as "aplicações do espírito maligno" no corpo do energúmeno, e os "desígnios de Satã". Todos eles pontos de boa doutrina a definir o estado de pecado e o papel do Diabo no mundo que não foram postos em discussão diretamente a propósito de Marthe Brossier. Depois vem o discurso contra o próprio Marescot[43] que é antes de mais nada, em suas primeiras páginas, um violento ataque **ad hominem** contra esse "médico que não entrou jamais no

---

39. *Ibidem*, f.º 105 v.º.

40. *Ibidem.*

41. *Ibidem*, f.º 106.

42. B. N. Mss., fds. fs. 18453, 5.º vol.: «Ela dizia que fora avisada, que esse era huguenote ou muito perverso que nela não queria acreditar».

43. Que não figura em todas as edições do tratado conservadas atualmente, principalmente na Biblioteca Nacional, cf. Mss. da Biblioteca de Carpentras n.º 1779. As edições ulteriores do *Traité des Énergumènes* não comportam o discurso. Bérulle parece ter hesitado em manter as acusações contra o médico.

gabinete dos grandes, nem jamais realizou nada de excelente e de relevante acima da fraqueza de sua profissão, na qual mesmo ele passou seus anos sem escrever, sem falar mais que uma estátua"[44]. O essencial da argumentação de Bérulle está em uma fórmula igualmente viva, que lançou desde o início de seu discurso de defesa, definindo o seu adversário como "um particular, natural de Le Mans, médico de profissão, libertino de religião, qualidades pouco destacadas para alguém que se apresenta para depor contra a Igreja e que se faz o juiz de uma questão eclesiástica"[45]; é o argumento de competência. Uma possessa, como Marthe Brossier ou Nicole de Vervins anteriormente, não depende senão de uma autoridade, a Igreja, a única capaz de livrar a paciente do demônio que a atormenta. Bérulle, portanto, não diz uma única palavra dos inúmeros processos anteriores em que as feiticeiras eram entregues, após um longo tempo, ao braço secular: Marthe Brossier não é uma feiticeira, no sentido habitual do termo; ela não jurou, não é culpada, mas vítima. Assim a Igreja se julga aí, novamente, competente, e pretende mesmo eliminar toda intrusão exterior. É somente ao exorcismo que cabe entregar a vítima; os médicos, não mais que os magistrados, não têm nada a ver com isso.

> É evidente que convém à Igreja privativamente, e não a quaisquer outras assembléias, ordenar aos demônios e entregar os homens segundo seus deméritos, ou retirá-los segundo sua autoridade, das mãos de Satã como de um carrasco de sua justiça. É, pois, ela que possui o poder de expulsar os espíritos malignos e de discerni-los também, sendo um mesmo efeito de prudência militar reconhecer e vencer o inimigo onde se encontre; ato de uma mesma jurisdição de fazer a investigação e julgamento de um fato, e o resultado de uma mesma arte descobrir e eliminar a doença[46].

A defesa é hábil, tirando argumento de um uso tão antigo quanto a própria Igreja, já que é descrito nas Escrituras: o que se torna, sob a pena de Bérulle, um hábito "cuja origem é tão seguramente derivada do mesmo Espírito que inspira o corpo venerável e místico de Jesus Cristo". Mas essa polêmica inova em parte sobre a tradição judiciária recente; ela abre o caminho para outros "escândalos" ainda mais imponentes que o da pretensa demoníaca natural de Romorantin[47].

Os partidários da possessão tiram, portanto, argumento da larga e rica tradição pela qual se define então a intervenção diabólica nas ações humanas: marcas, ações sobrenaturais. A inovação está na natureza mesma da

---

44. *Discours...*, p. 12.
45. *Ibidem*, p. 7.
46. *Ibidem*, p. 52.
47. A argumentação de Bérulle comporta também a discussão de questões de fato, concernentes ao desenvolvimento dos exorcismos: «Esse infame caluniador ousa mentir impudentemente dizendo que as portas não estavam abertas, por medo de que a verdade fosse descoberta...» *Ibidem*, p. 48.

causa que provocou essa polêmica parisiense: Marthe Brossier não é uma feiticeira "comum"; protegida desde cedo por alguns regulares, é vítima do Demônio, e não sua cúmplice. Esse desdobramento de função que justifica a intervenção do exorcista dá um sentido novo às confissões; ele não basta para legitimar a exclusão dos médicos aos quais o bispo de Orléans e Sr. de Paris apelaram em 1598 e 1599.

c) **Os adversários da possessão.** Os médicos, que examinaram Marthe no início de abril de 1599 e que "todos disseram e assinaram não ter visto e observado qualquer coisa acima das leis comuns da natureza", são bem conhecidos: além de Marescot e du Laurens, médico do rei, Riolan, Le Fèvre, Laffilé, Hérouard, Paulmier pertencentes à Faculdade, Laffilé é o decano desta. Marescot, que enumera essa lista no começo de seu tratado, não deixa de lembrar seus títulos. Todavia, o texto do relatório coletivo em latim, de 3 de abril (?), que conclui pela simulação e ausência de intervenção diabólica é mais interessante ainda[48]. Os médicos lembram as circunstâncias, os feitos e gestos de Marthe:

Illa, dum certa verba proferrentur, convellebatur, os et vultum intorquebat, linguam excrebat, abdomen valide commonebat, iis quibus nil methaphisicum, nil extraordinarium agnonimus.

Depois, ressaltam os sete pontos que os autorizam a duvidar da intervenção do Diabo, e que versam sobre o comportamento dela durante as convulsões: observação atenta do que se passa no exterior, ausência de rigidez nos membros, maneira de cair no chão, circunspeções pelos dedos do exorcista introduzidos em sua boca, etc. O último ponto, o mais desenvolvido, concerne à prática do latim: embora ela compreenda o latim dos exorcistas, não entende o dos médicos.

Unus nostrum illam allocutus est his verbis: misera quousque perges nos ludos facere; et unquamne cessabis plebecula ludificare et agnosce culpam et veniam deprecare. Jam enim patent tuae fraudes, et nisi hoc feceris, traderis brevi in manus judicis, qui quaestione veritatem extorquebit: interrogata an hae intelligeret, ingenue et palam negavit.

Os médicos propõem brutalmente a questão:

Cur intelligebat potius sacerdotis quaedam verba, nisi quid erat illorum jam perita?

Sobre todos os outros pontos os consultantes respondem com a mesma naturalidade: os doentes acometidos de convulsões mordem sempre o que lhes cai sobre os dentes, seus membros são rijos... Por isso os médicos, que se recusam a recorrer à metafísica sempre que podem

---

48. A breve análise que se segue é feita sobre o texto conservado nos Ms. da B. N., fds. fs. 17324, f.º 103.

ligar um fenômeno a uma causa natural[49], afirmam muito naturalmente ao bispo de Paris que pergunta se Marthe está sendo atormentada por um demônio, doente ou simulando:

> Respondemus ergo: hic nihil supra naturam nos agnoscere;

e mais adiante:

> magne non putamos haec fieri morbi violentia sed voluntatis imperio; existimamusque ea omnia esse ficta et simulata[50].

Resposta perfeitamente clara que o discurso de Marescot sobre a pretensa demoníaca desenvolveu, argumentado em bom francês para conseguir convencer a opinião pública parisiense e, particularmente, os parlamentares[51].

Essa brochura redigida a pedido do Rei, dotada de um direito de impressão de 13 de julho de 1599, é um relato polêmico, rigoroso de aventura vivida por Marthe Brossier em Paris. Em nome dos médicos que depuseram com ele, Marescot se defende de que tenha negado a existência e a intervenção do Diabo:

> Nós acreditamos pela fé cristã na existência dos demônios, na sua entrada nos corpos dos homens, e nos tormentos de todos os tipos que lhes causam: e tudo o que a Igreja Católica determinou sobre sua criação, natureza, poder, efeitos, exorcismos, nós a tomamos por verdadeira, firme e estável como o pólo. Mas quanto à hipótese, a saber, que Marthe Brossier esteja ou tenha sido possuída pelo demônio, nós dizemos que ela é absurda e falsa, sem qualquer verossimilhança[52].

Aos capuchinhos protetores de Marthe Brossier, e a seus partidários, Marescot opõe em seguida uma argumentação na forma do silogismo cuja premissa menor é estabelecida discutindo-se passo a passo os atos estranhos alegados alhures.

> Nada deve ser atribuído ao demônio que não tenha qualquer coisa de extraordinário acima das leis da natureza. As ações de Marthe Brossier são tais que não possuem nada de extraordinário acima das leis da natureza. Pelo que as ações de Marthe Brossier não devem ser atribuídas ao demônio[53].

---

49. A fórmula latina: «Ita quoties medici morbi alicujus aut simptomatis physicam causam possant assignare, temere confugium ad metaphisicam».

50. Evidentemente há as marcas: «puncta nom sentit»; os médicos contentam-se em lembrar os estóicos e aqueles que agüentam a mesma morte sem claudicar.

51. Os versos finais de algumas edições do *Discours* merecem ser notados, eles destacam essa intenção:

«Ce vray discours par sa lecture	*E esse discurso veraz por sua leitura
Découvre au peuple une imposture	Revela ao povo uma impostura
Et rend plusieurs cerveaux guaris:	E cura muitas inteligências:
Ceux qui soulayent par ceste fourbe	Aqueles que pretendem por essa trapaça
Affiner l'indiscrete tourbe	Purgar a turba indiscreta
Ne son pas assez fins pour Paris»*	Não são finos o bastante para Paris.
(exemplar da B. Ste-Gen., Z 8.º 1097).	(N. dos T.)

52. *Discours*, n.º 245 da Bibliografia, p. 14; a introdução enaltece o parlamento por ter pronunciado sua sentença de 24 de maio, reproduzida em apêndice aliás e de ter assim, «ordenado que tal crença e superstição não fosse além, em detrimento da religião católica».

53. *Ibidem*, p. 15.

Os movimentos convulsivos, as picadas que não sangram e são insensíveis, tudo é passado pelo crivo; por duas vezes retorna a objeção dos saltimbancos: "Não há pessoa, eu não digo dos bufões, mas dos lacaios da Corte, que não faça o mesmo"[54]. O médico salienta também o largo treinamento de Marthe Brossier, após os meses em que seu pai a levava de exorcista em exorcista: "havia quinze meses que a conduziam como um macaco ou como um urso a Angers, Saumur, Cléry, Orléans, Paris e que se lhe ensinou a fazer esses saltos"[55]. Mas ele responsabiliza várias vezes a boa vontade dos padres capuchinhos, sempre prontos a explicar a interrupção dos gestos estranhos, ou das respostas dilatórias, invocando uma brusca retirada do Demônio. "E o exorcista disse: não é mais que Marthe". Enfim Marescot não hesita em pôr em dúvida as interpretações literais das Escrituras de que se servem os partidários da possessão: a audácia é tão maior quanto esse recurso à autoridade do texto sagrado é uma das mais sólidas tradições reivindicadas pelos demonólogos. O médico é no entanto categórico.

> Se não são necessários, portanto, outros sinais de possessão pelo diabo que aqueles que são descritos pelos Evangelistas, todo epilético, melancólico, frenético terá o diabo no corpo. E haverá no mundo mais demoníacos que loucos[56].

Em duas oportunidades, recentemente, o Professor Jean Lhermitte, especialista em psicose demonopáticas, rendeu homenagem ao rigor dessa demonstração científica apresentada por Marescot, há já mais de três séculos: em uma consulta concedida ao último biógrafo de Madame Acarie e em um artigo sobre **Satan** editado pelos "Études carmélitaines"[57].

A essa segurança raciocinativa que se esforça por esgotar o campo das explicações "naturais" antes de admitir o sobrenatural, Marescot acrescenta ainda argumentos complementares, que não procedem de sua experiência mas que vêm reforçar sua convicção: lembra que Jacques Brossier organizou verdadeiras coletas para assegurar os exorcismos de sua filha e ganhou assim muito dinheiro; e que além disso, por várias vezes, antes de vir a Paris, Marthe Brossier foi surpreendida por inquisidores desconfiados a agitar-se muito ante uma chave

---

54. *Ibidem*, pp. 15 e 24: «Os lacaios que freqüentemente se enfiam eles mesmos uma agulha bastante fundo em uma parte carnuda, como na coxa, e nos braços, são eles inspirados?»

55. *Ibidem*, p. 29.

56. *Ibidem*, p. 34. Marescot responde aqui talvez a uma apologia manuscrita em favor do Sr. de Paris, que circulou e que argumentou sobre a criança demoníaca espumante de Marcos e Lucas: Marcos, IX, 18. Cf. B. N. Mss., fds. fs. 18453, f.º 25 v.º.

57. Cf. R. P. Bruno, *La belle Acarie*, n.º 371 da Bibliografia, o capítulo XVI, intitulado «Entre Bérulle et Marescot» (onde o carmelita utiliza também documentos extraídos dos arquivos provinciais dos Carmelitas Descalços em Paris); e *Satan, Etudes Carmélitaires*. n.º 496 da Bibliografia. pp. 477-478.

que ela tomava por cálice, e ante uma aspersão de água não benta[58].

Marescot estima somente à aprovação do Parlamento de Paris, no entanto sua atitude foi confirmada por mais de um clérigo, a começar pelo Cardeal d'Ossat, que teve o encargo de impedir que a viagem de Marthe Brossier para Roma, em abril de 1600, redundasse em exibição e criasse complicações diplomáticas, se o papado tomasse sob sua proteção essa jovem reclamada pelo Parlamento parisiense. Por duas vezes o cardeal escreve ao rei. para informar sobre os felizes esforços desenvolvidos no sentido de neutralizar a demoníaca e seu protetor. Com habilidade, o cardeal persuade o Abade de Randan a acalmar-se; relatando suas conversações com o Sr. de Randan e com jesuítas, como o Padre Sirmond, que o ajudam em seu cometimento, retoma por sua conta o argumento de Marescot:

> Como era certo em geral que houve, e há demoníacos no mundo, e que o poder de exorcismá-los está na Igreja, também quando se tratava de um particular, se ele é demoníaco ou não, tornava-se tão obscuro, em vista das fraudes que aí se cometiam, e pela similitude dos efeitos do humor melancólico com aqueles do Diabo, que de dez que se pretendia que o fossem, encontrava-se um verdadeiro[59].

No início do mês de maio, o cardeal pôde assegurar ao rei que o caso estava acertado; o Abade de Saint-Martin-de-Randan recuperou a modéstia que não deveria jamais ter perdido, o capuchinho parisiense que o acompanhou e que começara a exorcismar por todos os lados, foi discretamente admoestado; o cardeal escreve a 9 de maio:

> opor-se formalmente a tais coisas que têm a aparência de piedade, daria oportunidade de fazer saber a coisa a infinitas pessoas que nada sabem, e de fazer pensar mal e falar-se mal de nós mesmos; e eu me conformo mais em ser conivente com aquilo que me foi relatado, que não é nada mais que um mero gracejo, que faz rir até os mais simples e os mais crédulos[60].

Belo texto. Ele cinge bem a dificuldade que apresenta a escolha de um comportamento aos olhos de teólogos tão atentos, nessa época em que os demonólogos tradicionais são mais conhecidos e gozam de reputação mais elevada que o audacioso médico parisiense.

---

58. *Ibidem*, pp. 39-40 e 42-43. Igualmente Marescot acrescenta em apêndice um texto do sínodo havido em Reims em 1583 recomendado prudência aos exorcistas; ele traduz: «antes que o padre se empenhe no exorcismo, deve inquirir diligentemente sobre a vida do possesso, sobre sua reputação, sobre sua sanidade e outras circunstâncias. Pois freqüentemente os demasiado crédulos são enganados.»

59. Passagem da longa carta inteiramente consagrada a Marthe Brossier a 19 de abril de 1600 (Cartas, VI, 52) onde o cardeal conta detalhadamente suas negociações com o abade auvernês, seu cuidado em evitar um conflito entre o Parlamento e a Corte de Roma, a prudência desta em tais assuntos, etc...

60. Carta de 9 de maio de 1600 (VI, 56).

Contudo, a pretensa demoníaca suscitou outras tomadas de posição, menos conhecidas que o debate entre Marescot e Bérulle. Circularam manuscritos como esses pasquins citados por Pierre de L'Estoile, **De Martha demoniaca**, e outras, e também a memória de Anne Chevreau, a feiticeira acusada pelos Brossier em Romorantin, dirigida ao bispo de Paris, em março de 1599, que conta toda a história de Marthe Brossier desde seus inícios, suas decepções em Orléans e mesmo em Romorantin[61]. Um discurso comparável àquele de Marescot, escrito em Paris, circulou igualmente: "Discurso contra as imposturas de Marthe Brossier, pretensa demoníaca e as razões para justificar a falsidade das invenções praticadas por Jacques Brossier, pai da dita Marthe e suas irmãs, para fazê-las críveis". Esse texto não é muito terno com a protegida dos capuchinhos de Saint-Geneviève, e retoma por sua conta, sem regatear, as mistificações nas quais Marthe não pôde triunfar; visivelmente, as convicções dos redatores estão bem assentadas e dão a impressão de que acrescentam de bom grado:

> Uma outra vez, tendo sido levada a uma abadia da localidade de Notre Dame próximo a Romorantin, pendeu-se-lhe no colo ossos de bezerro e de carneiro os quais se lhe disse serem relíquias de santas e perguntaram-lhe que santos e santas eram aqueles, ela, pensando que realmente os fossem, respondeu de Clara e de Malcoue querendo dizer que eram de Santa Clara e de São Marcos: deu-se-lhe também inúmeras vezes água comum em lugar de água benta e ela se atormentou tanto como se ela lhe tivesse feito grande mal[62].

É mais notável ainda encontrar em publicações imediatamente posteriores o eco direto desse caso. Jourdain Guibelet, tendo publicado três discursos filosóficos em 1603 em Évreux, dedica um ao humor melancólico. Os dois últimos capítulos são consagrados aos demônios: se eles se misturam nesse humor, se as alimentações do espírito, êxtases, ciências adquiridas sem estudo, predições e aparições devem ser atribuídas aos demônios ou ao humor. Sem citar o caso Brossier, Guibelet retoma alguns argumentos de Marescot, principalmente aquele da atribuição ao Demônio dos fenômenos naturais admiráveis e difíceis de explicar, segundo as vias habituais do conhecimento:

> Nós temos o costume, quando não podemos chegar ao conhecimento de alguma coisa, de atribuir sua causa aos Demônios, como

---

61. Essa memória é conservada nos Mss. da B. N., fds. fs. 19453. É evidentemente muito hostil a Marthe Brossier e acumula relatos de contestações: o juiz-castelão de Romorantin, os grandes vigários da capela de Orléans são citados contra as outras testemunhas mais favoráveis à demoníaca; além do que, essa memória refere-se longamente às querelas entre os Brossier e sua vizinhança.

62. B. N. Mss. fds. fs. 18453, f.º 58 v.º. Essa memória ocupa as f.º 39 a 61; é acompanhada de cópias de certificados obtidos por Marthe Brossier em Orléans e Angers, assinados por doutores seculares e regulares.

se fora necessário, que todos os efeitos da natureza fossem de fácil dedução, e que ela não pudesse executar nada de admirável[63].

E termina seu exame por um julgamento equilibrado que proclama a "loucura de querer atribuir tudo aos Demônios"; e logo declara a "ignorância de querer referir aos humores uma infinidade de efeitos que são impossíveis na natureza". Filósofo impregnado de teologia, como qualquer outro nessa época, Guibelet separa pois a parte da doença e a do Diabo, admite "efeitos que podem ser causados exclusivamente pelo humor melancólico, alguns pelos Demônios, alguns pelos dois conjuntamente". Posição seguramente original, já que limita a intervenção diabólica, recusando essa onipresença obsessiva que a tradição postulava.

Sem nenhuma dúvida, nem Marescot, nem Guibelet tiveram sucessos de livraria comparáveis a Boguet, Sprenger ou Bodin: uma única edição, ou seja, algumas centenas de exemplares facilmente absorvidos pelo mercado parisiense. Essas tomadas de posição que nasceram e adquiriram forma e consistência a partir do escândalo causado pelos exorcismos praticados na abadia de Sainte-Geneviève, na primavera de 1599, não atingiram um grande público: a opinião pública esclarecida de Paris dividiu-se no caso dessa "feiticeira não jurada", cujas denúncias exibicionistas sublevarão as massas populares ainda mal recuperadas das febris agitações da Liga. Mas parece bastante evidente que os debates provocados por Marthe Brossier não ultrapassaram o horizonte parisiense.

3. *Os Parlamentos e as Perseguições, no Início do Século*

A melhor prova disso é fornecida pelos próprios Parlamentos que continuam a perseguir as feiticeiras, tanto em Paris como alhures; em Paris, alguns itens podem colocar problemas para os conselheiros, após a experiência feita em 1599, e não faltam documentos que demonstram uma primeira mudança de atitude, o ponto de partida de uma reflexão crítica coletiva sobre os fenômenos. Nos outros Parlamentos, há o silêncio, não somente quanto a Marthe Brossier, que poderiam incidentalmente ter conhecido, já que Paris emitiu seu mandato geral de prisão para todo o reino, mas quanto aos outros processos de que se encarregam. Bordeaux, nesse caso, fornece um exemplo quase caricatural da manutenção imperturbável da tradição, ao longo dos anos 1600 a 1610, que coroa a famosa perseguição de Labourd, ilustrada pelas obras de Pierre de Lancre. Perfilam-se já discriminações e contradições entre as atitudes das diferentes cortes superiores ante essas difíceis questões; elas evo-

---

[63]. Jourdain Guibelet, n.º 206 da Bibliografia, p. 262 (o livro recebeu a aprovação da Faculdade de Teologia de Paris).

cam freqüentemente a incerteza dos espíritos, que a atitude do próprio rei traduz: ao pedir ele mesmo a Marescot em 1599 que redija uma memória sobre as imposturas dos Brossier, e ao ordenar dez anos mais tarde aos bordeleses, Lancre e d'Espaguet, que livrem o Labourd de suas legiões de feiticeiras.

a) **O Parlamento de Paris.** Para definir as posições dos magistrados parisienses, dispomos de um testemunho exemplar para esse período: o advogado geral do rei Louis Servin, grande jurisconsulto, tomou posição sem ambigüidade sobre o problema, por duas vezes pelo menos; e suas defesas publicadas alguns anos mais tarde conservaram sua argumentação.

Servin e seus colegas mantêm-se ligados à tradição, no sentido de que continuam a reprovar a intervenção do Diabo nos assuntos humanos e permanecem sempre dispostos a condenar seus cúmplices. Tratando de um caso de feitiço de impotência nos grandes dias de Tours em 1589, Servin deplora que o marido, em vez de ter matado sua mulher, não se tenha dirigido "a Deus por meio de jejuns e orações", segundo o conselho de Hincmar, arcebispo de Reims no tempo de Carlos o Calvo, e à justiça sempre vigilante "contra os encantadores", que seriam seguramente punidos, pois eles são "culpados de morte, tanto quanto os feiticeiros que fazem mister de encantar", porquanto são considerados, segundo o Deuteronômio, "abomináveis ante Deus e ante os homens"[64]. A causa é pois clara e bem entendida.

Entretanto, por várias vezes, os conselheiros parisienses atenuaram as condenações pronunciadas pelos juízes locais: os casos não mais se apresentam com a simplicidade de outrora, e os juízes parisienses têm em conta manifestamente as circunstâncias que justificam a dúvida. Assim, em 1603, um indivíduo denominado Jean Laneau, que apelou antes mesmo de ser submetido à procura da marca, é simplesmente banido[65]. Em 1605, Jean Michel, marceneiro de Moulins, que passa "por se ter aplicado às artes mágicas e por meio dessas tentar evocar a si e chamar os espíritos malígnos", sem qualquer outra atividade, e nenhuma ação malígna em particular exercida sobre homens ou animais, foi condenado pelo lugar-tenente criminal de Bourbonnais a nove anos de galés e

---

64. Louis Servin, *Actions notables et plaidoyers*, n.º 319 da Bibliografia, pp. 301 e ss. No mesmo sentido, o Parlamento de Paris, pronunciando uma sentença a 2 de dezembro de 1611 para lembrar que «o crime de sortilégio não é caso do rei» recusa-se a desautorizar os senhores representantes da alta justiça, pois esses crimes merecem uma pronta punição; salvo em caso de apelo evidentemente (veja-se mais adiante do original p. 183). Texto impresso da sentença de 2 de dezembro de 1611 pronunciado contra o lugar-tenente criminal de Chinon, biblioteca do Arsenal, Mss. 10441.

65. B. N. Mss., fds. fs. 5012, f.º 522 v.º. O texto que relata esse apelo é muito lacônico. Em novembro de 1599 (17 de novembro, um vinhateiro de Bourbonne, Vicent Jobard, obtém a anulação da confiscação geral de seus bens, A. N., X 2 A, 150.

cinqüenta libras de multa. O Parlamento de Paris, pelos mesmos motivos, em nada modificados, reduz a pena a cinco anos de banimento fora do reino e vinte libras de multa[66].

Mais característico ainda é o caso de Sébastien Breton e Jeanne Simoni sua mulher, originários de Dinteville, sobre o qual Louis Servin discursou longamente: resulta em uma sentença geral dirigida a todos os juízes de alçada da Corte, proibindo a prova pela água. S. Breton e J. Simoni, de Dinteville próximo a Chaumant na Champagne, acusados de feitiçaria em 1594, foram condenados, o marido ao banimento perpétuo, a mulher à fogueira; essa foi morta na prisão e seu cadáver queimado. O processo de apelação é introduzido pelos tutores de seus filhos menores. Louis Servin argumenta sobre a importância mesma do crime: "Digno de grave punição por serem os feiticeiros criminosos de lesa-majestade divina, é necessário mesmo na disquisição dele observar rigorosamente o processo". Ora, o ódio a esses crimes é tão difundido que pode induzir os juízes de primeira instância a precipitar os processos, a simplificar as buscas de provas, ou ainda utilizar contra os suspeitos procedimentos duvidosos e mágicos; a fórmula de Servin é perfeitamente clara, recusa a "contra mágica" dos juízes de Dinteville:

> Mas não é preciso, no entanto, que o ódio a tais e tão abomináveis homens e mulheres, ainda que muito justo e público, exalte tanto os espíritos dos juízes, nem dos substitutos do Procurador Geral, ou dos procuradores fiscais, que por um zelo que não estará de acordo com a ciência eles passem a fazer estranhos processos, não sendo lícito mas perseguir os diabos usar de arte diabólica, nem para reprimir a magia fazer uma contra magia, o que não obstante sucederia se se aprovasse as formas de proceder praticadas pelos oficiais de Dinteville[67].

Ora, a esse casal que negava todas as acusações, protestava não ter participado das "assembléias e sinagogas de feiticeiras", nem ter "enfeitiçado nem envenenado quaisquer pessoas nem animais", os juízes propuseram o "julgamento interlocutório", verdadeiro julgamento de Deus, que é a prova da água: por três vezes lançada na água "de uma altura de cerca de sete a oito pés", Jeanne Simoni voltou à superfície "sem se mover". É um "costume bárbaro e abolido" que é aí empregado pelos juízes, e que não deve mais voltar a ser usado; pois não está prescrito nem pela lei divina, nem pelas leis do reino, ou das diferentes Igrejas. E o advogado

---

66. A. N. X 2 B, 227 (sentença de 27 de setembro de 1605). Outros exemplos, menos característicos, poderiam ser citados: um alfaiate de Bressey de Chastel, praticamente de feitiço de impotência, cujo banimento é reduzido para nove anos (22 de abril de 1600, X 2 A, 150); uma feiticeira de Eu banida perpetuamente em vez de ser queimada (18 de junho de 1603, X 2 A, 157), etc....

67. L. Servin, n.º 319 da Bibliografia, suplemento da p. 39.

geral pode concluir: mesmo se outrora, no bom tempo "que foi o século dos milagres", Deus permitiu coisas extraordinárias do mesmo gênero,

> isso não deve induzir os juízes a crer que o exame de sortilégio se possa corretamente fazer por imersão na água, nem que os corpos dos acusados, e criminosos desse malefício, flutuem no rio, e que o dos inocentes vá ao fundo. Pois o que se poderia dizer de um francês que soubesse nadar bem, como outrora era próprio de nossa nação?[68].

Louis Servin exige, portanto, que não se coloque mais dúvidas sobre esse ponto e que uma regra seja estabelecida para o futuro, de modo a suprimir-se essa prática que implica sempre na morte da pessoa imersa: "Seja afogando-se se ela afunda, e tem-se que ir ao fundo é uma marca de inocência, seja que por não ter ido ao fundo, se a presumem culpada"[69].

Seguindo as conclusões de seu procurador geral, o Parlamento de Paris pronuncia uma sentença, a 1.º de dezembro de 1601, que reconhece a validade do apelo apresentado ante ele, proíbe aos juízes de Dinteville e "a todos os demais juízes dessa alçada" a utilizar a prova por imersão, veda-lhes enfim, sob pena de privação de seus cargos, de recolher os condenados em desistência de apelação ao invés de enviá-los sem demora às prisões da Conciergerie[70]. Por essa decisão, o Parlamento de Paris afirma altivamente sua vontade de proceder prudentemente nesse domínio, e de examinar com cuidado todos os casos que lhe podem ser submetidos pelo processo normal de apelação, ao qual as pessoas submetidas à justiça sempre podem recorrer; em matéria de feitiçaria, o apelo é de direito, sem necessidade de qualquer outra forma de procedimento senão sua notificação.

Dentro de tais disposições, o Parlamento parisiense assume já um aspecto tíbio aos olhos daqueles que persistem em crer na onipresença do Diabo e reprovam essas prudências judiciárias suscetíveis de retardar o curso do combate contra o Malino. Dessa forma, portanto, não é surpreendente ver-se protestar contra essa nova clemência, quando dos Estados Gerais de 1614, o clero da diocese de Clermont reivindica, sem hesitar, a manutenção da antiga jurisprudência:

> Será também representado à Sua Majestade que os feiticeiros, mágicos e advinhos permanecem impunes nesse reino, à vista e ao

---

68. *Ibidem*, pp. 40-41. Incidentalmente Servin argumenta também da mesma forma negativa sobre a procura das marcas, pois os principais feiticeiros «não tem nenhum sinal de seu mestre; e a alguns ele até o apaga, ou quando ele não o tira, o que deixa é para conservar a opinião supersticiosa dos juízes», p. 49.
69. *Ibidem*, p. 44.
70. Sentença reproduzida por Servin e por vários tratados de Direito. Cf. também A. N., AD III, 2, 127. O processo e a defesa de Servin foram objeto, ao que parece, de uma publicação à parte sob forma de brochura, sem local nem data, de 76 páginas. Cf. Dorbon, *Bibliotheca esoterica*, Catálogo, p. 18.

conhecimento de todos, e que, publicamente para ter notícia e ciência das coisas perdidas, dos acontecimentos que devem ocorrer, ou do estado de alguma pessoa, recorre-se a eles sem que os juízes assumam seu dever de submetê-los a processo. E se alguma vez aconteceu que nos senescalatos condenou-se alguns feiticeiros, tendo apelado, eles foram logo absolvidos. Portanto, suplicar-se-á à Sua Majestade para que ordene que, à primeira queixa e denúncia que seja feita aos juízes, ou ainda que chegue ao conhecimento deles, façam e perfaçam o processo de tais gentes e as punam segundo a gravidade de seu delito, totalmente intolerável[71].

Devido à falta de documentos nada se pode dizer sobre os escrúpulos demonstrados pelos magistrados parisienses ante tais protestos. É certo ao menos que a presença em Paris, na Corte da Rainha Mãe, de astrônomos e mágicos importados da Itália, fez ressurgir as consultas e debates sobre esses problemas. Quando em 1616 o Parlamento decide dirigir uma representação ao Rei a propósito de "todas novas seitas e indivíduos infames que se ocultam em Paris nas residências dos grandes e junto de vossa Corte", não emprega o qualificativo de feiticeiros; denuncia-os como "anabatistas, judeus, mágicos e envenenadores" e exige que sejam perseguidos como "inimigos do nome cristão"[72]. A distinção não é negligenciável; a intenção política não sofre nenhuma discussão. Mas os conselheiros foram levados ainda a distinguir sutilmente adivinhos, astrólogos e praticantes da magia comum, e os verdadeiros feiticeiros jurados que optaram pela prática do mal com a ajuda do Diabo.

Esses continuam próprios e dignos da fogueira, e o Parlamento parisiense pronunciou ainda várias condenações sob apelo. Assim, o mesmo marceneiro Michel de Moulins, preso como reincidente em 1623 pelo lugar-tenente criminal de Bourbonnais, foi sentenciado a ser queimado vivo[73]; pouco mais tarde, é uma personalidade da mais elevada posição, Charles de Franchillon, Barão de Chenevières, que é condenado em Paris por ter "maldosamente, maliciosamente, temerariamente e imprudentemente... apresentado um requerimento a Belzebu, contendo várias blasfêmias e coisas ímpias contra Deus e sua honra"; é executado na Praça de Grève "e levou seu processo para ser com seu corpo queimado e as cinzas lançadas ao vento"; enquanto que seu servidor é

71. A. D. Puy-de-Dôme, G. 746, peça 1 (5 de outubro de 1614). Texto citado em A. G. Manny, a *Histoire vue d'Auvergne*, tomo I, fascículo 22, p. 551.
72. Eles «esforçam-se em estabelecer uma sinagoga em vossa cidade de Paris, o que não pode trazer senão maldição». A. N., U 936, f.º 31 v.º.
73. Segunda condenação de Michel. A. N. X 2 A-217, a 12 de setembro de 1623: cf. também B. Ste-Gen. Q 8 34 *bis*, e o Ms. francês 5778 da B. N. (14 de maio de 1626); o segundo processo de Michel é interessante porque ele foi instruído em Moulins por Gilbert Gaulmin, erudito orientalista de grande renome; os interrogatórios tem portanto, uma feição erudita incomum, pois Michel lhe responde à altura e se orgulha de numerosas práticas, o feitiço de impotência bem como a medicação para os simples com a ajuda de um boticário da cidade, que também foi importunado; cf. mais atrás, p. 118.

banido nove anos da jurisdição do Parlamento[74]. Os parlamentares parisienses são seguramente os juízes mais avisados quanto a esses problemas: o caso Brossier não os decidiu, entretanto, a colocá-los em questão na sua totalidade. O tempo não havia chegado ainda.

b) **O Parlamento de Bordeaux.** Os magistrados bordeleses, que se ilustram nos últimos meses do reinado de Henrique IV por uma repressão feroz na região de Labourd, não permaneceram nem por isso insensíveis às discussões parisienses. Pierre de Lancre ressaltava no fim de seu **Incrédulité et Mescréance** que o Parlamento de Paris perseguia e condenava os feiticeiros, citando vários exemplos disso. A melhor prova, entretanto, é fornecida por um processo fora de série, cujo procedimento foi comentado por um dos presidentes da corte, Sr. de Filesac[75].

É o processo de um garoto de quatorze anos de idade levado em recurso ao Parlamento no decorrer do verão de 1603: acusado de percorrer os campos transformado em lobo "por meio de uma pele de lobo que ele vestia, com a qual corria sempre ao cair da lua, e na segunda-feira, na sexta-feira e no sábado, cada dia uma hora à noite e o mesmo na manhã" e de devorar as crianças e as pastoras, o jovem Jean Grenier confessou tudo e apontou um cúmplice mais velho que ele. Deixara o pai quatro meses antes de sua detenção, o qual o havia "surrado por ter ele cozinhado toucinho na primeira semana da quaresma passada... e tê-lo comido"; o juiz do baronato de La Roche próximo a Coutras o acareou com o pai, considerado "homem de bem, de boa vida e conversa", mas acusado pelo filho de ter participado nessas carreiras licantrópicas. O pai negou tudo, assegurando que seu filho era "embotado", um "idiota, que por uma maçã diria aquilo que se quisesse, e o testemunho de sua imbecilidade de cérebro era que todos aqueles que queriam se divertir, o faziam confessar que ele se havia deitado com todas as mulheres que eles lhe nomeavam". A acareação com o cúmplice acusado de ter "corrido" com ele é também negativa, persistindo o jovem Grenier em assegurar "que eles corriam pelos bosques, campos e caminhos, procurando moças para abraçá-las, mas não encontraram nenhuma; e que quanto a ele, havia deflorado três". Essas declarações que deixam transparecer a partir de que costumes camponeses é possível estabelecer-se as transferências imaginárias devidas à obsessão diabólica, não comoveram o juiz, não mais que as retratações do menino

---

74. A condenação do Barão de Chenevières foi contada em um pequeno libelo, conservado na B. Ste-Gen, sob a quota Q 53 *bis*. As citações feitas são extraídas da p. 18. Vários outros casos, sem originalidade, em setembro de 1623 e julho de 1625.

75. Esse comentário é conservado nos Mss. da B. N., fds. fs. 13346, f.º 279 a 324. As citações que se seguem são extraídas desse texto.

que desistiu de acusar o pai de ter vomitado patas de cachorro; além do que, o jovem Grenier apresenta "na dobra do alto da coxa" uma bela marca "redonda em forma de sinete", que "se apresenta sem qualquer sensação, nem qualquer sangue dela sai". Ele é condenado à fogueira.

O relato do Sr. Filesac apresenta em seguida o apelo ante os juízes bordeleses, que se mostram divididos quanto ao conjunto do caso; os médicos que examinam com cuidado o condenado, "concordam que esse menino está tomado de humores melancólicos", mas divergem quanto ao resto: um admite o artifício diabólico, outro não vê em todo processo nada mais que "fábulas e falsas opiniões". Os magistrados, por seu turno, admitem que o caso não é comum, manifestando as mesmas hesitações:

> Os juízes tendo examinado o processo encontram-se na mesma diversidade de opiniões que os médicos: parte desses juízes confirmando a condenação à morte; os outros duvidando que isso que foi relatado pelo jovem rapaz tivesse sido realmente cometido por ele; e em fim a voz mais forte foi a da detenção..."

Na incerteza provocada por essa tripartição de opiniões, o método empregado para firmar o sentimento deles interessa tanto quanto a constatação de uma divisão inabitual. O jurista bordelês que narra o processo constata que ele "é dos mais exatos que se poderia ver", o que exclui todo devaneio acordado por parte do juiz da primeira instância. Além do mais, os exemplos de lobisomens não faltam em processos anteriores da mesma forma minuciosamente estabelecidos. É necessário, portanto, esclarecer-se sobre a jurisprudência bem consolidada agora que os feiticeiros "tomaram lugar por toda parte, fixaram-se nas localidades mais populosas... e vem às dezenas aos Parlamentos tendo uma mesma linguagem para suas confissões e anunciando a obra de seu mestre Satã. Fórmulas decisivas para justificar a manutenção da tradição repressiva.

Jean Grenier não é, no entanto, condenado pelos juízes bordeleses, por que é uma

> criança mal instruída ou para dizer a verdade, não instruída no conhecimento e temor de Deus, e menos ainda nos meios de se defender das sutilezas de Satã... O pobre idiota nem mesmo estava o bastante instruído para se servir da arma de um cristão que é o sinal da Cruz.

Filesac, após ter examinado novamente todos os atos de licantropia à luz de Boguet e de Sprenger, volta para terminar essas considerações que justificam a sentença da corte: esta

> levou em consideração a idade e a imbecibilidade desse menino que é tão estúpido e idiota quanto os meninos de sete a oito anos testemunhando estes comumente maior discernimento, mal nutrido em todos os sentidos e tão pequeno que sua estrutura não chega à de sua idade, que se julgaria ser de dez anos... jovem rapaz abandonado e

expulso por seu pai, que tem madrasta, sendo a sua mãe falecida, vagando pelos campos sem guia e sem ninguém do mundo que vele por ele, mendigando seu pão, que não tem nenhuma instrução no temor a Deus, a quem a má educação as necessidades e o desespero corromperam a natureza, que o espírito maligno fez sua presa.

Ademais, a corte encontrou em Sprenger a solução adequada: "em Sprenger, a filha de uma mãe feiticeira que foi queimada, não tendo mais que oito anos, foi abrigada em um mosteiro"; Jean Grenier é condenado da mesma forma ao confinamento perpétuo em um dos conventos de Bordeaux para aí servir e receber uma boa educação cristã; os religiosos que o visitaram na prisão e começaram a instruí-lo tinham muita esperança de "ganhar essa alma para Deus".

Esse longo testemunho que põe em relevo da forma mais nítida as divergências de pontos de vista que se exprimem no seio do Parlamento bordelês é duplamente precioso: pois, demonstra claramente como os escrúpulos podem tomar corpo nos juízes, a partir de casos excepcionais, "estranhos", como diz o Sr. Filesac, em Bordeaux da mesma forma como em Paris; e, em segundo lugar porque prova o bastante que a ânsia repressiva não se atenuou absolutamente para juízes que continuam a inquietar-se com a proliferação dos feiticeiros outrora contidos nas montanhas, nos desertos e nos países nórdicos, Escandinávia, Finlândia, Livônia[76] e que estão agora espalhados por toda a parte; sua atitude durante os anos seguintes não apresenta a esse respeito nenhuma ambigüidade.

As perseguições redobram no conjunto da jurisdição até a famosa expedição dos dois conselheiros ao Labourd: nessa região mesma, sob a direção do primeiro presidente de Pontac, um longo processo decide a sorte de dezessete mulheres, finalmente transferidas para Bordeaux e condenadas em 1605-1607[76a]. Além das obsessões de um Pierre de Lancre, os historiadores locais, que descreveram várias vezes essas ondas de perseguições, insistiram nas contaminações entre feitiçaria e seitas; põem em causa os **"cagots"*** do Sudoeste, carpinteiros e lenhadores descendentes de leprosos que por muito tempo exerceram a medicina de aldeia e vieram a ser confundidos com feiticeiros mais ou menos benfazejos: acusados ao mesmo tempo de lepra e de obras perversas, os **cagots** representam uma categoria de feiticeiros particular do Sudoeste. Sua própria presença e a longa tradição de isolamento,

---

76. Citados no texto, f.º 296.

76a. Ætienne de Cruseau, conselheiro, participou dessa repressão; fala dela sem entusiasmo: «a 13 de setembro de 1605, eu parti da presente cidade para ir ocupar-me da instrução do processo criminal feito contra os feiticeiros na cidade de Bayonne, em companhia dos Srs. Joseph de Terneau e de Desaigues... onde se passaram várias particularidades sem honra e sem prazer e proveito»; *Chronique*, n.º 161 da Bibliografia, tomo II, p. 3.

* Palavra de origem bearnesa que significa: leproso branco; figuradamente serve para designar um falso devoto, tartufo. (N. dos T.)

de perseguições que lhes é imposta, puderam favorecer o desenvolvimento de epidemias de perseguições na jurisdição dos Parlamentos de Bordeaux, Pau e Toulouse[77]. Quando Pierre de Lancre e Jean d'Espagnet deixam Bordeaux em 1609 rumo ao Labourd, aparecem como os continuadores conseqüentes de uma prática judiciária que não sofreu nenhum embargo importante, comparável ao caso parisiense; a tradição mantida perpétua, uma repressão que os juízes consideram sempre como necessária para a salvação do reino e para a honra de Deus.

No começo do século XVII, a perseguição dos cúmplices de Satã permanece, portanto, uma das funções essenciais da justiça real; parlamentares membros das cortes supremas, juízes inferiores dos presidiais, bailiados e senescalatos continuam a assumir esse encargo, perseguindo tais crimes de "Lesa Majestade Divina", assim como reprimem os furtos, excessos e violências de todos os tipos, a fabricação de moeda falsa ou as conspirações contra a autoridade do rei. Os protestos, dúvidas e medidas de clemência de que se acabou de falar, não afetaram a jurisprudência de forma fundamental, já que a única iniciativa tomada pelo Parlamento de Paris (somente para a sua alçada) é a proibição da prova d'água. Sem nenhuma dúvida, essa medida, em seguida ao debate provocado pelo caso Brossier, autoriza a evocar uma primeira tomada de consciência, mas ela concerne ao pessoal do judiciário parisiense e, talvez, de forma menos clara, os outros membros das jurisdições superiores. Sem dúvida nenhuma, os juízes subalternos não se acham implicados nesse processo, em que a prática judiciária poderia ser, em uma tênue medida ainda, reconsiderada no mérito. A abundância das edições enaltecendo as perseguições, a convicção dos juízes herdada de uma tradição sem falhas, a fraca difusão dos escritos contestatórios — de Wier a Marescot — todos esses elementos favoreceram a manutenção das mentalidades transmitidas pelas gerações precedentes.

O elemento de inovação, aquele que provocou o escândalo no caso Brossier, é a prática indefinidamente repetida do exorcismo público. Sem dúvida, os capuchinhos de Sainte-Geneviève não o inventaram: a própria Marthe Brossier leu a releu os relatos dos exorcismos efetuados com sucesso com Nicole Obry em Laon, quarenta anos antes, perante centenas de assistentes. Mas

---

77. Cf. J. Bernou, *La chasse aux sorcières dans le Labourd*, n.º 359 da Bibliografia; Dr. H. M. Fay, *Lépreux et cagots du Sul-Ouest*, n.º 402 da Bibliografia; F. Habasque. *Épisodes d'un procès de sorcellerie dans le Labourd au XVIIe siècle*, n.º 429 da Bibliografia; Osmin Ricau, *Histoire des cagots*, n.º 489 da Bibliografia.

O milagre da libertação dessa Nicole Obry desenrolara-se em uma província distante, em uma pequena cidade; milagre despercebido, se não fosse por intermédio desse pequeno libelo, chegado até Romorantin. Enquanto era exorcismada em Orléans e Angers, Marthe Brossier não havia se destacado muito. A sua presença em Paris é um elemento de escândalo. Do mesmo modo vale notar que a reivindicação dos clérigos não é ilegítima: Marthe não é feiticeira, mas simplesmente vítima; ela não depende, portanto, da justiça, mas unicamente do tratamento espiritual que é o exorcismo. É sem dúvida nenhuma a maneira de praticar esses exorcismos que causou escândalo: tantos basbaques, curiosos desejosos de ver as angústias da possessão ou de utilizar as visões da possuída; esses ajuntamentos e esses rumores através da capital alertaram as autoridades. Os conselheiros do Parlamento foram sensíveis à desordem; e também à diferença decisiva que separa o exorcismo assim praticado em público da instrução judiciária: os feiticeiros que são acusados na justiça confessam mais ou menos facilmente suas maldades ante algumas pessoas, na intimidade de um gabinete ou numa câmara de tortura; os escrivães, os auxiliares para as torturas, assistentes do juiz, não constituem um público. A instrução judiciária não é pública e não se pode fazer na presença de uma multidão. A possessa que se entrega ao exorcismo, ante centenas de pessoas ávidas de verem e de entenderem coisas extraordinárias, participa de um espetáculo; ela é a sua vedete. É uma verdadeira exibição que se espera dela. Nos processos judiciários contra os feiticeiros, os juízes armados de seus Sprenger, Boguet ou Rémy estabelecem a confissão e a verdade da condenação por meio de interrogatórios que preparam as respostas e ajudam os acusados às escondidas; nos exorcismos, a igreja é transformada em teatro, em que a possessa desempenha o papel de vítima escolhida por um cúmplice de Satã e prova, com o exorcista, a realidade de sua possessão; o exorcismo favorece no mais elevado grau as tentações simulatórias que caracterizam habitualmente as desordens mentais de que são afligidos os demonopatas. As revelações das possessas não são mais guiadas pelo exorcista como as confissões o eram pelos juízes com relação aos feiticeiros; assim sendo o exorcismo conduz diretamente ao escândalo público; o que já se produz com Marthe Brossier ao denunciar os huguenotes no decurso das sessões. Isto se reproduz, em novas dimensões desde 1611, com o primeiro dos grandes processos do século: o de Louis Gaufridy em Aix en Provence.

SEGUNDA PARTE: A CRISE DO SATANISMO: OS PROCESSOS "ESCANDALOSOS DURANTE" A PRIMEIRA METADE DO SÉCULO

Alguns médicos de Paris acentuam tanto a incredulidade a ponto de pretender que as possessas e as feiticeiras não passam de trapaceiras. É ir longe demais. A maior parte eram doentes, sob o império de uma ilusão.
J. MICHELET, La sorcière, *edição 1964, pp. 173-174.*

"Satã triunfa no século XVII", proclama Michelet no meio de sua demonstração; é mister entender-se sobre a definição desse triunfo, e o grande historiador tem razão em escrever sob esse título: "Acabou-se a feitiçaria". Pelos caminhos mais complexos, os do escândalo público, que comoveu toda a França erudita, a crise da mentalidade satânica irrompe durante a primeira metade do século XVII quando, após alguns anos de intervalo, grandes casos ocupam a crônica: no reino ou em suas margens de cultura francesa erudita, sucedem-se grandes processos que apresentam entre si semelhanças evidentes; laços de filiação mesmo, tanto é verdade que as crises demonopáticas tomam os mesmos caminhos, balizados pelos relatos dos mais famosos exorcistas. Aqui ainda é possível falar-se de epidemias e contágios; mas deve-se ir mais longe e levar em conta a estreita similitude que une os três grandes processos que têm por cenário inicial um convento: Aix, Loudun e Louviers, são essas as três fases sucessivas de um mesmo escândalo em que se vêem implicadas freiras e diretores espirituais; onde se vêem condenados padres que suscitaram contra si ódios apaixonados: Gaufridy, Grandier, Boullé (e Picard) face a Madeleine Demandols, Joana dos Anjos e Madeleine Bavent. Ao mesmo tempo na Lorena, Élisabeth de Ranfaing provoca em Nancy toda uma série de processos, descritos muitas vezes pelos historiadores lorenos, de Pfister a Delcambre, que têm o mesmo desenvolvimento e a mesma significação. Outros processos evocam, em um grau menor, esses três grandes escândalos maiores. Mas esses contágios menores importam seguramente menos que os debates suscitados pelas revelações das possessas, a obstinação dos exorcistas, as coincidências dos processos; sem esquecer, no caso de Loudun, os incidentes políticos que contribuíram intensamente para engrossar a polêmica com considerações que ultrapassam largamente o quadro de um drama local do Poitou. Até a véspera da Fronda, todo um setor da opinião pública esclarecida se apaixonara por esses relatos contraditórios, por essas apologias que não têm mais fim e que provam sobretudo a colocação em questão dessa presença de Satã em meio a humanidade sofredora. Não se trata mais, portanto, de uma pequena querela como a suscitada por Marthe Brossier, um terço de século antes: teólogos e médicos divididos em dois campos se defrontam agora a golpes de tratados que se respondem e se refutam uns aos outros; e terminam por esclarecer os pontos mais difíceis dessa tradição sobre a qual repousa a jurisprudência. Enfim, essa atmosfera de confrontações, consultas e conclusões científicas e jurídicas é a mesma na qual o Parlamento de Paris forja para si uma nova doutrina em matéria de feitiçaria, multiplica as medidas de prudência de que havia tomado a iniciativa para a sua alçada nos primeiros anos do século e, finalmente, decide pura e simplesmente a renunciar aos processos nessas matérias e a impor às jurisdições inferiores, que dependem dele, esse tratamento novo dos processos: iniciativa de uma extrema ousadia a despeito das "boas razões" sobre as quais os magistrados parisienses fundamentaram a sua decisão. Reputado daí por diante como "pouco crédulo para com os feiticeiros", o Parlamento de Paris aparece nesse domínio como precursor — ou antes como dissidente; ele não tem poder de levar outras cortes soberanas a adotar essa nova concepção de um crime que deixa de ser crime por não depender mais senão de uma terapêutica. Os maiores escândalos — não pelo número dos processos, mas pela qualidade dos acusados e das denunciadoras — significariam, aparentemente, a vitória do Diabo, assolando os conventos, impondo-se não mais a pobres aldeões supersticiosos ou embotados, mas a citadinos dedicados à vida mística; de fato esses processos de grande repercussão provocaram a tomada de consciência decisiva, a do mundo judiciário mais vivo, mais informado e também o mais audacioso. É o prelúdio do refluxo.

4. OS TRÊS GRANDES CASOS: AIX, LOUDUN, LOUVIERS

Nenhum desses grandes processos tem, evidentemente, a simplicidade linear de um processo tradicional, em que a feiticeira de aldeia se vê condenada em alguns interrogatórios e transformada em tocha viva antes mesmo que seus parentes tenham podido aconselhar-lhe um apelo dilatório. Mesmo o processo em Aix de Louis Gaufridy, que não suscitou imediatamente polêmicas escritas, não é de fácil acesso. Exorcismos e interrogatórios mesclados complicam o processo; além do mais, as intervenções dos homens da Igreja estão longe de ser unívocas. Os bispos de que dependem os seculares acusados, chocam-se com os regulares que desempenham sempre um papel muito importante no desenrolar desses debates religiosos e judiciários ao mesmo tempo. Os três casos apresentam traços comuns evidentes, que devem ser fortemente sublinhados para se compreender como esses processos novos puderam suscitar os comentários e aguçar o espírito crítico dos contemporâneos. Mas é necessário antes destacar rapidamente as etapas essenciais, a narrativa grosseira, que permitirá em seguida que se situe as articulações essenciais dos debates, os pontos polêmicos sobre os quais convicções novas pouco a pouco tomam corpo.

1. *Apresentações: Três Relatos Concisos*

Concisão necessária: a bibliografia contemporânea (ou imediatamente posterior) desses eventos é já considerável; o mais célebre desses três casos não cessou de interessar os historiadores — e, em uma época mais recente, romancistas e cineastas[1]. O método utilizado nas próximas páginas é o seguinte: expor tão claramente quanto possível a linha dos acontecimentos em cada um dos casos, ressaltando somente os traços que contribuem para destacar esses processos da rotina habitual e atribuir-lhes as características excepcionais pelas quais impressionaram os contemporâneos. O estudo da historiografia recente desses processos, particularmente o de Loudun, seria um trabalho apaixonante e importante, para esclarecer as concepções dos historiadores do século XIX, nessas matérias das mais delicadas, em que a política, a vida religiosa e mística e as concepções jurídicas encontram-se estreitamente ligadas. Tal estudo historiográfico não entra nos quadros deste trabalho, que visa reconstituir somente as tomadas de consciência dos juristas contemporâneos, e não as dos narradores que, mais tarde, trabalharam sob esses dossiês com preocupações diversas, as quais possuem, por vezes, apenas uma relação distante com a explicação histórica propriamente dita. É conveniente, pois, limitar-se somente a esses traços originais.

a) **Aix en Provence e seus prolongamentos.** Processos comuns e jovens "possessas" continuaram a ocupar juízes e exorcistas durante o último decênio do reinado de Henrique IV: a última biografia de Madame Acarie conta, por exemplo, como Bérulle se ocupou de Adrienne Dufrenne, de Amiens, a quem o Padre Coton teria proposto questões teológicas áridas sobre o rei dos Arcanjos, e de Nicole Tavernier, de Reims[2]. Apesar dos prodígios, êxtases e visões, tudo isso não passou jamais de rotina, na atmosfera miraculosa da época.

O processo de Aix en Provence, na primavera de 1611, é de outro porte; o primeiro presidente do Parlamento, Guillaume du Vair, que não tinha nenhum dúvida quanto ao fundamento da acusação, o reconhece ele mesmo em uma carta ao chanceler, escrita alguns dias após a execução de Louis Gaufridy. "E, em vista de que vós me encarregastes de vos fazer saber o resultado desse caso, que é, na verdade, um dos mais estranhos que se apresentou,

---

1. Cf. A. Huxley, e o filme polonês intitulado *Madre Joana dos Anjos*. Um e outro foram seduzidos por certos aspectos do caso e criaram a partir deles.

2. R. P. Bruno de J. M., Carmelita, *La Belle Acarie*, n.º 371 da Bibliografia, cap. XVI.

3. Du Vair, a 4 de maio de 1611, B. N. Mss., fds. fs. 16539, f.º 599 e seguintes. Essa carta está citada abaixo em sua quase totalidade.

em nossa memória, à justiça"[3]: um padre acusado por uma de suas penitentes, durante meses, de ter sido enfeitiçada por ele, "príncipe dos feiticeiros", que é finalmente condenado e executado, a 30 de abril de 1611, após um curto processo (de 20-25 de fevereiro ao fim de abril) no decurso do qual as denúncias dessa jovem constituem o principal testemunho da acusação: Madeleine Demandols de la Palud, após ter-se submetido durante todo um ano aos exorcismos efetuados por todos os padres e religiosos provençais que se interessaram pela sua causa, termina por convencer os parlamentares, e o próprio acusado, dessa culpabilidade diabólica[4].

O caso havia começado dois anos antes pelas indisposições noturnas dessa jovem. De saúde frágil, recolheu-se uma primeira vez junto às ursulinas de Aix em 1606, voltou alguns meses para sua família (que era "orientada" pelo Cura de Accoules, Louis Gaufridy), e, finalmente, retornou às ursulinas de Aix, onde, no verão de 1609, manifesta terrores noturnos, acompanhados de alucinações diabólicas. Os primeiros exorcismos têm lugar na véspera do Natal de 1609; na primavera, começa a acusar seu confessor marselhês. No decurso do verão de 1610, é confiada a um grande especialista, o Frei Michaelis, prior dominicano de Saint-Maximin[5], que a conduz a Sainte-Baume durante todo o outono de 1610, exorcismando-a diariamente, acareando-a com uma outra ursulina de Aix, Louise Capeau, que não cessa de acusá-lo. Auxiliado por outros exorcistas como o Frei Domptius, Michaelis multiplica as sessões públicas de exorcismo duplo que atraem as multidões marselhesas e suscitam cenas de imenso delírio ante essas populações amedrontadas. Gaufridy, que os exorcistas intimavam através das autoridades, acaba indo para a Sainte-Baume, nos últimos dias de 1610, resiste valentemente às acusações das possessas e dos exorcistas, encontra em Marselha o apoio de amigos capuchinhos, de outros padres e do próprio bispo, e retorna à sua paróquia altivamente a 8 de janeiro de 1611.

Magra vitória de que se regozijam rápido demais as belas penitentes dirigidas pelo cura de Accoules. O prior de Saint-Maximin encarrega do caso o Parlamento de Aix. O primeiro presidente que é determinado — o futuro chanceler e bispo de Lisieux — encarrega-se ele próprio do dossiê: vê Madeleine Demandols em exorcismo a 17 de fevereiro e abre um inquérito a 19. Gaufridy, convocado

---

4. Os relatos impressos ou manuscritos formam legião; utilizamos os Mss. da B. Méjanes em Aix, da B. M. de Troyes e da B. N. as obras de Michaelis e Domptius, e o recente relato de Lorédan, n.º 459 da Bibliografia.

5. Michaelis é um grande entendido; participou de outros processos em território pontifical, fazendo condenar 18 feiticeiras em 1582, e escreveu um livro sobre a questão *Discours des Esprits* (n.º 259 da Bibliografia), publicado em 1587 e reeditado em 1614. Ele próprio narrou o caso Gaufridy em sua *Histoire véritable*, n.º 260 da Bibliografia.

pelo juiz, vem a Aix a 20 de fevereiro e, logo encarcerado, é submetido a um inquérito o mais célere possível; retrocede rapidamente ante as acusações e termina por confessar em abril tudo que lhe é imputado: o pacto com Satã (do qual fornece o texto), o encantamento de Madeleine e muitos outros[6]. Submetido à tortura ordinária e extraordinária a 28 e 30 de abril, não confessa nenhum cúmplice e morre na fogueira no último dia de abril: "demonstrando na aparência um grande arrependimento, no qual não acredito, nem que ele tenha declarado inteiramente a verdade", escreve o Sr. du Vair.

O longo relato do primeiro presidente diz o essencial sobre os sentimentos que animam esse magistrado em relação ao cura marselhês:

> Vós já haveis sabido, prossegue ele, a origem desse processo que é que a jovem que foi por ele corrompida, tornada feiticeira e conduzida ao Sabá, tendo querido converter-se, viu-se possuída, tendo o espírito declarado que não sairia enquanto o Mágico que o havia posto nesse corpo não fosse morto ou convertido. Ela declara na justiça a verdade do fato, revela todos os segredos do Sabá, indica as marcas do padre. Ele é preso, examinado, encontrando-se as marcas. Não o podendo negar, diz que foi sem seu consentimento; nega todo o resto. Enfim, confessa primeiramente aos capuchinhos que ele próprio pediu para assistirem-no. E depois na justiça ante os comissários por várias vezes, e ainda na escádea, e nas torturas, entre várias outras coisas o que se segue: Que um seu tio havia deixado um livro de magia, o qual tendo encontrado entre seus papéis e lido por cerca de cinco anos a seis, o Diabo apareceu-lhe. Que eles contrataram juntos por cédulas recíprocas as coisas mais abomináveis que é possível pensar. O Diabo deu-lhe a graça de comprazer as pessoas e particularmente de poder encantar as mulheres insuflando-as[7].

Nem o livro, nem as cédulas foram encontradas pelos inquiridores, apesar das precisões fornecidas no decurso dos exorcismos por Madeleine e Louise Capeau, e apesar dos repetidos interrogatórios dos magistrados preocupados por não poderem fornecer aos capuchinhos e ao bispo reticente a prova última. É somente no fim do inquérito que Gaufridy fornece, não as cédulas em questão, mas o texto mesmo de seu pacto com Lúcifer:

> Eu, Louis Gaufridy, renuncio a todos os bens, tanto espirituais quanto temporais que me poderiam ser conferidos da parte de Deus, da Virgem Maria, de todos os Santos e Santas do Paraíso, particularmente de meu patrono São João Batista, S. Pedro e S. Paulo e S. Francisco e me entrego de corpo e alma a vós Lúcifer aqui presente com todos os bens que eu vier a possuir, excetuado o valor dos sacramentos com relação àqueles que os receberão[8].

Quanto ao seu poder diabólico de insuflar as mulheres, tendo sido Madeleine a primeira, os magistrados de Aix encontram a prova em vários depoimentos solicitados em Marselha, que provam o bastante a imprudência do

---

6. A confissão completa (cento e vinte confissões) figura principalmente no Mss 673 do fundo Dupuy na B. N., f.º 148-169; cf. também A. N., U, 785 f.º 282 a 297.
7. B. N., Mss., fds. fs. 16539, já citado.
8. B. M. Troyes, Mss. 316, f.º 302 v.º e seguinte. Loredan (p. 155) fornece esse texto sem indicação de origem, com uma variante: o valor *e frutos* dos sacramentos.

cura de Accoules; ele não fugia das companhias femininas, e havia tomado alguns anos antes a defesa de um outro secular acusado de fornicação[8a].

Guillaume du Vair não poupa ao chanceler as descrições do Sabá (é uma página que deve ser citada por inteiro); mas não dissimula que por várias vezes seus conselheiros ficaram embaraçados com as "perdas de memória" do padre:

> Ele conta todas as abominações que se fazem no sabá. As três ordens que aí se encontram, Bruxos, Feiticeiros, Mágicos. As adorações e blasfêmias que se cometem. E mesmo que eles fazem consagrar aí o corpo do Nosso Senhor em honra de Lúcifer; fazem todos os tipos de profanações em seu corpo. Cada um relata aí o mal que praticou. Que ele comeu carne de crianças pequenas e infinitas outras imundícies que foram freqüentemente ditas e freqüentemente descritas. Ele assegura a realidade do transporte e do que aí se faz; em que contudo uma parte se faz em corpos aéreos que o espírito supõe mesmo serem os íncubos e os súcubos. Por meio dos quais se dá o envolvimento dos espíritos com os homens. O depoimento da jovem, que, fora das agitações do espírito é muito serena e sensata, confirma tudo aquilo. Mas ela acrescenta aí várias outras coisas nas quais o padre diz que ela se engana. E de fato ela diz coisas que se acha não serem verdadeiras. E outras muito diferentes daquilo que diz o padre diz que ela se engana. E de fato ela fiz coisas que se verifica maneira seja verdadeira, nisso que eles afirmaram que nessas coisas há parte de verdade e parte de ilusão. O que causou um grande impedimento para os juízes que é um e outro concordaram em afirmar que o diabo os unte de uma certa unção, o que faz com que, quando eles saem de lá, não se recordem absolutamente do que viram, e mesmo dos nomes próprios daqueles que conheceram. E a memória não lhes volta, senão à medida que se convertem, e ainda assim não se recordam dos sobrenomes. E por isso o padre sempre se escusou, mesmo nas torturas, de nomear quaisquer cúmplices, dizendo que, se o Diabo não usasse desse ardil, todas as suas sinagogas seriam incontinente destruídas[9].

Discretas alusões às discussões suscitadas por essas contradições entre a acusadora e o acusado: desses debates em Aix e Marselha não é possível dar-se conta, pois os únicos contemporâneos que tomaram da pena foram os protetores de Madeleine. Mas as concessões feitas por Vair, ao correr da pena, àqueles que viam nos relatos da possessa uma parte de ilusão, representam um eco distante deles. E é bastante certo que, tendo admitido a hipótese desse crime diabólico inventado por Belzebu para privar da memória suas criaturas, não lhes era mais possível esperar chegar a um acordo total entre as acusações de uma e as confissões do outro.

Todavia, as autoridades e a opinião pública parisiense foram informadas do caso, e de suas dificuldades. Pierre de l'Estoile faz alusão a ele:

8a. Os relatos do processo que apresentam as confissões são prolixos quanto a esse ponto: «Dois ou três dias após a dita promessa feita, o mesmo diabo voltou e lhe disse que pela virtude de seu sopro ele inflamaria de amor todas as moças e mulheres que tivesse desejo de desfrutar, contanto que seu sopro lhes chegasse às narinas, e em seguida soprou mais de mil moças ou mulheres, tendo prazer em vê-las apaixonadas por seu amor, que freqüentava familiarmente na casa de um gentil-homem de Marselha denominado Senhor de la Palud...» B. M. Troyes, Mss. 316, f.º 303.

9. B. N., Mss. fds. fs. 16539, seqüência.

Há muitas disputas entre os católicos de Marselha...

O magistrado de Aix insiste, pois, na enormidade do crime de Gaufridy reconhecendo em uma frase a que fontes Michaelis, Domptius, Billiet e os outros exorcistas recorreram para exorcismar Madeleine Demandols:

> Em suma quase tudo o que se encontra escrito sobre esses desvairamentos nos livros, encontra-se nesse processo. Mas além disso muitas particularidades que não estão escritas em nenhum outro lugar. E, todavia, como vos disse no começo estimo que nós não temos tudo firmado. E que as confissões desse homem são cheias de artifício. Pois vendo-se acusado por suas marcas, com as outras provas do processo, e que por elas ficava incriminado de duas coisas muito odiosas; uma que sendo mágico e feiticeiro, exerceu o cargo de vigário em uma igreja paroquial de Marselha, onde abusou verdadeiramente muito dos sacramentos. A outra, pelo depoimento da jovem, de ter consagrado ao Sabá e dado de comer aos cachorros o precioso corpo do nosso Senhor, parece que quis acomodar sua confissão para fazer crer que não se havia entregado ao Diabo senão após ter deixado o exercício do vicariato, e ainda assim com a reserva dos sacramentos, e sem ter abusado deles, como sempre sustentou.

E o primeiro presidente do Parlamento de Aix en Provence tira a lição desse crime: a obstinação do Diabo comprova bem a veracidade da Palavra.

> É na verdade um grande escândalo para a Igreja do qual ela, todavia, não foi isentada em sua imensa pureza e simplicidade. Mas também não é pouca edificação ver a curiosa procura que o Diabo fez a fim de abusar dos sacramentos da Igreja, mesmo do mais santo e do mais augusto. O que ele não faria se não julgasse que eles são verdadeiramente tais como nós os cremos, ou seja, os resultados certos da palavra de Deus, os tesouros de suas graças, e as garantias asseguradas da salvação dos homens[10].

A questão dos sacramentos ministrados durante anos por um padre mágico é ao mesmo tempo uma razão para arrasar definitivamente o cura de Accoules e uma ocasião para disputas, ainda que a doutrina da Igreja sobre os sacramentos administrados por um padre indigno seja clara, desde essa época, e perfeitamente pacífica para os fiéis, parece evidente que as consciências leigas de Marselha não se conformam tão facilmente; esse padre beneficiado, sobrinho de um cura da Alta Provença, muito considerado durante anos por seu deão de Accoules (que tenta defendê-lo durante a instrução) e por seu bispo, foi, verifica-se, durante cinco ou seis anos um terrível mágico, e continuou a oficiar, a receber a confissão, a dar a comunhão e a extrema-unção. O mal-estar do homem comum se concebe melhor que a sutileza do primeiro presidente que descobre nessa obstinação de Satã contra os sacramentos a prova mesma da virtude destes.

O Sr. du Vair é muito discreto, no fim de contas, quanto a esse pacto: a acusação é obtida à força de repetidos exorcismos em Sainte-Baume e em Saint-Maximin, antes de ser retomada em Aix pelos magistrados. Madeleine Demandols não seria a única a estar em causa, se lhe fosse mister explicar-se a este respeito, já que três

---

10. *Ibidem,* na seqüência.

ursulinas do mesmo convento lançaram-se aos pés dos exorcistas e participaram da acusação, à imitação dessa Louise Capeau, que intrigara muito a Michelet[11]. O magistrado de Aix contenta-se quanto a esse ponto, quase ao fim de sua longa carta, em ressaltar duas anomalias, ou seja, dois fatos que não figuram de ordinário nos tratados dos demonólogos: a desaparição das marcas, e o mutismo da acusadora na audiência do julgamento.

> E não vos quero encher essa carta com uma infinidade de particularidades, que aqueles que assistiram essa jovem e suas companheiras, de que havia três maleficiadas, atestaram terem sobrevindo. Eu me contento e fazer-vos sumariamente conhecer as coisas mais consideráveis que resultam do processo, em que temos ainda uma coisa muito notável que eu vos omiti. Um relatório dos médicos e cirurgiões que certifica que as marcas da jovem que haviam antes achado insensíveis voltaram a ser sensíveis e quase todas apagadas. É verdade, também, que quando julgamos o padre, quisemos ouvir a jovem e então o espírito a tornou muda. Tendo a língua visivelmente recolhida e voltada para dentro. E não recobrou sua palavra senão quando da execução. Estamos esperando qual será a conseqüência desse fato. E o que agradará a Deus ordenar que se faça dessa jovem miserável[12].

Foi o Diabo que apagou oportunamente essas marcas para enganar os juízes e mergulhá-los na perplexidade? Du Vair não o afirma, é certo. Mas assinala o fenômeno sem inquietar-se além da medida. Não mais do que o mutismo, inquietar-se com ele além da medida. Não mais do que o mutismo, pasmoso da parte de uma jovem que ele próprio declara de bom senso, fora de suas crises; esquece de indicar além do mais que por várias vezes, fora dos exorcismos, Madeleine se retratou, negou todas suas acusações e declarou Goufridy um excelente padre. Essas particularidades, no entanto, impressionaram os juízes, como o repete o primeiro presidente ao terminar: "Bem vos posso dizer em verdade que todos aqueles que estiveram presentes ou nos inquéritos ou no julgamento do processo, para comprovar sua responsabilidade, ficaram muito espantados"[13]. Mas nem por isso duvidaram de que não se tratassem de "meios extraordinários", escolhidos por Deus para revelar "essa abominação" e punir o culpado.

Tendo Gaufridy sido executado ante um grande afluxo de pessoas, a calma voltou lentamente ao convento das ursulinas de Aix. Os padres continuaram a exorcismar as jovens possessas que pouco a pouco se declararam livres de seus demônios, tanto Madeleine de La Palud que havia anunciado seis mil e seiscentos deles em Sainte-Baume, quanto as outras. A personalidade mais importante desse caso é seguramente o prior de Saint-Maximin. É ele que fornece a chave do processo, pela qual uma simples

---

11. Em *La Sorcière*, ele lhe atribui um lugar importante, destacando sua hostilidade de plebéia à nobre Demandols.

12. B. N., Mss., fds. fs. 16359, já citado; na seqüência.

13. *Ibidem*.

possessão passa ante os juízes e torna-se um processo de feitiçaria; os longos exorcismos de Saint-Maximin e de Sainte-Baume permitiram aos padres reencontrar pouco a pouco, pela boca de Madeleine e de Louise Capeau, as acusações tradicionais que são transmitidas e em seguida repetidas ante os juízes. Os exorcismos, pois, precedem e preparam o processo judiciário, que pode por conseguinte não ser mais do que uma formalidade de alguns dias, o tempo de coligir as informações dos exorcismos, de mandar examinar pelos médicos os feiticeiros e as possessas, e de proceder aos interrogatórios sobre as bases das acusações. É exatamente esse o tipo de processo que os magistrados de Aix praticaram: os médicos designados, Jacques Fontaine da Faculdade, Mérindol, médico que cuidou de Madeleine no início de suas perturbações em 1606, encontraram as marcas; Fontaine redigiu mesmo a esse respeito uma pequena memória justificativa que responsabiliza Gaufridy[14]. Quando enfim o padre decide-se, ante os conselhos de seus amigos capuchinhos, a confessar e a dar aos magistrados sua interminável confissão, "depoimento de um padre de Marselha, tido como um grande homem de bem do povo, e reconhecido como príncipe dos Mágicos pelos padres capuchinhos, que o assistiram três semanas sem poderem nada descobrir", os procedimentos são tão completos quanto para um processo tradicional[15]. Além do mais, repousam sobre as mesmas imputações: um manuscrito contemporâneo, conservado na Biblioteca de Carpentras, intitulado "Compilação das citações notáveis do tratado de Bocquet com relação às observações do processo de Gaufridy e Magdalon de Demandouls"[16], fornece a prova evidente disso corroborando as afirmações de Guillaume du Vair. O autor, difícil de identificar, cotejou alguns dos capítulos de Boguet e os elementos correspondentes do processo. Nada falta aí, mesmo se aparecem aqui e ali algumas variantes menores, que não modificam verdadeiramente a aparência geral da confrontação. Assim a propósito do

---

14. J. Fontaine, *Discours des marques*, n.º 197 da Bibliografia.

15. É necessário juntar o incidente do limpador de chaminé que não figura nas deliberações e sobre o qual o século XVIII deu grandes gargalhadas? M. Desmini, autor de uma *Histoire du Parlement de Provence* manuscrita o conta assim em 1726: «enquanto se trabalhava no exame do processo, tendo várias testemunhas do inquérito deposto que Gaufridy se transportava ao sabá após ter-se friccionado com um certo óleo mágico e que voltava em seguida ao seu quarto pelas telhas da chaminé; quando se leram esses depoimentos, a corte ouviu um grande barulho na chaminé; e no mesmo momento viu dela sair um grande homem negro que sacudia a cabeça; os juízes acreditaram que era o diabo que viera em socorro de seu discípulo e fugiram todos com exceção do relator que se viu embaraçado no escritório; esse último após vários sinais-da-cruz perguntou ao pretenso diabo o que queria; descobriu que se tratava de um limpador de chaminé que após ter limpado a chaminé dos Srs. das contas cujo telhado se juntava ao da grande Tournelle enganara-se ao descer e passara pela chaminé do Parlamento». B. M. Méjanes em Aix, Mss 902.

16. B. M. Carpentras, Mss. 243, p. 817 a 848.

Sabá que "ocorre comumente à noite por volta da meia-noite porque ele é o príncipe das trevas", o demonólogo provençal nota: "Entretanto Magdeleine disse que, da primeira vez, foi transportada à sinagoga de dia"[17]. Uma tal comparação fornece a justificação mesma da atitude adotada pelos magistrados de Aix.

"Esse caso que teve grande repercussão no reino atribuiu ao nosso Parlamento a reputação de acreditar nos feiticeiros", escreve M. Desmin no início do século seguinte[18]. A ressonância foi tanto maior tendo-se em vista que os dominicanos de Saint-Maximin publicaram as relações dos exorcismos de 1610 a 1611, e finalmente a história completa de Gaufridy e Madeleine Demandols: os freis Michaelis e Domptius a partir de 1613 oferecem ao público as descrições dos exorcismos de Sainte-Baume[19]. Mas nos anos que se seguem imediatamente à morte de Gaufridy, relatos horríficos circulam através da França: Rosset em suas **Histoires tragiques** recolheu uma dessas narrações redigida em 1613 e publicadas sob o título: "Da horrível e espantosa feitiçaria de Louis Goffredy, padre beneficiado de Marselha". Texto grandiloqüente e sem nuanças; escritos, diz o autor, "conforme a verdade dos atos e segundo as memórias que testemunhas irrepreensíveis prestaram". A história de Gaufridy é redigida de forma a provocar calafrios no leitor:

> Se jamais o inimigo comum do gênero humano provocou escândalo no mundo, se jamais revelou por suas horríveis impiedades e por suas abomináveis seduções a malícia de sua natureza e a tirania que exerce sobre aqueles que são por ele possuídos, estimo que o fez nesse século em que vivemos...[20].

O próprio local em que Madeleine Demandols padeceu tornou-se uma curiosidade, que os viajantes de passagem por Aix vinham ver até muito tempo depois. Em uma compilação de canções atribuídas ao Sr. de Coulanges (o pequeno poeta parente de Madame de Sévigné, que atravessa a Provença para ir a Roma em 1690) encontra-se essa estrofe na evocação da Provença:

> J'ai veu le Dauphiné, j'ay veu la Provence
> Aix et son Parlement
> De Magdelaine l'affreux logement
> Et le lieu de son tourment[21]*

A repercussão do processo mede-se ainda **a contrario,** pelo embaraço em que mergulhou os eruditos provençais,

---

17. Ibidem, p. 823.
18. B. M. Méjannes, Aix, Mss. 902 já citado.
19. *Histoire admirable de la possession...*, n.º 260 da Bibliografia; a primeira edição é de 1613; duas outras dão-se em 1614; a obra foi traduzida pouco depois para o inglês.
20. F. de Rosset, *Histoires tragiques de notre temps...*, n.º 313 da Bibliografia, pp. 27 a 56 da edição de 1742.
21. A. N., M, 768, peça n.º 11.
* «Eu vi o Delfinado, eu vi a Provença
  Aix e o seu Parlamento
  De Magdelaine a terrível morada
  E o local do seu tormento.» (N. dos T.)

e particularmente Peiresc: ele se interessa pela feitiçaria. Nos dossiês conservados em Carpentras uma pasta inteira lhe é consagrada na qual figuram notas das mais diversas sobre grandes processos, particularmente o de Gilles de Rais; nos anos 1633-1635, ele discute com Mersenne sobre as feiticeiras borguinhãs. Mas faz referência a Gaufridy, sem abrir uma discussão:

> Eu estou admirado da largura que vós mencionaste da marca de vossa feiticeira, como a de um **douzain***, pois as de Gaufridi e Madeleine não eram mais largas que uma lentilha, e estouravam quando se as perfurava como papel de um quadro bem esticado[22].

Enfim e sobretudo a condenação e execução do "príncipe de Belzebu" marcou de tal forma a memória coletiva que uma onda de demônios a segue. Lorédan, no fim de seu relato, pretende que a Provença durante uma dezena de anos foi agitada por processos contra feiticeiras, dos quais não se encontra nenhum sinal nos registros do Parlamento de Aix[23]. Vários relatos concernentes aos espíritos malfeitores percorreram a região, é certo[24]; a proliferação dos processos primários e de fogueiras é menos segura. Mas imediatamente após Aix, é no Norte da França, em Lille, que os Freis Domptius e Michaelis descobrem, perseguem e fazem queimar não mais um mágico, mas mágicas em um convento de Saint-Brigitte: Irmã Marie de Sains declara-se ligada a Gaufridy que diz ter encontrado no sabá e do qual teve uma criança; princesa da magia, confessa por seu turno mil abominações; suas acusações arrastam Simone Sourlet à morte na fogueira, ex-noviça retornada à vida civil alguns meses antes dos exorcismos e acusada, finalmente, dos mesmos crimes. Michaelis contou em um outro livro essa "história verdadeira e memorável"[25]. A rapidez com a qual essa nova possessão coletiva se encadeia ao caso das ursulinas de Aix provocou inúmeros comentários escandalizados durante esses anos. Em 1624 ainda, o **Mercure Français** faz-se eco dos debates em torno das revelações de Marie de Sains que anunciavam nada menos que o nascimento em 1606 do Anticristo, reconhecido como seu filho por "Belzebu", e o fim do mundo. O redator do **Mercure,** resume assim as tomadas de posição provocadas pela história dos exorcismos e das confissões:

---

* Antiga moeda de prata francesa, cunhada a partir do reinado de Francisco I. (N. do T.)

22. *Correspondance du P. Marin Mersenne,* Paris, 1959, tomo V (1635) p. 278. Ele menciona do mesmo modo a propósito de Porrières: «Foi nesse lugar que o falecido Senhor Louis Gaufridi deve ter aprendido a magia de um seu tio que fora vigário». Cartas aos irmãos Dupuy, 27-nov.-1632, em *Lettres de Peiresc,* publicadas por Tamizey de Larroque, Paris. 1890, tomo II, p. 379.

23. J. Loredan, n.º 459 da Bibliografia, p. 189. Loredan não fornece suas referências; mesmo para o processo de Gaufridy, cujas minutas parece ter consultado, não estão todas no lugar.

24. Peiresc conta uma dessas histórias em 1632 ainda; carta citada, nota 22.

25. Fr. Sébastien Michaelis, *Histoire véritable et mémorable,* n.º 260 da Bibliografia.

Uns lhe dão o nome de história frenética, e de romance dos diabos modernos, outros de ímpia; e (diriam) que todas as cerimônias que aí eram realizadas para o Diabo pelo nascimento do Anticristo eram zombarias e imposturas abomináveis. Outros eram de aviso contrário, e diziam que Deus por sua bondade abriu os olhos àqueles que haviam pensado até aqui que a Magia e a Feitiçaria não eram mais do que frenesi, e que os depoimentos da dita Maria de Sains tornaram evidente ou que havia estado obscuro e duvidoso anteriormente[26].

Não obstante, essas discussões parisienses certamente pesaram menos que os relatos publicados pelos dois dominicanos. As possessões das irmãs de Sainte-Brigitte e as fogueiras de Lille têm um vínculo de filiação direta com as possessões das ursulinas e a fogueira de Gaufridy, graças à vigilância dos mesmos exorcistas. Uma filiação menos direta, mas incontestável, encontra-se entre Aix e Loudun.

b) **Loudun: Joana dos Anjos e Urbain Grandier.** Dez anos após o evento, Louis Coulon, autor de um dos primeiros guias "turísticos", descrevendo a cidade de Loudun, lembra o caso em algumas linhas: "A história das ursulinas de Loudun, possessas pelo que acreditaram os mais sábios..., escreve ele, é tão conhecida por todas as Províncias que não é necessário escrevê-la"[27]. Nenhum dos dramas suscitados pela feitiçaria de convento provocou tantos comentários como o de Loudun: "Histórias da possessão", manuscritas ou impressas, discursos a favor e contra, vindos de protestantes, "libertinos" e monges que tomaram parte nos exorcismos; quase todas as bibliotecas provinciais e parisienses as possuem. Ao fim do século XIX, a erudição médica, tingida de anticlericalismo, mergulhou nesses manuscritos e publicou por seu turno estudos eruditos e documentos inéditos[28]. Mais tarde, o Abade Bremond consagra com aplicação três capítulos ao Padre Surin e à sua difícil penitente[29]. E muito recentemente ainda, a publicação da correspondência do jesuíta que dirigiu por tão longo tempo a prioresa das ursulinas, trouxe um "enquadramento" em parte novo a essa história sombria[30].

O escândalo foi muito maior do que o provocado pelo processo de Aix; entretanto, os dados são os mesmos, quanto ao essencial. Joana dos Anjos, prioresa de um pequeno convento de ursulinas, em uma cidade dividida

---

26. *Mercure français*, ano de 1624, p. 402.

27. Louis Coulon, *l'Ulysse français ou le voyage de France, de Flandre et de Savoye*, Paris, 1643, p. 408. O *Mercure français* consagrou à possessão de Loudun um longo relato (muito hostil a Grandier) tomo XX, pp. 746 a 780.

28. Cf. os três volumes do Dr. G. Légué, citados nos n.os 451, 452, 453, da Bibliografia: a autobiografia de Joana dos Anjos é precedida de um prefácio assinado por Charcot.

29. H. Bremond, *Histoire littéraire*... tomo V. pp. 148 a 310.

30. J. Joseph Surin, *Correspondance*, n.º 328 da Bibliografia, cf. o apêndice consagrado a Joana dos Anjos, pp. 1721 a 1748. É o P. de Certeau que gosta dessa expressão «enquadramento» para definir suas próprias análises psicológicas.

entre protestantes e católicos, é tomada desse mal diabólico, em 1632, e arrasta atrás de si a quase totalidade de seu convento, que contava com inúmeras jovens pertencentes à pequena nobreza local, como ela própria, notadamente uma parente do Cardeal de Richelieu e uma prima de Sourdis, o arcebispo de Bordeaux. Assim como Madeleine Demandols, Joana dos Anjos acusa um padre; mas esse não fora seu confessor. Urbain Grandier, cura de Saint-Pierre-de-Marché, cônego prebendado de Sainte-Croix-de-Loudun, padre de grande renome, bom pregador e confessor, é bem conhecido na redondeza. Padre letrado, que pronunciou o elogio fúnebre do poeta Scévole de Sainte-Marthe, tinha também boas relações com Theophraste Renaudot, outra personalidade de Loudun, cuja **Gazette** não mencionou jamais o caso[30a], e com os magistrados da cidade, principalmente o bailio. Mas seus sucessos de confessor o arrastaram a algumas aventuras femininas pouco recomendáveis para sua condição, que mancharam sua reputação. Numerosas intrigas foram dirigidas contra ele, terminando na justiça, no Parlamento de Paris e ante o presidial de Poitiers nos anos 1629-1631. Grandier triunfou finalmente sobre seus adversários, não sem dificuldades. Em 1631, ele se recusou a assumir a direção espiritual das ursulinas que a superiora lhe oferece. Esta dirige-se a um outro cônego, Mignon, aparentado a algumas de suas vítimas, e inimigo jurado de Grandier. Tais querelas de campanários provinciais tomam um outro rumo quando a acusação de feitiçaria aparece nos primeiros exorcismos efetuados por Mignon e um cura de Chinon denominado Barré. As desordens das ursulinas encontraram sua vítima: Joana dos Anjos "identifica-se" com Madeleine Demandols e não cessa de acusar o cura de Sainte-Croix. No outono de 1632, Urbain Grandier, apoquentado com essa agitação hostil, dirige-se ao arcebispo de Bordeaux e pede-lhe que intervenha[31]. O Sr. de Sourdis envia um médico para visitar as possessas, depois ordena a Mignon, em 27 de dezembro, para que cesse os exorcismos e deixe em calma as religiosas em seu convento. Como Gaufridy, em um primeiro momento, Grandier reencontra a paz graças à intervenção da hierarquia secular.

Michaelis, em situação equivalente, havia se dirigido ao Parlamento de Aix. Mignon não tem, entretanto, o

---

30a. Esse silêncio de Renaudot não diz muito sobre os seus sentimentos: ele assinala a 28 de abril o assassinato (suspeito) de Jean d'Armagnac, governador da cidade, sem mesmo dizer que ele defendera Grandier por muito tempo. Mas a *Gazette* não contém o elogio de Grandier, contrariamente ao que pretende Legué, n.º 451 da Bibliografia, p. 22. Segundo um discurso manuscrito sobre a possessão, conservado na B. N., coleção Morel de Thoisy, 92, Renaudot teria publicado em *«feuilles volantes»* um elogio a seu amigo Grandier (Discours, f.º 296).

31. Grandier passa por sobre o bispo de Poitiers, La Rochepozay, personalidade sem prestígio aliás, com quem o cônego de Loudun teve também algumas dificuldades.

renome do prior de Sainte-Maximin. Além do mais, o Parlamento de Paris, de que Loudun depende, já era considerado nos anos trinta difícil de se comover com essas questões[32]. A instrução e a condenação do cura de Sainte-Pierre foram o feito de uma jurisdição excepcional: a comissão de Martin de Laubardemont. Este, comissário isolado, aparentado a duas ursulinas (Senhoras de Dampierre) passa uma parte do ano de 1633 em Loudun, para observar a demolição do castelo, que domina a cidade: operação política importante, à qual se opõem Jean d'Armagnac, o governador da cité e seu melhor amigo, Urbain Grandier. Posto ao corrente de tudo por Mignon e seus amigos, Laubardemont (conselheiro no Parlamento de Bordeaux, onde já havia instruído processos de feitiçaria em Béarn, entre 1625 e 1630) volta a Paris para obter de Richelieu a 30 de novembro de 1633 uma missão de investigação contra Urbain Grandier e suas atitudes quanto às possessões do convento. A 6 de dezembro, está de volta a Loudun e logo Grandier é encarcerado no castelo de Angers. A instrução em seguida prolonga-se até maio de 1634: as perquirições na casa de Grandier não revelaram nada, exceto o manuscrito de um discurso contra o celibato dos padres. E o cônego nega todas as acusações que alimentam os exorcismos retomados pelos capuchinhos; a mãe e o irmão de Grandier multiplicam os apelos e os processos contra as iniciativas tomadas por Laubardemont em nome de sua comissão. A fase ativa do processo ocorre pois em um período breve, entre maio e agosto de 1634.

Grandier, reconduzido a Loudun, é instalado em uma prisão especialmente preparada na casa de Mignon e submetido aos interrogatórios insistentes do comissário. O mais importante não ocorre na cela do padre, mas nas diferentes igrejas da cidade em que os capuchinhos procedem cotidianamente aos exorcismos da comunidade possessa; os demônios constrangidos ao silêncio alguns meses antes fazem-se tagarelas e exibicionistas. Por várias vezes, as ursulinas apresentam ante as multidões reunidas declarações, pactos, que anunciam o programa do dia seguinte, como por exemplo Asmodeu a 19 de maio de 1634:

> Eu prometo ao sair do corpo dessa criatura de fazer-lhe uma greta acima do coração... a qual greta estará sangrando amanhã vinte de maio, seis horas após o meio-dia de sábado[33].

Instaladas sobre tablados em certas igrejas, as freiras, prioresa à frente, oferecem suas "revelações" sobre as perversidades dos demônios e sobre Urbain Grandier a

---

32. O Parlamento foi efetivamente desautorizado um pouco mais tarde por uma sentença do conselho de Estado de 31 de maio de 1634, proibindo qualquer apelo de Grandier «ao Parlamento de Paris e a todos os outros juízes».

33. B. N., Mss. fds. fs. 7618. f.º 20 v.º

um público enorme; essa saída de Asmodeu a 20 de maio de 1634, teve lugar "na presença de duas mil pessoas dentre as quais estavam vários senhores de distinção, mais de cento e cincoenta, tanto bispos e abades quanto magistrados, tantos ou mais padres, com cinco médicos"[34]. Esses intermináveis exorcismos, nos quais a prioresa confessa encontrar alguma satisfação[35], incluem convulsões, cenas de prostação alternadas com episódios frenéticos, para grande espanto e compaixão dos assistentes. A 7 de junho, o bispo de Poitiers (que se mostra tão favorável à possessão quanto o arcebispo de Bordeaux é reservado) vem para queimar quatro pactos encontrados no convento: Joana dos Anjos e a Irmã Agnès "foram atormentadas pelo espaço de mais de três quartos de hora pelas mais violentas convulsões que jamais se viu"[36] À força de demonstrações violentas, as possessas chegam a suscitar verdadeiras emoções coletivas: os assistentes ficam boquiabertos de espanto, mas fremem também de medo ou de piedade por essas infelizes desenfreadas; as lágrimas são freqüentes, do que dão testemunho os espectadores:

> Asmodeu lhe incha o rosto em um instante tão medonhamente que, sem hipérbole, ela o tinha três vezes maior que de comum, e sobretudo os olhos que estavam grandes como os do maior cavalo; ele a manteve por mais de um quarto de hora nessa postura; e a repôs de um golpe em seu estado natural, que é o de ser uma jovem muito bela; enquanto ela estava desfigurada dessa forma, o doutor da Sorbonne lhe tomou o pulso que achou muito tranqüilo; penetrado de dor ele fez um discurso dos mais tocantes sobre o que se via, e que outra coisa não podia fazer-lhe que trazer lágrimas aos olhos. Os juízes, o oficial dos guardas, seus arqueiros e mais de quinhentas pessoas dentre os espectadores choraram igualmente[37].

Essas "estranhas maravilhas" tão freqüentes quanto "milagrosas" não deixaram de impressionar os espíritos mais reticentes. As resistências dos habitantes de Loudun, huguenotes ou católicos céticos, duraram muito tempo; Laubardemont e os diabos foram cantados, zombados e o comissário foi obrigado a proibir toda ação ou comentário sobre o acontecimento, a 2 de julho de 1634[37a]. A mesma testemunha citada há pouco, proclama imprudentemente desde o mês de julho: "É preciso ser agora inteiramente

---

34. Carta do Abade Dupont, biblioteca Ars. Mss. 4824, 20 de maio.

35. Em sua «autobiografia», edição Légué e La Tourette, p. 76: «O diabo me enganava constantemente por uma pequena satisfação que eu tinha nas agitações e outras coisas extraordinárias que ele fazia em meu corpo. Eu tomei um extremo prazer ouvi-lo falar e me sentia muito à vontade de parecer mais atormentada que as outras, o que dava grandes forças a esses espíritos malditos».

36. B. N. Mss. fds. fs. 7618, f.º 39, fim de junho. La Rochepozay volta para ordenar a Grandier que exorcisme ele próprio as possessas. Cenas horripilantes...

37. Exorcismo de fins de agosto de 1634, relatado pelo Abade Dupont, carta de 23 de agosto, biblioteca Ars., Mss. 4824, f.º 24.

37a. «É expressamente proibido e interdito a quaisquer tipo de pessoas, de quaisquer qualidade e condições que sejam, de maldizer, prejudicar, ou de outro modo agir contra as religiosas..., e seus exorcistas». B. N., Mss. fds. fs. 7619.

desprovido de bom senso para duvidar da possessão e do poder da verdadeira Igreja sobre os diabos"[38]. Ora, os demônios, pelas vozes de todas as freiras e mesmo dos leigos que fora do convento são tomados pelo mesmo delírio demonopático, reclamam a morte do feiticeiro: como para os diabos provençais, é a condição mesma de libertação. Apesar das negações mantidas até à fogueira e durante a tortura (a dos borzeguins), apesar de uma súplica dirigida ao rei, em que o cura de Saint-Pierre faz referência com grande dignidade ao calvário sofrido, das insuficiências da instrução e das irregularidades acabrunhantes do processo, Urbain Grandier é condenado a 18 de agosto de 1634 e executado no mesmo dia diante de seis mil pessoas vindas de todas as cidades vizinhas[39].

Todavia a morte de Grandier não leva a calma às ursulinas; os exorcismos continuam cada vez mais, e as freiras persistem em denunciar, acusar todos aqueles que tomaram o partido de Grandier na cidade, a começar por seus parentes: um irmão de Grandier, jogado na prisão, escapa da fogueira evadindo-se a tempo. A prioresa não pode passar sem a diversão que lhe concedem os exorcismos, e as autoridades religiosas acabam inquietando-se: em dezembro de 1637 os capuchinhos são convidados a cessar suas atividades. Eles são substituídos pelo jesuíta Jean Joseph Surin, que suprime os exorcismos públicos e procura reconduzir sua penitente a uma vida religiosa "comum". Começa então uma extraordinária aventura espiritual, que toca muito indiretamente o assunto de nosso interesse e que se prolonga até a morte dos dois protagonistas, em 1665[40]. Apesar de uma perseverança sem limites que o levou por algum tempo à beira da loucura (longa noite de uma dezena de anos), o Padre Surin não conseguiu destruir em Joana dos Anjos o gosto pelo espetáculo, a "cabotinagem mística", segundo a expressão do Abade Brunand, que vai **pari passu** com uma gestão honesta do cotidiano:

> Sua comunidade, escreve uma testemunha, não está de maneira nenhuma impedida em todas as funções da religião pelos espíritos malignos; um tal número de religiosas possessas vive na reclusão do convento com bastante recato e modéstia, não se batendo nem

38. Carta de 15 de julho de 1634, Bibl. Arsenal, Mss. 4824, f.º 17. O mesmo abade acrescenta: «Os huguenotes de Loudun reúnem-se todas as semanas três vezes extraordinariamente para impedir se eles podem a conversão de vários dos seus que vacilam, e são comovidos pelos milagres diários que opera o Santo Sacramento».

39. Numerosos relatos dessa morte ressaltam sua recusa de nada confessar em matéria de magia, mas somente «fragilidades da carne» (B. Arsenal, Mss. 4824, carta de 29 de agosto de 1634); e sua coragem diante do fogo (cf. «Relato verdadeiro do que se passou na morte do cura de Loudun...», B. M., Carpentras, Mss. 1779, f.º 527-533). Sua «grandeza de coragem», seu «desprezo heróico pela morte», fizeram com que fosse considerado por alguns «como um mártir» (B. Arsenal, Mss. 4824, f.º 27 v.º).

40. De fato Surin a dirigiu de 1635 a 1639 e de 1657 a 1665. Cf. o retrato psicológico de Joana dos Anjos, e a apresentação da espiritualidade de J. Joseph Surin pelo Sr. de Certeau na edição da correspondência, n.º 328 da Bibliografia.

se incomodando uma à outra, comendo juntas nas horas ordenadas, dizendo as matinas e os outros ofícios no tempo determinado por suas regras e assistindo a eles sem faltar quando estão no convento e ninguém as retira para as exorcismar; a superiora governa tão judiciosamente o temporal e o espiritual como anteriormente[41].

Em 1635, a prioresa começa a exibir na sua mão esquerda os famosos estigmas pintados de vermelho, Jesus, Maria, José, Francisco de Sales, que aparecem mais vermelhos nos dias de festas para as multidões aparvalhadas, e que provocaram mais tarde, em 1645, o ceticismo do viajante Monconys[42]. Nos anos seguintes, é necessário ainda exorcismar, e, finalmente, Joana se declara curável se puder ir, na Savóia, à tumba de São Francisco de Sales: viagem triunfal em 1638, via Paris, onde Joana é apresentada por Laubardemont a Richelieu (que lhe dá quinhentos escudos e uma escolta), e ao casal real em Saint-Germain. No retorno, Joana dos Anjos está, durante o nascimento de Luís XIV, junto a Ana d'Áustria, que ela "toca" com sua camisa perfumada por um "ungüento divino"... Os exorcismos têm então um fim e o "exibicionismo sagrado" da prioresa acalma-se pouco a pouco sob a direção do Padre Saint Jure[43].

Contudo, a morte de Grandier e o prolongamento do exorcismo suscitaram por muito tempo ainda contestações e comentários. Louis Coulon, já citado, resume bem com sua pena prudente o constrangimento experimentado pelos espíritos mais ponderados:

> Era um espetáculo estranho e perigoso ver um grande número de pessoas virtuosas e doutas combater por tão longo tempo com os espíritos cobertos com o corpo e a carne de jovens moças, e empregar seus trabalhos para fazer com que aparecessem e falassem demônios, que o filho de Deus condenou outrora ao recolhimento e ao silêncio. O êxito do combate, não obstante as gloriosas marcas dos quatro nomes JESUS, MARIA, JOSÉ, FRANCISCO DE SALES, gravados sobre a mão da madre prioresa, libertada da possessão de quatro diabos expulsos pela força do exorcismo, não foi tão feliz quanto muitos desejariam. Entretanto, as pessoas de bem tiraram daí consolação, os libertinos confusão, e em geral todos receberam muitas instruções para os costumes[44].

Durante meses e anos, os comentários continuaram a circular nos meios informados acerca desses eventos; de Paris, os curiosos pediam a seus amigos relatos sobre os exorcismos e sobre os "milagres" da prioresa: Joana dos Anjos se encarrega de entreter o interesse, é certo; mas o

---

41. B. N. Mss. fds. fs. 20793 f.º (carta de 10 de janeiro de 1635).

42. Relato bem conhecido: «Com a ponta da unha eu arranquei por um ligeiro movimento a perna do M de que ela ficou surpresa»; *Journal des voyages...*, n.º 264 da Bibliografia, I, pp. 8 a 11. Citado por Legué, no 451 da Bibliografia, cf. também Lucien Febvre, «Aux origines de l'esprit moderne», *Mélanges d'histoire sociale*, VI, 1944, p. 14.

43. O Abade Bremond não tem nenhuma ternura com a prioresa de Loudun, «mística de ordem inferior»; faz mais caso evidentemente do Padre Surin; cf. *Histoire du sentiment religieux*, V, p. 309 e *passim*. Sobre a questão médica de Joana e do padre, cf. em *Satan*, n.º 496 da Bibliografia, os artigos dos Doutores Vinchon e Lhermitte.

44. *L'ullysse français*, pp. 408-409.

menor fato é difundido com satisfação, e **a fortiori** essas "novidades de Deus", que são as marcas sobre as mãos ou o dom divino de um ungüento destinado a facilitar a expulsão dos demônios. Visitantes ilustres vêm de longe para assistir ao exorcismo, Mademoiselle de Rambouillet, o Abade d'Aubignac, Ménage, e não deixam de comentar o espetáculo que assistem. Os curiosos contam também os feitos e gestos dos juízes, e sobretudo de Laubardemont, cuja mulher com dores de parto dá à luz em 1637 um natimorto graças a esse mesmo ungüento e que mais tarde ainda, tendo sua mulher falecido, toma conhecimento pela boca da prioresa que ela está no paraíso. Todas essas circunstâncias subalternas, propagadas na literatura de cordel com piedade ou malevolência, alimentam por muito tempo a crônica dos diabos de Loudun. O abade de Poitou recomenda, pois, a seu correspondente parisiense a circunspecção em face a todos esses relatos, comumente difundidos por aqueles que "se riem e desacreditam todas as maravilhas de Deus"; é preciso, escreve ele, que

> não vos espanteis se em Paris semeiam tais rumores, pois que em Poitiers, onde não estamos de distância de mais de dez léguas de Loudun, fez-se correr o boato que o comissário Sr. de Laubardemont havia sido reconhecido como cúmplice da impostura de Loudun e não ousando ir dar conta ao Rei de sua comissão, teria fugido disfarçado de vinhateiro, e isto na posta; contou-se isso em alta voz como coisa verdadeira[45].

Esses céticos, que dão gargalhadas, são libertinos aos quais é conveniente não comunicar essas coisas "pertencentes à glória de Deus"; esses enlevos e essas maravilhas não são para aqueles que não as podem compreender. Eu vos peço, escreve ainda nosso abade em 1636, não sem algum embaraço, quando as grandes demonstrações públicas nas igrejas de Loudun terminaram, que "não revele nada, se não for àqueles que amam Deus e que não escarnecerão, porque não é tempo ainda de condenar suas zombarias, embora fosse muito fácil, sendo todas essas coisas muito seguras, sem fraude, sem artifício, e fora do poder de qualquer artifício"[46].

Boatos, correspondências, discussões públicas ou privadas são nutridas desde 1634 pelas publicações suscitadas pelo evento: livros e libelos proliferaram a partir de 1634. São extratos do processo, o texto da sentença condenando Grandier, e simples folhas volantes com a imagem da fogueira e o texto da sentença ("retrato representando

---

45. B. N. Mss. fds. fs. 20973 f.º 234 v.º carta de 31 de outubro de 1634. Eis onde nós estamos, escreve ele ainda na mesma carta após ter contado a história de um oficial de Fontenay suspeito de ateísmo que proclamou publicamente «que tudo aquilo eram contos de serões e que não havia absolutamente diabos, que não acreditava em nenhum, e como prova de que não os havia, se ofereceu a eles». E acrescenta tristemente: «Se se põe em questão a veracidade da existência dos diabos, com muito maior razão não se acreditará em sua possessão».

46. B. N. Mss. fds. fs. 20973, f.º 280. Carta de 7 de novembro de 1636.

ao vivo a execução..."⁴⁷). Alguns anos mais tarde, outros escritos polêmicos representam os sinais miraculosos com que a prioresa das ursulinas foi marcada, com a imagem de Joana em orações mostrando sua mão esquerda marcada pelos quatro nomes[48]. São publicadas também obras mais importantes, como a "relação dos justos procedimentos observados no fato da possessão" redigida pelo Padre Tranquille, o capuchino exorcista que ateou fogo à fogueira de Grandier, ou ainda o **Discours** de Duncan, que defende a tese médica, e ao qual logo responde Pilet de Menardière[49]. Enquanto que o processo de Aix-en--Provence e a possessão de Madeleine de la Palud não haviam provocado, vinte anos antes, mais do que algumas publicações relatando as maldades de Satã e glorificando os exorcistas que os haviam redigido, o escândalo de Loudun forneceu o tema de um vasto debate, sobre o qual se pronunciam teólogos, médicos e homens da ciência durante anos. Nesse sentido, Loudun constitui, com justo título, o grande escândalo da época, aquele que suscitou as reflexões e as tomadas de consciência decisivas. Após Loudun, a terceira tragédia diabólica, a de Louviers, que começa quase ao mesmo tempo e se prolonga até 1647, aparece como uma pálida imitação.

c) **Louviers: Madeleine Bavent.** "O furioso Leviatã da Provença, contrafeito em Loudun, perde seu aguilhão no Sul...; dentro em pouco em Louviers, perde sua audácia mesmo; toma a estupidez do Norte e torna-se um pobre de espírito", escreve Michelet[50]. O julgamento é severo para essas diabruras normandas que parecem insípidas e recozidas após Loudun, mas permanecem importantes, pois provocaram por seu turno uma tempestade, que não contribuiu pouco para que amadurecesse a resistência dos juristas e dos homens de ciência.

Louviers não é, não obstante, um simples decalque de Loudun. Nessa pequena cidade, a possessão diabólica já havia conhecido belos dias em 1691: uma jovem criada, Françoise Fontaine, cortejada por um rico mercador da cidade, julgou-se por um momento possuída pelo demônio, e as autoridades eclesiásticas (com a colaboração do preboste) tiveram que exorcismá-la a fim de libertá-la[51]. A

---

47. Cf. os A. N., nas séries A. D., um certo número desses pequenos libelos, produzida em Segué, *Urbain Grandier et les possedées de Loudun* n.º 451 da Bibliografia, p. 258.

48. Gravura reproduzida na correspondência de J. Joseph Surin, n.º 328 da Bibliografia, p. 1728.

49. Legué, no fim de sua tese para o doutorado em medicina, n.º 452 da Bibliografia, fornece nas pp. 70-71 a bibliografia essencial dessas publicações.

50. *La Sorcière*, edição 1964, pp. 226-227.

51. O processo verbal desses exorcismos, conservado na B. N., Mss, fds fs, 24122, foi editado em 1883, na Biblioteca Diabólica Bourneville, precedido de um veemente prefácio científico, assinado por B. de Móray (n.º 358 da Bibliografia).

história de Françoise Fontaine, conhecida e cantada aliás por um cronista local no início do século XVII, pôde pois preparar o caminho para Madeleine Bavent. O caso ocorre nos mesmos anos em que se desenrola o caso Grandier, em 1633-1634: o penitenciário do bispo de Évreux assistiu aos exorcismos do outono de 1633 e deles teria trazido, dizem os historiadores de Madeleine Bavent, os relatos horríficos, que causaram sensação nos meios eclesiásticos e foram conhecidos no convento das hospitalárias de Saint-Louis e Sainte-Elisabeth, onde Madeleine Bavent é uma freira (e não prioresca) obscura entre as demais. Desde essa época, segundo o autor de sua história[52], as primeiras perturbações aparecem no convento: o diretor espiritual do convento, Mathurin Picard, cura de Mesnil Jourdain, padre de boa reputação, que publicara alguns anos antes um pequeno livro de moral corrente intitulado **Le fouet des paillards**[53], não foi acusado, como Urbain Grandier; as desordens parecem ter-se limitado a algumas manifestações convulsivas, da parte de religiosas comovidas pelo exemplo de Loudun, e a murmúrios. O bispo de Évreux, alertado, evitou desenvolver investigações pelo exorcismo e, mais ainda, avisar as autoridades judiciárias. Os anos passam em calma até a morte de Mathurin Picard, em fins de 1642, enterrado diante do grande coro, na capela do convento.

No início de março de 1643, o bispo de Évreux, François Picard, vem com seu penitenciário a Louviers; os exorcismos e as audições começam conseqüentemente dez anos após Loudun, e sem razão visível para essa repentina reviravolta das autoridades seculares[53a]; interrogatórios e informações sobre Madeleine Bavent, sobre seis outras freiras que fazem revelações nos exorcismos, e sobre o Cura Picard, são conduzidos diligentemente por Pierre de Langle, o penitenciário. A investigação termina ao fim de dez dias com uma sentença do bispo, que condena à prisão perpétua, nos cárceres do provisorado, Madeleine Bavent.

culpada de apostasia, sacrilégio e magia e de ter estado no sabá e assembléia de feiticeiros e mágicos por várias e diversas

---

52. As primeiras manifestações em Louviers são mencionadas nos relatos contemporâneos; mas os processos são menos explícitos e o início da diabrura normanda permanece obscuro.

53. *Le fouet des paillards ou juste unition des voluptueux et charnels, conforme aux arrêts divins et humains*, n.º 238 da Bibliografia. Dedicado a Robert le Roux, senhor de Mesnil Jourdain (e outras localidades), conselheiro no Parlamento de Rouen, o livro obteve o *imprimatur*, a 1.º de agosto de 1618: considerado digno de ser oferecido ao público, dizem os teólogos «para a conservação da pureza da alma e do corpo, e para reformar os costumes lascivos dos mundanos».

53a. François Péricard não pode ser considerado um bispo apaixonado por inquéritos como La Rochepozay em Poitiers: em 1631, um médico como Jourdain Guibelet dedicou-lhe uma extensa obra da filosofia médica, *Examen de l'examen des esprits*... que evoca com prudência alguns problemas delicados (se o temperamento melancólico permite predizer, *se se pode falar latim sem tê-lo aprendido*...)

vezes, de ter obedecido aos diabos... de ter vergonhosamente prostituído seu corpo com os diabos, os feiticeiros e outras pessoas da copulação com as quais ficou grávida por várias vezes, eles teriam arranjado muitas imundícies por ela levadas ao sabá, da qual uma parte teria servido para fazer feitiços; de ter querido seduzir várias religiosas do dito mosteiro, atraí-las pelos seus feitiços à sua afeição desmedida com maus fins, de ter conspirado com feitiços e mágicas em suas assembléias e no sabá, para a desordem e ruína geral do dito mosteiro, a perdição das religiosas e de suas almas[54].

Quanto ao padre feiticeiro falecido, o bispo de Évreux ordena a abertura de sua tumba, sobre a qual as irmãs hospitalárias se entregam a manifestações delirantes, e o transporte do corpo para um cemitério da cidade. É em virtude dessa exumação que intervêm as autoridades civis: a família de Mathurin Picard apresenta queixas em maio, dirige-se ao bailio de Louviers e ao Parlamento de Rouen, que encarrega o lugar-tenente criminal de Pont de l'Arche, Antoine Routhier, de uma investigação sobre o convento, e sobre a exumação, que o bispo não poderia ter ordenado. Assim que o Parlamento se encarrega do caso, as desordens tornam-se públicas rapidamente, e renovam-se com ardor quando os oficiais de justiça vêm ao local para conduzir suas investigações. No início de junho, o bispo de Évreux dirige-se ao Chanceler Séguier para deplorar essa publicidade que havia evitado sobre "um caso muito importante de minha Diocese ao qual eu tinha dado todo o remédio possível pelos meios os mais secretos que havia podido". Precaução interessante, na medida em que ela significa a inquietação suscitada por esse gênero de perturbações após Loudun. Péricard pede ao chanceler para avocar a si o processo; contra o Parlamento de Rouen, obstrutor — e no entanto pouco suspeito era o de Paris, de indulgência para com os mágicos —, o bispo propõe de fato uma comissão como a de Laubardemont dez anos antes: O portador da carta, escreve ele,

> vos suplicará como vos faço ainda em nome de Deus, meu Senhor, a dispor-se a obstar o conhecimento disso por nosso parlamento onde há muitas pessoas que não têm caridade e piedade necessárias de vô-lo reservar e se for de vosso agrado de me conceder algumas pessoas da prelatura ou de dignidade eclesiástica que vos pudessem fazer um mais amplo relato, vós julgareis depois se devereis enviar aí outros comissários[55].

Sem esperar a resposta do chanceler, o Parlamento de Rouen, sequioso de manter suas prerrogativas face aos abusos do poder episcopal, adianta as suas investigações. A partir de 16 de junho, Madeleine Bavent e as outras religiosas são interrogadas todos os dias pelo lugar-tenente criminal. No fim de agosto, o chanceler envia a Louviers uma comissão de eclesiásticos (dirigidos pelo arcebispo de Toulouse), e de referendários acompanhados do médico da rainha-mãe: de 24 de agosto a 10 de setembro, essa

---

54. A. N., A. D. III, 2, 215, 4.
55. Biblioteca do Instituto, fds Godefroy. 273, 10.

nova investigação, entrecortada de exorcismos, suscita uma tensão ainda maior no convento, tanto mais quanto alguns inquisidores, e Pierre Yvelin, médico parisiense, não escondem o seu ceticismo. A 10 de setembro o arcebispo de Toulouse e os dois teólogos parisienses concluem em seu relatório ao Cardeal Mazarino que "as ditas jovens são umas e outras realmente possessas, e outras obcecadas e enfeitiçadas"[55a]. Mas durante o outono de 1643, Yvelin, de volta a Paris, publica preto no branco a sua opinião sobre o caso, enquanto o bispo de Évreux procura apoio para manter suas posições e fazer prosseguir os exorcismos: Leviatã, as cédulas com o Diabo, as moscas, o sabá hebdomadário animam, como em Loudun, as revelações cotidianas das possessas normandas[55]. As contestações opõem o bispo, menos ao Parlamento de Rouen do que aos amigos parisienses de Yvelin. Em uma longa carta dirigida à rainha-mãe em janeiro de 1644, Péricard queixa-se da impiedade do século e desse médico, "cérebro leviano e alienado da piedade"; e argumenta longamente pela veracidade da possessão e dos exorcismos[57]. No início de 1644, os diabos fazem-se mais prolixos do que nunca e molestam doravante não mais somente o falecido Mathurin Picard, mas também seu vigário Thomas Boullé, acusado de ter engravidado repetidas vezes Madeleine, de ter sacrificado seus filhos no sabá e utilizado suas cinzas para compor feitiço destinados a causar impotência, curar diversas doenças, etc... Com inquirições e exorcismos alternados, na primavera de 1644, a crise do convento normando atinge seu paroxismo. Os diabos normandos imitam cada vez mais os de Poitou: uma companheira de Madeleine Bavent, a Irmã Maria do Santo Sacramento, exibe para as multidões, na Sexta-feira Santa, a 25 de março, uma inscrição em seu "seio": Viva Jesus, encimada por um coração e subscrita por uma cruz; é obra de Putifar, que saiu do corpo dessa possessa, na hora em que Jesus "entregava a alma na Cruz". A 21 de junho de 1644, Madeleine Bavent confia a Anthoine Routtier sua confissão geral, recapituladora por assim dizer, em que ela se entrega à justiça "reconhecendo que os crimes que cometeu merecem mais do que a morte"[58]. Boullé é preso

55a. Em Loudun igualmente os comissários classificaram as freiras em categorias distinguindo possessas e enfeitiçadas.

56. A mosca diabólica figura nos relatos da morte de Urbain Grandier: quando queima com ele seu livro sobre o celibato dos padres, os assistentes vêem sair «uma mosca muito grande»; no dia seguinte, «os diabos exorcismados disseram que era um deles denominado Achaf», carta de 29 de agosto de 1634, Arsenal, Mss 4824.

57. Carta de 11 de janeiro de 1644. Ela foi reproduzida por Esprit de Bosroger, o capuchinho autor do longo relato *La piété affligée*, n.º 189 da Bibliografia, onde a possessão é provada com fortes imprecações e exclamações. Cf. edição de 1700, pp. 112 a 122.

58. Várias cópias dessa confissão e das atas ulteriores do processo foram conservadas. B. N. Mss., fds. Dupuy, 559; B. Arsenal, Mss. 5416, etc.; Madeleine Bavent fornece aí principalmente o» texto das cédulas diabólicas como em Loudun.

a 2 de julho de 1644 e imediatamente submetido à instrução; em janeiro de 1645, os médicos normandos descobrem nele as marcas do diabo. Enfim, em junho de 1645, o Parlamento de Rouen toma em mãos o conjunto do processo estabelecido há um ano por Anthoine Routtier.

O julgamento definitivo não ocorre, entretanto, antes de 21 de agosto de 1647, devido a novas complicações suscitadas pelas revelações de Madeleine Bavent e de suas companheiras: no decurso das últimas verificações e confrontações, as freiras implicaram, nas descrições dos sabás e das orgias junto com Picard e Boullé, a superiora que dirigia então o convento e que partira em seguida para Paris. Em 1646, ela se encontra à frente das Hospitalárias da Caridade de Nossa Senhora, junto à Praça Real, que dirige com piedade e rigor, quando o Parlamento de Rouen informa sua intenção de abrir inquérito contra ela e de processá-la por sua participação nos crimes dos dois padres. A Madre Francisca da Cruz, nascida Simone Gougain, que havia fundado vários conventos de excelente reputação na região parisiense, fez apelo diretamente ao rei; por duas vezes o conselho privado intervém: proíbe, a 25 de janeiro de 1647, de se empreender o que quer que seja contra Madre Francisca e ordena ao Parlamento de Rouen, a 21 de junho do mesmo ano, que envie as peças do dossiê a ela concernente ao Parlamento de Paris.

A corte normanda pronuncia então sua sentença a 21 de agosto, numa certa confusão: condena Thomas Boullé e o cadáver de Picard à fogueira, adia o julgamento de Madeleine Bovent até o comparecimento da Madre Francisca da Cruz, decreta sua prisão preventiva, ordena a dispersão das religiosas entre suas famílias ou outros conventos, recomenda aos bispos da província a enviarem periodicamente confessores extraordinários aos estabelecimentos femininos[59]. Esse conjunto de decisões foi aprovado por maioria simples, tendo um certo número de conselheiros hesitando mesmo em condenar a memória de Picard, "homem venerável e de bons exemplos na sua paróquia", enquanto que Boullé "padre do campo debochado" não tinha uma reputação tão boa. Um burguês normando indiscreto narra essa divisão de vozes:

> Dos quinze juízes, havia nove a favor da sentença e seis outros a favor de que antes de se condenar, ou o padre vivo, ou a memória do morto, se fizesse vir a superiora das hospitalárias da Praça Real, denominada Simonette Guegui que era acusada de Magia, tanto quanto os dois padres, pela acima denominada Magdelaine Bavent mágica ou pretendida como tal; o procurador-geral, decidiu por fazer vir a dita superiora, a reenviar à terra os ossos do cura, restabelecer sua memória, e condenou à separação aqueles que o haviam exumado, como sendo uma coisa inaudita e sem exemplo na Igreja, que uma

---

59. O texto completo do julgamento, cujas alíneas remontam à queixa do Frei Picard contra a exumação do cura de Bois Mesnil, encontra-se em A. N., DIII, 2, 215, nos Mss. da B. N., fds. fs. 23062, f.º 320 v.º e seguinte, e em Bosroger, *op. cit.* pp. 413-421.

pessoa morta como cristã recebendo os Sacramentos e a penitência final tenha sido desenterrada[60].

A sentença foi executada no mesmo dia; antes Boullé é submetido a "uma tortura ordinária e extraordinária impressionante", sem que tenha confessado outras coisas além dos pecados da carne, reconhecidos outrora por Grandier, "de forma que sua pena não esclareceu ainda esse caso obscuro". E o mesmo narrador desse evento daí retira o argumento para justificar o seu ceticismo: "como a coisa não é um artigo de fé, hesito até o presente em mudar minha crença, e suspendo meu julgamento até que veja se o que Madeleine Bavent disse dessa superiora se mostrará verdadeiro ou falso"[61].

O prolongamento e o novo processo não ocorreram; a opinião pública parisiense inquieta-se com o anúncio deste processo contra Francisca da Cruz. D'Ormesson nota em seu diário a 29 de agosto:

> Esse caso assombrou a todos, mas principalmente por ver nele envolvida a pobre madre, que conquistou e mantém ainda a reputação de santidade, tendo estabelecido conventos muito belos e plenos de virtude[62].

Já em 7 de setembro, o Conselho de Estado pronuncia uma sentença proibindo aos juízes normandos de executarem a prisão preventiva. A Fronda interrompe pouco depois os debates do processo entre Paris e Rouen[63]; e muito tempo após duas medidas acabam por inocentar a Irmã Francisca da Cruz: uma sentença do provisor de Paris de 21 de março de 1653, que a absolve dessa acusação, e uma deliberação do Conselho de Estado, datada de 18 de abril de 1654, que anula todos os processos[64]. Nessa data, Madeleine Bavent, presa em um cárcere da província de Évreu e esperando que o Parlamento determine a sua sorte, está quase esquecida, apesar dos esforços dos últimos polemistas que insistem em seu caso, particularmente o capuchinho Esprit de Bosroger, cujo livro apareceu em 1652. Mas o tempo dos libelos, das apologias em algumas páginas a favor e contra Yvelin, já está

---

60. Carta anônima «escrita por uma pessoa de condição e de mérito, a 19 de setembro de 1647 a respeito da sentença...», B. Arsenal, Mss. 4824, f.º 69.

61. *Ibidem*, f.º 70.

62. D'Ormesson, *Journal*, n.º 276 da Bibliografia, tomo I, p. 394. Em 1643, D'Ormesson havia consagrado algumas linhas ao início do caso: «Histoire estrange, arrivée a Louviers, par un curé, qui, sous prétexte de pieté. entretenait une religieuse qui était magicienne... Le diable possédait six ou sept des religieuses et faisait et disait merveilles» (*Ibidem*, p. 60).

63. Floquet em sua *Histoire du Parlement de Normandie*, n.º 405 da Bibliografia (tomo V p. 715) conta a «historinha» seguinte, que provaria que a sentença de 21 de agosto de 1647 não fora esquecida: quando de uma conferência em Saint-Germain entre parlamentares normandos e parisienses em 1649, a cadeira do Conselheiro Costé, relator do processo, quebrou-se; O Sr. Molé teria comentado com uma frase: «Vós vereis que se trata aí de algum novo encantamento de Madeleine Bavent.»

64. Esses dois textos estão no Arsenal, Mss. 4824.

terminado[65]; o escândalo das hospitalárias normandas deixa de suscitar paixões. Madeleine Bavent não trouxe a seu convento a glória e a prosperidade, como a Madame de Belciel a Loudun. Ao contrário, com as religiosas dispersadas e as casas vendidas o mais rapidamente, as hospitalárias de São Luís não existem mais, menos de dez anos após a grande crise. As medidas tomadas pelos parlamentares de Rouen, e notadamente o apelo ao clero secular por uma observação contínua dos conventos femininos, traduzem bem o temor experimentado em toda a parte de ver reproduzidas de forma tão vulgar as peripécias dos dramas de Loudun e da Provença: a própria repetição torna-se motivo de escândalo.

2. *Os Elementos do Escândalo*

Contudo, esses processos em série não perturbaram as consciências somente em virtude de sua repetição: por mais incômodo que seja o fato de se ver um crime reproduzir as circunstâncias e os gestos de um crime anterior, isso não poderia ser suficiente para causar inquietações; sobretudo em matéria de feitiçaria, em que desde decênios, e particularmente desde a multiplicação dos tratados de demonologia, todos os curiosos puderam aprender as artes do Demônio, e como seu repertório, por variado que fosse, reaparecia imutável de um processo a outro. O escândalo nasce aqui, precisamente, das inovações reveladas por estes três casos: enquanto que os contágios diabólicos tradicionais são rurais e não atingem senão miseráveis, esses processos põem em causa, diante de multidões urbanas agitadas por espetáculos assombrosos, jovens da boa burguesia ou de famílias nobres. Eles convulsionam durante meses a vida de conventos até então tranqüilos, provocando confrontações veementes entre as diferentes ordens regulares convocadas para participar da restauração da disciplina espiritual, nestes estabelecimentos femininos afligidos pelo Demônio; eles terminam pela condenação de padres estimados, arrancados de seu ministério, lançados durante meses em uma instrução judiciária pública, em que devem afrontar os furores sem freio das freiras sob exorcismo, e finalmente entregues vivos às chamas sem mesmo a graça do estrangulamento prévio. Essas novidades que trazem os três grandes processos constituem os elementos essenciais em virtude dos quais o escândalo assumiu toda a sua amplitude.

a) **O padre-feiticeiro:** Que padres consultem livros de magia e se dediquem a alguns malefícios fora do exercício de suas funções, não é coisa absolutamente inaudita antes de Gaufridy; são menos freqüentes que os padres

---

65. Os últimos libelos relativos a Madeleine Bavent são reproduções da sentença de Rouen e de sua confissão geral publicados em 1647 e 1652.

de má vida, a quem as visitas episcopais assinalam a má conduta ou a embriaguez; mas acontece que esses são logo degradados das Santas Ordens por seu bispo, depois remetidos ao juiz secular que instrui seu processo sobre o delito comum: processo lento, sobretudo se o padre apela antes do bispo ao metropolitano[66]; mas o resultado é o mesmo que para um feiticeiro comum: primeiro o vencilho, depois o feixe. Os contemporâneos aliás não parecem melindrar-se além da medida com a existência de padres pervertidos. Pierre de l'Estoile narra sem emoção, a 21 de outubro de 1596, uma rixa entre dois curas: "Na segunda-feira, dia 21, dois padres, um feiticeiro e o outro putanheiro, se bateram na Igreja de Saint Esprit em Paris, o feiticeiro tendo dito a Missa havia esquecido no altar a touca de uma criança recém-nascida". Da mesma forma, o procurador-geral do rei, junto ao Parlamento de Rennes, requer sem paixão, em 1597, a execução de uma degradação para um padre "culpado de sortilégios, malefícios, envenenamentos e fabricação e exposição de moeda falsa"[67]. Esses padres-feiticeiros não se destacam realmente da gente comum e não são tratados de maneira particular, quaisquer que sejam suas maldades nesses domínios[68]. Somente se distinguem em meio a esses "precursores", aqueles que Pierre de Lancre descreveu na relação de suas façanhas. O magistrado bordelês, que se orgulha de ter levado à morte pelo menos duas dezenas deles, consagra-lhes um discurso inteiro no livro VI do seu **Tableu de l'Inconstance:** sobre os padres-feiticeiros e quantas coisas singulares e belas circunstâncias se passaram em seus processos... Todavia, a lê-lo bem, ele lhes recrimina sobretudo a má conduta: "Ninguém se escandaliza absolutamente com suas ações. A taberna, a dança, as vestimentas, o jogo da bola pelas ruas, a espada ao lado, a **demipique*** na mão, passeando pela aldeia, ou indo às festas das paróquias não lhes são recriminados. Ir aos vales

---

66. É o caso de Jean Belon, cura da diocese da Bourges, degradado a 4 de dezembro de 1593 em Tours, e condenado definitivamente a 4 de março de 1597: cf. A. N. AD III, 33, 73.

67. Dom Pierre Broca da diocese de Dol, A. D. Ille-et-Vilaine, I Bb, 88 f.º 17 v.º.

68. Outros exemplos: um padre de Avranches, denominado Lerry, a 23 de maio de 1594, (A. D. Seine-Maritime, F 14, f.º 731); Andre Gauvain dito La Croix, em Paris, dizendo-se padre a 4 de junho de 1609, A. N. AD III, 33, 84; ou ainda Philibert Delneau (1624) cura de Brazey próximo de Autun, cujos sortilégios são narrados em toda sua extensão em um escrito polêmico conservado na biblioteca do Arsenal, Mss. 2663, f.º 46 e ss. O relato é interessante por mais de uma razão; fala de buscas de tesouros guardados por um demônio, confessa a maior parte das práticas diabólicas admitidas nesse tempo; encerra-se com um fim edificante: «Após uma vida plena de desordens e abominações, após ter entregue mil almas ao demônio, ele teve a felicidade de morrer com sentimentos que edificarão todo o mundo e que fazem crer que Deus lhe concedeu misericórdia».

* Lança de cabo curto portada pelos oficiais de infantaria no século XVI. (N. do T.)

68a. Pierre de Lancre, *Tableau de l'Inconstance...*, n.º 221 da Bibliografia p. 417.

sós... acompanhados de três ou quatro belas moças são coisas comuns...[68a]; quanto ao resto, foram denunciados dez a vinte vezes cada um de terem servido na missa sabática. O que bastará já para enviá-los à fogueira com suas belas paroquianas. Mas a indignação virtuosa do juiz dá o tom do requisitório[68b]. Padres depravados, padres mágicos, não são, pois, uma verdadeira novidade.

Mas esses padres são todos diretores espirituais: curas de paróquias urbanas, durante muito tempo considerados por seus paroquianos como excelentes padres, particularmente capazes de dirigir as almas inquietas e exigentes que são em grande número nos meios urbanos daquela época. Somente Boullé fazia exceção, talvez, a esse respeito, ele que era considerado um homem do campo. Todos puderam empenhar-se para assegurar a direção espiritual de conventos femininos; por isso, quando os delírios demonopáticos tomam conta das comunidades, não são denunciados como feiticeiros comuns: são criaturas satânicas fora de série. Madeleine Demandols, com a ajuda de Michaelis, sem dúvida, deu o tom nesse ponto, como em muitos outros: ela confessou aos juízes: "O dito Louis (Gaufridy) era mágico, havia quatorze anos que fora eleito príncipe dos mágicos, por que fazia reunir-se todos os dias a sinagoga que não se reunia antes mais que um dia por semana"[69]. No decurso dos exorcismos de Sainte-Baume ou de Aix, os Diabos empregam também as expressões "Príncipe da Sinagoga", "Lugar-Tenente de Lúcifer", para designar aquele que ocupa o primeiro lugar logo após os próprios diabos quando do sabá, cujas ordens são evocadas com muito cuidado[70]. Esses padres-feiticeiros que assinam um pacto e que conduzem o sabá e sua missa às avessas não podem pois ser assimilados à população comum: mesmo se suas "vítimas" não insistem, como na Provença, nestes títulos que consagram uma superioridade e lhes dão uma justificação "teológica"[71], com que os exorcistas de Loudun e de Louviers parecem ter tido menos cuidado que o dominicano, sempre disposto a fazer com que Verrine ou Belzebu descrevam o inferno. Feiticeiros excepcionais, esses padres o são por eleição diabólica; quando Marie de Sains se van-

---

68b. O *Tableau l'Inconstance* volta sem cessar a esse tema: abre-se com ele: no livro I, o terceiro discurso é consagrado e «uma certa espécie de mulheres que se tem na região de Labourd por Fabriqueiras, que são chamadas Benditas» e que se fecham nas igrejas com seus padres, «no escuro da manhã. e ao meio-dia que é a hora do silêncio da Igreja e à noite»... *Tableau*, pp. 48 a 64 e principalmente p. 60.

69. B. N. Mss, fds fs, 23852, 27.

70. Cf. em Michaelis, *Histoire admirable*, edição de 1614, p. 358: Belzebu, Leviatã, Asmodeu. Balberit, Astarot, Verrine (que é o interlocutor habitual dos exorcistas na Provença), Grésille, etc.

71. Joana dos Anjos, entretanto, utiliza-se das hierarquias infernais. Ela reconhece dentre seus demônios Asmodeu, Leviatã, Grésil; é na ocasião da saída desses que se inscrevem em letras vermelhas sobre sua mão esquerda os nomes de seus protetores: Balam escreve José, Izacaron Maria, Behemot Jesus e Francisco de Sales.

gloria de ter encontrado Gaufridy, evoca seus transportes da Provença a Flandres, joga com essa preeminência infernal do cura de Accoules, o primeiro dos homens-lugar--tenentes que Satã recrutou de sobre o mundo.

Em segundo lugar, esses diretores de consciência às voltas com as denúncias das freiras viam todos imputar-se-lhes como crime as suas fraquezas da carne: a luxúria é aqui instrumento demoníaco essencial, ao passo que os processos tradicionais não lhe atribuem um lugar importante, a não ser na medida em que o próprio juiz instrutor é levado aos detalhes sabáticos escabrosos. Os testemunhos colhidos em Marselha, na paróquia de Gaufridy, as precauções oratórias dos defensores de Urbain Grandier permitem adiantar que um e outro nem sempre resistiram às tentações oferecidas aos padres jovens pelas solicitações incômodas de paroquianas possessivas[72]; os relatos de Loudun fazem referências a certas rivalidades femininas em torno de Grandier. Mas os processos acrescentaram muito mais a isso: Madeleine Demondols, que alternadamente sobrecarregava Gaufredy de revelações e proclamava sua inocência, obrigou Gaufridy a reconhecer uma intimidade que favorecia todas as interpretações malevolentes; nos interrogatórios de fevereiro e março de 1611, quando ainda enfrentava seus acusadores, o cura de Accoules admite que constatou a paixão experimentada por sua jovem penitente em relação a ele, sem que houvesse jamais cedido[73]. Mas a jovem ursulina não deixa de repetir o contrário, de evocar um feitiço contido em uma noz, depois um pêssego "que eles comeram os dois" — em Loudun é um "ramo de rosas" jogado por cima do muro do convento — e mil pequenos detalhes de uma longa familiaridade que vem depor contra ele. A freirinha, que se declara "conhecida carnalmente e contra a natureza", não teme a evocação precisa que é, bem sabe, arrasadora[74]. No fim da instrução, Gaufridy prostrado reconhece tudo...

Em Loundun, a acusação de luxúria toma maior amplitude ainda: as aventuras anteriores do cura, seu pequeno tratado contra o celibato eclesiástico, fornecem argumentos determinantes; as companheiras de Joana dos Anjos encarregam-se do resto, no decurso dos exorcismos-con-

72. Os processos contêm queixas pitorescas de maridos inquietos mais do que convencidos: «Todas as mulheres que se considerava então devotas, corriam na dita devoção... tagarelar com seu padre confessor».
73. «Reconheceu que ela lhe dedicava afeição e um dia lhe disse na Igreja: Madeleine seja ponderada, pois reconheço que você está apaixonada por mim... Interrogado se não a tinha beijado ou tocado, disse que a verdade é tal que ele era muito familiar na casa dela, mas jamais a tinha conhecido nem tocado». Mas reconhece também palavras imprudentes, gracejos saídos de sua boca que vêm comprometê-lo: «interrogado se não tinha dito a Madeleine que se se apresentasse ocasião, não brincaria, disse que sim».
74. «Vós sabeis bem que fizestes de mim tudo aquilo que quisestes tanto pela frente quanto por trás, embora seja verdade que eu estava coberta tanto na capela quanto em vosso quarto». B. N., Mss. fds. fs. 23852, 52.

frontações, em que sua impudicícia excitada pela presença do cura assombra os assistentes mais precavidos: gestos e palavras, imprecações, trejeitos, evocações sem ambigüidade, afligem o cura de San Pierre encerrado em suas negações. Em Louviers, dois anos mais tarde, as hospitalárias vão mais longe ainda: Mathurin Picard e sobretudo Thomas Boullé são acusados de múltiplas paternidades, cujos filhos foram criados não se sabe bem onde, durante alguns anos para servirem, em seguida, de assado no banquete sabático. A revelação desses desvarios assusta muito mais os visitantes de Louviers do que Picard, enterrado como um santo confessor no convento, conhecido em vida tão-somente por seu pequeno tratado, onde acumulou em trezentas e cinqüenta páginas as citações das Escrituras e dos Padres reprovando a luxúria, o adultério, o incesto, o rapto. É verdade que não faltaram anteriormente testemunhas favoráveis aos dois outros, em Loudun e em Aix, atestando que levavam uma vida boa e de bons costumes sem jamais terem praticado "ato indigno de (sua) profissão"[75]. Mas esses testemunhos não pesaram muito: a luxúria constitui claramente um elemento primordial na definição do padre associado à obra satânica diabólica da perdição.

Um último traço completa este retrato do padre-feiticeiro e marca a sua originalidade: é a capacidade de resistir à acusação. Sem dúvida outros acusados, nas mãos de Nicolas Rémy ou de Boguet, deram provas de uma rara resistência à tortura, persistiram em suas negações até ao extremo e salvaram assim suas vidas. Os criminalistas da época sabem que os malfeitores experientes persistem em não confessar jamais; e o Padre Tranquille em sua "relação dos justos procedimentos" de Loudun tira daí um argumento[76]. Mas essa força moral e essa energia física não servem de imagens para a resistência que os padres-feiticeiros souberam demonstrar: Picard, que não podia mais se defender, e Boullé, vigário indiciado no decurso da instrução, podem ser postos à parte; os dois outros são padres instruídos, capazes de argumentar, senão contra as freiras furiosas, ao menos contra os juízes com serenidade. Em um e noutro caso, uma primeira fase da acusação sofre uma reviravolta completa, graças aos apoios e à firmeza dos dois padres. Durante meses, eles puderam enfrentar os juízes e os exorcistas, opor argumentos razoáveis a seus adversários. Gaufridy, enfurecendo-se contra Madeleine e seus persecutores, não deixa, mesmo em sua cólera, de tirar partido

---

75. Depoimentos de Jean Arnand, deão de Accoules, Dominique Berthe, preboste de Saint-Martin, etc. a favor de Gaufridy, B. N., Mss. fds. fs., 23852, p. 18 e s.

76. *Véritable relation...*, n.º 336 da Bibliografia, pp. 31-32. «Se há inocência em não confessar o crime sob tortura, há por conta disso muitas verdadeiras criminosas que são inocentes.

da aparente impotência do Demônio em intervir contra ele: "Maldizendo e invocando os diabos, e dizendo que podia destruí-lo na presença dos assistentes, se ele o tivesse jamais tocado"[77]. Um bom demonólogo, certamente, não cede ante tal argumentação: Satã é impotente contra a justiça, e além do mais guarda-se bem de obedecer a seus cúmplices; por vezes abandona suas criaturas, assim como jamais as retira dos cárceres; entre o exorcista e o acusado trava-se um diálogo de surdos. Mas a réplica, o vigor das argumentações impressionaram mais de um espectador de Sainte-Baume. E em Loudun mais ainda: Grandier acareado a 23 de junho de 1634 com as freiras desenfreadas, quando procura exorcismá-las ele mesmo, não vacila, inclusive teologicamente, ante os ardis da prioresa e de seus conselheiros. Quando o cura de Saint-Pierre envia, pouco depois, sua súplica ao rei, não deixa de ressaltar as incoerências mais gritantes do processo: que todas as "revelações" das exorcismadas eram acolhidas pela justiça como verdades comprovadas, embora fossem ditadas pelo "pai da mentira que tem prazer em fazer do culpado, inocente, e do inocente, culpado"; que seus juízes, após terem procurado durante horas, a golpes de agulhas, a marca satânica, sem sucesso, concluíram finalmente "que o diabo (lhe) havia tirado as marcas"; que esses diabos que possuem as jovens não conservaram os dons naturais dos anjos decaídos "dentre as quais a ciência é um dos principais", já que "esses pretensos diabos não entendem senão a língua do país e algumas palavras de latim que dois anos de exercício teria feito com que papagaios as aprendessem"[78]; e outros tantos argumentos sólidos que Grandier sabe como valorizar a fim de recusar as prováveis conclusões de Loubardemont e seus associados.

Mais difíceis de serem convencidos de seus crimes que uma feiticeira da aldeia, esses padres cultos podem pois utilizar-se de seu saber teológico para justificar suas negativas. Além do mais, não confessam, salvo Gaufridy, que entretanto resistiu a Michaelis durante longos meses. Inclusive Thomas Boullé não admite o crime de magia que lhe é imputado: essa perseverança (no crime aos olhos dos demonólogos) impressionou os assistentes e os comentadores. Os defensores de Grandier não eram todos libertinos ou protestantes animados por segundas intenções anticatólicas; mas também honestos magistrados comovidos pelos argumentos e pela atitude dos acusados: d'Ormesson é um bom exemplo para Louviers.

Esses elementos não esgotam, evidentemente, os conteúdos escandalosos do papel desempenhado por esses

77. B. N., Mss. fds. fs., 23852, 53.
78. Essas citações são extraídas do texto da súplica, A. N., U 832.

padres no curso dos processos excepcionais. Para os fiéis, mais ou menos convencidos, que se apresentam nos exorcismos, ou lêem na **Gazette** o relato mitigado desses estranhos eventos, o fato mais admirável é talvez a duração mesma do crime: cada um desses lugar-tenentes do Inferno exerceu impunemente seu ministério sagrado durante largos anos, sem que ninguém tenha desconfiado; nem mesmo suposto que esses padres respeitados, bem conhecidos em sua paróquia e mesmo fora dela, tenham podido, a cada semana, ou quem sabe a cada dia, fugir da companhia de seu círculo habitual e dirigir pomposamente o sabá, para lá arrastar essas boas religiosas encarregadas da educação de boas moças, perverter e desencaminhar ao invés de educar e conduzir pelo bom caminho. Para esses homens, que relacionam todos os eventos à vontade divina, é um bom motivo para escândalo: os caminhos do Senhor são tortuosos, pois eis que Ele permitiu que, durante um tão longo tempo, as mesmas personalidades de primeiro plano, na escala de uma pequena cidade de província, fossem simultaneamente, segundo a aparência, bons padres ativos e preocupados com suas ovelhas e, de forma dissimulada, os agentes mais eficazes do Diabo[79]. Esse desdobramento de suas atividades não embaraça os teólogos e os juízes, que vêem aí um ardil suplementar e a prova mais convincente de sua perversão. Isso não deixou, entretanto, de impressionar; que uma aldeã vá durante anos ao sabá todas as quintas-feiras, enquanto seu marido dorme com um sono pesado, nada de extraordinário; mas que um clérigo, ordenado padre, cônego beneficiário na ocasião, encarregado precisamente de velar pela salvação das almas, de auxiliá-las a evitar o "Mal", chegue a tanto, e mesmo pior ainda, dirija a dança infernal por tanto tempo, é o cúmulo da audácia satânica. Sem nenhuma dúvida, essa prevaricação dos padres diabólicos dificilmente teria encontrado crédito, não fossem as imprecações denunciatórias das freiras fixadas em suas presas.

b) **Os conventos entregues ao demônio.** Todavia essas grandes perturbações que agitam principalmente a Ordem de Santa Úrsula, não são menos "escandalosos" que o papel atribuído aos padres-feiticeiros em cada um desses casos. Nesse plano também, a inovação é sensível em várias partes: na definição mesma da intervenção diabólica, que faz das freiras, à exemplo de Marthe Brossier anteriormente, vítimas participantes a contragosto, e não culpadas; na agitação coletiva dos conventos, se bem que outros estabelecimentos femininos tenham conhecido outrora problemas de natureza semelhante, que provo-

---

79. Em Loudun como em Aix, a questão preocupou mais de um espectador dos exorcismos.

caram rumores em seu tempo[80]; no próprio comportamento das freiras que não são apáticas ao interesse suscitado por suas desventuras, ao afluxo de curiosos e à fama que essas crises atribuem ao seu estabelecimento.

Nos processos tradicionais, a feiticeira é, pelo pacto, feiticeira jurada; a possessa nada assinou, não é pois cúmplice. Esse desdobramento de funções é importante para os juízes e para os peritos que os auxiliam, teólogos ou médicos. Com a Igreja reivindicando as simples possessas e entregando à justiça secular somente as feiticeiras juradas, a distinção não coloca problemas de direito. Mesmo o terrível Spengler distinguia no fim do século XV as possessas das feiticeiras, mais comuns. Mas as coisas se complicam no início do século XVII quando as possessas denunciam não uma intervenção diabólica direta, um Leviatã ou um Asmodeu tentadores, mas um intercessor que assume o encargo de exercer, em lugar dos demônios enviados por Satã, a obra maléfica. As possessas que apresentam ademais os mesmos sinais (marcas) e entregam-se às mesmas atividades (sabás) que as feiticeiras juradas, tornam-se denunciadoras graças ao próprio jogo dos atos de cura espiritual ao qual a Igreja as submete: o exorcismo praticado pelos padres que se revezam até que a possessa esteja livre de seu mal, transforma-se no ato essencial através do qual essas vítimas não aquiescentes do Diabo traem seus segredos, revelem seus cúmplices; e fornecem alimento aos juízes seculares vindos para recolher esses depoimentos articulados no cerimonial de uma purgação espiritual assim como outras tantas provas em contrário aos verdadeiros feiticeiros.

Sem dúvida tal terapêutica não deixa de oferecer perigo: Wier, que estudou esse aspecto pouco provido do dossiê diabólico, recomendava o uso de palavras adequadas, para expulsar os demônios, e escarnecia com audácia do ofício praticado em São Pedro de Roma "onde entre diversas orações e exorcismos muito ridículos, há uma reza que propõe a Jesus Cristo a anatomia do corpo humano, como se Ele ignorasse qual parte é necessário curar"[81]. No entanto, o exorcismo público, sobre o qual Wier nada diz, revelou-se aos olhos dos demonólogos um instrumento eficaz do processo inquisitorial. Um lugar-tenente criminal de Paris, Jean Le Normant de Chiremont, futuro colaborador de Michaelis (ele prepara, alguns anos mais tarde, a edição do volume narrando a história admirável de Marie de Sains), é encarregado de elogiar suas virtu-

---
80. Wier menciona alguns exemplos disso para a metade do século XVI sem atribuir-lhes muita importância; cf. tomo I, p. 526 e s.
81. Wier, *Histoires*, II, pp. 135-138 e aqui p. 109.

des em um pequeno livrete redigido sob a forma de discurso ao Rei Luís XIII; conta como no mesmo dia em que Gaufridy foi executado em Aix, a 30 de abril de 1611, foi tomado de uma febre ardente e furiosa e pôs-se a percorrer as ruas anunciando a vinda do Anticristo; expõe em seguida no mesmo tom as suas relações com Concini, o mágico, e mistura histórias de cometas para explicar enfim que, sem os exorcismos de Madeleine, jamais o lugar-tenente de Satã teria sido desmascarado: "É necessário, escreve ele, estabelecer a lei contra a magia e a feitiçaria, restabelecer o uso do exorcismo"[82]. Formulações de um obcecado que acreditava firmemente na proximidade do fim dos tempos; não é necessário restabelecer o uso do exorcismo, que não foi jamais proibido, nem banido por desuso das práticas da Igreja; esse traço, entretanto, exprime bem a convicção de todos aqueles que ficaram impressionados com a eficácia do novo método que combina a confissão pelo exorcismo público com a instrução judiciária propriamente dita. A possessão coletiva e a prática de exorcismos em comum não podiam despertar escrúpulos nesses angustiados pela salvação que estão bem representados por Le Normant.

Contudo, tanto em Aix como em Loudun[83], a atmosfera desses conventos sem clausura efetiva, dedicados à educação das jovens da boa sociedade — nobres e burguesas — não é desfavorável, ao contrário do que se pensa, a esse gênero de obsessão. De uma forma geral, a vida conventual feminina, que tomou um impulso tão grande nessa época, procura ainda as suas normas; a disciplina de vida e de trabalho, que as fundadoras e as superioras se esforçam em impor às suas jovens; nem sempre é equilibrada, nem aceitáveis para todas as noviças que buscam no convento um refúgio distante do mundo, mais dê que a realização de uma vocação bem definida. É indubitavelmente o caso de Madeleine Demandols em Aix e Marselha; é o caso de várias ursulinas, em torno de Joana dos Anjos, como as Senhoras de Dampierre. Sobretudo essas comunidades não podiam considerar as crises de possessão, que se abatem sobre elas, como uma maldição; é uma pesada cruz que lhes é inflingida, para servir à santificação das almas. Mas a conspiração satânica, que descaminha alguns membros da comunidade, fornece a indicação mesma da importância reconhecida ao mesmo tempo pelo Diabo e por Deus à sua ordem: pelo Diabo, por atacar à Santa Úrsula mais de que a outros, menos ativos, menos temíveis segundo

---

82. *De l'exorcisme*, n.º 236 da Bibliografia, p. 34 (p. 35, ele escreve igualmente: «Gaufridy que foi descoberto e exterminado pela via única do Exorcismo»).

83. As hospitalárias de São Luís e de Santa Elizabete de Louviers não são inteiramente assimiláveis às ursulinas. No plano da atmosfera geral dos conventos femininos muitos pontos são comuns.

ele; pelo próprio Deus, que autorizou o Demônio a impor-lhes essa prova. A despeito das perturbações provocadas pelos exorcismos, pelas visitas, pelo afluxo de curiosos, pelo aparato da justiça, tais desígnios diabólicos permanecem sendo uma prova da solicitude divina. Basta ler a crônica quase contemporânea da Ordem, publicada em 1673, para essa interpretação ficar clara: a Madre de Pomereu apresenta o convento de Loudun, "casa onde Deus se mostrou admirável pelos meios que proporcionou para a santificação de um grande número de almas, permitindo a possessão e a obsessão de várias jovens seculares e religiosas[84]. Nessa Ordem, em que a intervenção divina era coisa corrente (a Madre Pomereu relata freqüentemente milagres de sacos de trigo multiplicados no celeiro), a luta com o Demônio termina por constituir um sinal de eleição: em Aix e Marselha, onde a crônica faz o elogio da irmã de Gaumer que obrigou Madeleine Demandols a revelar sua possessão; assim como em Loudun, cujas tribulações são longamente narradas: é o calvário de Jona dos Anjos, "belo lírio branco, não somente cingida e quase dilacerada pelos espinhos das tentações, mas ademais cruelmente batida por uma tormenta espantosa", e finalmente superiora admirável "verdadeira Madre, Mestra de perfeição"[85]. Nesse sentido, ao passo que os espíritos do século XX se interrogam de bom grado sobre a propagação dessas crises conventuais de comunidade em comunidade, seria necessário perguntar-se antes como as obsessões e possessões de religiosas não foram mais freqüentes: mesmo a prosperidade temporal de Loudun após a morte de Grandier poderia ter sugerido a emulação. Sem nenhum dúvida, as discussões encarniçadas que suscitaram as duas últimas possessões devem ter freado o ardor de eventuais acusações. Mas seria ainda necessário ter à mão um padre que pudesse ser acusado do "maior dos crimes", e um grupo de freiras capazes de tomar parte neste grande jogo sinistro da possessão coletiva[86].

Pois nos três conventos é sempre um grupo de jovens religiosas saídas de boas famílias que é tomado por essa febre demoníaca. Em Loudun, assim como em Aix, o

---

84. De Pomereu, n.º 295 da Bibliografia, I, p. 247; igualmente Gaufridy é «o maldito instrumento de que se serviu o Demônio como muito próprio aos seus desígnios perniciosos contra a Ordem de Santa Úrsula», *ibidem* I, p. 40.

85. *Ibidem*, tomo II, pp. 458-465. A Madre de Pomereu toma algumas liberdades com o evento: afirma que Grandier teria solicitado o cargo de diretor espiritual das ursulinas (II, p. 457), retomando por sua conta o relato dos amigos de Mignon e do *Mercure français*.

86. A última historiógrafa dessa Ordem é bem mais prudente: trata assaz longamente de Loudun, sobretudo após Grandier, mas pouco dos outros casos; trata-se no total de «acidentes passageiros, conseqüências de perseguições satânicas». Marie de Chantal Gueudré, n.º 428 da Bibliografia, I, p. 216.

recrutamento é aristocrático e burguês: é mesmo possível que Madeleine de la Palud, jovem nobre, tenha sido, em Sainte-Baume, alvo da hostilidade de uma burguesa irritada com os seus ares superiores e seu distanciamento: Louise Capeau. Em compensação, em torno da prioresa de Loudun, as jovens freiras entregues aos exorcistas pertencem todas à pequena nobreza de Poitou. No caso das hospitalárias de Louviers, o recrutamento parece sobretudo ser da média burguesia mercantil. As clivagens sociais não são pois fáceis de discernir através dessas crises e demonstrações diabólicas; mas é claro que a boa educação desses grupos de conventuais pertencentes às classes superioras da sociedade impressionou os contemporâneos. As feiticeiras de aldeia, queimadas às dezenas, na Lorena, alguns anos antes, chamaram menos a atenção que essas freiras dotadas de nomes conhecidos em suas províncias, e aparentadas às grandes famílias do reino. Ao que se ajunta o fato de que são possuídas em conjunto, se não pelos mesmos demônios, ao menos pela ação do próprio lugar-tenente terrestre de Satã. Cada uma das grandes denunciadoras arrastou consigo, à força de confidências cochichadas, de pequenos segredos e de grandes cenas que excitam a imaginação, várias companheiras que evidenciam depressa nos exorcismos as mesmas obsessões e participam ativamente da denúncia de seu subornador satânico.

Os diabos tagarelas e as freiras exaltadas exploraram largamente em cada convento o campo de demonstração que lhes oferecem os exorcismos públicos: gesticulações, discursos dos diferentes diabos, gritos e acusações, etc. Em Sainte-Baume, assim como nas Igrejas de Loudun, os assistentes não acreditam em seus olhos nem em seus ouvidos; a linguagem obscena, as posturas mais evocativas figuram nos autos redigidos pelos juízes, assim como nos relatos dos polemistas. Madeleine Demandols, por exemplo, foi, por várias vezes,

> repentinamente erguida e levantada ao alto na forma daqueles aos quais se dá a grande geena...; estando em tal estado, foi surpreendida por uma agitação extraordinária das nádegas representando o ato venéreo com grande movimento das partes interiores do ventre como nós sentimos pondo nossas mãos sobre elas, e várias outras pessoas que tínhamos chamado para auxiliar a sustentar o corpo de Magdeleine durante esses estranhos acidentes...[87].

Marie des Sains, que se declara enfeitiçada por Gaufridy, contou ao longo de seus interrogatórios como a possessão por meio de malefício de que as freiras são vítimas foi inventada, ao lado da possessão direta, pelo diabo e

---

[87]. B. N., Mss. fds. fs., 23852; cf. também p. 24 e *passim*. A mesma Demandols, aliás, se revoltava de vez em quando, após essas cenas: visitada pelas matronas, se levanta «gritando muito alto que tudo aquilo não passava de imaginações»; mesma coleção, p. 128.

os seus, para enganar os homens. O **Mercure français** faz eco disso com detalhes, pois Marie de Sains, inspirada por Michaelis, explica que as conventuais possessas não falam todas as línguas, conservando a mesma voz nos exorcismos e no comum: respostas peremptórias às objeções que a possessão provençal havia suscitado.

Interrogada para dizer quem havia inventado esse tipo de possessão por meio de malefícios visto que precedentemente as feiticeiras e mágicos executados pela justiça nada disseram dessa possessão. Ela respondeu que era verdade e que o primeiro inventor desse malefício era o dito Louys Gaufridi que a inventara no ano de 1608[88].

Vítimas de um demônio obstinado em perdê-las, as freiras enfeitiçadas e possessas suportam mais ou menos bem as longas sessões impostas pelos exorcistas e, em seguida, o abatimento da solidão conventual: as ursulinas da Provença, que dão o tom, se queixam de dores em geral e de dores de cabeça, de insônias e de sonhos espantosos, de estremecimentos e febres variadas. Madeleine Bavent manifestou freqüentemente também perturbações fisiológicas diversas, que a enfraquecem e redobram a freqüência das crises. O mesmo sucede em Loudun, embora certos polemistas tenham ressaltado a saúde das companheiras de Joana, um deles tira daí um argumento (menor, sem nenhuma dúvida) contra os médicos e em favor da possessão: "O bom estado dessas boas moças e os males tão perniciosos suportados sem qualquer alívio há trinta ou quarenta meses são duas coisas incompatíveis"[89]. Elas não podem, portanto, ser "melancólicas", mesmo se apresentam os sintomas reconhecidos desde Hipócrates.

Enfim e sobretudo, essas pequenas coortes de freiras acometidas de delírio demonopático atraem sobre si, por suas aventuras, os olhares do mundo: e, apesar de toda humildade momentaneamente abandonada, elas não parecem sofrer com o fato. Não é o caso das duas Madeleines, uma e outra encerradas cuidadosamente pouco após a execução dos padres e o fim do exorcismo, e rapidamente esquecidas. Mas é o caso de Marie de Sains, a quem a filiação provençal valeu "uma grande reputação de santidade", a tal ponto "que os mais espirituais se reputavam indignos de beijar a terra por onde ela passava, e a chamavam Excelente, Santa, Pia e Prudente"[90]. É evidentemente também o caso de Joana dos Anjos, visitada pelos grandes durante anos, recebida por Richelieu e Ana d'Áustria, mantida por permissão especial trinta anos à frente de seu convento; posando duas vezes para um pintor ("não

---

88. *Mercure français*, do ano de 1624, p. 399.
89. La Menardière, *Traité de la mélancholie*, n.º 292 da Bibliografia, p. 35.
90. *Mercure français*, 1624, p. 388.

sem grande repugnância", é verdade), mostrando suas marcas para os viajantes e peregrinos, enviando suas diretivas espirituais e suas revelações através de toda a França, a prioresa de Loudun permaneceu, muito tempo depois que o Padre Surin logrou reconduzi-la pelos caminhos de uma piedade menos extraordinária, atraída por uma certa complacência, que deu motivos a críticas e a sarcasmos[91].

Todos esses elementos desempenharam seu papel, muito ou pouco, em cada um desses grandes casos, em que a ação de Satã se apresenta sob formas inesperadas: a presença e a participação de religiosas muito devotas, a publicidade concedida a suas confissões por exorcistas imprudentes, a repercussão de tais eventos nas próprias cidades em que se desenrolam e amiúde nas redondezas distantes, todo esse reboliço constitui um dos fatores decisivos do escândalo, tanto quanto a inculpação dos padres. Acrescenta-se ainda, de forma menor sem dúvida, as rivalidades e disputas que opõem claramente as ordens interessadas na direção espiritual dessas agitações.

c) **As rivalidades dos clérigos.** Nenhum desses grandes casos, com efeito, se desenrolou sem que se produzissem choques entre seculares e regulares, ou entre as diferentes ordens que foram chamadas para participar dos exorcismos. Dominicanos e capuchinos, ordens da Inquisição, estão na primeira fila, em virtude dessa "especialização" mesma. Presos na armadilha de suas próprias cerimônias instituídas para a edificação dos fiéis e a intimidação dos demônios, os exorcistas de diferentes profissões embarcaram em polêmicas veementes, que não cessaram de espantar o público curioso da época.

Essas disputas de monges devem ser consideradas como conseqüência ao mesmo tempo da publicidade dos exercícios e da duplicidade dos demoníacos. Em cada caso, as religiosas possessas revelam-se, ao longo de suas sessões, caprichosas e capazes de simulação. Madeleine de la Palud contradiz cem vezes, esbofeteia seus interlocutores, fala abundantemente durante todo o dia em Sainte-Baume, simula visões em que Gaufridy lhe aparece, invisível aos demais. Louise Capeau e a irmã de Gaumer inventam dia a dia em Sainte-Baume, multiplicam as revelações, a respeito das quais os exorcistas mais convictos, Domptius e Michaelis, ficam por vezes pasmados. Nesse sentido, Joana dos Anjos foi certamente ainda mais longe: ela fabula durante anos — e mesmo ainda com o Padre Surin, após a morte de Grandier — e engana deliberadamente, por momento ao menos, exorcistas e espectadores. A neurose histérica que aflige essas freiras possessas comporta este talento de iludir

---

91. Cf. sobre essa matéria as páginas do Padre Certeau, n.º 328 da Bibliografia, pp. 1737 e 1742 principalmente.

os observadores mais perspicazes: o que não eram os padres capuchinhos de Loudun, nem os dominicados de Sainte-Baume, antes convictos de ouvirem realmente os demônios exprimindo-se pela boca de suas pacientes[92].

A publicidade das revelações e exibições dá um aspecto trágico às dificuldades que suscitam inevitavelmente essas contradições, denúncias e dissimulações oferecidas como alimento a um público por vezes mal intencionado. As "afligidas pelo demônio" praticam de bom grado a denúncia espetacular dos assistentes, clérigos ou leigos, que manifestam algum ceticismo ou contestam seus dizeres e passam rapidamente às ameaças, com grande estardalhaço. Quando Madeleine está nas mãos de Michaelis em Sainte-Baume, os capuchinhos de Marselha recusam-se a admitir suas acusações; alegam mesmo a presença em seu convento de Aix de um possesso que canta louvores a Gaufridy e trata Madeleine de miserável e mentirosa. Michaelis certamente não teve dificuldade em esclarecer essa contradição: o diabo de Aix é um enviado especial de Lúcifer encarregado de tornar duvidosa a verdade de Sainte-Baume. Entretanto, os capuchinhos provençais tomam o partido de Gaufridy e aconselham ao bispo, algumas semanas mais tarde, a mandá-lo libertar de Sainte-Baume. Não se inclinam exceto ante a máquina judiciária, quando o Presidente du Vair despacha rapidamente o processo do cura de Accoules[93]. Esses conflitos mantêm-se ao longo de toda a duração das curas exorcísticas: os demônios das freiras possessas são difíceis de ser expulsos; as semanas e os meses passam sem grande sucesso. Madeleine Demandols pretende estar habitada por demônios aos milhares, Joana dos Anjos e Madeleine Bavent não possuem mais de uma dezena, porém perseverantes. E a tarefa é tanto mais pesada, quando é necessário exorcismar ao mesmo tempo cinco ou seis jovens uivadoras e saltitantes. Outrossim, todos os exorcistas admitem uma relativa ineficácia de seus esforços e, como para Marthe Brossier, é perfeitamente lícito apelar a outros padres, considerados mais talentosos. Quem quer que passe por Loudun pode tentar a mão e fazer com que lhe confiem, não a Madre Superiora, mas algumas das outras freiras, ou leigas.

92. O Padre Certeau, em seu perfil psicológico de Joana dos Anjos, insiste com justa razão sobre esse aspecto da histeria demonopática. Cf. n.º 328 da Bibliografia, pp. 1729 a 1735. Ele cita de bom grado J. Lhermitte, n.º 457, *Vrais et faux possédés*, escrevendo: «As histéricas são capazes de iludir o melhor observador».

93. B. N., Mss., fds. fs., 23852; e Dupuy 673, *passim*. Os acidentes de percurso, como o retorno de Gaufridy a Marselha, provocaram também conflitos entre regulares da mesma ordem: Michaelis e Domptius censuraram-se mutuamente pelo malogro e disputaram as minutas dos exorcismos. Pouco depois, quando se abre o inquérito judiciário em Aix, se reconciliam e vão juntos oficiar em Flandres alguns meses mais tarde.

"Lances de teatro", saltos, e prolongamentos indefinidos inquietam as autoridades religiosas mais favoráveis, como o bispo de Poitiers, que, após ter presidido os exorcismos durante dois meses, deixa de se acupar de Loudun; mas o Cardeal de Richelieu se cansa de modo que ordena, no outuno de 1643, aos jesuítas da Aquitânia para que substituam os capuchinhos junto de Joana dos Anjos; Surin, enviado de Marennes a Loudun, conta como pouco depois de sua instalação junto às ursulinas, outros jesuítas de passagem, recomendaram-lhe "a não se deixar surpreender, mas a examinar bem para verificar se não havia ficção naquilo"[94]. Essa terapêutica espiritual, exercida em praça pública, leva as ordens regulares a defrontarem-se em discussões polêmicas sem fim.

Combates obscuros, que nem sempre foram relatados pelos cronistas; nem Domptius, nem Michaelis fizeram largas referências a suas dissensões passageiras ou a seus debates com os capuchinhos. De um caso a outro, as mesmas ordens encontram-se em posições diferentes; não há, nesse domínio controverso, uma ordem mais esclarecida que outra. Os capuchinhos provençais, que levaram tanto tempo para admitir a possessão das ursulinas não manifestam a mesma segurança dos do Poitou, Lactance e Tranquille, que foram os principais exorcistas em Loudun até o fim de verão de 1634 e que conduziram eles próprios Grandier à fogueira; menos ainda mostraram o ardor combativo do provincial normando de sua Ordem, o Padre Esprit de Bosroger, que escreveu um grosso livro para narrar a história de Madeleine Bavent e demonstrar a possessão e a culpabilidade dos dois padres[95]. Os dominicanos, que conduzem a perseguição aos demônios na Provença e em Flandres, não aparecem mais nos grandes papéis, em Loudun e em Louviers. Os jesuítas, que não intervêm de boa vontade na primeira linha nestes casos, parecem tão divididos sobre o problema quanto os da Alemanha, onde F. Spee contradiz Delrio no momento mesmo desses grandes processos[96].

As rivalidades de regulares em torno das freiras possessas, as disputas de clérigos sobre a eficácia de seus exorcistas impressionam, sem dúvida, menos à opinião atenta a esses eventos do que os dois outros elementos: o prêmio das discussões — que nada tinha de bizantino — contribui para lhes dar uma significação patética. A obstinação de Michaelis parece tanto a satisfação de uma antipatia irreprimível por Gaufridy quanto ao desejo caridoso de livrar Madeleine Demandols e Louise Capeau e de ex-

---

94. B. N. Mss., fds. fs., 14596, f.º 8.
95. Esprit de Bosroger, *La piété affligée*, n.º 189 da Bibliografia.
96. Cf. B. Duhr, *Die stellung...* n.º 396 da Bibliografia. Tratar-se-á de F. Spee mais adiante, capítulos 5 e 8.

pulsar os diabretes que as atormentam. Uma vez que Gaufridy passa à alçada de Guillaume du Vair e o processo fica bem encaminhado, Michaelis retira-se e abandona Madeleine nas mãos de exorcistas de menor gabarito que, no início do caso, haviam começado a expulsar os diabos do convento de Aix[97]. As exclamações triunfais do provincial capuchinho da Normandia em seu relato da possessão de Louviers, quando venceu as hesitações de François Péricard, bispo de Évreux, e obteve a sentença de condenação pronunciada pelo Parlamento de Rouen, têm igualmente uma entonação indecente[98]. Certamente, a luta contra o Diabo e suas astúcias infinitas pode explicar, quer esse encarniçamento, quer essas manifestações de violência. No entanto, os contemporâneos prestaram viva atenção a essas querelas de clérigos e aos excessos de linguagem pelos quais elas se exprimiram. Nos debates que provocaram os dois últimos casos, Loudun e Louviers, é um ponto de vista sobre os eventos que é freqüentemente salientado pelos polemistas dos dois campos: os que contestam a realidade das possessões e procuram explicações não diabólicas, e os outros que se queixam da presença satânica e se indignam com a incredulidade manifestada por outros clérigos (e **a fortiori** pelos leigos) como falta de fé. Quando "Satã se faz eclesiástico", como diz Michelet, e escolhe para vítimas as inocentes filhas de Santa Úrsula e de Santa Isabel, ele oferece aos olhos do mundo um terceiro elemento de escândalo: a diversidade das opiniões dos teólogos, que disputam a seu propósito, entretanto, pois, em seu jogo... "Caminhos incompreensíveis de Deus", proclama Bosroger, que não teme a escritura enfática[99]. Esses três elementos estreitamente ligados, e principalmente o último, reaparecem ainda nos casos de menor importância que reproduzem, ao menos em parte, durante esse período, os traços essenciais desses grandes processos.

3. *Contágios Menores*

Antes de evocar os temas e as orientações dos debates suscitados por esses grandes processos, deve-se ten-

---

97. Fim de março de 1611, Michaelis está ainda em Aix, mas ele próprio não exorciza mais; no fim do processo, deixa Aix e não assiste à execução de Gaufridy; cf. a *Histoire admirable*, n.º 260 da Bibliografia p. 430 e s.

98. Ele comenta a sentença de 21 de agosto de 1647: «Assim os oráculos da lei são trazidos pelos Anjos, assim as coisas sagradas não são tratadas dignamente, senão pelos Deuses; assim os Decretos da Justiça eterna animam os bons juízes e pronunciam suas sentenças tão augustas, que não é permitido aos homens, nem à minha pena, acrescentar-lhes nada». Bosroger, *op. cit.*, pp. 421-422.

99. Bosroger, p. 355: «Oh grande Deus, quão incompreensíveis são vossos julgamentos e quão profundos são vossos pensamentos divinos». E muitas outras exclamações desse gênero, através de seu longo discurso.

tar captar sua repercussão imediata, sob a forma mais concreta: a imitação contagiosa, que não conseguiu enfeitiçar comunidades inteiras e não conduziu à fogueira suas vítimas indicadas, mas representa, contudo, uma imagem bastante fiel desses grandes escândalos demoníacos. Nas fronteiras do reino, na Lorena de língua francesa, Madeleine de la Paulud fez escola nos anos 1620; em torno de Loudun, o Poitou foi tomado de uma febre conventual desde 1634-1635, que ameaça repetir em dez exemplares o processo de Loudun: em Chinon, acima de tudo, onde as autoridades civis e religiosas usaram de energia para detê-la. Enfim, esparsos através da França, em Toulouse, em Sens, em Rennes, um certo número de processos, muito embora secundários, revelam claramente a influência desses grandes processos cujos principais atos se difundiram através de todo o reino, sob a forma de libelos reproduzindo o texto de uma sentença, ou então de curtos panfletos que tomam posição a favor ou contra a possessão de algumas jovens, a culpabilidade dos padres; seja enfim sob a forma de grossos tratados que comentam o conjunto de um dossiê como Michaelis, Bosroger ou Surin.

a) **Elisabeth de Ranfaing.** A possessão de Elisabeth de Ranfaing, que durou sete anos de 1618 a 1625 e fez três vítimas, foi estudada por duas vezes com muito cuidado: no começo daquele século por Christian Pfister, em um relato atento e rápido que diz o essencial, e mais longamente por Étienne Delcambre e Jean Lhermitte que se apegaram aos aspectos psicopatológicos do caso com muita precisão[100]. A patir de suas análises convergentes, depreendem-se os traços que fundamentam o parentesco da possessão lorena com os grandes escândalos.

Essa jovem viúva de pequena nobreza, só aos vinte e quatro anos com três filhos, em 1616, e que não conseguiu entrar para a religião em vista de seus encargos familiares, foi presa de obsessões demoníacas durante sete anos, de 1618 a 1625. Uma peregrinação e o encontro do médico de sua pequena cidade, Remiremont, teriam sido a origem de sua possessão. Instalada em Nancy a partir de 1619, perto do noviciado dos jesuítas e sob a proteção destes, ela se sobressai na crônica da capital lorena por seus exorcismos que atraíram os curiosos de todo o Ducado e mesmo da França, já que os teólogos da Sorbonne e o Padre Coton, que se retirou desde 1610 para Bordeaux, vieram vê-la e atestaram os sinais autênticos de sua pos-

---

100. Ch. Pfister, *l'Energumèene de Nancy*..., n.º 482 da Bibliografia; E. Delcambre e J. Lhermitte, *Un cas énigmatique*..., n.º 391 da Bibliografia; em seu artigo dos *Annales* de janeiro de 1948 «Sorcellerie, sottise ou révolution mentale», Lucien Febvre resumiu o relato de Pfister em duas páginas de uma verve admirável, cf. *Anailes E. S. C.*, 1948, pp. 10-22; por fim, também, nossa resenha de Delcambre e Lhermitte, em *Annales E. S. C.*, 1958, pp. 197-199.

sessão diabólica[101]. Suas denúncias acenderam pelo menos três fogueiras: o médico Poirot acusado por ela de tê-la feito engolir um filtro e condenada na justiça apesar de uma defesa obstinada, queimado em 1622 ao mesmo tempo que uma camponesa, Anne-Marie Boulay que parece ter assistido a um exorcismo e haver-se impressionado, ao ponto de acusar-se, em seguida e de forma prolixa, de cumplicidade com os demônios de Elisabeth, por fim o valete de quarto do duque da Lorena, Abraham Racinot, dito André des Bordes, denunciado por Anne-Marie, protegido por seu senhor até sua morte, depois preso, entregue ao braço secular, e executado em 1625[102]. Além dessas três fogueiras, pode-se mencionar o provincial da Champanha da Ordem de São Francisco de Paula, denunciado por Elisabeth no decurso de um exorcismo em 1619, que escapa à justiça, mas desaparece em um convento da Ordem, longe de Nancy. Após a morte de André des Bordes, Elisabeth recupera a calma, e os exorcismos cessam: durante alguns meses viaja, visita diferentes locais de peregrinação, Chartres, Notre-Dame de Liesse e volta a Nancy para fundar uma ordem feminina de acolhimento às jovens arrependidas. O primeiro convento, onde ela se instala com suas próprias filhas em 1631, recebe suas constituições de Roma em 1634 e espalha-se por toda França (Avignon, Toulouse, Arles, Dijon, Le Puy). Chefe de ordem venerada, Elisabeth de Ranfaing, tornada Madre Maria Isabel da Cruz de Jesus, dirige no fim de sua vida uma verdadeira seita, condenada por Roma pouco antes de sua morte em 1649.

A possessão de Nancy não se apresenta, pois, como uma simples imitação do caso provençal: Elisabeth não vive enclausurada. Ela somente experimentou um grande desejo de encerrar-se na vida conventual, logo após o falecimento de seu marido; declara, em sua autobiografia, ter feito nesse momento votos de castidade, e sua vida reclusa, à sombra do estabelecimento dos jesuítas, cercada de suas três filhinhas, pode ter apresentado muito bem certos aspectos de uma vida monástica, sem as exaltações dessas possessões coletivas e das desordens que se seguem. A única companheira de possessão que Eli-

---

101. Em suas peças justificativas, Delcambre fornece vários textos, pp. 123 e s. Coton a 15 de junho de 1621 declara que ela «não é somente obcecada o que dizem alguns, ou está sob ilusão e fingindo que é possessa, como alguns outros inventaram maliciosamente e caluniosamente, mas o que é muito de condoer, que é verdadeiramente energúmena e possessa do Espírito Maligno...» Delcambre e Lhermitte, p. 128. Entretanto, uma consulta à Sorbonne de 16 de fevereiro de 1620, assinada por du Val, Gamaches e Imbert, precavinha contra as acusações feitas nos exorcismos, «por um fato ocorrido na Lorena». B. N. Mss. fds fs, 1919, f.º 241 v.º; cf. cap. 6.

102. O julgamento de André Desbordes conserva-se manuscrito na B. N., fds. Dupuy, 673, f.º 78; na biblioteca de Carpentras, Mss. 1779, f.º 535. Poirot e Desbordes foram julgados pelos melhores juízes loreno·s; Poirot trouxe, para o seu processo, como consultores, uma dezena de juízes estrangeiros, principalmente franceses. Anne-Marie Boulay sustenta, antes e durante a tortura, «ter conhecido no sabá» André Desbordes.

sabeth encontrou é a camponesa Anne-Marie Boulay, com quem a justiça ducal foi tão pouco terna quanto se mostrou comedida com a jovem viúva. Elisabeth de Ranfaing além do mais não indica nenhum padre como o fautor de sua possessão; sua vítima principal é um médico, que cuidou dela durante alguns meses antes que começasse a acusá-lo em confissão e depois no decurso de exorcismo. Seus confessores, em Remiremont ou em Nancy, jamais foram postos em questão; e quando acusa a clérigos, são os inimigos dos bons jesuítas, seus protetores, os capuchinhos e os mínimos, que a acusam de simular a possessão, em um primeiro momento, e de pretender a santidade, posteriormente[103]. Enquanto alhures, a vítima apontada é o padre-confessor e o defensor, o médico, em Nancy é o médico que é erguido sobre a fogueira, e são os monges que polemizam com os organizadores dos exorcismos. E um outro médico encarregou-se de defender estes últimos, publicamente.

A polêmica suscitada por esses seis anos de exorcismos — espetáculo tornado costumeiro em Nancy — opõe de fato as diferentes ordens de São Francisco, dos mínimos e dos capuchinhos, aos jesuítas apoiados na autoridade secular e na corte ducal soberana. Ela não atinge a amplitude e não tem certamente a repercussão do debate de Loudun, ao qual, segundo as testemunhas, "toda a França (estava) atenta". Mas não carece de interesse. Antes mesmo da morte de Poirot, ela foi aberta por um mínimo, Claude Pythois, que publicou um curto panfleto para defender um provincial denunciado de cúmplice de Satã diante de quinhentas pessoas. Seu tratado sobre os falsos possessos[104] é uma admoestação veemente à prudência que tira argumentos das dissimulações e mentiras reveladas, segundo ele, no decurso de exorcismos aos quais assistiu. Ao clérigo que nega às autoridades o direito de processar um suspeito sob as acusações de um demônio, responde no ano seguinte (1622), não um jesuíta, mas um médico, Rémi Pichard, que refuta o mínimo, utilizando-se dos autos do processo dos exorcismos: volume pesado de oitocentas páginas, que comporta as discussões detalhadas dos gestos e das palavras de Elisabeth ao longo das sessões ocorridas em sua casa ou na capela dos jesuítas. A essas "provas" da possessão, o mé-

---

103. Cf. Delcambre e Lhermitte, pp. 130-133; a carta duríssima do provincial dos capuchinos a Roma em 1628: «Ela foi tão horrivelmente e cruelmente atormentada pelos demônios, seja realmente e de fato, seja aparentemente e com imaginação somente, que por sua própria confissão se acreditaria que todos os demônios do inferno, exceto Lúcifer, a teriam violado até o sangue».

104. Claude Pythois, *La découverte des faux possédaz...*, n.º 304 da Bibliografia. O livro trata de doze pontos relativos à possessão, retira argumentos da falsa possessão de Marthe Brossier, recomenda o método adequado para «sondar um pretenso possesso que causa escândalo». O mesmo Pythois, convertido ao protestantismo e professor de filosofia na Academia de Sedan, publicou mais tarde (1641) um tratado contra a astrologia adivinhatória.

dico acrescenta imprecações violentas contra seu adversário mínimo e citações abundantes tiradas de autores antigos e dos Padres da Igreja[105]. Bloco compacto malgrado sua incontestável verve, esse livro não é conseqüentemente citado, mesmo pelos grandes polemistas do período 1634-1650: o tratado de Rémi Pichard não se beneficiou de uma grande reputação fora da Lorena.

A segunda parte da vida de Elisabeth foi sem dúvida mais conhecida ainda que sua possessão. Sua ordem rapidamente aprovada pelo bispo de Toul multiplicou-se sem dificuldade longe de Nancy; sua reputação de piedade difundiu-se tanto mais facilmente quanto ela encorajou — como Joana dos Anjos o faz dez anos mais tarde — uma devoção à sua pessoa: desde seu retorno da peregrinação em 1627, mandou distribuir medalhas e terços, que estiveram em suas mãos e que têm a virtude, diz-se, de proteger seus possuidores. Em 1628, o provincial dos capuchinhos denuncia a Roma essas

> beatelas distribuídas... como coisas apresentadas por seu anjo à Santíssima Trindade e benzidas de uma forma particular com fortes indulgências e outras virtudes contra as doenças, os perigos e os malefícios[160].

Alguns anos mais tarde, essa atividade de devoção muito comum desvia-se na formação de uma seita chamada dos Medalhistas, devido às distribuições em questão: cercada de alguns padres jesuítas, a Madre Maria Isabel atua como chefe de uma congregação intitulada a Ordem da Salvação Assegurada, com reuniões secretas, plena sobretudo de leigos afortunados, invocando sempre que possível os diabos para vingar-se de seus inimigos. Acusados em Roma pelo provincial da Champanha dos jesuítas, os padres filiados à congregação foram proibidos pelo Santo Ofício (em setembro de 1648) de terem quaisquer relações com a superiora do Refúgio[107]. Essa desventura não parece ter turvado a imagem de devoção deixada pela fundadora do Refúgio. Vinte anos mais tarde, quando o biógrafo do Padre Surin, bastante obcecado por esses problemas é verdade, passa por Nancy para ir à Baviera, detém-se no convento do Refúgio e promete às religiosas

---

105. Rémi Pichard. *Admirable vertu des Saints exorcismes...*, n.º 290 da Bibliografia: Pichard ataca sempre com vigor: «quanto às histórias da carochinha que ele nos embeleza, enriquece e atavia, fazendo o papel de dama de toucador de suas *quasi vero...* esse grosseirão» escreve ele (p. 267). Mas a minúcia desse livro na descrição do exorcismo permitiu a Jean Lhermitte estabelecer seu diagnóstico do caso; ele escreve na p. 111 da obra citada acima (n.º 391 da Bibliografia: a partir da aplicação dos exorcismos, a vida psicológica de Elisabeth toma um rumo completamente novo. De obcecado que era, eis que aparece agora como mitônama e perversa».

106. Delcambre e Lhermitte, n.º 391 da Bibliografia, p. 132. O capuchinho conclui sobre o conjunto de suas observações: «Estou certo de que ninguém reconhecerá aí senão sortilégios, encantamentos e ilusões, e de modo algum milagres, visões e revelações de Deus».

107. E. Delcambre encontrou na B. N., Mss., fds. fs., 494, as peças desse inquérito contra os Medalhistas; cria algumas páginas dele principalmente um interrogatório de Elisabeth por um comissário inquisidor jesuíta em julho de 1644, pp. 130 a 143.

escrever-lhes uma vida de sua fundadora, que aparece em 1686[108]. Por essa longa carreira de edificação, Elisabeth de Ranfaing evoca Joana dos Anjos: a mesma perseverança, a mesma habilidade em dirigir uma comunidade e em manter sua reputação muito tempo após o fim da possessão propriamente dita. Essas qualidades, comuns aos místicos de segunda ordem, frustraram a perspicácia de inúmeros contemporâneos e colaboraram também para a repercussão prolongada dessas grandes crises demonopáticas que fundaram a reputação de uma e de outra. Nesta qualidade, a possessão lorena tem de fato seu lugar ao lado dos grandes escândalos.

b) **As possessas de Chinon.** A algumas léguas de Loudun, Chinon, durante os mesmos anos de 1634 a 1640, conheceu também as angústias das possessões: sem padre denunciado, sem belo processo, sem convento enfeitiçado. É um pequeno contágio, seguramente, que suscitou muito rápido a desconfiança e jamais a superou. Mas não é menos significativo quanto à desordem causada por esses grandes processos.

A proximidade geográfica não bastaria para explicar a extensão das alucinações diabólicas: o seu instrumento é bem conhecido. Nas instruções judiciárias tradicionais, o juiz suscitava as perseguições; nessas crises em que o exorcismo suplantou, de saída, a investigação judiciária, é um regular que descobre as possessas. Aqui é o cura de Chinon, Barre, que o Cônego Mignon chamou em 1632 a Loudun, para exorcismar as duas primeiras ursulinas possessas. Até dezembro de 1632, quando a vinda do arcebispo de Bordeaux põe fim momentaneamente aos problemas do convento e aos exorcismos, Barre oficia continuamente em Loudun, nesse primeiro período do caso. Encontrou-se mesmo então, por várias vezes, em dificuldades com o bailio da cidade convidado para assistir às cerimônias e a registrar as primeiras denúncias de Joana. Quando, sob a direção de Laubardemont, a instrução judiciária e os exorcismos públicos recomeçam em 1634, Barre não é mais chamado a Loudun. No decorrer da primavera, o cura de Saint-Jacques de Chinon descobre dentre suas paroquianas duas, depois mais seis jovens "seculares" que apresentam sinais de possessão e que ele se encarrega de exorcismar. A partir de 30 de maio, essas moças pertencentes às melhores famílias da cidade, põem-se a denunciar, por seu turno, Grandier e um bom número de seus conterrâneos de boa reputação. Para sua má sorte, as possessas de Chinon se lançam desde o início, contra um médico afamado na cidade, formado em Montpellier; ele procura logo acompanhar seus exorcismos e redige, em setembro de 1634, uma memó-

---
108 H. M. Boudon, *Le triomphe de la Croix*... n.º 131 da Bibliografia. Sua vida de Surin, *L'homme de Dieu*..., é publicada pouco antes em 1683.

ria que circula rapidamente na cidade e que atraiu suspeita sobre toda a operação[109]. O Doutor Quillet dedicou-se ao caso das duas possessas mais contumazes, Catherine Aubin e Jehanne le Tailleux "por terem mais loucura e família que as outras"; acumula sobre as duas ovelhas do cura as anotações que mostram sua reputação na cidade: Catherine "sempre tão gloriosa quanto velhaca se comprouve a ler grande quantidade de livros que tratam do paraíso e do inferno, e dentre outros, é muito versada na leitura do livro do Padre Michaelis". Jehanne é tida como louca desde os oito anos "embora essa loucura não seja tão contínua que não deixe alguns intervalos durante os quais ela pode produzir negras malícias". Ele examina alguns exorcismos que assistiu, evoca a remissão advinda às demais jovens que participaram dessa aventura e se viram finalmente curadas por uma simples mudança de ar deixando a cidade: nada de movimentos sobrenaturais, poucos tormentos, nenhum dos outros sinais conformes com o ritual, exceto "uma rude compreensão das palavras mais importantes do latim" pronunciadas pelo cura; a recusa de se deixar exorcismar por outro que não Barré, "muito crédulo e renitente". A conclusão é clara e simples:

> tudo isso prova que não há nelas nenhum demônio, que sua possessão é falsa, que se elas começaram por doença, tendo sido a imaginação lesada de forma que acreditaram estar endemoninhadas, continuaram por velhacaria, impiedade e calúnia, como uma infinidade de testemunhas e circunstâncias o demonstram; mas espero que a justiça deterá bem depressa o curso dessa sacrílega maldade, e que as pessoas honestas caluniadas por essas tratantes, não passarão, mesmo no espírito do povo, por mágicos descobertos pela força do exorcismo, que os remédios santos e sagrados da Igreja não serão mais empregados inutilmente nessas moças infelizes[110].

O abade de Poitiers, que relata fielmente a seu correspondente parisiense os grandes eventos de Loudun, reconhece em fins de outubro de 1634 que essas "moças de Chinon" tiveram "sua imaginação pervertida pelo relato da história de Loudun"; além do mais, não forneceram boas provas, uma vez que não puderam fazer "coisas que excedem as possibilidades da natureza"; Deus não "autorizou seu testemunho por quaisquer maravilhas". Chinon não tem pois o mesmo valor de Loudun para essa atenta testemunha do Poitou: "isso não passa de velhacaria ou doença"[111].

Pouco depois as possessas de Chinon foram examinadas por uma comissão eclesiástica: quatro bispos que se achavam em Bourgueil no mês de novembro convocam Barré e suas jovens. À frente da comissão, encon-

---

109. «Fidelle examen des prétendues possédées de Chinon et des plus célèbres exorcismes», pelo Doutor Quillet, B. N., Mss. fds. fs. 24163, pp. 37 a 51.
110. Memória citada: B. N., Mss, fds fs 24163, p. 51.
111. B. N., Mss., fds. fs., 20973, f.º 233 v.º, carta de 31 de outubro de 1634.

tra-se o cardeal-arcebispo de Lyon, Alphonse-Louis du Plessis de Richelieu, irmão do cardeal-ministro, que não parece inclinado a atribuir grande crédito às possessões[112]; dentre eles, o bispo de Nîmes, Anthyme Cohon, que já se ocupara das ursulinas de Loudun e fornecera ao ministro relatórios sobre as possessas e o papel dos exorcistas (os outros dois bispos são os Srs. de Chartres e de Anger, L. d'Estampes de Valençai e Cl. du Rueil). O exame das moças, emudecidas na presença de um cardeal, leva Barré à confusão que se confessa incapaz de romper o pacto de silêncio imposto pelos demônios às suas possessas e protesta ante o Santo Sacramento que a possessão delas lhe parece tão verdadeira quanto a presença real do corpo de Jesus Cristo "sob os acidentes do pão e do vinho". O que lhe vale uma dura reprimenda episcopal, pois não tem "autoridade bastante para decidir uma questão tão importante"[113], enquanto que suas moças, mesmo que não estivessem possessas, creriam nele sob palavra. A partir do relatório do cardeal-arcebispo, o rei escreve aos arcebispo de Tours, a 29 de dezembro, para pedir-lhe que conferencie com o bispo de Nîmes e faça cessar essa desordem. Visivelmente, o cardeal-ministro não pretende que o caso de Loudun se espalhe aos poucos e forneça novas ocasiões de disputas a propósito das intervenções satânicas[114].

O arcebispo de Tours, que já havia visto casos semelhantes (era bispo de Bayonne quando Pierre de Lancre veio queimar as feiticeiras de Labourd) deixa Barré retomar seus exorcismos, que se revelam novamente muito eficazes: as jovens voltam a falar e a denunciar as pessoas de Chinon. No fim de janeiro, nosso correspondente de Poitiers anuncia a Paris: "Elas parecem no presente tão visivelmente possessas que não se pode mais duvidar disso"; o arcebispo de Tours decidiu mesmo enviar para lá exorcistas para procederem publicamente. E o abade arremata: "Eis aí as astúcias do diabo que estava escondido e dissimulado diante dos senhores prelados e que enfim se mostrou tal qual é"[115]. A possessão de Chinon, contudo, não consegue impor-se: o cura de Saint-Jacques continua a exorcismar, mas as vítimas possíveis não se deixam intimidar. Em 1637-1638, é um cura da cidade que

112. Quando de sua peregrinação triunfal à tumba de São Francisco de Sales, Joana dos Anjos passou por Lyon em 1638; o cardeal-arcebispo a acolheu com grande reserva, cf. o Sr. de Certeau, n.º 328 da Bibliografia, p. 428.

113. O relato desse exame em Bourgueil encontra-se na história de Aubin, n.º 92 da Bibliografia, pp. 285-287; e na B. N., Mss., fds. fs., 19191, f.º 244 e s. (com algumas variantes).

114. Texto da carta, *ibidem:* «Tendo sido avisado que o denominado Barré, cura de Saint-Jacques de Chinon, contra todos os tipos de advertências e conselhos razoáveis que lhe foram dados, exorcizava várias moças e mulheres de Chinon, as quais não são absolutamente possessas, conforme me foi relatado por diversos prelados muito bem informados...»

115. B. N., Mss., fds. fs., 20973, f.º 241.

leva uma queixa diretamente ao Parlamento de Paris; o caso, remetido à provisoria de Paris, volta-se contra Barré, que procura um protetor junto a Laubardemont, então intendente da Touraine; este avoca a si o caso, e o cura caluniado abandona o processo. Por fim, em 1640, Barré se vê ridicularizado por uma farsa sinistra inventada por uma de suas possessas, que espalhou sangue de frango sobre a toalha do altar para comprometer um outro padre. O coadjutor do arcebispo de Tours, Sr. de Bouthillier, tendo percebido a impostura, constitui um tribunal especial que condena Barré ao exílio em um convento de Mans, até o fim de seus dias, e as principais jovens possessas a viverem de então por diante "entre quatro muralhas"[116].

A possessão de Chinon não é mais que uma repetição mal sucedida de Loudun; apesar de toda sua obstinação em exorcismar, o cura de Saint-Jacques não conseguiu convencer; sem dúvida, o fato de suas possessas não pertencerem a uma comunidade, más viverem com suas famílias, cercadas de parentes que ao mesmo tempo as vigiam e as aconselham, foi uma desvantagem muito grande. Barré está disposto a ver a intervenção do Diabo nas menores anomalias que lhe confessam suas penitentes. No que não é seguramente muito original para a sua época. Mas sustenta mal sua acusação, pois as "jovens seculares" não são capazes de ajudá-lo, como as ursulinas de Loudun. Além do mais, Chinon não forneceu, desde o início, uma "vítima" bem escolhida, como foi Grandier. As moças de Chinon denunciaram a torto e a direito, inúmeros habitantes da cidade: parentes, amigos de todas as profissões. O supremo ardil satânico, a aliança do eclesiástico e do Diabo, não polarizou, pois, a atenção e desarmou, de uma certa forma, as críticas céticas. Por fim Barré, em seu ardor exorcístico, não encontrou o apoio das autoridades seculares: assim como Richelieu facilitou as investigações contra Grandier, pagando de seu cofre os custos dos exorcismos, assim também se desinteressou por esse caso de Chinon; a carta real ao arcebispo de Tours, em dezembro de 1634, é uma boa prova disso. Chinon, portanto, não fez escândalo, ao menos não tanto quanto Loudun ou Aix. Muito próximo de Loudun, no tempo e no espaço e pela presença do mesmo exorcista, a possessão de Chinon forneceu sobretudo argumentos às testemunhas da grande possessão de Loudun, as quais não foram completamente persuadidas por Joana dos Anjos e suas companheiras; testemunhas que compa-

---

116. Esses últimos episódios, conforme Aubin para o essencial, pp. 305 e s. e 369 e s. Este, que não experimenta nem simpatia nem compaixão por Joana dos Anjos, acrescenta a seu último relato uma consideração dura contra as freiras de Loudun: Chinon «deu-lhes condição de refletir sobre o perigo em que elas haviam estado, se lhes houvessem examinado com suficiente sinceridade e rigor». E elas decidiram «terminar docemente»...

raram os dois casos para, finalmente, perseverar em suas dúvidas.

c) **Alguns outros casos.** Os grandes processos provocaram ainda outras agitações, de menor importância, aqui e ali; não sobrecarregaram a crônica, como Chinon ou Nancy, mas representaram o esboço de casos que sofrem reviravoltas muito rápidas, deixando seus traços. É logo em seguida ao processo provençal que é apresentada em Toulouse a acusação contra Elisabeth de Romillon e o Conselheiro Rességuier no Parlamento do Languedoc. Fundadora de um dos mais belos mosteiros dessa cidade, Elisabeth é a irmã do Padre J. B. Romillon, huguenote provençal convertido em 1579, ele próprio fundador dos Padres da Doutrina Cristã (em 1592) e das ursulinas de Aix. O Padre Romillon esteve envolvido nas desordens de "seu" convento das ursulinas e conheceu o conjunto das acusações apresentadas contra Gaufridy. Teria ele fornecido informações à sua irmã que, em Toulouse, tinha reputação de mulher santa, "já beata", diz-se, em seu convento construído com a ajuda do Conselheiro Rességuier? Alguns anos depois ela é tida como capaz de conhecer os segredos das pessoas, adivinhar o futuro e manifestar êxtases e arrebatamentos "que imprimiram no espírito do povo uma grande opinião da santidade de sua vida". Ora, eis que em 1614 ela revela à filha de um tesoureiro de França que sua irmã, uma criança, é feiticeira; a pequenina é conduzida ao mosteiro, interrogada por toda uma noite, "tanto que a persuadem que ela estivera no sabá e que aí reconheceu vários conselheiros e outras pessoas qualificadas". O provisor alertado transmite o fato ao Parlamento que se reúne, acareia o Conselheiro Rességuier e o tesoureiro de França, d'Espagnat, ordena uma informação contra a Irmã Elisabeth e o conselheiro que teria participado do interrogatório da pequenina. Cento e vinte testemunhas depõem, narrando "mil outros pequenos contos" sobre a vida da beata acusada, por sua vez, de ser "uma feiticeira mágica" e de usar de "arte diabólica" em seus estados. Duas boas famílias de Toulonse se lançam à face a pior acusação; os acusados refugiam-se durante um tempo em Bordeaux, depois o caso parece acalmar-se sem conseqüências judiciárias; a acusadora acusada, o Parlamento levado a inculpar um de seus membros, um mosteiro pouco sensível à angústia de sua superiora, todos elementos desfavoráveis ao nascimento de uma nova possessão; ao mesmo tempo, nas mãos de Michaelis e Domptius, as brígidas de Lille caminham muito bem. Em Toulouse, trata-se de um delírio demonopático sem convicção e sem conseqüência[117].

---

117. As citações desse parágrafo são extraídas de uma carta não assinada enviada de Toulouse a um conselheiro do Parlamento de Aix e datada de 23 de abril de 1614: B. M., Carpentras, Mss. 1779, 4.º 505 e s.

Vinte anos mais tarde, quando Loudun tornou-se uma curiosidade para todas aquelas pessoas que se interessam por diabos e por exorcismos, a possessão de uma jovem nobre de Borgonha é a ocasião para uma correspondência entre o médico dessa Senhorita de Vineuf, Cristhophe de Villiers, de Sens, e o Padre Mersenne, que escreve também a Peiresc, muito interessado pelo caso[118]. O doutor borguinhão dirige-se a Mersenne em consulta; estando sua cliente enfeitiçada, deve-se exorcismar o feitiço ou o diabo que o fez por intermédio de um feiticeiro: os teólogos não são claros sobre esse ponto, escreve ele. E conta sua história: a Senhorita de Vineuf está doente há dezoito meses com dores reumáticas que a prendem ao leito sem sono, com "sufocamentos do útero que são bastante freqüentes", estremecimentos e "vertigens". Ele cuidou dela durante um ano sem sucesso e a família terminou por julgá-la enfeitiçada; ele interrompeu suas medicações, e a família mandou vir um homem da região entendido de sortilégios, que teve êxito: quatro dias após a consulta, dois feiticeiros, "um feiticeiro e uma feiticeira" vieram vê-la e confessaram que lhe impuseram feitiços porque ela era muito "devota".

Ora, a essa altura, um vizinho, o Senhor de Bertignoles, viajando e passando por Loudun para ver as religiosas, coloca a questão ao Sr. de Poitiers em vias de proceder ao exorcismo: a Srta. de Vineuf está enfeitiçada? Sim, respondem os Diabos de Loudun; os feiticeiros estão ao seu lado, ela está "meio morta", e deve-se exorcismá-la como fazem os bons padres de Loudun. A quarenta léguas de lá... Bela evidência. O Sr. de Bertignoles e o médico ficam abalados; e a pena do Sr. de Villiers torna-se vingativa ao admirar-se das carências da justiça:

> Isso fez com que o dito Senhor de Bertignoles mudasse a opinião que tinha de que não existiam feiticeiros e outras opiniões daí dependentes; e a meu respeito confirmou o que eu acreditava como verdade, de que tais doenças eram muito mais raras do que se pensava; entretanto nas aldeias são muito mais freqüentes, assim como soube em Vineuf desses feiticeiros mesmos e em outras partes, de forma que essa cabala de Satã cresce muito nesses dias, em que a justiça cumpre muito pouco seu dever contra esses monstros[119].

As cartas seguintes apresentam longas considerações acerca das marcas encontradas sobre as nádegas desses feiticeiros (as quais ele próprio sondou por várias vezes), algumas notas sobre pesquisadores de tesouros guardados pelo Demônio e sobre o sabá de São João. Mersenne escreve a Peiresc em maio de 1635: "O médico admira-se

118. No tomo V (1635) da correspondência do P. Marin Mersenne, trata-se dessa possessão borgonhesa por várias vezes: cartas 412, 417, 424, 431, 433, 435, 444, 454, 460, 472, 476, 488, 489. Essas anotações são igualmente utilizadas no Cap. 6.

119. Carta de 6 de março de 1635: *Correspondance de Mersenne*, V, pp. 83 e s. O médico fica visivelmente assombrado pela «ciência» desses dois feiticeiros; acrescenta «esses aldeões feiticeiros ignorantes, ignorantíssimos, nos fizeram mais sábios que todos os livros do mundo».

de que esse feiticeiro com uma feiticeira lhe contem tudo o que está em Delrio sobre os sabás, e mais ainda, embora eles sejam ignorantes"[120]. Nesse encontro, a feitiçaria dos teólogos de Loudun traz então, graças à verdade do exorcismo praticado por La Rochepozay, a sua confirmação à prática rural de uma feitiçaria terapêutica dos pobres, que compartilham de uma tradição multissecular. As cartas de Villiers e Mersenne, aliás, não se referem a processos judiciários; o cura de Vineuf pratica exorcismos na senhorita, que se sente um pouco melhor, escreve o seu médico constrangido por esse êxito, lá onde seus remédios fracassaram por tanto tempo[121]. A possessa borguinhã, presa ao leito, em seu castelo, é uma fiadora distante da realidade das possessões de Loudun. Durante os longos anos em que foram praticados os exorcismos nas ursulinas, muitas outras "provas" do mesmo quilate foram utilizadas. Essa merece menção, já que reteve a atenção de sábios eruditos como Mersenne e Peiresc.

Mais distanciados ainda dos grandes processos, parecem os padres bretões condenados pelo Parlamento de Rennes em 1643-1645, enquanto a Corte de Rouen se ocupa de Picard e Boullé. Trata-se na Bretanha de padres-feiticeiros que se utilizam de artes mágicas e de sortilégios durante o exercício de seu ministério. Mathurin Trullier-Poussinière, de Fougères, viu-se acusado todavia de haver "subornado" uma menina menor e alguns cúmplices que participaram de suas perversidades. O ato de condenação pronunciado em Rennes a 19 de janeiro de 1645 o declara

culpado do crime de lesa-majestade, de ter utilizado artes mágicas e sortilégios, de ter abusado de sua condição de sacerdócio para a execução de seus malefícios e o condena ao fogo, após ter sido exposto à tortura dos escarpes para revelação de seus cúmplices.

Mas estes estão foragidos e são condenados "em retratos e efígies", exceto um deles que obtém um inquérito suplementar[122]. Dois anos mais tarde, um outro cura de Rennes, Jacques Branchu é acusado por sua vez "de ter, ao celebrar a Santa Missa na igreja de Saint Etienne próximo dessa cidade de Rennes, posto sob o cálice caracteres, figuras e imprecações mágicas marcadas e escritas sobre pergaminho": impiedade e sacrilégio, tanto mais quanto pratica feitiçaria, por conseqüência sem outras cumplicidades, nem imposições de sortilégios a algumas

---

120. *Ibidem*, p. 204.

121. Ele escreve ainda em junho de 1635: :«Quanto a mim, acreditava que as doenças que se dizia serem de feitiçaria, eram todas fantasia. Mas quando vi e ouvi pessoas acreditarem que tais doenças se curariam quando fosse da vontade dos feiticeiros em um instante, comecei a pensar que havia aí mais do que o que se acreditava». *Ibidem*, p. 232.

122. A. D. Ille-et-Vilaine, 1 Bg, 155 nas datas 19 a 21 de janeiro de 1643. Os inquisidores encontraram na casa de Trullier alguns manuscritos em pergaminho escritos pela mão do cura, contendo fórmulas mágicas, que deveriam ser queimados no fim do processo. Dois franciscanos também estavam implicados no processo, mas não puderam ser encontrados.

possessas...[123] Sem exorcistas antagonistas, sem jovens possessas, sem a atração das grandes demonstrações públicas do domínio diabólico, esses padres-feiticeiros da Bretanha oferecem uma imagem pobre; lembram tanto feiticeiros tradicionais quanto êmulos de Gaufridy, Grandier ou Picard[124].

Os grandes processos põem em jogo outras motivações; todos deslocaram multidões prontas a se divertir, e sempre desejosas de ver mais de perto o combate eterno do Diabo contra o bom Deus, a respeito do qual os sermões dominicais lhes falava durante o ano inteiro. Os grandes processos, também e sobretudo, suscitaram dúvidas em inúmeros espíritos curiosos, que as mais belas sessões de exorcismos não conseguiram persuadir completamente; inquietos igualmente com os processos particulares empregados para garantir o êxito dessas investigações excepcionais, como foi o caso de Loudun, de Chinon e mesmo, em parte, de Louviers; intrigados, enfim, de assistir à reprodução, e com alguns anos de distância, dos mesmos fenômenos, quase se deveria escrever, ao mesmo cenário: as obsessões de algumas freiras em seu convento, a denúncia de seu diretor espiritual (ou de uma expressiva personalidade religiosa da cidade), os exorcismos públicos, a condenação pelas autoridades civis, e até a aura de piedade mística que envolve os conventos, afligidos por essa desgraça, uma vez passada a tormenta e terminados os exorcismos. Quando o Padre Michaelis publica em 1613 sua **Histoire admirable** de Madeleine e Gaufridy, fornece de algum modo o modelo das possessões ulteriores. Vários observadores não deixam de notar o quanto as novas possessas são nutridas dos relatos narrados por Domptius e Michaelis. Que essa obra bastante extensa, mas dividida em pequenos capítulos relatando uma sessão de exorcismo após outra, tenha sido difundida através da França inteira, lida nos conventos femininos com paixão, sua novidade basta para fazê-lo compreender, levando-se em conta ainda a religiosidade inquieta do período. Os tratados tradicionais comportam

---

123. A. D. Ille-et-Vilaine, 1. Bg. 170, 9 (3 de janeiro de 1645).

124. Em uma outra perspectiva, um lugar à parte deveria ser concedido aos padres-feiticeiros que participaram de uma empresa mágica contra o cardeal-ministro: é o caso de Adrien Bouchard, aprisionado na Bastilha por crime de magia política; condenado com dois cúmplices a 8 de abril de 1634; todos executados no dia 11. A ata conserva-se na B.M. Troyes, Mss. 316, f.º 539-540 citada e comentada no *Mercure Français*, tomo XX, pp. 808 e 812, e na *Gazette de France* de 1634, p. 148, muito sumariamente .. «seus corpos queimados com os livros e caracteres, e as cinzas lançadas ao vento, cuja execução deu grande exemplo àqueles que não acreditam senão naquilo que vêem». Igualmente, o caso de Léonara Galigai em 1617 não entra em nosso propósito.

...ial exposições teóricas, recheadas de citações ...do Antigo e do Novo Testamento, sempre as mesmas, de testemunhos relatados de segunda ou terceira mão, retomados de Sprenger e Bodin; por fim, interrogatórios judiciários, tão precisos em seu método inquisitorial quanto o tema o permita. Michaelis e Domptius não se embaraçam com essas referências, com todo esse aparato (exceto em sua advertência de uma dezena de páginas: "Apologia sobre as dificuldades propostas por alguns sobre a História compreendida neste livro"); contam dia após dia os exorcismos e as diligências que os rodeiam, à medida que as coisas avançam: "Esse mesmo dia, pela manhã foram conjurados Louis e Magdeleine pelo padre dominicano, e Verrine (um diabo) no começo dos Exorcismos começou a falar dos Santos desta maneira: Deus quer que eu fale dos Santos..." Certamente que esses diabos são eloquentes, fazem verdadeiros sermões dirigindo-se aos assistentes e aos exorcistas; mas cada sessão assinala um temor diferente e novos incidentes. Como, além do mais, os dominicanos deslizam prudentemente sobre os incidentes da sessão, com Gaufridy principalmente, e trabalham rapidamente a vitória momentânea obtida por ele, com a ajuda de seu bispo, o conjunto do relato encontrou sem dificuldades o seu público, facilmente persuadido, complacente, senão entusiasta. Essa "História pura", escrita para a "Glória de Deus" e "para a instrução de sua Igreja", encantou os inimigos do "reino de Satã" que eram legião. Evidentemente, a leitura de Michaelis não bastou para suscitar os demais casos: outras contribuições foram necessárias, e antes de mais nada a angústia neurótica de freiras a quem as disciplinas da vida comunitária não convinham. Mas esta leitura proporciona um fio condutor: partidários e adversários das possessões conventuais não se enganaram quanto a isso e o ressaltaram freqüentemente em suas polêmicas.

5. OS DEBATES PÚBLICOS SOBRE OS ESCÂNDALOS

Esse Satã do século XVII, subornador de padres, capaz de atrair os clérigos para suas redes e de utilizar o prestígio deles para a sua obra de perdição, ultrapassou os limites: esse grande golpe — o mais temível de que ele pôde desfechar — liberou a audácia de todos aqueles que dificilmente admitem a explicação diabólica de todos os fenômenos insólitos e incompreensíveis. Os espetáculos terrificantes dos exorcismos no altar, executados à força de gritos e gesticulações em igrejas tomadas por curiosos a empurrar-se para melhor ver e ouvir, chocaram profundamente os espíritos comedidos e piedosos, que não temeram exprimir claramente suas reservas e suas dúvidas. Ao ver-se a facilidade com que as possessas, estimuladas por seus exorcistas, denunciam os céticos e os acusam de cumplicidade diabólica, pretendendo defender a "honra da Igreja" em suas pessoas, não se pode duvidar que esses homens — teólogos, médicos, juristas — deram prova de grande coragem combatendo as alegações e as mímicas das exorcizadas. Ora, foram numerosos os que tomaram a defesa desses padres considerados os mais pérfidos cúmplices de Satã que se podia imaginar, ao dizer de algumas religiosas que se exaltam

215

e se provocam umas às outras durante dias inteiros. Desde o tempo de Gaufridy, encontravam-se em Marselha partidários do cura de Accoules. Michelet nota bem que Michaelis publicou rapidamente seu livro como uma justificação para fazer frente às censuras dirigidas à sua obstinação em condenar o "feiticeiro" provençal. Os amigos de Gaufridy, até entre os que estavam à volta do bispo de Marselha, causaram grande barulho durante muito tempo, nós o vimos. Felizmente para Michaelis, o primeiro presidente do Parlamento, Guillaume du Vair, manteve-se surdo e persistente em sua convicção[1]. Desses protestos orais não resta mais traço; não mais do que da resistência verbal oposta pelos magistrados de Loudun às empreitadas de Mignon e de Joana contra Urbain Grandier, até que Laubardemont toma o caso em mãos. Mas a partir de Loudun (deixando de lado a discussão do caso loreno de 1624), os oponentes escrevem, e seus adversários não deixam de retrucar; Loudun e Louviers possuem cada um seu dossiê de memórias, apologias e respostas, que põem em evidência os fenômenos mais convincentes observados por uns e por outros e referidos em favor de suas causas. Nos anos trinta e quarenta abre-se pois uma discussão pública; ela assume tal amplitude que novos tratados, publicados ao mesmo tempo, evocam o conjunto do problema levantado por esses processos e pela repressão das manobras diabólicas. Assim, Loudun e Louviers cristalizaram as oposições, ofereceram exemplos e argumentos. Mas para além de seus casos particulares — e de suas diferenças que não são negligenciáveis — o debate alarga-se e põe em causa a própria ação satânica.

1. *As Polêmicas de Loudun*

A possessão das ursulinas de Aix foi reproduzida e imitada por uma emulação da qual os apologistas tiraram argumento para demonstrar o desígnio satânico. A de Loudun foi a mais comentada, a mais discutida; foi ela que manteve toda a opinião pública da época atenta a esses problemas. Mas a paixão política desempenhou aí um papel determinante, nesses anos difíceis em que o poder do Cardeal Primeiro-Ministro não parece totalmente assegurado; Martin de Laubardemont, mestre-de-obra do processo, é certamente mal conhecido, seja como intendente, comumente encarregado de tarefas menores pelo cardeal, seja como demonólogo, ele também cheio

---

1. Um teólogo provençal publicou em 1611 um pequeno tratado em latim para apoiar a posição dos exorcistas: Vincent Pons, *De potentia et scientia daemonum, Quaestio theologica;* n.º 296 da Bibliografia; o livro é dedicado ao Sr. du Vair, Presidente do Parlamento; expõe os títulos e as ordens demoníacas segundo as Escrituras e os Padres da Igreja.

de angústias satânicas[2]: ao menos não é contestável que ele foi em Loudun o agente direto de uma vontade política precisa. Os adversários dos "cardinalistas"[2a] apoderaram-se desse aspecto do caso e esqueceram-se por vezes do que nos parece agora essencial. Isolar esse aspecto do caso de Loudun é certamente um artifício grosseiro, porém necessário, para melhor destacar em seguida os argumentos relativos à prática dos exorcismos e às manifestações do satanismo.

a) **A Intervenção Política.** A condenação de Grandier não pôde ser obtida senão pela intervenção do Cardeal de Richelieu nas querelas de Loudun; os múltiplos processos empreendidos por Mignon ou pelo cura de Saint-Pierre, as intervenções contraditórias do arcebispo de Bordeaux e do bispo de Poitiers criaram certamente um profundo mal-estar na cidade em 1633. No entanto, a história urbana do século XVII regurgita desses conflitos entre dois clãs, que disputam entre si os cargos municipais ou que se opõem por motivos religiosos. Grandier interdito **a divinis** em uma cidade em que os protestantes são maioria, isso não é uma situação tão grave que exija uma intervenção real[3]. Richelieu, segundo os historiadores melhor informados sobre o caso[4], tomou o partido dos Mignon, Chanier, Hervé, por dois motivos pessoais: a lembrança de uma disputa de precedência que teria sustentado, uma dezena de anos antes, com o cura de Loudun; e a atribuição a Grandier, sugerida por Mignon e seus amigos, de um panfleto intitulado a **Cordonniére de Loudun** redigido contra a pessoa do cardeal e difamando sem medidas o ministro. Ao que se acrescenta sem dúvida uma animosidade contra essa pequena cidade protestante, próximo da qual mandou construir a nova cidade de Richelieu. Mas é mais difícil afirmar que o próprio Primeiro-Ministro tenha sido persuadido da possessão: outros episódios de sua vida — a começar pela visita que lhe faz Joana no caminho da Savóia em 1637 — falam nesse sentido; suas cartas a Gastão d'Orléans, após a estada do irmão do rei junto às ursulinas em 1635, revelam antes

---

2. Cf. a notícia consagrada a Martin de Laubardemont por Roland Mousnier em sua edição das *Lettres et Mémoires adressés au chancelier Séguier*, p. 1207; e na mesma obra, p. 112, algumas linhas interrogativas sobre seu papel em Loudun.

2a. A expressão é empregada por Gabriel Legué em seu estudo sintético sobre o caso (1880); n.º 451 da Bibliografia.

3. O grupo que cercava o Cônego Mignon entretanto não deixou de multiplicar as iniciativas para provocar a inquietação na cidade; pequeno exemplo: em janeiro de 1634, uma petição requer do bispo de Poitiers a autorização «de não mais ouvir a missa na dita paróquia enquanto e por todo o tempo em que o dito Grandier aí mantiver o encargo de cura e de permitir a eles e às suas famílias doentes ou sãos que recebam os sacramentos nas outras igrejas e paróquias», B. N., Mss., fds. fs., 7619, f.º 98.

4. G. Legué, *Urbain Grandier...*, n.º 451 da Bibliografia.

o seu ceticismo diante das diabruras de Loudun[5]. Resta sempre o fato de que ele dá a Laubardemont ordens e meios para instruir e conduzir até a execução o processo de Urbain Grandier.

Essa comissão especial assinada pelo Chanceler Séguier em novembro de 1633 não pôde ser exercida senão desautorizando-se o Parlamento de Paris. Já no decurso de processos anteriores, Grandier apresentara recurso ante essa corte, tendo feito a viagem a Paris e obtido satisfação. Preso, transferido para Angers, depois reconduzido para Loudun, não deixou de recorrer novamente, e também a sua mãe em seu nome. Por duas vezes, a 24 de março e 31 de maio de 1634, o Conselho Real proíbe o Parlamento de receber os apelos assim formulados e os avoca a si, apesar de que esses apelos não versam sobre pontos secundários de subterfúgios processuais, já que Laubardemont é aparentado com várias ursulinas[5a]. Entretanto, por várias vezes, Laubardemont é confirmado em sua missão e obtém aprovação do tribunal que constitui ao seu redor, convocando oficiais de justiça recrutados nas cidades próximas, Poitiers, Tours, Orléans, Chinon, Saint-Maixent, Châtellerault e La Flèche[6]. Procedimento tão mais excepcional aliás, quanto o Parlamento de Paris, no mesmo ano de 1634, enviou, conforme um costume bem estabelecido, uma delegação para realizar em Poitiers os **Grands Jours***, que foram convocados a 3 de abril e atuaram de setembro a novembro; a questão de Urbain Grandier podia, de maneira muito regular, ser apresentada aí em recurso[7]. O processo contra o cura de Saint-Pierre du

---

5. Gaston d'Orléans, enviado a Loudun para ver os diabos, teve direito, em maio de 1635, a uma sessão excepcional de exorcismos, que relata sob a forma de atestado «querendo dar testemunho ao público». Cf. o texto B. N., Mss., fds. ffs., 12047, f.º 14. Cf. também o relato da sessão publicado sob a forma de polêmica que se encontra principalmente na B. N., fds. fs., 24163. Em seguida a essa visita, Richelieu lhe escreve várias cartas zombando de sua credulidade «Contudo, estou admirado de saber que os diabos de Loudun converteram Vossa Alteza»; o texto das cartas em Legué, citado acima, pp. 289-290.

5a. O Parlamento de Paris é ainda desautorizado em 1635, quando os protestantes de Loudun protestam contra a expropriação de seu colégio por Laubardemont para realojar as ursulinas. Cf. sentença do Conselho Real, 24 de março de 1635, A. N., E 1684, f.º 65.

6. Tribunal constituído a 8 de julho de 1634: sua composição figura em Legué, Aubin e em diversas polêmicas; Cf. A. N., AD III, 20, 133.

7. Os relatos desses *Grands Jours*, *Mercure français*, XX, pp. 812 a 848, e *Gazette de France*, do ano de 1634, *passim*, não fazem evidentemente qualquer alusão ao processo de Loudun, terminado alguns dias antes. É lícito perguntar-se se o encontro é fortuito: a declaração real, que faz convocação dos *Grands Jours*, nada diz sobre esse ponto (texto de H. Imbert, n.º 214 da Bibliografia, pp. 310-315). Chegados em Poitiers duas semanas após a morte de Grandier, os juízes parisienses não puderam ser encarregados do seu caso. Mas intervieram para proteger uma de suas amigas, Madeleine de Bron, denunciada pelas possessas. Laubardemont opôs-se aos *Grands Jours* com sua violência costumeira; mas renunciou aos processos. Cf. o episódio em Legué, n.º 451 da Bibliografia, pp. 274-276; e o texto da sentença pronunciada em seu favor em H. Imbert, n.º 214 da Bibliografia, p. 289.

* *Grands Jours* — Nome dado no Antigo Regime aos tribunais extraordinários mas soberanos estabelecidos pelos reis nas províncias distanciadas dos Parlamentos para reparar os abusos, punir a malversações e franquear às populações os direitos que os senhores lhes houvessem usurpado. (N. do T.)

Marché, cujo desenvolvimento respeita as formas judiciárias, (as revelações dos exorcismos tomam praticamente o lugar dos interrogatórios), permanece, entretanto, extraordinário, já que foi realizado por um tribunal especial, privando o acusado da apelação de direito, reconhecida no início do século pelo Parlamento de Paris a todos os acusados de feitiçaria[8].

Martin de Laubardemont foi um agente de execução "satisfazendo fielmente aos mandamentos do Rei e do Senhor Cardeal", que lhe concederam a honra de atribuir-lhe esta tarefa; encarregado de levar a bom termo esse processo, atuou diligentemente, já que, apesar de todos os obstáculos, Grandier foi executado menos de um ano após a outorga do mandado. A reputação de Laubardemont junto a seus contemporâneos cresceu, tanto mais que na seqüência de sua carreira, assumiu o encargo de outras missões difíceis: a prisão de Saint-Cyran, a perquisição de seus papéis e a procura de testemunhas de acusação em 1638, a detenção e o julgamento de Cinq Mars nos últimos meses de 1642. Em novembro de 1634, ele confia, parece, a um amigo, que deseja fundar um convento em Loudun, projeto que "faz resmungar os diabos nos corpos das ursulinas"; e imediatamente explica o quanto se sente "seguro da inocência e fidelidade delas, e da qualidade de seu mal que nada tem de natural, nem de santo"; atacado como está sendo "pelos discursos do mundo", se apega a seus processos e às provas trazidas no decurso dos exorcismos que elas contêm:

> Eu sei que nada tenho que possa dar crédito a meu julgamento em uma ocasião dessa importância, mas ofereço constantemente minha vida a quem puder assinalar qualquer erro ou suposição em qualquer parte de meu processo, o qual está cheio de prodígios e de milagres que não poderiam ser contestados senão por aqueles que não desejam acreditar a não ser em seus próprios sentidos[9].

Muito tempo após, continua a interessar-se pelo exorcismo e pela sorte das ursulinas; em janeiro de 1636, enviado por Richelieu à Aquitânia, "perdeu a ocasião de estar presente a um milagre que Deus novamente realizou pela virtude dos exorcismos que continuam", escreve ao Chanceler Séguier[10]. Ele tratou sua mulher, em dificuldades por causa de uma gravidez trabalhosa, com o bálsamo de Joana dos Anjos; acolhe esta em Paris quando da famosa peregrinação e a acompanha até Richelieu e até à rainha, em Saint-Germain. Laubardemont confiou por muito tempo na prioresa das ursulinas e em suas raras virtudes

---

8. Cf. mais atrás, Cap. 3, p. 140 e s. É, em nosso entender, jogar com as palavras declarar, como Maurice Foucault, n.º 408 da Bibliografia, p. 81; «Do ponto de vista jurídico o processo de Grandier não oferece nada de particular, salvo somente que foi julgado por uma comissão especial e por ordem». O rei certamente possui sempre o direito de criar tribunais extraordinários ou de avocar a si um caso: nem por isso a exceção inexiste.
9. B. N., Mss., fds. fs., 24163, p. 21.
10. B. N., Mss., fds. fs., 17372, f.º 39.

manifestadas após a morte de Grandier. A personalidade é, portanto, bastante complexa e não se reduz à de um cego executor de tarefas excusas ordenadas pelo cardeal. Entretanto, Martin de Laubardemont, pela rapidez com que conduziu o inquérito e o processo, contribuiu para exasperar as paixões: partidários e adversários de Grandier viam nele sobretudo o agente do poder central, dotado de poderes judiciários discricionários, que executou, no menor prazo, a ordem recebida de Paris — motivo de satisfação para uns, de suspeita para outros. A importância essencial desse processo não está, no entanto, nessa celeridade suspeita, mas nos debates abertos a partir dela.

b) **Os confrontos dos teólogos.** Os clérigos que se interessam por Loudun e que escreveram sobre o assunto são inumeráveis; as polêmicas e apologias conhecidas não representam mais do que uma pequena parte, comparadas com as correspondências trocadas através de todo o reino a propósito dessas "provas prementes" fornecidas pelos exorcistas. Sem falar do Padre Surin, algumas de cujas cartas sobre o assunto foram publicadas imediatamente, e que contou vários episódios e seus próprios tormentos, esses epistológrafos são regulares de passagem, que vêm como curiosos, ou clérigos da vizinhança, como o Abade Dupont de Poitiers, citado já várias vezes. Cada um esforça-se por assinalar e descrever aquilo que viu de "verdadeiro e notável" e contam também o que outros assistentes declaram ter visto na véspera. As discussões dos teólogos não se situam no plano da crítica das testemunhas e não encaram quase os problemas do processo: a prisão de Grandier por seus inimigos, a presença dentre os exorcistas de clérigos do Poitou que sustentaram processos contra ele em anos anteriores, tudo isso não é mencionado. O problema essencial é o do exorcismo, as provas da possessão. Até a morte de Grandier, as denúncias proferidas sem cessar pelas freiras embaraçam esses homens da Igreja que não ignoram as decisões recentes da Faculdade de Teologia de Paris, condenando em 1615, 1620 e 1625 a prática de exorcismos denunciatórios: "Não se deve jamais admitir que os demônios acusam outrem, menos ainda empregar os exorcismos para conhecer as faltas de alguém e para saber se ele é mágico", dizem os teólogos a 16 de fevereiro de 1620[11]. Ao passo que, em julho de 1634, auxiliar de Laubardemont, que consigna em seus autos os feitos e gestos da exorcizada, os nomes dos demônios que falam pela boca da freira, etc...[12]. Urbain Grandier,

---

11. B. N., Mss. fds. fs., 19141, f.º 241 v.º. A consulta de 1625 será utilizada mais adiante, no cap. 6. A de 1615 neste parágrafo mesmo...

12. Exemplo: Claire de Sazilly, exorcizada a 12 de julho de 1634 na presença de Michel Houmain, lugar-tenente criminal em Orléans, indica entre seus próprios demônios «Sinefine aliás Grandier»... B. N. Mss., Quinhentos de Colbert, 219, f.º 148.

que defendeu admiravelmente a sua própria causa na súplica dirigida ao rei algumas semanas antes de sua morte, não deixou de assinalar que essas denúncias difamatórias dirigidas contra ele e as pessoas "que declaram (sua) inocência, em uma outra calúnia" são proibidas[13].

O debate dos teólogos apóia-se pois sobre as provas flagrantes da possessão, aquelas mesmas que podem levar a esquecer as irregularidades dos exorcismos-processuais. Cada um invoca a verdade do que viu e os testemunhos dos assistentes; eis por que o autor de um relato pode afirmar muito sentenciosamente: "Um milhão de pessoas dignas de fé atestaram essa verdade, após terem feito as experiências, após terem-se encontrado uma infinidade de vezes encantados de admiração"[13a]. É uma discussão sobre os fatos da possessão, tais como os descreve o ritual do exorcista. Cada um argumenta — tanto o Padre Tranquille quanto Grandier — a partir das mesmas manifestações: diálogos em latim e francês dos exorcistas com suas pacientes, revelações de fatos ocultos, designação de desconhecidos, convulsões, rastejos e fenômenos de levitação. Para o Padre Tranquille, é fora de dúvida que todos esses elementos ultrapassam a natureza e os conhecimentos dessas moças. Grandier discute passo a passo: cada parágrafo do ritual fornece um ponto de dúvida: as línguas?

> Não há senão a superiora que responde a esse latim e a algumas questões de teologia, em que se nota bastante espírito para uma religiosa, mas não o bastante para um demônio.

As revelações de coisas ocultas e as forças físicas sobrenaturais?

> São cartas fechadas por esses pobres espíritos, eles mal tiveram êxito todas as vezes que tentaram realizá-lo; não sabem senão fazer caretas, deitar-se por terra, andar como lagostas, e outras pequenas tolices sobre as quais tenho vergonha de conversar com Vossa Majestade[14].

Essas jovens não são possessas, conclui o cura de Saint-Pierre. Os mesmos fenômenos são, portanto, comentados em sentido contraditório: não há acordo possível[14a]. Os exorcistas e seus amigos multiplicaram as sessões de demonstração assim como as provas suplementares; acumularam-nas mesmo de uma tal forma que os teólogos melhor dispostos ficam por vezes emocionados. A Senho-

---

13. A consulta da Sorbonne em 1620 sublinhava igualmente esse ponto; cf. adiante p. 260.

13a. *Relation véritable de ce qui s'est passé... em présence de Monsieur...*, n.º 38 da Bibliografia, p. 5.

14. Os argumentos de Grandier são evidentemente explicitados de forma mais ampla; para a questão das línguas, lembra incidentes precisos, que datam principalmente da primeira possessão atestada pelo arcebispo de Bordeaux: «Eles falaram latim desde o começo: mas faziam faltas tão graves que os espíritos mais esclarecidos houveram por bem julgar que não eram dessas inteligências que se erderiam por muito saber». Todas as citações em A. N., U, 832.

14a. Os partidários da possessão dispõem ainda de um argumento: o pacto de Grandier pretende que as marcas prescritas pelo ritual não apareçam nessa possessão para enganar a todos, cf. B. M. Carpentras, Mss., 1779, f.º 515.

rita de Razilly "tem em sua possessão uma coisa que faz espantar os mais doutos teólogos de Deus, ou seja, que o diabo adivinha os pensamentos do exorcista, sem que ele os manifeste por sinais e por palavras; embora São Tomás e os maiores teólogos afirmem que o diabo não pode conhecer o que nós pensamos interiormente"[15]. Grandier em vão protestou que essas ursulinas se alimentam de Michaelis e nada fazem senão repeti-lo:

> Nada foi dito que não se encontre palavra por palavra no livro do Padre Michaelis que fez aí a história das possessas da Provença, que é o original sobre o qual essas daqui se moldaram, elas têm os mesmos diabos[16].

Os autos são aqui provas da possessão aos olhos de seus adversários, quer dizer, provas de sua culpabilidade[17].

A parada em jogo é evidentemente Grandier; ele próprio, dirigindo-se ao rei, contentou-se quanto a essa questão com o argumento apresentado pela Sorbonne em 1615 e 1620: se elas são possessas, é o Diabo que fala por sua boca, o qual é mentiroso. Portanto, não há razão para se acreditar nele. Grandier cita aliás sobre essa questão um pequeno livro, sólido, publicado em 1618 pelo Padre Sanson Birette em seguida a uma consulta concedida pela Sorbonne a magistrados de Valognes concernente a jovens possessas: a obra, aprovada pelo provincial dos augustinianos, o bispo de Coutances, os teólogos parisienses, Du'Val, Le Roux e Frager, trata essencialmente desse ponto e conclui após ter constatado que o padre Michaelis foi, lá também, muito lido pelas possessas: "É pois também verdadeiro que um diabo exorcismado pode mentir, que é falso que o exorcismo o constranja sempre a dizer a verdade"[17a]. O tratado do agustiniano não foi muito difundido, parece; em todo caso, os adversários de Grandier repetem insistentemente que o ignoram, e o Padre Tranquille assegura que o diabo bem exorcismado é constrangido a dizer a verdade. Os defensores anônimos do cura foram mais longe, analisando as contradições e as falhas que não deixaram de revelar esses exorcismos praticados durante meses com as religiosas: as denúncias das possessas são admitidas sem discussão somente quando acusam Grandier e seus amigos.

15. B. N., Mss., fds. fs., 20973, f.º 241. É o incidente cômico narrado pelo P. Louis de Saint-Bernard a um amigo parisiense: o bispo de Nimes deixou sua cruz peitoral sobre o altar. A freira lha traz e prende o cordão; o bispo espantado grita que não quer ser nem cristão, nem sacerdote, nem príncipe da Igreja, se essa moça não é possessa, pois ela fez exatamente aquilo que desejava *in petto*. Em seguida, o padre começa a exorcizá-la e a cobre com uma estola. A jovem por sua vez grita: «Eu não quero ser nem cristã, nem sacerdotiza, nem princesa da Igreja se esse homem não está possesso, pois ele fez tudo aquilo que eu queria». B. N., Mss., fds. fs., n. a., 6764, f.º 139.

16. A. N., V, 832.

17. Além do mais, acrescentam ainda os exorcistas, por que razão essas moças «de boa família» pretenderiam «fingir serem demoníacas em prejuízo de sua própria honra e sem esperar qualquer vantagem». B. N., Mss., fds. fs., 19869, f.º 1.

17a. Sanson Birette, *Refutation*, n.º 112 da Bibliografia, p. 212.

é de se espantar como se acredita tão facilmente no diabo particularmente quando acusa o cura ou calunia as pessoas de bem... Dizem-nos que o diabo é mentiroso e maldizente, e não obstante deseja-se que nós acreditemos no que diz, particularmente quando é alguma coisa para prejudicar o cura, ou quando calunia os mais virtuosos; mas se fala em desculpa de Grandier, ele é mentiroso, como o testemunha Irmã Clara, que, a 5 e 7 de julho de 1634, disse, com lágrimas nos olhos, que não estava absolutamente possessa, que o que havia dito há 15 dias eram puras calúnias e imposturas, que o que fizera, era por ordem do Recoleto, de Mignon e dos carmelitas[18].

Para decidir esse primeiro debate, que termina com a execução do cura e em que se opõem totalmente duas interpretações contraditórias, resta um ato de fé, reclamado pelos exorcistas e seus aliados e salientando com ironia pelo próprio Grandier: "Há religiosos nesta cidade que afirmam, tão bons teólogos o são, que se é obrigado a acreditar na possessão da mesma forma que no mistério da eucaristia"[19].

As discussões, porém, assim como os exorcismos, continuaram após a morte do cura, a 18 de agosto de 1634. As infelicidades dos exorcistas que haviam contribuído para sua perda forneceram a primeira ocasião: alguns meses após a fogueira, o capuchinho Tranquille estando doente, "atormentado pelos demônios", morreu em meio a grandes sofrimentos comumente descritos como um indício suplementar do poder detipo pelo Diabo de atacar seus adversários vitoriosos[20]. Em seguida os "possessionistas", como dizem os polemistas, puderam referir-se à intervenção de Surin, tal como o próprio jesuíta o publicou em suas cartas e tratados, principalmente a **Science expérimentale**: título notável que diz o essencial. O Padre Surin vangloria-se de ter feito, graças aos diabos de Joana, a experiência do além: "as coisas da outra vida e que são ocultas às nossas luzes ordinárias e comuns vêm aos nossos sentidos", escreve no prefácio do livro, após ter exposto essa idéia várias vezes aos seus correspondentes: "Que objeto de bênção o de ver-se o joguete dos diabos e que a justiça divina neste mundo tira proveito de meus pecados"[21]. Essa possessão do Padre Surin impressiona todos aqueles que se perguntam ainda o que se passa em Loudun; e se é possível "que os ministros da Igreja caiam em tal inconveniente". Os erudi-

---

18. B. N. Mss., fds fs., 16359, f.º 602 e seguintes. Os mesmos defensores concluem: «se essa possessão for admitida, quem poderá viver em segurança ... não há homem por mais homem de bem que seja, que não tenha algum inimigo; esse inimigo pode persuadir qualquer moça louca, em vista da fragilidade do sexo, a representar a demoníaca ...». Ismael Boulliau conclui igualmente em um relato sobre a morte do cura: «deploro a condição à qual se pretende submeter os Cristãos de fazê-los morrer pelo depoimento dos diabos, doutrina perigosa, ímpia, errônea, execrável e abominável que torna os cristãos idólatras», B. M. Carpentras, Mss., 1810, f.º 48.

19. Súplica de Grandier, *ibidem*, A. N., V, 832.

20. «Muito agitado pelo demônio que o fez assumir as posturas das possessas, de forma que muitos o julgaram não somente obcecado, mas possuído», B. N., Mss., fds. fs., 20973, f.º 257.

21. O texto da *Science expérimentale* tirado do manuscrito: B. N. fds. fs., 14596. A carta de 3 de maio de 1635, Mss. 24163, p. 26.

tos como Mersenne e Peiresc fazem eco, em sua correspondência, desse evento: Mersenne, pouco após a publicação da carta datada de 3 de maio, na qual Surin narra seu "estado de danação", constata em julho de 1635: "um padre jesuíta, tendo ido a Loudun para exorcismar, ficou ele mesmo possesso ou obcecado, como suas próprias cartas o testemunham". E Peiresc lhe responde bem depressa, a 17 de julho, por uma formulação que demonstra claramente suas prevenções sobre o caso:

> Se a possessão ou a obsessão desse bom Padre exorcista tiverem progresso, será mais notável que todas as outras coisas dessa natureza, que recaem comumente sobre os espíritos de mulherzinhas bastante fracas[22].

Assim, é preciso compreender as cartas triunfais do padre quando no outono de 1635 a prioresa começa a ser livrada de seus demônios: sua longa paixão encontra por fim recompensa, já que a prioresa libertada fornece ela própria um sinal visível de seu tormento comum; no dia em que sai Leviatã, a 5 de novembro, ele escreve ao bispo de Poitiers:

> Sabendo o trabalho que vós tivestes outrora para combater esse espírito desgraçado e submetê-lo à autoridade da Igreja... acreditei que vos seria uma grande alegria ouvir como o poder divino o venceu repentinamente[23].

E ajunta os autos, tudo rapidamente impresso em Paris e em Poitiers.

Os exorcismos se prolongam, portanto, ao longo do período de 1636 a 1637, essa acumulação de provas suplementares não cessa de excitar a curiosidade: cada religiosa se distingue à sua maneira, quer por suas mímicas, quer por seus vômitos inesperados. Os peregrinos, as pessoas do mundo estão sempre se espremendo às portas do convento, correndo aos exorcismos públicos e deplorando aqueles que se efetuam em calma no interior do convento. Curioso espetáculo de moças "gritando, berrando, contorcendo-se no pó, arrastando-se...", ou bem "falando, rindo, cantando, levantando a mão e a voz"; e do povo "indo e vindo, correndo a uma e depois a outra, alguns suspirando, outros zombando, e outros cantando...". Em setembro de 1637, a Duquesa d'Aiguillon, Mademoiselle de Rambouillet e Voiture, vêm ver após muitos outros essas "provas concludentes". O Abade d'Aubignac que os precedeu com dois outros clérigos, redigiu uma

---

22. Textos publicados em *La correspondence de Mersenne*, 1635, p. 271 e 320. Peiresc acrescenta ainda uma formulação dubitativa: «Dever-se-á esperar pelo desequilíbrio».

23. Escrito impresso conservado na biblioteca do Arsenal, Mss. 5371. Surin não omite nada nesta mesma carta e narra até o *Te Deum* cantado pela assistência «em meio a lágrimas de alegria». Cem outros testemunhos no mesmo sentido, em sua correspondência, n.º 328 da Bibliografia, *passim*, anos 1635-1638.

memória que é um requisitório contra as ursulinas[23a]: em 1637 da mesma forma que em 1634, são os diferentes artigos do ritual que constituem os critérios da investigação. Mas o abade é categórico em suas conclusões: esses demônios deveriam ser sábios em coisas infernais; perguntou-lhes "de qual dos dois havia mais no inferno pelagianos ou donatistas", já que todos esses heréticos são danados: mas o demônio de Joana recusou-se a responder. Quanto às línguas, fez com que um gentil-homem de passagem lhes falasse em inglês: "diante do que o exorcista e a jovem, que testemunharam também por suas respostas não terem qualquer conhecimento, ficaram encolerizado, a jovem o ameaçou...". Nenhum sucesso maior quanto às coisas ocultas: "Aquilo me parecia para dizer a verdade uma adivinhação de ciganos". O abade não ficou mais impressionado pelas considerações teológicas, de que as freiras se utilizavam freqüentemente:

> Todos os discursos desse diabo não passavam de máximas comuns de nossa teologia, não deduzidas à maneira de nossas escolas, mas em pensamentos e em comparações à maneira que se requer hoje em dia das pregações.

Mesmo as famosas inscrições sobre a mão esquerda de Joana não encontram graça diante desse abade sobranceiro:

> Sabe-se bem que em Malta os amantes, por galanteria, imprimem o nome de suas senhoras sobre a pele e que jamais o apagam... de forma que aqueles que pretendem fazer passar aquilo por uma prova convincente e indubitável da possessão, parecem-me não ter razão... dever-se-ia, pois, saber verdadeiramente como esses caracteres se formaram, se apareceram em um instante ou pouco a pouco, se à vista dos homens ou em segredo...[24].

O Abade d'Aubignac não escondeu aos exorcistas e às freiras as suas críticas, se bem que a Duquesa d'Aguillon haja sido logo avisada de que ela "tinha junto dela um mágico"... E conclui sem hesitar: "Todo esse jogo não passa de velhacaria, impostura, abominação e sacrilégio"[25].

Que os teólogos tenham podido opor-se tão brutalmente em dois grupos e chegar a tais extremos, o fato não se pode compreender senão pela exaltação dentro da qual desenrolaram-se os exorcismos e as confrontações durante vários anos: os protestantes de Loudun exasperados pelo aspecto político do caso não cessaram de

---

[2a] A atribuição a François Hédelin, advogado, polígrafo e *bon vivant*, dramaturgo em seus bons momentos, antes de se tornar abade d'Aubignac, não é absolutamente segura. Entretanto, o tom, a qualidade do relato, o interesse demonstrado pelo abade por essas questões (cf. n.º 209 da Bibliografia) depõem em seu favor.

24. *A fortiori*, o abade recusa as provas menores das quais os exorcistas fazem grande questão; como a hóstia em equilíbrio sobre a língua: «Pura impertinência e diversão tola».

25. Todas essas citações são extraídas deste «relato de tudo que vi em Loudun nos nove dias em que visitei as possessas», B. N., Mss., fds. fs., 12801 (mesmo texto, Arsenal Mss. 5554). Este texto não parece ter sido impresso, mas circulou em cópias manuscritas.

troçar de Laubardemont, depois dos exorcistas, à medida que seus adversários os acusavam, tratando-os de cúmplices de Satã e "ateístas"[26]. Além do que e à guisa de réplicas irrefutáveis, os "possessionistas" puseram em evidência não somente os altos feitos dos exorcismos, mas ainda as conversões — no sentido pleno do termo — suscitadas pelo espetáculo edificante da derrota diabólica: no fim do século ainda, um impressor reedita o relato do "grande pecador convertido", Sr. Queriolet espectador de 1636 que se fez padre[27]. A disputa teológica sobre Loudun é inseparável da atmosfera de reconquista: Deus permitiu que esses diabos atormentassem as ursulinas para melhor convencer da verdade católica os reformados e os ímpios, pelos milagres cotidianos dos exorcismos.

c) **As Duas Facções de Médicos.** O segundo debate suscitado pela possessão de Loudun é de ordem médica: desde 1632, o corpo médico interveio, quando o arcebispo de Bordeaux, envia o seu próprio médico para examinar as ursulinas e, apoiado em suas conclusões, manda cessar os exorcismos. Quando da fase decisiva de 1633-1634, os médicos estão igualmente presentes: uns convocados por Laubardemont, escolhidos por ele, que examinam as freiras, seus gestos, e atestam que elas "ultrapassam as forças naturais"; outros assistiram aos exorcismos, intervieram em seu desenvolvimento e assumiram posições críticas, nos locais, e em seguida por escrito: é o caso de Duncan, médico de Saumur, professor de filosofia e principal da Academia Protestante, que Laubardemont coagiu, apesar de suas reservas, a referendar a constatação das três chagas de Joana a 20 de maio de 1634: é tão categórico sobre o caso de Loudun quanto seu conterrâneo Quillet, pouco após, sobre as possessas de Chinon. O partido adversário é diligente em responder a Duncan: um padre, Pilet de la Ménardière, compôs um pequeno livro virulento, respondido, por sua vez, pelos amigos de Duncan[28]... A importância da confrontação foi perfeitamente sentida pelos contemporâneos. Pilet de la Ménardière, que não esconde sua estima por Duncan, escreve muito claramente: "A objeção de serem doentes de alguma espécie de loucura foi a menos ofensiva e a mais considerável de todas as acusações que a licença

---

26. «É verdade que os huguenotes os discutem mais que nunca, e não contente de denegri-los, fizeram uma grande sedição em Loundun... mas os diabos que a haviam suscitado não tiveram poder de tirar dela os efeitos trágicos que pretendiam...», B. N., Mss., fds. fs., 20973, f.º 242.

27. Sr. de Queriolet, conselheiro no Parlamento de Rennes, assiste aos exorcismos: relato no Ms. da B. N., fds. fs., 18695, f.º 160 a 186. Ele abandona seu cargo, toma ordens e vai evangelizar os desertos na estrada de Campostela; termina sua vida de piedade em Ste. Anne d'Auray. A primeira edição de sua conversão é de 1663, cf. n.º 173 da Bibliografia.

28. Cf. Bibliografia, Duncan, *Discours...*, n.º 177; Pilet de la Ménardière, *Traité de la mélancholie*, n.º 292; *Apologie pour M. Duncan*, n.º 178.

do século fez contra sua probidade"²⁹. Defensor da "inocencia perseguida", o adversário do médico de Saumur apoiou sua argumentação sobre os tratados antigos e sobre as consultas de práticos convocados aos exorcismos pelos amigos das ursulinas: dois grupos defrontam-se, portanto, nos próprios locais, a propósito das freiras, e incidentalmente, a respeito desse Grandier que não apresenta marcas diabólicas.

No campo dos médicos que reconhecem a possessão, figuram consultores convocados desde 1632, que reafirmaram até 1637 sem hesitação a possessão: é o caso de Alphonse Cognié, médico das "senhoras religiosas de Fontevrault", e René Brion, seu cirurgião. Em novembro de 1632, atestam, após análise dos "acidentes sobrevindos a várias senhoras" (ursulinas), que "duas religiosas, a saber Senhora Irmã Joana de Belciel de la Maison de Cauze, superiora do dito Convento, e Irmã Claire de St. Jean de Razilly... estão verdadeiramente possessas de demônio, e quatro outras religiosas do dito convento estão obcecadas"³⁰; os fenômenos sobrenaturais constituem o argumento essencial, que é, aliás, freqüentemente reproduzido pelos comentadores que recolhem as opiniões desses médicos no fim dos exorcismos. No grande período do processo, o abade de Poitou, já citado várias vezes, indigna-se com as reservas feitas por Duncan e ajunta: "Contudo doze ou quinze médicos de diversas localidades, doutos e não interessados, atestaram em seus relatórios que as coisas feitas pelas ditas jovens ultrapassam o poder da natureza"³¹. Enumerar as descrições desses fenômenos estranhos sobre os quais se fundamentam esses médicos seria fazer a lista de todas as "convulsões" manifestadas pelas possessas no decurso dos interrimináveis exorcismos que — em 1634 pelo menos — começam às sete horas da manhã até o meio-dia e são retomados freqüentemente "após o jantar". Um exemplo de observação que descreve a ação do demônio bastará:

> Tão logo se pretenda comungar ou exorcizar a pessoa na qual está, em um instante ela adormece de um sono tão estranho, e tão profundo, que se a ouve roncar extraordinariamente; e estando assim adormecida, pode-se-lhe pôr o corpo na posição que se desejar, na qual ela se mantém rijo e imóvel. Os médicos admiraram isso e julgaram que ultrapassava a natureza...³².

Todavia, tais estados e convulsões podem ser provocados pela doença; é o problema da melancolia e dos perigos que esse humor pode apresentar quando provoca o desregramento dos espíritos. Pileta de la Mesnadière, que escreveu todo o seu tratado sobre essa questão, adiantou um bom número de argumentos: as mulheres não são

29. Pilet de la Ménardière, p. 83.
30. B. N., Mss., fds. fs., 12407, f.º 2.
31. Carta de 15 de julho, biblioteca do Arsenal, Mss. 4824, f.º 6.
32. Carta de 26 de julho de 1634, biblioteca do Arsenal, Mss. 4824, f.º 22.

de temperamento melancólico — segundo a distribuição tradicional dos humores; as doenças derivadas desse humor não são jamais graves e não podem atingir a dimensão das perturbações manifestadas pelas religiosas; as ursulinas além do mais estão com boa saúde:

> A maior parte das possessas são de um temperamento tão justo e de uma idade tão vigorosa que arruínam os fundamentos sobre os quais nossos incrédulos apóiam suas melancolias[33].

Uma outra defesa em favor da possessão argumenta mais friamente: as freiras foram tratadas como se cuida das "convulsões denominadas epilépticas", mas os esforços dos médicos nada obtiveram: "Seus remédios dados e reiterados em doses dobradas sem que fossem acompanhados de mudança, fez-lhes conhecer que era necessário procurar outras causas". Mas, acrescenta, "eles poderiam não ter se servido dos remédios adequados por não terem reconhecido a doença"[34]. De fato, as medicações foram sangrias que, enfraquecendo os corpos, acarretam o redobramento das divagações imaginárias. O que é mais convincente para o autor da discussão, é o fato de que essas convulsões das religiosas não são absolutamente regulares e podem ser provocadas a qualquer hora pelos exorcistas, e igualmente terminadas: é a prova mesma da intervenção direta dos demônios.

Por fim — argumento secundário interveniente na última fase do caso, após a morte de Grandier — os médicos favoráveis à possessão puderam constatar numerosos milagres realizados por Jona dos Anjos e seu ungüento, em 1637-1638. Os mesmos Cognié e Brion deram assim, a 1.º de agosto de 1637, um atestado, em boa e devida forma, para a cura de uma religiosa de Fontevrault (Irmã Marguerite Le Roux de la Roche des Aubiers), cuja úlcera aberta na perna direita ficou curada em alguns dias após ter sido tocada "pela camisa untada em Loudun pela unção de São José da cura milagrosa da Reverenda Madre prioresa das ursulinas"[35]. Pequenos testemunhos que se ajuntam simplesmente à argumentação essencial, mas que certamente não foram tidos como negligenciáveis pelos leitores desses tratados de polêmica médica.

Os amigos de Duncan que defenderam seu Discurso não foram brandos com o grupo de médicos "possessionistas"; escolhidos por Mignon dentre seus parentes e suas relações, não possuem nem os títulos nem a reputação de um Quilliet em Chinon, que fez seu estudos em Montpellier e não deixa de lembrá-los sob sua assinatura. O partido médico favorável à possessão não dispunha de título, nem de clientela:

33. Pilet, n.º 292 da Bibliografia, p. 11.
34. *Factum*, n.º 34 da Bibliografia; texto tirado do Mss. da B. M. de Carpentras, Mss 1779, f.º 513-520.
35. B. N., Mss., fds. fs., 7619,, f.º 239.

Um é de Fontevrault e jamais conheceu as letras, e por causa disso foi forçado a sair de Saumur; os de Thouars igualmente, um tendo passado a maior parte de sua juventude a medir fita e chapéus em uma loja de Loundun, o outro também ignorante e acusado de extrema imperícia... Em suma, todos médicos de aldeia, o mais hábil dos quais demonstrou sua incapacidade quando sustentou que as ditas religiosas estavam possessas porque diziam palavras sujas e desonestas...[36].

As formulações são vivas, nessas discussões em que se joga a sorte de Grandier e, mais ainda, o método a adotar para acreditar nas mais audazes operações atribuídas a Satã, um tom desses nada tem de excepcional, tanto de um lado como do outro. No entanto, a grande reputação de Duncan perturbou seus adversários: o Sr. de la Ménardière no início do seu **traité de la Melancholie** presta-lhe homenagem:

> Acho estranho que um homem do mérito de M.D. esteja dentre os descaminhados nessa opinião ridícula que jamais teve fundamento senão em um erro popular.

Esse "erro" é o primeiro argumento de Marc Duncan a favor da doença: as religiosas possessas são mulheres melancólicas que não suportam o claustro e que deliram em imaginação; o mal é freqüente nas comunidades femininas e pode assumir a forma de obsessões, de perseguição muito perigosas. Essas convulsões observadas por todos os assistentes nos exorcismos são a sua tradução mais imediata, mas nada têm de extraordinário ou de sobre-humano: "É ter o espírito preocupado com coisas maravilhosas acreditar que rolar-se, chafurdar e arrastar-se sobre o chão seja uma coisa sobrenatural". Tendo Duncan se recusado a polemizar com la Ménardière, seu defensor, autor da "Apologia por M. Duncan"[37], retomou essa argumentação e a sistematizou, demonstrando em seis pontos que os sintomas revelados pelos comportamentos públicos das freiras correspondem bem às descrições habituais dos delírios melancólicos[38]. E os autores anônimos das polêmicas em favor do cura de Saint-Pierre estenderam o argumento médico em uma formulação ampla:

> Se se pretende acreditar nos mais doutos médicos, uma sufocação do ventre, uma cólica de Poictou, uma febre ardente, uma doença epiléptica podem causar sintomas, convulsões, contorções e rastejamentos bem mais estranhos do que aqueles mesmos que apereceram na presença do Sr. bispo de Poitiers[39].

G. Naudé, que ficou muito interessado pelo caso de Loudun e escreveu sobre ele várias vezes como veremos mais adiante — precisou o diagnóstico melancólico da forma

---

36. *Factum*, Texto Ms. da B. M. de Carpentras Ms. 1779, f.º 521 e s. Aubin retoma em parte essas formulações a p. 95 de sua *Histoire des diables de Loudun*.
37. *Apologie pour M. Duncan, Docteur em médicine, contre le traité de la mélancholie...*, n.º 178 da Bibliografia.
38. A *Apologie* demonstrou, de passagem, serem as referências de la Ménardière falsas ou mal compreendidas.
39. B. M. de Carpentras, Mss. 1779, f.º 522.

mais clara em uma carta dirigida a seu amigo médico, Guy Patin:

> Conviria mais dizer histeromania ou bem erotomania. Essas pobres religiosas perturbadas, vendo-se encerradas em quatro muralhas, tomam-se de paixão, **incidunt in delirium melancholicum, sentientes aculeum carnis et revera carneo remedio indigent ad perfectam curationem**[40].

Entretanto, para o próprio Duncan, a doença não explica tudo: "Há doença e artifício ambos juntos", como declara sentenciosamente um pequeno libelo manuscrito que lembra estas palavras[41]. Assistindo aos exorcismos da primavera de 1634, o médico huguenote interveio por várias vezes no desenrolar das sessões: por duas vezes tomou pelo braço uma das possessas antes que começassem as "contorsões", e nem a prioresa, nem outra irmã puderam agitar esse braço. O exorcista explica que um demônio situado no corpo de uma mulher fraca não pode desdobrar sua força; ao que Duncan retruca:

> Esse bom padre não se lembrava de ter lido no Evangelho que as demoníacas rompiam as cordas e as correntes a que estavam presas e que o Ritual coloca, entre os sinais de possessão, **vires supra aetatis et conditionis naturam ostendere**.

Duncan, sobretudo, assistiu à sessão de 20 de maio de 1634, em que três demônios saem do corpo da prioresa deixando o rastro de três chagas sangrentas: Asmodeu, Grésil e Aman; sessão que o Padre Tranquille anuncia ingenuamente em sua defesa: "Ele resolveu fazer aparecer algum grande evento que reanimasse a curiosidade languescente e que fizesse renascer a fé que estava em vias de se extinguir". Sendo Joana dos Anjos examinada por médicos acreditados que atestam a ausência de qualquer chaga, de qualquer solução de continuidade em suas vestimentas, Duncan observa que a jovem deveria ter as mãos amarradas. O exorcista lhe responde que ela será amarrada após as convulsões que convém mostrar aos assistentes vindos pela primeira vez. E desde a segunda convulsão, Joana dos Anjos, após ter-se rolado muito tempo pelo chão, levanta-se manchada de sangue no lado esquerdo, esfolada mais do que ferida, como que "pela incisão de um pequeno canivete ou pela picada de uma lanceta", as vestimentas um pouco rasgadas... Os demônios saíram sem terem sido invocados pelo exorcista, e Duncan conclui em seu livrete, sem hesitar, pela velhacaria.

Outros doutores em medicina tomaram posição, assim como Duncan, sobre os diferentes episódios da possessão. Claude Quillet de Chinon, antes de discutir o caso das penitentes do Cura Barré, foi convocado como consultor

---

40. Texto citado por R. Pintard, *Le libertinage érudit*, n.º 484 da Bibliografia, p. 222 (Mss. em Viena, Staatsbibliothek, Codices Palatini 7071, pp. 34-35).

41. O texto é interessante a esse respeito, pois cita as discussões entre médicos em Poitiers pouco após a publicação do *Discours*. Os adversários de Duncan fazem objeção quanto a essas convulsões que duram meses e podem cessar em um instante, etc... De fato, quanto a isso, Duncan lhes responde de antemão.

em Loudun; o relato de suas observações está perdido atualmente. Após a morte de Grandier, du Chesne, médico de Mans, trata de Joana dos Anjos que se julgava grávida, em janeiro de 1635. Renuncia ao emprego após ter posto um fim a este episódio das angústias da prioresa. Da mesma forma, em 1637, Fanton, da cidade de Loudun, que é médico da comunidade e continua a administrar sangrias, quando Joana lhe revela o bálsamo divino enviado por São José para curar suas chagas; Fanton recusa-se a reconhecer as virtudes curativas milagrosas do ungüento que perfuma tão fortemente a camisa da prioresa e cessa os seus tratamentos. Entretanto, somente Duncan e Quillet tomaram posição por escrito contra a intervenção diabólica; médicos doutos representaram uma espécie de oposição científica ao trabalho dirigido por Laubardemont em 1634; este, por sinal, sente-se incomodado; constrange-os ao silêncio e afasta-os de Loudun, apesar das proteções de que estavam assegurados.

A polêmica médica não tem, contudo, a clareza que uma apresentação simplificada pode fazer parecer; em primeiro lugar, porque os argumentos relativos aos fatos materiais, o desenrolar dos exorcismos, estão estreitamente misturados às argumentações médicas e induzem sem cessar à discussão da impostura das ursulinas mais que à natureza de suas doenças. Em seguida, porque os médicos são arrastados para o terreno teológico, pelos próprios exorcistas que têm conhecimento de suas objeções e propõem réplicas difíceis de refutar no plano biológico. Quando os cirurgiões não encontram marcas em Urbain Grandier, concluem que o Diabo retirou as marcas para melhor enganar a todos; quando os assistentes se declaram perturbados com a sessão de 20 de maio e se perguntam por que Joana foi ferida quando jazia de face contra o chão, sem que ninguém pudesse ver onde estavam suas mãos e o que ela fazia, o exorcista responde a 21 de maio, pela voz de um demônio, Balaam, que permanecia no corpo da superiora, que esse episódio foi estabelecido assim "para manter muitos na incredulidade". Ao que os médicos não dispunham evidentemente de réplica. Todavia, a discussão médica traz um elemento fundamental para o esclarecimento do problema. Enquanto que os debates dos teólogos giram necessariamente em torno dos fatos admitidos pelo ritual do exorcismo e observados no decorrer das sessões, a discussão médica implica a análise desses mesmos fatos, mas também a do comportamento geral das religiosas em termos de medicina: epilepsia, histeria, mania, delírio, frenesi, convulsões. Quando os médicos se perguntam se as convulsões "morbíficas" podem deter-se em um instante com uma palavra do exorcista, como o fazem ver cotidianamente as ursulinas, é por referência à experiência empírica, senão estatística, dos médicos que já trataram de convulsões semelhantes devidas a acidentes conhecidos há muito tempo, como Marescot já ressaltara a propósito de Marthe Brossier. Esse esforço para identificar o "frenesi", ou a simples convulsão, procede de uma disposição de espírito propriamente científica: mesmo se os remédios propostos, ou aplicados, não se revelam muito eficazes — chegando até a produzir efeitos contrários àqueles que eram esperados, como constatou Fanton em 1637. A terapêutica não está em questão, mas simplesmente a maneira de estabelecer o diagnóstico e de raciocinar sobre esses casos difíceis de se compreender, a partir de elementos fornecidos pela experiência médica e pelos conhecimentos eruditos dos médicos levados a discuti-los. Esse procedimento forneceu as bases da segurança de Marescot diante do Sr. Brossier em 1599; o mesmo se dá com Duncan e Quillet em 1634-1637.

2. As Polêmicas de Louviers

Louviers causou escândalo, desde o início, por sua semelhança com os casos anteriores, já o dissemos. Mas também porque, desde 1643, a possessão de Madeleine Bavent foi vigorosamente contestada por uma personalidade médica eminente, o Doutor Yvelin, médico da rainha-mãe, que o envia como investigador dessa nova possessão conventual que irrompe bruscamente após ter-se incubado durante uma dezena de anos. Protegido por Ana d'Áustria, Yvelin não pôde sofrer as ameaças e as intimidações impostas a seus confrades de Loudun e de Chinon em 1634. Ele publica, pois, tão logo retorna a Paris, o seu **Examen de la possession des religieuses de Louviers;** depois, para os seus censores que lhe responderam em Évreux, escreve um segundo panfleto, no fim do mesmo ano de 1643, sob o título de **Apologie pour l'auteur de l'Examen**[42]. Esse jovem médico, especialista de doenças femininas desde uma dezena de anos, é certamente muito recomendado para examinar Madeleine Bavent e as outras hospitalárias de Louviers[43]. Seu testemunho causou ainda mais impressão. Os exorcistas, a começar por Esprit de Bosroger, foram diligentes em refutá-lo e opor-lhe argumentos tradicionais. Essa nova discussão não traz, sem dúvida, muitos esclarecimentos originais ao debate contribuiu, no entanto, para salientar, em meio à opinião pública, os pontos de vista propostos pelos únicos cientistas do tempo cuja palavra contava: os médicos.

42. Cf. n.ºs 343, 344 e 345 da Bibliografia.
43. Yvelin sustenta uma tese de «ginecologia» em 1631: Estne sola menstrualis fecunda? Seu interesse pelos problemas fisiológicos femininos pode ser visto nos registros de *Disputationis* na faculdade durante os anos seguintes, em 1635, 1636, 1638. Exemplos desses registros impressos na Biblioteca do Arsenal, 4.º SA 940, II.

a) **A argumentação médica de Pierre Yvelin.** O médico parisiense permanece menos de três semanas em Louviers, encontra-se com todas as autoridades interessadas no caso: o penitenciário do bispo e seus acólitos, assim como o lugar-tenente criminal representante do Parlamento de Rouen. Assiste aos exorcismos, encontra-se com os outros médicos que examinaram as conventuais antes dele e conversa com as religiosas possessas: ou seja, dentre uma cinqüentena de hospitalárias, uma boa vintena que dão sinais reconhecidos de obsessão ou de possessão. De volta a Paris, redige seu livrete que é composto como um relato de viagem, narrando os incidentes do percurso, enumerando as constatações conforme o calendário de sua estadia. Prevenido desfavoravelmente desde o princípio, esse jovem médico que havia assistido a alguns exorcismos em Loudun dez anos antes, põe-se em alerta antes mesmo de chegar a Louviers: a última etapa de sua viagem foi feita em companhia de um dos exorcistas,

> o qual se mostrou logo em todos os seus gestos e seus discursos um tão exaltado partidário dessa possessão, que atribuía aos Espíritos malignos tudo o que lhe ocorria, até o ponto de que, estando montado em um pequeno cavalo negro que se desferrava a cada momento por ter o casco muito gasto, pretendia persuadir-nos que era Leviatã, Diabo domiciliado em Louviers desde que o fizeram deixar Loudun, que lhe causava freqüentemente esse desprazer[44].

Ademais, encontra diante de si em Louviers religiosas que não possuem os talentos das do Poitou; suas convulsões nada têm de impressionante, nem mesmo de extraordinário: "sendo bastante natural às moças quando se lhes mantém os pés e as mãos coagidos e se as atormenta, que remexam os posteriores e a cabeça, que é sua agitação mais comum"[45]. Do mesmo modo, não hesita em preparar armadilhas nas quais as freiras caem infalivelmente: tendo-lhe uma das jovens predito uma má noite porque ele tinha a intenção de ler na vigília as informações já consignadas, dorme sossegadamente, mas desculpa-se por não comparecer ao exorcismo da manhã seguinte alegando o "trabalho" a que se entregara durante toda a noite. E na sua chegada ao convento, à tarde, a mesma freira lhe anuncia que foi "muito atormentado à noite", como o seu diabo lhe disse[46].

"Julgais pois... se não se concluiu demasiado livremente pela possessão", declara Yvelin após ter enumerado, acumulado esses pequenos fatos que não depõem a favor da veracidade desses diabos. Argumenta sobre todos os registros: os sinais reconhecidos pelo ritual, bem como língua francesa" e que eles não compreendem muito bem. os aspectos médicos de seu caso. Quanto às línguas, esses diabos normandos não compreendem o latim, a não ser

44. Yvelin, *Examen*, pp. 4 e 5.
45. *Ibidem*, p. 6.
46. *Ibidem*, p. 10.

"algumas palavras que possuam grande afinidade com a língua francesa" e que eles não compreendam muito bem. Mas "é-lhes mais comum nada responderem quando são interrogados em latim, e pouco depois elas dizem em francês que o pacto entre o demônio e o mágico é assim: julgai se não se trata de uma escapatória..."[47]. Em suma, os diabos possuem um caráter normando bem marcado que impressiona um pouco o parisiense.

Quanto aos acidentes que ultrapassam a natureza, nada convence Yvelin, que observa de perto as maravilhas propostas pelas religiosas como sinal de sua possessão:

> Procuram milagres por toda parte, fazem um de um câncer que dizem ter sobrevindo ao seio de Madeleine Bavent, embora o Senhor Braiant, médico em Louviers, que pode julgar melhor por tê-lo visto sempre... não esteja de acordo... ele cicatrizou por si mesmo, cicatriz da qual pretendem fazer um outro milagre, podendo fazer outro tanto de todos os cautérios que se deixem fechar[48].

Horrorizado com suas blasfêmias indignas de "moças de boa posição, educadas cuidadosamente por seus pais e instruídas desde a juventude pelas religiosas", Pierre Yvelin propõe uma conclusão moderada e prudente, que testemunhe a favor da ponderação com a qual examinou o conjunto da questão:

> Não desejo atribuir toda essa falta a um embuste; acredito que há algo de errado na imaginação de algumas dessas moças, cujo espírito é tão fraco que elas fazem do Diabo o autor do menor acidente que lhes ocorre[49].

O livrete do médico conheceu um sucesso pouco comum, em Paris pelo menos; o autor da resposta o reconhece ao escrever: "Esse exame com que os vendedores de rua nos encheram a cabeça durante três dias em Paris"; ao mesmo tempo que critica amargamente Pierre Yvelin por ter ele próprio distribuído sobre a Ponte Nova bilhetes aos vendedores para permitir-lhes reaprovisionarem-se junto a seu impressor[50]. Esse partidário da

---

47. *Ibidem*, p. 6.
48. *Ibidem*, p. 13.
49. *Ibidem*, p. 13-14; Yvelin fornece uma bela ilustração dessa conclusão: «O menor ruído que ouvem, vem, em seu dizer, de um duende ou de algum de seus diabos domésticos: até em seus sonhos noturnos as assusta o dia seguinte...» e cita o caso da Irmã Ana da Natividade que pretende ver aparições da Virgem revelando-lhe «tudo o que se passa no sabá».
50. A ira do polemista em questão é tão grande que se volta por duas vezes aos episódios da venda, acusando Yvelin de tê-los distribuído gratuitamente e de ter feito um depósito na casa de um boticário de seus amigos, conhecido por «boticário sem açúcar». Esse panfleto termina ademais por seis versos injuriosos:
«Monsieur je ne suis plus en dute
De ce que vous n'avez vu goutte
Dans la possession que l'on croid en tous lieux
Puisque tout le monde m'assure
Que par un défaut de nature
Et de corps et d'esprit vous estes chassieux.»
(«Senhor, eu não tenho mais dúvida
De que vós não haveis visto nada
Na possessão em que por toda parte se acredita
Já que todo mundo me assegura
Que por um defeito da natureza,
Do corpo e do erpírito, sois remelento.»)
Cf. *Réponse à l'examen*, n.º 49 da Bibliografia, p. 3, 12-13 e o fim.

possessão afirma pois contra Yvelin as "coisas sobrenaturais que se passaram aos olhos daqueles que as quiseram ver"; o mesmo sucede com o teólogo comissionado pelo bispo de Évreux, para defender "metodicamente e doutamente", como se deve, a verdade da possessão, "a dignidade da Igreja e a inocência dessas moças", e autor de um livrete intitulado "Censura do Exame..."[51]. Esta censura é a confirmação veemente de todos os signos que devem ser reconhecidos em Louviers como o foram alhures: "a inteligência das línguas, o conhecimento das coisas reveladas, as mudanças bruscas e prontas de seu estado interior e exterior, os assaltos visíveis ou secretos dos demônios"[52].

O jovem médico, vilipendiado por seus adversários que vêem nele um espírito "cheio de glória vã" e "implicante em suas argumentações, pretendendo julgar acima de sua arte", não se deixou perturbar por esses ataques e pelas autoridades invocadas contra ele: eclesiásticos e religiosos, médicos graves, sábios e experimentados. Nas últimas semanas de 1643, publica um novo panfleto, que tem a vantagem de reivindicar muito claramente a competência do médico — e particularmente do especialista que estudou essas doenças femininas: eleva o tom em nome de um conhecimento científico que os teólogos não podem ter e que legitima suas conclusões sobre todos esses fenômenos:

> É mais razoável pensar-se que aqueles que divulgam tão temerariamente as possessões não sabem o que pode sobre os corpos um humor melancólico ardente, ou a malignidade de uma semente deteriorada e encerrada de tal forma que não tenha nenhuma saída. Os Médicos nesse caso dispõem de grandes prerrogativas por sobre os Eclesiásticos, pois sabem que se o humor melancólico se estagna nos hipocôndrios, desprendem-se vapores e ventos de qualidade maligna o bastante para produzirem todos os efeitos que parecem tão estranhos e extraordinários, por isso que o calor que trabalha para sujeitá-las, provoca não somente os humores, e daí faz nascer os vapores, mas ainda mistura os humores, os vapores e os ventos de diversas formas, e as misturas ainda produzem efeitos completamente diferentes conforme a parte que atacam. E o que não farão se o vapor de uma semente deteriorada no útero vem juntar-se a esse outro humor; não há quase nenhum movimento bizarro na natureza que não possa ser feito após a mistura dessas duas matérias...[53].

Essas longas considerações sobre as misturas dos humores e os acidentes femininos são evidentemente para Yvelin a sua melhor justificação. Ele não deixou de salientar, portanto, a seus contraditores que não é um cético A força da argumentação reside exatamente nesse duplo movimento: Yvelin não nega a possessão, e não se põe, portanto, em contradição com um ensinamento fundamental da Igreja. Contesta-lhe somente a freqüência e exige

---

51. *Censure de l'examen de la possession des filles de Louviers*, n.º 50 da Bibliografia.
52. São as formulações de conclusão empregadas por esse teólogo, pp. 37-38 de seus escritos.
53. *Apologie pour l'auteur de l'examen...* n.º 344 da Bibliografia, p. 17.

endurecido: não pretende ver essas freiras "suspensas no ar por todo um dia"; sabe mesmo, por ter lido e relido muito bem seus Evangelhos "que não é essencial a uma possessão que hajam ações miraculosas". Mas é médico e não pode admitir a possessão senão depois de ter esgotado as explicações permitidas por sua arte; e sua conclusão lógica está nestas poucas linhas:

> É, no entanto, necessário vê-las (as ações sobrenaturais) já nesse tempo para nos obrigarmos a crer; afora o caso de uma que seja verdadeira, julgar-se-á duas mil outras que são tais que serão absolutamente falsas; assim se imporá ao povo por não saber distinguir um demoníaco de um atrabiliário, ou bem de um melancólico hipocondríaco, cujas ações possuem grandes afinidades e semelhanças com aquelas de um possesso[54].

A força de argumentação reside exatamente nesse duplo movimento: Yvelin não nega a possessão, e não se põe, portanto, em contradição com um ensinamento fundamental da Igreja. Contesta-lhe somente a freqüência e exige que as opiniões autorizadas sejam ouvidas antes de se concluir por uma possessão: enquanto não forem esgotados todos os recursos da explicação científica, ou seja, médica, não é possível concluir por uma intervenção diabólica. É o mesmo procedimento de Marescot frente a Marthe Brossier quarenta e quatro anos antes, mas Yvelin exprime melhor ainda o rigor dessa argumentação.

Essa clareza impressionou os contemporâneos, leitores do médico e dos numerosos opúsculos publicados contra ele e que relatam diversos episódios da possessão. Quando, dez anos mais tarde, um oratoriano, o Padre Desmarets, que confessou Madeleine Bavent encarcerada fazia anos nas prisões do Parlamento de Rouen, publica o relato de sua história[55], este relato das impiedades e sacrilégios cometidos no mosteiro de Saint-Louis e Sainte-Élisabeth manifesta claramente as influências dos argumentos adiantados pelo médico da rainha-mãe. No momento mesmo, a repercussão foi tal que lançou suspeita sobre o conjunto da operação: jamais Louviers pôde atrair os fiéis como Loudun dez anos antes. Ao contrário, os visitantes, menos numerosos, parecem sempre atentos e dispostos a verem anomalias em toda parte. A atitude dos diretores do caso, o penitenciário do bispo, Pierre Delangle, e seu acólico, Le Gauffre, que proíbem as visitas individuais às freiras, fiscalizando as idas e vindas dos curiosos, encorajou a suspeita. A eloqüência das possessas contra os hesitantes parece igualmente suspeita, já que, em Loudun, a mesma atitude era correntemente constatada. Um religioso, Irmão Jean Blondeau, conta em fins de setembro de 1643, o quanto essas constatações o induziram à desconfiança e ao desprezo com relação a essas jovens possessas e a seus diabos, que ele sur-

---

54. *Apologie...*, p. 16.
55. *Histoire de Magdelaine Bavent...*, n.º 63 da Bibliografia.

preendeu, uma vez pelo menos, em flagrante delito de dissimulação na obscuridade da sacristia[56].

Mais importante, por fim, é a aprovação que Pierre Yvelin encontra junto de colegas médicos que tomam posição a seu favor e informam com elogios seus correspondentes da audiência obtida por seus panfletos. É o caso de Guy Patin, um dos mais ilustres médicos do tempo, escrevendo a seu amigo Spon em Lyon, após a publicação do **Examen,** a 17 de novembro de 1634: "O doutor anônimo de nosso corpo é o jovem Yvelin que está envolvido na demonomania de Louviers; ele medita ainda alguma coisa nova a esse respeito". Guy Patin conhece, pois, o projeto de seu confrade que prepara a **Apologie** e o aprova orgulhosamente: quanto mais dá fé aos demônios do Novo Testamento, tanto mais hesita ante "o que dizem os monges hoje em dia". Os capuchinhos, encarregados dos exorcismos na Normandia e também no Poitou, são evidentemente visados pelo médico. Ele procede em termos menos técnicos que Yvelin em seus escritos:

> Em todas as possessões modernas, não há jamais senão mulheres ou moças: beatas ou religiosas, e padres ou monges depois; de forma que não se trata tanto de um diabo do Inferno quanto de um diabo da carne que o santo e sagrado celibato engendrou; trata-se antes de uma metromania ou histeromania de que uma verdadeira demonomania.

O médico erudito retoma aí os mesmos termos empregados por Naudé alguns anos antes com relação a Loudun; além do mais, faz dessa febre de diabruras nutrida pelas freiras uma consequência indireta da Reforma: demonstrações de regulares para refutar os escritos de Lutero e de Calvino. Por vezes, admite também alguma outra influência: Loudun, é "uma das velhacarias do cardeal tirano". Mas, ao fim das contas, não há muito mais nesses dramas das comunidades femininas do que desordens, no sentido mais banal da palavra:

> Quanto àquela de Louviers, tenho como certo de que se trata ainda de alguma outra tolice, **sed nondum liquet de specie, quamvis certo mihi constet de genere.** Vós não vedes senão padres e monges envolverem-se sob a sombra do Evangelho, mas tudo o que fazem é em favor da jovenzinha que não sabe o que fazer e que os atormenta[57].

Formulação "libertina" bem-vinda sob a pena de um Guy Patin. Mas essas questões importam menos que a aprovação concedida por esse mestre da Faculdade parisiense — que não é um inovador em sua arte[58] — às posições

---

56. Trata-se de Putifar, demônio da Irmã Maria do Santo Sacramento, que se recusou a portar a cruz no retorno de uma procissão: «Por fim, eu o apanhei portando a cruz na (capela de) Lorette onde caiu ao chão de raiva», B. N., Mss., fds. fs., 18695, f.º 187.

57. Essas citações são extraídas de *Lettres de Guy Patin*, Edição Triaire, 1907, p. 344 (Carta a Spon, a 17 de novembro de 1643). Na seqüência da carta, Guy Patin cita Wier, como o melhor autor sobre a questão, e Marescot.

58. Sobre o conservadorismo médico de Guy Patin, Cf. em René Pitard, *Le libertinage érudit...*, n.º 484 da Bibliografia, pp. 311-325.

científicas assumidas por seu jovem confrade. No novo debate público sobre as possessões, o médico parisiense não está isolado como estiveram Duncan e Quillet, alguns anos antes. Mesmo se o partido da possessão vence ainda em 1647.

b) **Os defensores da possessão normanda.** O bispo de Évreux e o provincial dos capuchinhos normandos encontraram sem dificuldades em Évreux, Louviers e Rouen médicos para atestar, contra Yvelin, o caráter sobrenatural das convulsões apresentadas pelas possessas, e para procurar a marca satânica nas freiras e em Thomas Boullé. Mas esses médicos quase não se apresentam, a não ser os dois de Rouen, Maignard e Lemperière, a quem Yvelin responde em sua **Apologie.** Na massa de escritos publicados para defender a possessão verdadeira, os médicos, portanto, não contam. São os clérigos, Delangle, Le Gauffre e Bosroger que tomam a defesa das hospitalárias e escrevem longamente: relatos dos exorcismos e confissões de Madeleine Bavent, autos de interrogatórios, discursos sobre as descobertas dos malefícios e dos encantos, cartas a um bispo... Toda essa literatura[59] se encontra resumida de alguma forma no grosso volume publicado pelo Padre Esprit de Bosroger alguns anos após a morte de Boullé, e que comporta a reprodução de um certo número de documentos importantes: a sentença do Parlamento de Rouen, a súplica do bispo de Évreux à rainha-mãe, as conclusões da comissão eclesiástica de setembro de 1643.

Os teólogos empenharam-se em estabelecer nesses escritos a verdade das possessões conforme o ritual: procedimento análogo ao efetuado em Loudun pelo Padre Tranquille. A comissão de inquérito enviada de Paris em agosto de 1643 (quando Yvelin já se encontra no local), dirigida pelo arcebispo de Toulouse, pronuncia seu "julgamento" a 10 de setembro, conforme as normas habituais[60]: eles constatam movimentos e agitações que ultrapassam a força e a natureza dessas moças. Uma delas, Irmã do Salvador, põe-se "com o corpo virado para trás em arco, a cabeça quase até os calcanhares", mal tocando o solo, "o que teria durado o espaço de uma **Ave Maria** e mais". Notam a compreensão do latim e do grego e "vários testemunhos do conhecimento do que era oculto e escondido". Todas as provas estão, portanto, reunidas para concluir:

59. Os anônimos figuram no início da Bibliografia, primeira parte; os demais no nome de seu autor, Le Gauffre.

60. Os comissários (o arcebispo e os dois teólogos parisienses que o assistem) encontraram-se com Yvelin que se teria recusado a tratar das religiosas: «ele teria declarado que os remédios de sua arte não lhes eram necessários». No local, Yvelin tende pois para a impostura; suas conclusões em Paris são mais nuançadas.

Tendo considerado detidamente as ditas particularidades, com as indicações que a Igreja fornece dos Energúmenos, nós todos julgamos com uma opinião comum em nossas consciências que as ditas jovens são umas verdadeiras possessas e outras obcecadas e enfeitiçadas[61].

Os exorcistas aplicam-se aliás em estabelecer a verdade das possessões, assim como nos casos anteriores, pelo luxo das descrições. Madeleine Bavent dialogando com Le Gauffre e Delangle, traça os retratos dos demônios que a perseguem: eis Dagon,

> a metade da parte superior do corpo em forma de homem, tendo os cabelos levantados como cornos e faiscantes, o rosto muito negro, e nos dois cotovelos duas pequenas caudas de pêlo negro, de cerca de metade de um pé de cânhamo longo, e completamente nuas, e a parte inferior do dito diabo era de uma fera como de uma serpente torcida e muito negra, sem pêlo...[62].

O Sr. Le Gauffre escreve a Leviatã, o mais infame e o mais velhaco de todos os diabos, e este responde às suas questões em uma linguagem muito ordinária: "O Diabo te carregue, cão de Gaufre, se esse encanto que fizemos para ti tivesse tido efeito, com a breca que nós o teríamos bem tratado, terias em recompensa o dobro de tudo aquilo que nos fazes, cão raivoso, esteja seguro que te falo da parte daquele que te pôs no mundo..."[63]. E assim por diante durante páginas. Os exorcistas normandos não carecem de modelos a partir dos quais podem reencontrar os fantasmas e as acusações habituais: é assim que Thomas Boullé se vê incriminado, embora um outro confessor das religiosas escape, após ter sido denunciado claramente:

> O Diabo apareceu-lhe sob a forma do Senhor Langlois, confessor das religiosas, tendo-o tentado e forçado pelo espaço de duas horas a recebê-lo carnalmente ao que ela resistiu, e depois mudou de forma e apareceu como diabo[64].

Os demônios normandos comportam-se exatamente como seus predecessores do Poitou e da Provença. Por que seriam menos verdadeiros? O protetor das hospitalárias, François Picard, bispo de Évreux, de sua parte, não duvida; escreve a Le Gauffre, em abril de 1644, a propósito de uma das possessas:

> sua sinceridade é demasiado grande para que se creia em artifício, sua possessão comprovada por inúmeros sinais, para que se duvide da graça de sua liberdade, a marca encontrada em um estado tão puro que não poderia ter sido feita por impressão humana[65].

É o mesmo bispo que se encarregou de refutar a acusação de impostura apresentada pelos adversários parisienses da possessão. Quando a rainha-mãe e Maza-

---

61. Esprit Bosroger, *La piété affligée*..., n.º 189 da Bibliografia, pp. 326-330.
62. A. N., A. D. III, 2, 214.
63. B. N., Mss., fds. fs., 18695, f.º 188.
64. A. N., AD III, 2, 214.
65. B. N., Mss., fds. fs., 18695, f.º 190.

rino parecem hesitar, no início de 1644, em dar prosseguimento aos exorcismos e em confiar uma instrução judiciária ao Parlamento de Rouen, ele escreve uma longa carta à própria rainha, para rogar-lhe que não escute "as línguas ímpias e venenosas". Ele mesmo se oferece como fiador dessa realidade diabólica:

> Novo certamente nessa função extraordinária, mas à qual trinta anos de cargo[66] devem ter ensinado a não fazer quaisquer julgamentos precipitados e a recorrer a sábios conselheiros e pessoas de bem e escolhidas, e a examinar todas as coisas com grande ponderação[67].

O essencial da carta é consagrado à discussão das sessões contestadas (das quais as hospitalárias fizeram uma especialidade) em cujo transcurso, segundo suas indicações, diferentes malefícios (fios, pedaços de tecidos) foram encontrados "a oito ou dez pés sob a terra", no claustro de seu convento. O prelado fornece longas explicações laboriosas para explicar que as jovens não teriam podido jogar nos buracos escavados os objetos em questão: ela

> lançou-se sobre esse pequeno monte de terra, não tendo a moça nada entre suas mãos, como um bom número de padres, gentis-homens e outros atestaram ter bem reparado que ela as tinha completamente abertas; mas após ter procurado por um certo espaço de tempo, um dos assistentes percebeu que ela o possuía sob os dois dedos pequenos de sua mão, tentando o Demônio arrebatá-lo, como pretendeu fazer em todos os outros encontros...[68]

Pois, nessas demonstrações difíceis, o Diabo desempenha um papel sutil, esforçando-se por provocar os incrédulos, colocando ele mesmo nas mãos ou sob as mangas das possessas os objetos que devem ser encontrados na terra: é "a fraude e a ilusão dos Demônios" que contribuem para alimentar as "suspeições" que os espectadores "menos pios e menos sábios" podem formar. Se aconteceu mesmo alguma vez de o Diabo ter conseguido enganar todos os assistentes com tal ilusão, essa não é a razão válida para recusar a dezena de sessões em que a extração dos malefícios se fez "pontualmente".

O capuchinho Esprit de Bosroger é, nessa matéria, ainda mais afirmativo de que o bispo: a sessão de 16 de dezembro de 1643 no decurso da qual uma religiosa foi surpreendida tendo nas mãos o malefício que deveria jogar no buraco escavado pelos auxiliares, não passou de um acidente, e é necessário não dispor de reflexão para daí tirar conclusão contra a possessão:

> esse temporal não tem outra fonte senão o relato precipitado de alguns que asseguram ter descoberto uma farsa no 16.º dia de dezembro de 1643, quando se retirava um encantamento escondido em uma fossa que tinha seis a oito pés de profundidade; tendo visto na mão da jovem possessa por Leviatã o encantamento que ela pretendia jogar na fossa para enganar os espectadores (é assim que falam esses

---

66. François Péricard foi efetivamente nomeado bispo de Évreux em 1613; morre em 1646 antes do fim do processo judiciário em Rouen.
67. Bosroger, *La piété affligé*, n.º 189 da Bibliografia, p. 113. Carta à rainha-mãe de 11 de janeiro de 1644.
68. *Ibidem*, p. 116.

espíritos embrulhões) daí concluíram que os outros encantamentos foram retirados da mesma forma. Eis como aqueles que possuem o entendimento frouxo condenam, pela menor dificuldade que se apresenta, as ações mais sinceras porque não as compreendem, ou não as conhecem[69].

A sinceridade das religiosas exclui evidentemente toda acusação de impostura. O capuchinho encontra assim o argumento maior dos possessionistas de Loudun: as "pessoas que adoram Deus sinceramente e que têm os diabos em execração" (como diz para designar os juízes de Rouen) não podem pôr em dúvida a verdade da possessão; é um ato de fé reivindicado contra os "libertinos e ímpios do século".

O ardor polêmico conduz sempre, com efeito, os defensores da possessão a reafirmarem sua vontade de defender a Igreja e o próprio Deus contra as pessoas fracas de fé, de "vingar as injúrias feitas a Deus, à sua bondade divina ultrajada". A farsa denunciada por esses assistentes céticos vindos do Demônio, é bem ainda a presença do Diabo no mundo e seu perpétuo desejo de perdê-lo que está em questão. Os exorcistas normandos não podem pretender qualquer originalidade que seja neste plano, não mais que no desenrolar das sessões de exorcismo e nas revelações das possessas. Se, entretanto, experimentaram mais dificuldades em fazer-se ouvir, é porque repetem aquilo que "se encontra em todos os livros" como o constata Yvelin; é também porque não foram ajudados por um Richelieu, nem mesmo por um referendário tão decidido e convencido como Laubardemont; é, enfim, porque chegam muito tarde, em um momento em que circulam mais e mais tratados e opúsculos eruditos, que examinam com cuidado essas questões e concluem, na maior parte das vezes, pela necessidade de pôr fim — ou pelo menos freio — a esses processos e a essas "diabruras" mesmas.

3. *O Debate Geral*

Esses três processos escandalosos polarizaram em torno do Diabo e de suas empreitadas a atenção do público letrado da época: é um tema de atualidade nos anos trinta. Todos os tipos de escritores consagram-lhe algumas páginas em meio a um tratado qualquer, ou então o abordam pelo viés das crenças anexas, sobre as quais os demonólogos, alguns anos antes, haviam argumentado acessoriamente: a mandrágora, os horóscopos, a astrologia. As conferências do **bureau d'adresses***, o salão científico da **Gazette de France,** não deixam de consagrar uma sessão em 1637 a uma questão relativa ao sabá e

69. *Ibidem*, p. 110.

* Local onde se toma conhecimento das novidades, sala de palestras; também escritório de informações (N. dos T.)

às atividades do Demônio, durante esta cerimônia. Os eruditos trocam informações, nós o vimos, sobre a marca e sobre as proezas das possessas. Um magistrado borguinhão curioso consulta um amigo médico sobre os aspectos médicos da possessão. Os restos desse debate que se conservaram até hoje não permitem representá-lo de forma bastante precisa: qualificá-lo de exame de consciência correria o risco de ser abusivo. Pelo menos é permitido assegurar que o problema de Satã é um daqueles que preocupam a **intelligentsia** do tempo.

a) **Tratados, consultas, libelos.** A obra mais importante publicada nesse período não é francesa, é do jesuíta renano, Friedrich Spee, **Cautio criminalis**. A Alemanha Ocidental conheceu nesse primeiro terço do século XVII, uma febre satânica comparável à França no fim do século XVI. O próprio F. Spee acompanhou à fogueira dezenas de feiticeiros e feiticeiras, antes de se recusar a conceder essa assistência aos condenados e antes de escrever em latim seu tratado contra os processos: a obra publicada sem o nome do autor conheceu um grande sucesso na Alemanha, já que foi editada três vezes em dois anos, em Rinteln, Frankfurt e Colônia[70]. É uma análise rigorosa dos procedimentos judiciários, dos métodos utilizados pelos juízes, quando das instruções, para obter as confissões dos suspeitos. Esta argumentação, que não elude nenhum problema, desde as denúncias até à tortura e às responsabilidades dos príncipes, de seus conselheiros e confessores, teve grande repercussão na Alemanha renana, o fato está bastante comprovado[71]. Mas, na França, ele não parece ter sido conhecido, já que ninguém o cita antes que a tradução francesa seja publicada, em 1660, por um médico de Besançon, ainda que suas demonstrações hajam trazido o peso e a autoridade de um teólogo aos argumentos avançados ao mesmo tempo pelos defensores da tese médica em um outro plano. Pois o problema judiciário propriamente dito não é tratado na França pelos polemistas: os sucessos imensos dos intermináveis exorcismos podem explicar, de certa forma, que os métodos judiciários não tenham sido inventariados por si mesmos, apesar de seus riscos evidentes; estes foram reconhecidos, discretamente ao menos, por certos juristas, como o loreno Claude Bourgeois[72]. Entre-

---

70. F. Spee, n.º 321 da Bibliografia. Primeira edição em Rinteln em 1631. Segunda e terceira em Colônia e Frankfurt em 1632; depois três edições ainda em 1647; dentre as quais uma tradução para o alemão. O livro é ainda editado no século XVIII.

71. Lá também, a questão está na ordem do dia: «Tüglich kommen neue Bücher auf den Markt, die die Sache ganz verworren, machen», cf. H. Zwetsloot, *F. Spee und die Hexenprozesse*, n.º 515 da Bibliografia.

72. Ele escreve em 1614 em um inciso de sua *Pratique civile et criminelle*, n.º 135 da Bibliografia, a propósito da utilização dos diferentes «tormentos»: «Nisso a prudência e a discrição do juiz são maravilhosamente requeridas tendo em vista que a questão é perigosa, na maioria das vezes o inocente aí confessa; enquanto que o malfeitor culpado lhe resiste, e por esse meio absolvido».

tanto, as reedições dos tratados jurídicos do século XVI imprimem em 1637, assim como no tempo de Bouguet, suas recomendações em favor de perseguições implacáveis: é o caso de Charondas le Caron e suas **Responses de droit français** que se apóiam em Nicolas Rémy e seu livro "cheio de exemplos notáveis e de excelentes discursos mesclados de diversas ciências para mostrar que tão abomináveis crimes devem ser severamente punidos, sem que nisso se use conivência nem dissimulação"[73]. Não é, contudo, nesse plano que se discute então na França o problema da presença diabólica: é diretamente, por assim dizer, pelo exame dos fenômenos revelados pelas possessas e comentados à porfia por todos os seus partidários.

O autor que mais conta nesse sentido é Gabriel Naudé que voltou repetidas vezes para a questão: primeiramente na obra que consagra em 1625 aos grandes homens falsamente acusados de magia. É um estudo laborioso (dedicado ao Presidente de Mesmes, no Parlamento de Paris) que, após ter definido a magia, passa em revista pela força de citações um grande número de casos "históricos", desde Orfeu, Pitágoras e Numa Pompílio até Gregório VII, Pico de La Mirandola e H. Cornelius Agrippa. Essa compilação ousada e erudita apresenta um grande interesse para o nosso propósito, na medida em que exprime a atualidade desses problemas, refuta certas confusões e expõe com clareza o caso de escritores importantes do século precedente como H. C. Agrippa. Mas, sobretudo, de passagem, Naudé exprime francamente seu sentimento sobre os demonólogos do fim do século XVI, em seu "labirinto de falsas opiniões" e em suas "histórias suspeitas"[74]. Ele se admira das "inadvertências" de Jean Bodin, "que após ter, por uma maravilhosa vivacidade de espírito acompanhada de um julgamento sólido, tratado todas as coisas divinas, naturais e civis, desconsiderou o homem que era e teria sido visto por nós infalivelmente como uma inteligência se ele não tivesse abandonado os traços de sua humanidade nesta Demonomania"[75]. Mostra-se mais severo para os outros: De Lancre, "tão crédulo que adota para sustentar o que ele afirma a mais tola história da carochinha"; Le Loyer, "autor cheio de todas as pataratas que se contavam em seu tempo sob

---

[73]. Charondas, *Responses de droit français*, n.º 150 da Bibliografia, no capítulo: «Se os feiticeiros e feiticeiras são dignos do último suplício.» A primeira edição de 1579-1582, cf. mais atrás, cap. 2, nota 48.

[74]. R. L. Wagner em seu estudo sobre o vocabulário e as noções da magia e da feitiçaria (*Sorcier et Magicien*, n.º 512 da Bibliografia) é bastante severo para com Naudé. Escreve na p. 250, nota 2 — a propósito das confusões ainda freqüentes entre feiticeiro e mágico, que Naudé não soube evitar: «Sua obra nada tem de revolucionário senão o título e algumas afirmações descorteses com respeito aos demonólogos apaixonados». Precisamente essas afirmações são de grande importância no debate aberto em torno dos processos escandalosos.

[75]. *Apologie*, edição de 1712, p. 83.

a chaminé na aldeia de seu nascimento"[76]; e "todos os outros que, por seus relatos fabulosos e pelo pouco julgamento que concederam a essa pesquisa, nos fazem sempre tomar por realidades as nuvens de suas fantasias"[77]. Naudé não nega a existência da "magia diabólica" que intitula "o principal instrumento de que o Diabo se serve sempre para usurpar uma honra que não lhe pertence, para atrair para si o culto dos homens e desviá-los do serviço que devem a seu criador..."[78]. Mas valeria mais não falar tanto deles, deslindar o que aí são exatamente "fábulas e calúnias" e não "se deixar levar pela corrente das opiniões comuns e populares". Da mesma forma que é necessário distinguir entre médicos e charlatães que curam as chagas e os ferimentos pela virtude de certas palavras e orações[79], convém igualmente "perscrutar" e "examinar" os testemunhos e os exemplos: em uma palavra, tudo "repassar pelo crivo da razão"[80].

Assim, a **Apologie** de Naudé, apelo ao exame crítico d'"essas acusações frívolas sem razão, cheias de falsos rumores e mentiras", representa, dez anos antes de Loudun, uma tomada de posição precavida e ao mesmo tempo uma apresentação geral dos problemas propostos pela tradição demonológica do século XVI. Ela constitui, portanto, uma peça capital neste debate geral. Mas Gabriel Naudé voltou a tomar posição por várias vezes, não somente em sua correspondência (de que se falará mais adiante) mas em dois outros tratados, sem ligação direta com os processos satânicos. Em 1639, em suas **Considérations politiques sur les coups d'État** (escritas em 1631-1632), lembra, incidentalmente, que os mágicos e os demônios são muito úteis para demonstrar a eficácia da religião católica e "para persuadir, pela aparição destes, a incredulidade dos ateus"[81]. E, sobretudo, disserta mais longamente sobre a credulidade popular "sujeita a todos os tipos de ventos e tempestades"*; esquecendo-se por um instante da credulidade não menos firme de numerosos juízes e eruditos seus contemporâneos, zomba ao longo das páginas da "imbecilidade" popular:

76. *Ibidem*, p. 394.

77. *Ibidem*, p. 84. Ele diz ainda, à página 465: «Na verdade é uma coisa estranha que Delrio, le Loyer, Bodin, De Lancre, Godelman que foram ou são ainda pessoas de crédito e de mérito, tenham escrito tão apaixonadamente a respeito dos Demônios, feiticeiros e mágicos, a ponto de não terem rejeitado jamais qualquer história, por mais fabulosa e ridícula que seja».

78. *Ibidem*, p. 23.

79. *Ibidem*, p. 393.

80. *Ibidem*, p. 463.

81. G. Naudé, *Considérations...*, n.º 269 da Bibliografia, p. 9. É o mesmo argumento de um comentador de Loudun em 1635: «os efeitos miraculosos da Igreja Romana sobre as estranhas e horripilantes ações dos demônios», n.º 41 da Bibliografia.

* Jogo de palavras e imagens intraduzível de Naudé, pois a palavra vento (*vent*) em francês serve também para designar as informações que correm por cochichos, os rumores, as balelas. (N. dos T.)

Quando alguém lhe conta as fábulas de Melusina, do sabá, das feiticeiras, dos lobisomens, dos duendes, das fadas, dos paredros, ele os admirará. Quando o ventre atormenta alguma pobre moça, dirá que está possessa, ou acreditará em qualquer padre ignorante ou perverso que a faz passar por tal...[82].

Ninguém foi mais categórico na época sobre a questão da possessão. Dez anos mais tarde, em seu diálogo sobre as manobras de Mazarino, correntemente denominadas **Mascurat**, Naudé toma o partido dos médicos que intervêm no mesmo sentido, com maior audácia ainda, já que cita os casos precisos e não deixa de lembrar que "é muito perigoso" opor-se a tais abusos:

> Marescot, um dos primeiros médicos de Paris, passou por ateu depois que denunciou as trapaças de Marthe Brossier. Duncan e Quillet, tendo-se oposto as das religiosas de Loudun, aquele foi reprimido e ameaçado severamente pelo Cardeal Richelieu e este foi forçado a ir servir o Marquês de Coeuvre em Roma. O Senhor Yvelin tendo, pouco depois, concluído generosamente pela nulidade da possessão de Louviers, não ficou sem réplicas maliciosas, e se o fato não tivesse sido favorável a todos, pode ser que eu não teria agora a audácia de dizer-te uma coisa bastante notável[83].

De onde não conclui que todas as possessas **sejam**, como Marthe Brossier, indenes de ataques satânicos; mas que devem ser examinadas com a maior prudência, pois não são, na "maior parte das vezes, possessas senão por malícia ou por doença": ou seja, os mesmos termos da alternativa considerada pelos médicos e mesmo alguns teólogos, quando das possessões coletivas de Loudun e Louviers.

Contudo, os escritos de Gabriel Naudé não são os únicos a provar a amplitude do debate aberto por ocasião dos mais rumorosos processos: todos os aspectos da intervenção diabólica suscitam reflexão e exame. Assim as conferências semanais do **bureau d'adresses** aberto por Renaudot ao lado de sua **Gazette** e dirigidas por seu irmão Eusèbe são um admirável observatório das preocupações científicas parisienses; elas nos oferecem vários exemplos dessa curiosidade. Em cada compilação das questões debatidas no curso dessas reuniões, figuram alguns problemas demoníacos; a 34.ª (a 10 de abril de 1634) trata da licantropia e conclui temerariamente, "os doutos tomam por metáfora o que o vulgo toma ao pé da letra". Duas semanas mais tarde, a 36.ª é consagrada ao feitiço de impotência, tema que atrai os participantes, porquanto seis dentre eles tomam a palavra e sustentam que, com relação aos homens de boa saúde, cumpre "atribuir sua causa aos sortilégios danados, dos quais não se deve duvidar às vezes nem acreditar sempre"[83a]. Melhor ainda, alguns meses mais tarde, a 14 de maio de 1635, a 77.ª conferência é consagrada aos feiticeiros em geral e expõe pontos de vista

---

82. *Considérations...* pp. 155-156.
83. G. Naudé, *Jugement de tout ce qui a esté imprimé...*, n.º 270 da Bibliografia, p. 310.
83a. *Recueil général...*, n.º 311 da Bibliografia, tomo I, pp. 329-333 e 349-355.

moderados: os feiticeiros, qualquer que seja o ódio irreconciliável que o espírito maligno tem pelo "espírito humano", não podem ser tão numerosos; "seus transportes ao sabá são algumas vezes... reais", "algumas vezes imaginários"; "o sexo feminino por sua fragilidade está mais sujeito a isso", mas enfim convém "bem distinguir os efeitos da natureza e do ar e os destes sortilégios". Pouco após, os sábios da **Gazzete** discutem sobre a aparição dos espíritos (79.ª), sobre a epilepsia ou mal-caduco (80.ª) em relação à qual "os mágicos que se vangloriam de curar as doenças" não têm poder; depois na semana seguinte, sobre a quiromancia, que o último dos opinantes declara "não somente recriminável, mas muito ridícula, e perniciosa... proibido pelas leis divinas e humanas", quando ela é astrológica[83b]. Mais notável ainda é a discussão de 128.ª: a 9 de fevereiro de 1637, às vésperas da peregrinação triunfal de Joana dos Anjos a Savóia, a conferência versou sobre as atividades sexuais de Satã no sabá, "os íncubos e súcubos, e se os demônios podem gerar". A apresentação da questão é feita com uma franqueza pouco comum:

> Duas espécies de pessoas pecam nessa matéria, o vulgo supersticioso e ignorante que reporta tudo aos milagres, e faz com que tudo seja feito pelos Santos ou pelos Demônios; e os ateus e libertinos que não crêem nem em uns nem nos outros. Os médicos, permanecendo no meio, sabem distinguir o que se deve atribuir à natureza e aos seus movimentos ordinários, das coisas sobrenaturais...

O médico que tem a última palavra conclui aliás por uma "imaginação voluptuosa que representa os íncubos ou súcubos venéreos"[84]. Mas a mesma centúria evoca novamente, em maio de 1638, a melancolia e o feitiço de impotência a propósito da imaginação, o "feitiço sobrenatural e diabólico", "e por obra dos Demônios" a propósito da "fascinação ou encantamento"[85].

Outro exemplo de discussões apaixonadas, mais diretamente ligadas aos eventos recentes: às vésperas da Fronda, um conselheiro do Parlamento de Dijon, Philibert de la Marre, amigo de eruditos libertinos aliás, consulta um médico desconhecido sobre a possessão de Louviers; recebe então uma pequena memória de algumas páginas, para seu governo pessoal nos casos do mesmo gênero que a Borgonha conhece nesse tempo. O texto, que não foi publicado[85a], é um tratado geral sobre os "três graus

---

83b. *Récueil général*, tomo II, pp. 298-303, 325-330, 331-336 e 342-349. E assim por diante; ainda no mesmo período, encontram-se os temas diabólicos: a 325.º (a 31 de março de 1642) versa sobre o poder dos sinos de espantar os espíritos malignos, a 335.º (a 2 de junho de 1642) sobre a magia natural.

84. *Troisième Centurie des questions traictées...*, n.º 311 e n.º 29, pp. 185 a 188 da Bibliografia. O segundo participante que advoga esta causa, começa assim: «Como é ser demasiado grosseiro pretender recorrer a razões sobrenaturais, quando as naturais são evidentes, também é ser demasiado sensual pretender encontrar a razão de tudo na natureza».

85. *Ibidem*, 3 e 10 de maio de 1638, pp. 457 a 464.

85a. Ele se conserva na Biblioteca do Arsenal, Mss. 2890 (pasta de la Marre), f.º 42 a 48.

de loucura" constatados pelos médicos desde que Hipócrates publicou os caracteres essenciais desta; sem dúvida este médico não se distingue dos outros especialistas que pretenderam nesse mesmo tempo esclarecer tais questões através de um ajustamento de ordem estritamente médica: trata-se sempre de humores e vapores que "podem se dirigir à cabeça", que aí se fixam ou bem daí se retiram rapidamente sem "corromper a substância do cérebro", com conseqüências diversas, segundo as preocupações anteriores dos pacientes. Mas essa pequena memória é escrita por uma pena atenta e metódica, que multiplica as observações pertinentes e expõe o conjunto da questão antes de aplicá-las às possessas normandas. Homem de espírito, termina recomendando que se desconsidere o diabo, que se trate as possessas como loucas, que sejam exorcismadas em pequenos grupos sem se dar ouvido à sua "tagarelice". Simples consulta, que circulou sem dúvida no Parlamento borguinhão e em seu cenáculo erudito descrito por René Pintard[85b], esse discurso é uma boa testemunha: a questão satânica é de fato uma das preocupações maiores do meio erudito.

É necessário além do mais citar alguns dos pequenos e grandes tratados que nos mesmos anos abordam essas questões com uma audácia ímpar: Laurens Catelan, boticário de Montpellier, demonstrador da Faculdade de Medicina, consagra um "raro e curioso discurso" à mandrágora e às suas virtudes, e evoca de passagem os fenômenos estranhos que lhe atribui a Escritura[86]. O Padre Caussin, jesuíta, que anteriormente celebrara com satisfação a condenação de Théophile, publica em 1649 uma carta "sobre a curiosidade dos horóscopos" onde atribui ao demônio os efeitos astrológicos assinalados pelos especialistas da predição astral[87]. Pierre Bailly, doutor em medicina, escreve uma curiosa obra sobre sua arte intitulada os **Songes de Phestion, paradoxes phisiologiques**, que faz acompanhar de um diálogo sobre a imortalidade da alma; um capítulo é consagrado às possessões sob esse título bastante claro: "Aquilo que vós julgais desses pretensos demoníacos que se fazem ouvir por diversas línguas e predições do futuro"; discussão interessante onde esse médico argumenta sobretudo sobre a dificuldade, mesmo para o especialista que ele é, de reconhecer o que foge às regras da natureza, de tal forma está mal preparado para saber até onde "podem estender-se as forças de nossa alma e da natureza"[88].

Seguramente, todos, nestes anos, lêem ou escrevem

85b. R. Pintard, *Le libertinage...*, n.º 484 da Bibliografia, p. 89.
86. Laurens Catelan, *Rare et curieux discours...*, n.º 146 da Bibliografia.
87. N. Caussin, *Lettre a une personne...*, n.º 147 da Bibliografia.
88. P. Bailly, *Les songes de Phestion*, n.º 96 da Bibliografia, principalmente p. 576. Cf. ainda *Les secrets astrologiques*, de Ch. Sorel, em 1636, n.º 320 da Bibliografia.

e refletem sobre os eventos de seu tempo, preocupam-se com as possessões e com as maldades satânicas: todos esses livros e libelos comentam e ruminam os mesmos exemplos e os mesmos problemas acerca dos quais avançam sempre, no fim das contas, as mesmas hipóteses.

b) **As três soluções.** Um observador de Loudun, no mês de agosto de 1634, que levou a discrição prudente a ponto de não assinar a sua polêmica, expõe como, após ter passado seis dias a desdobrar "toda a atenção e indústria possíveis para descobrir por quais meios se fazem tantas coisas extraordinárias", não escapou a uma certa confusão e deduz então "que todas as considerações que se pode ter sobre isso reduzem-se a três pontos: do qual o primeiro é que há impostura nisso; o segundo, que tudo o que aí se vê seja causado por alguma doença; e o terceiro que isso seja obra dos demônios"[89]. Artifício, doença ou demônio: desses três termos, é o primeiro que mais excitou a verve dos escritores e que ao mesmo tempo complica qualquer análise, já que se interpõe como a alternativa mais lógica entre as outras duas: a doença, expressão de uma natureza mal conhecida, ou o demônio. Sem dúvida a descoberta de uma farsa tem a vantagem de resolver de uma vez e claramente todo o debate. Acabou-se a necessidade de interrogar-se sobre as diferentes doenças que poderiam explicar os fatos estranhos sem intervenção do demônio; acabou-se a necessidade de se perguntar, como fazem alguns médicos, se sua ciência médica é bastante precisa para tratar delas: "O poder da alma humana e da natureza não nos é inteiramente conhecido; não cabe a nós determinar a sua força e vigor que nos são incompreensíveis, ainda que julguemos de suas faculdades ordinárias por suas funções costumeiras", escreve Pierre Bailly com humildade de bom tom[90].

Encontraram-se de fato comentadores para negar qualquer simulação nessa matéria: os "possessionistas" são mais convictos; acham que as fraudes de que falam os céticos são impensáveis, uma vez que eles próprios assistiram aos exorcismos:

> Ainda que a farsa e a fraude não devam ser suspeitadas nesses exercícios de diabrura, e em seus exorcismos, onde seria necessário que mais de duzentas pessoas estivessem no jogo, todas as maravilhas, que se viu em Loudun não conseguiram vencer a incredulidade de muitos[91],

escreve o abade de Poitou ao seu amigo parisiense. É a mesma testemunha que relata a famosa saída dos três demônios a 20 de maio de 1634, esquece as reservas exprimidas por Duncan e declara que este médico "huguenote mas com reputação de homem muito hábil em

---

89. *Lettre de Naudé e ses amis...*, n.º 37 da Bibliografia (início); e B. M. Carpentras, Mss. 1779 f.º 513.
90. P. Bailly, *Les songes...*, n.º 96 da Bibliografia, p. 593.
91. Biblioteca do Arsenal, Mss. 4824, f.º 16.

sua arte", após ter examinado a religiosa, "verifica não haver aí nenhuma trapaça". Os defensores da inocência caluniada, entretanto, adiantaram outros argumentos: a impossibilidade de conluio dessas moças, bem educadas, pertencentes a famílias virtuosas, e que teriam armado com uma perversa malícia um desígnio tão horrível como abusar de seus confessores, brincar com os objetos sagrados, jurar e blasfemar, sem jamais se trair durante meses e anos; a aprendizagem, o treinamento que lhes teria sido necessário para adquirir todos esses "meneios de flexibilidade e de violentas contorções de membros", que os saltimbancos não conseguem senão após dez ou quinze anos de exercícios assíduos; enfim, a necessidade de que os exorcistas participassem, muito ou pouco, desse conluio, para que as sessões se desenrolassem como elas o teriam previsto; e inversamente a exclusão das outras religiosas que não faziam parte do jogo, e que não poderiam ter visto os ensaios, nem ouvido as conciliábulos; que não poderiam mesmo explicar por que elas não participavam da empreitada em que toda uma comunidade embarcara (em Loudun, uma única ursulina escapou a esse "contágio"). Tantas boas razões que depõem a favor da simples possessão[92]. Sem falar da melhor que refere tudo ao próprio Diabo — a farsa acionada pelo Demônio para embaralhar as cartas, sustentar as disputas, suscitar as dúvidas e a incredulidade em detrimento da fé: mesmo que haja realmente impostura, ela não pode ser alimentada e representada por tão longo tempo, sem que exista por trás de tudo "um artifício sutil" do Diabo, ou seja, sem que ele tenha sido o ator principal.

Pondo-se à parte este último ponto, que os "incrédulos" não podem aceitar, restam os argumentos precedentes que não carecem de peso, sobretudo para os leitores distantes incapazes de imaginar a atmosfera de feira de maravilhas na qual se desenrolam os exorcismos, em meio ao barulho, aos gritos, às risadas e às orações pela fé, sem ordem nem contenção. Também os defensores da impostura contentam-se em relatar os casos flagrantes, em que as religiosas foram surpreendidas em vias de enganar a assistência. Quando Yvelin publica a **Apologie** de seu **Examen,** em fins de 1643, manda imprimir na última página do livro a carta que lhe escreveu um teólogo de Rouen relatando um acidente desse gênero, quando os exorcistas mandam procurar na terra um malefício anunciado pelo Demônio, após vários dias:

> nada se encontrando, a jovem possessa disse que não o encontrariam se ela mesma não o procurasse: E de fato tendo recebido ordem de fazê-lo, e fingindo procurá-lo, o Sr. de Busserolles, conselheiro na

---

92. Esparsos em um grande número de panfletos e obras, esses argumentos são reunidos com solidez pelo autor da *Lettre de N. a ses amis...*, n.º 37 da Bibliografia.

Corte de Auxílios de Rouen, apercebendo-se de que ela tinha o polegar e o mínimo de uma mão fechados juntos, tomou-lhe prontamente a mão, e mostrou a mais de oitenta pessoas que ela tinha entre seus dedos o feitiço que procurava, que era uma hóstia marcada por três gotas de sangue com essas letras, um D, um M e um B, o que revoltou de tal modo a assembléia que se gritou em alta voz que se devia queimar o convento, as moças e seu mobiliário[93].

Enquanto que na presença de tal simulação, o bispo de Évreux e o capuchinho se tranqüilizam alegando um novo ardil diabólico, outros assistentes não vêem aí nada mais que a "impostura dessa pretensa possessão". Debate insolúvel, tanto mais quanto os médicos que conhecem a histeria e não deixam de diagnosticá-la na circunstância, não compreendem em sua descrição a duplicidade simulatória que é hoje bem conhecida[94].

Os médicos contemporâneos dessas grandes possessões (que não adotam a solução — mais fácil — de atribuir todos esses fenômenos ao Diabo) propuseram entretanto explicações científicas: apontam não uma, mas várias doenças que foram descritas pelos médicos desde há muito, e que explicam ao menos uma boa parte das perturbações constatadas durante os exorcismos. O correspondente de Philibert de la Marre, em sua exposição, refere-se às principais doenças

> que põem os homens fora de seu bom senso: umas são com febre como o frenesi; outras são sem febre como a melancolia e a mania; e essas duas são às vezes contínuas e sem interrupção, algumas vezes também há grandes intervalos nos quais parece que o doente voltou à plena saúde e sabedoria[95].

Ele reconhece de passagem que os efeitos dessas doenças não são fáceis de analisar, pois elas não são muito freqüentes, nem "tão fáceis de entender como uma dor lateral"; e os próprios médicos devem cuidar de não raciocinar "como os aldeões, que pensam, tão logo tenham alguma doença um pouco longa e difícil de curar, que estão enfeitiçados".

No que se refere às religiosas, a proposição médica é de um caso particular desses movimentos dos humores que os especialistas pretendem observar por trás de todos esses fenômenos:

> Eu a chamo, escreve ele, como todos os médicos, melancolia ou bem fantasia do ventre: melancolia se ela é com temor; e fantasia ou mania se ela é com audácia; sobretudo deve-se distinguir essa doença das sufocações ou furores do ventre, e não se deixar enganar pela semelhança dos nomes.

Esses movimentos transtornam o temperamento do cérebro que se entrega a "diversas fantasias", variadas se-

---

93. *Apologie...*, n.º 344 da Bibliografia, p. 30.
94. Em sua tese de medicina consagrada a Loudun, G. Legué, em 1874, estabeleceu um acerto muito claro dessa questão: cf. *Documents pour servir...*, n.º 452 da Bibliografia, principalmente pp. 63-66; cf. no retrato de Joana dos Anjos, o Sr. de Certeau, n.º 328 da Bibliografia, as referências médicas mais recentes, pp. 1729, 1731, 1735 (Kretschemer, Lhermitte, Freud).
95. Biblioteca do Arsenal, Mss. 2890, f.º 42.

gundo o humor dominante do doente e "os sonhos ou pensamentos que precederam e de que o espírito estava cheio quando o desvario dele se apoderou". Assim como um pobre litigante não fala mais do que de hipotecas, produções, sacas e relatores; uma pessoa de temperamento melancólico se volta para o inferno e os diabos, as trevas e a morte. Enfim, "como as visões dos melancólicos são mais fortes do que aquelas dos outros, eis por que acontece às vezes que eles pensem ter visto realmente e de fato o que sonhavam somente"[96].

A aplicação ao caso particular das religiosas coloca ainda alguns problemas anexos, dos quais os médicos não se esqueceram; principalmente sobre o contágio que parece propagar essas perturbações através de toda uma comunidade, trata-se de uma imitação fácil na medida em que as espectadoras dessas desordens possuem elas próprias disposição melancólica: "seu humor seco e negro se elevará e a prenderá ao fantasma que estará presente e a induzirá a devaneios semelhantes". O mesmo ocorre com os acessos que estão ligados aos movimentos dos humores: se alguém os trabalha por meio dos exorcismos, sua fantasia que já está atingida e "acostumada e apegada a esses fantasmas" agita-se e os arrasta a esses cidentes, "que tanto atemorizam os espectadores"[97]. Por fim, esse médico metódico não se deixa embaraçar por objeções menores como a dos malefícios: não pretende que haja malícia qualquer por trás dessas descobertas não fortuitas. Mas exige simplesmente que o médico se ocupe da doença tal como ele acaba de defini-la, e de tratá-la como tal, pelos meios reconhecidos de que dispõe, sem se ocupar com as outras manifestações:

> Se alguém me enviasse para examinar e curar uma pessoa que tivesse todos os sinais de uma febre terçã, e outro aí descobrisse malefícios... eu por mim diria que ela tem a febre terçã e que se deveria tratá-la como se o faz com aqueles que têm essa doença, e que além disso se deveria observar como se faz o resto[98].

Essa exposição médica, escrita por Philibert de la Marre, é mais sistemática que os pequenos tratados, impressos e muito difundidos em seu tempo, de Marescot, Duncan ou Quillet. Mas ele se baseia, como este, num conhecimento científico preciso dos sintomas e manifestações que caracterizam essa "mania". Essas descrições justificam largamente a pretensão estabelecida por Yvelin, e já evocada, de intervir nas crises conventuais e de tratar das freiras, antes de admitir que elas sejam as vítimas escolhidas do ardor desenvolvido por Satã para perder o mundo. Nesse debate provocado pelas grandes possessões, os médicos apresentam pois as soluções de sua

96. *Ibidem*, f.º 44.
97. *Ibidem*, f.º 46.
98. *Ibidem*, f.º 47.

ciência[99]; representam — melhor do que as testemunhas hipnotizadas pelas simulações das freiras — a tentativa racional de apresentar uma explicação humana, e não sobrenatural, desses fenômenos. Esses cientistas propõem a seus leitores um procedimento intelectual fundado na razão: antes de mais nada procurar as explicações segundo a natureza humana, utilizando todos os recursos do saber médico. A explicação pelo Diabo não pode intervir senão depois. Exigem, em suma, que essas possessas — e as feiticeiras de aldeia da mesma forma — sejam examinadas em sua desordem mental em primeiro lugar, sem que se lhes conceda, de início ao menos, mais crédito do que é habitual conceder-se a um espírito desarranjado, maníaco manso ou louco de amarrar. Para eles, as possessões e enfeitiçamentos não são nada mais que uma expressão particular da loucura.

É o que Gabriel Naudé resumiu com verve em seu **Mascurat**, em uma larga tirada onde opõe as duas atitudes: de uma parte a mansidão divertida que se deve atribuir aos doentes comuns:

> Quando um frenético grita que ele vê diabos, exércitos, combates, leões, incêndios, ninguém crê nele. Quando um hipocondríaco após ter raciocinado pertinentemente sobre mil coisas, **coetera sanus**, pretende persuadir que é Deus Pai, um anjo, um rei, o marido de alguma princesa, uma lebre, um cântaro, as pessoas zombam dele.

E como Naudé tem sempre uma veia satírica, acrescenta um exemplo interessante, pois se aproxima dos casos debatidos em Loudun e Louviers:

> Quando uma bela e robusta moça **jam matura viro, jam plenis nubilis annis**, queixa-se de haver algum homem negro que a segue, de ver diabos, de ouvir ruídos na casa, de estar cercada de fantasmas, as pessoas dizem, caçoando dela, que sua virgindade a sufoca.

De outra parte, expõe o rigor com que são tratadas as feiticeiras que se acusam de ter participado do sabá e compactuado com o Diabo:

> E por que então queimar uma pobre mulher que por doença, por tolice, por força ou qualquer outra razão confessará ter sido transportada em menos de um nada sobre um bode, sobre um forcado, ou sobre uma vassoura, a assembléias distantes cem léguas, ou próximas de suas aldeias; onde elas teriam feito mil extravagâncias pueris, ridículas, impossíveis, e que mereceriam antes que fossem tratadas ou internadas nas casas de alienados, e não exterminá-las como se faz pelo fogo e pela corda[100].

Gabriel Naudé ao argumentar enquanto médico e como seus amigos médicos chega à mesma conclusão de Montaigne.

---

99. Apesar das reservas que suscitam, a nossos olhos, suas explicações humorais, e os remédios propostos para restabelecer a saúde das religiosas.
100. G. Naudé, *Mascurat*, n.º 270 da Bibliografia, p. 310.

"Por doença, por tolice, por força ou qualquer outra razão": antes de admitir a intervenção demoníaca, eis as quatro explicações que propõe o bibliotecário do Cardeal Mazarino, erudito e libertino reconhecido, cujo método crítico está repleto de desconfiança com respeito a todas essas diabruras. Uma tal formulação as recusa de fato: admite arrogantemente a doença, ou seja, a loucura que depende das "casas de alienados"; ressalta a tolice, com tanto maior convicção quanto jamais deixou de denunciar os erros e as superstições populares em muitos domínios, dentre os quais a crença nas ações satânicas não é, a seus olhos, senão um caso particular; a explicação pela força representa a alusão direta aos métodos da instrução judiciária. Por fim, último recurso, essa "qualquer outra razão" que permite admitir todos os tipos de hipóteses complementares... exceto o próprio Demônio. Conclusão de um espírito forte que leu e releu os testemunhos, encontrou-se com as testemunhas, e que conhece a literatura sobre a questão[101]. Certamente essa posição de Naudé, que evoca numa só frase as reservas e as discussões de vinte anos, representa uma atitude extrema. Mas ela não é separável desse vasto debate, onde se defrontam com encarniçamento os "possessionistas" e seus adversários.

Os grandes processos da primeira metade do século XVII, que alguns apologistas da Reforma católica pensavam tornar um elemento de suas demonstrações, provocaram finalmente essa conseqüência inesperada: o questionamento do próprio Satã ou, pelo menos, de sua intervenção incessante nos assuntos humanos. Os exorcismos públicos, multiplicados à porfia para a edificação dos fiéis, impressionaram certamente, aos milhares, os assistentes e os leitores e ouvintes de seus relatos. Mas provocaram também as dúvidas, as contestações e finalmente esse questionamento que passa por diferentes caminhos: loucura, credulidade, tortura; mas não recua diante de nenhuma autoridade. A derrota dos demonólogos florescente durante as gerações anteriores se mede pela audácia dos médicos que se defrontam com os teólogos, em Louviers notadamente. Ela se mede ainda melhor, durante esse mesmo período dos grandes debates, pela reviravolta decisiva efetuada pela primeira Corte judiciária do reino: o Parlamento de Paris.

---

101. Como o demonstra bem o inventário de sua biblioteca (B. N., Mss, fds fs, 5681) onde figuram Nider, Bodin, Loyer, Cardan, Hédelin, Molitor, Rémy etc.: cf. principalmente f.º 21.

6. O PARLAMENTO DE PARIS TOMA POSIÇÃO DEFINITIVAMENTE

No debate público em torno das possessões e da intervenção diabólica nos assuntos humanos, os magistrados se mantêm recolhidos e, por assim dizer, silenciosos: tanto quanto as gerações precedentes, clamando pela repressão, foram prolixas, de Bodin a Boguet, de Rémy a Lancre, assim também, após o caso de Aix, os juízes parecem ter-se tornado circunspectos, prudentes, se bem que sua ajuda seja sempre indispensável para estatuir sobre a sorte dos cúmplices de Satã. Todos aqueles que tratam dessas questões nos anos de 1620 a 1650 são teólogos ou médicos: os clérigos são evidentemente competentes para tratar do aspecto religioso desses casos, para demonstrar a importância vital e doutrinária dessa luta contra Satã; capuchinhos e jesuítas são os que se encontram mais freqüentemente na vanguarda desse combate. Aqueles que recomendam maior prudência pertencem sobretudo ao clero secular; todavia, mesmo dentre os católicos, vários grupos se calam e não entram na polêmica: nem os oratorianos, nem os beneditinos, por exemplo. Para não falar dos jansenistas do primeiro Port Royal que se desinteressam totalmente por tais questões. Em face dessa leitura teológica das possessões e das diabruras em geral, os médicos afirmam sua competência com uma firmeza tanto maior quanto as manifestações coletivas de possessão diabólica oferecem mais o flanco às observações de ordem estritamente científica: a publicidade dos exorcismos entregou aos médicos "casos" que a prática judiciária tradicional retinha até então no segredo dos gabinetes de instrução. Assim se defrontam os pontos de vista científicos divergentes, sobre os fenômenos que "ultrapassam a natureza humana"; Maignart disputa contra Yvelin em Louviers, assim como, no plano teológico, Urbain Grandier e o Padre Tranquille em Loudun. Por fim, o ardor dos combatentes provoca confrontações, em que os médicos discutem o ritual dos exorcismos, enquanto os clérigos recusam a autoridade de adversários médicos que não pertençam aos primeiros graus da Faculdade.

Os magistrados não podem, contudo, ficar fora de tal debate; julgando os cúmplices de Satã, utilizam como testemunho as revelações feitas no decorrer dos exorcismos, as denúncias das possessas. Ou senão (como é o caso em Louviers), mandam repetir essas denúncias sob forma de testemunho regular ante um juiz, que homologa assim as declarações anteriormente feitas. Em todo caso, o processo apóia-se nessas manifestações públicas, assim como se apoiara tradicionalmente nas declarações mais discretas dos denunciantes e nas revelações de cúmplices arrancadas pela tortura. Ora, os magistrados e particularmente os parlamentares parisienses não participam — com toda a competência que lhes daria uma jurisprudência bastante vasta — dos debates dos anos trinta e quarenta: afastados do caso de Loudun por decisão real, não se preocuparam com Urbain Grandier em 1634 e não protestaram contra o ato soberano que os desautorizou. Chamados a se pronunciar sobre as denúncias feitas pelas jovens de Chinon, remeteram a queixa à provisoria de Tours como se se tratasse de um caso estritamente religioso; levados a se ocupar dos prolongamentos implicados pelas denúncias de Madeleine Bavent, opuseram-se a seus colegas do Parlamento de Rouen e impediram qualquer perseguição dentro de sua jurisdição contra "a pequena Madre". Sem mais. Mas ao mesmo tempo, multiplicaram as medidas que significam a instauração de uma nova jurisprudência nessa matéria; nos anos 1640, o Parlamento de Paris renuncia a processar os acusados de feitiçaria, quaisquer que eles sejam. É o bastante para demonstrar que não deixaram de se preocupar com esse questionamento das intervenções satânicas, de avaliar suas implicações e seu alcance. Melhor colocados que todos os demais para conhecer bem esses debates e essas polêmicas, escolheram o caminho da inovação mais ousada. Como e por que os parlamentares parisienses adotam essa posição, é o mesmo que se perguntar como o grupo social constituído por esses magistrados informou-se e fixou sua escolha.

1. *A Informação dos Parlamentares Parisienses*

Para um magistrado, cujo interesse por essas questões, sabemos de fonte segura, como o Presidente de Mesmes a quem Naudé dedica sua **Apologie,** há cem outros que não se manifestam. A dificuldade da matéria é certamente em grande parte a causa disso, em um tempo em que ateus e libertinos percorrem livremente as ruas de Paris. As decisões tomadas por esses magistrados parisienses, tão orgulhosos de pertencer à primeira corte soberana do reino, são seguramente claras, sem ambigüidade. Mas a gênese destas atitudes, os encaminhamentos pelos quais esses juristas chegaram a tais conclusões são difíceis de reconstituir, sem correspondências, nem confidências para esclarecer uma reviravolta, uma tomada de consciência. Se pelo menos fosse possível descobrir suas bibliotecas, seus livros de cabeceira! Os notários do século XVII, que estabelecem os inventários após os falecimentos, têm a deplorável mania de enumerar nominalmente apenas os **in-folios; para os in-quarto, in-octavo** e outros, fazem lotes, pacotes de seis ou dez livros que nem mesmo são classificados por rubricas. Não se havia ainda adquirido o hábito de estabelecer catálogos de vendas que detalhem o conteúdo das bibliotecas[1]. Essa ausência de catálogos aliás não é senão um meio-mal: na época, emprestar livros a um colega, consultá-los na casa dos irmãos Dupuy, é uma prática mais do que corrente. Somente os colecionadores poderiam fornecer catálogos interessantes; pois, comumente, todos trocavam seus livros durante todo o ano. E não é raro que se mencione, em uma cláusula de testamento, a restituição de empréstimos: "Os outros que se encontrarem nesta casa, deverão ser devolvidos àqueles aos quais pertencem"[2]. Nesse domínio os catálogos de oferta, ou seja, dos livreiros, são mais significativos; eis, para os anos 1639-1644, a série de repertórios impressos por Pierre Dubuisson, livreiro em Montpellier, para a feira de Saint-Germain, da qual participa regularmente como representante da livraria de Montpellier: em cada uma das listas que constituem sua oferta de vendas figuram cinco a vinte e cinco títulos dentre os quais Bodin, Wier, Delrio, Peucer, Porta, aparecem como

---

1. Um dos primeiros catálogos conservados é o da biblioteca do advogado A. Galland em 1653: comporta vinte títulos concernentes ao diabo, desde Filesac e Delrio, através de de Lancre, Sprenger, Psellos, até Cardan e Hedelin: B. N., Q 2006. Alguns outros conservados na mesma série serão utilizados mais adiante.

2. B. N. Mss. Clairambault 781, Testamento do Conselheiro Claude Lemareschal, 16 de janeiro de 1624.

os mais freqüentes[3]. O mesmo ocorre com os catálogos de livreiros fixados permanentemente e instalados na Rua Saint Jacques: Thomas Blaise, a viúva Pelé, Chastellain, Simeon Piget; todos têm tratados de demonologia sob rubricas variadas, teologia, jurisprudência, história, etc. Chastellain em 1946 vende Delrio, Bodin, Porta, Lemnius, Boguet, Michaelis, e também a **Cautio Criminalis** de Spee. Thomas Blaise possui Nicolas Rémy, Sprenger, Le Loyer e Lemnius[4].

Contudo, essas indicações também são secundárias. O fato importante, que sozinho permite esclarecer a evolução dos parlamentares, é o modo de vida intelectual desses magistrados, o qual é bastante conhecido. O mundo parlamentar parisiense da época, conselheiros, presidentes, advogados, está intensamente envolvido com a vida "acadêmica". Não há salão científico parisiense no qual os magistrados não tenham entrada e não participem de suas reuniões, semanais o mais comumente, cotidianas par alguns, como os Dupuy, onde se discute todos os assuntos da atualidade literária, científica e política. Um dentre eles, o Presidente de Mesmes, teve durante longos anos o seu próprio dia de recepção, em que Naudé, Montholon, Servin tomavam assento com regularidade. Mas os parlamentares parisienses se encontram também nas conferências do **bureau d'adresses** de Renaudot, na casa de Mersenne, na Praça dos Vosges, na magnífica biblioteca dos irmãos Dupuy, e no salão do marechal de Bassompierre[5]. Pithou, Bignon, Rigault, Molé, J. A. de Thou, J. J. Barillon figuravam certamente dentre os mais assíduos. O biógrafo de Mersenne, que elaborou a lista dos convivas habituais deste frade da Ordem dos Mínimos, enumera mais de vinte magistrados parisienses, misturados a médicos e a clérigos em maior número ainda[6]. É no coração dessas "sociedades sábias", que proliferam durante toda a primeira metade do século, que os magistrados parisienses discorreram, discutiram, confrontaram suas opiniões, à medida que a atualidade lhes fornecia a ocasião; não somente os grandes casos já estudados que se sobressaíam na crônica, mas também os eventos parisienses de menor importância: em contato com teólogos, médicos da Sorbonne e eruditos mais ou menos libertinos, que animam essas sapientes reuniões cotidianas, os togados tomam parte de uma atividade intelectual como não

---

3. B. N. Q. 10, 2560, 2467 a 2477.

4. Thomas Blaise, Q 2560; Chastellain Q 8638; a viúva Pelé, Q 10 e Q 2523; Siméon Piget, Q 2467 e 2531. A mesma freqüência se encontra, aliás, nos catálogos da feira de Frankfurt (uma dezena de títulos para cada feira).

5. Cuja biblioteca inventariada em 1646 não é rica em demonologia: Delrio, Bodin, Porta, é tudo; B. N., Q 2476.

6. Cf. a introdução à *Correspondence de Mersenne*, tomo I. p. XXX a XLIII.

existe em nenhuma outra parte na França[7], nem mesmo em Aix, junto a Peiresc; sua excepcional informação sobre os problemas diabólicos vem desses diálogos e confrontações constantes; aí encontraram os elementos de uma nova convicção e a audácia de legislar a partir dela.

a) **Parlamentares e teólogos.** Na primeira ordem dessas relações preciosas (além dos conselheiros clérigos que fazem parte de seu corpo) figuram os mestres da Faculdade de Teologia da Sorbonne, que freqüentam as reuniões de Mersenne e dos irmãos Dupuy, e que exprimiram várias vezes sua opinião sobre as questões de demonologia. São antes de mais nada os três velhos professores do jovem Mersenne estudante, André du Val, que assina todas as consultas deste tipo, Philippe de Gamaches, célebre comentador de São Tomás, também sempre consultado, e Nicolas Ysambert; depois vêm Imbert, Froger, Le Roux, Le Clerc que não gozam da mesma reputação e cuja presença parece menos costumeira às discussões sábias. Mas André du Val e Gamaches são participantes assíduos, que além do mais adquirem reputação como exegetas, partidários — após muitos outros — da conciliação das luzes da razão com as verdades reveladas. Em sua vida de Madame Acarie, André du Val consagra uma dezena de páginas à clarividência da Irmã Maria da Encarnação que soube reconhecer melhor que "muitas grandes personagens tanto religiosas quanto seculares" os artifícios de uma moça "abusada pelo espírito maligno" e a põe à prova:

> Não obstante todos esses efeitos tão prodigiosos, escreve, Mademoiselle Acarie sustentava firmemente que esse espírito não era absolutamente de Deus, mas de Satã que se disfarçara nela em anjo de luz[8].

Preocupados em discutir sua fé, esses teólogos não puderam encontrar melhor campo de aplicação para sua preocupação do que no estudo desses casos demoníacos, onde sua erudição escritural e canônica deveria ser confrontada com as revelações das possessas e com os interrogatórios insistentes das autoridades judiciárias inquietas. Para essas, são os especialistas mais recomendados, mais ainda que as autoridades eclesiásticas, às quais se recorre igualmente por intermédio de sua

---

7. Esse caráter excepcional da vida intelectual e espiritual parisiense não requer demonstração. É interessante contudo assinalar o quanto é perceptível para os contemporâneos: o abade de Poitiers, que relata os eventos de Loudun ao seu amigo parisiense, lhe escreve ingenuamente a 31 de outubro de 1634: «Não é somente em Paris que a dita possessão é considerada farsa por muitos, nós também temos alguns desses aqui.» É totalmente compreensível, a seus olhos, que o caso seja discutido e contestado em Paris!

8. Cf. André Duval, *La vie admirable*, n.º 186 da Bibliografia, p. 150. Essa vida foi várias vezes reeditada durante os anos seguintes; em 1636, Duval publica também um *Commentaire de Saint Thomas;* ele morreu deão de sua Faculdade em 1638. A *Summa theologica* de Ph. de Gamaches «aulas dadas na Sorbonne impressa após sua morte» em 1627, obteve sucesso de livraria: «a *galoche* (pej. externas da universidade) faz aí uma festa», escreve Jacques Dupuy a Peiresc, em dezembro de 1627.

provisoria[9]. Da mesma forma, entre 1616 e 1625, os teólogos da Sorbonne forneceram por três vezes sua opinião circunstanciada e exprimiram assim uma posição precisa, que não foi formalmente contraditada daí por diante.

A primeira dessas consultas remonta a 1616 e foi relatada amplamente pelo padre agostiniano Samson Birrette, o qual Urbain Grandier utilizou para sua defesa: tendo sido os juízes do presidial de Valognes encarregados das denuncias proferidas por duas moças possessas da cidade, demandaram à Sorbonne qual doutrina deveria orientar seus pronunciamentos. Os três teólogos que assinaram a resposta, Gamaches, du Val e le Clerc, argumentam brevemente no sentido indicado pelo Sínodo de Reims, já utilizado por Marescot:

> Falluntur enim aliquando nimium creduli, et fallunt exorcistam non raro melancholici, lunatici, et magicis artibus impediti, cum dicunt se a daemoni possidere atque torqueri, qui tamen medicorum remedio potius quam exorcistarum ministerio indigent[10].

Em suma, Satã é o pai da mentira; e nesta qualidade, não se lhe deve dar o menor crédito (consulta de 19 de julho de 1615). É, aliás, essa posição que o Padre Birette desenvolve largamente em sua obra, mostrando que o Diabo, mesmo exorcismado, pode perfeitamente conseguir mentir, graças às ilusões e sortilégios de que dispõe, e ele termina sua demonstração com o comentário de um texto canônico que os teólogos da Sorbonne igualmente citaram:

> O texto desse cânon diz que algumas mulheres más tiveram tais ilusões e tão fortemente impressas em suas imaginações que acreditaram terem sido realmente e de fato transportadas sobre certas bestas em meio ao ar com uma rapidez admirável, e terem-se encontrado em grandes assembléias onde viram, assim lhes pareceu, um número infinito de homens e mulheres, tanto mortos quanto vivos... Ora ocorria que todas essas coisas eram puras ilusões e sonhos e que por isso as mulheres eram enganadas...[11].

Esse comentário vigoroso do agostiniano normando é certamente mais explícito de que a consulta assinada pelos três doutores da Sorbonne. Mas o livro do padre recebeu a aprovação de dois outros censores e um comentário particular de André du Val, datado de 16 de janeiro de 1617, através do qual o teólogo felicita o bom padre por haver escrito um livro tão bom sobre esse assunto delicado:

> Não somente aqueles que fizeram o rescrito para manter que não se deve acreditar no diabo mesmo quando forçado pelas conjurações, vos devem obrigação, mas também o corpo geral da Igreja que tem

---

9. A competência dos bispos e de seu pessoal de provisória não é contestada; entretanto, o caso de Loudun fornece um bom exemplo das hesitações e divergências de que essas autoridades dão prova, tendo o bispo de Poitiers adotado uma posição oposta à do arcebispo de Bordeaux.

10. Esse texto figura no fim do pequeno livro de Marescot. Cf. B. Ste.-Gen. Z 8.º 1097 (10), p. 48.

11. Samson Birette, n.º 112 da Bibliografia, p. 291.

combatido essa opinião que tenho por muito perigosa e errônea... um erro que não se dá somente em nossa região de Valongnes, mas em várias localidades desse reino, o qual é oportuno censurar[11a].

Além do mais, consultados novamente em 1620 a propósito de Elisabeth de Ranfaing, André du Val e Philippe de Gamaches renovam seus avisos de alerta com tanto vigor quanto o agostiniano normando, retomando aliás e precisando as recomendações do ritual, considera que

> não se deve admitir jamais que os Demônios acusem a outrem, menos ainda empregar os exorcismos para conhecer as faltas de alguém e para saber se ele é mágico, nem quando os ditos exorcismos teriam sido aplicados em presença do Santo Sacramento com promessas obtidas do Diabo fazendo-o jurar, que é uma cerimônia que não aprovamos absolutamente...

Ao que acrescentam uma consideração de uma lógica imperturbável: "o Diabo se deleita grandemente com a calúnia e a impostura e é inimigo jurado dos homens"; ele não pode deixar de acusar a torto e a direito todos os fiéis honestos sobre os quais não tem domínio; assim pois "se essa porta fosse por uma vez aberta, a maior parte das pessoas de bem não ficaria em segurança, visto que é a estes que ele odeia principalmente". **Daemoni etiam vera dicenti non est credendum,** diz São Tomás. A conclusão se impõe: "Não se deve de forma alguma proceder contra aqueles que o Diabo houver acusado quando não há quaisquer outras provas[12].

O exorcismo não vale como testemunho, declaram portanto os teólogos mais exigentes que certos juízes (sem falar, acrescentam, do aspecto particularmente suspeito do discurso pronunciado por esse diabo loreno, "muito longo, vindo de uma possessa, sem síncope nem intermissão"). Cinco anos mais tarde, em uma nova consulta feita pelos juízes do presidial de Orléans, a propósito de feiticeiros rurais e não mais de possessas, os mesmos doutores fornecem uma resposta ainda mais detalhada: Philippe de Gamaches, que não mais ensina há dez anos, junta-se a seus três colegas du Val, Le Clerc e Ysambert, para responder às onze questões propostas pelos magistrados de Orléans. Estes têm em mãos um processo contra oito feiticeiras e feiticeiros de Sologne, trabalhadores, jornaleiros e suas mulheres, acusados de "coisas tão maravilhosas e estranhas, que parecem incríveis e impossíveis". A consulta à Faculdade de Teologia se apresenta sob a forma de um grande questionário ver-

---

11a. *Ibidem*, p. 324. Du Val recorda na seqüência de sua carta que ele próprio apresentou o livro em assembléia a seus colegas: «Eu proclamei publicamente o mérito da matéria que é tratada neste livro, e a circunstância ainda de que vós tomastes pena na mão, tão bem que todos ficaram satisfeitos...»

12. B. N. Mss., fds. fs., 19191, f.º 241 N.º. Os três doutores signatários da consulta (Du Val, Gamaches e Imbert) adicionam aliás essa afirmação inesperada: «E também vemos isso ser bem observado na França onde os juízes não reconhecem tais depoimentos...» Será que ignoram o processo contra Gaufridy? Ou será que pretendem dar a entender que se trata de um procedimento condenável dos magistrados provençais?

sando sobre a feitiçaria em geral: a ilusão ou a realidade desses crimes (questão 1); o valor das confissões feitas pelos feiticeiros em seus interrogatórios, quanto ao sabá, ao transporte, e aos ágapes (questões 2 a 7); a comunicação entre o Diabo e os feiticeiros (questões 8 a 10); e por fim, as maldades dos feiticeiros (granizo, tempestades, doença, morte). Não tendo podido encontrar uma resposta unívoca para esses problemas, os magistrados de Orléans, que citam contraditoriamente Wier e Boguet, Bodin, Lancre e Delrio, voltam-se para os "peritos, já que se trata de coisa que os juízes não são obrigados a saber", porquanto "as questões sobre as quais se requer esclarecimentos dependem da teologia"[13]. **Post maturam deliberationem super praecedentibus quaestionibus nobis propositis** (a petição está datada de 2 de setembro de 1624, a resposta de 3 de janeiro é de 1625) os teólogos dão sua opinião ponto por ponto.

Para esclarecer os juízes que professam a maior consideração por Delrio e Lancre, os teólogos André du Val, Gamaches e Ysambert tomam mil precauções, citando as Escrituras, e procuram precisar cada aspecto da questão. Assim, com relação ao primeiro ponto que é geral, após terem-se acautelado contra uma generalização abusiva do cânon Episcopi **(ex conclusioni particulari non recte universalis infertur)**, repetem as conclusões apresentadas nos testes anteriores:

> Ex hoc canone potest tamen colligi satis frequenter avenire ut quod magi solum vident in spiritu per illusionem sibi a daemone injectam, illud in corpore evenire opinentur.

O que redunda em reconhecer quer a imaginação, quer a realidade diabólica:

> Ratum ergo maneat ea quae in sortilegiis reperiuntur aliquando esse imaginaria et illusoria nonnunquam vero physica et realia.

Com respeito ao sabá, ao pacto, ao transporte e às festividades satânicas, os doutores da Sorbonne se referem a São Tomás, a Santo Agostinho e aos Evangelhos: o Demônio pode transportar um homem, já que transportou Jesus: **Probatur exemplis sacrae scripturae... Matthei 4...**; mas ele não pode fazê-lo atravessar os muros, o que somente o poder divino poderá realizar:

> non potest daemon facere ut aliquod corpus per angustiorem locum transeat ... ei murus est necessario effringendus, et ne fractus appareat, statim summa diligentia reficiendus ...

Respostas segundo a boa doutrina e segundo o bom senso ao mesmo tempo, por assim dizer. A propósito do poder que teriam os demônios de se exprimirem por intermé-

---

13. A consulta foi editada por um impressor de Orléans; todas as citações apresentadas aqui são extraídas do exemplar conservado na Biblioteca Ste-Geneviève, sob a quota Z 8.º 1097 (1). Existe um desses igualmente na B. N.

dio de um possesso, os teólogos distinguem bem os dois momentos de sua demonstração (8.ª questão):

> Daemonem in assumpto corpore posse efformare aliquid simili loquutioni; probatur ex sacris litteris in quibus passim tam boni angeli quam mali leguntur in assumtis corporibus loquuti...; probatur rationi, protest daemon etiam in assumpto corpore quicquid solum pendet a motu locali...[14].

Esse duplo procedimento dos teólogos esclarecidos pelos textos sagrados e por sua reflexão segundo a razão dá um som de uma honesta prudência, neste plano, assim como a propósito dos exorcismos quando das consultas precedentes: os especialistas em teologia aconselham, pois, aos magistrados a julgar com prudência, a considerar as circunstâncias e a vida dos acusados, da mesma forma que as lições proferidas pelos demonólogos. Esses mestres de Mersenne não raciocinam diferentemente de seu ilustre discípulo. O encontro não é fortuito: quando este ao examinar as ações do demônio sublinha sem rodeios o quanto é arriscado pronunciar-se nestas matérias, onde os recursos da imaginação são mal conhecidos, ele escreve claramente:

> Sane fateor hanc difficultatem eo majorem evadere, quo minus cognoscimus an pars, in qua residet imaginatio firma sit, et immobilis...[15].

Essa posição clara dos teólogos autoriza todas as prudências dos juízes encarregados dos processos contra os acusados de conspiração satânica. Laubardemont, dez anos mais tarde, não se deixa enganar quanto a isso; operando com a ajuda de capuchinhos convictos, abstém-se cuidadosamente de mandar fazer vir os teólogos parisienses para acompanhar os exorcismos ou interrogar Grandier; em julho de 1634, contentou-se habilmente em enviar a Paris uma carta de consulta sobre o fato mesmo da possessão: as religiosos que se elevam dois pés acima do solo, ou então que, estendidas no chão, podem se levantar sem o auxílio dos pés, nem das mãos e sem dobrar o busto, não provam que ultrapassam as forças da natureza? A Faculdade de Teologia responde pela afirmativa, sem levar mais adiante a inquirição, o que teria podido embaraçar o comissário de Richelieu[16]. Intervir neste caso que o cardeal-ministro acompanhava dia a dia teria sido sem

---

14. A mesma resposta dupla é fornecida para a última questão concernente aos danos causados pelos feiticeiros; graças ao pacto, podem obter a chuva, o granizo e a tempestade; São Tomás e Santo Agostinho o disseram; podem distribuir a doença e a morte aos homens e ao gado, por que os homens o podem: «Quicquid possunt homines applications causarum naturalium, potest et ipse daemonum...»

15. M. Mersenne, *Quaestiones...*, n.º 257 da Bibliografia, cap. XXVI: Nova quorumdam philosophia circa doemonis operationem in ecstaticis arguitur et exagitatur, col. 623-626.

16. Esse ponto é afirmado por Legué em seu estudo sobre Grandier, n.º 451 da Bibliografia, p. 242. Mas o texto da consulta não figura na coleção 7619 do fundo francês dos Manuscritos da B. N., contrariamente ao que ele assegura.

nenhuma dúvida uma grande audácia. Além do mais, Loudun e Louviers em 1643 puderam ser considerados como esses casos, raros mas possíveis, em que o Demônio interfere efetivamente nos assuntos dos homens...

De fato, a Faculdade de Teologia de Paris não volta atrás nas conclusões dessas consultas que foram publicadas em seu tempo e que são bem conhecidas. Esse silêncio corresponde, sem dúvida, à convicção tranqüila que exprime uma posição clara e definitivamente estabelecida nessas consultas sucessivas em que os mestres mais eminentes exprimiram sua opinião sobre o conjunto desses problemas. É curioso constatar, aliás, que esse ponto de vista foi compartilhado, pouco após, pelos jansenistas, em um tempo em que não morriam de amores pela Sorbonne: nenhum dos mestres de Port-Royal, cujos laços com o pessoal parlamentar são conhecidos, consagrou dez linhas sequer às possessões e à feitiçaria, mesmo em 1643-1647, ou quando das crises ulteriores, em 1660, principalmente[17]. No entanto, que exemplos poderia a feitiçaria fornecer para o pensamento a respeito da imaginação, "mestra do erro e da falsidade", e os processos de Loudun e Louviers, a respeito das incertezas da justiça e da debilidade dos magistrados... Mas o Pascal dos **Pensées** não diz uma palavra sobre eles, ou quase; se evoca o demônio, é para sublinhar em uma frase por que ele não pode fazer milagre: "Assim, aqueles que curam pela invocação do diabo não fazem um milagre, pois isso não excede a força natural do diabo". Do mesmo modo, ele apenas toca na questão relativa aos milagres, aos impostores e à crença popular:

> O que faz com que se acredite em tantos falsos efeitos da lua, é que há algo de verdadeiro, como o fluxo do mar. O mesmo se dá com as profecias, os milagres, as adivinhações pelos sonhos, os sortilégios, etc. Pois se em tudo isso não houvesse jamais nada de verdadeiro, ninguém jamais teria acreditado em nada disso.

E é tudo. Mais tarde ainda, **La logique,** consagrando, no fim de sua admirável quarta parte sobre o método, vários capítulos à "crença" nos eventos e nos milagres, não traz uma única linha sobre as contestações tão ardentemente comentadas dos grandes escândalos do Poitou e da Normandia. Essa discrição jansenista oculta, sem dúvida, razões e intenções mais complexas que aquela dos teólogos, mas a inspiração permanece a mesma.

Assim, os magistrados parisienses em relação com os sábios da Sorbonne receberam desses teólogos uma doutrina de prudência, recomendando-lhes uma atenção sutil às circunstâncias e aos seres, a fim de reconhecer os verdadeiros feiticeiros e as verdadeiras possessas, e distingui-los dos sonhadores vítimas de ilusões.

---

17. O fato foi confirmado pelo melhor especialista atual do jansenismo, J. Orcibal.

b) **Parlamentares e médicos.** Os togados encontram também em suas reuniões científicas numerosos médicos, formados em Paris ou Montpellier, que podem apresentar-lhes os pontos de vista científicos sobre os problemas: aqueles que dissertam tão longamente nas conferências de Théofraste Renaudot sobre questões médicas, "que ocupam o meio" entre crédulos e céticos[18]; aqueles que compõem o grupo médico assíduo aos encontros na Praça dos Vorges, Charles Guillemeau e Jacques Cornuti (botânico, autor de uma **Canadensium plantarum historia**), amigos de Guy Patin, sempre em vivas discussões com ele; Guy Patin, botânico, fundador do Jardim do Rei, espírito audacioso como ele o foi; Duclos, Tournere, outros amigos de Patin. E ainda Louis Savot, o médico colecionador de medalhas antigas que Peiresc chama sempre "o singelo Savot"; Le Vignon, futuro deão da Faculdade de Medicina; Pierre Michon dito Boudelot. Todos esses médicos são dominados por personalidades cativantes que não são indiferentes às questões de atualidade dos anos trinta e quarenta: René Moreau, grande colecionador de obras de Medicina (quando de sua morte, em 1656, sua biblioteca foi vendida por 22.000 libras), é conhecido na Europa inteira, e principalmente na Itália; é o mestre de Gabriel Naudé, cujo doutoramento ele patrocinou em 1628; trata de La Mothe le Veyer em 1631, se se deve acreditar em Peiresc[19]; amicíssimo de Mersenne, discute com este grandes problemas como música e temperamentos[20]. Esse mestre respeitado, que ensina medicina por muito tempo a várias gerações, acompanhou os grandes casos de Loudun e Louviers, deu gostosas gargalhadas dos demônios normandos com Naudé e os irmãos Dupuy[21]. Assim como René Moreau, Jean Riolan filho, que herdou a reputação paterna e passa por um dos maiores médicos de seu tempo: anatomista, polemiza com Harvey sobre a circulação do sangue, conservador contra o médico inglês, porém descobridor do quilo. Jean Riolan é também um grande leitor; sua rica biblioteca (mais de 4.000 títulos) inclui uma prateleira de **libri magici,** que conta 80 volumes. Todos os demonólogos clássicos do fim do século XVI aí figuram evidentemente, mas também uma boa vintena de obras venezianas e alemãs, raramente citadas pelos especialistas franceses: Cigogna, Codronchius, da Prierio, Scherertz, Neuwaldt, etc.[22]. Jean Riolan possui igualmente Wier, Marescot, Beauvois, a sentença do Parlamento de 1601 com o discurso de Louis Servin contra a prova da água, a **Cautio Criminalis** de F. Spee, o tratado de Samson Birette, a **Lycanthropie** de Nynauld, por-

---

18. Cf. mais atrás, a propósito dos debates públicos, p. 227.
19. *Lettres de Peiresc,* n.º 283 da Bibliografia, tomo IV, p. 253.
20. *Correspondence de Mersenne,* n.º 256 da Bibliografia, I, pp. 632-640.
21. R. Pintard, *Le libertinage,* n.º 484 da Bibliografia, p. 306.

tanto, todas as obras (Loudun e Louviers não incluídos) que tomaram posição contra as perseguições ou certos aspectos da crença diabólica[23]. René Moreau e Jean Riolan são além do mais muito ligados com os médicos-libertinos dessas sociedades sapientes; com Gabriel Naudé, seu aluno, que voltando da Itália traz três exemplares de uma dissertação ainda desconhecida na França, dando um exemplar a cada um de seus mestres e conservando o terceiro[24]. Com Guy Patin, que desde 1630 faz o papel de comparsa nos grupos eruditos, na casa de Nicolas Bourbon principalmente, à Rua Saint-Honoré, que se torna deão da faculdade parisiense de Medicina em 1650. Patin não cessou de criticar acerbamente em suas cartas as possessões e sustentou, vigorosamente, seu jovem colega Yvelin em sua polêmica normanda em 1643; da mesma forma aprova Claude Quillet, o médico de Chinon, envolvido nas duas crises de 1634, em Loudun e Chinon, e que se torna seu amigo mais tarde. Todos esses médicos não são talvez tão categóricos quanto esses dois eruditos libertinos; mas ao menos estão atentos ao problema e são capazes de discuti-lo segundo sua experiência[25].

Sem dúvida, não apresentaram, como seus colegas teólogos, uma deliberação formal sobre a questão. Mas participaram dos debates públicos organizados por Théophraste e Eusèbe Renaudot, em que esses problemas voltam bastante freqüentemente à ordem do dia, como o vimos. Por outro lado, algumas teses e discussões sustentadas perante sua Faculdade tratam, exatamente como as questões debatidas na casa dos Renaudot, do demoníaco. Em 1618, um debate versa sobre a questão: **An melancholici pseudo energumeni, pseudo lycanthropi;** em 1631, outro problema que concerne imediatamente aos juristas: **An sagae deprehendi possint per stigmata, per aquam frigidam.** Em 1638, o ano em que termina a cura de Joana dos Anjos, Etienne Le Gaigneur trata da matéria: **An daemonas in corpora subeuntes nonnunquam internus calor imitetur**[26]. Por fim e sobretudo, não deixa-

---

22. Strozzi Cigogna, *Magiae omnifariae theatrum*, tradução alemã, Colônia, 1606; Baptiste Codronchius, *De morbis veneficis ac veneficiis libri quatuor*, Veneza, 1595; Silvestro da Prierio, *Aureus tractatus... in malignos spiritus effugandos*, Bolonha, 1753; Sigismund Scherertz, *Libellus consolatorius de spectris, apparitionibus et illusionibus daemonum*, Wittemberg, 1621; Herman Neuwaldt, *Exegesis purgationis, sive examinis sagarum...*, Helnstedt, 1584, etc.

23. Catálogo dos livros de Jean Riolan, B. N., Q 2177 (2).

24. *Correspondence de Peiresc*, n.º 283 da Bibliografia, IV, p. 187.

25. O que não significa que a faculdade parisiense seja inovadora e voltada para a pesquisa a mais fecunda. O conservadorismo de Patin e de Riolan foi muitas vezes solicitado, Cf. mais recentemente J. Roger. *Les sciences de la vie*, n.º 493 da Bibliografia, pp. 8 a 48. Mas em matéria de possessão e de diabruras, foram audaciosos.

26. Cf. J. Roger n.º 493 da Bibliografia, p. 12. É a tese a qual R. Pintard, em sua *Libertinage érudit*, dá grande atenção, segundo Bourdelot; ela foi sustentada diante de Pierre le Conte e nega deliberadamente qualquer possessão e diabrura. Q. F. Baron. *Questionum medicarum...*, n.º 98 da Bibliografia.

ram de conhecer e utilizar uma consulta concedida pela Faculdade de Montpellier a propósito de um caso menor; as conclusões são aí categóricas demais para não impressionar os doutores atrapalhados com essa questão[27].

O ponto de partida nesse caso é constituído em 1634 por uma possessão próxima a Tournon sobre o Ródano, onde uma aldeã, Jeanne de Ruéde, invoca "Belzebu, Barrabás", e alguns outros. Essa possessa, levada para ser exorcismada em uma capela sob a jurisdição do legado pontifical em Avignon, não foi bem acolhida pelas autoridades eclesiásticas. Em primeiro lugar, Mazarino, que é então esse núncio, proíbe os exorcismos e limita assim os divertimentos dos diabos. Em seguida, o promotor do bispo, em Nîmes, após ter visitado a possessa e examinado as manifestações dessa possessão, decide submeter o caso aos professores da mais célebre Faculdade de Medicina "a fim de se apoiar e se autorizar com o sentimento deles". Ele propõe dez questões aos mestres que haviam formado Claude Quillet, Guy de la Brosse, Savot, Duclos: sobre os movimentos das possessas; sua mudança de cor e ausência de sentimento; alguns traços estranhos, a fixidez do olhar e o "ganido"; o famoso dom das línguas, os vômitos de malefícios e por fim a marca[28]. Ou seja, o essencial das manifestações costumeiras nos exorcismos, tais como inúmeras descrições desde 1611 deram a conhecer, e a prova "médica" mais decisiva que foi utilizada contra os feiticeiros.

Ora, os médicos de Montpellier respondem ao promotor da maneira mais nítida, sobre todos os pontos, adiantando francamente explicações naturais: as contorsões não são um bom sinal, pois

> Os mímicos e acrobatas fazem movimentos tão estranhos, e se dobram e retorcem de tantas maneiras que se deve crer que não há nenhum tipo de postura de que esses homens e mulheres não possam tornar capazes.

Igualmente, quanto ao "ganido ou clamor semelhante à aquele de um cão": os médicos retrucam com "a indústria humana tão flexível para imitar todas as espécies de raciocínio" e citam os ventríloquos (engastrônimos ou engastrílocos"). A fixidez do corpo ou do olhar, a insensibilidade ou "privação de sentimento" resultam da vontade humana ainda, em um outro sentido: "ser beliscado e pica-

---

27. Impresso como as consultas dos teólogos, o texto do Languedoc circulou largamente. Aubin, o historiador protestante de Loudun, atribui-lhe um lugar de honra em seu livro (n.º 92 da Bibliografia, pp. 246 e 252); levado por sua convicção, pretende ver na possessão do Languedoc o indício de uma conspiração católica à escala de toda a França; é difícil acompanhá-lo nesse ponto. Bekker retomou esse texto no seu *Monde enchanté*, n.º 104 da Bibliografia, tomo IV, pp. 215 a 221. Mas Régné, n.º 487 da Bibliografia, não o conhece; o caso não deixou traços nos arquivos departamentais de Ardèche.

28. As quatro primeiras questões são consagradas aos dois primeiros temas, considerados, sem dúvida, muito importantes; em seguida, um tema por questão.

do sem se queixar, sem se mover e mesmo sem mudar de cor", não é uma boa prova, já que um "jovem lacedemônio deixou que uma raposa que ele havia roubado lhe roesse o fígado, sem deixar transparecer que o sentia". Tais efeitos não podem, pois, ser considerados como sinais inequívocos de verdadeira possessão.

Com relação às línguas e aos feitiços vomitados, os doutores são também claros, muito embora nuançando sua resposta: certamente falar uma língua jamais aprendida seria uma boa prova, com a condição de falá-la verdadeiramente e não responder em francês a duas ou três interrogações em latim:

> Responder a algumas questões somente, isto é inteiramente suspeito. Um longo exercício, ou pessoas com as quais se está em conluio podem contribuir para tais respostas; parecendo ser um sonho dizer que os Diabos compreendem as questões que lhes são feitas em latim, e que respondem sempre em francês...

O mesmo quanto a "vomitar as coisas tais quais foram engolidas": os médicos não ignoram o que dizem "Delrio, Bodin e outros autores". Mas asseguram que "isso é natural, encontrando-se pessoas que possuem o estômago fraco, e que guardam durante várias horas aquilo que elas engoliram, depois o devolvem tal como o tomaram". Resta a marca: as picadas de lanceta que não vertem sangue nada têm de extraordinário: "Isso deve ser relacionado à disposição do temperamento melancólico"; quando os cirurgiões os picam "mesmo em suas veias e vasos naturais", não sai daí "nenhuma gota"; portanto, não crêem na possessão cada vez que se reproduz essa experiência.

No total, dos dez indícios indicados pelo clérigo de Nîmes, nenhum é considerado pelos médicos como "sinal infalível" e válido; os dois únicos para os quais admitiriam uma intervenção diabólica são o dom das línguas e a devolução de produtos ingeridos, em certas condições bem definidas. Todo o resto se reduz a um "efeito natural"[29], ou bem a uma definição de temperamento; nada que valha como prova da presença diabólica. Tudo, pois, exatamente ao contrário do que afirmam nessa mesma época os médicos "possessionistas" multiplicando as "provas" do caráter sobrenatural apresentado por esses fenômenos.

A possessa de Tournon, portanto, não fez carreira[29a];

---

29. Todas essas citações são extraídas de Aubin, *Histoire des diables de Loudun*, n.º 92 da Bibliografia.

29a. Ela não foi a única na época. Não longe de lá, em 1635, uma possessa de Puy — talvez igualmente inspirada pelo exemplo de Loudun — é exorcismada pelo prior dos Carmelitas: «Estavam no dito corpo da dita mulher em número de vinte e três diabos, o capitão destes denominava-se Horzol e não quis nomear senão a Barabanc, Pylacte e Capiphe... E disseram que estavam nesse corpo por uma maldição, que lhe havia dado através de uma maçã...» E o burguês de Puy que narra a história acrescenta a essa descrição: «Note-se que após havê-la exorcismado pelo espaço de um ano, foi-se constrangido a deixá-la sem nada lhe fazer, nem fazer sair nenhum (diabo) dela». (Jacmon, *Mémoires*, n.º 216 da Bibliografia, p. 75).

ninguém fala mais dela após essa consulta que persuadiu as autoridades religiosas a deter o seu curso. Entretanto, a Faculdade de Montpellier acrescenta ao dossiê dos hesitantes e dos céticos uma peça temível, em sua simplicidade: ao passo que as consultas dos teólogos, nutridas de referências sagradas, estabelecem um equilíbrio sábio entre a crença necessária em Satã e a raridade dos fenômenos diabólicos; ao passo que as discussões, debates acadêmicos ou confrontações eruditas defendem o pró e o contra equilibrando os argumentos de uma e de outra parte, os médicos de Montpellier apresentam firmemente, em primeiro lugar, as explicações "naturais" e se mantêm nessa posição, que lhes permite refutar todos os sinais de possessão propostos. A autoridade da Faculdade vem sancionar de alguma forma os escrúpulos dos observadores céticos e dos espíritos caturras que argumentavam, sobretudo, de acordo com o seu bom senso. Essa consulta, que não recorre a nenhuma descrição nosológica a bem dizer (a não ser fraqueza estomacal de algumas pessoas pouco robustas) vai, igualmente, mais longe que os escritos dos médicos consultados em outros casos e preocupados em encontrar os sintomas das doenças mentais mais próximas dessas convulsões, contorções e rastejamentos com que as exorcismadas ornam suas demonstrações[29b].

Os professores de Montpellier exprimiram assim por escrito, claramente, aquilo que outros — e notadamente os médicos parisienses, companheiros de estudo e de colóquio dos magistrados e advogados do Parlamento — se contentam em dizer, em adiantar no calor de uma discussão mas não desejam imprimir? É possível, senão certo[30], exceto para aqueles dentre eles, como Naudé e Patin, que pertencem à corte numerosa desses libertinos parisienses, cujas audácias epistolares — e orais sem dúvida nenhuma — vão tão longe quanto a opinião dos médicos do Languedoc. A tendência dos doutores atentos a esses fenômenos e não obcecados pelo Diabo é de procurar uma explicação conforme a sua vocação científica, naturalista, à escala humana: a doença ou a impostura; Yvelin, Duncan, Moreau são bons exemplos desse tipo de médicos. Mas os médicos-libertinos vão mais longe e não deixam lugar senão para a impostura; raciocinando como seus mestres do Languedoc, escamoteiam

---

29b. A presença de alguns protestantes no corpo docente dessa Faculdade do Languedoc explicaria a posição adotada por esses médicos? Seria necessário, para afirmá-lo, encontrar vestígios de suas deliberações.

30. Em 1649, entretanto, um médico parisiense, Barthélemy Pardoux, publica em latim um tratado *De morbis animi liber,* e adianta sem estrépito o essencial no espaço de uma página: «Illusio contingit ex parte reliquorum hominum qui videre se putant quod non vident . Qui morbi cum naturalium sint admodum similis. non facili dignosci possunt...»

a hipótese da doença mental[30a]. É neles que Michelet pensava ao escrever em La Sorcière:

> Alguns médicos de Paris levam... a incredulidade ao ponto de pretender que as possessas e as feiticeiras não passam de farsantes[31].

Médicos e libertinos ao mesmo tempo, Gabriel Naudé, Guy Patin, Pierre Michon dito Bourdelot são também bons representantes desse último grupo, que povoa as academias científicas nessa primeira metade do século XVII e que se apaixona pelas questões satânicas: os eruditos libertinos.

c) **Parlamentares e eruditos libertinos.** As atividades, os sentimentos, as prudências desses sábios em busca de métodos e conhecimentos seguros foram admiravelmente descritos e explicados por René Pintard[32]. Ele mesmo rastreou, na enorme correspondência onde se esconde a sua verdade humana, as alusões, os gracejos e os comentários acerbos consagrados aos escândalos demoníacos da época; estes constituem um tema de reflexão particularmente rico para confrontar e consolidar suas convicções, e os eruditos não se privaram de utilizá-lo, a massa de referências recolhidas por René Pintard basta para o comprovar.

Todavia, para estabelecer em que medida essas discussões — de que possuímos hoje somente os traços epistolares — puderam influenciar a opinião dos magistrados, é conveniente situá-las mais precisamente em seu contexto social e intelectual. É certo que esses libertinos, nas sábias reuniões parisienses onde brilham, nem sempre se distinguem dos outros participantes: a erudição é a paixão comum de todos, magistrados, médicos ou clérigos; a troca de informações e de reflexões é a regra de suas correspondências e de seus encontros semanais ou cotidianos; a discussão é aberta e se desdobra livremente sobre todos os assuntos, mesmo os mais escabrosos[32a]. Esse meio sapiente, onde os parlamentares ocupam um bom lugar, não é certamente fechado; sobre as questões de feitiçaria — assim como sobre muitas outras — os pareceres são freqüentemente divergentes: o orientalista Gaulmin de Moulins, cuja ciência é apreciada por todos, condenou ao fogo o marceneiro Michel em 1623; um dos correspondentes de Mersenne, o médico J. B. Van Helmont, aluno de Delrio em Louvain, não nega os ensinamentos de seu mestre jesuíta e cita as **Disqui-**

30a. Incidentalmente, no entanto um Guy Patin pode admitir a doença. Citando Martial, escreve: «Todas essas momices vêm *ab utero; semen retentum* perturba o espírito, é o diabo de Loudun.»
31. Texto citado em um adendo à segunda parte, Michelet, *La Sorcière,* p. 173 (edição de 1964).
32. R. Pintard, *Le libertinage érudit...,* n.º 484 da Bibliografia.
32a. A regra dessas livres confrontações para «a pesquisa da verdade que aparece principalmente na oposição dos contrários» é muito bem exposta na «advertência ao leitor» que recede à reedição em 1666 das Conferências do *Breau d'adresses.*

sitiones Magicae sempre que há oportunidade[33]; Mersenne mantém contatos também com Pierre Le Loyer, o demonólogo de Angers, que envelhece e caduca; o próprio Pieresc, cujos dossiês contêm uma coletânea de 80 páginas consagrada à questão sob o título energúmenos e feitiçaria, não parece, nós o vimos, pôr em dúvida a marca de Gaufridy[34]. Mas os desdenhadores dos processos de feitiçaria que rejeitam em bloco essas diabruras correm o grande risco de se confundir com os espíritos ímpios que não respeitam qualquer religião: os "libertinos do nosso século", contra os quais Mersenne escreve em 1624 seu **Impiété des déistes et des plus subtils libertins**.

Este pesado tratado de quinhentas páginas é dedicado a Mathieu Molé, procurador geral do Parlamento de Paris, então encarregado do processo contra o poeta Théophile de Viau. Impiedade, sacrilégio, questionamento das verdades reveladas, sobre todos esses itens de acusação os magistrados certamente não hesitam, reprovamnos vigorosamente e processam, mais firmemente, a arraia miúda do que as pessoas de condição, sem dúvida; mas não podem deixar escapar os ateus reconhecidos[35]. Théophile, que era considerado discípulo de Júlio César Vanini, condenado à fogueira pelo Parlamento de Toulouse em 1619, foi incomodado durante vários anos pela corte parisiense perante a qual foi condenado à morte por contumácia, ao banimento em seguida. Seu caso ilustra bem a confusão que o erudito libertino pode suscitar em sua oposição às diabruras. No decurso do processo, Théophile teve que se explicar sobre um caso de possessão que conheceu quando de uma viagem ao Sudoeste; é o relato bastante comum de uma visita feita em Estillac perto de Agen, em companhia de um conselheiro do Parlamento de Bordeaux, casa de uma moça possessa, exorcismada duas vezes por semana por um padre da vizinhança. Pouco impressionado com essas "caretas de enforcado, gritos de gato, convulsões de epiléptico", Théophile a interrogou em latim, grego, inglês, espanhol, italiano sem obter resposta: "quanto ao gascão, acrescenta, ela não careceu de injúrias para me replicar, pois ela era da região". Sua segurança ante esse demônio "ignorante das línguas" teve um efeito melhor; outros assistentes adotam sua opinião, e a possessão chega ao fim rapidamente: "Após ter sido tratada por um bom médico, verificou-se que

---

33. A propósito das *Curiosités inouyes* da Gaffarel, por exemplo, cf. *Correspondance de Mersenne*, n.º 256 da Bibliografia, tomo I, p. 535: a força das palavras para curar os ferimentos; tomo III, p. 54: «Natura quoties maga est».

34. Cf. mais atrás, p. 171/172. A coleção energúmenos, feitiçaria de Peiresc, está cotada na Biblioteca Municipal de Carpentras: Ms. 1779.

35. Pintard salientou essas diferenças de tratamento, pp. 25-26 de sua *Libertinage érudit*: Théophile de Viau salva a cabeça enquanto que um pobre diabo como Jean Fontanier, outro blasfemador, não escapa à fogueira. Permanece, entretanto, a reprovação profunda do «ateísmo».

seu mal não passava de um pouco de melancolia e muito de fingimento"³⁶. Interrogado sobre essa visita, "feita para ir ver os diabos" e sobre o propósito que tivera nessa ocasião ("se ele não disse publicamente que era ridículo e tolice acreditar que houvessem diabos"), o poeta responde por uma única e mesma profissão de fé: "Disse que não e que sempre acreditou que havia um Deus e diabos, e um paraíso e um inferno"³⁷. Contestar categoricamente a realidade das possessões diabólicas significa também pôr em causa o próprio Deus: nem Théophile, nem seus juízes parecem hesitar quanto a esse ponto.

Da mesma forma esses sábios, todos nutridos de impressionantes leituras, conhecendo tão bem o Direito Romano quanto os filósofos gregos ou os Padres da Igreja, tomaram suas precauções proclamando em alta voz — ou meia voz — conforme seus interlocutores, seu desprezo pela crendice popular. O Abade Michel de Marolles, amigo de Théophile e de Saint-Cyran, declara experimentar horror pela impiedade, mas não quer admitir que as superstições se misturam estreitamente com a fé; em suas **Mémoires**, ao visitar Amiens, assinala diante de uma relíquia considerada como sendo a cabeça de João Batista: que se trata de fato da quinta ou sexta vez que tem ocasião durante as suas viagens de venerar essa cabeça. Chega assim, sem dificuldade, a uma outra passagem sobre os milagres abusivos e "uma infinidade de contos que se encontram de feiticeiras e de diversas aparições que mal são críveis para crianças"³⁸. Mais claramente ainda Gabriel Naudé explicou-se publicamente sobre essa recusa: é a "grande fraqueza e imbecilidade" do povo miúdo, que ele chama de "o vulgo reunido, a turba e lia popular" e que denuncia em suas **Considérations** com verve e ardor: vê nele a presa de todos aqueles que pretendem tirar partido dessa credulidade: "os oradores, os pregadores, os falsos profetas, os impostores, os espertalhões políticos, os revoltosos, os sediciosos, os despeitados, os superticiosos e os ambiciosos". Tudo pode ser acolhido, tudo pode ser ouvido, segundo ele, pelo "populacho": a vinda do Anticristo tal como a anunciam Domptius e Michaelis, assim como a peste, a tempestade ou o secamento do mar³⁹. Sobre essas questões difíceis, não é possível sentir e crer como o povo. Esse desprezo representa de fato a posição de todos esses animadores de

---

36. O texto completo do relato de Théophile (extraído de seus «Fragments d'une histoire comique», publicados em 1623) é reproduzido por F. Lachèvre, *Le procés de Théophile...*, n.º 443 da Bibliografia pp. 49-50.

37. F. Lachèvre I, p. 397.

38. Sr. de Marolles, *Mémoires*, n.º 249 da Bibliografia, pp. 132 e 276.

39. Cf. as duas tiradas de Naudé, em suas *Considérations...*, n.º 269 da Bibliografia, pp. 153 e 155-156.

reuniões sapientes: os irmãos Renaudot respondendo àqueles que "também acharam de dizer que não se admite aí (em suas conferências) todos os tipos de pessoas" não declaram outra coisa senão que "as Academias não são para o vulgo"[40].

Vix possum laudare pietatem sine probitare, declara Guy Patin, após ter adiantado que "a diabrura de Marthe Brossier era uma farsa inventada pelos membros da Liga", e que "as religiosas de Loudun também contrafazem os demoníacos", a menos que seus "sobressaltos" não sejam causados por "algum furor amoroso"[41]. Essa doutrina de erudito que não pretende deixar-se embair foi, portanto, aplicada aos grandes processos da época: não dar crédito senão a testemunhas seguras, que saibam observar e que não deixem de reservar seu julgamento em caso de dúvida. Com relação a Loudun, quem pode falar melhor de que Ismael Boulliau, natural desta cidade e que conheceu Grandier e seus adversários. Espírito bastante crítico, sem nenhuma afeição pelas imagens de cera, os livros de magia e a astrologia adivinhatória[42], Boulliau relata a morte de Grandier; não oculta seu sentimento com relação à irregularidade do processo. O cura de Saint-Pierre foi considerado "culpado de tudo pelo depoimento dos diabos somente, aos quais os Juízes deram fé contra a doutrina expressa de São Tomás e da Faculdade de Paris", e Boulliau transcreve a carta circunstanciada de um "seu irmão" que relata minuciosamente os últimos instantes do cura, insistindo sobre sua constância, interpretada por uns como prova de sua inocência, por outros como sinal de sua culpabilidade perseverante.

> Isso me faz dizer, se ele morreu inocente, que ele morreu como homem de bem, e que deu testemunhos de uma virtude e inacreditável; se ele morreu culpado, morreu endiabrado, tendo empregado dons tão excelentes para manter sua perversidade.

Em suma, homem de "grandes virtudes, mas acompanhadas de grandes vícios, humanos não obstante e naturais ao homem"[43]. Claude Quillet é uma outra boa testemunha; alia a perspicácia do médico à audácia do homem honesto que não podia se deixar intimidar por um Laubardemont: na Itália, onde ele se refugiou, tem como amigos todos os eruditos que residem em Roma e se informa de tudo com a mesma prudência circunspecta. Enfim, nos casos menos importantes, o mesmo procedimento permane-

---

40. «Advertência ao leitor» citada, nota 32a.
41. B. N., Mss., fds. fs., 9730, p. 43.
42. B. N. Mss. Dupuy, 18. F.º 49 e 97 v.º
43. B. M., Carpentras, Mss 1810, f.º 48-50. Alguns anos mais tarde, Boulliau em uma carta a Albert Portner explica-se mais claramente ainda sobre o problema geral: «ad quaestionem de sagis .. sagas et maleficas esse, et magos qui daemonum ope et artibus instructi plura efficere possunt, et futura praedicere, animasque mortuorum evocare. Auctoritate scripturae sacrae haec thesis constat. Caeterum vix unum et decem milibus qui vulgo tales habentur revera esse uto; et quam plurimos innocentes homines hoc crimine accusatos calumniisque oppressos periise...» B. N., Mss., fds. fs., 13041, f.º 74 v.º

ce como a regra: em 1635, quando Mersenne e Peiresc trocam informações sobre a possessa de Sens, o erudito de Aix escreve ao mínimo:

> Eu vos agradeço pela relação dos sinais de vosso feiticeiro, mas vós me haveis concedido bem mais prazer ao enviar-me a carta mesma do médico que foi tester unha ocular para eu verificar se ele foi bastante exato para com todo o restante[44].

Esclarecendo-se com tanta prudência, os libertinos nem sempre dão a impressão de céticos de quatro costados, que feririam os espíritos fortes ao repudiar sem matizes tudo o que concerne ao Demônio: investigam até onde pode ir a crença e se regozijam quando encontram referências em um passado distante, satisfazendo assim sua bulimia de leituras. Em uma carta a Peiresc, Naudé conta alegremente como encontrou no Vaticano um livro do século XV intitulado **Synagoga daemonum,** onde o autor afirma que o sabá é imaginário ("todo esse belo mistério não ocorre senão no sonho e pela imaginação"); e Naudé acrescenta: "Eu me considero feliz por haver encontrado esse homem de brio que é de minha opinião"[44a]; e se empenha em averiguações para saber como poderia recopiar algumas passagens desse livro e do decreto da Sorbonne, que aprova as suas posições sobre o sabá.

Em compensação, esses eruditos tornam-se mordazes quando irrompe o caso de Louviers que repete tão chapadamente o de Loudun: medem o crédito concedido a esses relatos de possessões e seu perigo. As imaginações trabalham demais e reproduzem o que lhes foi bem representando. Como Mézeray, preocupado com o evento e sensível aos argumentos libertinos, escreve um pouco mais tarde em seu **Abrégé de l'histoire de France** a propósito de Trois Échelles, célebre feiticeiro (citado por Bodin), que no tempo de Carlos IX denunciou três mil cúmplices marcados pelo Diabo com um pé de lebre:

> Eu não sei se se deve acreditar nele, escreve Mézeray, pois aqueles que tiveram por uma vez a imaginação tomada por essas fantasias negras e vãs, crêem que tudo é pleno de diabos e de feiticeiros[45].

Ao menos em sua correspondência mais segura, os libertinos arriscam gracejos sobre esses diabos normandos que não têm uma boa aparência. Escrevendo a um amigo italiano, Naudé conta como os demônios de Madeleine Bavent atacam a Richelieu:

---

44. *Correspondance de Mursenne*, V, p. 359. muitos outros textos concernentes a essa seqüela de Loudun — já citados em arte no Cap. 4 — poderiam ser citados no mesmo sentido.

44a. G. Naudé, *Letres d'Italie à Peiresc*, n.º 271 da Bibliografia, pp. 64-65. Nessa mesma carta, Naudé fala de uma réplica que Pierre de Lancre teria escrito pouco antes de sua morte em resposta à *Apologie des grands hommes*. O manuscrito desse *Livre des Divinations* parece perdido.

45. Mézeray, *Abrégé chronologique...*, p. 1101. À margem dos presságios concernentes à morte de Henrique IV, escreve ainda: «a imaginação é uma boa ajuda para formar todas essas figuras», p. 1448.

O Diabo, enquanto o Cardeal vivia, tinha-lhe respeito, ou pelo menos mantinha-se mudo com relação a ele, não ousando falar de seus negócios; mas agora que está morto, ele o calunia assim como aos outros: diz que possui a promessa, assinada pela própria mão do Cardeal, de entregar-se a ele, que o papel graças ao qual os diabos entraram no corpo das freiras foi feito com folhas das árvores de seu jardim, e finalmente que as freiras possuem um pedaço de carne de suas nádegas[46].

É o momento em que Guy Patin se torna igualmente virulento e se volta contra os demonólogos como Bodin: em novembro de 1643, explica a Spon que "a demonomania de Bodin não vale absolutamente nada; ele próprio não acredita em nada disso e não fez esse livro senão a fim de que se acreditasse que ele acreditava nisso"[47]. A crer em Guy Patin, Bodin tinha necessidade de provar sua ortodoxia através da **Démonomanie** para apagar as audácias de linguagem que o fizeram passar por ateu... As exibições de Joana dos Anjos no decorrer de sua viagem a Savóia e os feitiços dos diabos normandos contribuíram, portanto, para fixar as convicções dos libertinos. Nos anos 40, nenhum dentre eles se recusaria a referendar a formulação crítica de Patin sobre essas matérias em que a crendice popular se entrega a todos os excessos:

> Há três coisas relativas à religião, nas quais não se deve acreditar a não ser muito sobriamente, a saber, os milagres, as aparições dos espíritos, e a possessão dos corpos, pois de noventa e nove deles que se contam, não há um verdadeiro[48].

Tal é a regra praticada e a conclusão, mesmo se ela não é abertamente confessada; essas declarações (extraídas de correspondências privadas) são feitas a personalidades escolhidas e seguras, capazes de acompanhar o raciocínio de seu correspondente. Abertamente, os libertinos nem sempre são tão claros, conforme uma prática prudente muito bem demonstrada por René Pintard. O seu mais belo exemplo é oferecido por Cyrano de Bergerac que publica sobre o problema duas cartas perfeitamente contraditórias: uma a favor dos feiticeiros, que relata uma visita — imaginária sem nenhuma dúvida — à casa de um feiticeiro comprovado, cujos extraordinários talentos o hóspede admirava. Mas a carta é rápida, o tom pouco convincente; a segunda, contra os mesmos feiticeiros, onde Cyrano expõe, sem comedimento, um ceticismo total com respeito às ações diabólicas: tudo é aí considerado,

---

46. Carta a Cassiano dal Pozzo, arquivos de Turim, citado or R. Pintard, p. 306.

47. Carta a Spon, 17-XI-1643. Edição Triaire, p. 348. Guy Patin não deixa de abordar essas questões em sua correspondência: R. Pintard recenseou todas essas formulações que se repetem até ao fim de sua vida: em 1658 ainda, escrevendo ao seu aluno J. B. de Salins, Patin dá sua opinião a respeito do «feitiço de impotência»: este «não passa de uma brincadeira»; e ele recomenda a leitura de Montaigne sobre esse assunto, desaconselhando Delrio cujas «Disquisições mágicas são tecidas somente de contos da carochinha, que recolheu de todas as partes *ad componendum suum centorem Loyoloticum*», Lettres, n.º 281 da Bibliografia, p. 34.

48. Citado por R. Pintard, *Le Libertinage érudit...*, p. 318.

e antes de mais nada a impotência do Demônio, incapaz de proteger as suas criaturas contra a justiça humana, incapaz de verdadeiros milagres (ele lhe propõe que desloque as torres de Notre-Dame); e a estupidez de Lúcifer que não ensina latim aos seus diabos e não os envia ao colégio. Ele tampouco admite o sabá que não passa de ilusões e sonhos, pois

> a imaginação fortemente impressionada por esses fantasmas lhes representa no sono essas mesmas coisas, como uma vassoura entre as pernas, um campo por sobre o qual eles passam voando, um bode, um festim, as senhoras; eis por que quando eles despertam, crêem ter visto isso que sonharam.

Cyrano rejeita do mesmo modo as habituais acusações contra os bruxos que enfeitiçam os rebanhos através de imprecações e palavras do ritual diabólico, como se "as vinte e quatro letras do alfabeto escondessem na gramática a malignidade oculta de um veneno". Nenhuma das possessas, portanto, merece consideração a seus olhos, e a condenação é sem apelo:

> Eu rio de todos os energúmenos de hoje, e rirei até que a Igreja me ordene a acreditar neles: pois só de imaginar que essa penitente de Goffredi, essa religiosa de Loudun, essa moça de Évreux são endiabradas por que dão cambalhotas, fazem caretas e tombalhões...

Em menos de vinte páginas, Cyrano rejeita, portanto, todas as posições tradicionais, tanto a feitiçaria rural inveterada quanto as recentes possessões escandalosas. Em nome de uma idéia simples, já proposta por Montaigne e Wier:

> Não se deve dar crédito a um homem a não ser naquilo que é humano, quer dizer, possível e comum[49].

Essas prudências discretas dos libertinos, entretanto, não dão conta inteiramente de sua verdadeira influência: esses eruditos que se encontram em todas as reuniões sapientes falaram mais do que escreveram. Quando os admiradores de Joana dos Anjos se queixam amargamente dos "libertinos perversos", que "caluniosamente fizeram correr tantos boatos falsos"[50] sobre a mais célebre das possessas, pensam certamente em todas essas discussões que giraram em torno do mesmo tema durante anos. Uma testemunha do caso normando, que participava das conferências regulares sobre assuntos da atualidade, fornece uma descrição bastante precisa da atmosfera parisiense em 1643 e do papel desempenhado pelos libertinos:

> A notícia da possessão das religiosas de Louviers mal se havia propagado por Paris e já todas as conversas ficaram repletas de diversas conjecturas que cada um fazia sobre esse estranho acidente. O

---

49. Todas as citações dessa página são extraídos da primeira edição (1654) da *Oeuvres diverses*, n.º 162 da Bibliografia, pp. 80 a 96. Sobre esse último ponto, Cyrano escreve igualmente: «Não se deve acreditar em todas as coisas de um homem, porque um homem pode dizer qualquer coisa».

50. B. N., Mss., fds. fs., 20973, f.º 235.

povo, a maior parte das mulheres e todos os espíritos um pouco crédulos tinham assumido um ar de desconfiança com relação a algumas das maravilhas que ouviam contar; os libertinos ao contrário e os espíritos fortes zombavam indiferentemente de tudo o que se dizia; mas as pessoas judiciosas esperavam que a verdade dessa aventura fosse mais esclarecida para se decidirem[51].

Essa febre de discussões que anima todas as conversas vê-se alimentada pelas posições extremas, sustentadas por esses eruditos de visão cética e verve inesgotável. Entre os "possessionistas" e os incrédulos, as confrontações podem se eternizar: Nicolas de Campion, que relata a comoção parisiense causada pelas notícias vindas de Louviers, decide-se, após ter ouvido uns e outros, a ir à Normandia com alguns amigos para ver as possessas e interrogar os padres que as assistem: o exame crítico do testemunho prevalece também para eles.

Libertinos, médicos, teólogos: todos são competentes — ou se vangloriam de sê-lo — para discutir com os magistrados parisienses sobre esses processos em curso e as extravagâncias relatadas por seus espectadores provinciais; todos estão empenhados em sustentar o pró ou o contra em uma discussão que encontra seu alimento em uma exigência espiritual e intelectual mais definada. Pois esse debate que corre em todas as academias parisienses durante uma vintena de anos ultrapassa o problema das possessas e do Diabo.

Com efeito, todas as concepções da vida religiosa e da crença estão em jogo, da mesma forma que o papel do Diabo nesta terra: os mesmos raciocínios podem se referir às possessões diabólicas e aos milagres, que importam aos olhos de inúmeros teólogos. Os redatores da **Gazette de France** não os tratam diferentemente e narram os relatos miraculosos que lhes chegam das províncias com a mesma prudência; preconizam, num e noutro caso, esse caminho intermediário já definido, a solução razoável e religiosa pregada pelos "espíritos judiciosos". Em dezembro de 1643, a **Gazette** relata as curas milagrosas que se desenrolam há meses a uma légua de Gannat no Bourbonnais, em uma capela campestre, diante de uma estátua da Virgem: paralíticos que andam, mudos que falam..., "a afluência do povo que aí acorre de todas as partes é grande". O redator enfeitou seu relato e seus atestados fornecidos "por várias pessoas de honra" com um preâmbulo que constitui uma boa definição dessa posição intermediária:

> Eu não encontro nada tão delicado, escreve ele, quanto o relato das coisas que fogem ao curso ordinário da natureza, onde freqüentemente o temor de passar por fato simples as profana e a enorme credulidade torna-se supersticiosa.

51. N. de Campion. *Entretiens sur divers sujets*, n.º 142 da Bibliografia, p. 138.

E explica que uns e outros devem ser evitados: os primeiros porque não se ousam confessar; e os segundos porque desservem à sua causa: "Uns combatem tão obstinadamente os milagres, que à força de destruí-los a todos em particular, dão o bastante a entender aquilo que não ousam dizer, a saber, que não crêem em nada em geral", o que não é uma má definição da atitude libertina. Quanto aos outros, "não contentes com os verdadeiros, (eles) crêem até nos supostos..., dão importância a tudo e põem em ação insolentemente tudo o que eles pensam fazer a favor da Religião"[52]. Igualmente distanciado do ceticismo libertino e da crendice devota, este caminho intermediário é tão mais facilmente procurado pelos espíritos preocupados por essas longas disputas, quanto salvaguarda no essencial as exigências da fé; essa prudência crítica não deixava de convir aos magistrados parisienses que participam dessas discussões apaixonadas, que evocam, em seu desenrolar mesmo, os debates judiciários contraditórios. Eles lhes forneceram os argumentos de um novo tratamento a ser dado aos processos de feitiçaria.

2. *A Nova Jurisprudência Parisiense*

Antoine Le Maistre, essa glória da advocacia parisiense, proferindo uma defesa em 1634 — no mesmo momento em que Laubardemont despachava rapidamente o processo de Grandier em Loudun — exprime bem essa reserva dos magistrados parisienses com relação aos fatos de feitiçaria. O advogado defende um marido acusado por seu sogro de ter usado de processos mágicos para se fazer amar por sua mulher; a causa não é da mesma gravidade que a possessão de um convento, tanto mais quanto é fácil entrever a querela sobre um patrimônio por detrás do ataque desse sogro que renega um casamento ordenado por ele. Mas Le Maistre refuta com cuidado a acusação de prática diabólica: envolve, no estilo oratório bem equilibrado que fez sem dúvida a sua reputação, os dois movimentos necessários a uma boa demonstração:

> Não pretendo pôr em dúvida o poder dos abismos. Permaneço de acordo que os feiticeiros podem ministrar o amor a uma mulher através de diversos encantamentos e pela força de algumas plantas medicinais das quais os demônios têm um perfeito conhecimento.

E cita em apoio São Crisóstomo, São Jerônimo e alguns outros bons textos da Antiguidade cristã. Mas, retruca logo em seguida, cabe aos acusadores demonstrar essa ação demoníaca:

> Onde estão as provas disso que se adianta? É um crime abominável implorar a assistência do inferno, para dar amor a uma moça... É necessário provas poderosas para fazer crer que um cristão tenha cometido essa espécie de idolatria.

---

52. *Gazette de France*, na data de 29 de dezembro de 1634, p. 586.

Le Maitre expõe bem o procedimento comum de seus pares e dos magistrados parisienses, quando se encontram em presença de semelhantes acusações: eles somente se deixam persuadir mediante "poderosas provas"; não admitem mais, portanto, que a intervenção diabólica — possível sem dúvida nenhuma — pertença aos dados cotidianos da existência humana. E o advogado certamente não exagerou o tom, nem simulou indignação, quando declarou, para arrematar essa parte de sua defesa:

> É necessário não ter nem pudor, nem julgamento para acusar o intimado de magia, sem provas, sem pretexto, sem demonstração; para pretender persuadir que ele me fez dar à Senhora de Boisbertaut uma maçã na qual estavam figurados alguns caracteres de escritura...[53].

Le Maistre defende esse dossiê em 1634; ele dá um bom testemunho da convicção que prevalece na época. Contudo, nessa data, alguns anos já são decorridos desde que o Parlamento parisiense tomou medidas destinadas a limitar os danos provocados pelo zelo dos "juízes inferiores". As primeiras restrições editadas no começo do século (cf. Cap. 3) não foram de fácil aplicação; e seu alcance limitado incitou os magistrados a levar mais adiante sua repulsa ante a multiplicação de processos em primeira instância. À medida que os anos passam e que os escândalos contribuem para reforçar sua convicção, tomam novas medidas, de aplicação mais ou menos fácil: desde 1624, instituem o apelo de pleno direito que priva de fato os juízes subalternos de seu poder de decidir nessas matérias; após 1640 (impõem sanções aos magistrados inferiores recalcitrantes que teriam tentado subtrair seus feiticeiros à jurisdição de apelo e teriam se recusado a respeitar a autoridade soberana da Corte. As etapas nesta transformação da jurisprudência merecem um exame atento: elas revelam as resistências opostas pelos pequenos funcionários da justiça a uma mudança que choca os seus sentimentos e crenças profundos, e que contradiz a prática judiciária anterior; mostram também a prudência com a qual os magistrados parisienses procederam: relaxamentos e reduções de penas desempenham nesse processo um papel importante, para demonstrar aos juízes de primeira instância sua vontade de não mais entulhar os registros com essas querelas com os demônios, o resultado é, entretanto, claro; a partir dos anos 1640, o Parlamento de Paris não reconhece em absoluto os feiticeiros; a constatação é moeda corrente nos autores que escreveram sobre a matéria na segunda metade do século XVII[54].

53. A. Le Maistre, *Plaidoyez*, n.º 233 da Bibliografia, p. 396 e ss. A corte acompanhou Le Maistre em suas conclusões por sentença de 24 de julho de 1634.

54. Cf. principalmente J. B. Thiers, *Traité des superstitions*, I, p. 134.

a) **O apelo automático.** Já quando proibiu a prova pela água, o Parlamento de Paris havia recordado que os "juízes comuns" de primeira instância não deviam impedir os condenados por magia e feitiçaria de recorrer perante ele, seja por recusa de admitir o agravo, seja por desistência de apelo[55]. Essa disposição, a bem dizer, não era nada mais que a aplicação aos processos em questão da ordenança de Villers-Cotterêts determinada por Francisco I em 1539 para assegurar o bom funcionamento da justiça. O artigo 163 regulamento o apelo aos Parlamentos em matérias criminais: todas as sentenças e julgamentos pronunciados pelos juízes ordinários e implicando tortura, morte civil ou natural, mutilação, banimento ou galés deveriam "competir imediatamente e sem mediação" às cortes soberanas sem qualquer etapa intermediária e sem que os juízes subalternos pudessem apor-se a isso. O Código de Luís XIII, publicado pelo advogado Jacques Corbin em 1628, evoca aliás esse artigo de Villers-Cotterêts, sem comentário particular[56]. Sem nenhuma dúvida, os tribunais inferiores não deram provas de um zelo excepcional na aplicação das decisões que os despojaram em parte de seu prestígio consagrando a preminência das cortes superiores sobre todas as outras autoridades judiciárias, quer elas detivessem ou não a alta justiça. Em matéria de feitiçaria, sua resistência foi mais viva ainda: a enormidade do crime não justificava, aos olhos desses juízes, deferências que o processo de apelo representa.

Essa má vontade das jurisdições subalternas é um fato de ordem geral, ao qual a corte de Paris pretendeu dar remédio por várias vezes. Contudo, é a propósito dos processos diabólicos que ela interveio com vigor em 1624, instituindo o apelo automático através de uma sentença geral expedida aos escrivães de todas as sedes da sua alçada "a fim de que ninguém alegue ignorância". A exposição (sucinta) dos motivos se limita a constatar a freqüência das execuções capitais por sortilégios, sem que os condenados pudessem requerer apelo:

> Em várias jurisdições das justiças dessa alçada, os juízes abusando da autoridade de seus cargos em menosprezo às determinações dadas diante deste tribunal, fizeram executar vários acusados de crimes de sortilégios em virtude de suas sentenças e julgamentos sem induzi-los a requerer apelos destes ou mandar apelar por eles seus substitutos ou procuradores fiscais das justiças e locais onde os julgamentos foram pronunciados[57].

---

55. Cf. atrás. *Cap.* 3, p. 151.
56. Cf. Corbin, *Code Louis XIII*, n.º 159 da Bibliografia, tomo I, pp. 684-686. Esse código não faz menção particular aos processos contra os mágicos e feiticeiros. O artigo 163 da ordenança sobre o fato da justiça figura em *Isambert*, tomo XII, pp. 633-634.
57. A. N., X2B, 347, na data de 27 de junho de 1624 (mesmo texto salvo algumas variantes: *plusieurs endroits* em lugar de *plusieurs juridictions*, em ADIII, 29, 83).

Por isso, para pôr fim a essa prática, o Parlamento se declara investido de direito: todos os processos sobre os crimes de sortilégio cujas conclusões são sentenças que impliquem a tortura, a morte e todas as outras penas corporais, são levados obrigatoriamente a ele, mesmo se os acusados não desejarem apresentar um recurso, pretexto alegado habitualmente pelos juízes ordinários para executar imediatamente a sua sentença:

> Ordena-os a adiar a execução, ainda que os ditos acusados não queiram apelar dos ditos julgamentos; no caso de sua recusa os substitutos do dito procurador geral do Rei, procuradores fiscais das localidades, ou outros oficiais de justiça, são encarregados de requerer apelo por eles; e enviá-los incontinenti com seus processos às prisões da Conciergerie do Palácio, para serem aí providos pela dita Corte assim como sua conveniência[58].

Medida radical para frear o zelo dos juízes subalternos, essa decisão de 1624 marca bem uma etapa importante no estabelecimento dessa nova jurisprudência em matéria de feitiçaria.

Os contemporâneos não se iludem quanto a isso: a sentença geral foi muito discutida e criticada. Um bom testemunho de tais discussões (que não deixaram outros traços assinaláveis) é fornecido por um opúsculo já citado, publicado em Paris em 1629, a propósito da condenação à morte por sortilégio e magia infligida a Charles de Franchillon, Barão de Chenevières, e executada a 14 de maio do mesmo ano. O autor, anônimo, é um defensor do Parlamento — talvez mesmo um magistrado, que pretende dar a conhecer ao público a posição dos conselheiros sobre essa inovação. Ele se indigna com as críticas dirigidas à corte de Paris:

> Como a calúnia encontra sempre algo a atacar nas ações mais sinceras, houve pessoas que tiveram a impudência de censurar o Parlamento pela frieza que demonstrou ao fazer justiça aos pobres miseráveis que eram suspeitos dos crimes supramencionados, não considerando que aqueles que têm em mãos as balanças da eqüidade não devem fazer nada temerariamente, nem por presteza, mas pesar ponderadamente todas as coisas e abster-se às vezes (por maneira de dizer) de castigar os culpados com medo de fazer morrer os inocentes[59].

Essa bela fórmula volta sob a pena do autor por várias vezes, pois ele expõe rapidamente, como nos processos comuns, o jogo da denúncia e da tortura pode induzir os juízes ao erro e levá-los "pensando dar punição aos culpados" a fazer "morrer pobres inocentes". Mas é necessário reter também desse discurso em forma de justificação a denúncia dos excessos aos quais o Parlamento espera dar remédio através de sua sentença geral; as primeiras linhas do texto lhe são consagradas:

> Não é sem razão que a Corte do Parlamento proibiu a todos os juízes e oficiais de sua alçada de executar definitivamente os julga-

---

58. *Ibidem.*
59. *Discours sur le mort et condamnation de Charles de Franchillon*, B. Ste Gen., Q 53 *bis*, peça 18, p. 2.

mentos por eles pronunciados contra os acusados dos crimes de sortilégios, contendo condenações apenas corporais, visto os grandes abusos que aí se podem cometer e que se cometem mesmo todos os dias.

Esses "grandes abusos" referem-se de fato à falta de prudência de que os juízes dão prova: obtêm confissões pela tortura, mas não levam em conta a fraqueza das pessoas (ou a "violência dos tormentos", o que dá na mesma); obtêm também confissões prolixas, mas esquecem então "a melancolia dos espíritos, a qual ferindo a imaginação a persuade de mil absurdos". Argumentação que retoma essa exigência prudente de informação cuidadosamente controlada que todos os polemistas evocados mais atrás reivindicam nessa época.

Por fim, esse defensor dos parlamentares parisienses refere-se à cupidez que pode incitar os juízes ordinários a determinar a sorte de acusados abastados: essa motivação muito baixa, pouco comum, parece-nos, nas epidemias tradicionais em que os acusados são camponeses miseráveis, intervém pois no momento em que os processos atingem uma "clientela" urbana mais provida e capaz de pagar grandes multas infligidas além da morte[60]. O que fornece, portanto, pelo menos duas boas razões para retirar das jurisdições subalternas a decisão última quanto a esses processos demoníacos. Sem falar de um outro motivo que sugere uma curta passagem da mesma demonstração em que o autor menciona em uma palavra os absurdos que a imaginação delirante dos acusados e a perversão dos juízes-demonólogos levam a proferir nos interrogatórios e confissões: "coisas tão ridículas que dá pena ouvi-las".

Por todas essas razões, portanto, o Parlamento de Paris julgou-se bem inspirado ao chamar a si todos os processos desse gênero; a exposição que se segue e descreve o processo conduzido no Parlamento contra Charles de Fronchillon tem o valor de um modelo. É o bom exemplo da jurisprudência que os magistrados parisienses pretendem respeitar daí por diante: é perante o Parlamento que a verdade do crime deve ser estabelecida; além de que, não há necessidade de publicar seus detalhes e monstruosidades, não por respeito para com a honrosa família do Barão de Chenevières, mas para evitar de alimentar uma curiosidade malsã:

> Responsabilizado e convicto de crimes tão enormes dos quais a Corte se reserva o conhecimento, julgando não ser bom que o público saiba das perversidades antes inusitadas.

Essa senha de discrição é o exato oposto da publicidade ruidosa concedida às maldades diabólicas de Loudun alguns anos mais tarde. Enfim essas precauções tomadas, uma vez bem estabelecidos os pactos diabólicos e as

---

[60] Cf. o texto citado no Cap. 1, p. 94: «... há juízes ...».

maldades subseqüentes, fica evidentemente garantido, repete por várias vezes nosso autor, que o Parlamento de Paris continua a combater esse crime sem indulgência:

> Nessa espécie de crimes, tão bem quanto nos outros, em que a verdade dos fatos está claramente assinalada, o Parlamento jamais abrandou sua severidade e justiça costumeiras[61].

A demonstração está pois completa: esse pequeno panfleto destinado a justificar a inovação dos parlamentares situa bem — no estilo oratório que é de regra — o conjunto das disposições adotadas pela corte parisiense: o pacto diabólico deve ser punido de morte, como sempre o foi, mas essa punição não pode intervir senão após o estabelecimento e a demonstração escrupulosa do crime: aquilo de que a corte é daí por diante o único juiz. A instrução e a condenação de primeira instância não possuem por conseguinte outro valor que o de indicativos. Quando as peças do processo são automaticamente transferidas para a alçada parisiense com os condenados, o conjunto do processo é refeito pelos conselheiros parisienses. A esse desaforamento a de fato — sob a forma de apelo automático — os magistrados parisienses acrescentaram nos anos seguintes uma prática igualmente inovadora, que lhes permitiu dar um novo passo: reduzindo sistematicamente as penas, renunciam a enviar os feiticeiros à fogueira.

b) **A atenuação das penas.** De uma a outra prática, a ligação é imediata; mas a identificação da segunda é menos fácil. Para apreender o exercício do apelo automático, o historiador dispõe da sentença geral editada em 1624 e notificada a todas as jurisdições e do comentário fortuito que suscitou a condenação do Barão de Chenevières. Para a atenuação sistemática das punições — denegação constante dos rigores tradicionais — é necessário contentar-se em explorar as sentenças, cujas minutas foram conservadas nos Arquivos Nacionais. As resenhas das deliberações seriam sem dúvida mais interessantes para revelar as etapas dos progressos realizados por essa nova jurisprudência: na enorme massa do fundo construída pelos arquivos nacionais, essas resenhas são de fato inexistentes.

Todavia a rapidez com a qual os magistrados parisienses aderiram a essa inovação não é passível de questionamento. Uma deliberação transcrita com cuidado — sem dúvida porque o caso é bastante excepcional — (que aliás veio dar na Biblioteca Nacional) fornece a prova disso: a 15 de julho de 1631, o Parlamento de Paris vê ser submetido a ele um "apelo por exorbitância", que emana de um padre loreno, habitante de Lyon, Louis Coleton. Ele

---

61. O defensor dos magistrados acrescenta aí uma formulação que pretende ser ainda mais tranqüilizadora e que não carece de ambigüidade: «sem ir buscar as provas de meu dizer em tantas sentenças solenes tanto antigas quanto modernas, conhecidas de todo o mundo...»

foi condenado por sortilégio e má vida pelo provisor de Lyon, proibido **a divinis** de exercer o culto, e o provisor o obrigou a deixar essa diocese sob a ameaça de prisão perpétua. O advogado do padre apresenta quatro "formas de exorbitância" contra a sentença eclesiástica; contesta primeiramente as práticas mágicas de seu cliente e adianta

> que a Corte se acostumara a não condenar ninguém por tais crimes se não houvesse venefício, homicídio ou quaisquer outros crimes associados com esse, o qual estando só não passa de uma pura ilusão do espírito feita pelos demônios... não merecendo por conseqüência nenhuma punição exemplar.

Talvez esse advogado zeloso tenha forçado o tom para demonstrar superabundantemente a validade do apelo e obter ganho de causa para seu cliente. Mas o advogado geral Bignon, que toma a palavra por último, apresenta uma opinião pouco diferente quanto ao sortilégio; esse crime

> que ele diz não ser absolutamente punido nesta corte, a qual verdadeiramente não crê tão facilmente e tão ligeiramente nesse crime enorme e não o pune de primeira mão como se faz alhures[62], justamente por ser esse crime tão grande e abominável, também ela procede aí com uma mais ponderada deliberação, com um maior conhecimento de causa...

Mas o advogado geral reafirma a vontade da corte de não considerar esse crime como uma "pura ilusão de espírito"; e de puni-lo sempre que ele se ache claramente averiguado: "encontrando-o, ela(e) pune e renega conforme à sua grandeza, notadamente na pessoa dos padres, a qualidade do qual ressaltada por esse santo ministério o torna tanto menos excusável"[63]. Esse procedimento marginal demonstra o quanto essa opção dos magistrados parisienses é reconhecida e admitida como uma inovação importante e original. As reduções de pena sistematicamente concedidas rematam a demonstração.

Enumerar aqui todos os casos que foram julgados em última instância pela corte parisiense com atenuação da pena pronunciada em primeira instância não é indispensável. Melhor seria sublinhar que não se encontrou um único exemplo em que os parlamentares tenham mantido pura e simplesmente a decisão do juiz subalterno[64]. É neste sentido que a prática judiciária dos anos 1640 se distingue das medidas de clemência ocasionais toma-

---

62. A consideração é importante: desde 1631, o Parlamento de Paris sabe que está em oposição às demais cortes neste plano.
63. B. N., Mss., fds. fs., 18359, f.º 299-300. A Corte seguiu as condições do advogado geral e rejeitou o apelo do cura. (O defensor do provisor de Lyon, Omer Talon, contentou-se em reafirmar a enormidade dos crimes cometidos por Louis Coleton).
64. O exame das sentenças apresenta algumas dificuldades, já que o texto não evoca o motivo da condenação primária, e se limita a aludir «aos casos mencionados no processo»; se as peças de primeira instância não podem ser encontradas nos arquivos departamentais (o que nos ocorreu no caso de Amiens, Le Mans, Pitiers e Saint Dizier), não é possível ter certeza de que se trata de um processo de feitiçaria.

das pela mesma corte no início do século[65]. Mas convém insistir nas nuanças introduzidas pelos juízes superiores nesse método: não absolvem todos esses acusados com um mero relaxamento que os perdoaria simplesmente; não mais condenam ao fogo, mas ainda banem de bom grado, principalmente quando se acrescentam ao sortilégio outros crimes verificados que complicam o dossiê.

Eis aqui dois casos de redução ao banimento temporário: em Compiègne, a 5 de outubro de 1639, o preboste dos marechais condenou por sortilégio dois homens, Pierre Picart, pastor, e Edme Dubois, e uma mulher, Marguerite Delorme; o primeiro à fogueira, a feiticeira ao banimento perpétuo fora da Ilha de França; Dubois é remetido a uma complementação do inquérito. Na apelação, a 2 de dezembro do mesmo ano, a Corte de Paris se contenta em infligir a Pierre Picart e Marguerite Delorme nove anos de banimento fora do prebostado e viscondado de Paris e do bailiado de Senlis; estando Edme Dubois, "fora de Corte e de processo, ordena que as prisões lhe sejam abertas"[66]. Em 1644 (a 8 de julho), foi o senescal de Fontenay-le-Conte que condenou pelo mesmo crime duas mulheres, mãe e filha, Marie Peraudeau, viúva Mestayer, e Françoise Mestayer: a mãe à tortura ordinária e extraordinária para a revelação de "seus cúmplices" e à fogueira; a filha à forca seguida da fogueira; além de trinta libras de multa devidas ao rei a serem tomadas de seus bens. A corte ficou tão pouco persuadida que condena a mãe a um banimento de cinco anos fora do senescalato de Fontenay e do prebostado de Paris, reduz a multa a vinte e quatro libras, liberta sem qualquer outra forma de processo a filha e ordena, por fim, que as duas mulheres "sejam examinadas por um doutor da Sorbonne". Esta última decisão ajuntada em nota à sentença situa bem a convicção dos juízes em face das mulheres, cujo interrogatório revelou serem mais ignorantes de sua religião que culpadas de um pacto satânico[67].

Se o próprio juiz de primeira instância recuou diante da punição tradicional e se contentou com uma medida de banimento, os magistrados parisienses reduzem ainda essa pena que já demonstra, no entanto, uma brandura inabitual: o juiz criminal de Molesmes instruiu em 1640 o processo de uma viúva, Jeanne Bayeux, denunciada por sortilégio pelos vizinhos, Robert Masson, padeiro, e André Garnier, sapateiro; ele a condena, a 20 de agosto, a dez anos de exílio fora da "terra e senhoria de Molesme", sessenta libras de multa "das quais um terço caberia aos denunciadores", e às custas. A corte diminui o banimento para cinco anos (mas o estende também ao prebostado e

---

65. Cf. Cap. 3, p. 139.
66. A. N., X2B 452, na data de 2 de dezembro de 1639.
67. A. N., X2A 276, na data de 30 de janeiro de 1645.

285

viscondado de Paris), tira o prêmio aos denunciadores, a multa é reduzida a trinta e duas libras devidas ao Senhor de Molesmes[68].

Segundo grau nessa atenuação das punições: a corte de Paris pronuncia também o relaxamento dos condenados. O bailio de Vendôme condena a 7 de abril de 1639 duas mulheres, mãe e filha novamente, Lucette Toutain, esposa de Regnault, e Marie Colas, sua filha de um primeiro casamento, por terem usado de sortilégios e envenenamentos: a mãe à fogueira; a filha, a assistir ao suplício de sua mãe e a ser "fustigada nua com uma vergasta ao pé do poste, nas encruzilhadas e lugares costumeiros" da cidade, e por fim banida perpetuamente fora do ducado de Vendômois com a proibição particularmente especificada "de usar de quaisquer feitiços seja em pó ou qualquer outra forma, contra quaisquer pessoas"; além disso, as duas mulheres são condenadas solidariamente a cento e cincoenta libras de multa. O caso parece tanto mais grave quanto a acusação acolhida pelo bailio de Vendôme comporta não somente o sortilégio, mas esses venefícios e perversidades que podem ser demonstradas mais facilmente que o pacto diabólico. O Parlamento anula todo o processo e liberta imediatamente as duas mulheres[69].

Em agosto de 1640, a Corte pronuncia uma sentença bastante clara em um caso complexo, em que estão implicados vários camponeses: em Sulcy (Soucy) próximo de Sens, o lugar-tenente criminal empreendeu uma série de processos contra nove feiticeiros, no decorrer do mês de junto precedente, por "crime de cortilégio": Nicolas Gorier e Léonard Beau foram submetidos à tortura e seus bens e rebanhos embargados até que se fizessem maiores investigações; Edmée Comperot, sua cúmplice, foi detida até o fim dessa instrução; três outros lavradores foram postos sob prisão preventiva, Claude Gaultier, Hugues Vavet e Jean Comperot, cujos bens foram igualmente embargados e que recorreram antes mesmo da instrução de seus casos; por fim, Anne Comperot, Jeanne Comperot, mãe da precedente, e Claudine Guillernot, tiveram seu processo concluído, sendo as duas últimas condenadas à fogueira e executadas, e Anne Comperot banida perpetuamente de Sulcy. O conjunto desses processos foi transferido para Paris e submetido ao procurador geral. A corte pronuncia então uma sentença com cláusulas múltiplas: libera os três primeiros citados cujo processo não fora ainda instruído inteiramente e lhes concede a supressão do embargo sobre seus imóveis e roupas; ordena a mesma liberação e restituição de bens para os três seguintes; por fim, convoca por duas semanas Anne Comperot

---

68. A. N., X2B 459, na data de 23 de novembro de 1640.
69. A. N., X2B 448, na data de 18 de maio de 1639.

para o exame de seu caso "antes de despachar sobre o dito apelo" que tem todas as possibilidades de ser bem acolhido, a julgar pelas decisões tomadas em favor dos seis outros apelantes. Além do mais — por ter executado duas feiticeiras, em infração à sentença geral de 27 de junho de 1624[70] — a corte convoca à sua presença o lugar-tenente da justiça de Sulcy e seu escrivão, eles também "sob prisão preventiva e conduzidos como prisioneiros às prisões da **conciergerie** do palácio, para serem ouvidos e interrogados sobre alguns fatos resultantes do dito processo[71]. Está próximo o tempo em que os magistrados parisienses, não contentes em exigir as explicações necessárias, irão impor sanções contra os juízes subalternos que contrariam as decisões da corte.

Último aspecto, enfim, desse novo tratamento dos apelos: o Parlamento de Paris dá mostras de uma idêntica prudência quando se encontra em presença de processos cujos casos se aproximam da magia natural tradicional. Uma mulher de La Flêche, Jeanne Launay, condenada por venefícios pelo lugar-tenente criminal, a 6 de julho de 1639, vê sua pena, à forca, transformada em banimento fora do senescalado de La Flèche e do prebostado parisiense, por nove anos[72]. Igualmente um camponês da Beauce, acusado de roubos sacrílegos em uma igreja (coisa a que os feiticeiros fazem costumeiramente para obter as hóstias necessárias à fabricação dos feitiços) e também acusado de evasão por arrombamento da prisão, condenado perpetuamente às galés, vê sua estadia como forçado nos navios do Rei ser reduzida para nove anos[73]. Ora, essa atitude não corresponde absolutamente a uma vontade geral de atenuar as punições; uma renúncia humanitária às penas e os suplícios tradicionais não poderia ser considerada para explicar tais decisões. O Parlamento de Paris continua a condenar à fofgueira e à forca durante os mesmos anos, outros criminosos, culpados de crimes que não têm nenhuma relação com a magia e a feitiçaria: assassinos, assaltantes de estrada, moças que esconderam ou sufocaram seu fruto e até simples fornicadores; assim — exemplo contemporâneo a todas as medidas examinadas acima, dentre cem outras — o mestre-escola de Neuilly "pretenso padre a capelão da capela do porto de Neuilly" que "perdeu, forçou, deflorou, cometeu incesto e sacrilégio com as filhas" de cinco habitantes, suas alunas, é condenado a ser enforcado e queimado, e ter todos os bens confiscados[74].

---

70. O texto da sentença reproduz esse pronunciamento geral e ordena que ele seja novamente lido e publicado «na sede de Sens, nesta e em outras justiças circunvizinhas para que ninguém alegue ignorância».
71. A. N., X2B 457, na data de 10 de agosto de 1640.
72. A. N., X2B 450, data de 9 de agosto de 1639; a corte leva em conta suas negações obstinadas sob tortura.
73. A. N., X2B 455, a 14 de maio de 1640.
74. A. N., X2B 459, na data de 22 de novembro de 1640.

A atitude dos magistrados parisienses está, portanto, claramente definida, a partir dos anos 1639-1640 pelo menos: todos os processos em matéria de feitiçaria dependem obrigatoriamente deles em apelo, retomam os dossiês e concluem regularmente, em virtude da incerteza das provas, pela moderação das penas; no limite, decidem pelo relaxamento. Essa opção não foi (e nem poderia ter sido) objeto de uma declaração, de uma sentença geral, como em 1624 a decisão de examinar automaticamente todos os processos desse tipo de acusação; entretanto, a severidade crítica com a qual os magistrados de Paris estudam esses processos era largamente conhecida, mesmo das pessoas acusadas sob sua jurisdição, já que algumas oferecem apelo e submetem seus casos ao Palácio parisiense antes mesmo que seu processo esteja terminado diante do juiz subalterno. Uma outra prova, que completa bem a anterior, é fornecida por processos secundários que são apresentados ao Parlamento, como um processo de difamação (em novembro de 1639) entre dois particulares, tendo a injúria pública consistido em tratar o outro de feiticeiro[75]. Sem nenhuma dúvida, os magistrados parisienses adquiriram muito rapidamente essa reputação de não aceitar facilmente as provas do pacto diabólico e das maldades satânicas. Mas o reconhecimento dessa jurisprudência nova não foi fácil. Ao mesmo tempo em que a opinião se difundia, tiveram que tomar ainda uma outra medida para fazê-la respeitar e lutar contra os juízes inferiores que não cuidavam de respeitar a sentença de 1624.

c) **As sanções contra os juízes subalternos.** No verão de 1640, o Parlamento de Paris convoca esses dois juízes de Sens culpado de terem executado duas feiticeiras sem submeter seu processo à Corte. Um ano mais tarde, um novo caso lhes é submetido, o qual os decide a atuar contra os juízes recalcitrantes. Trata-se de um processo instruído pelo lugar-tenente da justiça de Bragelonne contra uma viúva, Barbe Jolly, dita a Gouriou, e seu filho Roch Guillaume, que foram acusados de feitiçaria em abril de 1641; antes mesmo que seu processo fosse terminado, a viúva não foi queimada, mas lançada morta no fundo de um poço, onde seu corpo foi encontrado, pouco após pelo bailio de Chaunes, encarregado por sua vez de instruir o processo pelas autoridades judiciárias de Bragelonne[76]. Seis pessoas são implicadas no assassinato judiciário

---

75. A. N., X2B 452, a 16 de novembro de 1639: o apelante condenado à reparação pública diante de quatro parentes do insultado argumentou ante os juízes parisienses que a injúria fora benigna; o Parlamento lhe concedeu que a reparação fosse simplesmente consignada no cartório, mas acrescentou uma pesada multa de quarenta libras.

76. A sentença do Parlamento indica que essa instrução do bailio de Chaunes contra o juiz de Bragelonne foi decidida por requisição do procurador fiscal de Chaunes; mas não é dito como este foi posto ao corrente do primeiro processo.

de Barbe Jolly: o lugar-tenente da justiça Paul Coquerel, seu procurador fiscal François Haymard, seus escrivães Denys Coquerel e Jean Vallenot, e seus filhos Roch e Paul Coquerel. O conjunto dessa instrução é transferido para Paris juntamente com quatro dos acusados: interrogatórios, confrontações, compilações, investigações, e os elementos do primeiro processo contra Barbe Jolly, que continham uma carta de Haymard a um cirurgião encarregado de examinar a viúva "para saber se ela era feiticeira".

A corte condena, em 10 de agosto de 1641, os três primeiros acusados, que foram os autores principais do processo, a fazerem confissão pública de culpa diante de Notre-Dame reconhecendo

> que temerariamente e desgraçadamente e abusando de seu poder como oficiais na justiça do dito Bragelonne, e sem nenhuma forma de justiça, eles cometeram e mandaram cometer os tormentos excessivos e o assassinato na pessoa da dita Jolly;

e, em seguida, a serem enforcados e estrangulados na Praça de Grève; seus bens são confiscados, e uma multa de seiscentas libras é retirada destes em favor do Senhor de Chaunes[77]. O julgamento comporta por fim a repetição — em termos gerais — das proibições anteriores não respeitadas em Bragelonne: a "prova pela água" e a execução de sentenças que comportem "raspagens, tortura ou outras penas corporais". E, para assegurar à decisão toda a publicidade necessária, os magistrados parisienses ordenam por fim a divulgação dessa sentença

> nas leituras dominicais da paróquia do dito Bragelonne, e outras circunvizinhas, junto à sede do bailiado de Sens[78], e outras justiças reais dessa alçada, por requisição do procurador geral do Rei, e diligência de seus substitutos nos locais, a fim de que ninguém alegue ignorância.

Para assegurar-se de uma forma ainda mais certa, o Parlamento manda finalmente imprimir essa sentença extraordinária por um livreiro parisiense que a distribui nas diferentes sedes das justiças reais dependentes desta Corte. O oficial de diligências de Amiens, que teve em mãos o exemplar chegado a esse bailiado, anotou à mão no verso da última folha:

> No 10.º dia do mês de outubro do dito ano de 1641, conforme ordens do sr. lugar-tenente geral do bailiado de Amiens o conteúdo da sentença dos Nossos Senhores da Corte do Parlamento acima mencionado foi lido e divulgado ao som da trompa em proclamação pública através das encruzilhadas e locais ordinários e costumeiros da cidade de Amiens, por mim oficial audienciário[79].

Essa sanção exemplar adotada pelos magistrados parisienses contra esses funcionários da justiça culpados de

---

77. A. D. Somme IB 26, p. 9 e s. O julgamento parisiense anuncia também os processos vindouros contra diferentes cúmplices do assassinato.

78. Onde ocorrera, em 1640, a outra execução assinalada no parágrafo precedente.

79. A. D. Somme, I B 26.

excesso de zelo antidemoníaco foi, portanto, largamente difundida, não somente junto aos homens de lei encarregados de administrar as justiças inferiores, mas junto da população — nas grandes cidades como Amiens, e nas aldeias das senhorias onde foram cometidas as infrações a essa regra editada em 1624 e ainda difícil de fazer respeitar quinze anos mais tarde. Sem nenhuma dúvida, a vontade claramente afirmada pelos juízes parisienses de não mais admitir os processos e punições em matéria de feitiçaria, salvo após terem sido devidamente estabelecidas as provas do crime, foi largamente conhecida, muito além dos meios judiciários propriamente ditos.

Todavia, sua aplicação era muito difícil: os juízes subalternos se resignam mal — e as pessoas sob sua jurisdição não mais — a cessar as perseguições; na alçada do Parlamento de Paris, assim como por toda a parte, os anos 1640-1660 figuram ainda como bons dias para esses processos[80]. Para alguns casos — Chaunes, Sens — em que o Parlamento intervém para fazer respeitar suas decisões, quantos outros há em que, sem publicidade inútil, os juízes subalternos executam seus julgamentos sem que os magistrados parisienses jamais venham a saber? Melhor ainda: encontram-se advogados zelosos à maneira antiga, preocupados com as inquietudes manifestadas por seus colegas, e que reclamam, senão ao Parlamento, pelo menos ao Chanceler[80a], o direito de continuarem suas perseguições e de decidir em última instância; é o caso de três advogados do Presidial de Poitiers em fins de 1643. As prisões estão cheias de acusados "do dito crime de sortilégios e magia", que esperam para serem julgados; mas "os oficiais dessa sede não o querem fazer sem uma confirmação da antiga comissão atribuindo poder de julgar em última instância os acusados do dito crime". Enviam então ao chanceler uma cópia da comissão que fora concedida sob Luís XIII ao Sr. de Villemontée, o intendente, para esses processos; eles insistem na necessidade de decidir sem apelo, pois

> que não há senão nós como parte, e que se o julgamento não se der em última instância, não há nenhum fundo na receita do domínio para cobrir as despesas da condução a Paris, assim nós teremos de abrir-lhes as prisões...[81].

Nada tendo obtido do Chanceler Séguier, que não ignora que o Presidial de Poitiers faz parte da alçada parisiense,

---

80. Cf. no capítulo seguinte o item «1. prosperidade da mentalidade tradicional».

80a. Neste caso eles dependem diretamente do Parlamento e não podem ignorar suas posições. Será que sabem que o Chanceler Séguier se interessa por feiticeiros? O catálogo de sua biblioteca inventariado em 1685 contém todos os grandes demonólogos, Lancre, Michaelis, Binsfeld, Rémy, Le Loyer, Delrio, e também Bérulle, Porta e Naudé: cf. B. N., Q. 8406.

81. Carta de 23 de dezembro de 1643 dirigida ao Chanceler Séguier, B. do Instituto, fundo Godefroy, 273, f.º 88.

os mesmos advogados dirigem-se algumas semanas mais tarde à rainha-mãe em termos quase idênticos:

> Os oficiais dessa sede presidial não pretendem proceder ao julgamento de seus processos a não ser quando tivermos obtido anteriormente de Vossa Majestade a confirmação...

E eles apelam para a piedade da rainha:

> Vossa Majestade que ama Deus com tanta ternura teria horror se soubesse o que alguns dentre eles confessaram; e com que impiedade o mui Santo Sacramento do Altar (que nós adoramos em uma profunda humildade) foi tratado e pisoteado em seus sabás. Esse processo não é absolutamente incompatível com o estado presente dos problemas, ele consolidar o trono do rei...[82].

É o momento em que Madeleine Bavent e suas companheiras fazem murmurar toda Paris. Os advogados do rei junto ao Presidial de Poitiers, parece, não obtiveram satisfação. Mas sua pretensão claramente afirmada de ultrapassar as decisões tomadas pela Corte suprema não é menos notável.

Mais próximo de Paris, na Champagne, tudo se passa como se nenhuma jurisprudência de apelo existisse, a acreditar-se no arcebispo de Reims, Estampes de Valençay. Ele se interessa por essa questões[83], está horrorizado com a freqüência dos processos e reclama do chanceler o envio de um intendente para pôr fim a essas perseguições:

> Desde a alguns meses, escreve ele a Séguier, ocorrem grandes desordens em várias paróquias de minha diocese próximo à fronteira por causa de certas pessoas que se pretende fazer passar por feiticeiras; elas são maltratadas, são caçadas, são espancadas, são queimadas e se adota esse costume de se amarrar aqueles que se pretende acusar e lançá-los na água, e se eles flutuam na superfície, é o bastante, são feiticeiros.

Essa prática da prova pela água condenada há quarenta anos da maneira mais formal, reaparece (a supor-se que tenha sido efetivamente abandonada por algum tempo); o arcebispo de Reims se indigna tanto mais quanto pôde constatar em alguns casos a inocência dos acusados:

> Esse abuso é tão grande que se encontra até trinta ou quarenta em uma só paróquia, assim falsamente acusados, eu digo falsamente porque vieram a mim aqueles que confessei e a quem dei a confirmação, que são muito inocentes; é um pretexto do qual se servem aqueles que desejam vingar suas paixões ou que pretendem impunemente apropriar-se dos bens de seus vizinhos.

O argumento é conhecido e se encontra mais tarde sob a pena veemente do médico que traduz e publica em francês a **Cautio Criminalis**[84]. Finalmente e sobretudo, o arcebispo demonstra brilhantemente em uma única frase a que ponto a autoridade do Parlamento pode ser escar-

---

82. Carta dos criados do rei à rainha, a 4 de fevereiro de 1644, B. do Instituto, fundo Godefroy 273, f.º 111.
83. O catálogo de sua biblioteca (B. N., Q 2139) comporta uma trintena de obras consagradas à demonologia, todos os «clássicos»: um Delrio é, aliás, mencionado como «emprestado na cidade», no dia do inventário.
84. Cf. cap. 8, p. 351.

necida a algumas léguas de Paris, nas jurisdições inferiores onde as sentenças de 1624 e 1641 permanecem de fato como letra morta:

> Essas desordens multiplicam-se todos os dias porque os pequenos juízes subalternos, sem outra forma de processo e sem tomar conhecimento de causa, condenam à morte por simples conjectura[85].

As inércias administrativas, a ausência de centralização efetiva, que caracterizam a vida pública francesa sob o Antigo Regime, explicam em parte essas resistências à aplicação das decisões tomadas por uma corte suprema, mesmo sendo ela a primeira da França. Mas deve-se ir mais longe na explicação imediata: ao mesmo tempo em que os magistrados parisienses decidem aplicar sanções contra os juízes que condenam sem provas bem estabelecidas, renovam as declarações e ordenanças que visam aos blasfemadores e sacrílegos. Em 1636 como em 1643, recordam assim a necessidade de reprimir "a insolência daqueles que, usam de blasfêmias e palavras ímpias e injuriosas à honra e ao respeito da divina Majestade ou dos santos..."[86]. Ora, os feiticeiros e mágicos que pactuam com o Diabo foram sempre estigmatizados como sacrílegos e blasfemadores, já que têm a audácia de se aliar com o Príncipe das Trevas para ajudá-lo a realizar sua conspiração contra a "honra de Deus" e a salvação dos homens. Sem dúvida, é fácil traçar a fronteira entre o feiticeiro que blasfema ao tornar-se uma criatura diabólica e o beberrão que se põe a praguejar ao entrar na igreja ou na taberna. Mas cabe dizer ainda que essa distinção não constitui problema para um magistrado parisiense experimentando nas discussões das academias e no conhecimento dos casos os mais complexos. Mas nas jurisdições inferiores, onde os juízes e os advogados, por impregnados de Direito que estejam, nem sempre são bem informados, ela pode não ser tão clara. É aí precisamente que se mede a diferença considerável que separa a alta magistratura, o meio parlamentar e o pessoal miúdo que pronuncia a justiça em primeira instância nas senhorias, bailiados e até nos presidiais.

Os juízes inferiores continuam a perseguir esse "crime execrável" como sempre o fizeram desde muito tempo. Os magistrados parisienses consideram a possessão e o pacto diabólico como eventos raros, excepcionais e não pretendem mais ouvir falar deles, nem julgá-los sem provas solidamente estabelecidas. Nesse meio parlamentar parisiense, é uma questão daí por diante regulamentada: quando, na entrada da festa de São Martinho, em

---

85. B. do Instituto, fundo Godefroy 273, f.º 238. O texto desta carta é reproduzido em R. Mousnier, *Lettres et Mémoires...*, n.º 317 da Bibliografia, pp. 636-637.

86. Cf. o texto de uma carta do rei ao Parlamento de Paris sobre essa matéria em um dossiê *blasphémateurs*, A. N., M 752, p. 41.

1645, Omer Talon pronuncia o discurso solene consagrado à "classe e assembléia dos antigos advogados", evoca o poder da palavra: recorda as discussões dos Antigos e não esquece de constatar que "em todas as religiões do mundo, sempre houveram orações misteriosas..., palavras santas", mas passa rapidamente a uma conclusão que corrobora admiravelmente tudo o que podemos chamar a nova doutrina do Parlamento:

> os encantamentos, os prestígios e os sortilégios, os bilhetes, os talismãs e as figuras encantadas, os anéis de Salomão..., todas essas coisas são inúteis sem o socorro da imaginação que se deixa surpreender...[87].

Sem mais insistir, como um problema controvertido o implicaria, Omer Talon persegue seu objetivo, constatando que a imaginação pode efetivamente exercer uma ação importante sobre as nossas afeições, nossos sentimentos, e curar as doenças de nossas almas...

Uma outra boa testemunha dessa convicção solidamente assentada dentre os parlamentares parisienses é fornecida pelas **Mémoires** de Beurrier, cura de Nanterre; ele resume bem a atitude adotada pelos magistrados a propósito de um caso menor ocorrido em sua paróquia. Conta (capítulo 28) "a história notável de Catherine de Dernetal acusada de roubo e sortilégio". O caso começa no "segundo domingo de novembro do ano da possessão das religiosas ursulinas (sic) da cidade de Louviers na Normandia". Após a sua missa, o cura encontra no pátio do presbitério "oficiais de justiça com uma grande multidão de pessoas e duas mulheres amarradas e acorrentadas que foram presas no parlatório de nossas religiosas de Nanterre... por terem roubado uma cruz de ouro no castelo de Saint-Germain... Dizia-se em altas vozes que se tratava de duas feiticeiras". Beurrier recebia justamente então a visita de seu amigo Sr. Laisne, conselheiro da grande Câmara do Parlamento de Paris, que possuía uma casa de campo em Rueil, e lhe pede conselho quanto à sentença a ser pronunciada contra as duas mulheres. O cura relata o seguinte diálogo saboroso:

> Ele respondeu: P. Prior, não apliqueis bom dinheiro em mau negócio, fazei condenar ao açoite e ao banimento essas duas velhacas por terem roubado uma cruz de ouro, conforme a incriminação e não vos incomodei com esses sortilégios.
>
> Eu lhe retruquei rindo: oh Senhor, diz-se que o Parlamento de Paris não condena jamais ninguém por sortilégio, sois vós desses maus cristãos, não o creio; e tenho também melhor opinião da religião desse augusto Senado.
>
> Ele me retrucou: P. Prior bem creio que há alguns em nosso corpo que não acreditam nem em Deus nem no Diabo, e é de minha fé, disse ele, que se soubessem que há um diabo na extremidade

---

87. A. N. U 832, f.º 305 e seguintes. Outro texto em U 414. O conjunto dos discursos de reabertura forense conservados em U 427-428 foi examinado: nenhuma outra alusão a esse problema. O gênero, é verdade, não se presta a um balanço delicado sobre uma questão tão discutida.

do mundo, partiriam já amanhã para ir vê-lo, conhecê-lo e consultá-lo; são hipócritas que imitam os católicos, que mantêm as aparências e que não têm nenhuma religião; mas vós faríeis mal juízo de mim se acreditásseis que possuo tais sentimentos. Eu acredito naquilo que a Igreja crê, e naquilo que a escritura santa nos ensina, a' qual nos assegura que existem mágicos e feiticeiros[88].

Testemunho qualificado sobre a influência dos libertinos no seio mesmo da corte parisiense. Enfim, após algumas considerações adventícias, o Conselheiro Laisné precisa por que o Parlamento não condena mais os feiticeiros:

> Nós temos no Parlamento duas razões para não condenar os feiticeiros e os mágicos nessa qualificação. A primeira porque é muito difícil acusá-los de magia, et caetera. A segunda porque eles não se servem de seus sortilégios senão para fazer o mal, ou para profanar as coisas santas. Nós deixamos o incerto e os condenamos pelo mal que fazem e que é bem provado.

Tal é, portanto, a situação inédita criada pela inovação parisiense, nesses anos quarenta do século XVII, em seguida aos grandes escândalos: o Parlamento da capital — aquele cuja alçada cobre quase a metade do reino — decidiu por sua conta não mais processar os feiticeiros, nem deixar que fossem condenados pelos juízes inferiores, sem provas peremptórias; assim, de fato, renuncia a processar por crime de feitiçaria. Fazendo-o, os magistrados parisienses se vêem em contradição com sua jurisprudência anterior, mais do que secular, e têm de impor sua vontade às jurisdições subalternas que continuam a pronunciar a justiça nessa matéria de acordo com o passado. Durante todo esse lapso de tempo em que a nova doutrina dos parlamentares parisienses se precisa, a resistência dos pequenos juízes é bastante sensível para que a Corte chegue a adotar sanções das mais graves contra os oficiais de justiça obstinados em manter a antiga prática. Em 1645-1650, apesar da "punição exemplar" infligida aos oficiais de justiça de Bragelonne, o reconhecimento da nova jurisprudência em toda a alçada não foi ainda absolutamente conseguido.

Mas essa nova doutrina, elaborada no meio mais informado e mais sábio que existe no interior do mundo judiciário francês da época, coloca igualmente um problema com respeito aos outros Parlamentos e para o resto do reino. É certamente reconhecido, desde

---

88. B. Ste-Gen. Mss. 1885, f.º 405. Beurrier obcecado por essas questões redigiu mais tarde uma memória intitulada «Remarques sur la matière de la magie, des sortilèges, des augures et des prophéties, et leurs causes et origines» (conservada igualmente na B. Ste-Gen. Mss. 186, f.º 221 a 256). Aí retoma essa idéia: «Eu sei que há pessoas que zombam do que se lhes diz sobre os feiticeiros e os mágicos, pondo em dúvida tudo aquilo que não vêem. Eu sei que não se deve acreditar facilmente e sem boas razões, mas também é preciso ser insolente e desprovido de senso comum para dar o desmentido geral a todos os historiadores... que nos relatam tantos exemplos.»

muito tempo, que o exercício da justiça e a aplicação das ordenanças e regulamentos reais são assegurados da forma mais complexa: o respeito aos costumes registrado nas regiões ao norte do Loire, o respeito aos princípios tradicionalmente afirmados pelos textos mais antigos nas regiões de direito escrito, é uma realidade fundamental da vida judiciária e administrativa sob o Antigo Regime. Mas nessa circunstância, o Parlamento de Paris se encontra em total oposição com a jurisprudência respeitada pelas outras cortes soberanas; ele rompe uma unidade de concepções adquirida desde muito tempo e compreendida sem dificuldades, em razão da simplicidade do crime e de sua punição. Nos anos quarenta, os magistrados parisienses põem fim, com sua iniciativa, a esse consenso das Cortes de Parlamento. Nada lhes permite impor essa nova jurisprudência às outras cortes soberanas; por outro lado, é habitual, em direito civil, admitir que tal ordenança aplicada integralmente em Paris ou em Rennes, não seja válida senão parcialmente em Toulouse ou em Aix en Provence. O problema assim colocado não é portanto simples, se se considera as práticas judiciárias do século XVII. De fato, levando em conta a independência considerável de que gozam as cortes soberanas, cada uma em sua alçada, essa contradição entre a nova e a antiga jurisprudência em matéria de feitiçaria é perceptível antes de mais nada pelos magistrados dessas cortes que dela são informados e podem chocar-se legitimamente com ela — em virtude da gravidade do caso; ela é percebida também pelos agentes da monarquia que, em Paris ou nas províncias, se esforçam por unificar a administração do reino sob a Regência e sob o reino de Luís XIV. É nesse nível que se realiza pouco a pouco, entre 1640 e o fim do século, a regressão definitiva dos processo criminais em matéria de feitiçaria

TERCEIRA PARTE: O REFLUXO APÓS 1640: O ABANDONO DO CRIME DE FEITIÇARIA

Eu acho, Senhor, muito perigoso, a partir do depoimento de quatro ou cinco miseráveis que não sabem o mais das vezes o que eles dizem, condenar pessoas à morte.

Claude Pellot para Colbert, 10 de julho de 1670

Eu sei muito bem que algumas pessoas hão de censurar o fato de eu atribuir a maior parte das feitiçarias à força da imaginação.

Malebranche, Recherche de la Vérité, *livro II, 3.ª parte, cap. VI.*

Quarenta anos decorreram até que os Parlamentos provinciais renunciassem por sua vez a queimar vivos ou estrangular os cúmplices de Satã: quarenta anos em que pululam medidas contraditórias, incoerências jurisprudenciais, expressão imediata das incertezas nas quais se debatem magistrados e advogados, a cada vez que a rotina judiciária os constrange a voltar a essas questões; expressão mais indireta da perturbação duradoura provocado ao nível da consciência coletiva, nos meios esclarecidos, pelas discussões instauradas por ocasião dos grandes escândalos e que não pararam de ressaltear... até a metade do século XVIII filosófico. O fio diretivo — ou melhor dizendo o elemento explicativo — que permite reconstituir a significação profunda dessa confusão pouco a pouco dissipada é duplo. Por um lado, permanece a constante de que as concepções herdadas de um passado longínquo e exaltadas pelos demonólogos no fim do século XVI continuam sempre vivas: não somente nos meios populares, onde elas podem alimentar pânicos epidêmicos perfeitamente comparáveis aos de outrora, mas também dentre os pequenos togados, nesses meios de oficiais subalternos que exercem a justiça — alta e baixa

— em primeira instância, muito próximos a seus jurisdicionados e muito propensos a compartilhar suas paixões e suas tormentas. Por outro lado, no grupo social que constitui o pessoal das cortes supremas, conselheiros, advogados, procuradores, prossegue e se alarga um debate que a iniciativa tomada pelos magistrados parisienses torna, apesar de tudo, necessário; e que além do mais, o governo real sob o impulso de Colbert precipita, por razões ao mesmo tempo administrativas e humanitárias. Os desenvolvimentos tomados por esses debates — que constituem o próprio objeto deste estudo — são evidentemente mais interessantes do que a continuidade das epidemias vingativas manifestadas pela feitiçaria rural. Mas, uma conduzindo a outra, é a evolução do conjunto que pode ser assim reconstituída e explicada a partir de dentro, em seus três momentos essenciais: nos anos quarenta, enquanto o caso de Louviers inflama a polêmica parisiense, as perseguições rurais recobram o seu vigor em várias províncias; esses flamejamentos revelam as hesitações dos Parlamentos provinciais chamados a resolvê-los e que não se filiam nem às teses parisienses, nem estão presos imperturbavelmente à jurisprudência tradicional. Daí a incoerência evidente, de um Parlamento a outro, que se prolonga de fato até os anos 1670, ou seja, até uma segunda grande epidemia rural contra a qual intervém então a autoridade real, que já se manifestara em Dijon alguns anos antes em um novo escândalo conventual, nas ursulinas de Auxonne; e que obriga, por uma série de decisões sem apelo, os Parlamentos provinciais a adotar a jurisprudência estabelecida pelos magistrados parisienses um bom quarto de século antes. Enfim para além dessa reviravolta decisiva, a feitiçaria não deixa, do dia para a noite, de interessar aos magistrados das cortes supremas.

A delimitação exata que desqualifica o crime e o reduz pouco a pouco a simples delito cometido por escroques, charlatães ou ledores de boa sorte, fez-se lentamente, penosamente mesmo: na primeira metade do século XVIII, muitos polígrafos eruditos discutem ainda sobre todas essas questões, pilhando Lancre, Boguet e Bodin, para demonstrar o erro dos magistrados; todavia, os falsos feiticeiros, charlatães e envenenadores, últimos herdeiros dos partidários de Satã, não representam mais do que os traços diluídos de uma antiga tradição definitivamente renegada pela magistratura.

7. INCERTEZAS E CONFUSÕES
FORA DE PARIS: 1640-1662

Os decênios quarenta e cinqüenta aparecem como bons anos para a mentalidade tradicional. Pela freqüência dos processos primários, que ressurgem em ondas através da França inteira, lembram um pouco a grande crise desencadeada no fim do século precedente. Essas ondas não são acompanhadas desta vez de sábias publicações demonológicas escritas por juízes orgulhosos de terem expulsado os diabos fora de sua jurisdição, mas nem por isso deixam de afetar regiões inteiras, como no melhor tempo de Nicolas Rémy, Le Loyer ou Pierre de Lancre. Frente a esse recrudescimento da feitiçaria rural, os magistrados das cortes supremas viram-se embaraçados: uns opinando para que se siga o exemplo do Parlamento parisiense e se suste a epidemia, de fato, pela utilização do procedimento adotado naquela alçada; outros continuando apegados à jurisprudência tradicional, impressionados mesmo pela amplitude da ofensiva desenvolvida pelo Demônio em sua província, e poucos dispostos a modificar suas posições costumeiras. Os debates internos que então dividiram as cortes e por vezes provocaram a adoção de sentenças ambíguas não foram registrados nem conservados, conforme uma prática constante; mas as sentenças exprimem bastante bem as hesitações dos magistrados e mesmo as atitudes contraditórias adotadas de um a outro tribunal, no momento mesmo em que o caso de Louviers acaba de levantar uma contra a outra as Cortes de Paris e de Rouen — a propósito dos processos reclamados pelos magistrados normandos contra a superiora das hospitalárias parisienses[1]. Entretanto, essas discordâncias não inquietaram além da medida, nem as cortes, habituadas nos domínios civis a uma prática judiciária provincial independente, nem mesmo aos jurisconsultos reconhecidos, já que um tratado como **Les procez civil et criminel** de Brun de la Rochette repete em 1648, como na primeira edição de 1611: "A pena desse crime deve ser o fogo sem remissão"[2]. É por volta de 1660 que um novo caso de feitiçaria conventual entre as ursulinas d'Auxonne, na jurisdição do Parlamento borguinhão, provoca por si só uma intervenção do governo; essa nova demonopatia coletiva no convento das ursulinas que põe em luta os magistrados de Dijon, o arcebispo de Besançon e o Intendente Bouchu, não repete exatamente as crises anteriores de Loudun e Louviers: mas os traços comuns são ainda evidentes. A intervenção real de 1662 anuncia o desenlace que intervém dez anos mais tarde e põe fim às contradições e confusões desses períodos.

1. *Prosperidade da Mentalidade Tradicional*

Que as representações herdadas de um passado distante tenham continuado a alimentar as estórias dos serões, os terrores dos aldeões e os registros de denúncias dos juízes inferiores, isso não merece discussão: a lenta mudança descrita mais atrás não concerne senão ao pessoal judiciário parisiense e a seus êmulos das outras cortes supremas, quando muito. O medo do Demônio, os relatos das empreitadas diabólicas prosseguem pois a sua carreira: sabás semanais em planaltos desertos, bodes, cabos de vassoura e ungüentos infernais continuam a obcecar as imaginações populares, e as outras eventualmente. Os grandes processos de 1633-1634 e 1643-1647 puderam mesmo, ao que parece, estimular e reproduzir os fantasmas tradicionais, visto que essas possessões urbanas diferem em vários pontos dos sabás e dos malefícios comuns. Parece, por volta de 1634, que jovens inquietas tenham sido tentadas, aqui e ali, a imitar Joana dos Anjos: em Chinon, em Sens, em Tournon, e em Puy[3]. Todavia, outras possessas puderam ser curadas calmamente por seus exorcistas, sem serem mencionadas pelas crônicas e sem atrair a atenção de um Mersenne ou de um Quillet. Os processos escandalosos de fato não

1. Cf. mais atrás, Cap. 4, pp. 184-186.
2. Claude Le Brun de la Rochette, n.º 227 da Bibliografia, p. 68.
3. Cf. mais atrás, Cap. 4, pp. 206-210; Cap. 6, pp. 226-229.

impediram a feitiçaria mais comum de prosseguir sua carreira; os relatos dos prodígios estranhos que acompanham por vezes a execução dos feiticeiros, impressos em pequenas plaquetas, fornecem à memória comum novas histórias trágicas: assim em Limoges, a 24 de abril de 1630, onde três feiticeiros, Galleton, Jasson, Pautier respondem sobre a possessão de uma servente e são acusados por quarenta e cinco testemunhas; em Charleville, onde dois astrólogos morrem estrangulados em 1637, tendo um deles se "vangloriado de ter cavalgado no sabá uma Dama de qualidade"; em Bazas, a 11 de fevereiro de 1637, a "horripilante morte de três feiticeiros e mágicos" provoca ações assombrosas dos Diabos "tanto no ar quanto sobre a terra, para grande espanto do povo"[4]. Mas essas descrições, assim como as próprias perseguições, procedem dessa longa tradição cuja fecundidade no imaginário não foi ainda esgotada. É mais difícil explicar a coincidência cronológica dos anos 1643-1647: enquanto se desenrola o processo normando provocado por Madeleine Bavent, processos comuns se multiplicam, por ondas, através de toda a França; qualquer que tenha sido a repercussão parisiense da possessão normanda, não é possível que a emoção da capital se haja propagado através das províncias para desencadear uma onda de perseguições de parte dos juízes ordinários. A explicação profunda desses impulsos epidêmicos nos escapa, para o século XVII tanto quanto para as épocas precedentes: simples eco das diabruras normandas? repercussão transposta da exasperação social e fiscal que caracteriza os anos que antecedem a Fronda? Esses elementos explicativos não valem, aliás, para os anos 1655-1660, quando as perseguições conhecem uma nova retomada de atividade. É necessário nesse plano, limitar-se a descrever quase geograficamente essas novas epidemias de feitiçaria rural.

a) **As epidemias do Norte.** Essa proliferação de feiticeiros campestres encontra-se por toda parte: na alçada do Parlamento parisiense e fora dela. À "perseguição muito geral" em que "se encontra trinta a quarenta em uma só paróquia", denunciada pelo arcebispo de Reims[5], fazem eco constatações mais modestas, mas bastante convincentes; em seu diário manuscrito, um cura do Bourbonnais nota com cuidado os processos de conjuração e a prisões:

> Na noite anterior à festa de São João Batista, os Senhores de Molins mandaram erguer um altar diante de Deus da piedade e procissões incessantes por causa dos feiticeiros. No mês de julho de 1644, vários mágicos feiticeiros valdenses foram descobertos em várias localidades e principalmente em Billy e foram conduzidos prisioneiros para

---

4. N.ºs 25, 43 e 44 da Bibliografia.
5. Cf. o capítulo precedente, pp. 290-291.

Molins, os quais declararam que queriam fazer gear na véspera de São João Batista em todas essas regiões aqui e fazer seu sabá em Molins[6].

Nos confins do Bourbonnais e da Borgonha, um auto de visitação relativa a uma pequena paróquia rural, St. Symphorien de St. Vincent (trinta e dois habitantes, sendo cinco jornaleiros e o restante homens de ofícios e pobres mendingos) em 1645, constata sem comentários que os habitantes "tomaram de empréstimo à viúva Chelon, de Saint-Forgeot, duzentas libras para mover processo a um feiticeiro que aí vivia"[7].

Contudo, um dos epicentros dessa onda que se agita durante os anos 1644-1645 foi certamente a Borgonha. Jacques d'Autun, vinte anos mais tarde, em seu tratado consagrado à feitiçaria, evoca essa febre de perseguições encarniçadas que assolou a província apesar de todos os esforços dos parlamentares borguinhões. Descreve com uma certa emoção esses pequenos feiticeiros descobertos por toda a parte nas montanhas de Dijon, em Sombernom, em Vitteaux, e em cinqüenta outras aldeias, acusados de todos os malefícios — e principalmente de todas as calamidades que se abateram sobre os campos e os rebanhos durante esses maus anos:

> Foi no ano de 1644, escreve ele, que a maior parte dos burgos e aldeias da Borgonha encontraram-se em uma tal consternação devido ao boato que se espalhou de que os feiticeiros eram a causa da alteração do ar, que foram eles que através de malefícios fizeram perecer os trigais pelo granizo, e as vinhas pela geada.

Todas as pessoas de "má fama", todos aqueles cujos pais ou avós conheceram a fogueira por feitiçaria são atormentados; os camponeses os julgam eles mesmos nas comunidades:

> Cada um com uma autoridade privada, usurpava os direitos da justiça; os mais insignificantes camponeses erigiam-se em magistrados, suas fantasias e suas quimeras eram recebidas como oráculos, quando acusavam alguém de malefício, sem refletir que confundiam nas mesmas pessoas as diferentes condições de testemunhas e de juízes; baniam todas as formalidades da justiça e não pretendiam admitir outra prova além da prova da água.

As perseguições se multiplicaram tanto mais rapidamente quanto um jovem pastor é considerado capaz de reconhecer os feiticeiros infalivelmente: ele comparece às assembléias de aldeia, chamado pelos camponeses, para designar os responsáveis por suas desgraças. Jacques d'Autun salienta a importância desse papel: trata-se de

> um jovem pastor que a estupidez dos aldeões denominava o pequeno profeta ... seu artifício consistia em olhar na pupila daqueles que eram conduzidos diante dele, para ser o árbitro de seu destino; pois

---

6. A. D., Allier, 2 G 62, f.º 44. A série judiciária desses arquivos não conserva nenhum traço infelizmente dos processos realizados contra esses mágicos feiticeiros valdenses. O lugar-tenente criminal de Moulins, conhecendo as disposições do Parlamento de Paris, teria renunciado espontaneamente ao processo?

7. G. Dumay, *État des paroisses et communautés du bailliage d'Autun*, (Mémoires de la Société Éduenne), 1876, Tomo V, p. 156.

era o bastante que esse infeliz mancebo dissesse ter observado ali a marca do Demônio invisível a todos os demais exceto a ele, para ser declarado feiticeiro e para ser posto imediatamente nas mãos da justiça subalterna, cujos oficiais não poderiam estar seguros de suas vidas se pretendessem examinar essas extravagâncias; e o menor mal de que estavam ameaçados era o de sofrer a acusação de serem cúmplices dos pretensos feiticeiros, por não terem querido precipitar seu julgamento e adiantar seu suplício[8].

Esse relato de Jacques d'Autun que serve de introdução ao seu estudo da credulidade ignorante, é largamente corroborado pelos abundantes processos conservados em Dijon. Apesar das injunções do Parlamento, os camponeses "continuam a banhar os particulares suspeitos de feitiçaria, arrebatar seus bens, e mesmo a expulsar aqueles que foram restabelecidos em suas casas pela autoridade da Corte"[9]; além disso, eles "lançaram ao fogo e assassinaram vários sem quaisquer investigações, nem outra formalidade de processos"[10]. Aldeias inteiras são dizimadas por essas perseguições que são acompanhadas da apropriação dos bens móveis e dos rebanhos: em Lucenay, Maisonneuve, Montréal, Ste-Marie sur Ouche, Bussy, Longecourt, Hully... Quando o oficial encarregado das despesas de eleição visita Lucenay-l'Evêque em 1645, verifica que a comunidade deve seiscentas libras à "Senhora de Morey d'Ostan em razão do processo que eles mandaram mover aos feiticeiros da dita Lucenay, para as despesas do qual se lhes exige ainda cem escudo"[11]. Felizes daqueles que obtiveram um processo em boa forma e puderam apelar em seguida, como Jeanne Barbier de St. Genis, contra quem toda uma aldeia se levantou para acusá-la de ter "posto os demônios" no corpo de uma viúva; segundo "a voz corrente", ela é feiticeira e todos os depoimentos o repetiram: banida perpetuamente da terra e jurisdição de St. Genis por sentença de 13 de junho de 1643, apela em boa e devida forma diante do Parlamento de Borgonha[12]. Mais raros ainda foram os suspeitos que puderam obter dos juízes inferiores uma sentença de absolvição; encontra-se, entretanto, alguns, como Jean Borot em Moutier-Saint-Jean, jornaleiro, acusado de "feitiçaria" por um vizinho: seu interrogatório revela que seu único crime é o de ter o mesmo nome que uma feiticeira queimada outrora na aldeia; essa homonímia já valera a seu pai em 1613 um processo que não teve conseqüência fa-

---

8. Jacques d'Autun, *L'incrédulité Savante...*, n.º 93 da Bibliografia, prefácio: em *passim*. O pequeno profeta, por vezes, mandava banhar os camponeses que denunciava, no caso de Chaumont en Bassigny, por exemplo, ele o submeteu dezoito vezes a essa prova (cf. p. 588). Esse papel de denunciador oficial não é exclusivo dele, cf. mais adiante, p. 442 e 459.

9. B. M. Dijon, Mss. 1500, f.º 292, sentença de 11 de outubro de 1644: cf. também uma memória do procurador geral, B. N., Mss. fds. fs., 18695, f.º 149.

10. *Ibidem*, f.º 282 (9 de junho de 1644).

11. G. Dumay, *État des paroisses...* (citado na nota 7), p. 105.

12. Seu caso em apelo é estudado mais adiante, na segunda parte desse capítulo.

tal; Jean Borot, que tinha então seis anos, não se recorda de ter participado do sabá com seu pai, nem jamais conhecido sortilégios, e se declara "muito aborrecido que sua raça fosse suspeitada disso" e "espera que sua inocência seja reconhecida na confusão daqueles que o acusaram"[13].

Essa febre borguinhã de perseguições prolongou-se, apesar das intervenções dos magistrados de Dijon (que serão examinados mais adiante), durante todo o ano de 1644 e mesmo no ano seguinte. Ela parece acalmar-se em seguida; até por volta de 1660, não há mais menção de processos desse gênero nos registros do Parlamento; e se nas jurisdições inferiores alguns processos fazem referências a essas acusações, trata-se antes de difamações e injúrias que não têm conseqüências como aquelas de 1643-1645. Assim se dá com o cura de St. Romain de Gourdon, acusado em 1660 por seus paroquianos de ter participado do sabá e de ter "conferenciado com o diabo" para grande terror das testemunhas[14]. A Borgonha assim como o Condado vizinho — que conhece uma onda de perseguições por volta de 1660[15] — pagou pois sua pesada contribuição ao satanismo rural que se reanima nessa metade do século XVII.

Uma outra região onde a feitiçaria rural parece vigorosa na mesma época, é o Norte da França; menos sob a forma de uma febre devastadora, brutal e pouco duradoura como na Borgonha, mas antes uma enfermidade contínua que se prolonga por muito tempo. Às vésperas da Fronda, os rumores e as desgraças dos campos desencadearam, aqui também, vinganças e execuções sumárias, das quais os juízes exigiram satisfações em seguida: em 1648, camponeses do Hainaut (toda uma família) reconheceram assim que se haviam precipitado a fazer justiça pela morte de seus rebanhos e a ruína de seus bens "sem esperanças de poder recompor-se". Atacaram sua feiticeira, chamada Pérone, a golpes de pau com tal ardor que ela morreu:

> Para o grande e indizível pesar dos ditos suplicantes que, tendo recuperado a razão, reconheceram sua falta e que sua dita imaginação podia estar errada e abusiva e a tomaram como tal fundados somente em um boato popular falível em si e muito comumente distanciado da verdade[16].

13. A. D., Côte-d'Or, 8H 580; sentença de absolvição de 13 de julho de 1644.

14. A. D. Saône-et-Loire, B. 611, f.º 16. Esse gênero de injúrias encontra-se um pouco por toda parte: «feiticeiro» pode ser uma injúria que se associa a quaisquer outras. Assim, em Mitry-en-Brie, dois açougueiros agrediram-se tratando-se um ao outro de «criatura de feiticeiro, ladrão»; a queixa apresentada refere-se à tentativa de assassinato e não à feitiçaria do queixoso (A. D., Seine-et-Marne, B. 140, na data de 9 de junho de 1650). Sobre esse ponto, veja-se mais adiante, Cap. 9.

15. Cf. A. D. Doubs, B 1155 e 1156; e mais adiante, a segunda parte deste capítulo.

16. A. D., Nord, B. 1820. Texto reproduzido em parte no inventário impresso da série B, tomo III, p. 342.

Por várias vezes ainda outros camponeses e camponesas considerados como feiticeiros foram assim assassinados sem qualquer forma de processo, em 1647 e 1657[16a]. A má reputação desempenha aqui também um papel determinante, mesmo que os juízes locais não estejam decididos a deixar-se iludir facilmente. Ao menos esses juízes instruem denúncias sobre denúncias, por exemplo, em Bouchain e em St.-Amand, onde "a má fama e reputação" dos suspeitos representa um papel essencial[17]. Quinze anos mais tarde, uma mulher de Busigny em Cambrésis, refugiada de Marcq por causa das guerras, há vinte e quator anos, e acusada "do crime de sortilégio com seus irmãos e irmãs", apela à justiça contra os habitantes de sua aldeia: apresenta atestados assinados pelos chefes dos corpos municipais de Busigny e Marcq, também por seu cura, e demonstra que os aldeões procuram expulsá-los usando diversos pretextos: "Que são estrangeiros em sua aldeia... (que) eles são difamados do dito crime"[17a]. Isentada de culpa, ela escapa, portanto, a uma sorte pior e às conseqüências de uma denúncia que não tem outra motivação além das bisbilhotices e dos temores de aldeões assombrados, como sempre, pelos relatos diabólicos. Mas as perseguições regulares não são abreviados pela brandura dos juízes. Para uma infeliz que narra aos juízes seus amores no sabá com um diabo denominado juízes de Ronchain libertam "após várias admoestações"[18]; para algumas mulheres de Ronchain submetidas a uma informação sem conseqüências em 1650[18a], muitas outras que apresentam a marca e confessam dez ou vinte anos de prática assídua, em Valenciennes em 1662-1663, são enforcadas e queimadas[19]. Esses processos mais clássicos exprimem muito bem ainda a permanência de uma atitude comum ao pessoal judiciário e aos jurisdicionados, que não foram afetados pelos escrúpulos e pelos remorsos dos magistrados parisienses.

Na Bretanha, por fim, onde o Parlamento julga em 1643-1645 dois casos de sortilégios cujos protagonistas são padres feiticeiros[20], e um fabricante de varas mágicas que se defende mal[20a], as perseguições não deixaram suficientes traços atualmente nos arquivos para permitir que se estabeleça solidamente se essa província participou dessa febre de perseguições dirigidas contra os feiticeiros

---

16a. A. D., Nord. B. 1820 e 1824.
17. A. D., Nord, B. 1216: 17615⁶, 17615⁹, 17615¹⁰.
17a. A. D. Nord, VII G 787, na data de 30 de junho de 1663.
18. Cf. J. Français, *l'Église et la sorcellerie*, n.º 410 da Bibliografia, anexos, pp. 236-239.
18a. A. D., Nord, B 1216.
19. Louise Marechal, Arnoulette Defrasnes, citadas por Maurice Foucault, n.º 408 da Bibliografia, p. 344 (sem as referências de arquivos).
20. Cf. mais atrás, Cap. 4, p. 212.
20a. A. D., Ille-e-Vilaine I, B. N. 1256, 24 de novembro de 1645 (ver mais adiante).

de aldeias. Como a Normandia vizinha, cujo Parlamento se encarniça em julgar os diretores das hospitalárias de Louviers, a Bretanha permanece quase silenciosa. A grande região dessa onda setentrional se estende para o leste: Borgonha, Champagne, Norte, ao contato de províncias que jamais careceram de fogueiras: Franco-Condado, Lorena, Flandres[21]. O encontro não é certamente fortuito.

b) **As epidemias meridionais.** Ao sul do Loire, o ano de 1644 foi também marcado por inúmeras perseguições desencadeadas pelos juízes subalternos, mesmo na alçada do Parlamento parisiense, já que, como o vimos, o Presidial de Poitiers trancafiou "numerosos acusados em suas prisões", que esperam, para serem julgados, a autorização do chanceler ou da rainha-mãe[22]. Mais ao sul, no domínio do Parlamento bordelês, os anos 1643-1645 apresentam as mesmas inquietudes; um cronista nota, em dezembro de 1643, para a Chalosse:

> Neste tempo falava-se grandemente em dar morte aos feiticeiros, e chegou um comissário a Chalosse que meteu uma grande quantidade deles na prisão, mas foi uma grande afronta que nenhum deles tenha morrido[22].

A perseguição organizada e controlada por um especialista em feiticeiros grassa igualmente: próximo de Agen, a **jurade** de Fieux autoriza os cônsules a efetuar novas despesas para trazerem de Nomdieu, onde exerce as suas funções, o "comissário que prova e examina os feiticeiros", para que ele o faça em Fieux, "já que é muito importante punir um tal crime e vício"[23]. Esse comissário não é um pequeno profeta inspirado como na Borgonha, mas revela a existência de uma profissão próspera. O caso não é excepcional no Sudoeste. Mais próximo de Toulouse, em janeiro de 1644, o primeiro cônsul de Eauze reúne os habitantes para explicar-lhes que um "certo personagem" que percorre a Gasconha e a região de Toulouse reconhece bem os feiticeiros; a assembléia decide trazê-la para Eauze. Esse especialista é um mestre-cirurgião que pratica a procura da marca nos homens e mulheres que lhe são entregues devido às queixas apresentadas pelos habitantes: dentre dez velhas inspecionadas, encontram-se somente duas que não apresentam marca insensível; o processo das outras começa incontinenti, e o especialista recebe um bom salário pelo serviço presta-

---

21. Na Lorena, as perseguições são menos numerosas de que no tempo de Nicolas Rémy, mas várias mulheres são ainda executadas nos anos de 1640-1645, cf. A. D. Meurthe-et-Moselle, B 7468, 7470 e 8039. No Franco-Condado, os anos 1660 são os mais concorridos: uma quinzena de homens e mulheres, em Mouthier-Hautepierre, Chavessia, Ronchaux, Authecour: cf. A. D., Doubs, B 1153, 1154, 1155, 1156.

22. Cf. do capítulo precedente 290 e s.

22a. «Relation des événements de la Chalosse» no *Armorial des Landes*, Bordeaux, 1869, III, p. 548; citado por Y. M. Bercé, *Bibliothèque de l'École des Chartes*, 1966, p. 640.

23. A. D., Lot-et-Garonne, E. supl. 2619, na data de 25 de março de 1644.

do[24]. Ao mesmo tempo, essas comunidades meridionais praticaram por vezes uma justiça expedita que determina rapidamente a sorte dos suspeitos: em Samatan, uma pobretona, Jeanne Faumont, é açoitada e morre pouco após; em Auch, os soldados do regimento de Guienne espancam, arrastam amarrada pelo pescoço e, finalmente, lançam ao Gers "uma chamada Regina que as pessoas diziam ser feiticeira"[25]. Mesmo padres-feiticeiros são encontrados nessa onda de diabrura: em Salvaignac próximo a Montauban, o cura de Laboisse, Jean Gausion, é denunciado por uma de suas paroquianas como realizador de feitiços de impotência, e seu processo é instruído pelo tabelião[26]; próximo a Cahors, um chamado Roquette é entregue ao carrasco por "crime de feitiçaria e outras abominações"[27]. As **jurades** não conseguem fazer face às despesas que implicam o encarceramento das feiticeiras e sua transferência para Toulouse em apelo: em Mouchan, os **jurats** pedem dinheiro emprestado e mesmo "quartéis de trigo" para o "sustento das feiticeiras"; e essas contabilidades provocam longas discussões e deliberações[28]. Próximo a Nogaro no Gers, em Bédat, os habitantes nomearam um síndico para a perseguição dos feiticeiros: ele recebeu uma soma destinada aos gastos dos processos e ao sustento dos prisioneiros; a soma foi dispendida antes do término dos processos dos acusados que foram relaxados. Em 1669, o caso arrasta-se ainda diante dos cônsules que exigem do síndico o reembolsamento das despesas de alimentação e de manutenção[28a].

Na nova edição de seu **Parfait praticien,** em 1655, o advogado de Toulouse, Gabriel Cayron, evocou no título XXII (processos contra os feiticeiros) essa onda de perseguições em um rápido relato:

No ano último e presente de 1644, Deus pretendendo dar punição aos malefícios, abominações e excessos diabólicos, cometidos por esses sacrílegios malditos, servidores e cúmplices do diabo no sabá...

Ele descreve as abominações "desses infelizes feticeiros" e evoca enfim sua sorte:

Donde se seguiram diversas punições ou condenações à morte, ao fogo e ao enforcamento, acompanhados por grandes multidões na **conciergerie**... procederam a diversas condenações, uns confessos e persuadidos e queimados na praça do Salin, outros obstinados,

---

24. Relato retirado da *Revue de Gascogne*, 1884. p. 358-359. As peças de arquivos correspondentes a esse exame não puderam ser encontradas.

25. A. C. Auch, BB6, f.º 480: a 29 d julho de 1644. A *jurade* protesta, aliás, contra esse ato da soldadesca. «É de se temer que os soldados façam ainda mais, além de irem divagar pelos camos...».

26. A. D., Tarn-et-Garonne, G 444, 24 de agosto de 1644.

27. A. D., Haute-Garonne, B 5003.

28. A. D., Gers, E 21508, deliberações sobre as despesas ocasionadas pelas «feiticeiras»: 31 de março, 4 de agosto, 8 de agosto, 23 de novembro de 1644.

28a. Retirado de uma memória do notório de Nogaro, manuscrito pertencente à família Lacave-Laplagne, tomo III, p. 330, microfilmado nos arquivos de Gers, microfilme n.º 71.

conduzidos aos locais para serem executados, uns à morte e os outros açoitados e banidos, estes entretanto maltratados e apedrejados pelo povo, como sendo causadores e executores de todos esses malefícios, e dignos de morte.

Assim, no Languedoc, os apelos legais sobrecarregam o Parlamento de Toulouse que não pode dar conta da demanda:

> Em suma, retoma o advogado, ele viu, assim como vê ainda presentemente, chegar de todas as partes um tão grande número dessas pessoas miseráveis, e mesmo de velhas, que as prisões estão completamente cheias delas, havendo aplicação diária na sua expedição[29].

Essa febre do Languedoc de 1644 impressionou os contemporâneos: não somente esse advogado de Toulouse que insere o relato desta em seu tratado, mas também os autores de libelos, já que em 1649 aparece em Paris, em oito páginas, a "história prodigiosa e espantosa de mais de 250 feiticeiros e feiticeiras cujo processo por seus feitos e realizações foi conduzido no Parlamento de Tholoze..."[30]; onde o autor mostra que esses numerosos processos e execuções através da província "causaram a carestia dos cereais"; como aliás acarretaram também transferências de bens, não negligenciáveis, em benefício dos denunciadores, ou de herdeiros mais ou menos legítimos[31]. Quando a febre se acalma, os processos primários reaparecem, aqui e ali, através de intervalos irregulares, como as seqüelas de um mal sempre ameaçador e sempre capaz de retomar uma amplitude perigosa. Nos anos 1650, é o Vivarais que se manifesta: uma mulher, que pretende ter aprendido feitiçaria no hospital de leprosos de Montélimar, Isabeau Chayné, confessa o sabá, os malefícios, e as curas por feitiços; ela é condenada à fogueira em Villeneuve de Berg, em abril de 1656. Os Estados do Vivarais votam aliás assaz regularmente créditos para assegurar a repressão da feitiçaria[32]. Não longe de lá, nesses mesmos anos, um realizador de feitiço de impotência teve de se defender na justiça em Saint-Étienne[33]. Todavia o Forez é talvez um das regiões poupadas por essas ondas persistentes de perseguição, a acreditar-se em Claude Henryz, que escreve por volta de 1670-1680 na questão CXIX de seu tratado:

> Bem podemos dizer em louvor desta província e daqueles que aí habitam, que ela está isenta deles e que essa vermina de pessoas não pôde estabelecer-se aí. Que não se suspeita de ninguém,

---

29. G. Cayron, *Le parfait praticien...*, n.º 148 da Bibliografia, p. 74. Os arquivos do Parlamento de Toulouse nada conservaram sobre a massa dessas tarefas que o advogado diz serem cotidianos: alguns traços somente para o ano de 1644, nas cotas B 5001, 5002, 5003 e 5004.
30. *Histoire prodigieuse...* n.º 61 da Bibliografia.
31. Acompanhar as deliberações das comunidades permite marcar sem dificuldades essas conseqüências sociais: em Mouchan, os juízes municipais «são advertidos de que Jean Senès possui sem nenhum título os bens que deveriam pertencer a Jeanne de Lafacque dita Tuhand e Marguerite Cajonléhère convictos por sortilégios». A. D., Gers, E 21608 (25 de junho de 1649).
32. J. Regné, *La Sorcellerie...*, n.º 487 da Bibliografia, pp. 24-25.
33. A. D., Loire, B. 1277.

e que essa não é uma injúria, nem uma censura que esteja em uso. Que não se ouve os aldeões atribuírem-se essa acusação... Com efeito, nós podemos assegurar que, em mais de trinta anos que acompanhamos a Barra, não houve qualquer processo criminal feito nesse tribunal pelo crime de sortilégios[33a].

Realizadores de feitiço de impotência, apreciadores de sabás, conjuradores do demônio continuam, portanto, a alimentar as crônicas judiciárias meridionais por volta de 1660 ainda, sem que seja possível discernir o retorno de uma nova onda comparável àquela de 1644: menções esparsas atestam simplesmente a persistência das práticas e de sua repressão. Os realizadores de feitiço de impotência sempre tiveram sua clientela mal conformada, que se queixa na justiça e obtém contra esses pequenos feiticeiros perturbadores da vida conjugal penas de banimento, senão a fogueira: em Saintonge, dois irmãos, Toussaint e Jean les Chaloppins, originários de Ivré Levesque, são expulsos por cinco anos da jurisdição e pagam 165 libras de multa[34]. Esse julgamento do bailio de Tonnois (Tonnay) executado de pronto — "os ditos Chaloppins (não tendo) querido recorrer da dita sentença" — forneceu aliás ao Parlamento de Paris a ocasião de recordar a esse bailio e "todos os outros juízes tanto reais quanto subalternos" a sentença geral de 1624 ordenando "o envio dos condenados (dessa espécie) com seus processos à **conciergerie** do Palácio; nova evocação necessária por conseguinte para essas jurisdições distantes; o texto além do mais deveria ser lido e publicado em todos os tribunais da alçada, por diligência dos substitutos do procurador geral[34a]. Em Cahors, em junho de 1661, dois jovens acusados de sortilégio e malefícios confessam sob tortura a participação a mais comum no sabá: o rapaz, Jean Lacam, teria aí esmagado com os pés o santo sacramento e recebido dinheiro e a faculdade de viajar muito rapidamente, graças à qual visita a Espanha; a moça, Jeanne Pegourié, viu também o Demônio e foi mesmo "conhecida carnalmente por ele". Os juízes do presidial tomam, entretanto, a precaução de interrogá-los novamente, em seguida, fora da tortura, "para saber se os tormentos da tortura não os fizeram declarar malefícios que não teriam cometido"; mas eles perseveram em suas confissões e são queimados[35]. Esse consentimento aos fantasmas tradicionais manifesta a mesma continuidade que a tentação comumente confessada de questionar o Diabo, de pedir-lhe um favor qualquer: A. Germain, a partir de um pe-

---

33a. Claude Henrys, n.º 210 da Bibliografia. Seu artigo sobre os feiticeiros, completado pelo editor de 1708, é uma boa definição do «caminho intermediário» descrito mais acima e adotado pelos magistrados parisienses: mais tardio, já que o texto completo é definido nos últimos anos do século.
34. A. D., Charente Maritime, B 1326, sentença de 28 de junho de 1660.
34a. Sentença impressa do Parlamento de Paris, 4 de maio de 1662, A. N., 362. 6.
35. A. D., Lot, B 43; parcialmente reproduzido no inventário impresso da série B, tomo I, p. 9.

queno tratado cujo manuscrito se encontra em Carpentras, conta assim as desventuras de quatro companheiros devassos, em Saint-Jean de Vedas, próximo a Montpellier, em 1664: com um padre cúmplice que disse a missa às avessas e um mágico de aldeia, invocaram o Diabo que lhes apareceu como leão, depois como esqueleto; a conjuração termina com a queda de um raio que volatiliza o mágico; o bispo de Montpellier põe o padre a pão e água, e os quatro conjuradores morrem no mesmo ano[36].

Em suma, essa persistência das práticas diabólicas continua a causar alguma inquietação às autoridades religiosas. Os questionários dos visitadores encarregados pelos bispos de inspecionar as paróquias se interessam sempre pelos "feiticeiros, adivinhos, encantadores", pelas "adivinhas e outras que façam conjurações supersticiosas", e "por aqueles que fornecem receitas para certas doenças": uma pergunta lhes é sempre reservada — na qual aliás são no mais das vezes misturados aos heréticos, concubinários, usurários, simoníacos "e outros pecadores públicos". No Lyonnais e na Auvérnia, assim como na diocese de Montauban[37], esta preocupação permaneceu constante e reflete bem, à sua maneira, a prosperidade dessa mentalidade tradicional através do espaço cultural francês.

Do Norte ao Sul, a "heresia das feiticeiras" conhece ainda, portanto, os seus bons dias, atribuindo às mulheres, velhas e solitárias de preferência, as maldições de que a vida cotidiana é rica nos campos; e, em torno delas, é tecida uma rede de acusações desenfreadas, denúncias e testemunhos esmagadores que os juízes subalternos acolhem com curiosidade, com solicitude mesmo, e confrontam com as lições dos mestres demonólogos, seus ilustres predecessores. É a forma mais corrente, a feitiçaria rural. Ao lado dela, as agitações citadinas — e a própria possessão — aparecem como curiosidades mais raras, embora igualmente repreensíveis: A tentação demoníaca urbana rescende a enxofre também, mas com ares faustianos que são revelados por esses pequenos libelos de quatro a dezesseis páginas, em que os autores, horrorizados e fascinados ao mesmo tempo, narram esses sonhos de poder, de riqueza e de amor: eles obsedam as imaginações, suscitam as missas e orações ao reverso, as tentativas dos alquimistas e astrólogos até que intervenham os juízes. Na metade do século XVII, assim como outrora, estes têm de fato em suas mãos a sorte dos suspeitos, e

---

36. A. Germain, n.º 419 da Bibliografia, pp. 43-44.

37. Para o Lyonnais. cf. o artigo de L. Rostagnat, *Cahiers d'histoire*, 1960, p. 259; para a Auvérnia, a visita de Saint-Bonnet-le-Chastel, em 1667. A. D., Puy-de-Dôme, I G 1046, 16, citado por A. Manry, *L'histoire vue d'Auvergne*, tomo I, p. 516; para Montauban A. D. Tarn-et-Garonne, G 194 (1658) ...

também a prosperidade dessas práticas; no entanto, por esta data, não dispõem mais de uma consciência tão boa quanto no tempo de Boguet ou de Bodin.

2. *As Hesitações dos Parlamentos Provinciais*

Se é verdade que cada Parlamento pode ainda por essa época conservar a sua própria jurisprudência, mesmo em matéria criminal[38], e em todo caso adaptá-la lentamente conforme as injunções reais, é não menos certo que os conselheiros provinciais das cortes supremas foram informados da iniciativa tomada por seus colegas parisienses: mesmo se não se sentiram ligados a essa nova jurisprudência, não puderam evitar de discuti-la no interior de cada câmara criminal e de encarar sob uma nova perspectiva sua própria tradição em matéria de repressão do sortilégio. No conjunto da França, o embaraço dos magistrados — com uma exceção, a corte de Dijon — exprimiu-se com uma notável discrição: esse gênero de debate não poderia certamente irromper em praça pública como uma discussão sobre o feudo livre. Mas os magistrados nem mesmo transcreveram seus escrúpulos em seus registros secretos, onde são mencionadas as menores deliberações relativas a demissões, nomeações e precedências; suas eventuais divergências são sem nenhuma dúvida confrontadas com os casos particulares, nos processos primários que lhes foram submetidos em apelo e que os obrigaram a tomar posição a respeito de situações de fato. Na falta de pronunciamentos gerais como aqueles dos magistrados parisienses, deve-se pois acompanhar as sentenças de apelação e analisar suas exposições de motivos para reconstituir a evolução das jurisprudências provinciais — ou sua estabilidade: com a condição de que haja restado algum traço dessas sentenças nos arquivos. Em Pau, tudo se queimou, nós o sabemos; em Bordeaux, nenhum vestígio subsiste, ao que parece, a respeito dos feiticeiros de Chalosse que escaparam à fogueira[39]. Em outras partes, continua possível reconstituir as atitudes das cortes utilizando de testemunhos paralelos ou de tratados de jurisprudência posteriores, e recuperar, assim, duas tomadas de posição claramente distintas ante a iniciativa parisiense, a aceitação e a resistência.

38. Em matéria civil, o fato é patente; em uma recente tese de direito, consagrada às origens do Código Civil, M. Arnaud escreve: «No que concerne às decisões dos Parlamentos, apesar das tentativas de numerosos publicadores de resoluções de recurso, não houve então, propriamente falando, uma jurisprudência no sentido atual do termo, uma vez que não se podia imaginar nem unidade, nem influência recíproca, nem sobretudo supremacia entre as diversas Cortes». A. J. Arnaud, *Les origines doctrinales du code civil français* (tese mimeografada), p. 24. Mesmo em matéria criminal, a independência das cortes supremas mantém-se apesar das ordenanças gerais, como as de Villers-Cotterets, Moulins Blois.

39. Cf. mais atrás, p. 308.

a) **A aceitação do exemplo parisiense.** Um único Parlamento provincial acompanhou claramente o passo dos magistrados parisienses: o de Dijon, ao enfrentar a epidemia do pequeno profeta, em 1644-1646. O capuchinho erudito Jacques Chevanes, dito Jacques d'Autun, relatou alguns elementos das discussões no decurso das quais os juízes borguinhões decidiram sobre a posição a tomar. Um certo número de conselheiros de Dijon constitui então um desses "cenáculos eruditos das grandes capitais provinciais" evocados por R. Pintard, onde brilham os libertinos, curiosos de todo saber e em constantes relações com as assembléias parisienses. Philibert de La Mare, que consultou um amigo médico sobre a possessão de Louviers, é um animador desse grupo, juntamente com os Lantin e Bouhier. Mais interessados em belos textos do que preocupados com seu mister, esses magistrados eruditos são — um pouco mais tarde — julgados com severidade pelo Intendente Bouchu quando realizava uma investigação sob as ordens de Colbert: "ama os livros", repete ele decididamente; e para Philibert de La Mare, ainda mais preciso, ele menciona: "Bastante particular, amando os livros, mas não os livros de seu ofício, pouco aficionado ao serviço do Rei"[40]. Esses juízes bem informados animaram as conferências de 1644 das quais Jacques Chevanes participou, e sobre as quais ele relata alguns elementos anotados ao vivo[41]. Seu livro inteiro está recheado deles:

> Todos os discursos que o compõem não passam de uma simples anotação, escreve ele, dos poderosos motivos das sentenças que vós haveis pronunciado sobre esta matéria[42].

Essas discussões retomaram evidentemente os argumentos já debatidos muitas vezes durante esses mesmos anos sobre as agitações extraordinárias, as marcas, a autoridade dos Padres da Igreja, para adotar finalmente o caminho intermediário definido em Paris, e o qual J. Chevanes glorifica em sua dedicatória aos parlamentares borguinhões: "Vós haveis imposto justos limites à incredulidade e condenado o excesso de credulidade...". As sentenças e os pronunciamentos apresentados durante esses três anos que durou a epidemia borguinhã explicitam bem a posição assumida, a de adotar a mesma linha de conduta que a corte parisiense.

---

40. «Liste de tous les officiers qui composent le Parlament avec leurs bonnes et mauvaises qualitez». B. N. Miscelâneas Colbert, 7, f.º 38. A última formulação é dura; ela se explica pelos choques entre Bouchu e o Parlamento a propósito de Auxonne, cf. mais adiante pp. 337-344.

41. Ele relata mesmo em estilo direto as discussões: a propósito de Jeanne Barbier, pp. 470 a 480 da *Incredulité savante*, n.º 93 da Bibliografia. «Mas, replicou o comissário, a confissão de tantos feiticeiros que confessam mesmo no local de suplício .. não vos faria mudar de opinião? Não, replicou o senador, e vós deveis ser convencido de que não se deve atribuir a vexação dos possessos à malícia dos espíritos rebeldes».

42. «Êpître dédicatoire (du même libre) à Messeigneurs du Parlement de Dijon».

Desde 1635, os magistrados de Dijon pronunciaram uma sentença geral proibindo o uso da prova da água e reservando ao Parlamento a sentença definitiva sobre todos os processos de sortilégio instruídos na província pelos juízes subalternos, ou seja, o equivalente às decisões parisienses editadas em 1601 e 1624. Essa primeira sentença de 11 de dezembro de 1635 "enviada a todos os bailiados dessa alçada para aí ser lida e divulgada", dirigida a todos os procuradores públicos das justiças subalternas com ordem de "fazê-la igualmente ler e divulgar nas leituras dominicais das Igrejas paroquiais"[43], não foi de fácil aplicação. Antes mesmo da grande onda, os conselheiros de Dijon tiveram que intervir em 1640 contra particulares que banharam e queimaram até a morte uma mulher em Villeberny, próximo a Semur no Auxois, e proibir aos habitantes de sua jurisdição as violências contra os suspeitos de sortilégio[44]. Mas a partir de 1644, quando os excessos se multiplicam por todas as partes, as sentenças do Parlamento de Dijon repetem com insistência essas injunções: a 3 de junho, o procurador geral constata

> que em menosprezo às sentenças os habitantes de vários burgos e aldeias dessa alçada teriam banhado grande número de camponeses e cometido em suas localidades diversos excessos e ultrajes sob o pretexto de sortilégio, acusando desse crime quem bem lhes parecesse por inimizade ou outra razão qualquer, ao que os oficiais de justiça subalternos não se teriam oposto.

A corte renova às autoridades locais a proibição de tolerar as violências particulares e recorda sua sentença de 1635[45]. As mesmas prescrições são novamente editadas a 7 e 9 de junho; a sentença de 9 de junho acentua os deveres dos "gentil-homens, senhores da alta justiça..., oficiais de justiça, almotacéis, procuradores e síndicos das comunidades e principais habitantes destas", declara-os responsáveis pelas desordens e envia comissários; ela ordena enfim aos "prebostes dos marechais, seus arqueiros e oficiais de justiça a prestar mão forte na execução das sentenças, ordenanças e julgamentos dos ditos comissários"[46].

Nesse início de junho de 1644, a capital da Borgonha está submersa pelos feiticeiros e feiticeiras que as comunidades enviam à **conciergerie** do Parlamento sem mesmo instruir seus processos: os comboios são atacados por multidões excitadas e os parlamentares devem recordar aos almotacéis seu dever de simples polícia ("impedir as violências, conter o povo") e enviar os feiticeiros de Maisonneuve, Agey, Longecourt, Vitteaux, etc. de volta às

---

43. O texto completo está na B. M. de Dijon, Mss. 1500, f.º 210.
44. *Ibidem*, sentença de 15 de setembro de 1640, f.º 240.
45. Sentença de 3 de junho de 1644, *ibidem*, f.º 279.
46. *Ibidem*, f.º 282.

aldeias até "a conclusão das instruções"⁴⁷. Enquanto durou essa febre de feitiçaria rural, os magistrados tiveram muita dificuldade em manter o funcionamento regular da justiça criminal: por duas vezes ainda, em outubro de 1644 e junho de 1645⁴⁷ᵃ, tiveram que recordar a proibição feita aos particulares de raspar os suspeitos, banhá-los, "arrebatar móveis, gado, cereais e outros bens" sob o pretexto de sortilégio: esses atentados diretos ou indiretos às pessoas e aos bens jamais cessaram completamente⁴⁸.

Quando os processos se desenrolam normalmente, feiticeiras e feiticeiros são apresentados diante da corte: uma quinzena de sentenças conservadas em Dijon indicam claramente em que sentido os magistrados desse Parlamento decidiram, em última instância⁴⁹. Cada processo examinado comporta vários acusados cuja sorte fora fixada pela jurisdição subalterna; na maior parte dos casos, os parlamentares abandonam o processo dos comparsas que foram implicados na acusação ou por causa dos boatos ou bem em virtude de seus laços familiares com os principais acusados. Aqueles são devolvidos às suas aldeias e a sentença definitiva deixa por vezes de enumerá-los no enunciado do relaxamento. Quanto aos outros, os magistrados de Dijon atenuam as punições editadas em primeira instância. Em três casos somente, confirmam uma pena de morte, em julho de 1644, para um "tecedor de linho" e uma viúva de Clamecy, Christian Baudin e Jeanne Bourgogne; em janeiro de 1645 para uma mulher de Lucenay l'Évesque, cujos co-acusados são todos banidos ou absolvidos⁵⁰. Para doze condenados à fogueira, a sentença primária é comutada em banimento perpétuo ou temporário; na metade desses casos, os juízes de Dijon optaram por um exílio de nove anos. Eles não hesitaram assim em comutar a pena mesmo quando os acusados confessaram seu crime, é o caso de Jean Carra, habitante de Myons, que confessou "ter estado na sinagoga e assembléias de feiticeiros, prestado homenagem ao Diabo, e ter sido por ele marcado com o seu consentimento"; ele é banido por no-

---

47. Sentenças de 13 e 15 de junho de 1644, B. M. de Dijon, Mss. 1500 f.º 285 e 290.

47a. Sem falar das evocações que acompanham as sentenças particulares: por exemplo, a 8 de fevereiro de 1645, para os habitantes de Sainte-Marie-sobre-o-Ouche, A. D., Côte d'Or, BII 46º, e B. M., Dijon, Mss. 1500 f.º 296.

48. Sentenças de 11 de outubro de 1644 e 7 de junho de 1645, B. M. Dijon Mss. 1500, f.º 292 e 302; um outro texto da segunda sentença, com algumas pequenas diferenças de redação, nos A. N., U 1073 na data (falsa) de 7 de junho de 1646. O Parlamento de Dijon teve que reprimir igualmente o zelo dos senhores que empregam oficiais de justiça dependentes do parlamento parisiense: sentença de 13 de julho de 1644, B. M., Dijon, Mss 1500, f.º 289.

49. Uma parte desse dossiê (A. D., Côte d'Or, BII 46º) foi apresentada pela Srta. Françoise Vignier nos *Annales de Bourgogne*, n.º 507 da Bibliografia. Ele é completado por uma sentença de 12 de julho de 1644 encontrada nos A. N., sob a cota U 1073.

50. Sentença de 12 de julho de 1644, A. N., U 1073; e sentença de 24 de jan. de 1645, A. D., Côte d'Or, BII 46º.

ve anos⁵¹. Quando os tribunais inferiores renunciaram por si mesmos à pena de morte, os parlamentares cuidaram de reconsiderar ainda a pena: por três vezes reduzem a duração de um banimento; por três vezes ainda anulam uma pena de exílio e libertam os acusados. Confirmam, enfim, os relaxamentos pronunciados em primeira instância que lhes foram submetidos, em apelo **a minina** de qualquer forma, por parte dos denunciadores⁵².

A corte borguinhã, entretanto, faz mais ainda: para conter e reduzir os pânicos aldeães, ordenou o processo dos fautores de justiça expeditiva, culpados "de mortes e assassinatos cometidos em menosprezo às sentenças contra vários particulares suspeitos de sortilégios". Esses camponeses acusados de "excessos e violências com emoções populares", apresentados diante do Parlamento (quando não conseguem fugir a tempo), foram todos condenados à forca. Três sentenças coletivas foram assim pronunciadas e logo executadas: a 26 de agosto de 1644, oito camponeses de Mailly são entregues ao patíbulo; a 4 de agosto de 1645, dois habitantes de Grolay, que tramaram contra três feiticeiros, são condenados a terem seus membros quebrados e serem submetidos ao suplício da roda (seus cúmplices evadiram-se); por fim, a 7 de fevereiro de 1646 quatro particulares que se arrogaram em justiceiros em Pouilly no Auxois são igualmente condenados⁵³. Foram abertos processos também contra os juízes subalternos culpados de não ter respeitado as regras processuais enunciadas em 1635 e tão freqüentemente relembradas: o bailio do condado de Charny "acusado de falsos processos e suposições de crimes" em um caso de sortilégio e malefício instruído contra um lavrador de Noydan, viu-se destituído de sua função, e declarado "indigno de exercer qualquer ofício de judicatura ou cargos públicos", e condenado a "duzentas libras de multa em favor do Rei, e duzentas libras de interesses" à sua vítima⁵⁴.

A essas sentenças pesadas são acrescentadas, por fim, as recomendações feitas pelos magistrados às autoridades locais desorientadas pela amplitude da perseguição: em junho de 1644, no auge da crise, o conselho da cidade de Autun delegou seu prefeito e um almotacel junto ao primeiro presidente e ao procurador geral; os dois emissários fazem um relatório ao conselho a 17 de junho e expõem os pareceres recebidos:

Para prevenir e impedir as sedições que poderiam ocorrer em conseqüência do fato de os particulares, por sua autoridade privada, em vários locais desta província se apoderarem de várias pessoas sob

51. Sentença de 21 de janeiro de 1644, A. D., Côte d'Or, BII 46º.
52. *Ibidem*, sentenças de 9 e 21 de fevereiro de 1645.
53. *Ibidem* na data das sentenças.
54. *Ibidem* sentença de 15 de maio de 1645.

pretexto de que eles os dizem ou julgam ser súcubos, baterem nelas e as banharem é expediente e razoável processar aqueles que cometem tais atos[55].

O conjunto dessas medidas tomadas pelos magistrados de Dijon apresenta-se pois inequívoco: decididos sem dúvida, antes mesmo da epidemia de 1644, a remodelar sua jurisprudência no sentido parisiense, tiveram que se defrontar com uma crise dramática no decurso da qual multiplicaram sentenças e pronunciamentos que exprimem a mesma desconfiança com respeito à proliferação das empresas diabólicas. É certamente visível que os magistrados borguinhões tiveram muita dificuldade para impor essa jurisprudência prudente e clemente a seus subordinados, e mais ainda aos jurisdicionados, já que a "crise" borguinhã prolonga-se por dois anos, da primavera de 1644 aos primeiros meses de 1646. Mas esses pânicos camponeses vêm confirmar em suas convicções os magistrados postos em alerta alguns anos antes pelas polêmicas parisienses em torno de possessões. O Parlamento da Borgonha, pouco sensível às revelações do pequeno profeta, não mais aceita, portanto, que se queime os feiticeiros de sua alçada "irrefletidamente": sua jurisprudência é tão clara e firme quanto a da corte parisiense.

Não é possível ser tão afirmativo quanto às outras cortes soberanas que tiveram que assumir uma posição relativamente sob o problema nos mesmos anos; em Rennes assim como em Toulouse, faltam tanto os acórdãos gerais quanto as sentenças particulares, capazes de esclarecer a atitude dos magistrados. A corte bretã não precisa enfrentar, é verdade, feiticeiros às dezenas como a borguinhã. Nos dossiês que subsistem atualmente (e que na realidade podem estar muito incompletos) encontram-se alguns casos esparsos: nenhuma bela série significativa. Além dos dois padres "feiticeiros" que já foram assinalados, há dois casos que não são verdadeiramente probantes: o primeiro concerne a um mau rapaz de Fougères acusado de "sortilégio", mas também de roubos, mortes, "falsidades" e falsificação de moedas, elementos de acusação suficientes para condená-lo dez vezes à morte; ele se recusa, "para eludir seus crimes", a responder diante de seus juízes, que rejeita por terem ligações com seus acusadores: o Parlamento ordena a continuação do processo em Fougères[56]. Alguns meses mais tarde, um homem denominado Jean Taupin, que fabricou varas mágicas e praticou a coleção de magia negra intitulada o **Sceau de Salomon**, é submetido ao tormento dos escarpins para que se conheça suas invocações diabólicas e

---
55. A. C. Autun, Registro do Conselho da Cidade, BB 21, f.º 94.
56. A. D., Ille-et-Vilaine, I Bg 170, 16 de fevereiro de 1645.

seus cúmplices e, finalmente, é entregue ao carrasco sem qualquer outra deliberação[57].

Contudo, alguns decênios mais tarde, por volta de 1680, um Presidente de Investigações da corte bretã, redigindo um comentário, sobre o direito tradicional da Bretanha, expõe, no artigo magia (após haver dissertado sobre Florimond de Raimond, Cardan e o concílio de Ancira), uma jurisprudência bastante próxima daquela adotada em Paris: a acreditar-se nele, os magistrados bretões não admitem esse crime e não o punem com a morte:

> Quanto a nós, que vimos várias dessas acusações em nosso Parlamento, jamais encontramos nelas qualquer fundamento, exceto que se viu miseráveis orgulharem-se de possuir a arte de impedir a consumação do casamento para conseguir presentes, e que o impedem com efeito pela impressão que eles causam na imaginação das pessoas casadas... Nós também jamais punimos os mágicos a não ser expondo-os publicamente com essa inscrição na fronte: "injuriador público"[58].

Sem dúvida esse magistrado que escreve no crepúsculo de sua carreira, em um tempo em que o grande debate sobre a culpabilidade dos feiticeiros está quase terminado, podia estar permitindo que sua memória longínqua ficasse obnubilada pelo estado último da questão. Mas seu testemunho vale como presunção em favor de um discreto alinhamento com a jurisprudência parisiense[59].

A Corte de Toulouse pratica o apelo de direito, que lhe dá muito o que fazer quando da epidemia de 1644. Em seu tratado, Cayron expõe claramente que "a partir da denúncia ou voz pública", a informação pela autoridade judiciária local deve se desenrolar conforme o costume: prender as pessoas, "fazer uma exata perquirição das águas, ungüentos, e receitas de magia de que elas se servem para se fazer transportar aos sabás e exercer seus malefícios sobre as pessoas, frutos e rebanhos", interrogá-las, procurar as "marcas que o Diabo imprime sobre seus corpos"; toda essa investigação habitual deve terminar-se com um processo em boa forma "até à sentença de condenação inclusivamente"; o julgamento definitivo ocorre em seguida na corte diante da qual elas foram transferidas com seus processos logo após a primeira sentença[60]. Em 1644-1645, a corte de Toulouse comportou-se como a de Dijon, mas as suas sentenças não foram conservadas com tanto cuidado quanto na Borgonha. Alguns vestígios esparsos permitem que se reconstitua, grosseiramente, essa jurisprudência: os magistrados de Toulouse ficaram sobrecarregados pelo fluxo desses feiticeiros e feiticeiras que se atulharam nas prisões da cidade em tão grande número que os fundos não eram suficientes para a sua alimen-

---

57. *Ibidem*, I Bn, 1256, na data de 24 de novembro de 1645.
58. R. de La Bigotière, n.º 217 da Bibliografia, p. 49.
59. A coleção das *Plus solennels arrests et reglement donnez ou Parlement de Bretagne*, publicada em 1715, n.º 175 da Bibliografia, mantém-se totalmente silenciosa sobre a questão.
60. G. Cayron, n.º 148 da Bibliografia, pp. 74-75.

tação e cuidado⁶¹; utilizam largamente o banimento que põe os acusados ao abrigo das denúncias por alguns anos; alertaram os juízes inferiores e as comunidades contra os "conhecedores de feiticeiros" que percorrem a região e examinam, mediante pagamentos, todos aqueles que são denunciados pelos rumores públicos: a 1.º de junho de 1644, é pronunciada uma sentença contra um trio desses especialistas, que

> para atribuir alguma autoridade ao seu desígnio, inventam que têm comissão do Parlamento para fazer essas visitas e, por essa ordem, exigem notáveis somas e valores das comunidades, extorquindo dinheiro; e como não possuem nenhum conhecimento da arte de cirurgião para discernir as marcas naturais das outras, eles julgam indiferentemente e acusam de sortilégio quem bem lhes apraz, e comumente aqueles que não lhes dão dinheiro.

Sentenciados alguns dias mais tarde, esses três caçadores de feiticeiros foram imediatamente condenados e enforcados, a 7 de junho⁶².

No fim do verão, os magistrados de Toulouse tiveram que ordenar o processo desses visitantes que continuam a assolar a região, "excitam os cônsules das localidades, que são na maior parte camponeses, a apresentar os homens e mulheres de suas aldeias, e examinam de preferência as mulheres, acusando aqueles que bem lhes agrade de sortilégio e extorquindo diversas somas e valores dessas pobres comunidades que levam à total ruína". Os juízes das localidades e dos senescalatos são ameaçados de multas de quatro mil libras e de "responderem pelos inconvenientes, despesas, danos e interesses" se não agirem contra os visitantes; são proibidos de abrir um processo de sortilégio "que não tenha um denunciador para responder pelos danos e interesses"⁶²ᵃ; medidas eficazes para impedir a extensão da epidemia. Enfim e sobretudo, os conselheiros do Parlamento relaxam decididamente as vítimas dessas perseguições em série, libertando pequenos grupos que retornam às aldeias para recuperar seus bens e retomar seu lugar. Assim, em Paujas, em novembro de 1644, para onde quinze feiticeiras e feiticeiros voltam após terem obtido contra "os oficiais subalternos do lugar" e o síndico de sua comunidade um relaxamento puro e simples e a recuperação "de tudo o que lhes foi tomado", enquanto que é aberto um inquérito por suborno e concussão contra o síndico, o qual deveria ser apresentado, ao termo da informação, diante da corte⁶³. Apelo

---

61. Sentença de 7 de julho de 1644, A. D. Haute-Garonne, B. Criminal 296.
62. A. D. Haute-Garonne, B. Criminal, 296.
62a. A. D. Haute-Garonne, B. Criminal, 296: na data de 26 de setembro de 1644.
63. A. D. Gers E 273. Essa sentença do Parlamento de Toulouse faz referência às sentenças anteriores nas quais os juízes e as comunidades são convidados a se submeterem (sentenças de 20 de fevereiro de 1623, 10 de outubro de 1626 e 12 de janeiro de 1627); não foi possível encontrar os textos originais; cf. por outro lado o libelo de 1649, n.º 61 da Bibliografia.

legal, exame prudente dos processos, atenuação das punições propostas pelos juízes inferiores, a corte de Toulouse parece praticar de fato o mesmo método de Paris, com menos rigor na demonstração das provas, sem dúvida, já que, ao lado dos numerosos relaxamentos, algumas mulheres e padres feiticeiros são queimados no decorrer desse ano de 1644[63a]. O que Cayron confirma, indiretamente, ao relatar o afluxo das feiticeiras que ocupam "diariamente" os magistrados "em sua expedição"; ele acrescenta que essa tarefa cotidiana é exercida com indulgência:

> Com o cuidado misericordioso pela conversão deles, e do sustento de comida, sendo a maior parte de velhas miseráveis que negam seus crimes, preferindo morrer de fome e, em sua obstinação, a fazer boas confissões[64].

O exame crítico dos dossiês é, portanto, a regra.

Nas fronteiras do reino, o Parlamento de Dole praticou igualmente uma jurisprudência comparável. Neste Franco-Condado, onde os processos primários são sempre abundantes, os magistrados adquiriram bastante cedo a convicção de que a prudência é necessária; já nos anos 1630-1632, quando da epidemia que assola a região de Luxeuil, o Parlamento freia os ardores do bailio: Francis Bavoux recenseou quarenta e duas condenações à morte; dessas, vinte e oito chegaram a Dole em apelo; os juízes desse Parlamento enviaram quatorze feiticeiras de volta a seus lares, e comutaram seis condenações à morte em banimento temporário, ou seja, a metade dos apelos[65]. Em 1657-1659, nos casos de Quingey, de que F. Bavoux se ocupou igualmente, a atitude dos magistrados do Condado apresenta-se nuançada também; alguns apelos são rejeitados e a sentença primária executada imediatamente; outros são acolhidos, sendo a sentença comutada ou anulada, e por vezes mesmo sendo o acusado autorizado a voltar-se contra as testemunhas que o denunciaram[66]. Nos anos 1660-1664, face a uma nova epidemia no Jura, os magistrados procedem ainda da mesma forma, discutindo todos os processos chegados em apelo; para alguns dossiês, as deliberações dos magistrados foram mesmo registradas e conservadas.

Os juízes que examinam esses processos não pare-

[63a]. Sentenças de 12 de julho e 30 de maio de 1644, no A. D., Haute-Garonne, B. Criminal, 296.

[64]. G. Cayron, *op. cit.*, p. 74. M. Bercé em seu artigo citado (*Bibliothèque de l'École des Chartes*, 1966), assinala um exemplo de indulgência de que dão prova em 1642 os juízes de Toulouse em favor de uma velha de oitenta anos que cuspiu uma hóstia, «prejulgando sua absolvição em razão de sua fraqueza».

[65]. F. Bavoux, *Hantises et diableries...*, n.º 355 da Bibliografia, p. 127 e *passim*. Em Vesoul mesmo, um lugar-tenente geral liberta feiticeiras em agosto de 1630 e proíbe aos juízes de recorrer ao testemunho de crianças; A. D. Haute-Saône, B, 5058.

[66]. Cf. F. Bavoux, *La Sorcellerie...*, n.º 354 da Bibliografia, p. 180 (caso de Jeanne Sire) e *passim*.

cem tentados pela erudição libertina, como seus vizinhos de Dijon; nenhum daqueles que são citados nessas atas, Richardot, Bonvalot, Boyvin, Camus, conseguiu obter nome — mesmo modesto — nas constelações eruditas do tempo. Encontram-se dentre eles tradicionalistas convictos, como esse Mattetaux que escreve em 1658 ao Padre Simard, inquisidor da fé no Condado da Borgonha (o qual aliás os magistrados consideram muito zeloso e que como tal é recomendado a Roma): "Seria coisa vergonhosa admitir que um punhado de moscas animadas por Belzebu pretenda marcar uma província católica em prejuízo da honra de Deus e de sua igreja..."[67]. Outros são mais matizados e, embora perseguindo os feiticeiros, preocupam-se ao mesmo tempo em esclarecer cada caso e até em descobrir remédios; no fim do mesmo ano de 1658, o Parlamento dirige-se ao capítulo de Besançon a fim de pedir-lhe a melhora do ensinamento do catecismo; é o único meio de evitar que os filhos de feiticeiros sejam levados a continuar as práticas de seus pais:

> Os cuidados da Justiça e a assiduidade com a qual ela trabalha para a extirpação dos feiticeiros não podem prover o inconveniente que permanece nos vários lugares em que se encontram crianças que estiveram no sabá e que não podem ser condenadas à morte[68].

Na mesma época, as autoridades pedem também aos juízes para que sejam diligentes na instrução e expedição dos processos de sortilégios e para que cuidem a fim de que os acusados não sejam maltratados por seus cercereiros, "nem outros quaisquer" durante sua detenção[69]. Entretanto os conselheiros mais ativos, Richardot, Bonvalot, Broch, procedem ao exame crítico de cada caso transmitido em apelo e pesam as acusações. Françoise Chastal de Chaussia le Grand, filha de feiticeira é assim examinada por Richardot a 12 de maio de 1661:

> Não há quaisquer provas, indícios, marcas nem malefícios, para que a dita acusada possa ser declarada culpada, mas somente simples acusações por cúmplices e ainda que o pai pertença ao rol e que sua mãe seja acusada de ser feiticeira, não obstante tais acusações não são suficientes...

Ele conclui pela anulação. Um outro juiz, Terrier, argumentando em sentido inverso, pede a pena comum já que é bem conhecido que a feitiçaria é hereditária ("tais pessoas sendo comumente recomendadas para entregar seus filhos ao demônio"): os juízes contam seus votos, dois a

---

67. A. D., Doubs, B., Parlamento de Dole correspondência, na data de 2 de janeiro de 1658.

68. A. D. Doubs, B., Correspondência do Parlamento, a 29 de dezembro de 1658. Essa carta refere-se a cinqüenta jovens feiticeiros «somente na jurisdição de Vesoul».

69. Pétremand, *Oredonnances...*, n.º 288 da Bibliografia, p. 57 e a seqüência: édito de 20 de dezembro de 1659; um outro édito de 25 de agosto de 1657 ordena que as despesas com o sustento dos acusados de sortilégios sejam descontadas de sua comunidade de origem.

favor da fogueira, cinco a favor da absolvição[70]. As outras deliberações conservadas apresentam esse mesmo modelo de controvérsia: aos conselheiros (Terrier, Gollut) que argumentam pela tradição dos "crimes aos quais os feiticeiros se entregam comumente" e que são denunciados ou confessados no decorrer da instrução, os outros magistrados apõem a não validade ou a fragilidade das acusações: Catherine Chanan que confessa, é bastante jovem "na idade de cerca de 14 anos"[71]; as declarações de cúmplices "não dão fé para passar à condenação **etiam in occultis**", no caso de Benoiste Martial[72]; a confissão de Benoiste Morne "não está clara, nem em termos expressos, mas muito obscura"; e a marca insensível que ela apresenta pode existir "em razão da gordura da dita acusada"[73]. Contrariamente, a convicção dos juízes volta-se para a condenação quando o apelante acumula por si mesmo elementos que o condenam: Jean Saulcy de Vauconcourt falou na prisão com uma feiticeira reconhecida, pronunciou discursos para "desculpar aqueles que estavam detidos por crime de sortilégio", confessou malefícios e teve palavras "contra os sentimentos de um cristão com impudência"[74]; os blasfemos persuadem os juízes tanto quanto o sabá.

Tal método não é evidentemente tão crítico em profundidade quanto aquele praticado em Paris, e os seus resultados são menos claros; em 1661, para uma dúzia de casos invocados, os magistrados de Dole enviaram de volta a seus lares cinco feiticeiras; baniram duas após terem-nas fustigado com vergastas, e condenaram cinco à fogueira[75]. Em 1664, parecem mais difíceis de se deixarem persuadir, já que absolveram seis das oito feiticeiras que apelaram diante deles[76]. Essas últimas sentenças, que enumeram os elementos de acusação, rejeitam freqüentemente um bom número deles, qualquer que haja sido o cuidado com que os juízes inferiores os estabeleceram. Um pouco mais tarde ainda, um vinhateiro de Arbois, Jean Dossolle, condenado por setenta e três itens de acusação, desde o feitiço de impotência até o sabá, viu seu julgamento ser totalmente reformado e a sua pena reduzida a uma multa de mil libras[77]. Assim, a Corte de Dole, sem ser tão firme quanto sua vizinha de Dijon, procede com uma nova prudência: o crime de feitiçaria não é mais

70. A. D. Doubs, B, 303, f.º 147. A sentença (com os dez artigos da acusação) em B, 1153, f.º 229-231.

71. A. D. Doubs, B, 303, f.º 183 (11 de maio de 1661).

72. *Ibidem*, f.º 147 v.º (12 de maio de 1661).

73. *Ibidem*, f.º 146 (11 de maio de 1661).

74. A. D. Doubs, B, 302, f.º 151.

75. A. D. Doubs, B, 1153, f.º 229, 220, 155, 295, 339; 104, 231; 221, 232, 234, 222, 227.

76. A. D. Doubs, B, 1156, f.º 166, 160, 154, 110, 150, 103, 231, 235.

77. A. D. Doubs, B, 1159, f.º 181, v.º 190.

punido com a mesma serenidade e a mesma severidade de outrora[73].

b) **As resistências.** A conservação da jurisprudência tradicional processou-se sem brilho nos Parlamentos que não se deixaram seduzir pelas inovações parisienses. Não é de admirar se restam poucos traços dela, atualmente; nas jurisdições onde o apelo automático não foi instaurado, os processos instruídos contra os feiticeiros permanecem comumente nas mãos dos juízes subalternos — quando não são queimados juntamente com os condenados. Somente emergem os casos que foram submetidos às cortes, e aqueles que foram comentados e discutidos pelos autores de sábios tratados destinados ao uso dos juristas, ou seja, no total, um dossiê muito mais magro que o precedente: a discrição habitual dos magistrados a reforçar ainda os silêncios que a manutenção pura e simples de uma tradição experimentada justifica garantida por numerosos julgamentos e pelos testemunhos sagrados dos mais irrefutáveis: é bom recordá-lo, em uma palavra, aqui novamente.

Três cortes fornecem cada uma algum testemunho de seu apego a essa tradição: Rouen, Grenoble e Aix. Na Normandia, que, segundo parece, foi poupada pela onda de 1644, os únicos casos cujos traços foram conservados, referem-se a mágicos que roubaram hóstias, ornamentos de igreja e uma cálice para preparar seus sortilégios curativos ou exterminadores. Em agosto de 1632, o presidial de Rouen julga um ladrão em cuja casa foram encontradas uma estola, uma sobrepeliz e "vários pedaços e partes de hóstia"; a tortura o fez confessar "que se tratava de três hóstias consagradas que ele roubara à noite de sua igreja com os santos óleos para delas se servir no preparo de sortilégios para curar e fazer morrer animais"[79]. Nos anos 1643-1647, os magistrados de Rouen fixam sua atenção em Madeleine Bavent e nas hospitalárias de Louviers, condenando ao fogo, como nós já vimos, um cadáver exumado e um confessor, Boullé, incriminado pelas denúncias. Talvez esse grande processo, que opôs por um momento as duas cortes supremas de Rouen e de Paris, tenha encorajado os juízes subalternos a tratarem eles próprios da forma mais rápida os casos menos escabrosos. Contudo, em 1633, o Parlamento encarrega-se do processo instruído contra quatro ladrões de Gisors, um pastor e três cúmplices que roubaram da capela de Santa Catarina, em Cizy, "uma platina e cálice" para "serviram-

---

78. Na Lorena, os processos tão abundantes no início do século tornam-se igualmente raros após 1630-1640. A documentação é muito lacônica e não permite que se verifique se houve no caso influência da nova jurisprudência parisiense.

79. A. D. Seine-Maritime, F 14, f.º 925-926: os juízes do presidial, embaraçados com os seus achados, mandam procurar o cura de Saint-Patrice «para se informar sobre o que se deveria fazer com essas hóstias».

se da dita platina em coisas profanas e acomodar algum sortilégio..."[80]. São os primeiros processos de pastores normandos, que anunciam a grande onda dos anos 1670 no decurso da qual o Parlamento normando ilustra-se novamente por sua obstinação em manter a antiga jurisprudência. Mas durante esses anos que cobrem o segundo terço do século, os magistrados de Rouen, alvos dos gracejos de seus colegas parisienses desde o caso de Louviers, como bem sabem, não se põem em evidência ainda e se contentam em expedir esses comuníssimos feiticeiros conforme o procedimento habitual[81].

O Parlamento de Grenoble é ainda menos loquaz: seus arquivos criminais jamais foram objeto de um exame exaustivo; é bem possível que uma análise completa dos fundos revele riquezas demonológicas insuspeitadas. Por enquanto, pode-se considerar a corte de Grenoble como dedicada à perseguição dos feiticeiros; mas uma única prova disso é fornecida por uma coleção de sentenças publicada por um advogado, Jean-Guy Basset, em anexo às suas defesas: o caso que ele relata não é, aliás, de pura feitiçaria. Um padre, Jean Baptiste Chieuze, ofereceu à sua castelã, a Condessa de Peysanne, uma drágea encantada, graças à qual "incontinenti ela se sentiu transportada de amor"; a senhora e seu cura fogem, em setembro de 1656, vindo instalar-se em Grenoble, aí se casando. O Conde de Peysanne encontra os fugitivos e os manda encarcerar. O cura confessa "tudo, exceto o encantamento", mas alguns prisioneiros declaram que ele lhes ofereceu "encantamentos contra a tortura o que o tornava ainda mais culpado de sortilégios". A 18 de novembro de 1656, os magistrados o condenam à fogueira na Praça da Grenette: o adultério, o rapto e a fuga com a senhora, o abuso dos sacramentos do matrimônio, do sacerdócio e da penitência constituem um belo conjunto de crimes, que se acrescentam ao sortilégio e merecem igualmente a morte. Sua cúmplice é, aliás, condenada um pouco mais tarde (a 19 de junho de

---

80. A. D., Seine-Maritime, B, Parlamento, dossiê feiticeiros (não classificado).

81. Durante esse mesmo período, um caso normando de possessão que durou de 1614 a 1655 provoca comentários apaixonados em Rouen e em Paris: é o caso da Irmã Maria dos Vales que, na diocese de Coutances, foi por longo tempo e tranqüilamente tratada pelos exorcistas de Coutances, Caen e Rouen e tornou-se, após 1641, a inspiração do oratoriano Jean Eudes. Maria dos Vales, possessa e inspirada, jamais acusou outra pessoa e não ser um namorado desprezado; o qual, ao que parece, não foi incomodado; ela mesma teria sido, segundo um panfletório, levada diante do Parlamento por um senhor normando que ela acusaria de ser mágico. Este a teria acusado de feitiçaria; examinada, «foi encontrada virgem» e «reconheceu-se por isso que ela não era feiticeira». Esse processo parece perdido; e os próprios contemporâneos não sabem o que pensar dele, pois segundo alguns ela teria sido libertada «sem ser absolvida nem condenada», e para outros teria sido declarada inocente. Os panfletos, que foram publicados em Paris entre 1660 e 1670, (após a morte da irmã em 1656) visam mais ao Padre Eudes que Maria dos Vales; cf. estes memoriais e cartas na biblioteca do Arsenal, Mss. 4894, e o estudo de H. Bremard em sua *Histoire littéraire du sentiment religieux*, tomo III, pp. 583 a 628.

1657), a despeito do sortilégio, a "aprisionamento por toda a vida.. na casa das Filhas da Madalena"[82].

O Parlamento da Provença é tão discreto neste plano quanto seu vizinho do Delfinado; mas a posição dos magistrados provençais é bastante fácil de se redescobrir. A mais importante coleção de sentenças, publicada entre 1670 e 1689, não apresenta sentenças referentes a grandes casos de sortilégios; sem dúvida, aqui como em toda parte, a suspeita que pesa sobre esse tipo de processos desencorajou os advogados a inseri-los em suas coleções. Todavia, Boniface menciona uma deliberação sobre a injúria em 1662: "Chamar-se diabo a uma pessoa honrada e endiabradas às suas ações é uma injúria que merece ação criminal". Um diretor do Hospital de Marselha reclamando o "pagamento de alguns censos" a um homem da lei foi chamado de diabo e queixou-se diante da Corte, que reconheceu a validade da ação e iniciou uma informação conforme às boas regras contra o procurador irascível: chamar diabo a uma pessoa honrada é de fato uma injúria atroz e criminosa[83]. Os magistrados de Aix continuam, portanto, a atribuir uma grande importância ao Demônio e às suas iniciativas. A prova disso é dada pelo processo intentado em 1653 contra Madeleine Demandols de la Paluds, a acusadora de Gaufridy em 1610-1611. Retirada para uma "quinta" próxima a Marselha, a possessa de Gaufridy jamais conheceu uma perfeita tranqüilidade, se se deve acreditar em Monconys que a visita em 1646, da mesma forma como visitara Joana dos Anjos um pouco antes: ela vive "santamente", manda erigir uma capela em seu domínio e conta de bom grado a história de suas relações com Gaufridy e a "falsidade do livro do Padre Michaelis". Mas o viajante constata a persistência da "má fama dessa mulher ainda no presente" e das "histórias que se contam sobre ela"[83a]. Não é, portanto, de admirar que se ouça dizer alguns anos mais tarde que Madeleine de la Palud ficou molestada em virtude da doença "em nada natural, nem formada por causa comum" de uma jovem vizinha, que viera algumas vezes brincar em seu jardim. A menina, Madeleine Hodoul, vomita alfinetes e palha e é agitada por movimentos convulsivos; os médicos e o pai pensam logo em um sortilégio, e a 6 de fevereiro de 1653, os médicos fornecem um certificado atestando que "os corpos estranhos que ela vomitou não podem ter sido engolidos, engendrados, nem regurgitados por um corpo naturalmente, mas por meio de encantamento, sortilégio

---

82. J. G. Basset, *Plaidoyers...*, n.º 99 da Bibliografia, livro VI, título XIX, capítulo VI. Os juízes, segundo o autor, não foram unânimes em condenar o padre. Mas o advogado não explica por que.

83. Hyacynthe de Boniface, *Arrêts notables...*, n.º 122 da Bibliografia, p. 309.

83a. Monconys, n.º 264 da Bibliografia, I, pp. 94 a 96.

e malefício"[84]. Outrora acusadora, Madeleine de la Palud torna-se acusada; refugia-se em Aix na casa de um amigo, onde é recapturada por ordem do Parlamento a 2 de fevereiro de 1653, juntamente com sua servente, e um padre italiano abrigado por ela em Marselha durante alguns meses[85]. O inquérito prolongou-se até o outono do mesmo ano; a vizinhança testemunha contra a acusada e os maus freqüentadores de sua casa; os médicos a examinam por ordem dos magistrados, encontrando três marcas interessantes, mas nenhuma insensível "para todas geralmente ela nos deu testemunho de ressentimento, queixando-se e levando suas mãos ao lugar onde nós havíamos picado"[86]. As requisições apresentadas em julho de 1653 tiram partido de declarações feitas pela jovem enferma; esta "confessou que o Demônio que a possuía chamava-se Belzebu, esposo da dita La Palud", e é feita referência ao processo de Louis Gaufridy onde "o mesmo demônio que ele deu por expresso à dita La Palud se chamava Belzebu". O procurador geral evoca além do mais o testemunho dos vizinhos, que contam todos os tipos de histórias infamantes, inclusive um infanticídio:

> outras provas pelo depoimento de testemunhas singulares que não obstante é admitido nos crimes de feitiçaria, de que a dita La Palud tinha reputação de ser feiticeira, e que se ouvia os gritos de vários cães e gatos em sua casa...[87].

Ele conclui finalmente pela pena de prisão perpétua. A sentença, pronunciada a 22 de dezembro de 1653 acompanha essas conclusões, e condena por "sortilégio, malefício, idolatria, sacrilégio, profanações do Santo Sacramento, má vida e infanticídio" Madeleine Demandols a ser e permanecer encerrada entre quatro muralhas para aí passar o resto de seus dias, em uma cela de mosteiro ou de hospital[88]. A acumulação dos elementos de acusação trai seguramente um certo embaraço dos magistrados provençais: somente o infanticídio merece então a morte; mas faltavam as provas para corroborar os dizeres dos vizinhos. Entretanto, a recordação do caso Gaufridy pesou enormemente nesse segundo processo.

O Parlamento de Aix permanece, portanto, fiel à tradição. Um processo de 1664, que não pôde infelizmente ser encontrado no texto original[89], fornece ainda uma demonstração desse fato: trata-se do relato pitoresco das

---

84. B. N., Mss., fs. 23852, p. 254 e ss. Esse manuscrito contém o essencial desse processo contra Madeleine de la Palud.

85. B. M. d'Aix (Méjanes), Mss. 954, na data de 11 de fevereiro.

86. B. N. Mss. citado (23852) p. 420.

87. *Ibidem*, p. 476 e s.

88. Texto impresso da sentença A. N., ADIII 3, 15; manuscrito B. N., Mss., fds. fs. 23852, p. 490. A servente e o padre italiano são libertados.

89. Nem nos arquivos do Parlamento conservados no depósito de Aix dos arquivos departamentais, nem nas coleções manuscritas de deliberações e de sentenças na Biblioteca Méjanes: assim o Mss. 954 que traz a sentença de 1653 não o fornece.

façanhas realizadas por um matemático que, tendo construído um autômato, fez com que uma guitarra montada sobre as mesmas cordas que a dele um esqueleto tocasse "como uma pessoa viva", ao mesmo tempo que ele próprio, repetindo "as mesmas árias com a mesma justeza, para o grande espanto de toda a assembléia". Essas reuniões tiveram um grande sucesso na cidade até o dia em que ele convidou os magistrados:

> O matemático, encantado com os aplausos à sua arte, considerada mágica, deu ainda outras récitas que foram vistas por alguns oficiais do Parlamento de Aix, diante do que ficaram tão surpresos que as relataram à câmara da Corte que decretou contra o matemático como mágico; seu processo foi-lhe feito e ele foi condenado por sentença a ser enforcado e queimado em praça pública com o esqueleto, apesar de todas as representações que pôde fazer para persuadir os juízes de que tudo não passava de efeitos da arte mecânica executada segundo os princípios dos matemáticos[90].

Se Vaucanson tivesse vivido nesse tempo, conclui o comentador do relato, teria sido enforcado e queimado com os seus autômatos pelos magistrados de Aix.

Assim, cada Parlamento fixou sua posição ante a iniciativa parisiense à sua maneira: as deliberações — que permaneceram secretas — podem nos escapar, as sentenças porém esclarecem bem o debate provocado pela adoção de uma nova jurisprudência nesse domínio decisivo, onde se encontram em questão os elementos essenciais da fé. A opção feita pelos magistrados parisienses é seguramente clara; sua interpretação, no entanto, não é tão fácil, e não somente para as jurisdições subalternas, que não cessam de associar os elementos de acusação demoníacas a outros crimes mais facilmente reconhecíveis. Por exemplo, o bailio de La Roche, Guyon, que em 1652 condena à morte um camponês, Pierre Fontaine, acusado de bestialidades, com uma mula, empenha-se em estabelecer que o Diabo tem algo a ver com o fato; o Parlamento parisiense confirma o fato somente no que concerne à bestialidade[91]. Mas os conselheiros das cortes supremas estão igualmente divididos: prova disso é fornecida pelas tomadas de posição divergentes; ou ainda pelas laboriosas demonstrações dos juristas que atacam de frente a questão[92]. Em 1661, Pinson de la Martinière em sua **Connestablie** consagra um longo artigo à magia e aos sortilégios. Após as definições teológicas, após apre-

---

[90]. A. N., ADIII, 35, 124. Extraído de Pierre Bonnet Bourdelot, *Histoire de la musique...*, n.º 123 da Bibliografia, tomo I, pp. 57-58.

[91]. L. Perçeau, *Procès...* n.º 432 da Bibliografia, p. 208 e s.: «o dito Pierre Fontaine declarou e confessou que o Diabo lhe havia dado o poder de fazer aquilo que ele quisesse .»

[92]. Alguns a eludem, como se aí nada mais houvesse com o que se preocupar. O Senhor Bouvet, preboste geral dos exércitos reais, publica em 1659 um tratado de título promissor *Les manières admirables pour découvrir toutes sortes de crimes et sortilèges...*, n.º 136 da Bibliografia, não se faz nele referência ao demônio senão no capítulo XX a respeito dos criminosos submetidos à tortura e que se utilizam de sortilégio para evitar o sofrimento.

sentar algumas sentenças pronunciadas no fim do século XVI, aborda o ponto delicado, aquele que está sempre em discussão, e explica:

> Muitos foram informados dessa falsa imaginação, de que o Parlamento não atribuía grande crédito a tudo o que se podia dizer e alegar sobre os feiticeiros e mágicos, como se os grandes homens que o compõem e aqueles que os precederam houvessem tido sentimentos contrários à Igreja e às constituições canônicas que ordenam, contra esses filhos da terra e esses monstros de iniqüidade, maldições terríveis e penas medonhas.

Não é bem assim, certamente; alguns juízes deram provas de excesso de zelo e de indiscrição na busca dos feiticeiros e levaram os magistrados parisienses a tomar as medidas que nós conhecemos.

> Quando não há qualquer malefício aperente, a Corte usa de circunspecção por que nesse crime que é todo espiritual e oculto, as provas convincentes que são necessárias para uma justa condenação... são muito raras, muito encobertas e bastante difíceis...[93].

Apreciar a qualidade das provas, rejeitar algumas e acatar somente as que sejam válidas, é exatamente aí que entra em jogo a opção dos magistrados no fim das contas. Em Dijon, os conselheiros parecem tão exigentes quanto em Paris e os condenados primários escapam à fogueira; em Dole, o rigor é menor, e a metade das condenações de primeira instância é executada; em Aix, no caso de Madeleine Palud, as denúncias dos vizinhos continuaram a ser admitidas, como outrora, e também a procura das marcas insensíveis. Uns postulam a extrema raridade das intervenções diabólicas, outros admitem sempre a sua freqüência.

Essas jurisprudências variadas até a contradição poderiam coexistir por um longo tempo; mas, novamente, surgem processos extraordinários que incitam o debate, nos anos 1660-1670, e provocam a intervenção do governo. Em primeiro lugar, uma nova epidemia conventual, dentre as ursulinas de Auxonne, na alçada do Parlamento borguinhão.

3. *A Possessão de Auxonne*

O convento de Auxonne começou a ser atormentado a partir de 1658; as freiras e seus confessores manifestam preocupações e solicitam a intervenção de exorcistas. Nessa região, onde a lembrança das grandes perseguições de 1644 permanecia bastante viva ainda, o anúncio de uma possessão coletiva não impressionou ninguém; tampouco as revelações feitas pelas religiosas, ao final de alguns meses, acusando uma dentre elas, Barbe Buvée, antiga superiora em estabelecimento próximo, temida e odiada em sua comunidade, ao que parece. Assim como em Lou-

---

93. Pinson de la Martinière, n.º 293 da Bibliografia, p. 1018.

dun ou em Louviers, a multiplicação dos exorcismos públicos redobra as acusações, revela gestos e práticas pouco ortodoxas e atrai as multidões. Mas a possessão de Auxonne toma rapidamente um giro diferente do que os casos anteriores, pois o Parlamento, que se encarregou do caso, mostra-se tão intransigente no tocante a essa diabrura monástica quanto o fora quinze anos antes com relação aos feiticeiros rurais: o inquérito parlamentar conclui pela inocência da Irmã Barbe Buvée e os magistrados de Dijon atêm-se a essas conclusões libertando a freira e recusando-se a reconsiderar o julgamento, quando as intrigas do cura de Auxonne obtêm do Conselho dos Despachos uma informação suplementar, e por várias vezes o caso volta ao Conselho. O Intendente Bouchu, encarregado de retomar o processo, opõe-se violentamente ao Parlamento. Após Loudun e Louviers, Auxonne torna-se uma questão de Estado, na qual os conselheiros dos Despachos tomam posição: a necessidade de uma intervenção real nessas crises demoníacas começa a impor-se.

a) **A acusação a Barbe Buvée.** Essa nova possessão coletiva em um convento deve ser situado nessa atmosfera de terror diabólico que assolou então a Borgonha e o Franco-Condado e que continua a suscitar suspeitas e perseguições. Nesses mesmos anos em que o Parlamento de Dole tem muito o que fazer com a multiplicação dos processos primários, as cidades da Borgonha são igualmente atingidas: um pastor protestante de Mâcon publica em 1656 uma demonologia e narra as proezas de um demônio citadino alguns quarenta anos antes[94]. Uma testemunha, contando o caso de Barbe Buvée a um correspondente parisiense em dezembro de 1660, evoca essa atmosfera, e precisamente as paixões populares do Condado:

> Desde alguns anos, as pessoas do Condado da Borgonha persuadiram-se de que havia entre elas muitos feiticeiros; e considerando a justiça muito lenta, acabaram com um grande número deles. Os juízes que poderiam ter detido esse tumulto em seu começo, não tendo dado as ordens necessárias, não tiveram autoridade suficiente para impedir as suas conseqüências... Esse mal tornou-se contagioso e comunicou-se desde alguns meses a seus vizinhos[95].

O contágio vindo do Condado vizinho e a lembrança das façanhas recentes do pequeno profeta se encontraram em Auxonne para endiabrar novamente um convento das ursulinas.

Como ponto de partida, as indisposições de uma freira, que foi privada de seu confessor, afastado do convento pelo arcebispo de Besançon: palavras ímpias, delírio verbal... na Páscoa de 1658, a superiora do convento apela aos exorcistas, que tratam ativamente da possessa e logo revelam que o convento está cheio de feiticeiros

---

94. F. Perreaud, o *Antidémon de Mascon*..., n.º 287 da Bibliografia.

95. B. N., Mss., fds. fs., 13055, f.º 351. A carta está datada do início de 19 de dezembro; e a assinatura de 22 de dezembro.

e sortilégios: no fim do ano de 1658, quinze religiosas estão possessas e fazem-se exorcismar dia após dia; como os padres exorcistas não conseguem dar conta do problema, lançam a suspeita sobre a cidade inteira e passam a montar guarda à noite nas encruzilhadas para surpreender aqueles e aquelas que vão ao sabá. Após um ano, durante o qual os exorcismos se multiplicam sem sucesso e a notícia da possessão se difunde por toda a província, a febre eleva-se na primavera de 1660. As freiras denunciam mulheres da cidade, que são encarceradas na sede do Conselho Municipal e imediatamente julgadas por requisição do procurador síndico; em junho, o Parlamento de Dijon encarrega-se em apelo de uma sentença que condenava quatro viúvas à fogueira por "terem assistido ao sabá, participado com o diabo, cometido malefício"; ele reforma o julgamento, condenando duas ao banimento e absolvendo as duas outras[96]. Tendo as inocentadas voltado às suas casas, um exorcismo as denuncia novamente: "O povo da cidade sendo avisado disso, ele as procura e as persegue a ponto extremo de espancá-las e queimá-las sem quaisquer outras formalidades de justiça"[97]. A 1.º de outubro, diante de novas denúncias, as autoridades da cidade prendem o carpinteiro François Poitrine, filho de feiticeiro, que fora condenado à fogueira por sortilégio em Epoisses, em 1645, e que se salvará pela fuga: ele apela ao Parlamento de Dijon já em 7 de outubro[98]. Por fim as moças "seculares" sentem-se igualmente tomadas pelo Diabo e são também entregues aos exorcistas.

É então, em fins de outubro, em seguida a uma procissão expiatória, que a crise encontra a sua fixação; uma jovem, Claudine Bourgeot, e depois várias freiras, acusam uma das religiosas, Barbe Bouvée, de estar na origem de todas essas diabruras; com a idade de cerca de cinqüenta anos, a Irmã de Santa Colomba é uma das mais antigas ursulinas desse convento fundado em 1625; ela aí fizera profissão em 1628, depois vivera cerca de vinte anos em Flavigny, onde durante cerca de seis anos foi superiora da comunidade. Seu retorno a Auxonne em 1651 não parece ter sido bem recebido pelas religiosas; em 1655, um conflito misterioso a opõe ao Cura Berthon, que cuidava da direção espiritual do convento (e que possuía três irmãs dentre as ursulinas); Barbe Buvée teve sua ação indeferida diante do oficial de Besançon[99]. Finalmente, não participou das desordens que agitam o convento desde 1658, manteve-se afastada dos exorcismos como várias

96. Processo de Anthoinette Contesse, Jeanne Bardault, Chrestienne Bourlier e Marie Monin, sentença de 17 de junho de 1660; A. D. Côte d'Or, BII, 46¹³.

97. B. N., Mss. fds. fs., 13055, f.º 351.

98. A informação em Dijon se prolonga até janeiro de 1662; a sentença de 26 de janeiro de 1662 lhe restitui a liberdade e proíbe quaisquer difamações a seu respeito. A. D., Côte d'Or, B II, 46¹³.

99. As peças desse processo parecem perdidas.

outras religiosas; além de que a acusação que lhe é lançada à face na capela do mosteiro, acompanhada de maus tratos (véu rasgado, golpes de círio, aprisionamento em uma cela especial), pega-a desprevenida. Mas seus adversários conduzem a questão com rapidez: a procissão teve lugar a 28 de outubro. Desde 8 de novembro, o provisor de Besançon encarrega-se do caso, a detenção é decidida a 13 e a instrução começa imediatamente, sendo então indicadas as acusações de magia, sortilégio e infanticídio[100]. Os exorcismos que se seguem alimentam as confrontações: todos os Diabos a acusam "de ter concebido um filho no mosteiro e de tê-lo feito morrer, de ter prometido por escrito o seu sangue ao diabo Asmodeu que presidiu um certo sabá na ausência de Lúcifer". Encerrada "em um cárcere horrendo", carregada de ferros, reduzida "a um estado deplorável", acusada pelas outras religiosas, mesmo por aquelas que não estavam possessas[101], a Irmã de Santa Colomba sofre por um mês esse inquérito da autoridade judiciária eclesiástica; já a superiora manda construir nos fundos do parque uma prisão destinada a receber a infeliz após a sua condenação.

A família de Barbe Buvée, alertada, intervém então; um sobrinho, que possuía relações em Dijon, entrega ao Parlamento a 8 de dezembro um recurso contra as medidas de seqüestro tomadas contra a religiosa e contra as violências e as acusações lançadas por Claudine Bourgeot contra as personalidades mais importantes da cidade; a petição nega à província a competência sobre os crimes em questão e termina, portanto, como "apelo por abuso de autoridade". Os magistrados acolhem esse recurso da família e ordenam imediatamente a transferência de Barbe Buvée à **conciergerie** de Dijon:

> Enviou-se um meirinho e alguns arqueiros... mas eles voltaram sem terem cumprido a missão e desculparam-se devido a uma legião de demônios que disseram ter visto em hábitos de religiosas esvoaçando em torno do campanário desse mosteiro. Fato que confirmaram nos autos atestados por várias pessoas consideráveis, que escreveram terem visto a mesma coisa... Os Srs. do Parlamento... enviaram para lá um outro menos tímido, e arqueiros mais vigorosos que não viram nenhum diabo no campanário nem em outros lugares, e com a ajuda do magistrado e do comandante do palácio municipal... que conteve o povo, a trouxeram para a nossa **conciergerie**[102].

Desde então o caso assume uma nova amplitude: o rumor a seu respeito chega até Paris. No início de janeiro de 1661, o libertino erudito Sorbière escreve ao seu amigo o Conselheiro Philibert de la Mare para contar-lhe uma visita a Saumaise na Holanda, e acrescenta em **post-scriptum**:

---

100. Parece certo que a Irmã de Santa Colomba foi testemunha de tais desordens em 1657-1658, quando o arcebispo teve que afastar jovens confessores assíduos junto das religiosas muito jovens. O crime foi «voltado» contra ela, procedimento freqüente.

101. B. N., Mss., fds. fs., 13055, f.º 351.

102. *Ibidem* f.º 351 v.º.

Eu vos suplico, Senhor, que me mande aquilo que houver sobre as possessas de Auxonne, sobre essa crença popular nos feiticeiros que são linchados na Borgonha sem qualquer forma de processo. O Sr. de la Mothe de Vayer mostrou-me um estranho relato sobre isso[103].

Um pouco mais tarde se difundem as memórias contraditórias que defendem a causa da possessão: "Os males horríveis que sofrem as religiosas de Auxonne e o procedimento daqueles que as conduzem manifestam sua inocência"[104]; enquanto que outros tomam o partido da Irmã de Santa Colomba: "A verdade reconhecida no fato da possessão das religiosas de Santa Úrsula da cidade de Auxonne"[105]. Todos esses relatos retomam evidentemente os argumentos já conhecidos concernentes aos exorcismos, às diferentes provas da possessão, às farsas dos céticos que se utilizam de falsas relíquias e falam dos barbarismos do latim empregado pelas freiras: artifícios do Demônio, de um lado; imaginação ou doença, de outro. Essas discussões não trazem, sobre o fundo da questão, nada além daquilo que já foi dito nos debates anteriores provocados pelos diabos do Poitou e da Normandia. É o processo realizado pelo Parlamento que é o mais revelador, sobretudo quando os magistrados se chocam com o intendente.

b) **O processo de Dijon (7 de dezembro 1660 - 4 de agosto 1662).** Após uma primeira informação, os magistrados borguinhões decidem por sentença de 5 de janeiro de 1661 receber o apelo intentado pelo sobrinho de Barbe Buvée e ratificado por esta, anulando todo o processo efetuado pelo provisor de Auxonne e ordenando a abertura de um inquérito sobre o conjunto das acusações; concedem para esse fim uma comissão a um dentre eles, denominado Legoux: escolha judiciosa, uma vez que esse conselheiro participava já em 1644 das informações provocados pelos processos expeditivos em Sombernon e na montanha e conhecia a questão. Essa comissão dura dezoito meses até a sentença pronunciada pela Corte em agosto de 1662.

O Conselheiro Legoux lutou durante esse lapso de tempo contra os protagonistas das ursulinas, o cura de Auxonne e alguns notáveis da cidade que se esforçaram por retardar ou impedir o inquérito; assim como em Loudun, as exorcizadas não hesitaram em acusar o comissário dos piores crimes, inclusive o pacto satânico. Entretanto,

103. Carta de 2 de janeiro, N. N., Mss., fds. Moreau, f.º 299 v.º; em uma outra carta de 22 de abril, Sorbière agradece de la Mare por ter-lhe fornecido um relato do caso: *Ibidem*, f.º 302.

104. B. N., Mss. fds. fs., 18696, f.º 83 e ss., 127 e ss., etc.; cf. também «Raisons et conjectures qui prouvent la possession tirées du procès verbal des exorcismes du Saint Office d'Auxonne», B. N., Mss., 13055, f.º345 e s.

105. B. Arsenal, Mss., 5418, pp. 635 a 702; veja-se igualmente a relação do Mss 2496. O Doutor S. Garnier, que estudou em fins do século XIX o caso de Barbe Buvée, cita em seu livro, n.º 416 da Bibliografia, as principais dentre essas memórias. Alguns erros entraram em seu texto.

a informação foi conduzida habilmente e conseguiu vários sucessos notáveis: já em 24 de janeiro, Legoux obteve a permissão do arcebispo de Besançon para constituir uma nova comissão eclesiástica que deveria proceder ao exorcismo das freiras, em lugar dos padres habituais; ela é assistida por um médico encarregado de examinar as religiosas durante esses exorcismos, que começam a 3 de fevereiro; quando os padres afastados levantam objeções, o vigário geral de Besançon, Sr. de Mesmay, vem em pessoa a Auxonne a 13 de fevereiro, para assegurar a regularidade dos exorcismos: as freiras algaraviam em latim e não conseguem responder em grego. O médico conclui rapidamente, citando Marescot a propósito de Marthe Brossier: **Nihil a daemone, pauca a morbo, multa ficta;** e a comissão de Besançon endossa suas conclusões. Legoux prossegue seus interrogatórios e interroga, além das freiras, cerca de quarenta testemunhas que confirmam as desordens do convento desde 1657 e as obsessões sensuais das religiosas envolvidas no caso desde o início. Constatando "o apego dessas moças por esses padres" que asseguram ter curado as cólicas, as dores de estômago, dores de cabeça, curando endurecimentos de seio pela confissão, estancando perdas de sangue pelo exorcismo, feito cessar inchações de ventre causadas pelas cópulas dos demônios e das feiticeiras"[106], o comissário entrega um relatório ao Parlamento que decide a 18 de março transferir para Dijon as freiras possessas, os relatos dos exorcismos, os textos dos feitiços encontrados ou cuspidos pelas religiosas; e finalmente restituir a Barbe Buvée seus bens deixados em Auxonne: em julho e maio de 1662, a acusada de feitiçaria não tem ainda satisfação nesse ponto e apresenta requerimento sobre requerimento para a sua execução. O inquérito prolonga-se ainda durante meses; uma instrução é aberta contra a secular, Claudine Bourgeot, por "fingimento de possessão"; as freiras recusam-se a deixar seu mosteiro. Legoux submete as peças que conseguiu arrancar aos primeiros exorcistas a exames periciais minuciosos, que os aniquilam uns após os outros: assim as cartas de libertação, pelas quais um demônio reconhece ter deixado o corpo de uma possessa, são reconhecidas como tendo sido escritas por um dos exorcistas. No outono de 1661, o inquérito é bloqueado; os padres recusam-se a entregar a Legoux suas peças de condenação que fundamentam a culpabilidade de Barbe Buvée; e esta multiplica suas petições ao Parlamento para acelarar a instrução e terminar com essa acusação.

Por outro lado, o Cura Jannon de Auxonne — sobrinho de um substituto do procurador geral do Parlamento de

---

106. B. N., Mss., fds. fs. 18696, f.º 131; cf. também f.º 143, 150, 152, etc., na memória completa intitulada: *Preuvres qui résultent de la procedure faite par commissaire député...*, f.º 127 e 178.

Dijon — intriga então em Paris a fim de obter uma intervenção acima dos magistrados borguinhões; em novembro, uma **lettre de cachet** dirigida ao bispo de Chalon, Jean de Maupeou, ordena-lhe que visite o convento das ursulinas para fazer um relatório a uma comissão de inquérito que compreende o arcebispo de Toulouse, Pierre de Marca (que não passa de um clérico ignaro), os bispos de Rodez, Hardouin de Péréfixe, e de Rennes, Henri de la Motte Houdancourt; mais quatro teólogos da Sorbonne (dentre os quais o confessor do rei, o jesuíta François Annat, e o da rainha-mãe, o franciscano Leroy) e por fim um médico de Chalon. O bispo de Chalon chega a Auxonne em dezembro de 1661; e, sem se ocupar de Barbe Buvée que está nas mãos do Parlamento, visitou as pretensas possessas, manda executar novos exorcismos, dispensando o Conselheiro Legoux que veio oferecer seus préstimos. Finalmente, a comissão "tendo ouvido o relato que nos foi feito pelo senhor bispo de Chalon sobre o Saona" publica, em Paris, a 20 de janeiro de 1662, um relatório intitulado: "Julgamento dos Senhores arcebispos, bispos, doutores da Sorbonne e outros sábios deputados pelo rei, sobre a pretensa possessão das moças de Auxonne". Ele apresenta nove argumentos em favor da possessão: a compreensão das línguas, o conhecimento dos pensamentos mais secretos dos exorcistas, a predição de eventos ocorridos em seguida, a aversão manifesta por coisas santas, relíquias, objetos sagrados, manifestações fisiológicas não naturais como a parada do pulso, a insensibilidade à dor, e a imobilidade do corpo, a vomitação de objetos estranhos, a existência de mensagens diabólicas reveladas pelos demônios exorcizados e finalmente as convulsões violentas e posturas que ultrapassam as forças femininas. No total, é todo o arsenal das provas apresentadas no decorrer dos grandes processos anteriores que reaparece aqui. Por fim, o relatório tira argumento da duração "dessa aflição", excluindo "um desígnio de impostura e de trapaça (que) pudesse conservar o segredo em meio a moças em tão grande número, de condições e de interesses tão diferentes", quando o mosteiro sempre funcionou na inocência e na regularidade. Donde a conclusão:

> Junto a este segue abaixo o certificado a Nós apresentado pelo Senhor Morel Médico presente a tudo, que assegura que todas essas coisas passam os termos da natureza e não podem partir senão da obra do demônio: bem considerado o conjunto estimamos que todas essas ações extraordinárias nessas moças, excedem as forças da natureza humana, e só podem partir da operação do demônio que possui e obseda esses corpos. É a nossa opinião[107].

As conclusões dessa comissão são, portanto, opostas àquelas formuladas pelos eclesiásticos de Besançon al-

---

107. Esse texto em Mss., comentado (em 1736) na B. N., Clairambault 525, f.º 481 e s.; impresso, A. N., AD III 20, 218 e AD 359, f.º 17; reproduzido em S. Garnier, n.º 416 da Bibliografia, pp. 61 a 67.

guns meses antes. Elas contradizem igualmente as do relatório preparado pelo Conselheiro Legoux sobre o conjunto do caso e que afirmam a inocência de Barbe Buvée e a doença das religiosas. Ao termo desse relatório enviado por Legoux ao chanceler, o comissário deputado pelo Parlamento declara com efeito:

> por todas essas razões e por uma infinidade de outras que se apresentam ao espírito daqueles que assistiram aos exorcismos e prestaram atenção a todas as circunstâncias de dentro e de fora, parece que não somente não se percebe quaisquer marcas suficientes de unívoca e verdadeira possessão nessas religiosas, mas que seu gênio, sua razão e sua liberdade se revelam o suficiente para que se creia que tudo procede delas e que sua vontade e sua imaginação ou alguma doença ocorrida nela (são) o princípio de tudo o que nós vimos. Portanto, não acreditamos facilmente que Deus tenha assim abandonado essas pobres criaturas à ira dos demônios, nem consideramos tão forte o poder dos feiticeiros e dos mágicos...[108].

A falta de provas válidas para esse magistrado borguinhão deve-se, portanto, a:

> esse espírito puramente humano e feminino que nada contém de teológico ou que seja tão pouco destacado, nada que não seja comum a jovens criadas nos claustros, onde essas matérias lhes são freqüentemente repetidas pelos pregadores, confessores e superiores.

O resto procede da "conspiração" bastante visível, conduzida com perseverança contra a Irmã de Santa Colomba: "Fraquezas de espírito" e "cabalas de religiosas", em uma palavra[109].

Fiel a suas posições anteriores, o Parlamento borguinhão adota as conclusões de seu comissário, sem levar em conta o "Julgamento" pronunciado pelos teólogos enviados no outono de 1661. Enquanto que na primavera de 1662 os padres exorcistas de Auxonne continuam os exorcismos impressionantes e multiplicam os testemunhos escritos de visitadores admirados[110], a Corte de Dijon recapitula o processo, recebe em maio as últimas petições de Barbe Buvée relativas a seus bens que continuam embargados em Auxonne; e pronuncia, enfim, a 4 de agosto de 1662, sua sentença definitiva sobre o conjunto desse caso. Esse largo texto, que inclui a evocação de todas as sentenças pronunciadas e todos os requerimentos recebidos desde 5 de janeiro de 1661, termina por uma sentença que devolve a Barbe Buvée sua liberdade e a transfere para um outro mosteiro, ordena o prosseguimento de um inquérito sobre o conluio tramado contra ela e sobre a reparação que lhe é devida, prescreve, finalmente, um processo contra Claudine Borgeot mantida em prisão:

108. B. N., Mss., fds. fs., 18696, f.º 76.

109. Cf. B. N., Mss., fds. fs., 18696 e 13055.

110. Um exemplo é citado pelo doutor Garnier n.º 416 da Bibliografia pp. 68-72: «Lettre d'un religieux chartreux au R. P. Général de son ordre portant relation des choses arrivées pendant les exorcismes des Religieuses d'Auxonne».

Absolve a dita Buvée das acusações contra ela formuladas, ordena que a informação concernente à pretensa conspiração feita contra a dita Buvée seja continuada e procedida pelo comissário para instrução completa do dito processo contra aqueles que nele se acharem acusados; para esse efeito, a dita sentença de 18 de março de 1661 será executada para que após a dita instrução seja provida a reparação pedida pela dita Buvée, a adjudicação de seus danos e interesses, junto com a pena de calúnia conforme devido, ordena também que a dita Buvée seja transferida para um outro mosteiro da mesma ordem, para esse efeito se recorrerá a seus superiores, e para regulamentar sobre a restituição de seu dote as partes serão ouvidas diante do dito comissário; entretanto adjudicou também e adjudica à dita Buvée uma pensão anual de cem libras que lhe será paga pelas ditas religiosas do convento de Auxonne, na falta da qual elas serão coagidas a pagá-lo, ordena além disso que seja movido e realizado o processo contra a dita Borgeot em prisão fechada[111].

A 4 de agosto de 1662, o caso de Auxonne parece, quanto ao essencial, terminado: a principal acusada é lavada das acusações infamantes que pesavam sobre ela desde cerca de dois anos, os comparsas — ou cúmplices — do convento de Santa Úrsula são absolvidos, e mesmo o processo de Claudine Borgeot pode ser conduzido facilmente; os detalhes que restam para ser regulamentados dizem respeito ao dote de três mil libras, que a Irmã Santa Colomba deve recuperar, podendo ser acertado entre os dois estabelecimentos... A obstinação dos exorcistas e do intendente fazem-no porém, continuar na ordem do dia por dois anos ainda.

c) **As intervenções reais: o conflito intendente-parlamento.** O fato de os magistrados de Dijon não terem levado em consideração a primeira intervenção real e o julgamento pronunciado pelos teólogos em janeiro, encorajou certamente o Cura Jannon e os demais padres exorcistas a reativar o caso apelando novamente à autoridade real. Um incidente fortuito forneceu-lhes a ocasião, a morte (a 14 de agosto) de uma jovem religiosa que fora devidamente exorcizada durante os meses precedentes e que pertencia, portanto, à pequena corte das possessas. O rumor de que a moça, Anne Moroge, fora envenenada, chegou rapidamente a Dijon; e a 23 de agosto, o Parlamento ordena um inquérito, confiando a autópsia ao médico Bernard Rapin que, em março de 1661, trabalhara com Legoux no exame das possessas e concluíra pela simulação. Esse inquérito provoca imediatamente um novo conflito: uma primeira autópsia efetuada pelos cirurgiões de Auxonne contradiz a segunda ordenada pelos magistrados de Dijon. O Conselheiro Legoux escreve a um magistrado parisiense a 8 de setembro de 1662:

O relatório dos cirurgiões de Auxonne demonstra que ela morreu de um abcesso e que lhe encontraram a matriz tão cerrada que julgaram que ela era virgem. Aquele do Senhor Médico Rapin e do cirurgião Begon que eles encontraram a membrana do estômago com-

111. Textos completos: A. D. Côte d'Or, B II 46[13]; A. N., U 1073; B. N., Mss., fds. fs., 18696, f.º 79 a 82.

pletamente lívida, e alguns sinais suspeitos de veneno; que ela absolutamente não morreu de abcesso; que havia a aparência de que ela houvera tido uma criança a alguns meses, pois eles encontraram a matriz muito dilatada e asseguraram que ela não era virgem e que tivera conhecimento de homens[112].

O que significa dar crédito aos rumores persistentes desde anos sobre as desordens e os "amorzinhos" do convento. É então que intervém novamente o Cura Jannon, que tentara em vão opor-se à segunda autópsia e que se dirige a Paris para tirar partido desse ressurgimento do escândalo. Uma luta de influência secreta travou-se então, sem nenhuma dúvida, junto ao chanceler e aos magistrados parisienses que o cercam.

Jannon e seus amigos aproximam-se, principalmente, de Henri de la Mothe, bispo de Rennes, que tem interesses na Borgonha e que teria solicitado a avocação do processo para Paris. Mas Legoux e os magistrados de Dijon possuem também apoios importantes; relatando esse novo processo sobre o "venefício" de Anne Moroge, Legoux precisa bem a seu correspondente (não identificável) que pertence ao círculo do chanceler (e que transmitiu a carta a Séguier):

> Eu creio, no entanto, que Sua Alteza Real o Príncipe (Luís de Bourbon) impedirá como o fez até o presente que esse caso seja retirado do Parlamento. Vossa presença, Senhor, e vossas atenções que concedeis tão generosamente para manter a honra e a autoridade da companhia não servirão de pouco para conservar-lhe um caso que é importante por muitas razões que seja terminado na província[113].

É, no entanto, Jannon que obtém ganho de causa junto ao chanceler: a 14 de outubro de 1662, este assina cartas patentes confiando ao Intendente Bouchu, assistido por dois novos doutores em teologia da Sorbonne (Gaston de Chamillard, Noël le Blond) e por um médico parisiense, Etienne Baschot, uma missão de inquérito completo sobre a possessão das ursulinas. O texto prevê uma procissão geral (expiatória), novos exorcismos (com a autorização do arcebispo) e o afastamento para fora do convento da superiora, do diretor e de todos os suspeitos:

> Transportai-vos imediatamente para nossa dita cidade de Auxonne e aí estando informai-vos muito exatamente e cuidadosamente de tudo o que aí se passou por ocasião da dita pretensa possessão das ditas religiosas ursulinas e outras pessoas, e em seguida fazei realizar a esse respeito e pelas ordens e autoridade do senhor bispo de Besançon ou de seu vigário maior, uma procissão geral na dita cidade na qual o Santo Sacramento e todas as relíquias da Igreja serão carregados, e a qual será assistida como é costume em semelhantes casos pelos habitantes da dita cidade e das redondezas com toda a devoção, respeito e decência que convém a uma ação dessa qualidade,

---

112. B. N., Mss., fds. fs., 17338, f.º 1. Legoux junta à sua carta o relatório da autópsia e o depoimento da mãe de Anne Moroge onde esta acusa com veemência o exorcismo Nouvelet de ter exorcismado mal propositadamente sua filha melancólica e ter tramado com Claudine Borgeot: f.º 3 e s.
113. *Ibidem*, f.º 2. O conselheiro Legoux além do mais compôs várias memórias sobre o caso que foram enviadas a Paris (*Preuves...*, *Mémoires secretes.*, *la verité reconnue...* e conservadas na B. N., Mss., fds. fs., 18696 e 18695.

entrai no dito convento tantas vezes e quando bem vos aprouver para ver e examinar as religiosas deste e conforme o poder que vos será concedido pelo dito Senhor Bispo de Besançon ou seu vigário geral, exorcizá-las e mandar exorcizar juntas todas as outras pessoas pretensamente possessas na dita cidade por tais eclesiásticos e em tal lugar que julgardes bom, e a fim de que os ditos exorcismos possam ser feitos com toda a segurança e liberdade, vós retirareis e afastareis do dito convento e da dita cidade se vos parecer necessário a superiora deste, o diretor das religiosas e quaisquer outras pessoas que vos forem suspeitas: e de forma geral fazei tudo o que estimardes conveniente para obter um verdadeiro esclarecimento da dita possessão ou não possessão das ditas religiosas e outras pessoas, estabelecereis de tudo um bom e fiel processo verbal[114].

Em nenhum momento dessas cartas são mencionados a instrução e o julgamento do Parlamento; esse novo inquérito é, portanto, por um lado, uma denegação do processo de Dijon. Ninguém aliás se engana com o fato; o intendente, que não recorre nem a Legoux nem aos outros magistrados para organizar o seu inquérito, contenta-se em requerer o auxílio das autoridades locais, o governador da cidade (o Marquês de Plessis-Besançon), do prefeito e dos oficiais do bailiado; ele pede simplesmente ao bispo de Chalon e ao Parlamento que forneçam seus autos e informações para "fazer a conferência deles"[115]. Mas os magistrados de Dijon certamente também reagiram contra a afronta (ainda que nenhum traço visível dessa reação tenha restado atualmente): é sem dúvida a suas prorrogações e protestos que se deve atribuir a lentidão com a qual a comissão Bouchu se põe a trabalhar. Nomeada em outubro de 1662, ela se transporta para Auxonne a 1.º de junho de 1663.

A convicção da nova comissão encarregada de decidir entre as duas teses contraditórias formou-se rapidamente: desde 15 de junho, o médico Baschot escreve ao chanceler em um tom quase que familiar ("eis aqui, senhor, o fundo do meu coração que eu ainda não revelei a ninguém") para prestar-lhe conta das precauções tomadas e dos primeiros resultados:

> Julgamos oportuno mandar executar os exorcismos por padres não suspeitos e que tivessem piedade e luz. Para tal efeito nós escolhemos na diocese de Besançon e de Langre quatro eclesiásticos dos mais consideráveis por seus costumes e por sua doutrina ... sem admitir nenhum dos padres da cidade de Auxonne, nem conceder-lhes qualquer participação em tudo o que se passaria[116].

O relatório geral redigido por Bouchu ao fim do inquérito fornece todos os detalhes sobre as precauções tomadas por Chamillard e le Blond, e sobre seus sucessos, dia após dia; multiplicaram os engodos e intimações que levam algumas religiosas a capitular; a 12 de junho, uma

---

114. B.N., Mss., fds. fs., 18149, f.º 146; o conjunto do relato na seqüência: f.º 145 a 193.
115. Cf. o plano de trabalho de Bouchu, em B.N., Mss., fds. fs., 17338, f.º 15.
116. B.N., Mss., fds. fs., 18696, f.º 1.

delas brada: "Não há qualquer diabo nem em mim, nem nessas religiosas; nós estamos todas loucas, e se deveria meter-nos entre quatro muralhas, e açoitar-nos seis vezes por dia"[117]. Da mesma forma o médico conclui sem hesitação, após alguns dias passados no exorcismo das oito freiras mais agitadas:

> Eu posso assegurar a Vossa Grandeza que em todas as suas ações seja de corpo, seja de espírito, elas não demonstraram nenhum sinal legítimo e convincente de verdadeira possessão; nem na compreensão das línguas, nem no conhecimento e revelação de segredos, nem nos discursos pronunciados, nem nas elevações do corpo no ar, nem nos transportes de um lugar ao outro, nem nos movimentos extraordinários ao ponto de eles ultrapassarem as forças da natureza. Em suma, nada se passou nelas que não seja muito humano e natural[118].

Também a comissão conclui rapidamente seu inquérito e, desde 21 de junho, Bouchu pode fornecer o relatório prescrito nas cartas do chanceler, cuja formulação final é inequívoca:

> Nós somos da opinião, sob o bom agrado do rei e dos nossos senhores de seu Conselho, de que não há nenhum sinal certo e convincente que nos tenha parecido de possessão nas ditas religiosas ursulinas ou pessoas seculares que foram exorcizadas...[119].

Tal conclusão, bem apropriada para satisfazer o Conselheiro Legoux e seus amigos, não encerra, entretanto, o caso. No decurso do verão de 1663, o Chanceler Séguier recebe novamente requerimentos procedentes de Jannon, o incansável cura de Auxonne, que é ajudado sem dúvida por seu tio substituto do procurador-geral do Parlamento, bem situado para informá-lo sobre as posições dos magistrados. Diante dessas novas demandas em favor de uma informação suplementar, o papel do intendente da Borgonha, Bouchu, parece bastante ambíguo. Habituado como todos os seus colegas intendentes aos conflitos com as cortes supremas, deixou-se ele levar pelo ensejo de explorar uma oportunidade de destratar a autoridade dos magistrados para consolidar a sua? O fato é que tão logo assinou em junho o processo verbal citado há pouco, Bouchu, recebe a 3 de agosto de 1663, uma comissão para informar sobre os "malefícios lançados sobre várias religiosas ursulinas e outras pessoas da cidade de Auxonne"; de 17 a 23 de agosto, coleta com atenção as declarações das religiosas conversas e de seus exorcistas habituais, suas queixas contra os maus tratos infligidos pelo Conselheiro Legoux. Ao termo desse novo inquérito,

---

117. B. N., Mss., fds. fs., 18149, f.º 163 e seguintes: esse texto reproduz todas as experiências dos exorcistas: trocar um crucifixo por uma cruz; exigir a leitura de um bilhete escondido («Eu não sei ler nem escrever e tu queres que eu adivinhe o teu pensamento»; ao que o exorcista replica: se tu és um diabo, tu deves sabê-lo»), etc. O que o médico chama de cuidado, «desconfiança» e «presença de espírito»; a expressão é bonita.

118. B. N., Mss. fds. fs., 18696, f.º 1 v.º.

119. B. N., Mss., fds. fs., 18149, f.º 192 v.º.

conclui "que é certo que houve malefício lançado sobre várias das ditas religiosas a maior parte das quais está curada presentemente pelos exorcismos que foram feitos"; e acrescenta com prudência: "De todos os quais sortilégios as vinte e nove religiosas acusam unanimemente a Irmã Barbe Buvée"[119a]. Estranha reviravolta que somente a luta antiparlamentar pode explicar, não sem dificuldades aliás. Claude Bouchu comete algo pior ainda, algumas semanas mais tarde; recusa a comunicar essas peças e várias outras (inclusive o relatório da comissão) aos magistrados da corte, apesar de uma ordenança real de 15 de outubro. Passam-se meses em conflitos processuais entre o intendente e o Parlamento, enquanto que os exorcistas de Auxonne continuam a intervir junto ao chanceler; e eles obtêm finalmente a avocação solicitada há tão longo tempo. A 29 de novembro de 1663, uma sentença pronunciada em conselho ordena ao intendente para que prossiga o seu inquérito e para que o defira ao conselho a quem deve caber a sentença definitiva:

> O rei ... ordena que a informação começada pelo dito senhor Bouchu seja continuada e por ele procedida a instrução do processo pelo fato do dito malefício pretendido na dita casa e convento das ditas religiosas ursulinas e outras pessoas da dita cidade, até a sentença definitiva exclusivamente para a totalidade do visto e relatado ao Conselho de Sua Majestade ser por ela ordenada conforme a razão. Sua Majestade proíbe o Parlamento de Dijon de fazer quaisquer processos...[120].

Desencarregados e desautorizados ao mesmo tempo, os magistrados borguinhões não puderam aceitar essa afronta que põe em questão uma sentença pronunciada quinze meses antes dentro das melhores formas, e que confia seu próprio processo e todos os elementos do caso a um intendente visivelmente bastante propenso a combater a autoridade da corte. A indignação dos membros do Parlamento foi desmedida: é o próprio procurador-geral que se encarregou de evocar a regularidade com a qual o processo foi conduzido e os perigos que apresenta uma desautorização das autoridades legítimas, sobretudo nesses casos de feitiçaria em que sua corte tem sempre provado sua competência e sua prudência. O texto do procurador recorda "que em 1644 tendo a geada que chegou a 23 de junho destruído os frutos da terra, as pessoas imaginaram que os feiticeiros tivessem sido a sua causa", e evoca "a longa experiência que eles adquiriram e o grande número de processos dessa qualidade julgados há 20 anos". Suas "representações" não poupam "as religiosas que pretendiam estar possessas e que não são nem doentes, nem

---

[119a]. B. N., Mss., fds. fs., 18695, f.º 37 a 88 para os depoimentos das freiras, f.º 89-92 para as conclusões do intendente.

[120]. A. N., E 1719, 168.

ocupadas por demônios". Elas recordam o conjunto do caso em seu desenrolar e denunciam a cabala em sua última fase:

> Esse novo processo não foi solicitado senão por esses padres a fim de diminuir de seus depoimentos e daqueles das religiosas as coisas que poderiam dar luzes à verdade ou acrescentar-lhes algo para obscurecê-la. O Parlamento não teve nenhuma afetação em conhecer esse caso. Ele executou pontualmente as ordens que vieram de Vossa Majestade, realizou o processo e jamais teve outro objetivo que não o de sustar a desordem e o escândalo que aumentarão de um dia para o outro na província.

O procurador-geral não teme, com efeito, sublinhar por fim o quanto a desautorização do Parlamento é perigosa para a própria autoridade monárquica; advertência clara, que não põe diretamente em causa o papel do intendente, mas sublinha simplesmente o quanto a autoridade da corte suprema é importante nessas matérias difíceis:

> Se o conhecimento delas lhe é retirado, é de se temer que em outros mosteiros semelhantes coisas aconteçam; se o Parlamento é privado da jurisdição que lhe é necessária para impedi-las e para garantir a segurança de vossos súditos cuja vida está exposta a semelhantes acusações de sortilégios feitas por falsas possessas; é isso que nós fomos obrigados a representar a Vossa Majestade para a honra de vossa justiça soberana que vós haveis depositado em vossos Parlamentos e para o bem de vossos súditos dessa província[121].

Enfim e ao mesmo tempo, para permitir à Barbe Buvée defender-se diretamente, o Parlamento borguinhão pronuncia a 15 de dezembro uma sentença autorizando-a a retirar-se para Paris a fim de demandar a cassação da decisão tomada a 29 de novembro e a aplicação da sentença de Dijon de 4 de agosto de 1662.

O conselho do rei não fez uso finalmente do direito (que ele se reservara pela sentença de 29 de novembro de 1663) de decidir em último recurso. Sete meses depois — que foram sem dúvida ocupados pelo intendente em reunir os últimos elementos de informação (mas não subsistiram quaisquer traços desse último suplemento de inquérito —, o Chanceler Séguier fez com que o conselho pronunciasse uma última sentença, a 30 de junho de 1664, que transfere o conjunto do dossiê ao Parlamento de Paris, encarregado de informar ao mesmo tempo sobre a possessão e sobre o conluio:

> envia ao Parlamento de Paris o processo da dita Buvée, em razão do pretenso malefício lançado sobre algumas das religiosas do dito convento das ursulinas da cidade de Auxonne, para ser procedido a pedido do procurador-geral do dito Parlamento de Paris para o julgamento definitivo desde que nele se incluam todos aqueles que forem considerados culpados do dito malefício, e do dito conluio que a dita Buvée pretende ter sido feito contra ela[122].

Pretenso malefício e pretenso conluio, a sentença do conselho estabelece uma aparente simetria entre os dois

---

121. B. N., Mss., fds. fs., 18695, f.º 159 v.º.
122. A. N., E 1723, 92.

elementos de acusação. Contudo, a decisão mesma deixa entrever como fixou-se finalmente a convicção do conselho e do chanceler (que não poderiam além do mais desautorizar um intendente e suas próprias sentenças anteriores): transferir esse processo aos magistrados parisienses significa assegurar, sem nenhuma dúvida, a absolvição de Barbe Buvée. O texto da sentença prevê uma instrução segundo as boas regras, já que cada parte (Parlamento e intendente) deve transmitir os seus processos nos três meses — sob pena de prisão, se necessário; visto que, por outro lado, Barbe Buvée deve permanecer em Paris "para se apresentar no dito Parlamento todas as vezes e quantas lhe for ordenado". Mas o sentido da sentença não é dúbio; em 1664, a tradição parisiense na matéria está estabelecida desde um quarto de século. A decisão do Conselho evita a Bouchu a perda de seu prestígio e salva definitivamente a freira[123].

O conflito entre Parlamento e intendente nessa possessão de Auxonne não deve embaralhar as cartas e dissimular o essencial[124]; nesse caso em que os magistrados de Dijon defendem sua nova jurisprudência e em que o intendente se deixa cercar pelos "possessionistas", o importante continua sendo a intervenção repetida do chanceler e do conselho: a arbitragem entre os oficiais da corte e o referendário enviado à Borgonha e Bresse não é certamente indiferente ao círculo de Séguier. Mas o objeto do conflito assume um significado maior ainda: pela primeira vez desde Loudun (onde a desautorização do Parlamento de Paris em benefício de Martin de Laubardemont apresenta uma significação muito diferente), o Conselho do rei se preocupa longamente com uma possessão e faz prevalecer finalmente uma solução que equivale à anulação do processo inicialmente encetado. O fato de o Chanceler Séguier, que conhece muito bem a jurisprudência parisiense, elaborada em parte quando ele ainda pertencia a essa corte, ter intervido em favor do intendente, poderia causar espanto se não se devesse levar em conta a situação insólita criada pelos "exames periciais" contraditórios das diferentes comissões eclesiásticas que vieram exorcizar as ursulinas em 1661 e 1662; sem falar

123. O Parlamento de Paris, ao que parece, enterrou pura e simplesmente o caso: dois anos após essa decisão, não fora ainda objeto de recurso (exame da série X2A, 337 a 346, julho de 1644 — dezembro de 1666) — enquanto que um outro caso de Dijon (contrato de casamento não executado) transferido em maio de 1666 é julgado em setembro do mesmo ano (X2A 346, a 24 de setembro de 1666); o procedimento nada tem de excepcional para tais casos; em Rouen o Parlamento embaraçado com Madeleine Bavent a reteve por seis anos na prisão sem julgá-la (cf. o Cap. 5).

124. Essa luta entra no quadro das rivalidades bem conhecidas; Bouchu assegurou para si dessa forma e por um longo tempo «o ódio dos oficiais do Parlamento de Dijon», conforme a expressão de uma sentença pronunciada pelo Conselho a 31 de dezembro de 1644, avocando para o rei todos os processos e contendas que o intendente, sua mulher ou sua mãe poderiam ter de sustentar na província: A. N., E, 1723, 222.

das divergências no interior do Parlamento de Dijon que os recursos do Cura Jannon, nos permite adivinhar indubitavelmente aconselhado por seu tio, o substituto do procurador-geral. Entretanto o conselho, nesses primeiros anos, tão difíceis, do reinado pessoal, debruça-se várias vezes sobre esse caso de possessão conventual e decide por fim em favor da suspeita. Essa primeira intervenção deve aparecer não somente como o meio tradicional, admitido há muito tempo, para regulamentar os conflitos locais, mas também como a melhor forma para fazer prevalecer uma única jurisprudência, a de Paris, para todo o reino, em um domínio controvertido e caótico há decênios. É o que Colbert empreende alguns anos mais tarde, em 1670, em vista de uma nova onda de feitiçaria rural.

8. AS INTERVENÇÕES DO GOVERNO REAL:
1670-1682

O precedente de Auxonne não se impôs certamente como uma evidência primeira; ao contrário, é notável que essa decisão real não tenha sido aproveitada pelos redatores da ordenança criminal publicada em Saint-Germain-en-Laye, no mês de agosto de 1670; enquanto que esse código criminal, que renova e precisa largamente os textos anteriores, considera o detalhe dos processos, até as escusas dos acusados ausentes e os curadores dos surdos-mudos; enquanto que nesses mesmos anos em que os juristas conselheiros de Colbert passam em revista todas as modalidades que regem o funcionamento do aparelho judiciário, a atenção dos togados se vê ainda solicitada pela publicação de novos tratados concernentes aos processos de feiticeiras: a tradução francesa da **Cautio criminalis** e a enorme compilação do capuchinho Jacques d'Autun. Seguramente os espíritos permanecem ainda demasiado divididos no corpo judiciário superior para que uma decisão de conjunto e definitiva possa ser editada, mesmo quando se oferece ocasião para a elaboração de um código geral, como a ordenança de 1670. É necessário que novas epidemias rurais reapareçam e criem escândalo por sua vez, para que o rei, representado pelo seu Conselho, intervenha e ordene às cortes provinciais para que ponham um fim imediatamente nessas perseguições em cadeia: à espera de uma ordenança sobre a questão que as sentenças do conselho em 1670-1672 declaram iminente. Ora, Colbert e seus conselheiros, certamente decididos a fazer com que os juízes abandonem o crime satânico, não puderam executar esse desígnio — sob a forma de uma ordenança geral — senão dez anos mais tarde: pela declaração de julho de 1682. Nesse ínterim, o famoso caso dos venenos permitiu o revigoramento dos partidários das perseguições tradicionais e retardou a elaboração de um texto reconhecido como necessária por todos aqueles que tiveram de tomar conhecimento desses processos rurais e de seus temíveis contágios. Foi assim que se prolongou por uma dúzia de anos a intervenção do Conselho Real nesses casos: o texto de 1682, habitualmente considerado como o seu ato essencial, não pode ser compreendido mesmo em suas omissões (uma vez que os feiticeiros sectários de Satã mal são aí mencionados) senão nesta perspectiva. É o ponto final que se apóia sobre várias intervenções anteriores, mais precisas e igualmente imperativas, tendo sido as cortes de Rouen, Pau, Bordeaux e Toulouse, após Dijon, perfeitamente esclarecidas sobre a vontade do governo.

1. *Últimas Hesitações*

Entre 1660 e 1670, o mundo judiciário parlamentar permanece dividido, como nos decênios precedentes; os mais audaciosos, o borguinhão e o parisiense, encontram novas razões para consolidar sua convicção, porquanto tratados eruditos retomam e desenvolvem os temas de prudência que justificam desde 1640 a jurisprudência parisiense. Não possuindo o poder de impô-la a todas as cortes supremas, os juristas que aconselham Colbert na elaboração dos Códigos, ao redor de Pussort e do Presidente Lamoignon, não levam a audácia a ponto de decretar, sob forma de sentença geral, o fim da repressão satânica; sábia omissão, já que no momento mesmo em que ordenança criminal é assinada pelo rei em Saint-Germain-en-Laye, novas perseguições se desencadeiam, no Sul e na Normandia, as quais são acolhidas pelas cortes supremas com benevolência, **more majorum.** Esses três aspectos descrevem bastante bem a situação dos espíritos durante aqueles anos: incertezas e confusões ainda, como antes de Auxonne, ao mesmo tempo que uma curiosidade sempre viva por todas essas questões[1]. Mas a relação das forças pa-

---

1. Curiosidade geral aliás; alguns catálogos de bibliotecas privadas nesses anos o testemunham: em 1667 um médico de Lyon possuía 37 obras de demonologia (B. N., Q. 2014); um doutor da Champanha formado na Sorbonne, uma quinzena (B. N., Q 1884), etc.

rece instável: as cortes de Bordeaux e Pau às voltas com "especialistas" pendem, por um momento, para o retorno da tradição. Essas flutuações constituem o melhor indício da longa hesitação dos juristas.

a) **Os novos tratados.** O tempo dos demonólogos apologistas da caça às feiticeiras passou. No decênio 1660-1670, as publicações que tratam desses problemas são quase todas obras favoráveis à prática mais circunspecta em todos os casos em que uma intervenção diabólica é salientada[2].

Dever-se-á contar entre o número dessas publicações o decreto pontifical de 1657 intitulado: **Instructio pro formandis processibus in causis strigum, sortilegiorum et maleficiorum?** Esse pequeno texto de oito páginas, impresso em Roma, provavelmente elaborado em seguida às desventuras do dominicano Simard no Franco-Condado, onde seus excessos de zelo suscitaram a indignação dos magistrados locais e provocaram sua partida para Roma alguns anos antes[3], não foi indubitavelmente muito difundido na França[4]. Ele é destinado aos juízes da Inquisição que tratam desses casos nos territórios da Igreja e nas regiões em que a jurisdição inquisitorial ainda tem curso, e não concerne diretamente a esse reino, onde as acusações de feitiçaria são definidas nas jurisdições seculares. Entretanto, é notável que o texto pontifical desde o seu início constate erros e abusos cotidianos na instrução do processo:

> Experientia rerum magistra aperte docet, gravissimos quotidie committi errores in formandis processibus contra striges sive lamias et maleficas in notabile praejudicium tam justitiae quam hujusmodi mulierum inquisitarum.

E de pronto a instrução reconhece que o erro mais freqüente cometido por quase todos os juízes consiste em instruir esses processos, encarcerar as mulheres, e mesmo submetê-las à tortura, embora nenhuma prova formal do delito ou do malefício exista contra elas[5]. Seguem-se considerações mais detalhadas sobre os abusos cometidos por esses juízes na informação dos processos.

---

2. Alguns «novos demonólogos» (sobre os quais Jacques d'Autun disse uma palavra) tratam sobretudo de magia, ciências ocultas e astrologia, retomando por sua conta os escritos do século XVI, como os de F. Placet, L. Meyssonnier e o Abade Montfaucon de Villars, freqüentemente reeditados no século XVIII, cf. n.º 294, 258, 265 da Bibliografia. Meyssonnier, por exemplo, disserta sobre os espíritos (astral, mineral, animal), trata pouco dos feiticeiros e se contenta em remeter a Pierre de Lancre (p. 39). A estes, pode-se juntar as reedições dos demonólogos publicadas na grande época, como R. Du Pont, reimpresso em Rouen em 1665.

3. Os detalhes desse caso são mal conhecidos.

4. Essa instrução pontifical conserva-se nos diversos depósitos parisienses. O exemplar utilizado encontra-se na B. N., Mss., fds. fs., 13055, f.º 353 a 357.

5. «Error principalis et peculiaris omnium fere judicum in hac materia est devenire nedum ad inquisitionem et carcerationem, sed saepe etiam ad torturam contra aliquam mulierem de maleficis imputatam, quamvis non constet de corpore delicti sive maleficii.» *Ibidem*, f.º 353.

Abrindo caminhos, esse texto pontificial não teme evocar a doença mental: os juízes não sabem reconhecer a obsessão e preferem atribuir as divagações dos acusados ao malefício; o que importa em admitir vinte anos após Loudun (cujas peripécias foram disctuidas em Roma, ao menos na Companhia de Jesus a propósito do Padre Surin) o desarranjo mental como explicação possível da possesão:

> Aliqui judices opinantur (et perperam quidem) quod eo ipso, quod aliquis reperitur obsessus, id ex maleficio provenerit, et ex hoc solo injuste formant processus contra personas aliquo modo obsessis infensas, vel aliunde indiciatas. Hoc est maxime absurdum[6].

Sem dúvida, essa instrução romana pode encorajar os magistrados escrupulosos, preocupados com os interesses "de Deus e da religião". Da mesma forma, os tratados médicos que trazem novas demonstrações em favor das interpretações naturais nos casos de possesão: é o caso do discurso, traduzido do inglês, onde o cavalheiro K. Digby, sob o pretexto de pó de simpatia, evoca prazeirosamente um caso de possesão curada pelo médico e reconhece a ausência de simulação:

> Eu conheci uma mulher que sendo muito melancólica e sujeita aos males de mãe se acreditava possessa e fazia estranhas ações, que dentre os menos avisados passavam por efeitos sobrenaturais e de uma possessa... Essa senhora foi curada pelo médico que lhe purgou seus humores atribiliários e repor a sua matriz em bom estado. Nada havia de impostura, nem nisso nenhuma dissimulação.

Um sábio médico parisiense consagra igualmente em um afamado tratado de medicina teórica, aprovado por Guy Patin, várias páginas às possessões e às dificuldades encontradas pelos bons práticos para discernir entre verdadeiras e falsas possessões:

> Ideoque medici sibi artisque suae decori consulent si vera et certa diagnosi ενεργυμενους seu vere a Daemone possessos possint discernere; sapientis quippe medici est similia a dissimilibus distinguere, quia similitudo multis imposiut[7].

Mas essas obras não puderam ter a repercussão dos dois grandes tratados publicados nos mesmos anos e que se dirigem diretamente ao pessoal judiciário: a tradução de F. Spee e a suma do capuchinho Jacques d'Autun. A **Cautio Criminalis** do jesuíta romano foi publicada anonimamente na Alemanha renana, em território calvinista, em 1631[8]; apesar das contrariedades que esse livro corajoso suscitou ao seu autor logo desmascarado, suas reedições

---

6. *Ibidem*, f.º 359, v.
7. Paulus du Bè, *Medicinae theoreticae medulla*, n.º 174 da Bibliografia p. 186 (capítulo de morborum causis).
8. *Cautio Criminalis*, n.º 321 da Bibliografia, cf. mais atrás, p. 242. O título alemão dessa primeira edição é «Rechtliches Bedenken, das ist ein Buch über die Prozesse gegen Hexen für die Obrigkeiten Deutschlands gegenwartig notwendig. Aber auch für die Ratgeber und Beichtväter der Fürsten, für Inquisitoren, Richetr, Anwäalte, Beichväter der Angeklagten, Prediger und andere sehr nützlich zu lesen von ienem römischen Theologer». Título francês, n.º 322 da Bibliografia.

multiplicaram-se rapidamente. Essa descrição crítica dos métodos judiciários utilizados na Alemanha, a partir de uma experiência vivida durante uma dezena de anos, é de fato um requisitório implacável que não poupa nem os príncipes, nem os juízes, nem mesmo os médicos e os confessores. Foi isso que compreendeu muito bem o tradutor francês, um médico de Besançon, Ferdinand Bouvot; ele tomou a precaução de assinar essas "advertências aos criminalistas sobre os abusos que se introduzem nos processos de feitiçaria" somente com as suas iniciais e a indicação transparente de sua origem, F.B. de Valledor[9] e mandou imprimir a obra (às suas custas) em Lyon. Mas prefaciou sua tradução com uma advertência particularmente virulenta, onde evoca em termos crus os fatores que favorecem esses abusos processuais. O fundo da questão é a ignorância e a crendice que explicam essas acusações maciças: "essa multidão de feiticeiras não subsiste senão na opinião dos idiotas", e como estes são mais numerosos do que os homens capazes de se governar pela razão, a relação é clara: "a freqüência desse pretenso crime, se bem que o maior de todos (e que por isso deveria ser o mais raro) responde à pluraridade dos ignorantes". É o "contágio das opiniões populares", escreve justamente Bouvot, que explica de fato como os próprios juízes podem ficar presos nisso e arrastados:

> os criminalistas cumprem seus deveres ou bem ou mal, e tiram emolumentos consideráveis desses tipos de processos: não somente quanto à bolsa, mas ainda quanto à honra, a autoridade e o crédito. É hoje em dia um meio muito à mão e de grande brilho para ganhar a estima das pessoas e estabelecer uma autoridade, e um crédito em seus espíritos...

Sem comedimentos, o médico de Besançon denuncia com as mesmas tintas a exploração da piedade em que implicam muitas das demonstrações em favor das perseguições. Boucot não lhes concede nem sequer a desculpa de uma fé cega pela ignorância.

Mas o que faz triunfar os idiotas é o pretexto do interesse de Deus e da religião. Eles imaginam terem Deus ao seu lado, quando fazem soar o seu nome bem alto, como os promotores de falsos milagres que assim persuadem os simples (como eles próprios o são algumas vezes) de que é conforme à honra de Deus prestar-lhes a mão para que sejam valorizados. Embora nada haja de tão injurioso a Deus, e de tão contrário à verdadeira religião[10].

9. Besançon, Chrysopolis, Ville d'Or. Todavia a obra recebeu quatro aprovações eclesiásticas, duas em Lyon, e duas autorizações de oficiais de justiça de Lyon. O vigário geral de Besançon, o mais explícito, deu sua autorização nestes termos prudentes: «Seria necessário ter perdido o senso comum para não acreditar que existam feiticeiros e mágicos: as Santas Escrituras dão fé de sua existência, os historiadores o publicam, os parlamentos e outros tribunais de justiça pronunciaram sentenças contra eles e os culpados confirmaram essa verdade até nas chamas. Mas que exista uma quantidade tão grande deles quanto se pretende fazer crer, é coisa que não está menos distante da crença dos mais judiciosos...»

10. *Adivs aux criminalistes...* n.º 322 da Bibliografia, prefácio, advertência da tradutor, não paginado, *passim*.

Essa veemência não é somente nutrida pela leitura de F. Spee e das polêmicas francesas recentes. Bouvot esclarece seu propósito com a ajuda de eventos judiciários do Franco-Condado; expõe, principalmente, para ilustrar os erros cometidos pelos juízes, a história atroz de duas crianças com a idade entre doze e dez anos, que provocaram a condenação de sua mãe declarando terem ido ao sabá com ela. As crianças explicaram um ano mais tarde que tinham "acusado falsamente (sua) mãe" sob a instigação dos padres encarregados de sua instrução na prisão. É o menino, o mais velho, quem confessa:

> Como ele lhe perguntou por que ele o havia feito, respondeu que era para conseguir pão, e que todos aqueles que os viam na prisão (particularmente os dois padres que nomeou) davam-lhe a entender que a menos que dissessem a verdade (vós bem sabeis qual), não sairiam jamais da miséria em que estavam, mas que dizendo-a, teriam pão à vontade.

Para o médico de Besançon, é o conjunto dessa prática judiciária contra os feiticeiros que é condenada sem recurso. O tradutor corrobora totalmente as conclusões de seu modelo renano.

É verdade que a demonstração feita pelo jesuíta é dificilmente refutável no plano jurídico: toda a argumentação repousa sobre a análise dos métodos judiciários e é conduzida com a maior clareza. Ele propõe em algumas páginas introdutórias — e seguindo a linha mais ortodoxa — o problema de doutrina e a definição do crime: há feiticeiras e possessas; a feitiçaria constitui um crime excepcional[11]. O essencial da obra é, em seguida, consagrado aos processos: ele estabelece, em uma primeira parte, a responsabilidade geral dos príncipes com relação a essa administração da justiça, e especialmente com respeito às vítimas inocentes dos processos. Em seguida, trata longamente dos diferentes pontos que deram lugar, a seus olhos, aos abusos mais clamorosos: o emprego da tortura, a procura das provas (reputação, marcas), as denúncias. E termina narrando o desenrolar completo de um processo, com a lembrança de célebres "erros judiciários", como o processo de Nero contra os primeiros cristãos. Essas longas cadeias de raciocínios, apresentadas por meio de perguntas e respostas, não trazem nenhum elemento realmente novo às reflexões já apresentadas nos tempos de Loudun e Louviers, exceto sua articulação estritamente judiciária, ao descrever casos onde Spee foi testemunha como confessor. O jesuíta percebeu perfeitamente a atmosfera das denúncias, sua insegurança geral aterrorizante e a parte desempenhada pelos juízes nessas ondas de perseguições que alinham as fogueiras às centenas. Spee sen-

---

11. «Exiguus sagarum numerus», edição de 1631, p. 29. De passagem, explica o grande número de fogueiras na Alemanha pela persistência das superstições.

tiu igualmente uma certa passagem do campo à cidade: no auge de uma epidemia ninguém poderia sentir-se a salvo de ameaça; as querelas de aldeia correm de pessoa em pessoa e podem atingir, ao acaso das divagações, as pessoas mais respeitáveis; nas pequenas cidades renanas, o jesuíta confessou tanto burgueses quanto camponeses:

> Nenhuma pessoa, hoje em dia, de qualquer sexo, de qualquer qualidade e condição que seja, pode estar em segurança a menos que esteja isenta de invejosos e de inimigos, que lhe suscitem um mal nome e a carga de suspeita desse crime abominável[12].

Ora, a razão essencial dessa ameaça reside exatamente no fato de que os juízes participam dessa alucinação coletiva. Ninguém melhor do que Spee, conforme já o sublinhamos, descreveu esse delírio dedutivo que se apossa dos magistrados que instruem tais processos, para concluir pela culpabilidade: a cada momento da instrução, reencontra o mecanismo que conduz infalivelmente à condenação. De que adianta um bom examinador de marcas insensíveis? Se o cirurgião descobre um ponto de insensibilidade, é normal que o juiz veja nisso uma marca satânica. Mas se o acusado se sobressalta a cada golpe de agulha, o juiz está certo de que Satã suprimiu as marcas para salvar sua criatura. Igualmente a tortura de nada serve e não pode demonstrar o que quer que seja: se o acusado submetido aos brodequins termina por declarar o seu crime, confessar o sabá e os malefícios, esta confissão arrancada pelos tormentos tem o valor de prova irrefutável. Se o mesmo acusado, dotado de uma resistência física ímpar e de uma força moral pouco comum, consegue resistir e se recusa a qualquer confissão, a qualquer declaração, é a prova mesmo de que Satã lhe concedeu forças mágicas de não sucumbir à tortura: é a explicação acusatória pelo **maleficium taciturnitatis**[13]. A demonstração, ilustrada por exemplos precisos evocados rapidamente, apresenta a clareza de uma evidência. A tradução francesa de **Cautio criminalis** traz, portanto, em 1661, uma demonstração peremptória dos erros judiciários em que implicam esses processos tradicionais[14]; mais conhecida sem dúvida de que as edições latinas dos anos 1630-1640, essa crítica da jurisprudência em voga na Alemanha renana não foi certamente lida pelos juízes cujas práticas descreve, mas fornece aos magistrados superiores, grandes leitores, curiosos de novidades e que se inquietam muito além de seu dever, uma argumentação de peso.

---

12. F. Spee, tradução francesa, p. 330.

13. Cf., outros exemplos citados no cap. 1, p. 106; Spee, trad. francesa, p. 320 e *passim*.

14. F. Spee, que não ousou assinar o seu livro, não escreveu sem dúvida tudo que pensava sobre essas práticas: é isso que estabeleceu muito justamente o último de seus comentadores, o jesuíta Zwetsloot, *Friedrich Spee und die Hexenprozesse*, n.º 515 da Bibliografia; pp. 271-273.

Dez anos mais tarde, o capuchinho borguinhão Jacques Chevanes dito Jacques d'Autun publica um volumoso tratado consagrado à questão sob o título ponderado: "A incredulidade sábia e a credulidade ignorante a propósito dos mágicos e dos feiticeiros"[15]. Teólogo erudito, conhecido há muito tempo por trabalhos que lhe valeram poderosas proteções[16], Jacques Chevanes pretendeu certamente dar ao público esclarecido a mais completa e a melhor informação ao escrever uma "suma" que clarifica todos os aspectos controvertidos do debate. Seus fiadores, pregadores capuchinhos como ele, que redigiram os atestados que figuram ao fim de seu prefácio, fornecem a prova disso, pois realçam todo o interesse da obra:

> Muito útil e importante para desiludir os ignorantes que acreditam em muitas coisas impossíveis nessa matéria e para persuadir os incrédulos que atribuem a uma imaginação perturbada todos os efeitos surpreendentes que produzem os mágicos e os feiticeiros pelo ministério dos demônios em virtude de pacto feito com eles[17].

As proposições defendidas por Jacques d'Autun nada têm de particularmente original: é ainda o caminho intermediário, que se situa a igual distância da incredulidade total atribuída aos eruditos céticos e da credulidade ingênua manifestada pelos "idiotas e ignorantes". Como o declara ainda um de seus admiradores, o Irmão Jean Germain: "ele traz a verdadeira têmpera daquilo em que se deve crer em caso de magia", ao mesmo tempo "não acreditar em demasia" e "não se tornar de modo nenhum tão delicado de não crer em absolutamente nada". Contudo esse sábio capuchinho sabe reconhecer a importância dos testemunhos apresentados nessas matérias delicadas pelos médicos; em seu prefácio mesmo, declara explicitamente que os jurisconsultos e os "curiosos das belas-letras" não são informados o bastante para tratar delas validamente, mesmo quando são hábeis em sua profissão: "Para ter um perfeito discernimento dos efeitos da Natureza e da Magia, é necessário ser filósofo, teólogo e médico, é necessário saber até onde se estende o poder do demônio, que é o autor de maravilhas que se produzem por arte mágica"[18]. Mas sobretudo Jacques Chevanes participou das discussões dos magistrados de Dijon, quando

---

15. O título completo, cf. o n.º 93 da Bibliografia, indica uma resposta a Gabriel Naudé e sua *Apologie:* trata-se de um apêndice bastante curto (pp. 935 a 1.108) que o autor intitula ele mesmo: «Apologie pour la créance des scavans qui ont justement accusé les grands personnages de magie»; o capuchinho preocupa-se sobretudo, em «defender os Doutores e os Padres da Igreja que são acusados falsamente de ligeireza, de ignorância e de malícia»; ele nada traz nesse adendo sobre os aspectos recentes do problema.

16. Seu livro de teologia impresso em Lyon em 1649: *Les espérances de notre salut opposées au desespoir du siècle*, é dedicado a Louis de Bourbon, que pediu para ele ao chanceler Séguier o direito de impressão: carta de 24 de junho de 1649, conservada na Bibliothèque de l'Institut, fds. Godefroy, 274, f.º 54.

17. J. d'Autun, *L'incredulité scavante...*, atestado do Irmão Michel-Ange de Dijon, datado de 17 de abril de 1668.

18. *Ibidem*, prefácio.

da onda rural de 1644, como nós sabemos[19]; conheceu igualmente o caso de Auxonne em todo o seu desenrolar, mas nada escreve sobre ele em seu tratado[20]; ele cita, na última parte de sua obra, um processo muito recente apresentado diante do Parlamento em 1670, o de Étiennette Bluet, do Bailiado de Gex, acusada de ter matado dois jumentos e enfeitiçado três pessoas, e que termina com uma declaração de ausência de motivos para a realização do processo[21]. Após ter dissertado largamente sobre os anjos que permaneceram bons e os anjos decaídos, Jacques d'Autun argumenta, ele também, sobre as práticas judiciárias: denuncia por várias vezes os danos da má reputação, que fundamenta os depoimentos acusatórios e as denúncias "sobre um ouvir dizer, somente sobre a suspeita, e não sobre os indícios do crime"[22].

A contribuição mais original de Jacques Chevanes é, pois, a clareza francesa com a qual analisa as atitudes dos magistrados que viu em ação por várias vezes na Borgonha. Suas descrições relatam fatos mais próximos de que aqueles expostos pelo jesuíta renano e vão sem rodeios ao fundo da questão quando evoca a credulidade dos oficiais subalternos, constantemente fustigados:

> Eu me admiro do procedimento de alguns juízes, escreve ele, que só ao nome de feiticeiros estremecem e que acreditam que todos aqueles que são suspeitos de sortilégio já são culpados disso: a opinião com que seu espírito se preocupa é um vidro colorido, que impinge sua tintura a todos os objetos que se apresentam a seus olhos...

Os exemplos que ele fornece demonstram bem, aliás, que percebe a boa fé desses juízes, persuadidos antes mesmo de começarem a instruir:

> Sua facilidade em acreditar nas testemunhas que acusam um idiota (o qual não sabe se defender, nem mesmo, às vezes, responder às perguntas que lhe são feitas) os surpreende de tal forma que a estupidez do acusado é considerada como uma confissão[23].

Sem dúvida, está menos à vontade para protestar contra a reputação atribuída ao Parlamento parisiense de recusar quaisquer perseguições; como outros polemistas não se cansarão de repeti-lo ainda no século XVIII, Chevanes recorda que os magistrados parisienses condenaram feiticeiros outrora e que não são indulgentes em excesso.

> É uma calúnia que se impõe ao mais augusto Parlamento da França quando se diz que todos os crimes dos feiticeiros não passam

19. Cf., o capítulo precedente p. 288.

20. O Doutor Samuel Garnier em sua obra sobre Barbe Buvée. n.º 416 da Bibliografia, pretende (p. 10) que no início do caso o capuchinho aconselhou o cura de Auxonne a abster-se de qualquer exorcismo e de tratar a primeira ursulina agitada «por meio dos sacramentos». Esta afirmação figura no relatório do Mss. 18696 na B. N., (fds.-fs.): Provas que resultam do processo... f.º 129.

21. *L'incrédulité savante...*, p. 504 e s.

22. A propósito de Etiennette Bluet, p. 504; de Jeanne Barbier em 1664 p. 468; e em conclusão «a calúnia de um só não deve causar a perda da reputação de uma pessoa», p. 922.

23. *Ibidem*, p. 920.

de quimeras e puras ilusões diante do seu Tribunal, e que eles puseram uma venda nos olhos da justiça para não vê-los[24].

Mas ele não pode evidentemente citar nenhum processo recente em que os magistrados parisienses tivessem confirmado uma condenação à fogueira. Essa pequena dificuldade é ademais dissolvida na argumentação geral, que define com rigor e persuasão a posição intermediária[25].

Estes dois teólogos, Spee e Jacques d'Autun, fundamentaram portanto a sua escolha não somente na análise dos textos antigos, Escrituras, Direito Canônico, Padres da Igreja[26], ou na observação das elucubrações satânicas nos exorcismos, como os mestres da Sorbonne cerca de meio século antes, mas também na observação crítica das práticas judiciárias comuns de que foram testemunhas. Assim, resumem e rematam as demonstrações apresentadas no fogo das polêmicas, durante os decênios precedentes, por todos aqueles que tomaram partido contra a diabrura freqüente. A prolixidade do capuchinho e a veemência do médico tradutor expressam de forma diferente um traço comum: um e outro sabem que devem persuadir um público ainda dividido, reticente muitas vezes, a começar pelo pessoal judiciário que é posto diretamente em questão nessas obras. Essa divisão dos espíritos nos meios judiciários, tão claramente estabelecida, afirma-se, ainda, diante da tranqüila segurança destes teólogos e, negativamente por assim dizer, na ordenança criminal de 1670.

b) **Os silêncios da ordenança criminal (agosto de 1670).** Os trabalhos ordenados por Colbert para a reforma da justiça ocuparam durante os anos de 1665 a 1670 uma comissão em que peticionários e advogados trabalharam assiduamente sob a direção do grande jurista Pussort, tio do ministro. Seus projetos foram finalmente submetidos a um grupo de 40 membros do Parlamento que discutiram suas proposições uma a uma[27]. Essas confrontações resultaram, quanto ao processo civil, nos textos de abril de 1667 e agosto de 1669; quanto ao criminal, na ordenança de Saint-Germain-en-Laye, registrada pelo Parlamento de Paris a 26 de agosto de 1670. É um documento considerável, de uma cinqüentena de páginas **in-quarto**, dividido em vinte e oito títulos comportando cada um vários artigos, muito mais importantes que os artigos correspondentes das ordenanças anteriores, em que a justiça criminal era igualmente tratada, o código Michau de 1629, ou as orde-

24. *Ibidem*, p. 923.
25. O livro está composto de três partes designais: 1.º «Qu'il y a des sorciers et magiciens»» (mais de 400 páginas); 2.º «Moyens de les reconnaître» (250 páginas); 3.º «Obligation de les punir» (250 páginas).
26. Um e outro citam, entretanto, as referências indispensáveis; Jacques d'Autun, por exemplo, utiliza Bodin, Wier, Delrio, Sprenger, Cardan, Rémy, Crespet, Nider, Le Loyer, Boguet, assim como Heródoto, Tito Lívio, Sêneca e Santo Agostinho.
27. Todos os grandes nomes do Parlamento de Paris, Lamoignon, Talon, Molé, Nesmond, Le Bailleul, etc . encontram-se nessas comissões de reforma. Cf. B. N., Mss., Mélanges Colbert 33, p. 551 e s.

nanças de Blois e de Moulins (1579 e 1566). Entretanto, em nenhum momento o texto assinado por Luís XIV em Saint-Germain-en-Laye menciona os processos de feitiçaria.

As ordenanças anteriores — embora apresentando, no conjunto, o caráter de textos gerais destinados sobretudo a definir as formas de ação judiciária — não deixaram de mencionar crimes precisos e até de indicar quais as ações repressivas se faziam necessárias. A grande ordenança de Henrique III, por exemplo, menciona o porte de armas ilícito com a cumplicidade dos senhores autojusticiadores (artigo 192), os duelos, tumultos e excessos entre particulares (artigo 197), os roubos e mortes cometidos por pessoas mascaradas na cidade e nos campos (artigo 198). Os redatores da ordenança de 1670 não somente não resolvem o problema colocado pelas jurisprudências díspares em um domínio tão importante, mas evitam, de fato, mencionar o crime satânico. Não lhes faltaram no entanto oportunidades de fazê-lo ao longo do trabalho: o título V consagrado aos relatórios fornecidos pelos médicos e cirurgiões evoca o exame dos feridos e dos mortos, mas cala quanto à procura das marcas, a identificação das possessões e malefícios; o título XVIII (sobre os surdos-mudos, sobre aqueles que se recusam a responder) trata largamente do caso do acusado "que não quer responder podendo fazê-lo", mas ignora o **maleficium taciturnitatis** que poderia explicar diabolicamente esse silêncio obstinado[28]. Melhor ainda, em dois pontos a ordenança de 1670 inova no sentido adotado pelos magistrados parisienses, mas evita mencionar diretamente a jurisprudência parisiense em matéria de feitiçaria: no título XIX, sobre a tortura, o artigo 7 reserva expressamente os tormentos às cortes supremas: "As sentenças de condenação à tortura não poderão ser executadas a não ser quando confirmadas por sentença de nossas Cortes". E no título XXVI, sobre os apelos, o artigo 6 estabelece o recurso automático diante dos Parlamentos, não somente para esses processos, mas para qualquer condenação a um castigo corporal ou infamante:

> Se a sentença pronunciada pelo juiz das localidades determina condenação a pena corporal, galés, banimento perpétuo ou confissão pública, quer haja apelo ou não, o acusado e o seu processo serão enviados juntos e seguramente às nossas Cortes.

Sem dúvida nenhuma, remeter imperativamente aos magistrados dos Parlamentos todos os julgamentos definitivos que incluem a tortura e as punições mais pesadas é um passo não negligenciável no sentido de uma justiça melhor e mais segura nesse domínio, na medida em que

---

28. Outros silêncios também significativos poderiam ser destacados do título VII (exames periciais de escrita) e do título XIV (interrogatórios). Os autos das deliberações que reuniram os comissários do rei e os deputados do Parlamento nada dizem tampouco. Cf. B. N., Mss., Mél. Colbert 33, f.º 551 e s.

as cortes supremas são induzidas à moderação parisiense. Mas é um passo discreto, já que os redatores se preservaram cuidadosamente de mencionar os processos de feitiçaria que suscitam ainda penas corporais e infamantes ao mesmo tempo. Uma cópia desses projetos feita no século XVIII (para o procurador-geral Joly de Fleury que a anotou) é igualmente reveladora das inquietudes que animam os reformadores: no título dos apelos foi previsto um artigo para os pastores envenenadores de rebanho por sortilégios, ou seja, o caso mais freqüente das acusações rurais — aquele de que está em pauta na Normandia no momento mesmo em que a comissão conclui seus trabalhos[29]. O artigo prevê a transformação simples e automática da pena de morte em galés perpétuas.

> Quando pela sentença, de que há apelo, vários particulares foram condenados à morte por terem envenenado a água e o alimento dos rebanhos por feitiços e sortilégios, e a prova não é suficiente para levá-los à morte, a maneira de proceder é: a Corte anulou e anula essa apelação, e corrigindo-a condena os apelantes a servirem o Rei em suas galés perpetuamente na qualidade de forçados e os condena a pagarem as custas[30].

Esse artigo não figura na ordenança definitivamente publicada; sem nenhuma dúvida, mesmo o caso dos pastores que utilizam sortilégios não pareceu bastante claro aos comissários para merecer essa menção explícita.

Confiar nos conselheiros das cortes supremas para o conjunto dos crimes maiores que impliquem as penas mais pesadas foi, pois, uma medida de sábia prudência. Os magistrados que cercam Lamoignon e Pussort não ignoram certamente as divergências dos diferentes Parlamentos nesse domínio assim como em muitos outros. Mas não importa; o apelo automático generalizado é bem uma forma discreta de desautorizar todas as instâncias primárias e de remeter as causas difíceis aos magistrados mais esclarecidos, mais aptos a enfrentar os surtos de perseguição, sob cuja eclosão os comissários são ainda informados no próprio momento em que deliberam sobre essa reforma do processo criminal[31].

c) **As novas epidemias.** Os dois epicentros das novas ondas que se manifestam por volta de 1670 são a Normandia e o Sudoeste: Béarn e Guyenne. Nem é preciso dizer, por isso, que o restante do reino não mais conheceu perseguições: o Parlamento de Dijon, cuja vontade de

---

29. Cf. o item c) «As novas epidemias».
30. B. N., Mss. Dupuy, 892, f.º 283. Esse manuscrito não é dado como texto da comissão Pussort. Mas a análise de seu sumário comparada à da ordenança é comprobatória.
31. Que os processos criminais contra os feiticeiros tenham sido considerados, encontram-se outras provas também patentes: assim a ordenança de 30 de julho de 1666 contra os blasfemadores que invocam blasfemando o nome de Deus, da Virgem e dos Santos «para escândalo da Igreja e ruína da salvação de alguns de nossos súditos» e «quase por todos os lugares das províncias de nosso Reino», não menciona em nenhum momento a invocação satânica e o sacrilégio diabólico.

manter a nova jurisprudência afirmou-se com brilho recentemente, teve de conhecê-las ainda, em 1668-1670. Trata-se do caso sem repercussões de Étiennette Bluet, viúva de Jacques Prudhon, denunciada pelos habitantes de sua aldeia ao bailiado de Gex, condenada pelo bailio à tortura ordinária extraordinária e à procura "em todos os lugares de seu corpo por cirurgiões e pessoas desses conhecimentos para reconhecer se ela possuía a marca que os feiticeiros costumam ter"[32], que recorreu diante da Corte de Dijon. Jacques d'Autun conheceu seu processo e explica por que os magistrados borguinhões lhe abriram as portas das prisões:

> visto que todos os depoimentos eram fundamentados na opinião do vulgo ignorante e idiota, no testemunho do demônio que não é jamais válida, e nos índices da reputação, ou do mal boato que tomam o último lugar dentre aqueles que devem ser examinados[33].

Os conselheiros de Dijon não desistiram, portanto, de sua vigilância com relação às denúncias rurais, as imputações de feitiçaria: e agem ainda da mesma forma quando um caso obscuro de envenenamento "por um picado de peixe" acrescido de arsênico, que intoxicou quinze pessoas no convento de Cîteaux em 1671, ameaça transformar-se em malefício; após o inquérito, onde reaparece o Conselheiro Legoux, o perspicaz relator da possessão de Auxonne, o Parlamento conclui pelo simples envenenamento e condena à morte o envenenador[34]. Mas em outras partes as coisas tomam um rumo completamente diferente.

Na Normandia, primeiramente, onde o Parlamento recebe numerosos apelos que chegam da região de Carentan, o lugar-tenente criminal multiplica aí as condenações à fogueira por "sortilégios..., ter por malefícios causado doenças a diversas pessoas..., ter freqüentado e participado de sabás e assembléias de feiticeiros, ter renunciado a Deus e adorado o demônio, e ter cometido as outras ações que se cometem nos sabás", etc. Charlotte Ledy, Gabriel Leseigneur, Charlotte Le Vavasseur apelam em maio de 1670; outros vêm em seguida, um padre, uma mulher; depois em séries, oito a dez de uma vez, uma vintena de outra no início de julho de 1670[35]. Entre Coutances e Carentan, o Diabo conduz, pois, com bom ritmo seus negócios; os denunciadores são "quatro ou cinco

---

32. Texto da sentença. A. D. Côte d'Or, B II 46¹⁵ na data de 14 de janeiro de 1670.
33. *Jacques d'Autun, l'Incrédulité...* op. cit., p. 511.
34. O caso complicou-se com recurso diante do conselho real em razão dos laços de parentesco entre certos magistrados e o abade de Cîteaux. Mas o conselho o devolve ao Parlamento de Dijon. Cf. sentenças do Conselho de 21 de fevereiro de 1671 (A. N., E, 1763, f.º 156) e 12 de junho de 1671 (*Ibidem*, f.º 179); e deliberações do Parlamento, B. M. Dijon Mss. 932, II p. 515; e 1501, f.º 147 (ordenando principalmente uma fiscalização das vendas de venenos junto aos boticários e especieiros).
35. Texto das sentenças pronunciadas em Carentan (5 e 20 de maio de 1670) em B. N., Mss. Clairambault, 192, ff.º 45.

jovens rapazes de onze a quatorze anos, quinze e dezesseis" que declaram reconhecer homens e mulheres encontrados no sabá; acusações rapidamente corroboradas por recordações aldeãs, malefícios, ameaças, curas; e mesmo no caso de um homem, um velho camponês de setenta e cinco anos, por uma marca insensível na cabeça; além do que se encontra lá um juiz que acolhe de boa vontade essas denúncias e instrui diligentemente os processos sem jamais se cansar. Mas às portas de Rouen assim como na Baixa Normandia, o temor ao Diabo repete suas devastações: a 2 de junho de 1669, conforme relatório do lugar-tenente geral, do bailiado de Rouen na data de 31 de março, o procurador do rei decide pela permanência em prisão, "encerradas nas ditas torres", de moças "possuídas pelos demônios" que devem ser submetidas a uma informação em boa forma pelas autoridades de que elas dependem[36]. Seu caso é, sem dúvida, menos trágico que aquele das camponesas transferidas para Rouen na primavera seguinte: ele demonstra com clareza que a febre diabólica da Baixa Normandia não é um acidente excepcional nessa província.

No Sudoeste, as perseguições se multiplicam igualmente sob o impulso de "conhecedores de feiticeiros" como em 1644. Na primavera de 1671, nas cercanias de Condom, o bispo e as autoridades civis se inquietam com a atividade desenvolvida por um "certo visitador de feiticeiros" que percorre a região. Trata-se de um homem chamado Jean Parrabère, originário de Chalosse, garoto de quatorze anos, que declara ter sido iniciado por sua ama-de-leite indo ao sabá desde a mais tenra idade. Ele conhece os feiticeiros "à vista" e visita as comunidades que apelam para os seus bons serviços; em Mezin, examinou cerca de duzentas pessoas na sede da cidade e reconheceu quase sessenta dentre elas; em Moncrabeau, em uma centena de presentes, acusou sete ou oito, entre os quais o marechal e uma parteira. Chegado a Lialores em julho, é detido por um cônsul de Condom[37]. Mas não é o único a percorrer assim a Guyenne; as comunidades se endividam para obter os serviços desses conhecedores comumente recompensados pelo número de feiticeiros denunciados. A 20 de junho, o Parlamento de Bordeaux se revolta contra esse estado de coisas constatando que "as famílias se acusam umas às outras; a tal ponto que o marido desconfia de sua mulher, o pai do filho e ameaçam aqueles que lhes suspeitam do dito crime"; proíbe as vias de fato e requer dos "juízes das localidades" que procedam às informações dentro das boas re-

---

36. A. D. Seine-Maritime, bailiado de Rouen, peças diversas não classificadas.
37. Cf. deliberação dos cônsules de Moncrabeau, A. D. Lot-et-Garonne, E sup. 2707, na data de 5 de julho de 1671; e um artigo de J. Gardère na *Revue de Gascogne*, datado de 1901, páginas 408 e s.

gras[38]. Duas semanas mais tarde, a 4 de julho, uma nova sentença denuncia "a cega presunção de certas pessoas que asseguram mediante algum ganho terem esse dom e essa faculdade de conhecer aqueles que são feiticeiros somente por vê-los, ou por certas marcas que eles possuem nos olhos ou em outras partes de seus corpos", proíbe aos curas revelar publicamente as confissões de seus penitentes que se tenham acusado de práticas diabólicas e aos oficiais de justiça de receberem quaisquer denúncias desse gênero, e de constituir "róis e registros" de feitiçaria; por fim, exige de novo destes que procedam as instruções regulamentares "segundo as formas"[39]. É uma amostra das devastações que essas assembléias de habitantes e essas visitas estão em vias de exercer através da Guyenne[40].

Na jurisdição do Parlamento de Pau, a situação é semelhante, desde há muito mais tempo mesmo, já que os magistrados dessa alçada delegaram três dentre eles para investigar a questão em novembro de 1670. O herói da epidemia do Béarn é um jovem aprendiz, Jean-Jacques Bacqué, de Laroien (Laroin), filho de tecelão, com a idade de dezesseis anos, que pretende ter freqüentado o sabá desde alguns anos e que começou a conhecer os feiticeiros a partir do São João de 1670: vê no rosto dos camponeses, que lhe são apresentados por toda parte onde passa, "uma negridão semelhante a uma pano negro"; por esse meio, identificou somente na comunidade de Lahourcade cento e noventa e cinco feiticeiros, e nas trinta aldeias em que foi chamado, um total de seis mil duzentos e dez cúmplices de Satã... O jovem Bacqué além do mais fez escola, e "várias pessoas, atraídas pela esperança do ganho ou sob o pretexto de uma falsa devoção, puseram-se a fazer profissão de conhecer os feiticeiros pelas marcas que supõem ver em seus rostos", quando os magistrados de Pau começaram seu inquérito. As desordens provocadas por essas perseguições se multiplicam assim ao infinito: "as domésticas começam a se revoltar contra seus senhores, as crianças na mais tenra infância, ao ressentimento da menor correção, contra seus pais e mães levando-os à justiça e acusando-os de conduzi-las ao sabá", constata um texto real de 1671 e que conclui por uma larga enumeração dessas denúncias em que as crianças acusam seus pais, os maridos suas mulheres, os irmãos suas ir-

38. Sentença do Parlamento de 20 de junho de 1671. A. D. Gironde, B 895 nesta data.
39. Sentença de 4 de julho de 1671. A. D. Gironde, B 896 nesta data.
40. Mais a Leste, em território do Parlamento de Toulouse, uma pequena cidade, Montfort, é inteiramente tomada de malefício: uma centena de pessoas são atingidas, latem, mugem e desmaiam sob o efeito de um malefício. Os médicos das cercanias perdem seu latim; mas o feitiço é tirado, sem intervenção da justiça, por um voto à Virgem, uma procissão e a fundação de uma missa anual a cada 8 de dezembro. Texto das deliberações da comunidade, na *Revue de Gascogne*, 1901, p. 406 e s.

mãs: "o que fere e destrói os fundamentos da sociedade civil, choca as leis divinas, naturais e humanas..."[41]. A formulação é eloqüente, quase grandiloqüente, mas exprime muito bem as preocupações dos conselheiros do rei, quando decidiram intervir novamente nesses casos e de forma decisiva.

2. *As Intervenções Reais dos Anos 1670-1672*

Em várias ocasiões, Colbert, que substituiu efetivamente o Chanceler Séguier adoentado (ele morre em fins de janeiro de 1672), e o Conselho dos Despachos tomaram posição da forma a mais clara diante dessa nova onda de perseguições rurais, dirigindo-se aos três Parlamentos que se ocupam delas. No entanto, somente a intervenção de Colbert na Normandia foi assinalada. Sua correspondência com Pellot em 1670 foi publicada em parte no século passado; e por outro lado, os magistrados de Rouen tentaram defender a jurisprudência tradicional através de uma memória ao rei, que foi impressa no século XVIII. Mas as outras decisões reais concernentes a Bodeaux e a Pau que foram, aparentemente pelo menos, de execução mais fácil, não são menos importantes. A julgar pelo efetivo de feiticeiros atingidos, a epidemia do Sudoeste desencadeia mais paixão que a da Normandia e ameaça repetir a hecatombe de 1609, por pouco que um novo Pierre de Lancre dê mão nisso. A ação do governo real é de resto idêntica em face a esses três focos de perturbação: ela significa, sem apelo, a recusa oposta pela autoridade suprema à conservação da jurisprudência tradicional. Todavia, convém reservar um lugar à parte para o caso de Rouen: ele é ligeiramente anterior, uma vez que começa em 1570; e esclareceu certamente de forma decisiva os conselheiros do rei, que interferem deliberadamente em 1671 e 1672 tanto em Bordeaux e Pau, quanto em Rouen, mais uma vez.

a) **Claude Pellot, Colbert e os feiticeiros de Carentan.** Quando, ao fim da primavera de 1670, o Parlamento normando é encarregado dos apelos procedentes do Carentan, é o primeiro presidente dessa corte, Claude Pellot, que os transfere a Colbert. Personalidade interessante, amigo de longa data e parente distante de Colbert, é um homem completamente devotado à política do ministro. Claude Pellot, filho do preboste dos mercados de Lyon, tem cinqüenta e um anos; acaba de ser nomeado pelo rei para este cargo, após uma carreira já longa de intendente eficaz e severo. Conselheiro do Parlamento de Rouen aos vinte e

---

41. Extratos da sentença do Conselho dos Despachos, datada de 19 de outubro de 1671 (citado novamente mais adiante), A. N., E 1762, pp. 211-216, *passim*.

dois anos, em 1641, após a Fronda (na qual condenou as intrigas de seus pares), tornou-se referendário, depois intendente. Durante sua carreira provincial, manteve-se em relação com seus amigos parisienses, principalmente o Cavaleiro de Méré que lhe pede repetidas vezes para que intervenha em favor de amigos seus, dentre os quais a Senhora Scarron[42]. Durante dois anos, defrontou-se no Delfinado (1656-1658) com revoltas e com a ira do Parlamento que o obriga por várias vezes a fugir para Grenoble[43]. Ele foi em seguida nomeado intendente do Poitou de 1658 a 1664 e acumulou por diversos anos a direção de três circunscrições financeiras, Poitiers, Limoges e Montauban; depois vem para Bordeaux, de onde se ocupa ainda, acessoriamente, de Montauban e do Béarn: aí também as sedições a propósito da gabela que se estendem até os Pirineus e os conflitos com os togados o obrigam a usar de rigor. Mas ele administra bem, liquida as dívidas das comunidades, essa praga das finanças locais, manda realizar obras públicas consideráveis, para a navegação principalmente. "Em consideração a todos esses serviços importantes, Sua Majestade esperando maior recompensa lhe concedeu o cargo de primeiro presidente nesse parlamento (da Normandia)"[44]. Após tê-lo apreciado durante quinze anos de intendência, Colbert envia então Claude Pellot para Rouen; o que lhe permite contar com um homem seguro na direção da companhia provincial mais turbulenta durante a Fronda. Metódico até nos menores detalhes, o novo presidente que conhece de longa data esse meio (aí encontra trinta e seis antigos colegas dos anos 1641-1648), pôde controlar rapidamente os togados normandos; basta consultar as notas que tomou sobre seus novos colegas para ver de que altura os julga. O Sr. de Bernières, procurador-geral, é "um homem muito honesto, mas um pouco frouxo na função de seu cargo... ama seus prazeres"; o Senhor de Feuserolles "não carece de sentido". Poirier d'Amfreville, que por ocasião do inquérito geral de 1662 fora qualificado de "grande homem de bem, de capacidade satisfatória", não é mais tão bem considerado por Pellot, que anota secamente: "Oposto em geral a todas as questões do Rei mais por mau humor

---

42. Ch. de Méré, *Oeuvres*, n.º 255 da Bibliografia, tomo II, pp. 59, 194, 238 e 305. O Cavaleiro de Méré intervém também contra um coletor de auxílios, ladrão que deve ser enforcado sem se olhar para as formas.

43. A luta foi viva durante todo o período de sua comissão: os parlamentares de Grenoble não o pouparam. Em uma carta a Séguier, um conselheiro que deplora a imperícia do intendente, declara sem rodeios: «tem pouco ou nenhum conhecimento e experiência, pouca conduta, muita leviandade, completamente entregue ao jogo, à boca e às mulheres, que lhe atraíram daqui sobre os braços famílias inteiras...» Bibl. de L'Institut, fds. Godefroy, 274, f.º 410.

44. A. N. U 337 na data de 14 de abril de 1670: apresentação da nomeação do primeiro presidente (registro secreto do Parlamento de Rouen nos Arquivos Nacionais).

que para se dar crédito, pois não tem muito"[45]. Instalado solenemente a 16 de abril de 1670, o novo presidente mal tem, portanto, tempo de retomar o contato com os costumes normandos e de estabelecer as relações de direito com as outras autoridades, o governador, Duque de Montausier, o Intendente da Galissonnière, o Arcebispo Harlay de Champvallon, quando fica sabendo das ações empreendidas pelo lugar-tenente de Carentan e se ocupa dos apelos apresentados à sua corte.

A 10 de julho de 1670, a câmara de la Tournelle examina os apelos dos três primeiros feiticeiros da Baixa Normandia transferidos para Rouen. Os juízes se dividem, oito a favor da confirmação da sentença, seis a favor de um complemento de informação. Os três feiticeiros devem, portanto, ser reconduzidos a Carentan para serem executados; mas eles devem esperar na **conciergerie** os outros comboios anunciados pelo lugar-tenente geral para reagrupar os transportes. Nesse mesmo dia, Pellot escreve a Colbert: ele não tem efetivamente o direito de impor suas dúvidas aos seus colegas; conhece ademais a convicção da maioria a respeito dessa questão, e em suas notas posteriores sobre o seu pessoal não deixou de mencionar a obstinação deles: é o caso do Sr. Voisin "muito persuadido sobre os feiticeiros"; ou ainda desse Poirier d'Amfreville que "se apresenta como devoto e um dos mais encasquetados com os feiticeiros"[46], bela formulação que estabelece em um traço a ligação entre a honra à religião e a defesa das diabruras. Claude Pellot escolheu pois um meio indireto de pedir uma intervenção a Colbert: sua carta publicada recentemente[47] é uma exposição sucinta da causa e acentua evidentemente os elementos que justificam suas reservas. As mulheres foram condenadas com base nas afirmações apresentadas por esses jovens rapazes de doze a dezesseis anos que declaram tê-las visto no sabá. Mas uma não é acusada "de nenhum envenenamento, sacrilégio, nem malefício"; a outra é censurada por ter "curado algumas pessoas na hora tocando-as apenas, sem lhes aplicar quaisquer remédios". Quanto ao homem, teria ameaçado pessoas que "caíram em doenças que as fizeram definhar por muito tempo". Eles jamais confessaram qualquer coisa "nem diante dos juízes das localidades, nem na cela de la Tournelle"; o velho camponês negou ter uma marca insensível e declarou

---

45. Essas apreciações são extraídas das «notes du Président Pellot» publicadas em 1915, p. 60 e s. do inquérito de 1662 (Poirier), B. N., Mel. Colbert, 7, f.º 91. A biografia de Pellot publicada por O'Reilly, n.º 475 da Bibliografia contém vários detalhes sobre essa carreira; o seu tom é ultrajantemente laudatório.

46. «Notes» citadas, pp. 62 e 80.

47. P. Clément, *Lettres, instructions et memoires*, tomo VI, p. 401; e O'Reilly, *Mémoires...*, n.º 475 da Bibliografia, II, p. 65. O original está na Biblioteca Nacional, Mss. Clairambault f.º 47 e s.

ter "sentido muito bem quando o picaram nesse lugar" e "que não deu atenção ao fato e que o escrivão escreveu o que quis". Finalmente, Pellot assinala o próximo julgamento de dois outros feiticeiros (dentre os quais um padre) e a anunciada chegada de dois grupos, vinte e um ou vinte e dois de uma parte, oito ou dez de outra, que vêm de La Haye du Puits, próximo a Coutances. Ele conclui: "assim se verá se não são preciso provas mais fortes para condenar essas pessoas, pois se diz que nessas regiões se descobre todos os dias pessoas que se acusa de sortilégio, e se verifica que quanto mais se condenar e mais se descobrir, mais elas hão de aparecer"[48]. E pede uma intervenção que se aproveitaria da demora surgida para a execução dessa sentença[49].

Ao escrever essa carta, ditada a um secretário, teria o primeiro presidente pensado que o seu pedido não estava bastante explícito? Ou então teria desconfiado das indiscrições do secretário que poderiam alertar seus colegas do Parlamento? Ele acrescenta um **post scriptum** com sua pequena escrita esprimida, onde precisa o seu ponto de vista de forma mais clara:

> Eu acho, Senhor, muito perigoso, com base no depoimento de quatro ou cinco miseráveis que não sabem, no mais das vezes, o que dizem, condenar pessoas à morte.

Cita como autoridade o cânon **episcopi**, comumente invocado já pelos adversários das possessões anteriores, que não exige punições rigorosas contra os "visionários"[50]. E conclui sublinhando o peso do caso:

> A matéria, ao que parece, é importante o bastante, a fim de que Sua Majestade estabeleça alguma regulamentação sobre ela, e que os juízes saibam quais provas são necessárias para condenar semelhantes pessoas. Pois há pessoas que zombam delas, e outras que não zombam delas, e que as fazem queimar. É deplorável que se veja que há quem jogue assim com a vida dos homens.

Claude Pellot reprova, pois, essencialmente a desordem de jurisprudências contraditórias entregues ao arbítrio dos juízes. A solução que propõe a Colbert, o regulamento que delimitaria as provas necessárias para a condenação nessas matérias, inspira-se na prática parisiense; mas os ma-

---

48. Um «traité des sorciers», manuscrito, inédito, conservado na Biblioteca Municipal de Rouen sob a cota I 23, composta no século XVIII a partir de uma documentação sobre esses casos, atualmente desaparecido, e atribuído a um médico denominado Robert, refere-se a essa multiplicação dos feiticeiros. Ele mostra, por exemplo, o papel importante de monitórias como a do provisor de Coutances a 14 de janeiro de 1670: «Há nessa monitória escreve ele, vários crimes de feiticeiros de que talvez o povo do campo não teria jamais tido conhecimento se ela não fosse publicada». B. M., Rouen, Mss., I 23, p. 258.

49. Pellot junta à sua carta a cópia das sentenças pronunciadas em Carentan a 5 e 20 de maio de 1670, contra os três feiticeiros, cujo caso acabara de expor.

50. «Quis enim non in somnis et nocturnis visionibus extra se educitur, et multa videt dormiendo quae nunquam viderat nocturnis vigilando? Quis vero tam stultus et hebes sit qui haec omnia quae in solo spiritu fiunt, etiam in corpore accidere arbitretur?»

gistrados parisienses não a codificaram ainda sob a forma de uma ordenança geral, que pudesse servir de modelo ao regulamento desejado pelo primeiro presidente.

Mas ele não obteve de imediato senão uma ordem de banimento para a execução desses feiticeiros da Baixa Normandia: o texto dessa decisão foi perdido. O Presidente de la Tournelle, Poirier d'Amfreville recebeu uma carta do Secretário de Estado, La Vrillière, ordenando-lhe sustar os processos em curso e anunciando-lhe a intenção do rei de comutar a pena dos quatro condenados em banimento perpétuo. Pellot recebeu também uma notificação, ao que parece, já que uma carta de Pellot a Colbert na data de 19 de julho expõe como essa ordem "veio muito a propósito": tendo sido os três condenados do dia 10 e o do 11 de julho enviados de volta para Carentan, Pellot mandou um correio para essa cidade que chegou "no dia em que se devia fazer a execução desses miseráveis", justamente a tempo, portanto, de salvá-los da fogueira[51]. Mas o primeiro presidente se aproveitou dessa decisão para deter o desenvolvimento do apelo concernente aos outros condenados chegados a Rouen; e lembra a Colbert o voto exprimido alguns dias antes:

> suspender-se-á também o julgamento de mais de uma vintena que estão nas nossas prisões e que teriam padecido de uma mesma sorte. Assim, Senhor, Sua Majestade teria todo o tempo necessário para prover algum regulamento relativo a esses tipos de condenações em que há muito abuso.

Ele especifica bem aliás no que se definem esses abusos de que Carentan fornece o exemplo: "pois os juízes os fazem ou por ignorância ou por preocupação ou para se fazerem temer e considerar".

Em fins de julho, conseqüentemente, o primeiro presidente conseguir pôr em xeque a sua própria corporação graças a essa intervenção de Colbert: o exame em recurso dos vinte e um feiticeiros recém-expedidos de Carentan é adiado **sine die**, a execução dos quatro primeiros igualmente, em atendimento a essa determinação que deveria abranger de todas as formas a anulação dos processos primários, e mesmo dos julgamentos em apelo pronunciados a 10 e 11 de julho. Essa decisão real de julho significa já, de fato, uma desautorização formal do Parlamento normando, sendo que os conselheiros mais antigos não podem ter esquecido o quanto foram ridicularizados em Paris, às vésperas da Fronda, a propósito de Louviers e de Madeleine Bavent[52]; escarnecidos mas não formalmente desautorizados. Os magistrados normandos ciosos de sua consideração, assim como os "juízes das localidades", não puderam aceitar quietos a decisão real. O caso

---

51. Texto dessa segunda carta, em Depping, *Correspondance administrative*, II, p. 184. O original está na B. N. Mss, Mélanges Colbert, 155 f.º 106.
52. Cf. atrás, Cap. 4 e 7, pp. 186 e 324 notadamente.

de Carentan provoca um conflito entre o Parlamento normando e Colbert.

b) **A resistência do Parlamento de Rouen.** A 7 de agosto de 1670, a Corte normanda se reúne, todas as câmaras em assembléia, a pedido dos "Senhores dos Inquéritos de la Tournelle" sob a presidência de Claude Pellot. O Presidente Poirier d'Amfreville expõe o conteúdo das cartas que recebeu do Sr. de La Vrillière; não somente o rei ordena a sustação dos processos em curso, mas pede aos conselheiros para que "examinem em matéria de sortilégio, se a jurisprudência desse Parlamento deve ser seguida de preferência àquela de seu Parlamento de Paris e outros Parlamentos que julgam diferentemente". Os conselheiros de la Tournelle consideraram que a questão proposta pelo secretário de Estado merecia exame por toda a Corte "tratando-se da justificação de mais de duzentas sentenças desse Parlamento pronunciadas sobre a matéria de feitiçaria desde o seu estabelecimento". O primeiro presidente confirma as propostas do presidente de la Tournelle e anuncia mesmo a intenção do rei de "fazer uma lei geral que sirva de regra para todos os seus oficiais"; de onde o interesse para a corte de dar-lhe conhecer "quais máximas seguiu-se até aqui para a condenação dos acusados desse crime". Com base nisso, os comissários pertencentes a la Tournelle apresentam suas observações preparadas desde 3 de agosto, que concluem de uma só vez pela manutenção da jurisprudência costumeira: "Como o crime de sortilégio é o maior crime que se possa cometer, visto que ataca a divindade e causa tantos males no mundo, é com razão que as leis divinas e humanas o tenham punido com os mais rigorosos suplícios"[53] as Escrituras e os Cânones, Constantino e Teodósio testemunham-no; e o Parlamento normando seguiu nesse domínio o mesmo caminho que Paris, Bordeaux, Toulouse e Aix, articulando-o ademais com os mesmos argumentos: malefício, marcas, transportes e assembléias noturnas... Após as deliberações, a corte decide enviar ao rei um memorial que é confiado a uma comissão presidida por Pellot, composta de oito conselheiros e dois presidentes de Câmara, Bigot de Monville e Poirier.

Claude Pellot, ao que parece, não presidiu efetivamente essa comissão destinada a protestar contra a sua própria intervenção[54]; é Bigot de Monville, "o togado mais poderoso no Parlamento e na província", quem teria assu-

---

53. Esses textos foram extraídos do registro secreto para o ano de 1670, A. N., U 337, na data de 7 de agosto de 1670.
54. É O'Reilly, *op. cit.*, quem o afirma (sem dar a sua fonte): o fato é verossímil; pois o contrário levaria supor da parte de Pellot um redobramento de duplicidade demasiado de carregar.

mido a presidência. O trabalho foi conduzido rapidamente, já que o requerimento ao rei, apresentado antes mesmo da suspensão dos trabalhos forenses, traz a data de 19 de agosto de 1670. Formalizando os argumentos preparados pela sessão do dia 7, os comissários do Parlamento redigiram um longo texto que resume maravilhosamente toda a argumentação dos magistrados partidários da conservação da jurisprudência tradicional: por essa razão ele foi freqüentemente citado e comentado pelos polemistas que ainda disputaram sobre essa questão no início do século XVIII[55]. Solenemente, os parlamentares normandos reafirmam sua vontade de continuar sendo os protetores "da glória de Deus e do alívio de (vossos) povos que gemem sob o medo". Mais ainda que no decorrer da deliberação havida a 7 de agosto, a representação insiste na conformidade da jurisprudência normanda com a dos outros Parlamentos: "Este de vossa província da Normandia não verificou, de modo algum até aqui, que a sua jurisprudência fosse diferente daquela de vossos outros Parlamentos"; seguem-se quatro páginas de sentenças retiradas de todos os tratados de prática judiciária, para Bordeaux (Pierre de Lancre), Aix (Gaufridy), Paris, em que alguns trazem exatamente as mesmas queixas de que aqueles de Carentan: sabás, conjunções ilícitas, sacrifícios, danças costa contra costa: "todas essas sentenças dão fé, escrevem em uma formulação inequívoca os magistrados normandos, que a acusação de sortilégio é acolhida e punida de morte em todos os Parlamentos de vosso Reino, e justificam a uniformidade de sua Jurisprudência". E se é verdade que nos últimos anos algumas cortes, e mesmo a da Normandia, não condenaram à morte alguns acusados de sortilégio, a razão disso é que as acusações eram mais superficiais, e a punição ficava à discrição das cortes, uma vez que o rei jamais editou "qualquer máxima geral estabelecida para regulamentar quais provas são suficientes para a condenação de qualquer crime que seja".

Unidade da jurisprudência, realidade do crime, tais são as duas razões patentes de sua convicção. Para provar essa segunda verdade, os magistrados normandos se contentam em enumerar os principais fatos que se acham consigndaos na maior parte dos processos, na Normandia com alhures. Por toda parte são as mesmas circunstân-

---

55. É o caso de Boissier, *Recueil de lettres...* n.º 120 da Bibliografia, que o cita integralmente no fim de sua obra pp. 370 a 387. A Biblioteca Municipal de Rouen possui uma cópia do texto no fundo Montbret Y 33; por outro lado, a «histoire abrégée du Parlement de Normandie» redigida por Pavyot du Bouillon em meados do século XVIII, atribui grande importância a ela e a comenta longamente mantendo esse magistrado, historiógrafo de sua corporação, posição firme quanto à realidade do crime e a necessidade da repressão (Mss., fds, Martainville, Y 75. p. 270 e s.).

cias, as mesmas testemunhas, que confirmam os escritos dos mais sábios demonólogos:

> A Vossa Majestade, Senhor, é suplicado mui humildemente que reflita ainda sobre os efeitos extraordinários que provêm dos malefícios desses tipos de pessoas, sobre as mortes e doenças desconhecidas, precedidas de suas ameaças, sobre a perda dos bens de vossos súditos, sobre a experiência e a insensibilidade das marcas, sobre os transportes dos corpos, sobre os sacrifícios e assembléias noturnas, relatadas pelos antigos e novos autores verificados por várias testemunhas oculares, tanto cúmplices quanto aqueles que não têm nenhum interesse nos processos.

A representação, de forma muito significativa, passa assim da argumentação estritamente jurisprudencial para a afirmação da doutrina religiosa; a "verdade do sortilégio", comunicação do homem com o demônio, é indiscutível: "Essas são, Senhor, verdades de tal forma unidas aos princípios da Religião que, quaisquer que sejam seus efeitos extraordinários, ninguém até aqui ousou pô-las em questão". Da mesma forma no último parágrafo de sua petição os oficiais do Parlamento normando pedem ao rei em um mesmo movimento e em uma única frase, para que os autorize a executar as sentenças, a julgar os processos suspensos, e que não mais aceite quanto a ele "que se introduza durante o seu reinado uma nova opinião contrária aos princípios da religião"[56]. A tranqüila segurança com a qual os magistrados normandos afirmam assim que a repressão das diabruras concerne diretamente à preservação da fé no reino, apresenta pelo menos a vantagem de exprimir da forma mais clara as suas preocupações profundas: a inovação jurisprudencial põe em causa, senão o próprio Deus, ao menos as concepções essenciais ligadas à doutrina da salvação; pretender que possessões e diabruras são extremamente raras e devem ser demonstradas com o maior cuidado, significa — o caminho está implicitamente aberto — negar o próprio Diabo; portanto, contestar uma verdade religiosa fundamental. Tal é a base da resposta dos magistrados normandos a seus colegas parisienses.

Claude Pellot, que não é um libertino, mostrou-se sensível a essa argumentação de seus colegas. Para fortalecer suas próprias convicções e melhor persuadir Colbert sem dúvida (embora não haja sinal em sua correspondência de qualquer hesitação), ele requereu ao chanceler da Universidade de Paris uma consulta sobre a questão. A Biblioteca Sainte-Geneviève conserva em seus manuscritos o texto do memorial redigido em consideração de Pellot por Pierre Lalement (homônimo do célebre jesuíta morto em 1635) e expedida para Rouen a 28 de abril de 1671, alguns meses portanto após o protesto dos magis-

---

56. Essas citações são extraídas de Boissier, citado na nota precedente, pp. 370-387.

trados⁵⁷. É um texto notável de clareza e precisão que responde com a maior nitidez à questão proposta: qual é a boa maneira de julgar os feiticeiros. O chanceler procede segundo uma ordem estrita: enumera os quatro tópicos de acusação costumeiros, pacto, marca insensível, malefícios, sabá; propõe os três princípios de Direito que concernem particularmente a esse gênero de casos: nenhuma condenação sem provas evidentes; nenhuma sanção pela vontade de fazer o mal sem execução ("**vanis est voluntas nisi facultas ad hoc et potentia**"); nenhuma condenação para as crianças, os loucos, os frenéticos que não dão "pleno consentimento às ações que fazem". Em seguida, confronta os elementos de acusação com esses princípios para eliminá-los um após outros e concluir finalmente que apenas os mágicos especialistas nas artes ocultas de Agrippa merecem uma punição exemplar; ao passo que a turba comum dos feiticeiros, pobre gente, seduzidas, ignorantes, brutas" não merece a pena capital.

Como muitos outros textos anteriores, esse memorial discute a qualidade das testemunhas apresentadas por outros feiticeiros para descrever o sabá e seus participantes; contesta, igualmente, a confiança concedida comumente às mesmas promessas de Satã, mestre do erro e da mentira; da mesma forma, recorda que, segundo a boa doutrina, o Demônio não pode fazer mal a não ser com a permissão de Deus: as tempestades e os granizos, assim como as mortes de homens; refuta uma leitura literal das passagens do Antigo Testamento ou das Doze Tábuas condenando os mágicos sem discussão. Mas a originalidade dessa consulta concedida a Claude Pellot está em sua construção jurídica: ela repousa inteiramente, de fato, sobre a noção de responsabilidade e constitui, por isso mesmo, uma etapa importante na elucidação dessa questão, quer para os juristas, quer para o público esclarecido. A definição de criminoso, segundo o chanceler, é de fato a definição do responsável: não nega por um instante sequer que o Demônio possa intervir — com a permissão divina para enganar e perder "essas pobres pessoas"; admite que ele "lhes inspire mesmo o pensamento de realizar algumas cerimônias supersticiosas que nada podem contribuir, a fim de persuadir a eles próprios e em seguida aos outros de que são causa dessas desgraças..." Mas isso não poderia bastar para estabelecer a sua responsabilidade penal (termos que o chanceler não emprega, se

---

57. B. Sainte-Gen. Mss. 487: «é um texto de algumas páginas não numeradas encadernadas à parte, e que não compreende nada além. P. Lalement, chanceler da Universidade de Paris de 1662 até sua morte em 1673, prior de Sainte-Geneviève, é um teólogo de boa reputação, amigo do Presidente Lamoignon e de numerosos magistrados parisienses. Cf. J. Le Brun, n.º 449a da Bibliografia.

bem que esteja bem próximo deles). Mesmo o pacto nada prova nesse domínio pois o Demônio é o pai da mentira, que além do mais lhes promete, sem jamais lhes dar, riquezas e felicidade.

Parece, portanto, que nada há de sua parte nessas coisas extraordinárias que acontecem a não ser o consentimento que eles lhes dão, e a vontade que eles têm de prejudicar o próximo. Mas isto eles têm de comum com uma infinidade de pessoas que as leis civis não punem por isso[58].

Essa demonstração da irresponsabilidade dos feiticeiros bastaria para arruinar os processos tradicionais. O chanceler que, conforme toda aparência, estudou bem os mais conhecidos, acrescenta a esse argumento alguns outros que não deixam de ter interesse para compreender os escrúpulos de Pellot; o memorial insiste com efeito na administração das provas, por várias vezes; o encontro não pode ser fortuito, pois o presidente havia pedido uma regulamentação geral que estabelecesse essas provas certas. Ora, a memória responde:

As provas comuns que se tem contra os feiticeiros são muito frágeis. É justo puni-los quando são manifestamente convictos de ter envenenado ou os homens e os animais ou os bens da terra. Mas nem sua própria confissão, nem o testemunho dos outros feiticeiros basta para isso.

É necessário conhecer os meios utilizados, e sobretudo não se contentar com "palavras" e com "cerimônias" que não podem ser tomadas como a causa desses efeitos simplesmente por que elas lhes são anteriores; pois seria cair em uma falta de raciocínio assinalada pelos "lógicos" (e que os historiadores conhecem bem por praticarem-na, por vezes, embora indevidamente): **Post hoc, ergo propter hoc.** Dito de outra forma, os juízes não devem ser eles próprios vítimas "dos fantasmas vãos que o Demônio imprime na imaginação desses miseráveis para deles abusar". A melhor prova disso é fornecida pela difusão desigual desses processos através da França: lá onde os juízes resistem, não há feiticeiros.

Nós vemos, por experiência, que nas províncias da França em que não se fala de feiticeiros e onde se zomba deles, não se encontra quase nenhum deles. O que faz ver que há doenças da imaginação que são tão contagiosas quanto as do corpo e que as mais ridículas tolices encontram espíritos aos quais elas são proporcionadas; em uma palavra, que o melhor meio de exterminar os feiticeiros é torná-los ridículos, ou desprezá-los.

Todas essas boas razões caminham no sentido desejado por Pellot: se alimentou escrúpulos (sobre os quais nada disse), pôde apaziguá-los com a leitura desse texto.

58. Ele escreve ainda: «Mesmo que eles tenham cooperado verdadeiramente em algum crime, a fraude do Demônio que o seduz, a violência que ele lhes faz, o temor que ele lhes inspira, a ignorância grosseira na qual ele os mantém, tudo isso são circunstâncias que, diminuindo a liberdade de seu consentimento, diminuem também a grandeza de seu crime, e devem por conseqüência, segundo todas as leis, levar a moderar o rigor de suas penas».

Se tentou convencer seus colegas de Rouen da validade de uma inovação jurisprudencial, pôde pôr-lhes diante dos olhos as conclusões do chanceler que têm a vantagem de se apresentar sob a forma de alternativas, cuja aplicação é relativamente fácil, e que abrem caminho, com a definição das provas, à redação da regulamentação geral:

> O que se lhes deve fazer portanto? escreve ainda o chanceler. Eu respondo que se são de fato convictos de ser envenenadores, deve-se puni-los como as leis o ordenam; que se não fizeram mal a ninguém, e não são culpados de outro crime senão o de ter renunciado a seu batismo e de ter querido entregar-se ao Demônio: ou bem eles pretendem se corrigir e então deve-se remetê-los às mãos da Igreja que os instrui melhor naquilo que eles carecem, e que os levará lhes fazer penitência de pecados; ou eles permanecem obstinados em suas opiniões extravagantes, então se os deverá punir como se punem os frenéticos obstinados, os sacrílegos, os ímpios e os blasfemadores; no que se deve ter muita prudência.

Essa última recomendação contém, em suma, o sentido oculto do memorial, e não um conselho que se aplica somente à última hipótese, na qual o feiticeiro obstinado deve ser tratado como um blasfemador ou um sacrílego.

O rigor e a clareza dessa consulta não conseguiram seduzir os Bigot, Voisin e Poirier, convencidos da maldição ligada ao pacto diabólico. Os registros secretos do Parlamento de Rouen não apresentam nenhum indício de um novo confronto sobre a questão, em que o primeiro presidente teria mostrado e defendido esse texto diante dos "encasquetados com os feiticeiros". Pellot nem mesmo se aproveitou da iniciativa que tomou, no dia de São Martinho de 1671, de restabelecer o discurso solene do primeiro presidente, no decorrer da sessão de reabertura dos trabalhos, após o do advogado geral; durante sessenta anos, seus predecessores abstiveram-se disso, e ele toma a palavra e disserta sobre a vontade real "de aumentar o comércio e diminuir os processos, e sobre os grandes sucessos que já se vêem nisso"[59]. Mas ele não fala dos casos suspensos há um bom ano. Sem nenhuma dúvida, o amigo de Colbert pensa, com fortes razões, que os partidários das perseguições somente se submeteriam a uma ordem real. A consulta obtida do Padre Lalemant foi mais utilizada em Paris do que em Rouen: a 25 de abril de 1672, o Conselho de Estado (que se ocupou nesse ínterim dos processos meridionais) pronuncia uma sentença que regulamenta a sorte dos acusados e condenados mantidos na expectativa desde julho de 1670: dá plena satisfação ao primeiro presidente contra os autores da petição expedida ao rei a 19 de agosto de 1670.

Desde a exposição de motivos que abre, como é o costume, essa sentença, a intervenção do Conselho é justificada pela necessidade de evitar sentenças iníquas con-

---
[59]. Carta a Colbert, 15 de novembro de 1671, B. N. Mss. Mél. Colbert, 157 *bis*, f.º 760.

tra numerosas pessoas "acusadas de sortilégio" e condenadas, ou em vias de sê-lo: "julgando Sua Majestade que nessa investigação se poderia envolver muitos inocentes por falta de terem os ditos juízes seguido a ordem dos procedimentos que foram estabelecidos pelas ordenanças"[60]. A sentença anuncia, em seguida, a preparação desse regulamento geral que deve permitir a unificação da jurisprudência através de instruções precisas fornecidas aos juízes de todas as instâncias; são as mesmas expressões de Pellot que são reproduzidas na sentença:

até que Sua Majestade tenha regulamentado, através de uma declaração geral às suas cortes, jurisdições e justiças, os procedimentos que devem ser seguidos pelos juízes na instrução dos processos por crime de feitiçaria, estabelecida a qualidade das provas e das testemunhas que poderão ser admitidas e sobre as quais os juízes poderão fundamentar a condenação dos culpados[61].

Aguardando a publicação desse texto, o conselho, após ter examinado as queixas, informações e sentenças enviadas de Rouen, ordena a supressão de todos os processos instruídos por sortilégios e de todos os julgamentos já pronunciados, exceto aqueles que foram executados: as prisões devem portanto ser abertas a todos os detidos que aguardam desde 1670 a decisão real. A sentença proíbe, além do mais, "a todas essas pessoas da dita província da Normandia de se atacarem, ofenderem, injuriarem ou provocarem umas às outras por censura ao que se passou no fato das ditas acusações e condenações"; devendo os futuros processos por "crime de sortilégios" ser instruídos segundo os termos da declaração anunciada.

É a liquidação global de todos os processos realizados na Baixa Normandia e confirmados (ou bem acolhidos) pelo Parlamento de Rouen. Colbert e Pellot tomaram uma precaução suplementar para assegurar a boa execução da decisão real. A sentença do Conselho é acompanhada de uma carta real que ordena o registro da sentença em todos os cartórios reais da alçada, obriga o procurador geral de Rouen e os procuradores dos tribunais a se ocuparem disso e especifica enfim que a sentença é imediatamente executória, "não obstante clamores de indignação, cartas de franquias normandas ou considerações à parte": o que retira dos magistrados normandos qualquer possibilidade de argúcias pela invocação de uma tradição específica da província contra a aplicação da decisão real. A 6 de julho de 1670 — dois meses após a expedição da

60. Esse fim de frase é bastante ambíguo, já que não há ordenanças estabelecidas nesse domínio admitidas pelo conjunto dos Parlamentos. Deve-se entender que a jurisprudência normanda contradiz a de Paris.

61. O texto seguido nessas diferentes citações é o do registro secreto de Rouen, com a anotação na data de 6 de julho de 1672. A. N. U, 337. Um outro texto nos registros de despachos, E, 1768, 169; também O'Reilly, *op. cit.*, reproduz essa sentença, pp. 74-77.

sentença — o Parlamento se reúne para deliberar sobre o registro e a execução desse texto: a nota consignada no registro secreto trai a má vontade dos magistrados. Antes de obedecer ao rei, o Parlamento pede ao procurador geral um relatório sobre o conjunto dos dossiês em suspenso, em Rouen e nos tribunais da alçada:

> Foi ordenado, antes de se proceder ao registro e execução da sentença do Conselho, que os processos das pessoas que estão detidas tanto nas prisões do palácio quanto nas prisões das jurisdições da alçada acusadas ou julgadas por crime de sortilégio sejam comunicados ao dito procurador geral a cujo fim compulsório por suas conclusões venha a ser ordenado o que lhe convier[62].

A questão porém não é mais mencionada em seguida no registro secreto: o procurador-geral e o primeiro presidente se encarregaram certamente da execução da sentença. No entanto, o Parlamento normando se ocupou ainda de feiticeiros a seguir...

c) **As intervenções em Pau e Bordeaux.** Para os dois Parlamentos do Sudoeste, as decisões reais não provocaram tantas dificuldades e a sentença sobre os processos primários foi posta em prática sem muitos obstáculos. Em Pau, os magistrados do Parlamento não se perturbaram, talvez porque alguns haviam se aproveitado largamente de suas comissões de inquérito para encher os bolsos e pôr assim a corte inteira em uma situação delicada; em Bordeaux, os magistrados, desde o início da epidemia, em junho de 1671, lutaram contra a sua extensão; as decisões vindas de Paris, portanto, reforçaram e confirmaram sua ação.

O Parlamento de Pau foi desencarregado de seus processos de forma complicada. Em junho de 1671, o conhecedor de feiticeiros, o jovem Bacqué, foi transferido para Paris com um dossiê, de que Colbert é encarregado: impossível estabelecer quem ordenou essa transferência. Entretanto, uma carta do ministro a Hotman, referendário e antigo membro da comissão para a reforma da justiça, nos informou que Colbert conversou com o rei a esse respeito: "Esse caso pareceu aqui muito bizarro e extraordinário"; o número de feiticeiros descobertos em algumas semanas por Bacqué (mais de seis mil) é evidentemente muito espantoso. Mas a convicção de Colbert faz-se rapidamente: "Vós saberíeis facilmente que o rapaz de que me falastes é um impostor que foi seguramente seduzido". Na expectativa de uma decisão sobre a sua sorte, o jovem Bacqué é enviado à Bastilha. Hotman é encarregado com Pussort de examinar a situação jurídica criada por esse caso. Colbert deplora que ele haja sido transferido para Paris, "Teria sido bem mais fácil puni-lo em Béarn ou em Guyenne", e propõe uma solução para regu-

---

62. *Ibidem*, A. N., U 337 na data de 6 de julho de 1672, *in fine*.

lamentar "um incidente tão extraordinário quanto este"[63]. Alguns dias mais tarde, a solução é encontrada: o rei avoca, a 6 de julho, diante de seu Conselho, "todos os processos criminais começados contra os ditos feiticeiros" e proíbe ao Parlamento de Pau e "a todos os outros juízes de continuar os ditos processos sob pena de anulação e cassação, e de não tomar no futuro qualquer conhecimento do dito crime de sortilégio", na expectativa de "uma regulamentação geral sobre a qualidade das provas com base nas quais a condenação do crime do sortilégio possa ser estabelecida"[64]. Essa avocação encontrou sem dúvida alguma resistência da parte dos magistrados, pouco empenhados em revelar a Paris os detalhes miúdos de um caso pouco glorioso: uma nova sentença pronunciada em Saint-Germain a 24 de julho se faz mais pressionante, ameaça os escrivães e seus subordinados de constrangimento físico, se se recusarem a enviar suas peças, "sentenças, julgamentos, autos, informações, interrogatórios, compilações, confrontações e todos os outros processos criminais feitos pelo dito Parlamento de Pau e pelos comissários deste em razão do crime de sortilégio, depois de 1.º de janeiro de 1670, assim como os registros das imposições cotizadas por estes"[65].

É sobre esse ponto que os magistrados do Béarn não estão à vontade. A sentença definitiva do conselho, pronunciada em outubro seguinte, revela, em sua longa exposição de motivos, que os três comissários enviados pelo Parlamento de Pau para investigar nas comunidades visitadas por Bacqué obtiveram larga paga de suas despesas de missão, ao passo que, segundo os "regulamentos do dito Parlamento de Pau, os conselheiros que saíssem em comissão não deviam receber mais de que a soma de dez libras para cada dia, com a qual são obrigados a se alimentar", esses três magistrados deixaram que os **jurats**, das comunidades os mantivessem e receberam cada um, respectivamente, trinta e seis, vinte e oito e trinta e quatro libras diárias durante a sua estadia, sem falar das somas concedidas aos escrivães e criados, nem da retribuição fornecida a Bacqué: procedimentos advindos da concussão, e que a sentença de 19 de outubro proíbe severamente, lembrando os regulamentos e abrigando os comissários a apresentar um relatório diário minucioso de seus deslocamentos.

Mas isso não é evidentemente o essencial: o exame atento dos processos conduzidos pelos comissários revelou que "a impostura" de Bacqué havia sido desmascarada

---

63. Essas citações, extraídas da carta de Colbert a Hotman, A. N., Marine B⁷ 53, f.º 220 v.º, são reproduzidas em Clemente, *Lettres, instructions...*, tomo VI, p. 34.
64. Sentença do conselho de 6 de julho de 1671, A. N., E 1762, f.º 107.
65. Sentença de 24 de julho, A. N., E 1762, f.º 125.

em dezembro de 1670, em uma comunidade ao menos, a de Luc, que se recusou a continuar utilizando os serviços do especialista, visto que seu dom de revelação não teria sido estabelecido solidamente pelo próprio Parlamento; os **jurats** aperceberam-se com efeito da ligeireza com a qual o conhecedor denunciava:

> O dito Bacqué havia indicado como feiticeiro o denominado Bernard de la Borde que, tendo-lhe sido novamente apresentado na tarde do mesmo dia, ele declarou inocente; o que assinalava a pouca fé que se devia dar à sua declaração[66].

Eles expuseram pois longamente ao comissário enviado pela Corte de Pau porque foram imprudentes ao convidar o conhecedor para exercer seus talentos em sua comunidade, agora desunida pelas denúncias "para a vergonha das famílias" marcadas pela infâmia; e porque, finalmente, pretendiam dirigir-se ao Parlamento antes de demandar qualquer processo:

> Era verdade que haviam acreditado que ele conhecia os feiticeiros por marcas visíveis que podiam convencer, mas que eles viram por experiência que ele não indicava nenhuma delas, contentando-se o dito Bacqué em dizer que os conhecia à simples vista; e como os ditos **jurats** consideraram que ele podia indicar indiferentemente quaisquer tipos de pessoas com base nessa pressuposição única de que os conhecia e que o número de pessoas que havia indicado abrangia aqueles que não o eram, que ademais se o que ele dizia era verdade o mal não seria de modo algum particular, e seria um veneno universalmente difundido ao qual se deveria dar um outro remédio e melhor proporcionado, além de que essa investigação particular seria inútil e não poderia servir a não ser para causar a divisão das famílias, separar a sociedade, e romper toda espécie de comércio... de tal forma que após terem refletido sobre a importância do caso e a pouca segurança que havia em se fiar no dizer do dito Bacqué, eles acreditaram que era conveniente que o parlamento se assegurasse da infalibilidade do dito Bacqué e de suas indicações[67].

Contudo, malgrado esse vigoroso protesto, o comissário prosseguiu suas visitas às outras paróquias, prometendo simplesmente aos magistrados locais de Luc fazer um relatório sobre a sua representação ao seus colegas da corte.

Enfim os interrogatórios de Bacqué em Paris revelaram aos membros do Conselho que o segredo do conhecedor se limitava a perceber no olho esquerdo dos feiticeiros "uma marca branca do tamanho de uma pequena ervilha ou lentilha"; e que um dos comissários enviados pelo Parlamento de Béarn, incitou o jovem rapaz a multiplicar as denúncias e descrições dos sabás. A sentença pronunciada a 19 de outubro, reconhecendo as desordens provocadas por "um processo tão irregular que teria envolvido a maior parte dos habitantes da dita província, perturbado o repouso das famílias, violado as regras as mais santas da justiça para fazer valer a quimera e a impostura", põe fim ao caso Bacqué de forma rigorosa,

---

66. Sentença de 19 de outubro de 1671, A. N., E 1762, f.º 212.
67. *Ibidem*, f.º 211 v.º e 212.

na expectativa do "regulamento uniforme" uma vez mais anunciado: ela ordena que corra em Paris o processo do conhecedor e de seus êmulos "por obterem ganhos ilegítimos" através de suas denúncias; proíbe "a qualquer espécie de pessoas de se dizerem conhecedoras de feiticeiros, ou de fazerem profissão disso sob pena de morte"; anula todos os processos do Béarn — exceto as condenações à morte executadas e ordena a abertura das prisões para todos os detidos que não poderão ser molestados, injuriados ou provocados "por censura do que se passou dado o fato das ditas indicações, acusações...". Finalmente, ordena que essa longa sentença seja "registrada no Parlamento e em todos os tribunais de alçada, lida e divulgada nas leituras dominicais das missas paroquiais de todas as comunidades da alçada"[68]. A execução dessa sentença não parece ter encontrado dificuldade: a diabrura do Béarn, estudada por Hotman e Pussort, encontrou seu epílogo nessa decisão real, um ano após as maiores proezas do jovem conhecedor.

Em Bordeaux, apesar da cooperação entre o Parlamento e Colbert, os processos se arrastaram por mais tempo. A corte bordalesa, com efeito, precedeu o Conselho Real. No fim da primavera de 1671, ela interveio por duas vezes, como sabemos, a 20 de junho e 4 de julho, para moderar os ardores dos conhecedores e recomendar aos juízes de primeira instância uma instrução regular dos processos. A sentença de 4 de julho, longamente motivada, põe em causa "o erro e a fraqueza das pessoas, as quais, sendo como que indivíduos sem cabeça, não sabem das coisas, nem raciocinam sobre eles para tirar conseqüências sólidas", mas também "a avareza e a ignorância dos oficiais das localidades"; além dos jurisdicionados e de seus juízes, ela denuncia igualmente os erros dos curas das localidades que "em lugar de guardar o segredo daqueles que lhe fazem confissões de feitiçaria, divulgam ou exigem que eles se manifestem ao povo e façam confissões e dêem mesmo satisfações públicas com tochas acesas", e ela deplora a facilidade com a qual "os oficiais e as pessoas qualificadas das localidades" aceitam os "discursos maliciosos ou interessados" dos conhecedores. Os magistrados bordeleses aprovam as petições apresentadas por seu procurador geral, proibindo aos curas que revelem as confissões, às comunidades que procedam a revistas gerais para a procura de feiticeiros com a ajuda de acusadores remunerados; e ordenam, por fim, a instrução secreta das denúncias em curso, e seu envio à corte que deve decidir em última

---

68. *Ibidem*, f.º 214 e ss.

instância[69]. Colbert (e o conselho real) alertado ao mesmo tempo pelos casos de Rouen e Pau não quis, entretanto, que a corte bordelesa regulamentasse sozinha esse desforamento de "desordens". Uma decisão do Conselho, datada de 20 de julho de 1671, chama a si "todos os processos criminais começados contra os ditos pretensos feiticeiros", proíbe ao Parlamento de Bordeaux assim como a todos os outros juízes que dêem continuidade a esses processos, ao mesmo tempo que anuncia a intenção real de promulgar um regulamento geral válido para todas as Cortes[70]. Os magistrados de Guyenne não opuseram obstáculos certamente a essa transferência porquanto, em outubro, um particular bem informado sobre questões judiciárias, escrivão em Gensac, dirige-se diretamente ao Conselho Real, porque fora acusado por um conhecedor de feiticeiros — a despeito da sentença de 20 de julho citada no requerimento. Os "pretensos conhecedores" prosseguiram portanto aqui e ali a sua carreira, e o suplicante acusado "falsa e maliciosamente" pela "calúnia mais negra que se possa imaginar, com base na declaração desse impostor cuja imaginação está afetada", pede justiça diretamente ao rei, e antes de tudo que seja libertado imediatamente da prisão onde vegeta desde essa denúncia por "um puro atentado à autoridade de Sua Majestade e uma vexação sem exemplo". O Conselho lhe concede a liberdade imediata e o envio desse processo a Paris "para aí mandar verificar a sua inocência" e exigir a reparação dessa falsa acusação[71].

Em dezembro, o Parlamento de Bordeaux retoma a iniciativa em conformidade com os pontos de vista do Conselho Real. Apesar das sentenças precedentes que proíbem "a qualquer tipo de pessoas fazerem quaisquer indicações de feiticeiros e de dar fé e fazer escoltar certos adivinhos perturbadores do repouso público", as perseguições continuam em Guyenne. O procurador geral é encarregado de uma queixa apresentada por um homem chamado Jean Durussi, encarcerado "nas prisões de Peirohourade" (Peyrehorade onde vive uma pequena comunidade judia) por um "juiz de senhor" ao mesmo tempo que "um número infinito de particulares", principalmente "mulheres grávidas, amas-de-leite e velhos". A corte ordena a imediata libertação de Durussi e outros detidos "por razão do dito sortilégio" e prescreve um inquérito sobre essas contravenções às sentenças e às concussões que eventualmente acarretaram[72]. Alguns dias mais tarde, uma nova sentença ordena um inquérito sobre as "cobranças de dinheiro" rea-

---

69. Sentença de 4 de julho de 1671, A. D. Gironde, B 896, na data.
70. A. N. E. 1764, f.º 196.
71. A. N. E 1764, f.º 267, sentença de 23 de outubro de 1671.
72. A. D., Gironda B 904, na data de 9 de dezembro de 1671.

lizadas "sob o pretexto de sortilégio sem nenhuma autoridade da justiça" e proíbe novamente quaisquer levantamentos parciais sobre os fundos das comunidades para esse fim, que viola gravemente as sentenças do Conselho e da corte[73].

Enfim a 25 de abril de 1672, no mesmo dia em que estatui sobre os processos normandos, o Conselho Real pronuncia uma sentença para o conjunto dos casos de que foi informado no tocante a Guyenne: a fim de "impedir que a inocência seja exposta por mais tempo à calúnia e à avareza". O Conselho confia primeiramente ao intendente em Guyenne, d'Aguesseau, sediado no presidial de Condom, a instrução e o julgamento em última instância do processo intentado contra um juiz local e um denunciador que agitaram recentemente a paróquia de Moncrabeau. Depois, toma as mesmas medidas que para a alçada de Pau: proibição a quaisquer tipos de pessoas de se dizerem conhecedoras de feiticeiros, "nem de fazerem profissão disso sob pena de morte"; extinção de todos os processos em curso e de todos os julgamentos pronunciados, exceto as condenações à morte já executadas; abertura das prisões aos "detidos em razão do dito crime"; proibição "a todos (seus) súditos da dita província de Guyenne de atacar, melindrar, injuriar e provocar um ao outro por censura ao que se passou devido ao fato de suas indicações, acusações e reconhecimentos"; em fim (na exposição de motivos assim como na sentença final), o aresto lembra que doravante "o processo (será) feito e perfeito contra aqueles que forem no futuro acusados do dito crime de sortilégio, para serem julgados conforme os termos da decisão que será brevemente enviada por Sua Majestade às suas Cortes"[74].

Cada uma das sentenças reais, expedidas em 1671-1672 para pôr fim às ondas de processo em curso, anuncia, portanto, esse regulamento geral iminente que deve permitir que os juízes instruam com segurança, ao delimitar a qualidade das provas e dos testemunhos com base nas quais poderão fundamentar a sua condenação dos culpados. A preparação desse texto tornou-se bastante conhecida para que se lhe fizesse referência mesmo em obras teológicas; Jacques de Saint-Beuve, em seu **Cas de conscience touchant la morale et la discipline de l'Église,** consagra o 171.º caso, datado de 23 de abril de 1671, ao problema dos feiticeiros, e ele escreve: "Estando o rei pensando em fazer uma ordenança da regra que se terá no futuro para julgar as pessoas acusadas de sortilégio, poder-se-ia nesta

---

73. *Ibidem*, 15 de dezembro de 1671.
74. A. N., E 1768 f.º 110.

lei..."⁷⁵. Dez anos escoaram-se portanto antes que uma ordenança tratasse da questão — e em termos muito diferentes daqueles que são anunciados em 1672⁷⁶: as cartas de Pellot assim como a consulta a Lalemant acentuam claramente essa definição das provas que serão as únicas válidas para autorizar as perseguições e condenações — e que o Parlamento de Paris, por sua conta, não havia jamais descrito desde os anos 1640 quando renunciou de fato às perseguições. Que uma definição jurídica, explicitada em termos gerais, não fosse fácil, é bem evidente. Mas a vontade expressa por Colbert e seus conselheiros furtou-se igualmente às dificuldades exteriores; no momento mesmo em que são sustados os processos da Normandia e do Sudoeste, começa em Paris o caso da Brinvilliers, que se reveza em 1677 com o dos venenos, no decorrer do qual se tratou por várias vezes de questões de sortilégio diabólico e de conjurações satânicas; durante longos anos, o processo excepcional armado para decidir a sorte de la Voisin e de seus cúmplices foi um entrave à elaboração desse regulamento geral: um entrave, mas, em certos aspectos, também uma oportunidade para um novo esclarecimento.

3. *A Ordenança Geral de 1682*

Três movimentos devem ser distinguidos nesse encaminhamento para a ordenança de julho de 1682: a incidência sobre projetos estudados por Colbert das denúncias e revelações demoníacas que o inquérito conduzido por la Reynie e sancionado pela câmara do Arsenal pôde trazer à luz entre 1677 e 1681; o caso dos venenos, com seu longo cortejo de pastores suburbanos, de padres intrigantes e de moças duvidosas, certamente favoreceu as hesitações e as tergiversações no círculo do ministro durante anos. Contudo, por volta de 1680, uma nova jurisdição parlamentar, a de Languedoc, assistiu ao reaparecimento de possessões urbanas e epidemias rurais — em Bigorre — de que a Corte de Toulouse foi encarregada. O Conselho dos Despachos em 1680 repete mesmo, em função dos magistrados de Toulouse e das comunidades cam-

---

75. A consulta é aliás interessante, pois ela recobre em parte a argumentação de Lalemant. Os doutores citados por Sainte-Beuve afirmam: 1.º) não se pode dizer absolutamente que não existam feiticeiros (mesmo se o Parlamento de Paris não os condena). 2.º) Em matéria de depoimentos, as testemunhas irrepreensíveis nesse domínio não existem. 3.º) Ninguém pôde jamais apresentar a prova de um transporte real (ao sabá). 4.º) Somente os médicos mais capazes podem dizer que uma unhada que se tornou insensível não é de origem humana e natural. Cf. J. de Sainte-Beuve, n.º 314.ª da Bibliografia tomo III, pp. 554 e 558. (O 173.º caso da mesma obra trata do papel do confessor a quem um penitente vem confiar a prática de sortilégios. Sainte-Beuve desaconselha a denúncia aos juízes seculares «visto que só muito dificilmente se obtém provas dessas coisas, e isto jamais causa bom efeito»).

76. Mas nenhuma ordenança geral para todo o reino foi publicada em 1672 contrariamente ao que afirma a Enciclopédia de Diderot no artigo sobre feiticaria. Erro retomado pela pena de R. L. Wagner, *Sorcier et magicien*, n.º 512 da Bibliografia, pp. 237-238.

ponesas em Bigorre, suas intervenções de 1671 e 1672. Essa reaparição dos processos tradicionais demonstrou a necessidade sempre bastante evidente, de uma declaração real que fixasse a prática judiciária para os "juízes das localidades" da mesma forma que para os magistrados das cortes supremas: a ordenação geral de 1682 definindo e distinguindo os crimes que estão no âmbito desses processos, e as sanções que lhes são aplicáveis, responde bem a essa intenção anunciada há dez anos pelos conselheiros encarregados da reforma da justiça.

a) **Colbert e o caso dos venenos.** Colbert não cessou de acompanhar atentamente esses dois grandes processos que ocuparam a crônica parisiense durante uma dezena de anos; em 1672, ele próprio intervém em Londres para obter a extradição da Marquesa de Brinvilliers; em 1676, acelera o processo e a execução da envenenadora que comprometeu um de seus intendentes mais ativos; nos anos 1679-1681, ele acompanha dia a dia os interrogatórios a que são submetidos os cúmplices de la Voisin e os relata ele mesmo ao rei; pede conselho ao advogado Duplessis; redige ele próprio a memória que demonstra a inocência da Senhora de Montespan[77]. Nem o arsênico da Brinvilliers, nem as fabulações e as denúncias apresentadas pelos amigos e clientes de la Voisin conferem a esses dois processos a definição de verdadeiros processos de feitiçaria. Michelet o percebeu claramente e desdenha de falar sobre eles em **La sorcière:** "Eu não tomo la Voisin por feiticeira, nem por sabá, a farsa que ela apresentou para divertir grão-senhores **blasés**". Conjurações e invocações diabólicas foram lançadas nos debates por diversas vezes no decurso dos intermináveis interrogatórios que todos esses suspeitos prolongam prazeirosamente com a esperança de adiar para o mais tarde possível a hora da condenação. Mas os comentários de Colbert e de seu Conselheiro, o célebre advogado Duplessis[78], são tanto mais preciosos: eles precisam as distinções estabelecidas por um e por outro diante das diferentes fases do processo, e diante das imputações que põem em causa práticas diabólicas; por isso mesmo, iluminam muito bem a elaboração do texto publicado em 1682.

Não é necessário fornecer aqui o relato do processo intentado contra a Marquesa de Brinvilliers por ter envenenado seu pai e seus irmãos, nem mesmo a história da câmara do Arsenal constituída de 1676 a 1681 para julgar la Voisin e seus numerosos cúmplices. O primeiro, que preludia as revelações do segundo, em nada contribui

---

77. As peças essenciais concernentes ao papel de Colbert nesses casos estão reunidas no 6.º volume das *Lettres, instructions et mémoires*, de P. Clément.

78. Autor de numerosos tratados e consultas jurídicas, seguidamente publicadas até ao século XVIII, e principalmente de um *Traité des Matières criminelles*, escrito antes de 1670, em que o autor não se dignou a consagrar uma única linha aos processos de feitiçaria, cf. o n.º 181 da Bibliografia.

para esta pesquisa; é no decurso do inquérito dirigido por la Reynie contra la Voisin e seus amigos que se tratou, por diversas vezes, de profanação dos sacramentos (utilização de hóstias), invocação dos demônios, sortilégios, malefícios e outras impiedades. Nesta grande operação em que se encontram implicados uma dezena de gentis-homens, vários pastores e padres, alguns médicos e boticários (no total mais de cem pessoas), e que termina com um saldo de uma vintena de execuções capitais, todos os tipos de acusações foram lançadas, ainda que sob o efeito da tortura, e retratadas em seguida, contra os "grandes" com quem la Voisin esteve em relação, e contra outros que ela jamais conheceu. A imputação de práticas (ou de curiosidades) diabólicas encontra-se assim mesclada com uma grande quantidade de outras denúncias, sustentadas pela imaginação fértil dos principais acusados: a filha de la Voisin, Françoise la Filastre e o Padre Guibourg. Nesse acúmulo de revelações aparecidas ao longo dos interrogatórios, Duplessis e Colbert selecionaram, triaram o válido e o inaceitável, com segurança, invocando os bons princípios da justiça criminal novamente definida e os dados seguros da jurisprudência reconhecida: aquela praticada pelos Parlamentos de Paris e de Dijon.

O advogado Duplessis em seus memoriais e consultas para Colbert, acentuou as proezas dos "canalhas" com que la Voisin forneceu e constituiu "uma sociedade de crimes"; ele lhes imputa a justo título "todas as espécies de prostituições, de vilanias e de abominações". Ele também observou que essas pessoas que levam "publicamente uma vida infame e dissoluta" exploraram um "povo ignorante e fácil de ser enganado", propondo "segredos para o jogo, para a boa fortuna, para o ganho dos processos, para o mar" e fazendo profissão pública de "serem adivinhos e mágicos"[79]. Mas para chegar a essa justa representação dos participantes do caso e para concluir pela inocência da Senhora de Montespan, Duplessis invoca alguns critérios de prática judiciária que merecem ser mencionados; insiste por diversas vezes na análise crítica dos testemunhos; recusa não somente o testemunho único, conforme o adágio **testis unus, testis nullus**, mas também os testemunhos dos reincidentes na justiça, das testemunhas crapulosas, dos impostores públicos, dos espíritos perturbados, etc. Ademais, pratica rigorosamente, como o chanceler de Sainte-Geneviève consultado por Pellot, a distinção entre a intenção e o ato: "É mesmo de regra que os verdadeiros crimes de que não houve senão

---

[79] Introdução ao memorial de fevereiro de 1681, em Clément, *Lettres, Instructions...* p. 407. Ele acrescenta a propósito desses crédulos: «Com respeito a essas pessoas do povo, se se pretendesse investigar todos aqueles que estiveram no adivinho, que fizeram ler a sua boa sorte e que foram comprar dessas tolices... o resto do século não bastaria».

o simples pensamento e intenção, sem execução, não se investigam"[80]. Pretender efetuar um pacto com o diabo, sem fazê-lo, não pode ser considerado como crime de "consumação desse pretenso pacto"[81]. O advogado, em um outro memorial, leva o rigor a ponto de recusar a confissão como único motivo de condenação — contra toda a prática corrente do tempo: "A confissão, por um criminoso, do seu crime, não pode operar a sua condenação se ela for inteiramente nua"[82]. Contradições, retratações, testemunhos não válidos, "puras visões", o crivo do advogado Duplessis não deixa passar nada e reduz, portanto, a nada numerosas acusações lançadas pelo mais atrevido dentre esses criminosos.

O próprio Colbert, na memória que redige para o rei e nas questões que propõe ao seu conselheiro para demonstrar as "calúnias" dos acusadores[83], dá prova da mesma exigência: esta esclarece de forma notável as concepções do ministro em matéria de repressão criminal e mesmo nos casos de feitiçaria. Por diversas vezes, ele exprime com efeito a sua opinião a respeito desses casos inquietantes sobre os quais está muito precisamente informado desde há longos anos. Expondo por que a jovem Voisin lançou o nome da amante do rei no processo, conclui:

> É uma coisa comum nessas investigações públicas de mágicos, adivinhos e reveladores de segredos, sortilégios e venenos, que esses mercadores infames tenham a liberdade e o meio de nomear quem lhes apraza para arrumar cúmplices, porque, como na maior parte do tempo nada há de sólido contra esses particulares, e não se encontra aí quase nunca matéria fixa e certa dos crimes que se possa aprofundar, mas somente simples discursos, é sempre muito difícil condenar suas calúnias; eis por que essas investigações indefinidas foram sempre consideradas como muito perigosas e contrárias ao repouso público[84].

Visivelmente o ministro coloca na mesma categoria investigações dos conhecedores de feitiçaria que fizeram furor por tanto tempo no Sudoeste e essas denúncias interessadas no caso Voisin. O mesmo ocorre quando ele retoma por sua conta a recusa das testemunhas inaceitáveis e as enumera em diferentes categorias: "pessoas desacreditadas na justiça", "pessoas infames", "simples mendigos e pessoas vis de uma vida abandonada", ele atribuiu um lugar aos feiticeiros: "É ainda de regra, escreve ele impassível, que os feiticeiros, os sacrílegos e os envenenadores sejam censuráveis"[85], quer dizer recusáveis; já que eles são mentirosos, afilhados de um mestre da mentira, seu testemunho não tem valor[86]; mas, conhecen-

---

80. *Ibidem*.
81. *Ibidem*, pp. 412-413.
82. Clément, *Lettres...* p. 429.
83. Cf. em Clément ainda, a memória das páginas 414 e 422, e as questões colocadas nas pp. 426-427.
84. «Mémoire contre les faits calomnieux imputés à Madame de Montespan», p. 415.

do as práticas judiciárias tradicionais, o menos que se pode dizer é que a regra assim mencionada por Colbert é recente: nem por isso sua afirmação é menos notável.

Sem nenhuma dúvida, o ministro tem o seu partido definido no que se refere às práticas diabólicas; fala delas com condescendência quando relata as revelações apresentadas pela jovem Voisin: "missas ditas, conjurações feitas enquanto se queimam feixes de lenha..."; ou ainda as desventuras de um escrivão ansioso com o satanismo: "um infeliz ajudante de comissário no Châtelet que tinha curiosidade de falar com o diabo e que pretendia obter segredos mágicos"[87]. Mas, por outro lado, as definições que ele fornece da instrução criminal esclarecem bem a sua reprovação de certos métodos judiciários herdados do passado: embora os tribunais tenham acolhido por tanto tempo as denúncias baseadas simplesmente na má reputação dos feiticeiros, Colbert recusa totalmente os testemunhos indiretos:

> Os ouvi dizer na justiça, escreve ele, não servem como acusações; os feitos de outrem também não servem de acusação. É necessário que haja uma ligação imediata entre os feitos de outrem com os feitos da pessoa que se acusa e que a testemunha fale daquilo que tenha visto e daquilo que sabe, de outro modo todos os depoimentos com base no ouvi dizer e nos feitos de outrem, sem prova de sua ligação com o feito da pessoa que se acusa, nada significam. Em uma palavra, é necessário que a testemunha, para fazer uma acusação, fale precisamente **de visu** ou de **audito**, quer dizer, que ela tenha visto por si própria e que tenha ouvido ela mesma, e que o que ela viu ou ouviu seja da própria pessoa que ela acusa e não feitos nem discursos de outrem; e não há nenhum juiz no mundo que possa impor uma condenação sem uma prova dessa qualidade[88].

Igualmente em um questionário dirigido na mesma época ao advogado Duplessis, ele contesta implicitamente também que a simples confissão de um criminoso, mesmo "com todas as circunstâncias", pudesse bastar para a sua condenação, embora, durante decênios, os juízes se tenham encarniçado em obter essas confissões circunstanciais que constituem a peça mestra da acusação[89].

No conjunto, para Colbert como para o seu conselheiro, a existência mesma do crime é que está em questão e que se deve provar através de provas sólidas, mais se-

---

85. *Ibidem*, pp. 421-422.
86. O argumento já fora empregado por Spee ao comparar o testemunho de um simples ladrão e de um verdadeiro feiticeiro: «qual dos dois deve ser mais suspeito de mentira, aquele que simplesmente cometeu uma falta saindo do bom caminho, ou aquele que violou a fé em Deus e nos homens, que esteve por anos inteiros ao serviço voluntário e particular do demônio autor de todas as falsidades e mentiras, e por conseqüência deve estar imbuído e habituado a servir-se de suas máximas, tendo sido doutrinado por tão longo tempo por um professor tão sábio» (tradução francesa, pp. 211-212).
87. Clément, *Lettres...*, tomo VI, p. 418.
88. *Ibidem*, p. 421. Sobre todos esses pontos, é igualmente possível referir-se a diversas outras memórias, principalmente ao Mss intitulado «Questions sur les empoisonneurs et autres semblables», conservada no Arsenal (Mss. 2664), e que trata largamente desses problemas, colocando o problema dos mágicos feiticeiros que envenenam através de seus olhares ou por outros meios, e por que os mágicos e os feiticeiros foram comparados aos envenenadores.
89. Clément, p. 427.

guras ainda que nos outros domínios, porquanto a calúnia se exerce muito facilmente nesses casos contestados. Duplessis o explica muito bem a Colbert em sua resposta ao questionário citado há pouco:

> Para proceder com segurança em matéria criminal, é necessário primeiramente que seja constatado que houve um crime cometido, de forma que se tenha mais do que investigar quem é o seu autor.

Como poderia o juiz condenar um criminoso, quando a acusação carece do objeto mesmo do crime; é bem o caso precisamente, dentre outros exemplos:

> quando se pretende que uma pessoa tenha sido enfeitiçada pelo amor ou outra forma qualquer, e que o feitiço não aperece. Como condenar um pretenso autor desse crime, quando não se sabe se houve um crime cometido? Eis por que, se as acusações são admitidas nessas circunstâncias, necessita-se também de provas muito mais fortes que nas outras matérias criminais, e que elas estejam acima de todas exceções[90].

Em suma, o caso dos venenos reforçou a convicção de Colbert e dos juristas à sua volta, no tocante a essas questões.

b) Epidemias e possessões em Toulouse (1680-82).

Ao mesmo tempo, a feitiçaria mais tradicional passa por um período de reativação na alçada do Parlamento de Toulouse, após um silêncio de um bom quarto de século: na falta dessa famosa ordenança geral prometida em 1670-1672, os juízes de primeira instância e mesmo os magistrados do Parlamento acolhem os processos suscitados pelas populações e dão novamente livre curso às acusações, ao menos em um primeiro tempo[91].

A região de Bigorre foi o teatro desse ressurgimento. Na falta dos processos primários, uma sentença do Conselho dos Despachos pronunciada em julho de 1680 permite reconstituir as grandes linhas dessa epidemia: "alguns particulares" foram acusados, e os processos abertos arrastam outros, como de costume, em virtude da "grande condescendência das pessoas da dita região". Mas, em uma primeira intervenção do Conselho, as instruções foram sustadas e o caso viu-se "inteiramente acalmado". Quando o Conselho intervém em 1680, "o Parlamento de Tholoze ordenou que fosse informado contra os ditos acusados de sortilégio e comissionou para esse fim um conselheiro do dito Parlamento"; o que trazia o risco de que se repetissem os processos costumeiros de que o

---

90. *Ibidem*, pp. 428-429.
91. Simultaneamente o Conselho de Estado tomou conhecimento outrossim de um caso normando menor mas bastante significativo: tendo o Senhor d'Argence, lugar-tenente real para Pontaudemer, libertado em 29 de dezembro de 1679, sem outra forma de processo, sete acusados de sortilégio que se encontravam em suas prisões (com a condição de que prestassem serviço em um regimento real), o Parlamento da Normandia pronunciou a 12 de abril de 1680, uma sentença que suspendia de suas funções o Senhor d'Argence por não lhe haver apresentado esses acusados. A 30 de junho de 1681 um aresto do Conselho suspende a proibição e dispensa o lugar-tenente da apresentação desses prisioneiros. O zelo dos magistrados normandos é, pois, novamente condenado pelo Conselho. Cf. o dossiê, A. N., ADIII 36, peça 188.

Béarn fora vítima em 1670. Em sua exposição de motivos, a sentença do Conselho refere-se a essa comissão "que teria causado novos problemas na dita região de Bigorre". A decisão tomada está pois conforme com as precedentes; o rei "ordena que todas e cada uma das acusações, informações e processos que teriam sido feitos pelo dito Parlamento de Tholoze sejam ... enviados ao Senhor Marquês de Chasteauneuf, secretário de Estado"[92]; e a sentença proíbe "tanto ao dito Parlamento de Tholoze quanto a todos os juízes de efetuarem em razão disso quaisquer perseguições ou processos contra os ditos particulares, sob pena de anulação e cassação de processo"[93]. Todavia essa sentença não inclui a referência, constante quando das intervenções de 1670-1672, à ordenança geral que estabeleceria as provas sólidas com base nas quais os juízes poderiam instruir com toda serenidade. Prudência de redatores que não julgam útil renovar uma promessa solenemente feita há dez anos e ainda não cumprida? Convicção adquirida através das peripécias da instrução em curso sobre os envenenamentos de que não há decididamente nenhuma outra magia maléfica senão o uso do arsênico, ou de outros produtos químicos perniciosos? As duas explicações são plausíveis e não se excluem: nenhum texto permite que se decida.

O Parlamento de Toulouse não se arrependeu, no entanto, nestes anos, da prudência que havia adotado em 1644. Seu inquérito em Bigorre em 1679-1680 (cuja intenção precisa não foi, aliás, esclarecida pela sentença do Conselho) é contemporâneo de outras informações em que os magistrados do Languedoc dão provas de uma circunspecção de todo conforme às suas preocupações anteriores; trata-se, é verdade, de casos urbanos de possessões diabólicas particularmente confusas, cujos diversos episódios suscitam uma viva desconfiança: inicialmente tem-se a história obscura de Catherine d'Almayrac que foi conduzida duas vezes, em 1677 e 1680, diante da corte suprema. Casada em Séverac em 1668, Catherine d'Almayrac parece ter-se acomodado mal com o casamento e evadiu-se do leito conjugal para retornar à casa do pai e depois fugir novamente para Toulouse. Em 1674, ela vive sozinha na cidade, passa por possessa, é exorcismada pelo grande vigário do arcebispo, enviada de volta a Séverac onde é confiada ao cura do local que prossegue os exorcismos. O caso é bastante conhecido, já que "na assembléia geral (do clero) do ano de 1675, um dia, em plena assembléia, vários prelados (dirigindo-se ao bispo de Rodez, Voyer de Paulmy) troçaram dele dizendo-lhe que possuía um bom missionário na sua diocese porquanto o diabo

---

92. Châteauneuf fora informado especialmente por Pellot em 1670 dos casos normandos. Ele está portanto particularmente a par dessas questões.
93. Sentença de 21 de julho de 1680, A. N., E 1804, na data.

aí se intrometera"[94]. O bispo não estava ao corrente dessa possessão. Contudo, a reputação da possessão já era grande visto que certos exorcismos públicos se desenvolviam diante de vários milhares de pessoas. O Parlamento de Toulouse interviu por duas vezes nos processos intentados por Catherine e seu marido diante do provisor de Rodez para a anulação de seu casamento. Em 1677, os magistrados da corte suprema anulam um acordo amigável de separação firmado entre os esposos e estabelece o retorno a um processo regular de dissolução. Em 1680, a sentença do provisor recusando a dissolução é confirmada pelo Parlamento, que condena Catherine "apelante por abuso" à multa e às despesas do processo; em ambos os casos, os magistrados não levaram absolutamente em conta a possessão e as acusações de diabruras apresentadas por Catherine e por seus exorcistas[95], limitaram-se à instrução do processo em matéria de separação e dissolução de casamento. Finalmente, o principal exorcista, o cura de Séverac, Dupuis, "como aquilo fizesse grande tumulto", foi denunciado pelo Senhor de Paulmy diante da Corte do Parlamento: ao termo de um processo de durou vários anos, o cura foi relaxado, e a possessa deixou a região[96].

Os magistrados de Toulouse dão provas da mesma prudência em um outro caso de possessão coletiva que se situa em sua cidade mesmo. Quatro jovens pensionistas da Casa da Infância, pertencentes a honestas famílias burguesas, manifestam no outono de 1681 todos os sinais da possessão diabólica: agitação, convulsões, vômitos de alfinetes, soluços e "estiramentos". Suas perturbações causaram bastante comoção na cidade para que o Parlamento deles se encarregasse de julgá-la. A sentença, pronunciada a 22 de dezembro de 1681, se limita a prescrever o exame das quatro moças por uma comissão de médicos e de magistrados, dirigida por Garaud Duranti, Senhor de Donneville, presidente da câmara. Os resultados desse inquérito foram consignados pelos médicos indicados, François Bayle e Henry Grangeron, em uma "relação" logo impressa em Toulouse e dedicado pelos livreiros editores ao Presidente de Donneville[97]. Os comissários examinaram as jovens possessas durante três semanas de 31 de dezembro a 20 de janeiro, depois mandaram proceder durante

---

94. B. N. Mss, fds fs, 20973, f.º 151 v.º. Esse manuscrito inclui toda uma série de documentos (ou cópias) concernentes a Catherine d'Almayrac e suas façanhas ulteriores. Cf. o Cap. 9, p. 429.
95. Cf. os relatos contidos nesse Mss. 20973, por exemplo: «Seu marido sustentava que ele tivera um inteiro conhecimento de sua mulher, seu exorcista sustentou que um demônio súcubo se pusera no lugar de Catherine», f.º 152.
96. *Ibidem:* «Houve um longo processo no parlamento que durou três ou quatro anos, por fim o Senhor Dupuys foi relaxado por sentença, e, tendo o processo terminado, retornou a seu curato, onde morreu cinco ou seis meses depois».
97. François Bayle, *Relation de l'état de quelques personnes prétendues possédées...*, n.º 101 da Bibliografia.

dez dias a exorcismos executados pelo vigário-geral do arcebispo: o primeiro terço de seu relato é um informe analítico desse inquérito. Todavia nesse relatório de estilo administrativo, a circunspecção dos comissários é patente; antes de proceder aos exorcismos, de comum acordo decidem simular o seu cerimonial: "Como esforço para melhor descobrir a verdade do fato de que se tratava, julgou-se oportuno... fazer um exorcismo falso e simulado... Um Delrio **De disquisitionibus** em forma de ritual..."[98]. A experiência, que é repetida na presença de outros magistrados e padres, para concluir a demonstração, obtém pleno êxito; como conta um leitor de uma forma irônica, alguns anos mais tarde:

> Empregou-se exorcismos falsos que as pretensas possessas tornaram por exorcismos verdadeiros. A água do Garonne lhes era tão insuportável quanto a água benta. A leitura de um livro profano, a aplicação de uma Estola sem bênção, e o ministério de um leigo disfarçado de padre, vestido com hábitos de coro, todo esse aparelho profano que possuía uma aparência sagrada, causou-lhes as mais violentas agitações[99].

Indo além destas constatações inequívocas, os dois médicos comissionados pela Corte discutem longamente o caso e reencontram, a propósito dessas quatro possessas, vários traços apresentados há muito tempo, em casos similares anteriores. Dois raciocínios merecem ser assinalados, pois dão o tom da demonstração e indicam claramente o caminho percorrido nos meios informados. Para esses médicos, a crença nas práticas diabólicas não passa de um fenômeno popular supersticioso. Por várias vezes, eles afirmam, ligando essas crenças às insuficiências da formação religiosa: "Vê-se um maior número de feiticeiros ou de pessoas que procuram sê-lo nos lugares onde a população carece de instrução"[100]. O que significa que tais crenças estão ainda muito difundidas, e não é de se admirar que essa possessão da Casa da Infância tenha agitado multidões, na própria cidade.

> Cada um raciocinava a seu modo, segundo seu alcance e conforme seus preconceitos sobre os feiticeiros e seus malefícios, que são o assunto mais comum das conversas do povo miúdo que é ignorante, e por conseqüência tímido e supersticioso[101].

E o mesmo ocorre nos campos; esses médicos sabem que os acidentes metereológicos são freqüentemente atribuídos à ação dos feiticeiros e do Diabo, segundo um preconceito tenaz, que alimenta sempre as conversas dos serões:

> As crianças dos aldeões que não têm nenhuma educação, não ouvem falar senão dos feitos dos feiticeiros, e de toda a desordem

---

98. *Relation de l'etat...*, p. 34.
99. Comentário anônimo de um memorial normando, a propósito de um caso semelhante ulterior: Bibl. do Arsenal, Mss. 4824 f.º 394 n.º; cf. capítulo seguinte, p. 431.
100. *Relation...* p. 55.
101. *Ibidem*, p. 78.

9. OS FEITICEIROS SE TORNAM FALSOS

Depois de 1682, a nova jurisprudência definida pela declaração encontrou muito rapidamente a aprovação dos magistrados encarregados de sua aplicação. As memórias de jurisconsultos conservadas aqui e ali que enumeram os crimes de lesa-majestade divina e humana, e mesmo os simples regulamentos de polícia homologam a classificação e as definições fornecidas em 1682. Uma ordenança de polícia de 10 de novembro de 1700 retoma textualmente os termos do edito: "Sob pretexto de operação de pretensa magia"[1]. Um repertório de penas estabelecido por volta da mesma época por um escrivão criminal parisiense, Claude Amiot, nem mesmo menciona a feitiçaria e se contenta em citar, por um lado, o envenenamento dos rebanhos (punido com as galés) e, por outro lado, os "sacrilégios enormes e execráveis" que merecem a fogueira "com o processo"[2]. Um pouco mais tarde, o célebre **Traité de la police** de Delamare, que consagra um título de seu primeiro volume aos "mágicos, feiticeiros, adivinhos e prognosticadores", após um histó-

[1]. A. N., ADIII, 30, 72. Cf. também a «memoire des crimes de lèze Majestez», ADIII, 27 B, 135 que cita simplesmente «adivinhar e prognosticar excedendo os termos da astrologia lícita».
[2]. A. N., U 942, f.º 206 e s. Um repertório semelhante, apresentando as mesmas definições, encontra-se também em U 941.

rico pleno de citações, termina com o texto integral da declaração e um breve relato das desventuras sofridas por pastores da Brie (sobre os quais se fará menção mais adiante); para Delamare, o texto de 1682 é de fato a última palavra da jurisprudência sobre a questão³. Com muito maior razão, os grandes tratados da segunda metade do século XVIII retomaram por sua conta as mesmas fórmulas: J.-B. Denisart, em sua **Collection de décisions,** evoca as crenças populares: "Denominam-se feiticeiros aqueles que, segundo a opinião comum, têm comunicação com o Diabo, e que fazem coisas extraordinárias pelo seu (pretenso) socorro"⁴, antes de recordar o caminho intermediário e a jurisprudência parisiense. **Le Répertoire Universel** de Guyot vai mais adiante e afirma peremptoriamente a inexistência de verdadeiros feiticeiros: "a razão, que começa a fazer progressos sob o reinado de Luís XIV, levou a admitir a opinião de que não há mais verdadeiros feiticeiros"; ele lembra os erros de apreciação do Parlamento normando em 1672 e conclui: "De resto, para saber o que se pensa na França sobre os feiticeiros, encantadores e adivinhos, deve-se ler o edito do mês de julho de 1682"⁵.

Contudo, a curiosidade demoníaca dos eruditos não esmoreceu ainda, sem falar da perseverança com a qual certos meios devotos, nostálgicos das cabalas do século precedente (Companhia do Santo-Sacramento, sociedades das obras fortes), continuam a denunciar os feiticeiros⁶. Até meados do século XVIII, a rubrica demonológica continua a ser afreguesada nas prateleiras das livrarias: quer reedições de "clássicos" como a "magia natural" de Porta ou as "histórias" de Rosset⁷; quer novas compilações que tendem claramente a desacreditar os antigos demonólogos, como a suma erudita de Balthazar Bekker, pastor holandês que raciocina com rigor e desmontou muito bem o argumento tradicional da devoção:

é presentemente uma questão de piedade fazer acompanhar o temor a Deus com o do Diabo. Se se chega a contradizer essa opinião, passa-se logo por ateu, ou seja, um homem que nega a existência de

3. Delamare, *Traité de la police*, n.º 166 da Bibliografia, tomo I, pp. 464-475.
4. J.-B. Denisart, *Collection...*, n.º 169 da Bibliografia, p. 131.
5. Guyot, *Répertoire...*, n.º 207 da Bibliografia, XVI, p. 353.
6. A 27 de novembro de 1705, o Parlamento de Paris proíbe a impressão, a difusão e a posse de um libelo intitulado «de la Correction fraternelle ou de l'obligation de empêcher le mal d'autruy quand on le peut», que recomenda insistentemente à juventude a denúncia às autoridades eclesiásticas de vinte e três categorias de pecadores, vindo os feiticeiros em terceiro lugar (após os heréticos e os adivinhos); «os feiticeiros e aqueles que têm o costume de usar de sortilégio, e de pesquisar caracteres; aqueles que possuem livros de feiticaria ou de superstição, ou que ensinam aos outros essas ditas coisas ou outras semelhantes». Cf. o dossiê (na série de livros proibidos) A. N., ADIII, 21, peça 16.
7. Porta, reedições, Lyon, 1678, Rouen, 1699; Rosset, Rouen, 1700; cf. também Jovet, *Le triomphe du St. Sacrement*, relato da possessão de Nicole Obry (cf. mais atrás, p. 120, cf., Laon 1682, etc....

um Deus, embora não se seja culpado senão do crime de não acreditar que existam dois, sendo um bom e o outro mau[8],

ou ainda o longo panfleto irônico e mordaz de um polígrafo pitoresco, o Abade Laurent Bordelon, doutor em teologia conhecido por sua abundante produção romanesca, que trata de todos os aspectos, lobisomens, fadas, ogros, fantasmas, talismãs, horóscopos, sortilégios, etc. sob um título eloqüente: **Histoire des imaginations extravagantes de Monsieur Oufle,** apresentado como um Pécuchet da magia:

> Pobre homem (que) havia passado grande parte de sua vida a ler um número prodigioso de livros sobre a magia e a feitiçaria, os espectros, os fantasmas, os lobisomens... e não acreditava em nada mais fortemente do que nisso que parecia o mais inacreditável aos outros[9].

Na mesma categoria, enfim, a **Histoire des pratiques superstitieuses** do oratoriano Le Brun publicada em 1702, acompanhada de uma aprovação da Academia de Ciências assinada por Fontenelle e Malebranche; ela traz em seu frontispício uma dupla imagem da prova da água condenada desde há um século, apresentada com a legenda latina:

> Judicium Dei per aquam frigidam, si submersi fuerint, inculpabiles reputentur, si supernataverint, rei esse judicentur[10].

Ao que se acrescentam ainda as obras polêmicas que repisam à distância de um século os argumentos antagônicos dos "possessionistas" e de seus adversários: ao médico de Countances, Saint-André, que publica em 1725 uma coleção de Cartas "a respeito da magia, dos malefícios e dos feiticeiros" argumentando de forma crítica sobre Loudun, Carentan e outras histórias normandas, respondem quase que simultaneamente em 1731-1732 dois zeladores da presença real do Diabo nesse mundo: um, Boissier, que refuta passo a passo o médico e se apóia no protesto dos magistrados normandos em 1670, que reproduz textualmente; o outro, Daugis, que "demonstra a verdade" da magia e do sortilégio, das possessões, obsessões e malefícios... **"ad majorem Dei gloriam"** (como o repete ao fim de seu prefácio e de seu texto), com inúmeras citações e invectivas contra os médicos que cuidam dos enfeitiçados, "por respeito humano ou por medo de

---

8. B. Bekker, *Le monde enchanté...*, n.º 104 da Bibliografia, prefácio não paginado, *ad finem*.

9. L. Bordelon, *Histoire des imaginations...*, n.º 124 da Bibliografia, a primeira edição em 1710, a segunda em 1712; o longo título foi remanejado pelo autor. Dentre seus romances que utilizam temas semelhantes: *Les effets portés, Les Tours de Maître Gonin*, etc....

10. P. Le Brun, *Histoire critique des pratiques superstitieuses...*, n.º 228 *surprenants de la sympathia, Les coudées franches, L'homme prodigieux trans*-da Bibliografia. O *Journal des savants* fez um prognóstico sobre essa publicação ao comentar longamente vários aspectos sublinhados por Le Brun: a prova da água fria, os pastores que fazem morrer rebanhos através de malefícios: «Ele cita grande quantidade desses exemplos confirmados ainda por autos que relata. Mas não seriam esses autos por acaso uma prova da credulidade demasiado grande de seus autores? Mil pessoas todos os dias acreditam ter visto aquilo que não viram...» *Journal des savants*, 1702, pp. 103-110.

passar por visionários"¹¹. Mesmo durante a segunda metade do século XVIII, tratados e dissertações da mesma veia continuam a encontrar editores, como o Abade Hervieu de la Boissière cujo **Fraité des miracles** publicado em 1764 consagra capítulos inteiros aos prodígios do inferno e à enormidade do poder do demônio; ou ainda Dom Augustin Calmet e suas dissertações inesgotáveis sobre as aparições dos anjos e dos demônios¹². Ao passo que a **Encyclopédie,** encarecendo o ceticismo crítico professado por P. Bayle no fim do século XVII em seu dicionário¹³, trate muito por cima todos esses fenômenos; a definição da feitiçaria começa por uma formulação muito rápida:

> Operação mágica, vergonhosa ou ridícula, atribuída estupidamente pela superstição à invocação e ao poder dos demônios".

Nos decênios que se seguiram imediatamente ao registro da declaração real, os magistrados das cortes supremas e os juízes inferiores aplicaram, portanto, essa nova jurisprudência em um clima de controvérsias persistentes. É difícil medir a audiência dessas reedições demonológicas ou das polêmicas; da mesma forma como é penoso acompanhar à risca todas as hesitações dos magistrados. Alguns dentre eles e seus subordinados colocaram-se questões embaraçosas, procuraram uma definição pessoal de sua "religião" quanto à questão; em Paris mesmo, Amiot, escrivão criminal do Parlamento, deixou dentre seus papéis uma memória manuscrita sobre a matéria, recheada de citações (de Delrio a Delamare) que termina por formulação prudente:

> É necessário antes de mais nada colocar como princípio geral nessa matéria que os fatos sobrenaturais, quer dizer, aqueles que excedem as forças da natureza, devem ser atribuídos ou a Deus ou ao Demônio conforme sua qualidade¹⁴.

Sem nenhuma dúvida, a declaração de 1682 não iluminou as consciências escrupulosas no instante de sua leitura. Algumas feiticeiras puderam ser queimadas ainda, por inadvertência, nos anos seguintes, enquanto que outros juízes aplicaram severamente a jurisprudência parisiense. Nas fronteiras do reino, entre 1682 e 1685, cada uma dessas atitudes é ilustrada muito claramente. Em julho de 1683, o conselho supremo da Alsácia examina em apelo uma sentença do bailio de Bergheim, próximo a Colmar, que condena duas mulheres à fogueira, três outras à tortura e absolve oito. Úrsula Semerlin, convicta de ter sido

---

11. Saint-André, Boissier, Daugis, n.ºs 314, 120 e 166 da Bibliografia. Constatação pitoresca (e que diz muito sobre as aprovações dos censores), as duas obras opostas de Saint-André e Daugis foram aprovadas pelo mesmo doutor da Sorbonne (e cônego de Saint Benoist), A. Lemoine.
12. *Traité des miracles...*, n.º 211 da Bibliografia; *Dissertations sur les apparitions...*, n.º 141 da Bibliografia.
13. Nos artigos Marthe Brossier e Urbain Grandier.
14. A. N., ADIII 28 maço I, peça 55, coleção de matérias criminais pertencentes a M. Amiot (classificado por ordem alfabética).

feiticeira e de ter conduzido ao sabá a sua criada "sobre uma montanha na Suábia, denominada o Hérbert, distante 40 léguas da cidade de Bergheim, sua residência, em uma hora sobre o forcado untado", é condenada à fogueira e executada a 19 de julho de 1683. A punição da criada é comutada em reclusão no hospital acompanhada de reprimendas, açoite três vezes por semana durante um mês e meio, e reeducação religiosa; todas as outras inculpadas foram libertadas[15]. O conselho supremo, mais clemente que o juiz local, não poupou, no entretanto, a velha feiticeira, de setenta e três anos de idade, mal-afamada (sua mãe e avó foram queimadas pelo mesmo motivo), que confessou todos os sabás suábios possíveis, e além do mais acusou as outras inculpadas. Em compensação, em Tournai, a 3 de abril de 1685, Catherine Ardent, feiticeira de Furnes, condenada à tortura pelo burgomestre de sua cidade por ter enfeitiçado vizinhos e um cavalo, é solta, libertada imediatamente pelo conselho, seu registro de prisão "riscado e rabiscado", "e as peças de seu processo remetidas ao procurador-geral"[16].

No entanto no decorrer desses decênios, os Parlamentos e, em sua esteira, lentamente, os juízes inferiores aplicarám a declaração definindo os novos elementos de incriminação. Os feiticeiros d'antanho se classificam assim em três grandes categorias, passíveis de tratamentos completamente distintos: em primeiro lugar, quando somente as palavras — injúrias, propostas difamatórias, blasfêmias — estão em jogo, os juízes acolhem esses itens de acusação como tais: é sempre infamante passar por feiticeiro, e blasfematório invocar o Diabo e seus demônios. Em segundo lugar, vêm as acusações pelo crime mais amplamente definido pelos redatores do texto: os envenenamentos, sempre denunciados nos campos pelos proprietários de rebanhos; por fim, a nova jurisprudência reserva um destino particular para os exploradores da credulidade pública, charlatães que se fazem passar por feiticeiros, lançadores de feitiços maléficos, procuradores de tesouros e simuladores que se crêem possuídos pelo Demônio. Essas três categorias delimitam as três atitudes

1. *As Inscriminações Menores: Delitos de Palavras*

É bastante evidente — seria ainda necessário recordá-lo? — que as crenças rurais e mesmo urbanas em matéria de feitiçaria continuaram sua carreira por muito

---

15. A. D. Haut Rhin, E 1048 (sentença do bailio); IE 83, 11 (sentença do conselho supremo).
16. Trata-se do conselho supremo estabelecido em Douai que julga aqui em apelo: A. D. Norte, VIII B 761, II, F.º 122 v.º. Sr. Lottin em sua bela obra «Vie et mentalité d'un Lillois sous Louis XIV», aparecida em janeiro de 1968, assinala (p. 270) a execução de seis mágicos em Lille em 1683.

do pessoal judiciário em face dos "pretensos" feiticeiros tempo ainda após a declaração de 1682. Lançadores de feitiços que secam o leite das vacas, realizadores de feitiço de impotência que perturbam a paz dos casais, feiticeiros curandeiros e malfeitores ao mesmo tempo, não perderam seu crédito junto às populações, e suas proezas não cessaram repentinamente de alimentar as crônicas locais e as querelas de vizinhança onde todas as acusações sus citadas pelas superstições mais tenazes podem ter livre curso. Mas ao fim do século XVII, a justiça real intervém de duas formas nesse domínio: ora contra os acusadores que tratam os seus vizinhos de feiticeiros, cumulando-os de injúrias, sendo que o delito reconhecido agora é o de difamação e o queixoso é o pretenso feiticeiro ele mesmo, ora os juízes se ocupam deste quando ele proferiu palavras ímpias, ou seja, quando jogou efetivamente o jogo das invocações em matéria de sortilégio, com o recurso de fórmulas blasfematórias e escandalosas, que são sempre passíveis de processos — e assim permanecem até o fim do Antigo Regime. Em um e outro caso, as punições ordenadas pelos magistrados não chegam até a morte[17].

a) **Injúrias e difamações.** Nesses casos, é a honra e a reputação do queixoso que estão em causa: ser tratado por feiticeiro não apresenta certamente mais os mesmos perigos de um século atrás; a injúria permanece, marca de infâmia, da qual o queixoso requer reparação ao juiz O mínimo que este concede é a obrigação imposta aos acusados de reconhecer publicamente suas vítimas como pessoas de bem e de honra, suspeitadas erroneamente Esses processos que não implicam normalmente pena corporal não devem ser apresentados ao Parlamento. São pois os arquivos dos tribunais de primeira instância que conservam os seus traços esparsos e de difícil recenseamento. Do Norte ao Sul, eles se encontram por toda parte durante os dois últimos decênios do século. Nas Ardennes, em 1683 e 1686, são as mulheres que se defendem de ter "qualidade de feiticeira", e de ter feito morrer animais ou homens: os processos abertos pelos juízes não parecem resultar em uma condenação formal[18]. No Nivernais, em Decize em 1687, a difamação toma feições de injúria maldizente e preciosa: Marie Millot é acusada de ser "uma velha Prosérpina; seria necessário que ela tivesse descido aos infernos para ter engendrado tantos diabos"[19]. No Limousin, em Bellac, no ano de 1700, um peleiro e sua irmã requerem justiça contra duas mulheres

---

17. Salvo atos sacrílegos, que são mais graves: cf. início do parágrafo seguinte.
18. Anne Osselet; Jeanne Dispaix cuja «reputação e orgulho» foram atacados, 1683 e 1686: A. D. Ardennes, B 1080 e 1089.
19. A. D. Nièvre, B 79 (inventário impresso, tomo I, p. 152).

que "em todos os encontros, lhes dizem injúrias atrozes contra sua honra e reputação e mesmo de seus ancestrais, dizendo que o Diabo havia levado a sua avó, e outras semelhantes injúrias difamantes"[20]. No senescalato de Castres, em 1686, duas mulheres intentaram processos contra várias pessoas pelas mesmas injúrias e acusações. Uma delas, habitante de Puech Auriol, obtém aliás retratação completa de seus acusadores e reparação pública. Outros inquéritos são abertos — aparentemente sem conclusão — a partir de queixas de pessoas difamadas[21]. Na Gasconha, onde já em 1644 pretensas feiticeiras às voltas com conhecedores condenados pelo Parlamento de Toulouse haviam feito queixa para a proteção de sua honra[22], as mesmas ações judiciárias reaparecem até o meado do século XVIII; em 1764, um casamento rompido sob o pretexto de que a futura noiva estava atacada do "mal epidêmico vulgarmente chamado mal caduco" provoca uma ação judiciária da família preterida em virtude dos "maus discursos e más conversas" tidas pelo noivo que "vieram macular os suplicantes e sua família no espírito das pessoas demasiado crédulas, aos olhos das quais os suplicantes e sua família não são mais que um espírito diabólico e de abominação"[23]. No mesmo sentido ainda, diante do bailio de Berchères próximo a Houdan, um guarda-caça, François Breant, requer em 1702 reparação das "injúrias atrozes e escandalosas (feiticeiro e realizador de feitiço de impotência) contra ele proferidas" por habitantes importantes da paróquia[24]. Enfim, se se deve acreditar no oratoriano Le Brun em suas **Histoires des pratiques superstitieuses,** os juízes de Joigny e de Auxerre tiveram que intervir em 1696 contra alguns curas; em Pontigny e Montigny, eles organizaram a prova da água reclamada por camponeses que, acusados de feitiçaria por seus compatriotas, não encontraram melhor meio para provar a sua inocência[25].

Esses casos de simples difamação podem evidentemente complicar-se quando os queixosos reconhecem ter praticado quaisquer gestos e encantação: é o caso, em 1690, de um trabalhador de Mâcon, Nicolar Chambard, "artesão de profissão, homem ignorante e sem letras" que passa por culpado de realizar feitiços de impotência; ele

---

20. A. D. Haute Vienne, B 564.
21. A. D. Tarn, B 239; em todo o decorrer do século XVIII, outros casos semelhantes são assinalados em 1716 (B 265); 1732 (B 280); 1736 (B 283); 1765 (B 1255); 1772-1789 (B 1236); 1785 (B 985).
22. Catherine Dufaure contra Pierre Labarthe, 8 de abril de 1644, A. D. Gers, B 150, F.º 473 v.º e ss.
23. A. D., Gers, B 706, na data de 5 de janeiro de 1764. Outro exemplo meridional não menos tardio e pitoresco em 1778 (A. D. Charente Maritime, B 992, inv. I, 618) a injúria empregada: «salta-cerca, feiticeiro, comedor de cães», completa-se com a acusação feita contra o pai encontrado «como animal», «em posição de dar luz».
24. A. D. Eure-et-Loir, B 1797 (9 de janeiro de 1702).
25. P. Le Brun, n.º 228 da Bibliografia, pp. 529 e ss.

reconhece possuir algumas boas receitas, mas não vê nisso qualquer malícia:

Ele acreditava não fazer nenhum mal e que se soubesse que havia aí algum, não o faria; é verdade que sabia tirar encantamentos para o casamento, e os religiosos e padres haviam visto os livros de que se servia, e lhe haviam dito que não havia neles nenhum mal.

Ele mandou rezar missas à Santa Virgem e coloca os anéis de casamento sobre um livro de devoção. Apesar da intervenção do cura de Saint-Pierre, que lhe censura o uso "de meios supersticiosos e infames nos quais faz entrar a profanação das coisas santas e sagradas", Nicolas Chambard, que não se reconhece como feiticeiro, parece ter persuadido o bailio da sua inocência[26].

Por fim, cumpre mencionar o caso em que as acusações difamantes foram aceitas pelos juízes inferiores por motivos afins, e não mais por feitiçaria. Em 1692, o preboste de Paris pronunciou uma sentença contra uma viúva acusada por suas filhas "de se ter servido de práticas supersticiosas"; ela foi condenada a "ser multada e admoestada com proibição de reincidência, a tais penas como lhe couberem e a vinte libras de multa". O Parlamento encarregou-se do julgamento e condenou em 2 de setembro de 1693, não a viúva, "acusada injustamente", mas as duas filhas que deveriam "pedir perdão à sua mãe na câmara de Tournelle, em presença de seis pessoas e declarar que maldosamente, temerariamente e sendo mal aconselhadas, intentaram contra ela a falsa acusação de que se arrependem". Uma das moças é encerrada em um convento; e elas juntas precisam pagar seiscentas libras de danos e interesses[27]. Neste caso de acusação caluniosa, os magistrados parisienses demonstram por sua vigilância que recusam definitivamente nesses domínios qualquer processo que não possa basear-se de maneira clara sobre fatos precisos; e também sua vontade de reprimir qualquer extensão ou transferência das acusações que substituiriam a "pretensa magia" por itens de incriminação que caem diretamente sob o golpe das proibições editadas pela declaração de 1682: é o caso dos "sacrilégios execráveis". Os juízes de todos os níveis estão, portanto, bastante atentos para não admitir a difamação e as injúrias que utilizam os vocábulos da feitiçaria e podem desacreditar as reputações à força de boatos; mas limitam sua intervenção muito freqüentemente a levar os acusadores a retratar-se dessas propostas mal sonantes e a reabilitar as pessoas difamadas. São mais severos com relação aos pretensos mágicos que proferiram blasfêmias e impiedades.

26. A. D. Saône-et-Loire, B 1288, f.º 46 e ss. (março-junho 1690). É talvez também um caso semelhante que se apresenta no bailiado de Amont em 1690 com Marguerite Cuchot (A. D. Haute-Saône, B 6163).

27. Sentença de 2 de setembro de 1693 para Marie Angélique de Chepy, viúva do Mestre Pierre Savare, e o conjunto do dossiê A. N., A. III 32, peças 35 e ss.

b) **Blasfêmias e palavras sacrílegas.** As palavras blasfematórias, ímpias e sacrílegas são punidas há muito tempo com penas severas, que foram precisadas pela última vez por uma declaração de 1666, já citada: penas de multas mais e mais pesadas à medida que se renovam as reincidências, e por fim penas corporais, chegando ao corte da língua quando o blesfamador persevera e se vê entregue à justiça pela sexta vez. Mas as palavras sacrílegas não implicam condenação à morte, como os atos sacrílegos, que consistem na maior parte das vezes em roubos de hóstias utilizadas para executar profanações diversas, mais ou menos mágicas; e que são sempre punidas como tais, da mesma forma que os roubos de objetos sagrados. Em 1684, o Parlamento de Rouen condena assim três particulares de Beaumont le Roger, tendo um deles "deixado cair a santa hóstia de sua boca em sua mão" para fins muito particulares: "vir a fazer-se amar, descobrir tesouros, ganhar no jogo, fazer pessoas adoecerem, etc....". Os três condenados são ademais simplesmente queimados em efígie, pois conseguiram escapulir a tempo[28]. Da mesma forma, o intendente das galés de Toulon condena em 1693 quatro forçados que profanaram hóstias consagradas, roubadas à comunhão e utilizadas nas beberagens consumidas pelos forçados durante sua transferência entre Paris e Toulon — na esperança de uma libertação mágica durante a exalação sobre a corrente, ou de ser "feliz no jogo de cartas"[29]. Da mesma forma ainda, nos processos intentados na Bretanha, no curso do século seguinte em 1732-1738, os buscadores de tesouros, que utilizam padres que celebram a missa em pleno campo, profanam hóstias e "creme santo", são condenados às galés e mesmo às fogueiras[30]. Eles acumulam ademais os itens de incriminação e o ato sacrílego se acrescenta a outros crimes igualmente graves e suficientes para merecer a punição mais pesada[31].

As palavras sacrílegas, mesmo se os incriminados invocam o Diabo ou se pretendem que foram impelidos a blasfemar por Satã, não levam, portanto, muito longe. Du-

---

28. A documentação desse processo não pôde ser encontrada nos arquivos departamentais; o relato dele é fornecido pelo Doutor Giraud, *Etude sur les procès...* n.º 423 da Bibliografia; Floquet, *Histoire du parlament...* n.º 406 da Bibliografia, faz igualmente alusão a ele (tomo V, p. 730).

29. Cf. M. Forget, «Une quadruple exécution...» n.º 407 da Bibliografia.

30. Vários casos em Dinan (8 de abril de 1732), Rennes (9 de dezembro e 23 de setembro de 1734), Hennebont (1738) em A. D. Ille-et-Vilaine, B, dossiês diversos, não cotados. Esse dossiê contém também a denúncia de um furioso que em 1725 em Guéméné quebrou tudo na casa de seus pais: «a imagem de Jesus Cristo» e a louça, as portas, as janelas e «derramou seu vinho e cidra na adega». Segundo Foucault, n.º 408 da Bibliografia, p. 350, o Parlamento parisiense teria também condenado à morte um padre sacrílego em 1701. O caso mais célebre de ato sacrílego no século XVIII é evidentemente o do Cavaleiro de la Barre, em 1766.

31. Assim também em Artois, em 1763, um falsificador de moedas que se fizera passar igualmente por padre. A. N., ADIII 10, peça 135.

rante todo o século XVIII ainda, compareceram diante dos juízes inferiores (e mesmo diante dos Parlamentos) acusados que confessar deslizes de linguagem. Em Beaumont Le Roger em 1710, uma mulher, Louise Gouel, é acusada de "irreverências escandalosas, gritos e urros feitos na igreja paroquial durante vários anos no decorrer do serviço divino e em outras circunstâncias", ela se declara endiabrada e o cura de Boully-eMorin tentou mesmo alguns exorcismos com ela; mas diante do bailio e em seguida diante do Parlamento de Rouen, ela responde simplesmente por suas "extravagâncias" e seus excessos de linguagem, sem ser mais incomodada[32]. Na Bretanha, em 1716, o presidial de Vannes instrui o processo de uma mulher de má reputação, que não sabe ler, mas possui em sua casa uma encantação diabólica para ser recitada durante sete semanas de jejum a fim de levar o Diabo a aparecer. Interrogada sobre suas relações com todos os particulares da região, tamanqueiros e carpinteiros que passam por "especialistas na arte mágica" e não são incomodados por isso, ela teve de responder, por fim, unicamente pelo fato de que possuía (e recitava eventualmente) tais invocações diabólicas[33]. É o mesmo crime que cometeu, ao que parece, na metade do século XVIII, um padre, Robert Pons, de quem o Parlamento de Paris se ocupou, e que explorava as preces à cabeceira dos moribundos e as superstições populares concernentes aos tesouros revelados aos mortos[34].

A esses sacrilégios em palavras, convém também juntar bom número de blasfemadores, notadamente os praguejadores de tabernas que, após beberem, invocam imprudentemente o nome do Diabo e de seus demônios, assim como o de Deus Pai e de seus Santos; eles são acusados diante dos bailios ou dos presidiais por contravenção a essas ordenanças sem cessar repetidas desde o século XV e sempre difíceis de fazer respeitar, que proíbem as palavras "desonestas para a religião". Blasfêmias, juramentos, imprecações, este "hábito infeliz" conservado em "várias províncias distantes" não pôde ser extirpado pela declaração de 1666, ao contrário do que pretende Delamare em seu **Traité de la Police** a propósito desse "vício totalmente abolido em todo o reino"[35]. Contudo, a invocação embriagada de Satã não constitui a prova de

32. Dossiê do processo diante do bailio, A. D., Seine-Maritime, B, Parlamento, feiticeiros (dossiê não numerado).

33. A. D. Ille-et-Vilaine, B, fora de cota (presidial de Vannes).

34. A. N., ADIII 34, peça 44 (4 de julho de 1758) condenado às galeras perpetuamente, exposto com o cartaz «padre abusador das orações e cerimônias da Igreja e da credulidade das pessoas do povo».

35. Delamare, n.º 166 da Bibliografia, pp. 457-464; o autor estabelece uma ligação curiosa entre blasfêmia e duelo: «esse abominável hábito de jurar, e o de se bater em duelo, que têm estado quase sempre de passo igual...»

um comércio particular com o Príncipe dos Infernos. Quanto muito a demonstração de uma propensão condenável a pontuar seus discursos com expressões que a honra da religião não pode suportar: as multas aplicam-se aqui portanto conforme os casos expressamente previstos pela ordenança que condena o "costume inveterado" de jurar pelos nomes de Deus, da Virgem e dos Santos.

Crimes menores, estas blasfêmias satânicas não evocam, pois, senão de forma muito longínqua, os crimes ligados um século antes à invocação pública do Diabo, no tempo de Boguet, Delrio e Rémy. Mesmo se os juízes terminam por inflingir castigos bastante pesados aos reincidentes, a prática judiciária nesse domínio não pode mais acarretar o encadeamento de rigores implicados outrora na abertura de uma instrução. A severidade dos magistrados se exerce contra crimes mais estritamente definidos.

2. *Os Pastores Envenenadores*

Os pastores que envenenam seus rebanhos com a ajuda de "cargas", sortilégios e venenos e perpetuam assim a tradição secular da feitiçaria rural, merecem nessa perspectiva um destino particular. Eles sempre ocuparam na vida camponesa um lugar à parte, conforme o testemunho principalmente a literatura de bufarinhagem: o mais célebre e o mais antigo dos almanaques destinados aos campos é o Grande Calendário dos pastores; várias edições desse calendário trazem menção da proteção que se deve assegurar ao gado contra as empreitadas dos feiticeiros e seus companheiros: "A maneira como deve governar o pastor para impedir que quaisquer feiticeiros façam morrer seus rebanhos", segundo o título de 1651[36]. Por várias vezes, após 1682, juízes locais e magistrados dos Parlamentos foram encarregados de queixas concernente a epizootias imputadas a pastores, que assim se vingariam de suas decepções com os proprietários dos rebanhos. Às portas de Paris em 1687-1691, bem como na Normandia um pouco mais tarde, amplos processos retomam essas acusações, colocando às vezes os magistrados em embaraços, suscitando por fim algumas polêmicas e comentários muito interessantes para situar e precisar os limites da nova prática judiciária, e a sua aceitação pelos jurisdicionados mais feridos pelas práticas diabólicas.

a) **Os pastores da Brie e o Parlamento de Paris.** Os pastores da Brie se tornaram famosos em razão ao mesmo tempo do grande número de suas vítimas e da repercussão dos processos suscitados por seus crimes. Por três vezes o Parlamento de Paris se ocupou desses casos e tomou posições que não foram sempre bem compreendi-

---

36. *Le grand Calendrier et Compost des bergers*, n.º 62 da Bibliografia, Troyes 1651.

das e provocaram a redação de libelos criticando em tom amargo a mansuetude dos magistrados[37].

Esses pastores envenenadores assolaram a região de Pacy (Pécy) na Brie entre 1687 e 1691[38]. Uma primeira condenação foi proferida pela justiça de Pacy, a 2 de setembro de 1687: "Crendo que a mortalidade dos rebanhos não sobreviera senão por causas naturais e composições", o juiz inflige nove anos de galés. O pastor Pierre Hocque nada obtém em apelo diante da Corte de Paris a não ser a confirmação das galés, no dia 4 de outubro seguinte, e morre pouco após "na cadeia". Mas Pierre Hocque transmitiu seus segredos a seus filhos Nicolas, Étienne e Marie (os dois primeiros são igualmente pastores), que os compartilharam com três outros pastores da região, Pierre Fèvre, Étienne Jardin e Louis Couasnon, dito Braço de Ferro, o qual deixou o ofício e instalou-se como lavrador, próximo a Sens. Em janeiro de 1688, o juiz da Castelania de Pacy pronuncia uma nova sentença, condenando essas seis pessoas pelo bom motivo: envenenamentos, impiedades, sacrilégios, profanações, em cumplicidade com Pierre Hocque, e por vingança contra o castelão de Pacy que se recusou a "elevar" seus salários. A sentença de 23 de janeiro de 1688 condena os filhos de Hocque ao banimento perpétuo, e os três outros à fogueira. Os seis condenados apelam por seu turno, alguns meses após Pierre portanto; os magistrados parisienses hesitantes se dividem, e "a opinião torna-se mais doce": a 12 de março, Braço de Ferro e os dois outros são condenados às galés perpetuamente, e os três filhos de Pierre Hocque são simplesmente banidos por nove anos. Segue-se, finalmente, um terceiro episódio: a 26 de outubro de 1691, três anos mais tarde, o juiz de Pacy condena novamente dois pastores "convictos de superstições, impiedades, sacrilégios, profanações, envenenamentos e malefícios" que lhes permitiram fazer desaparecer dois cavalos e quarenta e seis carneiros pertencentes ao senhor do lugar. O juiz os condena, seguindo o artigo 3 da ordenança de julho de 1682, à tortura e à fogueira; e diante do Parlamento, protesta a sua mansuetude: "essa condenação é demasiado doce para a enormidade e a conseqüência desses crimes"[39]. Esses novos pastores envenenadores não são aliás estranhos aos precedentes: um deles, Pierre

---

37. Cf. o *Factum*..., n.º 69 da Bibliografia, conservado na B. N., e nos arquivos departamentais de Seine-et-Marne. Compreende cinco textos enumerados de A a E e um texto de Bodin: A, B e C são memoriais dirigidas ao Parlamento pelo juiz de Pacy para justificar suas sentenças contra os pastores; o quarto é o texto do aresto pronunciado pelo Parlamento contra os dois últimos pastores; e a parte E fornece o texto de uma petição assinada por duzentos habitantes da região e visivelmente inspirada pelo mesmo juiz.

38. O autor do panfleto contra os pastores feiticeiros assinala um caso anterior, em Senlis em 1684: o pastor acusado de malefícios teria sido queimado, mas a data de sua sentença não é fornecida, e a sentença não foi encontrada.

39. B. N., Mss., fds. fs. 21730, f.º 123 e 125 essas duas citações.

Biaule, é o genro de um dos irmãos Hocque banidos em 1688. O outro, Médard Lavaux, vê-se acusado no mesmo ato de condenação do roubo de "vinte animais de lã" da casa de uma viúva da região em que foi pastor durante algumas estações. A 12 de dezembro de 1691, o Parlamento parisiense pronuncia uma sentença que confirma a condenação à morte, mas dispensa os dois pastores da tortura ordinária e extraordinária ("para saber por suas bocas os nomes de seus cúmplices") prevista pelo juiz de Pacy[40]. Esta série de sentenças não é muito explícita quanto aos crimes cometidos pelos pastores da Brie: as polêmicas e as petições publicadas em 1695 expõem mais claramente os motivos das perseguições e deixam entrever os embaraços dos magistrados parisienses.

As confissões desses pastores temidos e as investigações feitas pelo bailio e seus homens se referem a envenenamentos mesclados de sortilégios e sacrilégios. Os pastores não opõem dificuldades em admitir que faziam feitiços de envenenamentos e que praticaram largamente as ameaças: não é de se espantar que os rendeiros acreditem na eficácia destas, quando constatam que a morte de seu gado coincide com a libertação dos pastores[41]. Na casa de Braço de Ferro, os investigadores de 1688 apreenderam "arsênico em quantidade, azinhavre, sublimado, água de cal, moscas cantáridas e várias outras drogas de semelhante qualidade" que servem, segundo as confissões feitas, para compor as "cargas" que provocam a morte dos cavalos, vacas e carneiros. Sobre a composição dessas cargas as declarações variam razoavelmente: ora se trata de "sangue e de excremento dos animais, de água benta, de pão bento de cinco paróquias, principalmente daquela em que está o gado, de um pedaço de hóstia santa que eles retêm na comunhão, de sapos, cobras e lagartas"[42]; ora é "o belo céu de Deus" para os carneiros, que utiliza "hóstias, e excremento de animais, misturados com água benta"[43]. Normalmente essas "cargas" não são colocadas "em um pote de terra novo comprado sem regatear" e enterradas na proximidade dos estábulos ou ao longo dos caminhos percorridos pelos rebanhos. Por fim, os testemunhos mais veementes acusam esses pastores de terem igualmente exercido seus talentos maléficos sobre os seres humanos, para seduzir as mulheres e matar os homens:

40. Sentença completa em A. N., ADIII, 3, peça 124.

41. *Factum*... citado, p. 26; «durante todo o tempo de sua prisão e da instrução desse processo, que durou seis meses e oito dias, não morreu nenhum animal .. logo que os ditos irmãos Hocque e sua irmã foram postos fora da prisão, em lugar de se ausentarem e guardarem seu exílio .., de imediato morreu um cavalo de pêlo ruivo no valor de 150 libras...».

42. *Factum*, citado, p. 53.

43. *Ibidem*, p. 41.

Eles se serviam mesmo de memórias e conjurações para ter a companhia carnal das mulheres e moças, e para "canzoar"*, que é o termo de que se servem para fazer morrer em langor os fazendeiros e outros que os desagradam, como eles o fizeram e como ainda há moribundos na região que os médicos não conhecem nada[44].

Mas esta acusação não foi mantida contra eles, e os médicos que teriam podido estabelecer o caráter sobrenatural das doenças não foram chamados para confirmar tais alegações. Finalmente, se foi por várias vezes mencionado nessas peças que os investigadores puderam apreender livros de mágica e manuscritos descrevendo as conjurações e feitiços aplicáveis aos rebanhos, ao menos nenhum dos acusados consentiu em reconhecer que antes de compor suas cargas hajam, conforme o texto desses memoriais, renunciado a Deus e à sua salvação, adorado o Demônio e consentido em sua danação. Nada de pacto diabólico, portanto, mas somente práticas, onde a utilização sacrílega de hóstias e da água benta, crime maior, se ajunta à composição de misturas que parecem contudo tanto menos temíveis quanto são enfiadas na terra dentro dos potes.

Todavia os rebanhos são dizimados; os memoriais enviados pelos juízes de Pacy à corte parisiense em 1691 para sustentar a acusação contra os pastores apelantes, não deixam de sublinhar a "tirania dos pastores que arruinaram um número infinito (de lavradores), sendo de notoriedade pública que eles fizeram morrer desde há três anos mais de cem mil escudos de gado sem contar o que não é conhecido"[45]. É uma "abominável cabala" de pastores que reduz os lavradores à "escravidão" graças aos seus poderes maléficos, ou graças às suas ameaças. Pois se eles aterrorizam os rendeiros e mais ainda as viúvas, e fazem da Brie a província "mais desgraçada do reino", é para tirar-lhes dinheiro, favores — ou bem após 1688, para vingar seus camaradas condenados. Os memoriais acentuam o aspecto diabólico da empresa e insistem pouco sobre as chantagens exercidas pelos pastores. Uma passagem, contudo, descreve muito bem o desenvolvimento das operações: depois de ameaçar abertamente os proprietários dos rebanhos, a quadrilha dos pastores faz intervir um cúmplice que

> se faz de homem de bem... pede bastante dinheiro, fingindo comprar drogas muito caras, simula jejuar vários dias... e após várias falsas cerimônias e superstições, ele coloca paus em cruz em vários lugares, faz aspersões de água benta para enganar e fazer crer

---

* Tradução improvisada (a partir de cazoal = relativo aos cães, sentido figurado de vil, baixo), para a expressão popular arcaica da Champagne «enchenilller», que não possui nenhum correspondente em português e que sugere uma morte lenta, plena de agonia e sofrimento como a de um cão danado. (N. do T.)

44. *Factum*, citado, p. 59.
45. *Ibidem*, p. 30.

que retira o feitiço com orações... não morrem mais animais... e eles repartem juntos todo o dinheiro que exigiram e roubaram de uma maneira tão estranha, ou fazem com ele orgias em conjunto[46].

O jogo seria simples se fosse também explicado como os pastores comandam a morte (ou a sobrevivência) dos animais. Ao menos é certo que essas ameaças revestidas de poder mágico e essas extorsões de fundos recobrem um conflito social essencial entre pastores e proprietários de rebanhos. Estes estão submetidos a uma pressão constante de seus empregados, capazes de arruiná-los em pouco tempo: "os curas cuja probidade é conhecida", declara o juiz de Pacy, "poderiam certificar que os lavradores encontram-se aí numa tal dependência de seus pastores, que são forçados a mantê-los nas condições que eles queiram exigir"[47]. A Brie e a Borgonha, onde Braço de Ferro se instalou (após ter feito fortuna, sem dúvida, na região da Brie), são desoladas por essas exações dos pastores; e em Pacy mesmo, o senhor do lugar, Senhor de Le Febvre, secretário do rei, não consegue mais encontrar rendeiros: ele

> foi obrigado, após várias publicações, a torná-la produtiva por suas mãos, e a comprar vinte e dois cavalos para fazê-la cultivar e adubar a fim de restabelecê-la, (adquirir) quarenta vacas, quatrocentos carneiros, e os outros animais necessários, o que significa uma despesa de duas mil libras ao menos[48].

Familiarizados com os segredos da natureza e com as potências infernais, segundo uma longa tradição, os pastores da Brie exploraram sem dúvida para fins econômicos precisos esse crédito de poder que sempre lhes foi reconhecido. Mágicos em potência, escroques de fato, simuladores, além disso, e sacrílegos sem dúvida para melhor convencer, perturbaram seguramente o repouso público, inquietaram seus empregadores, abusaram de sua reputação e mereceram ser denunciados diante da justiça encarregada de assegurar a tranqüilidade do reino.

Mas os magistrados parisienses não aceitaram impassíveis as reclamações e invectivas dos queixosos e juízes locais; o editor da polêmica publicada em 1695 o diz muito bem em sua apresentação ao leitor, lembrando que "os Parlamentos da França, e em particular o de Paris, muito longe de serem suspeitos de credulidade nessas matérias, pendem demasiado para a negativa"[49]. Pouco importa que tal memorial, querendo muito provar, recorde os seiscentos feiticeiros do Labourd queimados por Pierre de Lancre em 1609, ou simplesmente os quatro forçados sacrílegos de

---

46. *Ibidem*, p. 58.
47. *Ibidem*, p. 17.
48. *Ibidem*, p. 46. Em seu estudo sobre a Brie no tempo de Luís XIV, E. Mireaux não encontrou nenhum traço, ao que parece, desses conflitos entre lavradores e pastores. Ele faz referência contudo à importância da criação bovina e ovina na região, e às fortes epizootias, um pouco mais tarde, no início do século XVIII.
49. *Ibidem*, p. 3.

Marselha em 1693[50]. Os magistrados atêm-se aos termos da ordenança de 1682; o redator do memorial C concernente ao terceiro processo contra Biaule e Lavaux o compreendeu muito bem e argumenta com base no segundo artigo que proíbe expressamente as práticas supersticiosas e os sacrilégios.

> Todos esses crimes, escreve ele, reaparecem no processo em questão: há sacrilégios pela profanação da santa hóstia, da água benta, do pão bento, a renúncia a Deus e à salvação, e a adoração do demônio, o abuso das palavras mais sagradas da Escritura Santa, que eles escrevem sobre bilhetes com o sangue de animais misturado com água benta, e ainda pela maneira de retirar as ditas cargas às expensas da vida daqueles que as prepararam[51].

De fato, os magistrados se mantiveram firmes em sua recusa de envolver o Diabo nas empresas dos pastores e nas perdas sofridas pelos rebanhos. Quando dos primeiros processos, notadamente, objetaram às imputações dos queixosos que a morte dos animais poderia proceder de causas naturais, ao irrigar-se algum veneno sobre as ervas, e o juiz de Pacy pôde demonstrar-lhes que outros rebanhos puderam pastar nos mesmos pastos e recolher-se nos mesmos estábulos sem sofrer "nenhum mal ou dano"[52]. Mal convencida portanto, em 1687 e 1688, a Corte de Paris contentou-se em enviar os pastores mais comprometidos às galés, estando os magistrados divididos quanto à definição do crime efetivamente cometido. E mesmo quando no terceiro ato, se decidem a confirmar a condenação à morte dos dois últimos envenenadores, renunciam à tortura — apesar da opinião favorável de seu relator — para evitar que os dois confrades "não tendo mais nada que os retivesse" denunciassem "uma infinidade de pessoas e de todas as qualidades, que se tivessem envolvido nesses malefícios, uns por curiosidade, outros por maldade"[53]. Essa prudência legítima pretende evitar os encadeamentos de processos que teriam sido restabelecidos por esse motivo. Envenenadores, sacrílegos e até escroques, os pastores da Brie são passíveis de pesadas penas. A esses itens de acusação, os magistrados não acrescentam o crime de magia ou feitiçaria, embora as suas vítimas o pretendam. E se é verdade que a Brie inteira foi inquietada por esses crimes durante alguns anos, não está estabelecido entretanto que os próprios juízes inferiores tenham participado das angústias dos lavradores a ponto de admitir novamente a "pretensa magia" na lista dos crimes a reprimir; prova disso é um processo vizinho, em Maisoncelles na Brie, em

50. *Ibidem*, p. 63-64 e 76.
51. *Ibidem*, p. 64-65.
52. *Ibidem*, p. 36.
53. Nota dada pelo editor em anexo ao texto da sentença pronunciada em 1691, parte D: «o Senhor Le Nain, e outros eram de fato desta opinião quanto à questão preliminar; mas o grande número de vozes contrárias os sobrepujou», p. 75.

1696, no qual uma mulher em vias de separação de seu marido, lavrador, decide acusá-lo de práticas diabólicas: "Emprega abjurações, blasfêmias do santo nome de Deus, servindo-se de sortilégios, pedindo a ajuda do diabo, dizendo que a faria estrangular pelo demônio...". O juiz da localidade que instrui o caso com consciência durante seis meses, recorre mesmo às monitórias para informar-se, e abandona totalmente essa acusação, que não desempenha nenhum papel no processo e no julgamento final da separação[54]. Na alçada do Parlamento parisiense, o caso dos pastores envenenadores da Brie contribuiu pois para definir, uma vez mais, os crimes que permanecem puníveis. Nessa matéria de sacrílegos pela utilização de objetos e textos consagrados pela Igreja, a delimitação, a designação mesma dos crimes não é sempre fácil, as memórias publicadas em 1695 são a prova disso[55]. Os processos conduzidos na mesma época na alçada da Normandia, onde o Parlamento demorou mais para convencer-se, fornecem uma outra demonstração desse fato.

b) **Os pastores normandos e o Parlamento de Rouen.** A Normandia não cessou até a metade do século XVIII de ser agitada episodicamente por novas diabruras e possessões que requeiram a vigilância dos intendentes e dos magistrados. Em 1694, Foucault, à testa da **généralité*** de Caen, suspende uma instrução conduzida pelo lugar-tenente criminal de Avranches, que chegou à procura das marcas insensíveis na pessoa de um velho padre acusado por uma jovem "de espírito fraco e de reputação que não era inteira"; e o intendente constata: "Na representação do processo, eu achei a prova muito superficial"[56]. Em 1720, o cura de Bully, exorcista de jovens possessas, lança a suspeita sobre um lavrador da aldeia que teria conseguido enfeitiçar toda a paróquia: aqui é o bailio de Neufchâtel que interrompe as denúncias ao instruir a queixa do lavrador contra o seu cura[57]. Esses casos não são negligenciáveis; entretanto, os magistrados de Rouen tiveram que se ocupar sobretudo com pastores que, como na Brie, cuidavam mal de seus rebanhos.

Nos anos que se seguem ao registro da declaração real, a Corte normanda condenou à fogueira vários envenenadores e feiticeiros; seus julgamentos não puderam

---

54. A. D. Seine-et-Marne, B 345, instrução de 26 de setembro de 1696 a 13 de abril de 1697.
55. No século XVIII, o Parlamento reprime com rigor os envenenamentos bem caracterizados: condena à fogueira em 1732 uma mulher que havia «envenenado com arsênico posto no doce» seu sobrinho e sua sobrinha; em 1734 um homem que «pusera arsênico em parte de um queijo mole»: cf. A. N., ADIII, 5, peças 206 e 253.
* Divisão financeira que compreende a jurisdição de um gabinete de tesoureiros na França do Antigo Regime. (N. do T.)
56. *Mémoires de Nicolas Joseph Foucault*, editadas por F. Baudry, n.º 198 da Bibliografia, p. 310.
57. Cf. mais adiante, 3.º parte deste capítulo, p. 427, com as outras possessões: Marie Bucaille, etc...

ser encontrados, mas os libelos que os relatam mencionam a feitiçaria dentre os itens de acusação, após os envenenamentos e os sacrilégios, como se os magistrados estivessem ainda mal resignados a eliminar as práticas satânicas de seu repertório criminal. "Malefícios, envenenamentos, sacrilégios e feitiçarias", essa apresentação das imputações que menciona o Diabo em último lugar e no plural, como os outros atos, e não mais como o crime maior, sublinha de forma indireta a assimilação difícil a certas cortes da nova jurisprudência[58]. Os pastores envenenadores forneceram aos magistrados normandos algumas belas oportunidades de disputar ainda sobre as empresas diabólicas.

Tiveram de tomar conhecimento de dois grandes casos, nos anos 1692-1694, que foram tão nefastos para o gado quanto para os seres humanos: "nesse tempo da fome", os proprietários dos rebanhos apresentam queixa perante a justiça contar os pastores, cujo único recurso é apelar para o Parlamento. Em março de 1692, é perto de Vernon que se abre o primeiro processo: um lavrador de Saint-Marcel acusa um pastor, François de Vesly, e sua mulher Catherine Murgue, de ter dado ao seu rebanho a "gafeira... que é como a peste dos carneiros", por "ressentimento e indignação" contra ele. O lugar-tenente do bailiado de Gisors condena ao fogo e à tortura o pastor "devidamente tido e acusado de ter na comunhão retido e abusado da santa hóstia e dela ter composto malefícios" (sentença de 20 de agosto de 1692). Diante da Corte de Rouen, a instrução retomada demonstra bem que os magistrados não desdenhavam de procurar a prova de uma ação propriamente satânica. Catherine Murgue é interrogada sobre a prática do sabá e sobre seu pacto com o Diabo — o que ela nega obstinadamente mesmo sob a tortura. É examinada a 27 de outubro por três médicos de Rouen para a procura das marcas: as conclusões são bastante negativas:

> Após tê-la examinado e ter-lhe feito várias punções em diversas marcas aparentes e outros lugares, nós a notamos sempre sensível à dor... e assim nada havendo aí de extraordinário, estimamos que ela não tem nenhuma marca do demônio que seja do nosso conhecimento[59].

Os crimes finalmente mantidos pelos magistrados concernem somente à utilização sacrílega das hóstias e o envenenamento dos carneiros cometido graças aos malefícios

---

58. Processos mencionados, sem referência, por Maurice Foucault, n.º 408 da Bibliografia p. 348; e Floquet, *Histoire du Parlement...*, n.º 406 da bibliografia, tomo V, p. 784-785. Uma recente venda de libelos antigos fez circular nas livrarias uma lamentação ilustrada sobre a execução de um velho «feiticeiro e envenenador» denominado Patalier, queimado na praça do antigo mercado em março de 1684: é um dos três ou quatro casos assinalados por Floquet.
59. Esse texto, assim como as outras peças do dossiê, encontra-se nos A. D. da Seine-Maritime, série B, dossiê não numerado intitulado: Parlamento, feiticeiros.

compostos da forma convencional: eles bastam para condenar e executar François de Vesly a 16 de outubro e Catherine Murgue a 7 de novembro de 1692. Todavia o inquérito do Parlamento, a tortura do pastor e da pastora provocaram revelações e repercussões: trata-se das habituais acusações aldeãs, maledicências, imprecações, e mesmo, aqui, conversas sobre andanças de rebanhos nas vinhas; elas envolvem também no caso uma filha de Catherine Murgue, nascida de um primeiro casamento. Mas sobretudo os magistrados de Rouen souberam que foi um outro pastor de Vernon, Nicolas Le Coutre, dito O Lobo ou Berloque, quem ensinou a François Vesly a utilização das hóstias roubadas na comunhão para compor tais venenos; ele deu a gafeira aos carneiros e uma outra doença a uma vizinha. Esse Nicolas Le Coutre, logo procurado, é aprisionado muito tempo depois; seu processo o condena somente por ter roubado carneiros à viúva que o empregara: o que lhe vale uma condenação perpétua às galés, pronunciada em maio de 1694.

Neste mesmo ano, a corte normanda é encarregada dos envenenamentos cometidos em Gaillefontaine, que Pierre Thomas du Fossé narrou em suas **Mémoires** deplorando a lentidão pusilânime da justiça[60]. Esses novos crimes contra os rebanhos são atos

> de miseráveis vaqueiros e outras pessoas sem consciência que usam freqüentemente de malefícios para os animais, e que pelos menores motivos de disputas que eles possam ter com quaisquer de nossos habitantes vingam-se deles inescrupulosamente pela mortalidade que enviam ao meio de seus cavalos e de suas vacas...

Um gentil-homem da região, o Senhor de Belleville, vítima desses processos, após ter-se dirigido em vão ao clero, recorreu aos bons ofícios de um especialista local "que se vangloriava ridiculamente de ter uma bula do Papa, em virtude da qual ele pretendia estar autorizado a descobrir todos os feiticeiros", e entrega à alta justiça de Gaillenfontaine vários suspeitos: dois dentre eles morrem na prisão, dois fogem antes da chegada dos guardas; mas o processo instruído pelo juiz local condena sem dificuldade o bando de pastores de ter "feito abortar" vacas e novilhas, "dado a galha" aos animais de lã e vários rendeiros, secado o leite alhures, e mesmo de ter "enfeitiçado" uma mulher. A 17 de setembro de 1694, dois prisioneiros, Guillaume Masure e Lebreston, são condenados à fogueira, o filho de Jean Masure banido perpetuamente, e um contumaz, Chauchois, "acusado de sortilégio", consagrado ao enforcamento em efígie. Em apelo, a corte de Rouen faz diligências para ouvir os condenados; com base no rela-

---

60. P. Thomas du Fossé, *Mémoires...*, n.º 176 da Bibliografia, tomo IV, pp. 142-143, e a sentença pronunciada pelo Parlamento em peça justificativa, pp. 285-289.

tório do Conselheiro Bigot de Monville, filho do presidente adversário de Pellot em 1670, ela pronuncia, a 3 de novembro de 1694, uma sentença que confirma plenamente o primeiro julgamento, executada em Gaillenfontaine seis dias depois.

Outros processos de menor importância retomam ainda esse gênero de perseguições nos anos seguintes: em setembro de 1700, a corte é encarregada de um caso de ameaças proferidas em Gisors alguns anos antes contra um coletor da talha cujos dois cavalos "ao sair do arado, caíram mortos sobre o estrume"; por "ter feito morrer vários animais com venenos e malefícios e retido o leite das vacas", um dos pastores é condenado às galés perpetuamente e dois outros a seis anos[61]. A 27 de abril de 1703, a Tournelle condena à morte três pastores de Rouen, "acusados de ter ido à noite forçar a porta de uma igreja, e haver roubado algumas hóstias que deviam ter pegado no tabernáculo com a água benta que teriam pegado na reserva batismal". Um único dentre eles confessa a expedição e declara que as hóstias foram roubadas para curar seus animais quando estivessem doentes[62]: curar ou fazer morrer, o gesto sacrílego permanece o mesmo, e também a sanção. Assim nessas regiões, onde "a principal renda ... consiste em manteiga e produtos de leite", como o escreve bem Du Fossé, as ameaças de vinganças e as malfeitorias dos camponeses mantiveram em crédito durante muito tempo as práticas e uma repressão específicas, estreitamente ligadas a um conjunto de tradições em que o recurso a Satã dispunha do primeiro lugar: essas acusações residuais de envenenamento e de sacrilégios exprimem uma certa nostalgia do demoníaco[63].

Os pastores passíveis de suas punições como envenenadores e sacrílegos permanecem, portanto, como os herdeiros privilegiados das feiticeiras e feiticeiros rurais de outrora: como aqueles, podem constituir grupos que, na falta de sabás, se reúnem nos pastos comunais e se põem de acordo para aterrorizar toda uma região; para eles também, os juízes não hesitam em usar a tortura ordinária e extraordinária que permite descobrir os cúmplices nas cercanias distantes e purgar a região inteira. E por uma reminiscência, que não é por certo completamente lícita, e tanto mais significativa, juízes e magistrados

---

61. A. D. Seine-Maritime, B, dossiê Parlamento, feiticeiros.

62. A. D. Seine-Maritime, B 99, F.º 466 (rocesso de Pierre Couvreur, Jacques Julien, Guillaume Vaujean). Maurice Foucault (n.º 408 da Bibliografia, p. 352) menciona ainda (sem referência) um processo por morte de rebanho através de sortilégios em 1730 em Beaumont le Roger.

63. A Brie e a Normandia não foram certamente as únicas afetadas; uma folha volante de 1717 relata como uma feiticeira executada em Poligny no Condado confessa «malefícios inauditos» e o «desígnio de fazer parecer a maior parte dos rebanhos no Franco-Condado, na Lorena e em Flandres, jogando feitiço nas pastagens»: cf. A. N., ADIII, 3, peça 237.

introduziram nos textos e sentenças a menção a essa feitiçaria que a mera jurisprudência não reconhece mais a não ser sob a qualificação de "pretensa magia". Por vezes mesmo em primeiro lugar, como nesse ato do presidial de Laon, em julho de 1750, que condena à morte um bando de cerca de trinta e cinco pastores da redondeza: "por arte mágica e diabólica, (eles) puseram-se a fazer perecer os bens da terra e empestar o público bem como os animais e cometeram grande quantidade de roubos e assassinatos **(sic)**"[64]. Sem nenhuma dúvida, envenenamentos e roubos bastam para justificar uma sentença rigorosa infligida a uma associação de malfeitores. A referência à arte mágica e diabólica, que não pode ser uma cláusula de estilo fortuito, exprime uma continuidade de que se jactam os próprios pastores, pois, nesses conflitos aldeões, onde as ameaças de vingança servem de ponto de partida para todos os crimes sofridos pelos rebanhos e pelos homens, aos pastores não repugna dar uma forte imagem de seus poderes. Conhecem os astros e as plantas medicinais, os segredos da natureza, mas também os caminhos da ação satânica; as denúncias, suas simulações ameaçadoras e mesmo suas confissões levam pois sempre os juízes e magistrados às crenças perduráveis na intervenção do Demônio. Este jogo perigoso dos próprios pastores é evocado em 1689 em um relato feito pelo arquidiácono de Notre-Dame de Paris, a propósito de uma missão no decorrer da qual encontrou e confessou um pastor que possuía uma sólida reputação de feiticeiro e que hesitou em fazer uma declaração que poderia trazer-lhe inconvenientes:

> finalmente o pastor disse que não era absolutamente feiticeiro e que para evitar a malícia das pessoas, e para ter algum ar de reputação, simulava ser feiticeiro, ameaçando um e outro, em um tom feroz e forte, dizia a um que ele se arrependeria, a outro que saberia muito bem vingar-se dele. E que não havia encontrado outro meio para se manter[65].

Esse pastor que compõe misturas malcheirosas, enfia-as em um pote de terra ao longo de um caminho e mantém assiduamente a sua reputação de "verdadeiro feiticeiro" (como diz ainda o arquidiácono) é já um explorador imprudente da credulidade pública: assume certamente riscos enormes, sobretudo se comete alguns sacrilégios para melhor persuadir sobre o seu poder; mas não está longe dos charlatães que representam o papel de feiticeiros para ganhar dinheiro sem esforço, e esse traço comum não é negligenciável.

64. B. N., Mss. fds. fs. 21730, f.º 129 sic: «assassinosos» e não assassinatos.

65. B. M. Rouen, Mss. I 23, f.º 241.

66. Registros de Bicêtre e da Salpêtrière, «falsos feiticeiros», B. N., Mss. Clairambault 985, f.º 44, 45, 69, 119, ec... «falsas feiticeiras», Clairambault, 984, f.º 88, 115, 197, 211, etc.

415

3. Charlatães e Simuladores

A charlatanice com o diabo e com os poderes diabólicos fez uma bela carreira até o século XVIII (e para além dele), a ponto de inquietar as autoridades policiais em Paris mesmo, não por causa das práticas em si mesmas, mas em razão das desordens suscitadas por tais atividades nas famílias e até na vida pública. Esses "falsos feiticeiros" e "falsas feiticeiras", como dizem os registros da polícia[66], são perseguidos e impedidos de prejudicar pelo internamento: os mais incômodos na Bastilha por **lettre de cachet,** os peixes miúdos em Bicêtre e na Salpêtrière com os alienados. A pretensa magia não passa de "impostura" que serve para obter "ganhos ilegítimos" ou consideração, como a sentença sobre os conhecedores do Béarn em 1671 o denotou há muito tempo[67]. E são ainda ambições de consideração e até de santidade que exprimem as pretensas possessões que reaparecem ainda aqui e ali, provocando por vezes polêmicas entre partidários e céticos e suscitando a intervenção de magistrados; estes sancionam então a simulação de possessão diabólica, o abuso de confiança com relação aos poderes e aos fiéis, e mesmo o escândalo público provocado por suas revelações, êxtases e visões. Falsas possessas, pretensas beatas, são ambas uma única coisa para os teólogos que examinam Marie Bucaille na Normandia e Irmã Rosa em Paris e em Mans: é uma manifestação de "religião mal compreendida", e nada mais.

a) Falsos feiticeiros escroques. Sem dúvida, muito antes de 1682 alguns espíritos industriosos já haviam pensado em "contrafazer o Diabo" — ou ainda fazê-lo aparecer por um estratagema de saltimbanco, a fim de intimidar as populações e tirar proveito de seu terror. No começo do século, no Labourd, às vésperas mesmo da grande repressão dirigida por Pierre de Lancre, um pastor espoliou seus colegas nas cercanias de Bayonne durante quatro meses, aparecendo-lhes à noite em trajes de diabo[68]. Nos anos 1670, os grandes senhores amantes de emoções fortes que freqüentavam a Voisin e seus acólitos, procuraram também ver o Diabo e aprender práticas mágicas antes mesmo que se fale em venenos e drogas[69]. O que é portanto novo, após a ordenança de 1682, é ver a justiça e a polícia não considerar nos adivinhos e feiticeiros que se propõem a predizer, a procurar tesouros, etc.... senão o aspecto financeiro de suas iniciativas: a charlatanice que arruína as famílias e enriquece essas pessoas sem

---

67. Cf. mais atrás. p.373.
68. Um libelo conta suas proezas, as evasões sucessivas do «ladrão» e seu enforcamento, n.º 5 da Bibliografia.
69. D'Ormesson em seu diário menciona também (em março de 1665) a curiosidade dos Grandes fazendo visita a demonstradores de diabruras; eles, aliás, não parecem impressionados; n.º 276 da Bibliografia, II, p. 323.

escrúpulos constitui o essencial de seu delito, daí por que os próprios magistrados nada mais têm a fazer nesses casos. É simplesmente ao nível da polícia que se situa a repressão dessas conjurações em que vagabundos e padres ímpios ocupam um lugar destacado; são os sucessores de La Reynie que recebem o encargo de pôr fim a seus manejos na região parisiense.

Um relatório de conjunto assinado pelo Marquês d'Argenson, datado de 9 de outubro de 1702 (e seguido de um memorial detalhado sobre as intrigas dos "falsos adivinhos e pretensos feiticeiros" detidos nesta data) fornece os melhores esclarecimentos sobre essas práticas e sua repressão[70]: o lugar-tenente de polícia queixa-se da proliferação de falsos feiticeiros, o que causa desordem, "não se limita à corrupção dos costumes, mas tende a destruir a sua religião em todos os seus princípios". Formulação a que um Bodin ou um Lancre não teriam renegado e que justificaria as punições mais pesadas. Trata-se no entanto de "cabalas" de charlatães que abusam simplesmente da credulidade pública; uma vintena dessas quadrilhas atuam na região parisiense e faz a cada dia mais vítimas:

> Por ridículo que sejam os princípios de todas essas curiosidades mágicas ou supersticiosa, eu noto com muita dor que o número de trouxas se multiplica e que a inquietude e a ameaça prevaleçam de mais e mais sobre a fé e sobre a razão.

Mesmo os castigos exemplares como a execução de um padre sacrílego que consagrava hóstias destinadas a esses tráficos não exerceram outro efeito senão o de lançar o descrédito sobre a religião e o clero: "parece mesmo que o rumor que se produz no público ao se instruir os processos dessa qualidade forma uma espécie de escândalo que desonra a religião". Por isso o lugar-tenente de polícia é partidário de que se lute contra essas "visões" e essas "loucuras" por meio do internamento: aqueles que foram mais longe na obstinação e na impiedade, que dirigiram uma quadrilha, usaram títulos como "Grande Marechal dos mágicos", serão enviados à Bastilha ou a Vincennes, onde serão observados e interrogados com cuidado; os comparsas, ao hospital ou "aos castelos afastados de Paris para aí serem alimentados frugalmente e esquecidos durante muito tempo". E, para finalizar, d'Argenson (após ter evocado o caso de um franciscano relegado por seus superiores a um convento de província) insiste na eficácia de seu método:

> Esses encarceramentos e esses exílios ordenados e executados ao mesmo tempo por meio da autoridade superior causarão melhor impressão no público e mais medo aos curiosos do que uma longa

70. B. N., Mss, Clairambault, 983, F.º 1 e ss.

seqüência de instruções e sessenta sentenças de uma comissão extraordinária[71].

As notas que acompanham este relatório e aquelas que estão conservadas nos arquivos da Bastilha ou nos relatórios sobre os internamentos em Bicêtre, para os anos 1697 a 1715[72], permitem definir sucintamente a atividade de tais escroques e os elementos de seu sucesso. Todos esses charlatães se vangloriam junto a seus clientes de possuir as mais extraordinárias receitas mágicas: isso que d'Argenson chama de "segredos impertinentes e ridículos". Vários se entregam à procura da pedra filosofal, alguns possuem retortas e um equipamento de químicos, que lhes permite compor drogas, trabalhar o antimônio e o mercúrio; esses falsos feiticeiros fazem dinheiro de todos esses talentos, vendem pactos, remédios encantados, papéis rabiscados e até livros de magia ou de segredos mais ou menos raros, como o grande e o pequeno Alberto; e sobretudo vendem horóscopos que predizem o futuro e conjurações de todos os tipos: para provocar o amor nas moças, para corrompê-las, ajudá-las a abortar, e sobretudo para encontrar os tesouros ocultos, mais exatamente "para caçar os espíritos que estão de posse de tesouros ocultos"[73].

Dentre as dezenas de escroques, que exploram a credulidade inesgotável de seus papalvos, emergem algumas personalidades; antes de tudo os padres que fazem "servir seu sacerdócio a todas essas impiedades" e que são encerrados em Bicêtre, onde freqüentemente corrompem seus colegas de detenção durante anos: é o caso de um tal Champenois, de trinta e cinco anos de idade, que d'Argenson descreve assim em 1712:

> Padre abominável e ímpio que fazia com que seu hábito servisse a sacrilégios para outorgar falsas adivinhações e abusar da credulidade das pessoas muito simples ou muito curiosa que tinham a fraqueza de consultá-lo; encontraram-se entre seus papéis convenções mágicas que bastavam para acusá-lo de se ter proposto a conjurar os espíritos para vir a descobrir os tesouros que a terra esconde[74].

Em seguida, os vagabundos que dirigem um grupo de mendigos ledores da boa sorte e que vendem nas vias públicas seus livros de mágicas para a procura dos tesouros: estes são por vezes recuperáveis e o lugar-tenente de polícia prefere enviá-los à sua paróquia de origem após

71. É isso que um relatório de 1703 chama de autoridade imediata do rei a propósito de um angevino detido em Bicêtre: «Tratava-se de um desses falsos feiticeiros a quem o Rei achou bom que se fizesse sentir o peso de sua autoridade imediata», B. N., Mss. Clairambault 985, F.º 44.

72. Mss. já citado, B. N. Mss. Clairambault 985, *passim*.

73. B. Arsenal, Mss 10545, interrogatório de Marie Guéneau, 1703. Os textos dessas conjurações nada têm de muito original, exceto o fato de que eles teriam valido a fogueira, sem dúvida nenhuma, aos seus recitadores um século antes: «Eu vos conjuro, demônios, recita um abade encarcerado na Bastilha em 1724, que habitais nesse local ou em qualquer parte do mundo, quer vós estejais no Oriente, no Ocidente ou em outras partes e qualquer que seja o poder que a vos tenha sido dado por Deus e pelos Santos Anjos no principado dos abismos, onde estão os tesouros...» B. Arsenal, Mss. 10802, f.º 42.

74. B. N., Mss. Clairambault, 985, f.º 228.

uma curta estada em Bicêtre, ou mesmo alistá-los no exército, como Pierre Noinville, de trinta e quatro anos de idade, que é "próprio" para o serviço e "que se poderia dar a um capitão de confiança proibindo-lhe expressamente de voltar a Paris, onde só poderia causar grande mal"[75]. Alguns se entregam de tal forma às suas vaidades que se tornam eles mesmos desequilibrados, como Pierre Saugeon da Auvérnia que "se diz primo do Rei, sobrinho do Papa e favorito do Imperador"[76]. Os mais notáveis por fim, são os escroques que conseguem extorquir somas consideráveis às suas vítimas: um bando misto "extorquiu grandes somas de dinheiro sob o pretexto de descobrir tesouros, principalmente do Senhor Noiret, religioso de Saint-Victor, a soma de 3.000 libras e mais, e da Senhorita Froment, cerca de 5.000 libras"[77]. Em 1725, a Bastilha mantém encarcerado um Abade de Rocheblanche que se propunha "a garantir o sucesso nos negócios, mediante retribuições", a obter empréstimos de dinheiro, acrescentando a isso "conjurações para conseguir o auxílio dos demônio", horóscopos e remédios variados. As religiosas de Saint-Antoine lhe prometeram cinqüenta mil libras para obter uma feira livre; as comunidades dos portos, cais, praças cobertas e mercados de Paris, trezentos mil para o restabelecimento de seus direitos suprimidos em 1719[78].

Para as autoridades — ministro, chanceler ou lugar-tenente de polícia — não há pois hesitação quanto à natureza do crime, tornado pouco a pouco um delito: a feitiçaria assim praticada não passa de uma extorsão à "credulidade das pessoas muito simples ou muito curiosas". Pontchartrain o escreveu muito bem a d'Argenson, a 8 de abril de 1715, a propósito dos prisioneiros da Bastilha: "Parece que nada melhor se pode fazer de que punir as pessoas que ou predizem o futuro sem absolutamente conhecê-lo, ou prometem a descoberta de tesouros que ignoram, tirando dinheiro dos tolos que encontram"[79]. De resto, o lugar-tenente de polícia não se propõe problemas muito árduos a seu respeito: o internamento em Bicêtre não significa certamente que esses escroques sejam assimilados aos alienados e passíveis de um tratamento equivalente; são simplesmente encerrados, impedidos de agir pelo aprisionamento. Quando um membro das cabalas se crê possesso e revela conseqüentemente comportamentos que não definem a simples charlatanice, as autoridades não se inquietam mais; elas transferem, por exemplo, em 1705 para Charenton, um tal Roland de Saint-Chaumont que não

---

75. B. N., Mss. Clairambault, 985, f.º 69.
76. B. N., Mss. Clairambault, 985, 47.
77. B. Arsenal, Mss. 10622, f.º 1 e ss.
78. Mais intrigante que feiticeiro, este abade não permanece mais do que um ano na Bastilha e sai em 1725. Mas é novamente procurado em 1745..., B. Arsenal, Mss. 10802.
79. B. Arsenal, Mss. 10622, f.º 41.

cessa, durante anos, de se dizer "tiranizado pelos gênios infernais". Em 1708, o relatório do lugar-tenente de polícia nota que "ele se acreditava possuído por demônios que se revezavam para maltratá-lo e, no excesso de seus movimentos, ele bate em si mesmo, dilacera-se, fica todo ensangüentado; assim não se vê nele nenhuma espécie de cura". Em 1712 efetivamente, o infeliz continua sempre a bater-se com seus espíritos infernais[80]. Até às vésperas da Revolução, a Bastilha e Bicêtre acolhem esses buscadores de tesouros, esse "insignes velhacos" que fazem comércio da exposição do Diabo, esses "falsos feiticeiros, buscadores de trouxas" que praticam a quiromancia e a astrologia e se apresentam mesmo por vezes como "professores nas ciências divinas e humanas". Nos últimos anos do Antigo Regime, os juízes parecem mesmo ter deixado de ordenar o internamento desses escroques: em agosto de 1782, um especialista em livros ricos de segredos mágicos, André Brosse, "acusado de se ter envolvido com pretensas magias e feitiçarias e, em usando de práticas e cerimônios supersticiosas, de ter abusado da credulidade e simplicidade de vários habitantes do campo", é simplesmente condenado a duas horas de golilha em um dia de mercado, em Bonnétable, com o cartaz tradicional trazendo a inscrição "pretenso adivinho e feiticeiro"[81].

b) **Falsas feiticeiras adivinhas.** Os homens em Bicêtre, as mulheres na Salpêtrière — após uma estadia na Bastilha para uns e outros, quando uma **lettre de cachet** foi expedida para pôr fim a seus manejos. Essa repartição conforme à prática policial não pode levar a esquecer que os bandos, as cabalas descritas por d'Argenson, freqüentemente associam homens e mulheres. As exigências de seus comércios diabólicos os encoraja a isso; quando se trata de "contrafazer o Diabo" por exemplo, a comadre se encarrega das encantações preliminares, das apresentações convencionais, e o compadre escondido em uma chaminé ou em uma árvore de folhagem densa faz a voz de Satã; isso quando não há condições para composições cênicas mais grandiosas, em que ele aparece cercado de "mastins" rosnadores e de esqueletos barulhentos. Sem chegar a tanto, quando se trata simplesmente de "vender remédios e recitar pactos", tais associações são frutuosas e permitem o aperfeiçoamento dos artifícios "para enganar os papalvos e abusar da simplicidade das pessoas que são crédulas o bastante para dar-lhes fé"[82]. A essas evocações, os relatórios de polícia acrescentam comumente para estes bandos a acusação de má vida, que fornece um

---

80. B. N., Mss. Clairambault 985, f.º 377.
81. Sentença de 23 de agosto de 1783, A. N., ADIII 14. Mesma sanção em Versailles contra dois outros em 1778 (A. N., ADIII, 14, 175); sua inscrição diz: «Escroques sob pretexto de magia».
82. B. Arsenal, Mss. 10441, Interrogatórios de Sara Heny, 1711.

motivo suplementar de internamento. Em 1703, é detido em Bicêtre um cura, Jean François Rouillon, originário de Angers:

> É um padre ímpio que vivia em concubinagem pública com várias adivinhas e falsas feiticeiras, que se servia de seu ministério em suas cerimônias sacrílegas; assim creio que se deveria esquecê-lo no hospital[83].

Associadas, entretanto, a um bando ou simples adivinhas, mercadoras de segredos, intrigantes de casamentos a baixo custo, todas essas falsas feiticeiras dependem das mesmas definições que os homens; e seu tratamento pelas autoridades de polícia apresenta as mesmas características que aquele infligido aos falsos feiticeiros. No entanto, essas mulheres são sem dúvida menos rebeldes ao interrogatório; as notas redigidas por d'Argenson são comumente mais prolixas, revelam melhor seus tráficos e o desdém dos magistrados por suas atividades. Freqüentemente originárias das províncias, conduzidas a Paris por **lettres de cachet**, essas mulheres são, em sua maior parte, miseráveis, viúvas passando privação: dizer a boa sorte, vender pactos e drogas é um recurso essencial para que possam ganhar a vida; as notas o ressaltam, por vezes com rigor. Assim, no caso de Louise Petit, viúva Garsault, "falsa feiticeira que não possui quaisquer bens e a quem o hospital deveria (ser) um asilo em (sua) qualidade de pobre, quando a autoridade do Rei aí não a retivesse"[84]. Quando os papéis da Bastilha conservam os interrogatórios, estes as mostram normalmente sem reticência na confissão de seus crimes (exceto uma que admite somente ao dos homens: a boa sorte, os tesouros, os pactos, audaciosas a ponto de se vangloriar de suas façanhas; "de uma extravagância exagerada", uma delas reivindica "pretensões sobre principados imaginários e uma grande ascendência sobre os tesouros e sobre os espíritos"[85].

O repertório de suas atividades é bastante semelhante àquele dos homens: a boa sorte, os tesouros, os pactos, os pós e as drogas, a pedra filosofal e os talismãs, a transmutação dos metais e os remédios mais variados, o sucesso dos casamentos "mais desesperados" e os encantamentos figuram nas enumerações fornecidas pelo lugar-tenente de polícia. A predição do futuro, confundida com a boa sorte, predomina, contudo, claramente; algumas que são presas com conjurações e trevos em seus bolsos se contentam em acrescentar a tais predições a venda de seus pequenos talismãs: "adivinhar, dizer a boa sorte,

---

83. B. N., Mss. Clairambault, 985, f.º 45.
84. B. N., Mss. Clairambault, 984, f.º 197.
85. É o caso de Marie Grasieuse que passa da Bastilha para a Salpêtrière em 1704. B. N., Mss. Clairambault 984, f.º 257; ara a «ledora da boa sorte», que nega tudo o que não seja pó para dentes, é a viúva de um ganhão, Michelle de Presle, cf. B. Arsenal, Mss. 10607.

dar e vender segredos para o amor e o sucesso dos casamentos e obter dinheiro dessa forma"[86]. Ao adivinhar assim e ao remexer o passado, o presente e o futuro dos indivíduos, tais mulheres podem por vezes provocar dramas de que esses dossiês, raramente contendo processos completos, não fornecem a descrição. Uma simples citação permite evocar este aspecto perigoso a propósito de uma adivinha que agitou em 1717 a pequena comunidade de Remies, em Soissonnais, com uma peneira mágica que fazia uma meia volta quando uma pessoa suspeita de malefício era nomeada:

> Antoinette Prudhomme exercia com escândalo o ofício de adivinha, fazendo dançar a peneira para aqueles que a iam ver para adivinhar quais eram as causas dos acidentes que ocorriam a certos particulares e a seus rebanhos, e destruiu por esse meio a reputação de pessoas de bem, e inocentes de semelhantes fatos, pela indicação que deles fazia à vontade, o que causou um grande mal e escândalo na dita aldeia de Remies[87].

Sustentando assim suas "adivinhações ridículas por meio de sacrilégios abomináveis", essas falsas feiticeiras parecem espantar os magistrados que as interrogam pela fecundidade de sua imaginação. As notas do lugar-tenente de polícia traem uma irritação condescendente, quando evocam as promessas feitas: "prometer às mulheres maridos cômodos e amantes fiéis"[88]; ou bem quando enumeram sem omissão os talentos exercidos por essas mulheres industriosas. Assim a propósito da viúva Courtallier, nascida Françoise Masson, reclusa na Salpêtrière em 1702:

> ela se propunha a procurar tesouros, a dizer a boa sorte, a fazer girar a peneira, a descobrir ladrões através de espelhos, a roubar ela mesma quando houvesse ocasião, e a curar as doenças através de ervas ou de palavras; vendia mesmo pós para fazer abortar, levava bilhetes e negociava casamentos...[89].

D'Argenson e aqueles que o cercam não exprimem jamais uma hesitação sobre a realidade dessa prática mágica; o lugar-tenente de polícia é de um ceticismo total e seu memorial de 1702, em que descreve "os segredos, as ligações e as intrigas" dessa "pretensa magia", o mostrou muito bem; ele aliás faz aí referências a casos semelhantes a esses, também nos anos seguintes. Mas não resta dúvida para ele de que essas "adivinhas ridículas" devem ser metidas na prisão, ou ser reenviadas à sua região de origem, pois exploram muitas vítimas. Mesmo se sua conduta na Salpêtrière é tranqüilizadora e se elas dão mostras de arrependimento, hesita sempre em propor a sua libertação. É o caso de uma mulher de Berry, Anne Renée Marignon, "entrada por **lettre de cachet** limitada a seis meses" sobre quem escreve em 1704: "poder-se-á fazê-la sair depois que seu tempo tiver terminado, embora seja

---

[86]. B. Arsenal, Mss. 10607, Marie Marguerite la Feugère, 1713.
[87]. A. D. Aisne, B 1792 (inventário impresso da série B, p. 385).
[88]. B. N., Mss. Clairambault 984, f.º 195.
[89]. *Ibidem*, f.º 193.

uma dessas falsas feiticeiras que enganaram tantos trouxas"[90]. Que elas tirem o horóscopo nos mercados ou que atraiam para sua casa uma clientela mais exigente, à procura de filtros amorosos ou de fórmulas para ganhar no jogo, pouco importa. Todas "abusam da credulidade do público" e seu comércio perigoso perturba a ordem, como essa Marie Madeleine Cavenet, de Senlis, que ele acusa na sua notação de ter dilapidado várias fortunas burguesas sob o pretexto de caçar tesouros:

> falsa feiticeira que arruinou muitos burgueses sob pretexto de lhes descobrir um pretenso tesouro que ela dizia estar guardado pelos espíritos sobre os quais tinha um poder absoluto: o oficial que a prendeu encontrou com ela um pergaminho cheio de caracteres mágicos e ela admitiu que não possuía senão este único recurso para subsistir[91].

Da mesma forma, o lugar-tenente de polícia não se deixa impressionar por aquelas adivinhas que pretendem ser possessas; vários casos são assinalados em suas notas, mas ele não se demora em nenhum; as guardiãs da Salpêtrière recebem mesmo ordem de dissuadir essas mulheres de entrar nesse jogo. Jeanne Gastineaux, Morel por casamento, encarcerada em 1703 está neste caso; em 1704 ela se encontra em plena crise: "fingia primeiro a possessão e depois a loucura; mas por fim chegou-se mesmo a acreditar que ela se o havia tornado verdadeiramente isso e de boa fé", apanhada de algum modo por sua farsa. Mas uma nova nota em 1705 dá um outro tom: "há alguns meses, foi tomada pela fantasia de se dizer ainda possessa; mas ela foi obrigada a pedir perdão por isso; e sua loucura fingida ou verdadeira recomeçou"[92]. De fato, pouco lhe importa: possessão e loucura, para esse magistrado é tudo a mesma coisa; ele o repete ainda em 1707 a propósito de uma jovem de Fontainebleau, Marie Anne Guénegault, que roubou uma hóstia consagrada e a colocou "entre sua cabeça e a toca, para expulsar (ela o dizia) os Diabos que a atormentavam". O inciso do magistrado revela muito bem com que cuidado insiste em manter distância com relação a tais afirmações. E acrescenta a essa descrição da impiedade cometida por essa infeliz uma expressão bastante simples: "Sua loucura se tornou mais furiosa depois da detenção"[93].

No início do século XVIII, as práticas de feitiçaria confinavam portanto com a sem-razão, aos olhos desses magistrados, quando se fazem acompanhar de comportamentos e discursos que se relacionam com a possessão. Assombrados pelo número mesmo dessas adivinhas, mercadoras de conjurações, "falsos sortilégios e impiedades verdadeiras", procuram ao contrário o crime mais sólido,

90. *Ibidem*, f.º 303.
91. *Ibidem*, f.º 443 (1710).
92. *Ibidem*, f.º 209.
93. *Ibidem*, f.º 417.

mais fácil de estabelecer: felizes quando uma investigação lhes permite descobrir na casa de uma incriminada "uma quantidade de drogas compostas de tártaro emético e vitríolo branco". Quando se apresenta um caso em que as "águas, pós e drogas suspeitas" não são imediatamente identificáveis, mandam analisá-las por um boticário, que fornece um longo relatório sobre a nocividade apresentada por cada um dos produtos confiscados[94]. Mas todo o resto, afora charlatanice, não conta absolutamente: a melhor prova disso é uma dessas pequenas notas onde toda feitiçaria é qualificada de loucura em um sentido simplesmente derrisório, que exprime muito bem o descrédito aplicado pelos magistrados a tais práticas: uma falsa feiticeira "possui diferentes remédios e segredos, dos quais alguns pertencem à loucura que se denomina feitiçaria".

c) **Pretensas possessões e religião mal compreendida.**
Última categoria abundantemente afreguesada, a das jovens possessas que, como essas adivinhas desprezadas por d'Argenson, se sentem presas dos demônios e o clamam aos quatro ventos: não há falta disso nos últimos decênios do século XVII e no tempo das Luzes, sendo habitualmente confiadas aos exorcistas e alimentando, por vezes, a crônica local ou regional.

Em muitos casos, a justiça nem mesmo toma conhecimento delas, e os exorcistas conseguem libertar sua possessa que retoma um comportamento religioso regular, sem demais incidentes. Basta um relato escrito por uma testemunha ou um padre para que sejam conservados algum traço dessa libertação: assim em Pertuis, no início do século XVIII, uma demoníaca, Anne Lafargue, que estava hospitalizada por um "mal de mãe", foi "libertada da possessão que sofria há seis anos" por um capuchinho, capelão do hospital; o sortilégio fora lançado por uma velha em um "ramalhete de tinilho, bem florido, em meados da quaresma", a libertação efetuou-se em meio a uivos e "estalos de ossos", e finalmente ela voltou à calma ("ela posteriormente freqüentou os sacramentos com uma devoção, uma paz e uma tranqüilidade que não havia experimentado desde sua possessão"), esses episódios se desenvolvem conforme uma ordem tradicional, quase ritual[95]. Quando os exorcistas não conseguem libertar suas pacientes, estas — ou suas famílias — têm ainda o recurso possível das peregrinações que permitem libertá-las imediatamente do Demônio: algumas dessas peregrinações são de reputação regional e mesmo nacional. O caso

---

94. B. Arsenal, Mss. 10590, dossiê de Marie Madeleine du Colombier, viúva de Jean Gaillard (1709). O relatório do Mestre Le Noir, boticário, figura no dossiê.
95. «Relato fiel do que se passou com a pessoa de uma demoníaca...», B. M. Carpentras, Mss. 1970, f.º 211 a 214.
96. A. D. Saône-et-Loire, B 1197 na data de 4 de junho de 1689.

de Santo Amable em Riom é freqüentemente citado. Em 1689, em Mâcon, um escudeiro perdido em dívidas, Claude Belperche, pede uma ajuda para levar até lá

> dois de seus filhos, um com a idade de onze anos, uma menina, e o outro de nove anos; (eles) estão há mais de oito a dez meses possuídos pelo espírito maligno e o estão ainda presentemente, apesar de ele ter procurado todos os meios possíveis através de exorcismos realizados por ordem do Sr. de Mâcon, mas tendo por fim verificado que não havia meio melhor de que através dos votos que ele fizera de mandar conduzir os ditos dois filhos ao túmulo de Santo Amable em Riom, onde várias outras pessoas receberam um grande alívio, principalmente os filhos de Madame de l'Estoille, que encontraram lá uma perfeita cura...[96].

O Santo Sudário de Besançon, Santo Spire em Corbeil, a Santa Capela durante a noite de quinta para a sexta-feira santa, gozam igualmente de grande reputação como lugares onde se realiza a libertação dos possessos do demônio[97]. Outros santuários de menor renome foram também utilizados: o Abade Courtalon em sua história da diocese de Troyes narra (sem referências) as tribulações em meados do século XVIII de um moleiro que vivia em Lesmont, cujo filho aos quinze anos de idade "Fora atacado por um mal de espírito" e conduzido em "diversas peregrinações" sem sucesso[98]. Finalmente, certos possessos dirigiram-se também aos próprios médicos: é o caso de Marie Volet, próximo à Lyon em 1690, cuja cura foi longamente relatada por seu médico, "escudeiro, agregado ao colégio dos Médicos de Lyon". Ele discerniu em seu diagnóstico fisiológico e psicológico quatro causas para os "acidentes que atormentavam essa pobre moça": um "fermento corrompido de seu estômago", "alguns humores cacoquimos da massa do sangue", os "espíritos do cérebro irritado" e, por fim, "algumas idéias falsas que ocupam sua imaginação"[99]. Ele a tratou energicamente com as águas minerais artificiais de Fourvière e Esnay, que declara muito superiores às de Vichy e Bourbon l'Archambault, e a curou — muito mais de que a libertou — de sua possessão, sem ter recorrido a qualquer outra forma de intervenção. Todas essas pequenas possessões tratadas pelos métodos mais tradicionais ou por uma terapêutica nova não produziram contudo ruído nem escândalo à sua volta; o mesmo não ocorre quanto a dois outros grandes casos, na Normandia e em Paris, no fim do século, onde a possessão abre caminho às pretensões de santidade; retomando a menor custo os exemplos famosos de Elisabeth Ranfaing e de

---

97. Daugis, n.º 165 da Bibliografia, cita os ex-votos de Corbeil e os energúmenos da Santa Capela, pp. 262-264.

98. Persuadido de que a possessão foi causada por um feiticeiro das cercanias, o moleiro fez um feitiço contra o lançador de sortilégios e precisou fugir da região.

99. Sr. de Rhodes, n.º 312 da Bibliografia, pp. 12-13; ele escreve muito a propósito dessas idéias à página 62: «Poder-se-ia, ao que me parece, por esse sistema de falsas idéias e de espíritos irritados, explicar a causa de várias outras pretensas possessões como as de Aussone, de Loudun e outras imaginárias ou maliciosas...»

Joana dos Anjos e provocando novamente polêmicas e imitações no século XVIII.

Nesses dois casos, Marie Bucaille na Baixa Normandia e Irmã Rosa em Paris, a falsa possessão diabólica cultivada por moças melancólicas é apresentada como sinal de uma mais alta perfeição religiosa; êxtases e estados místicos impressionam testemunhas notáveis, que tomam partido a favor dessas pessoas de grande piedade e alimentam a disputa com os céticos. Faz-se, pois, insensivelmente a transição da ocorrência da possessão diabólica para um misticismo fácil que lembra bastante certas formas de iluminismo. Nesse domínio ainda, ocorre que uma o barulho feito em torno desses dons extraordinários concedidos às suas ovelhas; já em 1673, o bispo de Troyes, François de Houssay havia interrompido de vez a carreira de uma jovem, Catherine Charpy, que passava, há anos, por viver sem se alimentar em total abstinência e que era dotada de "maravilhosas visões interiores"; ela foi colocada em observação no convento das ursulinas sob a fiscalização do provisor durante um mês, no decurso do qual a penitente se alimentou normalmente, manifestou "poucas convulsões que o vulgo chamava êxtases", e "nenhum derramamento de sangue" nos dias anunciados por seus partidários. Em sua declaração de 19 de julho de 1673, o bispo reconhecia "em sua conduta: orgulho, ilusão, dissimulação, mentira, fraudulência e mesmo ignorância relativa aos principais mistérios"; ele a exorta "paternalmente a mudar de conduta e a viver sem afetar qualquer singularidade", e a confia ao provisor proibindo-lhe ao mesmo tempo os sacramentos até que ela tenha mudado completamente de vida[100] Em seqüência a isso, Catherine Charpy não dá mais o que falar de si. Coisa totalmente diversa ocorre com as duas "beatas de visões" ao fim do século.

Marie Benoist, dita Marie de la Bucaille ou Marie Bucaille, constitui o caso mais escabroso; suas referências a uma possessão diabólica que teria começado com a idade de cinco anos e seus êxtases que a colocam sob a proteção direta de Deus Pai lhe valeram a apresentação à justiça; condenada ao fogo pelo presidial de Coutances em janeiro de 1699 e transferida para Rouen, ela sublevou a opinião pública normanda; meia dúzia de panfletos foram escritos para defendê-la diante dos magistrados de Rouen, exaltando suas virtudes extraordinárias, caluniando seus detratores. Quando o presidial de Coutances começa a instruir o seu processo em abril de 1698, Marie Bucaille passa por ser "uma devota de primeira ordem", que se beneficia de graças extraordinárias, comunicações com

---

100. O texto impresso dessa declaração encontra-se na B. N., Mss. fds. fs. 21605, f.º 78 e ss. e na do Arsenal Mss. 4824, f.º 139 e ss.

Deus, Jesus, a Virgem, êxtases, revelações. Após uma vintena de anos, ela percorre de Cherbourg a Valognes, multiplicando os "milagres", curando os doentes, revelando os pensamentos secretos, com a cumplicidade de uma criada, de um franciscano que não a larga mais e de algumas mulheres que constituem o seu séquito. Uma pequena memória redigida no momento do processo por um de seus juízes expõe bem como Marie Bucaille utiliza o Diabo e o bom Deus ao mesmo tempo:

> Seu nascimento foi anunciado, e aí se fizeram milagres. Os diabos que previam todas as almas que ela lhes arrancaria quiseram estrangulá-la no berço... ela diz em seus êxtases as mais belas coisas do mundo, e deseja ser o tampão do inferno para salvar todo o gênero humano. Jesus Cristo, o Pai eterno e a Virgem Maria a visitam freqüentemente... com isso, ela é freqüentemente agitada e espancada pelo diabo. Ouvem-se seus golpes sem nada ver. Ela tem os estigmas muito amiúde...[101].

Os juízes de Valognes e Coutances ficaram muito mal impressionados com essa pretensão dela de provar a sua santidade pelo empenho encarniçado do Demônio em perdê-la; a fuga do franciscano, que era seu diretor espiritual, desde a abertura da instrução, sugeriu a existência de relações menos confessáveis, confirmadas em seguida pela criada e uma outra cúmplice, Catherine Bedel, dita a Rigolette, e comentadas com acrimônia pelos juízes[102]; nas conversas e gestos de Marie Bucaille, eles ressaltaram sem pena "muita vaidade, uma infinidade de mentiras e de trapaças... a profanação dos sacramentos e blasfêmias que ela não desculpa senão pela obsessão do Diabo". Da mesma forma a sentença pronunciada a 28 de janeiro de 1699 contra o Frei Le Saulnier, contumaz, e Marie Benoist, presente, acumula os seguintes itens de condenação: incesto espiritual, possessão fingida, blasfêmias contra Deus e os santos, impiedades e profanações das relíquias dos santos e mesmo do Santo Sacramento, falsa santidade, profecias, falsas revelações, operações de magia diabólica simuladas ou verdadeiras, distribuição de malefícios e cura de seus malefícios, invocações de fantasmas e "outros prestígios e ilusões"[103]. Condenada à tortura ordinária e extraordinária e à fogueira, Marie Bucaille foi transferida para Rouen para ser julgada em apelo.

101. B. N., Mss. fds. fs. 19855, f.º 91. O documento é uma cópia de carta, sem assinatura, nem qualquer outra indicação.

102. Em uma carta escrita no decorrer do processo, um deles conta: «Eles se rejubilavam juntos e enquanto que o céu agia no eu superior, o franciscano trabalhava para se aproveitar da desordem que ocorria no eu inferior» (*ibidem*).

103. O texto completo da sentença está conservado em cópia. B. N. Mss. fds. fs. 19855, f.º 92. Ele fornece alguns detalhes concretos sobre as práticas dos dois cúmplices: «ter pretendido passar por santa e ter feito trazer crianças e de ter feito e jogado vários malefícios sobre pessoas que permaneciam doentes estropiados a si que ela tocava na esperança de fazê-los recuperar a saúde.. e estropiadas, e que o Frei Saulnier e ela curavam na hora, meio do qual eles se serviam para seduzir o povo que atraíam por essas ações que faziam parecer como milagre...», etc.

Os numerosos memoriais[104] escritos em seu favor e relatando os milagres e "feitos extraordinários registrados no processo" não comoveram muito os magistrados da corte suprema. Após terem examinado o processo e as petições polêmicas de Marie Bucaille e Catherine Bedel, depois os textos de seus defensores, eles pediram o conselho do bispo de Avranches, Daniel Huet, que consagrou algumas linhas de suas **Mémoires** ao caso. Ele precisou examinar então numerosos "relatórios concernentes a feiticeiros e feiticeiras cujas impiedades tiveram por teatro toda a diocese"; e "dentre os autores dessas extravagâncias criminais", viu Marie Bucaille que trazia na fronte uma cicatriz diabólica que não soltava nenhum sangue quando picada. A pedido do Parlamento, D. Huet dá o seu conselho:

> Eu respondi ingenuamente que se havia abusado da credulidade e do pudor de algumas mulheres simples e ademais de nenhuma forma criminosas, e que suplicava aos magistrados usar de clemência para com uma populaça ignorante; ao que eles subscreveram com bondade[105].

Efetivamente o Parlamento normando, por fim filiado a uma concepção prudente das intervenções diabólicas, atenua, com a sentença de 30 de outubro de 1699, o castigo infligido a Marie Bucaille: reduzindo a acusação aos "crimes de impostura, seduções, impiedades, abuso e escândalo público", eles a condenam à confissão pública (com a inscrição: falsa devota), ao açoite, nas cidades de Rouen, Charbourg e Valognes e ao banimento perpétuo fora do reino depois que lhe perfuraram a língua. E as duas outras moças, Jeanne de Launay sua criada, e Catherine Bedel são libertadas[106]. Guillaume Mauquest, o cirurgião encarregado de cuidar da língua de Marie Bucaille e que se orgulha em seu tratado de tê-la "curado perfeitamente em pouquíssimos dias com um pouco de mel rosado", forneceu um retrato da falsa beata, que não deixa de ser pitoresco e mostra bem a repercussão do fato em toda a Normandia. É, escreve ele,

> uma espécie de profetisa que pretendia estabelecer nessa região os fundamentos de uma seita, que atraiu por isso um grande número de partidários, de todas as idade e de todo sexo. Ela se denominava Marie Bucaille e tinha êxtases e revelações maravilhosas com transportes de seu corpo para vários lugares, no tempo mesmo em que a justiça informava contra ela, e que ela estava estreitamente encerrada em um cárcere...[107].

É esta sem dúvida a razão pela qual o julgamento temperado da corte foi discutido, demasiado duro para aqueles

---

104. Cf. n.º 70 a 77 da Bibliografia.
105. *Mémoires* de D. Huet, n.º 212 da Bibliografia, p. 236.
106. A. D. Seine-Maritime, f 99, f.º 20 a 22.
107. Guillaume Mauquest de la Mothe, n.º 252 da Bibliografia, tomo II, pp. 271-272. Cf. também um relato vivo das façanhas da devota («Tout le peuple la regarda comme une véritable sainte») nas *Lettres de M. de Saint-André*, n.º 314 da Bibliografia, p. 188 e sobretudo pp. 431 a 442.

que não viam mais que ilusões e fantasias nessas atividades de falas mística, demasiado moderado para aqueles que consideravam esses crimes como seguros e certos.

As devoções da Irmã Rosa em Paris não puseram em movimento o aparelho judiciário, mas nem por isso elas são menos notáveis. Irmã Rosa é Catherine d'Almayrac de quem o Parlamento de Toulouse se ocupara nos anos oitenta[108]. Após suas desventuras em Rodez e Toulouse, Catherine deixou definitivamente o Sul para se instalar em Paris, onde ela se fez passar por terciária de São Domingos e levou uma vida edificante de devota capaz de predizer e adivinhar, de operar curas e conversões e de se fazer escutar; Saint-Simon fala dela por duas vezes e esboça um longo retrato, rico em cores, dessa "célebre beata propensa a êxtases, a visões, a conduta muito extraordinária, que dirigia seus diretores e que foi um verdadeiro enigma". Repetindo a palavra por várias vezes, ele sublinhou o "ar profético que sobressaía" dessa "velha da Gasconha, ou antes do Languedoc" de "rosto extremamente feio", suas "grandes e surpreendentes conversões", suas "curas surpreendentes sem remédios" e por fim o apoio que ela encontrou junto a "pessoas muito sábias, muito precavidas, muito eruditas, muito piedosas, de um gênio sublime, que nada poderiam ganhar com esse apego e que o conservaram por toda a sua vida"[109]. É principalmente o caso de Duguet, citado por Saint-Simon, que desempenhou junto a ela o papel do Padre Eudes junto a Maria dos Vales. Mas a piedade extraordinária da Irmã Rosa, os mistérios de que ela se cerca, os dons que ela reivindica, causaram escândalo: por duas vezes (em 1696 e em 1700, ao que parece), o Cardeal de Noailles, sem simpatia por essa profetisa possessa e inspirada ao mesmo tempo, expulsou-a da diocese de Paris. É no decorrer do seu segundo exílio, em Vibraye próximo a Mans, que Irmã Rosa encontrou o seu censor mais severo na pessoa do cura local, o sábio autor do **Traité des superstitions**, J. B. Thiers. Encarregado por seu bispo, Louis de la Vergne, de examinar Irmã Rosa, Thiers a interrogou no castelo de Vibraye, na presença da senhora da casa e de "algumas testemunhas ilustres", sobre "seu estado, sua conduta, suas conversas, os milagres que se lhe atribuía, as revelações, os êxtases, o conhecimento dos corações e a inteligência das línguas de que ela era favorecira". Apesar da dificuldade admitida pelo teólogo erudito em reconhecer se essas "coisas surpreendentes... são verdadeiras e isentas de ilusão e de impostura, e se elas vêm de Deus ou do Demônio", sua conclusão é sem ambigüidade: ele compara Irmã Rosa a Nicole de Vervins e à Abadessa de

---

108. Cf. mais atrás, Cap. 8.
109. Saint-Simon, edição Boislisle, tomo VIII, p. 79 e ss. e p. 386.

Cordoue, Margarida da Cruz: **Major cautio erga feminas adhibenda quarum sexus suspectior est quo imbecillior;** e a classifica dentre os "charlatães e impostores (que) em todos os séculos da Igreja abusaram dos simples através de falsos milagres, de falsos êxtases, de falsas revelações, de falsas predições, de falsas conversões"[110]. J. B. Thiers, que tem uma pena fácil, retomou e desenvolveu ademais sua argumentação em uma memória de uma centena de páginas, que permaneceu inédita, intitulada: "Questão curiosa se a Irmã Rosa é santa"[111]. É um requisitório sem nenhuma complacência, que toma a contrapartida dos "louvores excessivos que seus partidários lhe fizeram durante toda a sua vida... para garantir-lhe a qualidade de santa", passando ao crivo todas as atitudes e testemunhas, em dois movimentos: uma primeira parte estabelece o quanto as pretensões à santidade são suspeitas (em dez "razões"); uma segunda refuta em dezesseis pontos os argumentos de seus partidários concernentes a seus dons extraordinários, milagres, profecias, êxtases, arrebatamentos, visões... terminando pelo exemplo de grandes homens seduzidos por mulheres tais como Maria dos Vales, Catherine Charpy, Madame Guyon, Marie Bucaille..[112]. O sábio cura de Vibraye não poupou a devota, nem suas desventuras em Toulouse, nem seus "ares de grandeza", nem qualquer de seus dons; ele a censura mesmo por fazer-se chamar "Senhorita conquanto seja apenas a mulher de um camponês" e repete por várias vezes que "ela faria melhor em voltar a seu marido para viver com ele como mulher de bem e honrada". Admirada desmesuradamente por uns, contestada com aspereza por um dos teólogos mais eruditos de seu tempo, Irmã Rosa não pôde terminar em paz sua carreira de grande devota. Após ter deixado Vibraye, ela se retira para os Alpes em Annecy; e "não se ouviu mais falar dela depois", a acreditar-se em Saint-Simon.

Possessa com reputação de santidade, Irmã Rosa, assim como Marie Bucaille, invoca ao mesmo tempo Deus e o Diabo: "nesses estados extraordinários que passavam por ser uma verdadeira possessão, ela sofria muito e (que) ela (lhe) dissera freqüentemente: eu não sei se é Deus ou o Diabo que me faz sofrer mas que me importa que seja o amo ou o criado contato que eu sofra"[113]. E, sobretudo, Irmã Rosa causou escândalo por muito tempo, sus-

110. B. N., Mss. fds. fs. 20973, f.º 141-148. Carta de Thiers ao bispo do Mans, sem data (1701).

111. B. N., fds. fs. 18832, f.º 2 a 111.

112. J. B. Thiers expõe sentenciosamente por que o espírito das trevas utiliza as mulheres para enganar os grandes homens: «Ele pouco se esforça para ganhar os simples e os idiotas. porque sabe bem que conseguirá facilmente sua meta sempre que quiser tentá-lo.» *ibidem*, f.º 104. Ele cita também outros casos que não tiveram a mesma repercussão; como Catherine du Pré em Elbeut, que enganou algumas semanas o bispo de Évreux em 1700.

citando polêmicas, provocando deslocamentos de curiosidade crédula ou cética. Esses ajuntamentos e essas disputas contribuíram largamente para persuadir as autoridades de Polícia, em Paris, da necessidade de adotar a seu respeito uma política de silêncio, de abafamento. Em 1713, d'Argenson dá suas ordens ao comissário de La Mare:

> Vós sabeis que os males extraordinários não devem ser tornados públicos sobretudo em Paris, onde as pessoas acham-se mais à vontade para crer nas coisas que não são senão aquilo que são, e onde a imaginação e a superstição costumam prevalecer sobre a religião e sobre a fé.

Essa formulação que descreve bem a diferença das atitudes diante desses fenômenos, identificável em Paris mesmo no início do século XVIII, é acompanhada de recomendações práticas muito claras, destinadas a "impedir por todos os tipos de meios o concurso e os agrupamentos que essas espécies de espetáculos atraem necessariamente" por meio de uma atenção contínua a tais doenças extraordinárias, que são de fato a seus olhos as das devotas por possessão e as do espírito público ao mesmo tempo.

> Eu vos rogo pois, escreve ele, a agir de forma que as pessoas pretensamente possessas sejam retiradas o mais rapidamente do lugar onde elas estão para serem postas em casas separadas onde se terá o cuidado de as ocultar do conhecimento público; penso mesmo que o hospital geral lhes conviria perfeitamente, se seus familiares não querem ter a despesa de colocá-las em outro lugar, e estou persuadido de que se aí estivessem, sua doença cessaria imediatamente[114].

Essa repressão atenta que envia as pretensas possessas a se juntarem às adivinhas na Salpêtrière, foi certamente eficaz: por muito tempo a Irmã Rosa não teve êmulos na capital[115]. É na Normandia, terra de eleição dos fantasmas diabólicos, que se manifestam ainda na primeira metade do século XVIII duas possessões de grande repercussão. Em 1720-1726, a paróquia de Bully, próxima a Neufchâted, é agitada por possessões em série: o cura, Neufchâtel, é agitada por possessões em série: o cura, Nicolas l'Esquinemare, exorcisma moças vítimas de Belzebu e Belfegor, que denunciam um lavrador da aldeia, Laucom os seus malefícios. Este dirige-se à justiça, e o bailio de Neufchâtel lhe dá razão quando o contágio começa a ganhar as paróquias vizinhas e se aproxima da própria cidade. O cura é preso por decisão da justiça em um priorado, onde redigiu um memorial para a sua defesa, atribuindo ao camponês enfeitiçador todas as desgraças da

---

113. *Ibidem*, f.º 128 v.º.
114. B. N., Mss, fds fs, 21605, f.º 79.
115. Os convulsionários de Saint-Médard não se incluem nessas definições: eles não pretendem que estejam com possessão diabólica, mesmo se seus delírios e êxtases revelam uma outra forma de «religião mal compreendida».

aldeia, e principalmente o fato de "desde há nove meses, morreram lá mais de duzentas crianças e mais de sessenta pessoas adultas... sendo que várias dentre as crianças, mesmo de cinco, seis e nove anos, juraram e blasfemaram ao morrer com contorsões contra a natureza". A esse requerimento em que o cura constata com pesar que "os tribunais seculares estabelecem uma força de espírito para não crer facilmente nos efeitos da magia", Laurent Gaudouet respondeu com um exame do processo e uma longa evocação de sua boa fé e de sua inocência[116]. A petição do cura não foi acolhida e o caso acabou bruscamente, na falta do exorcista para manter e difundir as denúncias das camponesas. Uma desventura semelhante teve por teatro alguns anos mais tarde (1730-1738) a paróquia de Landes, na diocese de Bayeux; as possessas são aqui as castelãs, as Senhoritas Le Vaillant de Léaupartie que apresentam os mesmos problemas (o ponto foi notado por uma testemunha de olho crítico) que as jovens convulsionárias de Toulouse em 1682: estiramentos, vômitos, etc.... Aqui ainda, a possessão foi rapidamente acreditada: "Pôs-se no espírito de moças de condição que elas estavam possuídas pelo demônio. Conseguiu-se fazê-lo crer a seus pais. Pretendeu-se persuadir disso todo mundo", escreve um dos autores de panfletos. Pois essas possessas que não denunciam ninguém foram também muito discutidas: doutores em teologia e médicos foram consultados, memórias foram escritas a favor e contra[117]; uma vez mais se defrontaram partidários e adversários Mas a possessão da paróquia de Landes nem mesmo foi à justiça; segundo toda aparência, os pais após terem crido algum tempo na dileção de suas filhas, admitiram os argumentos dos observadores prudentes, seguiram os conselhos dos médicos e as Senhoritas de Léaupartie deixaram de atrair sobre si o comentário público.

Nos mesmos anos 1730, a Provença se inflama com o processo entre Catherine Cardière e o Padre Jean-Baptiste Girard, reitor do seminário da marinha: sinistro caso em que a "religião mal compreendida" de uma criança de vinte anos e a licença de um jesuíta provocaram um **imbroglio** judiciário extraordinário, sendo as duas partes queixosas e acusadas ao mesmo tempo. Cinqüenta memórias foram publicadas em 1731, impressas em Paris, distribuídas "publicamente na porta dos passeios e dos espetáculos", em Aix e em Paris, para apoiar Girard e Cardière, justificar as requisições do Tribunal e o veredicto

---

116. Cf. os n.ºs 79 a 81 da Bibliografia; os memoriais figuram na Biblioteca do Arsenal, Mss. 4824 f.º 350 e s.

117. Cf. n.º 82 e 83 da Bibliografia e Gabriel Porée n.º 297 a 300; esses documentos estão igualmente conservados na Biblioteca do Arsenal, sob a cota Mss. 4824.

final[118]. O Parlamento de Aix pronuncia, nessa atmosfera apaixonada, a 10 de outubro de 1731, a última sentença de uma corte suprema em que uma acusação de crime de feitiçaria esteja em julgamento. Michelet narrou longamente a sua história defendendo com vigor a vítima do jesuíta em **La sorcière**[119]. Esse processo tardio ilustra bem tanto a continuidade das crenças quanto as dificuldades de interpretação que a declaração de 1682 poderia ainda suscitar meio século depois.

Essa história dos conflitos entre Catherine Cardière e seu diretor espiritual é prolixa até nos detalhes, mas não é absolutamente necessário contá-la em minúcias para compreender como a penitente do jesuíta pôde passar por possessa e o subornador por feiticeiro. Catherine Cardière, filha frágil de um mercador de Toulon (nascida em 1709 e acometida pela peste de 1720), foi seduzida por esse diretor cuja carreira não é muito edificante. Grávida em 1729, ela aborta a tempo, enquanto que o padre a apresenta como dotada de graças particulares e marcada por estigmas — apesar dos protestos dos irmãos dela, um simples padre e o outro dominicano. Retirando-se por alguns meses para um convento em Ollioules, Catherine Cardière volta a Toulon em 1730, sob a proteção do bispo, que lhe poupa durante algumas semanas quaisquer contatos com seu antigo diretor. Suas confissões ingênuas a um carmelita e a seus irmãos provocam então o pavor do Padre Girard e dos demais jesuítas da cidade, que exigem o internamento da penitente e um inquérito do provisor. A família apela a Paris contra os tratamentos desumanos que lhe são infligidos no convento das ursulinas; e o processo é confiado ao Parlamento de Aix que envia dois conselheiros para inquirir sobre o caso. Os jesuítas, que têm em mãos o convento onde a queixosa está encerrada, obtêm dela (graças a um veneno) confissões, negadas alguns dias mais tarde (março de 1731), e conduzem a seu bel-prazer o inquérito dos magistrados. No início do verão de 1731, Catherine Cardière queixosa contra Girard acusa seu confessor de encantamento, rapto, incesto espiritual, aborto, subornação de testemunhas, calúnias, impiedades; ela é transferida para Aix como culpada, encerrada novamente em um convento, e não consegue encontrar um advogado para defender a sua causa: o síndico dos advogados de Aix, Chaudon, designado ex-ofício, assume o encargo e proclama impassível que Girard é feiticeiro. Este, acusa-

---

118. Yve Plessis forneceu o levantamento completo dessas memórias, em sua bibliografia, do n.º 1407 a 1478. Nós não utilizamos senão as principais: Chaudon, Pazery-Thorame, Roger d'Aiguilles, Montvallon, n.º 266 da Bibliografia, e as análises da sentença, n.ºs 84 a 87 da Bibliografia. Um certo número desses documentos encontra-se nos Arquivos Nacionais em ADIII, 5.

119. Ele lhe consagra três capítulos do segundo livro, pp. 247 a 317 (edição de 1964); apaixonou-se por esse epílogo dos processos tradicionais a ponto de pesquisá-lo *in loco*, em Toulon, para melhor descrever a atmosfera.

dor, por sua vez, inculpa sua ex-penitente dos crimes de falsa e caluniosa acusação, abuso da religião, profanação, simulações de santidade e de possessão ao mesmo tempo[120]. O processo toma um rumo dramático quando o tribunal, a 11 de setembro, requer a pena de morte contra Catherine Cardière, além da tortura ordinária e extraordinária, declarando-a culpada dos crimes propostos pelo jesuíta, "para grande escândalo da religião"[121]. Em Marselha, em Toulon, em Aix, ocorreram manifestações contra os jesuítas e os membros do tribunal que propuseram a morte. Em Paris mesmo, Barbier, on seu diário, dá testemunho da repercussão que o caso teve fora da Provença[122]. O embaraço dos magistrados foi grande: a acusação apresentada por Catherine Cardière fez de seu confessor um feiticeiro que se utilizava de encantamentos temíveis, e, pelo menos, um subornador celerado que não hesitou em suscitar falsos testemunhos e em usar de sua influência sobre a sua vítima até na prisão, em Toulon, durante a primeira instrução: um número demasiado de pessoas testemunhou seus êxtases e estigmas, e sua gravidez — a começar por seus irmãos — para aceitar sem mais o partido adversário. Mas o padre jesuíta, cujos apoios eram poderosos no Parlamento, conseguiu argüir por sua vez a partir desses êxtases, delírios repetidos que a família creditava à possessão diabólica e que se transformaram em exaltação mística, para imputar à jovem penitente falsa possessão e falsa santidade, que terminaram por se confundir — como em muitos outros casos. Enfim, segundo a jurisprudência sancionada pela declaração de 1682, somente os crimes qualificados de envenenamento, de incesto espiritual, de impiedade podem ser mantidos contra Girard; contudo Catherine Cardière, quanto a ela, é passível de punições menores por ter caluniado um padre e ter pretendido por vezes adivinhar coisas ocultas como testemunharam vários protegidos do jesuíta. Em meio a essa confusão os magistrados de Aix se dividiram[123]: metade opina pela inocência do jesuíta, a outra pela sua culpabilidade. Mas nenhum encarou a possibilidade de acompanhar o procurador geral em seus requisitórios contra Catherine Cardière. Finalmente, o Presidente Lebret arbitra, reconhecendo que "a divisão das

---

120. Cf. *copie du prononcé*, n.º 86 da Bibliografia.
121. Conclusões do procurador-geral, n.º 84 da Bibliografia. A. N., ADIII, 5, 179.
122. Na França e mesmo na Europa, escreve ele. Fala do processo por duas vezes e sublinha a cada vez o seu caráter insólito: «Esteve-se aqui muito surpreso com a estranha diferença das opiniões desses senhores»; «o julgamento é dos mais singulares... nesse caso que causou tanto estardalhaço, há muitos crimes e nenhum criminoso...»: cf. Barbier, tomo I da edição S.H.F., 1847, pp. 357 & 368-369.
123. Cf. as explicações de Barrigue de Montvallon, n.º 266 da Bibliografia, às severas demonstrações do Chanceler d'Aguesseau (a 14 de novembro de 1732), argumentando «a favor da honra da justiça» sobre as contradições de um julgamento que resulta em uma dupla absolvição.

opiniões contribuiu somente para a absolvição do Padre Girard"[124]. A sentença pronunciada a 10 de outubro de 1731 absolve o Padre Girard não o reconhecendo nem como feiticeiro, nem como sedutor e o entrega por seus erros de padre ao provisor de Toulon; a mesma sentença mantém contra Catherine Cardière a acusação de calúnia, decide pela destruição de suas memórias contra Girard, condena-a ao pagamento das despesas do processo, mas limita a isso as sanções. Esta, entregue à família, não mais dá o que falar de si. J. B. Girard deixa a Provença pouco depois, absolvido sem dificuldade pelo provisor de Toulon[125] retirando-se para sua região de origem em Dole, onde morre em 1733. Conforme a expressão de um panfleto escrito pouco após, a 10 de outubro, o Parlamento "pôde se orgulhar de ter reunido nessa ocasião todos os espíritos (contra si); pois todos concordaram em dizer que nunca houve uma sentença mais singular e mais incompreensível"[126].

O processo Girard-Cardière diante do Parlamento de Aix não é, portanto, um autêntico processo de feitiçaria, um ressurgimento da antiga jurisprudência que viria contradizer, após meio século, as decisões tomadas entre 1672 e 1682. Assim como outros casos do mesmo gênero, desde que os feiticeiros se tornaram falsos, demonstra o quanto a preocupação comum com as intervenções diabólicas foi lenta em regredir; testemunhas, também, sobre a persistência das tradições que se perpetuam nas regiões "privilegiadas": a Provença (assim como a Baixa Normandia) conservou a lembrança de seus grandes mágicos e feiticeiras e a filiação não é mais duvidosa aqui do que lá: na Baixa Normandia, de Louviers a Carentan, Avranches e Bayeux, de Madeleine Bavent a Maria dos Vales, Marie Bucaille e as jovens Léaupartie; na Provença, de Madeleine Demandols aos dois processos de tanta repercussão, até Catherine Cardière. Ao mesmo tempo este grande processo, onde se faz constantemente referências à possessão e aos sortilégios no momento mesmo em que os filósofos triunfam[127], revela a prudência dos magistrados assim como na Normandia bons eruditos discutem ainda sobre os casos de 1670 e polemizam ardentemente a fa-

124. Cf. *Motifs, op. cit.* na nota precedente, p. 3.

125. «Absolvido dos crimes e acusações a ele imputados» de forma «que não resta mais delito comum para julgar», sentença do provisor... n.º 87 da Bibliografia, A. N., ADIII, 5, 189.

126. *Anatomie*..., n.º 86 da Bibliografia, e A. N., ADIII, 183.

127. Voltaire, satirizando esse processo em sua «conversation de l'intendant des menus avec l'abbé Grizel» (edição Garnier, XXIV, p. 243) diz: «Era certo, outrora, que os feiticeiros existiam, é certo, atualmente, que eles não existem a despeito dos dezesseis provençais que julgavam Girard tão hábil». E Michelet comenta: «Voltaire é bastante superficial sobre esse caso. Zomba de todos...», *La Sorcière*, p. 317. De fato, Voltaire citou várias vezes o processo de Aix, e de forma séria, em várias cartas e em seu pequeno tratado: *Prix de la justice et de l'humanité*, no artigo IX intitulado «Sobre feiticeiros». (cf. edição Garnier, tomo XXX, pp. 549-554).

vor e contra os feiticeiros do Carentan, da mesma forma, diante do Parlamento de Aix, o advogado de Catherine Cardière pôde sustentar que Girard era feiticeiro, como outrora Gaufridy, e encontrar alguns juízes para segui-lo; sem dúvida, o fato de Girard pertencer à Companhia de Jesus serviu para embaralhar o entendimento de alguns. Mas resta o fato de que a tese foi sustentada e aprovada. Entretanto, os pronunciamentos definitivos — e mesmo os requisitórios do procurador geral — não fizeram referências senão a crimes admitidos pelo novo direito: acusações caluniosas, impiedades, profanações. O processo de Aix demonstra bem que nova jurisprudência é, a final das contas, a única admissível: os crimes de sacrilégio, de envenenamento, de impiedade podem ainda ser condenados; não mais o crime de feitiçaria.

CONCLUSÕES

Montaigne e Malebranche têm quase o mesmo ponto de vista sobre as fogueiras de feitiçaria; um e outro reprovam as perseguições e condenações em série e confiariam de bom grado os bruxos antes ao médico do que aos carrascos — há um século de distância. Ora, o primeiro escreve em pleno terror demonológico e não foi de forma alguma ouvido pelos magistrados, mesmo em sua cidade — Bordeaux — onde se tornam célebres Pierre de Lancre e Jean D'Espaguet, num momento em que os **Essays** são lidos e admirados há muito como obra de arte. Quando Malebranche publica a **Recherche de la vérité,** a partida já está jogado no seu aspecto essencial; suas descrições dos malefícios causados pela imaginação encontraram um consenso incontestável; suas recomendações concernentes aos processos judiciários e o exemplo dado pelo Parlamento de Paris vêm ao caso no momento mesmo em que a nova jurisprudência se generaliza por todo o reino. Mas, um século de contradições, de decisões incoerentes e de debates calorosos passou entre um e outro. Este próprio espaço de tempo é o traço mais notável desta longa e complexa história, onde, por detrás da mais simples iniciativa da jurisprudência, como a proibição da prova pela água, proliferam as concepções mais fundamentais dos contemporâneos, aquelas concernentes às relações destes com o mundo e com Deus. A lentidão com a qual os magistrados das cortes supremas se converteram — o termo não é forte demais — à nova qualificação jurídica de um crime muito freqüente se explica, sem dúvida alguma, por estas mesmas implicações. Este século de hesitações, e mesmo de tergiversações em parte não confessadas, de polêmicas e violências, representa o tempo de duração de uma desestruturação: o prazo que a elite intelectual constituída pela alta magistratura levou para admitir que a demonologia tradicional, representada de forma ilustre pelos Bodin, Bouguet Dupleix, Le Loyer, Rémy, talvez constituísse um **corpus** jurídico de erros; ou seja, para confessar a si mesma que os precedentes mais célebres neste domínio podiam ser recusados em benefício de uma concepção mais prudente deste crime e de uma instrução de provas mais exigente; o tempo necessário também para reconhecer como errônea uma certa concepção da vida humana implicando uma onipresença sobrenatural (de Deus ou do Diabo) em todos os acontecimentos, e para substituí-la por uma visão mais racional da existência.

Sem dúvida, esta lenta e difícil revisão reflete, por um lado, a excepcional estabilidade das estruturas mentais na história das civilizações ocidentais: há muito tempo nos é dado reconhecer que as superestruturas ideológicas ou espirituais não evoluem ao ritmo das infraestruturas materiais. Mas nem mesmo se trata neste caso dos movimentos de opinião que os politicólogos se esforçam em perscrutar nas sociedades contemporâneas para discernir aí também, finalmente, espantosas permanências. As realidades históricas postas em questão são de uma outra dimensão, pois tocam o universo mental dos grupos em sua totalidade e não somente as suas ideologias políticas ou sociais. Na França do século XVII (onde aliás, as relações sociais ou econômicas permanecem fundamentalmente imóveis), a história desta mutação jurídica, intelectual e até espiritual, põe em causa alguns elementos essenciais de uma visão de mundo: um conjunto de relações bem definidas — cuja lógica interna é patente — é substituído por outra série de relações coerentes. Todas as análises que constituem o corpo desta obra tiveram somente o fim de esclarecer os processos mal conhecidos segundo os quais pode-se dar esta passagem, em um meio social determinado, tão homogênio quanto é possível desejá-lo. Eis por que esta exploração colocou em questão, abrindo caminhos, não somente uma tomada de consciência entre os magistrados das cortes supremas, mas suas relações complexas com os teólogos e os médicos que podem debater com eles esses problemas, e suas ligações com o pessoal judiciário inferior que depende diretamente da sua autoridade; e também o funcionamento global da máquina judiciária monárquica durante aproximadamente um século, em sua diversidade provincial e em sua caótica evolução rumo a uma harmonização das jurisprudências. A respeito destes três planos, convém sublinhar ainda as significações desta investigação.

1. *A Administração da Justiça*

O funcionamento do aparelho judiciário, no qual se insere a regressão destes processos, foi estudado há muito tempo pelos juristas (como A. Esmein); da mesma forma esta lenta evolução confirmou principalmente, no detalhe dos casos, inúmeras realidades às quais, por falta de espaço, não há como voltar: que os aparelhos judiciários eclesiásticos, senhorial e real podiam encontrar-se em concorrência, que os tribunais reais tinham por vezes necessidade de exaltar seu direito eminente e de reivindicar os "casos reais" contra usurpações subalternas, por exemplo. Mas os debates e os conflitos suscitados por alguns processos ressaltaram alguns traços específicos que explicam, por um lado, a lentidão com que a mutação de jurisprudência se efetuou.

Em primeiro lugar está a independência quase total de cada Parlamento em sua alçada: cada corte fixa suas regras de funcionamento à sua vontade; o processo Girard-Cardière o demonstra até por alguns detalhes, já que em Aix-en-Provence os requisitórios do procurador geral são executados não pela vontade deste, como sucede em outros lugares, mas conforme à pluralidade das opiniões do tribunal. Cada corte é senhora em seu próprio domínio e não admite intromissões de Parlamentos vizinhos: quando em 1647 a corte normanda pretende processar Simone Gaugain, superiora de um convento parisiense, ela é impedida pelo Parlamento de Paris que argumenta não somente sobre a boa reputação da madre superiora, mas sobre o abuso de poder perpetrado pelos magistrados de Rouen. Cada corte é, pois, em última análise, senhora de sua jurisprudência: em matéria criminal como em direito civil, ela fixa sozinha a regra que aplica. Se os magistrados parisienses tomam a iniciativa em 1603 de não mais admitir a prova de feitiçaria pela água, em 1640 de não mais processar os acusados do crime de bruxaria por pacto diabólico e lesa-majestade divina, isto não implica que outras cortes supremas devam adotar tais inovações. A corte de Paris, sem dúvida, exerceu forte influência sobre os outros Parlamentos e contribuiu poderosamente para o amadurecimento da questão em todas as jurisdições. Mas cada corte permanece soberana em sua alçada. Que cada província conserve assim sua independência jurídica, não provoca indignação dentre os que estão sujeitos à sua jurisdição: esse fato aparece na ordem das coisas, pois o Parlamento que pronuncia justiça em nome do rei, é ao mesmo tempo o protetor das leis tradicionais de sua província, sendo portanto o defensor de sua autonomia. Os protestos vêm somente dos representantes da autoridade monárquica, de seus partidários mais convictos, como Pussort e Colbert. Mas estes não conseguiram persuadir os reformadores de 1665-1670 — e menos ainda, evidentemente, os magistrados consultados — a suprimir ou limitar a soberania das cortes. No século XVIII, Voltaire está em condições privilegiadas para estigmatizar "a contrariedade... a incerteza e o arbitrário" que resultam desta independência.

Esta ambigüidade inerente à soberania dos Parlamentos não é, entretanto, a causa das evidentes dificuldades encontradas pelas cortes no exercício corrente de suas funções no interior da jurisdição que lhes é atribuída. A pirâmide do aparelho judiciário real é completamente regular, a crer-se na descrição das cortes: bailiados, presidiais e Parlamentos. Mas seu funcionamento real revela anomalias sem cessar, e prova que as cortes tiveram algum trabalho em fazer respeitar suas sentenças pelos juízes inferiores; seguramente as precauções tomadas nas sentenças que têm valor geral, especificando a leitura nas prédicas dominicais ou a distribuição em todos os bailiados aos prebostes e aos juízes senhoriais, não são cláusulas do estilo judiciário. É necessário que as jurisdições subalternas sejam informadas das decisões tomadas para que elas as apliquem. Neste sentido, é prudente mandar imprimir tais textos, como a corte parisiense decidiu em 1641 para que fossem conhecidas as sanções tomadas contra um juiz da Picardia culpado de abuso de poder. Pois, na realidade, estes tipos são muito recorrentes: para um juiz que foi surpreendido por não haver transferido à corte suprema um processo de feitiçaria que implica apelo automático, quantos outros que não sofreram nem desautorizações nem sanções; o arcebispo de Reims escreveu muito bem em 1645, a propósito destes pequenos juízes subalternos que condenam "sem qualquer outra forma de processo". Da mesma forma, o Parlamento de Dijon experimenta muitas dificuldades para se fazer obedecer, em 1644, pelos juízes que processam e executam os suspeitos denunciados pelo pequeno profeta nas montanhas da Borgonha. E dentro da mesma jurisdição, a corte de Dijon pôde ainda se indignar em 1696 de que os juízes subalternos hajam tolerado a organização de uma prova pela água, procedimento que proibira há cinqüenta anos. A cada momento, os Parlamentos se chocam contra esta indisciplina das jurisdições inferiores, que não oferecem os meios de apelação aos condenados, retêm causas automaticamente transmissíveis à corte, não executam os arestos gerais que todas as câmaras reunidas tomaram em nome do rei. Da mesma forma, as cortes algumas vezes têm dificuldade em obter dos seus jurisdicionados a execução das mais simples decisões; no começo do processo concernente à Barbe Buvée, diante da mesma corte de Dijon, o mandato de restituição de seus bens permaneceu mais de seis meses no esquecimento, sem execução; os juízes do provisor-geral de Auxonne recusaram ao Parlamento a comunicação de suas peças de acusação, conflito de jurisdição tanto mais grave quanto a provisoria fora regularmente desaforada do caso. É patente o contraste entre a solenidade de que se cercam os magistrados, a importância que eles reconhecem às suas funções, os sinais de respeito que exigem em todas as ocasiões e estes acidentes de execução, estas dificuldades de subordinação que se repetem tão freqüentemente, apesar de sua vigilância. Sem exagerar a freqüência de tais incidentes, é preciso admitir, de fato, que eles fazem parte do funcionamento normal do aparelho judiciário e contribuem para lhe dar um caráter anárquico.

Um e outro traço — autonomia das cortes e insubordinações das jurisdições subalternas — contribuem para ilustrar a desordem administrativa que é a característica do Antigo Regime e que foi perfeitamente sentida pelos contemporâneos. Na perspectiva das reações dirigidas contra esta situação, a história dos processos em matéria de feitiçaria esclarece igualmente o papel da monarquia e a obra das autoridades centralizadoras.

A suspensão definitiva destes processos foi realizada somente a partir de 1670-1672, quando o conselho real interveio em Rouen, Pau e Bordeaux para impor silêncio aos magistrados ainda desejosos de continuar a realizá-los, e para pôr um termo, por decisão real, a todas estas investigações. Tais intervenções do "Rei em seu Conselho" nada têm de extraordinário — em qualquer sentido que seja: em 1672 para proibir os processos, ou em 1634 para assegurar rapidamente a condenação de Urbain Grandier. Em quaisquer circunstâncias, no direito monárquico, o rei pode, enquanto soberano de seu reino, suspender o curso ordinário da justiça, avocar a si um processo (e fazê-lo julgar por alguns referendários), constituir uma comissão extraordinária ou modificar um julgamento pronunciado por uma instância regular — é o princípio da "justiça moderada" segundo a expressão empregada pelos juristas. Estando este direito reconhecido, é bastante claro que a comissão confiada a Laubardemont no tocante ao processo de Loudun não apresenta mais interesse que qualquer outra comissão criminal como as constituídas para julgar Cinq Mars e de Thou, por exemplo. As decisões reais concernentes à possessão de Auxonne, acabando por transferir o processo de uma corte para outra, são mais originais, apesar da complexidade do caso: o Conselho Real mostra claramente sua prudência com relação aos conventículos que podem se constituir em uma corte, desde que personalidades notáveis estejam em causa; escolhendo Paris, ao invés de Aix, ele indica muito bem que tipo de jurisprudência goza da sua preferência. Mas, no plano da mecânica judiciária, o Conselho utiliza de boa fé um procedimento certamente pouco freqüente na época, porém de simples bom senso.

Em contrapartida, as intervenções de 1670-1672 são mais notáveis porque manifestam no plano estritamente jurídico a vontade de Colbert em realizar, nesse ponto preciso, a unificação da jurisprudência no reino.

Muitas outras divergências existem na época, de um Parlamento a outro, em matéria criminal mesmo (para não falar do domínio civil); a ordenança de agosto de 1670, que se apóia essencialmente sobre a prática judiciária parisiense, preservou-se de ressaltá-las, mas ninguém as ignora, nem os conselheiros jurídicos de Colbert, nem os grandes juristas da corte parisiense, como Lamoignon. Entretanto, as diferenças de jurisprudência concernentes à feitiçaria provocam escândalo: em razão de todo um passado recente e de todo um movimento de opinião esclarecida, não resta dúvida. Mas é igualmente manifesto que Pellot e Colbert aproveitaram no caso uma oportunidade única de fazer com que as cortes supremas admitissem a necessidade de uma harmonização das jurisprudências, objetivo este implícito em todas as ordenanças criminais gerais. Nesse sentido, o jogo complexo que representa este conjunto de atos reais concernentes à justiça criminal — ordenança de 1670, intervenções particulares em Rouen, Pau, Bordeaux, declarações de 1682 — constitui uma boa ilustração (nesta perspectiva precisa) da ambição unificadora que anima os agentes mais ativos da monarquia; e de seus métodos. Vigilantes em todos os momentos, pois trabalham sem alimentar ilusões quanto à aplicação de um texto geral; sempre prontos a dar um passo adiante para conferir maior realidade a autoridade monárquica; quer se trate da instituição parlamentar ou da regalia, é o mesmo procedimento.

Este, aliás, põe em questão o papel dos diferentes corpos de pessoal na vida administrativa do reino; também sobre este plano, esta longa história permite destacar alguns traços importantes. Sem dúvida reencontramos, através dos conflitos que balizam esta transformação, a oposição há muito tempo identificada e freqüentemente descrita entre os novos agentes reais, os intendentes, e as autoridades locais tradicionais de há muito instaladas:

governadores, oficiais de justiças reais subalternas ou magistrados das cortes supremas. É inicialmente nestes conflitos entre intendentes e cortes de justiça que se exprime o particularismo provincial dos Parlamentos: certamente os magistrados de Rouen, argumentando contra o Conselho Real em 1670, ou contra seus confrades parisienses em 1647, não faziam conta de sua costumeira hostilidade contra Paris, não mais que dos rancores cuidadosamente alimentados desde a proibição de 1639 e da Fronda. Mas esta motivação da má vontade normanda com relação às inovações vindas de Paris, que não podia ser exposta no debate jurídico, não deixou de desempenhar seu papel nas deliberações de uma assembléia que rumina incessantemente suas humilhações passadas[1].

Entretanto, em várias ocasiões, estes conflitos permitiram situar melhor o lugar assumido pelos intendentes na vida administrativa e judiciária. Certamente o essencial permanece, de fato, a seus olhos, como todos sabem, assegurar o respeito à autoridade monárquica: é nesta função que Laubardemont veio em primeiro lugar a Loudun em 1631 para impor aos habitantes a destruição de sua fortaleza; é neste plano que ele se chocou inicialmente com o Governador Jean d"Armagnac e seu amigo, o cura de Saint-Pierre; e esta primeira comissão não tem absolutamente nada de extraordinário — é a missão confiada ulteriormente a Laubardemont, de investigar especialmente as possessões das ursulinas e o caso de Urbain Grandier, cuja prisão é decretada imediatamente, que começa a colocar problemas por suas implicações políticas. Da mesma forma está bem claro que a preocupação essencial de Bouchu diante do Parlamento borguinhão no caso de Auxonne em 1662 é a de enfrentar os magistrados — o intendente se acha mesmo de tal forma ajustado a seu papel que ele presta ajuda e socorro em várias ocasiões ao provisor-geral de Auxonne e aos inimigos de Barbe Buvée contra os magistrados; mesmo com o risco de dar fé e favorecer a causa da possessão. O intendente, em tal circunstância, é certamente o referendário imbuído de sua missão que não quer deixar passar a ocasião de fazer sentir ao "seu" Parlamento a importância de suas funções. Por isso ele encoraja o Cura Jannon em suas tratativas em Paris, aceita presidir uma comissão de inquérito que retoma o conjunto da instrução conduzida pelo Conselheiro Legoux, envia em agosto de 1663 um memorial favorável aos exorcistas (com o risco de se contradizer a si mesmo) e, finalmente, manda desaforar o processo, retirando-o da corte borguinhã, como se ele houvesse escolhido, conscientemente, o partido "possessionista". A paixão pela

---

1. Ver sobre este ponto o estudo de O'Reilly sobre Pellot, n.º 475 da Bibliografia, as *Memoires* de Bigot de Monville, a *Histoire du Parlement* de Floquet (n.º 406 da Bibliografia), etc.

autoridade monárquica leva o intendente, dessa forma, a defender as posições menos esclarecidas, quando a corte borguinhã já há quinze anos adotara uma atitude circunspecta com relação a esses problemas: o agente do poder centralizador faz-se aqui o defensor da jurisprudência tradicional, em grande parte porque seu adversário sustenta uma posição inovadora.

Enfim, o caso normando de 1670-1672 mostra ainda um outro aspecto do papel desincumbido pelos intendentes nas províncias. Pellot, primeiro presidente da corte, que informa secretamente Colbert e obtém a suspensão dos processos, foi intendente no Sudoeste durante longos anos; mas quando intervém de forma tão eficaz em Rouen, ele já não o é mais. O Sr. de la Galissonnière, que ocupa este cargo na capital normanda não é uma personalidade sem relevo mas praticamente não tem a palavra no caso e se contenta em informar Colbert dos fatos que se desenvolvem no Parlamento em sua correspondência rotineira. O ministro certamente confia mais em Pellot, que ademais foi bastante ativo em muitos outros domínios durante sua estada na Normandia — a crer-se em seu biógrafo, ele encorajou o desenvolvimento das exportações, regulamentou a fabricação de telas, preocupou-se com o serviço de limpeza pública da cidade, garantiu a fiscalização dos impressores de Rouen e das florestas normandas invadidas pelos vagabundos expulsos de Paris por La Reynie: encargos que dependem muito mais do intendente de que de um primeiro presidente encarregado de arbitrar os conflitos interiores e de moderar as pretensões de uma das cortes mais turbulentas do reino. Colbert apóia-se, portanto, preferivelmente, em seu amigo Claude Pellot. A significação de tal escolha é clara: os intendentes enviados às províncias não bastam para assegurar esta obediência dos oficiais locais, esta consolidação da autoridade real, que constituem a sua missão essencial; colocando um homem de confiança como Pellot à frente de um Parlamento, Colbert duplica de certa forma o poder de ação do intendente, neutralizando o espírito particularista desta corte suprema. O ministro, que certamente concebeu a política centralizadora da monarquia com o máximo de continuidade e de eficácia, não alimentava ilusões quanto aos instrumentos de que dispunha para fazê-la progredir e quanto aos limites destes progressos.

2. *Caminhos de uma Tomada de Consciência*

Estes aspectos "administrativos" da mutação aqui estudada são, entretanto, assaz menores no sentido de que esclarecem sobretudo as peripécias da transformação mais do que o seu âmago. Ao contrário, ressaltar a importância do meio no qual se produziu pouco a pouco a mudança de atitudes mentais quanto às questões de feitiçaria e de sortilégios, é tocar no essencial. Em sua mais alta ambição, este estudo pretendeu ser uma investigação de psicologia coletiva de um grupo social preciso: o mundo da magistratura e, especialmente, dos parlamentares.

Este grupo não se limita evidentemente aos conselheiros e presidentes de câmaras que constituem o pessoal sediado nas cortes, inclui, também, naturalmente, os procuradores, os advogados, os médicos especialistas convocados para consultas e mesmo o pessoal miúdo que gravita em torno dos atores principais da cerimônia judiciária. No plano de fundo, o pessoal — muito diferente — que anima as jurisdições subalternas, constituiu o grupo complementar, cujas tomadas de posição e atitudes deviam ser comparadas constantemente às adotadas pelos magistrados das cortes supremas; necessária em razão do funcionamento das instituições (ou seja, o processo de apelo), esta comparação alimentou implicitamente a análise, e ajudou a esclarecer a originalidade das decisões tomadas pelos Parlamentos nos grandes e pequenos casos.

Deve-se compreender, pois, no sentido mais amplo, este meio parlamentar, como um meio que inclui as constelações parajudiciárias a formar as relações habituais dos magistrados em Paris e em suas capitais provinciais, por oposição ao relativo isolamento dos juízes inferiores em seus foros. Os juízes das cortes supremas pertencem à elite intelectual do reino, fato este verificado: tanto no exercício de sua profissão quanto nas primeiras sociedades eruditas da época, eles se encontram com aqueles que participam ativamente, como eles próprios, do movimento de idéias de seu tempo: médicos, matemáticos, teólogos, e logo mais físicos, constituem o seu ambiente intelectual costumeiro. O fato conhecido no tocante à magistratura parisiense — ao menos pela correspondência de Mersenne — é também certo, em menor amplitude, quanto às grandes capitais provinciais, Aix no tempo de Peiresc, Dijon em torno de Philibert de la Mare e Jacques d'Autun, Rouen em torno de Bigot de Monville... Que nem todos os membros das cortes participam com o mesmo entusiasmo desta curiosidade intelectual é um fato demasiado evidente para que se tenha de insistir nele. Mas os diálogos e confrontações importam mais que uma difícil estimativa de participação: nem toda capital provincial possuía certamente os seus irmãos Dupuy ou suas conferências do **bureau d'adresses,** da mesma forma que nem toda sede de tribunal pôde oferecer um processo exemplar de possessões e diabruras, onde teriam sido rediscutidos e questionados os postulados de Bodin, Boguet e Lancre. Mas em cada uma destas cidades-capitais, os magistrados animam a vida intelectual ativa: eles pertencem antes de mais nada a esta "alta burguesia" cultivada que se esforça "em aumentar por graus (seu) conhecimento e em elevá-lo pouco a pouco", na sociedade francesa da época, estes juristas são também freqüentemente homens de ciência, fomentadores da curiosidade, senão do progresso científico. Sem dúvida estas atividades extra-profissionais poderiam não subsidiar totalmente sua vida judiciária, seu ofício — esclarecidos e ávidos de saber nas sociedades eruditas e nas bibliotecas, poderiam permanecer "atolados em sua ignorância e em seus preconceitos" assim que penetrassem em seus palácios de justiça[2]. Contra esta hipótese, depõem todos os debates, todas as polêmicas mantidas em torno dos grandes processos do século, e mesmo as hesitações das diferentes cortes face ao problema. Em cada Parlamento, os magistrados e toda sua companhia, em um momento ou outro, tiveram de tirar a limpo esta grande confrontação entre os dados da jurisprudência tradicional, as considerações ambíguas dos teólogos, os ensinamentos da medicina e a experiência, freqüentemente problemática, que lhes submetia uma situação de fato, um processo já julgado em primeira instância ou um escândalo de um convento urbano vítima das possessões. A adesão das cortes à nova jurisprudência prova, por sua lentidão, a amplitude e as dificuldades dessas confrontações e, ao mesmo tempo, a desigualdade de informação (no sentido largo do termo) destes meios esclarecidos nas diferentes capitais provinciais de Dijon a Rouen, de Bordeaux a Aix-en-Provence. Morosidades, incertezas, hesitações e resistências que não testemunham tanto sobre os preconceitos e as ignorâncias da alta magistratura, quanto sobre as suas exigências intelectuais — estabelecer duas partes em sua existência e continuar a julgar feiticeiros e feiticeiras conforme às sentenças anteriores, sem discussão, os parlamentares não o puderam fazê-lo: os parisienses em primeiro lugar; os provinciais mais tarde. Ao preço de debates longos e laboriosos, que a própria importância da inovação bastaria para explicar.

Ao mesmo tempo estes confrontos e estes atos judiciários em que as cortes supremas desautorizam as jurisdições inferiores e lhes impõem por bem ou por mal uma nova jurisprudência, põem à mostra as clivagens sociológicas essenciais; as grandes ondas de perseguições e as hecatombes do final de século XVI não se compreendem sem a participação ativa dos magistrados nas crenças

---

2. É o que parece admitir o Sr. Antoine Adam no prefácio de seu pequeno livro sobre os *Libertins*, n.º 346 da Bibliografia, pp. 14 e 15; na p. 14, os Parlamentos são taxados de uma ignorância crassa (formulação citada); na 15, os magistrados e oficiais são classificados na burguesia culta, esteio sólido da nação.

comuns concernentes ao Diabo e às suas empreitadas: fato suficientemente confirmado. Isto é válido para juízes menores como Bouguet, Massé, Le Loyer, para o próprio Bodin (apesar de seus outros títulos) e para conselheiros de Parlamentos como Pierre de Lancre. Entretanto, está bem claro também que todos os processos não têm o mesmo peso aos olhos dos magistrados — as epidemias que assolam uma província, Labourd, Lorena, Borgonha ou Guyenne, são sempre ondas rurais que condenam à fogueira camponeses às dezenas e que se esgotam o mais das vezes por falta de vítimas condescendentes; durante muito tempo, estas séries mortíferas não suscitaram quase emoção, quando esta forma de bruxaria mergulha no âmago da vida rural e traz tragicamente à luz a presença, no vilarejo, da feiticeira, benéfica e maléfica ao mesmo tempo, curandeira aceita, apreciada por sua comunidade, enquanto um acidente, uma denúncia e um juiz zeloso não intervêm. De fato, esta feitiçaria rural só é eficazmente denunciada na França após os grandes processos escandalosos. Mas estes estouraram, não a propósito das grandes caças às feiticeiras, mas por ocasião das possessões citadinas. Já nos últimos anos do século XVI, Marthe Brossier provoca escândalo em Paris, no momento mesmo em que a **Demonomanie** de Bodin é reeditada por várias vezes em Lyon e em Paris e em que as perseguições seguem a bom passo no Franco-Condado como em Anjou. Os grandes escândalos são os dos conventos, a possessão que atinge a maior parte das moças de uma comunidade de ursulinas ou de hospitalárias, a acusação a padres, diretores espirituais, traidores de seu Deus e de sua consciência, provocaram mais reações que as divagações descabeladas de camponeses envenenados por farinhas atacadas pelo fungão e os rigores dos juízes subalternos decididos a conduzir da melhor forma o combate contra o Príncipe das Trevas. Sem dúvida alguma, os eventos postos em questão — ainda que postulem a mesma intervenção diabólica — são diferentes: o fundo das crenças populares infernais permanece por certo idêntico no campo e na cidade; é possível inclusive encontrar nas cidades feiticeiros possuidores de tratados eruditos, Porta, Agrippa, ou pior ainda, e que se acreditam sábios de alta ciência mágica, como o marceneiro Michel de Molins. Mas a diferença é ao mesmo tempo religiosa e social: em Marselha, assim como em Flandres, em Loudun ou Louviers, estas jovens conventuais possuídas pelo demônio pertencem às famílias honradas da cidade; em Chinon e em Loudun, os pais intervêm mui rapidamente para pedir exorcismos, sindicâncias e a intervenção das autoridades logo que sabem das crises. As ursulinas endiabradas de Loudun exploraram, principalmente após a morte de Grandier, com um certo senso publicitário, as possessões e os famosos estigmas apresentados pela Madre Joana dos Anjos. Enfim, do campo à cidade, a influência generosamente atribuída ao Demônio, se exerce sobre vítimas, que não são menos anuentes, mas cuja posição social impede que sejam maltratadas como as pobres aldeãs das perseguições tradicionais. Este elemento de diferenciação social complica-se com a acusação lançada pelas religiosas contra os padres, subornadores e cúmplices de Satã ao mesmo tempo, por uma traição redobrada. Acusação de um padre, perversão de um convento, querelas de monges, tais elementos constitutivos do escândalo acabam por dar a estes casos seu aspecto sensacionalista. As sessões públicas de exorcismos atraem assim as multidões: a enormidade da revelações lançadas por estas moças histéricas alimenta o escândalo, multiplica ao infinito as curiosidades e, rapidamente, as dúvidas.

A feitiçaria rural e as possessões conventuais não revelam portanto a mesma realidade humana: os contemporâneos sentiram a mesma obsessão pelo Diabo e por seus apetites de perversão e destruição; perceberam igualmente com nitidez a enorme parte de imitação — até mesmo de recitação — existente na difusão e repetição dessas epidemias demonopáticas; o pastor descrito por Malebranche, narra no serão o que ele ouviu contar cem vezes junto a lareira; o juiz subalterno, em Saint-Claude ou em La Flèche, questiona e delibera com o seu Sprenger ou com o seu Bodin debaixo da manga, os quais lhe fornecem as perguntas e as respostas; da mesma forma Marthe Brossier imita Nicole Obry, assim como Joana dos Anjos e Madeleine Bavent seguem Madeleine de la Palud, e bem mais tarde as Senhoritas de Landes imitam as meninas de Toulouse de 1682. Mas estas semelhanças não podem dissimular as diferenças fundamentais: a feiticeira de aldeia, antes de ser denunciada, entregue à justiça e destinada, salvo exceção, à morte, foi durante muito tempo, tolerada e aceita por sua comunidade. Em um certo sentido ela se vê condenada pelas leis, eclesiásticas e civis, muito mais do que pelo grupo ao qual pertence em primeiro lugar e ao qual prestou grandes serviços, substituindo parteiras e médicos, curando homens e animais. Esta cumplicidade tácita que se rompe acidentalmente — acidente que não passa aqui de um eufemismo para a nossa ignorância — constitui uma verdadeira solidariedade ao nível de toda a aldeia. A feitiçaria rural é inseparável desta realidade e da obstinação desmedida dos juízes em processar e condenar. Porém, nada de comparável pode ser encontrado nas crises citadinas de possessão demonopática. Elas causaram escândalo, no sentido preciso do termo, e durante muito tempo — diante da longa familiaridade dos juízes e da opinião esclarecida no tocante aos processos rurais e a essas repressões por ondas que assolam uma pequena região, senão toda uma província, é preciso opor a repercussão duradoura das possessões citadinas. Loudun e Joana dos Anjos sobretudo, mas este caso não é o mais convincente; trinta e cinco anos após o suplício de Gaufridy, o viajante Monconys, percorrendo a Provença, ocupa-se de Madeleine Demandols e lhe faz uma visita em sua casa. Trinta anos após a morte de Marie Bucaille, os eruditos normandos do século XVIII discutem ainda sobre sua falsa ou verdadeira possessão, sobre a santidade de suas obras e sobre o seu papel na vida religiosa da diocese de Coutances.

A feitiçaria rural e as possessões urbanas recuperam, portanto, em grande parte, apesar da superposição de crenças comuns, a clivagem cultural cidade-campo; esta dicotomia demonopática coincide assim com a oposição entre os magistrados das cortes supremas e os oficiais das jurisdições inferiores. Certamente não faltaram, até meados do século XVII, conselheiros reais nos Parlamentos que admitiam a realidade de todas as intervenções diabólicas. E inversamente, encontra-se juízes menores que tiveram escrúpulo em respeitar a jurisprudência tradicional — sem mesmo evocar Boguet, que hesita em reeditar seu tratado no fim de sua vida, os juízes do presidial de Orléans, que consultam os teólogos da Sorbonne em 1625, são um bom exemplo disso. No entanto, para o conjunto do reino, está bem claro que foram as cortes supremas que representaram o papel decisivo, com o Parlamento parisiense à frente; os magistrados da capital surpreenderam a opinião esclarecida do século XVII por sua audácia neste domínio: J.B. Thiers, J. d'Autun, Malebranche, dentre muitos outros, prestaram seu testemunho deste fato. A livre discussão dos "milagres de Loudun" nas bibliotecas e salões de Paris, onde magistrados, médicos, teólogos e eruditos se reuniam durante os anos trinta e quarenta foi um elemento essencial dessa tomada de consciência: os Bignon, Servin, Molé, Mesmes, Le Maistre, Pithou, Sarrau, Fabrot... tomaram a corajosa iniciativa de abrir o caminho e de renunciar a uma prática judiciária atestada há mais de um século. Assim fazendo, reuniram evidentemente na mesma renúncia à jurisprudência tradicional as duas formas de feitiçaria, a dos campos e a da cidade: contestar as possessões em série dos conventos citadinos e continuar a perseguir as feiticeiras camponesas, não era possível, já que umas e outras são vítimas, anuentes ou não, do mesmo terrível inimigo obstinado na perda do gênero humano. Mas esta dupla significação da revisão judiciária explica somente em parte as longas hesitações que conhecemos: a nova jurisprudência não poderia se impor de forma linear, a partir da iniciativa parisiense. Do mesmo modo, explica-se assim que tal mutação tenha sido elaborada e posta em ação num estreito grupo social, como este: o dos magistrados, homens cultos, preocupados em aprender cada vez mais, ligados a seus compratriotas e devotados como eles ao estudo e ao saber. A situação profissional destes magistrados os situa, obviamente, no centro das decisões; mas esta revisão judiciária implica muito mais do que uma nova codificação: como declararam com ênfase os magistrados normandos em 1670, a recusa em processar os crimes dos cúmplices de Satã introduz talvez "uma nova opinião contrária aos princípios da Religião".

3. *Nova jurisprudência, nova estrutura mental*

O debate que permitiu à magistratura parlamentar adotar esta nova jurisprudência sobre o crime de feitiçaria não é nada menos do que uma crise de consciência, como as que o corpo judiciário atravessa de vez em quando, raramente sem dúvida, se é verdade que o exercício dessa função, sempre fechada em uma regulamentação minuciosa que chega ao ponto de definir um vocabulário ritual, leva mais para a rotina do que para o perpétuo questionamento dos grandes princípios. Mas o exame aprofundado ao qual se entregaram os juízes das cortes supremas no século XVII não é menos notável: mesmo que os grandes escândalos tenham estimulado seu senso crítico, convém entretanto sublinhar a audácia com que estudaram os processos, analisaram as provas e retificaram as certezas de uma longa tradição. Tal procedimento, contrário à rotina, não dexou muitos traços, a nosso ver, em suas deliberações: os registros secretos mantidos pela maioria das cortes mostram-se, por assim dizer, mudos a respeito dessas discussões internas que sancionaram a adoção do novo código de Direito. Mas esse mesmo silêncio testemunha também a favor da amplitude da crise: a abundante literatura polêmica publicada em torno dos grandes processos, assim como os tratados dos demonólogos provam suficientemente que essa crise de consciência ultrapassa a da magistratura e a inclui num debate mais amplo onde os magistrados dialogam com os teólogos e os médicos a fim de "esclarecer sua religião" e determinar as novas normas — longo diálogo já que as reflexões de Marescot sobre Marthe Brossier podem assinalar os primórdios destas discussões e a resposta do Chanceler Lalemant às perguntas de Pellot uma de suas últimas manifestações. Tais consultas diretas, os grandes tratados e as pequenas memórias a favor ou contra um acusado ou um testemunho suprem largamente a ausência de informações sobre as deliberações secretas das cortes; esta documentação abundante permite situar as verdadeiras dimensões do debate, e notadamente os temas que possibilitaram à alta magistratura adotar o novo caminho. A maturação dessa reflexão é naturalmente uma função da atmosfera intelectual e espiritual na qual se desenvolvem estas contestações veementes, e que não é necessário evocar aqui. Para mostrar brevemente, ainda uma vez, como a nova jurisprudência e a mutação estrutural das mentalidades dependem estritamente uma da outra, basta lembrar quais alternativas foram vencidas no decurso destas discussões; que opções permitiram a estes juízes recuperar finalmente a paz de suas consciências.

É tentador reduzir tudo à distinção entre o natural e o sobrenatural — tanto é verdade que os polemistas não cessam de discutir até o século XVIII sobre os limites da natureza e as qualificações dos atos humanos cujas descrições os processos fornecem. Tal tentativa é lícita, com a condição de se observar bem as implicações essenciais dessa oposição fundamental. As primeiras definições — tanto as dos exorcistas quanto as dos juízes — visam fixar uma fronteira; há atos que não podem sair somente das capacidades humanas: intelectuais — quando uma mulher manifesta, de repente, o conhecimento de línguas estrangeiras jamais estudadas antes; fisiológicas — quando uma mulher se levanta dando saltos nos ares ou resiste imóvel e vitoriosa aos esforços de três fortes lutadores. A partir de fatos devidamente constatados como estes, a convicção íntima dos juízes constituiu-se facilmente por muito tempo. Entretanto, a contestação nasceu, menos da observação dos fatos do que das discussões sobre a origem destas forças ou inteligências tão extraordinárias. Pois, o que é dado por um dom que ultrapassa o homem, vem de Deus ou do Diabo. Os teólogos puseram rapidamente em boa ordem esta última alternativa, quase subsidiária: o Diabo pode fazer unicamente o que Deus o autoriza a realizar entre os homens. Mas para punir os inúmeros pecados da humanidade, considerou-se que Deus teria concedido ampla permissão ao Demônio. Esses fenômenos sobrenaturais traem portanto a intervenção de Satã em certas criaturas — possessas, elas não são responsáveis por seus atos e devem ser libertadas; feiticeiras, elas solicitaram e obtiveram do Príncipe dos Infernos essas delegações de poderes extraordinários que lhes permitem transgredir as leis naturais. Pois, todos os que tomaram parte nestas discussões admitem que a natureza possui suas leis e que o crime do feiticeiro (ou a desgraça da possessa) começa precisamente lá onde estas leis são ultrapassadas. Aqui ainda — como na atribuição a Deus ou ao Diabo — apresentou-se uma dificuldade anexa que fez bons espíritos hesitarem e estremecerem durante muito tempo, no anseio de compreender e de ver com clareza estas histórias trágicas — a natureza obedece às leis, mas os homens as conhecem mal. Filósofos e eruditos do século XVI dissertaram extensamente, e com argúcia, sobre os segredos da Natureza; os mágicos, que repudiam qualquer aliança com o Diabo, não se vangloriam de outra coisa exceto a de possuir alguns desses segredos: virtudes simples, propriedades "morais" dos minerais, até a pedra filosofal para os maiores. Como, pois, efetuar a divisão entre o que é natural ao homem e o que se situa muito além de suas capacidades? Mais de um polemista perdeu-se neste dilema; os mais dispostos a admitir uma incansável e constante atividade do Demônio dentre os homens resolveram a questão qualificando de diabólica qualquer atividade que não se referisse imediatamente aos sentidos: o célebre Padre Garasse pertenceu a esse grupo e deveu boa parte de sua reputação ao que seus próprios contemporâneos chamavam sua "credulidade". Em contrapartida, outros resolveram o problema negando a realidade de tudo o que ultrapassava as forças humanas comumente conhecidas — nada de ginásticas ou convulsões que não sejam as dos acróbatas; nada de proezas lingüísticas, que não se devam à semelhança do latim com o francês e à habilidade de adivinhar o latim do exorcismo; para Cyrano, nada se deve acreditar dos homens além da sua cotidiana humanidade.

Mas, entre estas duas posições extremas, ao acaso dos processos, em que a tradição faz intervir ou a velha prática do julgamento de Deus, que é a prova da água, ou a inquirição sob tortura do acusado até a confissão exaustiva, os magistrados, teólogos e médicos viram-se freqüentemente em muitas dificuldades, para traçar o exato limite entre o natural e o sobrenatural — as conversas com os mortos, a licantropia, o sabá colocaram-lhes, sob outras cem formas, este mesmo problema. É por isso que as explicações médicas obtiveram grande audiência quando médicos de autoridade reconhecida propuseram a intervenção da doença como termo natural: uma nova categoria de médicos aparece aqui, os quais não se preocupam mais em procurar as marcas insensíveis, provas da cumplicidade satânica, mas em revelar pelo contrário aos juízes a existência de delírios imaginários: feiticeiros por imaginação, como diz Melebranche.

A expressão demorou muito tempo para se impor, pois ela postula uma divisão inovadora — não simplesmente a oposição entre a doença e a saúde que é muito habitual aos médicos e a seu público da época, enquanto se trata de desordens fisiológicas facilmente identificáveis, como os males de estômago e os movimentos aberrantes dos humores; mas a alternativa proposta é a doença mental e a sanidade mental. Mesmo se esses médicos atribuem ainda, no final das contas, o desarranjo mental a anomalias dos humores (a famosa sufocação do útero não é outra coisa a seus olhos), nem por isso a definição deixa de implicar ainda para os magistrados e para os teólogos um enorme problema: a viagem noturna ao sabá é um devaneio, demonstrado quando um observador vigilante velou junto ao doente — pode ser, desde que se suponha resolvida a questão dos deslocamentos em espírito; a licantropia é também um sonho, este acordado, que tomou consistência a partir de coincidências cronológicas entre mutilações humanas e ataques de lobos. Mas a reflexão sobre tais casos (e sobre tantos outros) viu-se rapidamente a um passo de tropeçar em uma definição mais do que delicada: nesses domínios de exploração tão difícil onde colocar o limite entre o normal e o anormal? O Padre Surin não vê nada de anormal nos êxtases de Madre Joana dos Anjos que o Abade de Aubignac rejeita redondamente. O médico de Rouen — Lemperière — declara obra manifesta de Satã a possessão de Madeleine Bavent que seu colega parisiense Yvelin atribui somente à melancolia. Seguramente, esta doença de espírito, bastante conhecida, composta de apatias e fantasias depressivas, ligadas a compleições femininas mal equilibradas, forneceu aos médicos bons argumentos para explicar tais divagações. Precisamente, sem dúvida, porque ela oferecia uma definição entre o são e o patológico; sem pertencer absolutamente ao domínio do anormal como os "alienados de espírito", passíveis de internamento em manicômios, os melancólicos são aqueles que estão simples e momentaneamente desequilibrados: não há necessidade de encerrá-los; tratá-los com doçura, purgá-los evidentemente de seus humores estagnados, desabituá-los dos devaneios perniciosos, aperfeiçoar sua educação cristã — são medidas que devem bastar para restabelecer-lhes a boa saúde. A feiticeira, e particularmente a feiticeira comum dos campos, não é tida como louca; ela não merece outra sorte senão esta terapêutica bastante simples.

As grandes possessas não se enquadram, no entanto, exatamente nesta definição porque seus casos apresentaram aos observadores uma outra complicação ainda, que contribui, por sua vez, para diversificar as explicações — aquilo que os contemporâneos chamaram de sua impostura. Cada discussão mantida a propósito destas possessões notórias fez reaparecer, nos debates entre os "possessionistas" e seus adversários esta acusação, apoiada freqüentemente em argumentos irrefutáveis (segundo as normas da ciência médica da época): Marthe Brossier e

Joana dos Anjos, assim como as jovens de Toulouse em 1682 foram surpreendidas pelos estratagemas de observadores céticos que, no decorrer de um exorcismo, substituíam uma relíquia por um pedaço de madeira, uma Bíblia por um **Malleus Maleficarum**, a água benta por um copo de água do Garona; ou ainda a curiosidade inquieta de um observador revela estranhas práticas: dez anos após a grande crise de Loudun, Monconys, visitando Joana dos Anjos, tira com a unha um pouco de pintura sobre o estigma da superiora. Em todos esses momentos, estes experimentadores orgulhosos de seu sucesso e os próprios médicos, que não podem aceitar a idéia de integrar a simulação em sua descrição do mal melancólico, concluem pela fraude das "pretensas possessas". Estas observações — por seu caráter público e sua aparente evidência demonstrativa — exerceram uma grande influência: reforçaram de forma maciça a explicação natural de todos esses fenômenos, impondo, ademais, o descrédito mais veemente com respeito às próprias possessas. Como Marescot no caso de Marthe Brossier, os mais críticos adicionaram o que era imputável à doença e o que pertencia à farsa: **pauca a morbo, multa ficta;** nada sobra para o demônio, **a daemone nulla.** Para estes, o domínio da explicação sobrenatural vê-se reduzido a nada.

Se a via média definida durante o percurso introduziu a convicção desta opinião esclarecida no seio da qual os magistrados ocupam um lugar iminente, isto sucede, entretanto, na realidade, porque todas estas alternativas desembocam num mesmo resultado: reduzir ao máximo a parte que cabe ao sobrenatural. Discriminação do normal e do patológico, definição da invenção artificiosa, distinção entre melancólico e alienado mental, todos esses vetores da reflexão sobre os processos demoníacos desempenharam um papel importante, sempre no fim das contas no mesmo sentido: todos reencontram a distinção entre natural e sobrenatural, físico e metafísico. Em linguagem jurídica, quando os conselheiros de Colbert anunciam em 1670-1672, por ocasião das intervenções na Normandia, em Guyenne e no Béarn, a próxima publicação de uma ordenança geral, anunciam claramente que esta deverá "estabelecer a qualidade das provas e dos testemunhos" que poderão fundamentar a condenação dos culpados; em outras palavras, que poderão provar a intervenção sobrenatural nesses fenômenos. Em linguagem científica, trinta anos mais tarde, a formulação de um parecer da Académie des Sciences visa de forma igualmente explícita esta distinção: quando Le Brun publica a sua **Histoire des pratiques superstitieuses qui ont séduit les peuples et embarassé les scavans,** pediu à Academia para lhe dar sua opinião sobre o livro, em forma de um atestado. O texto assinado, notadamente por Fontenelle e Malebranche, declara que a obra é "bem raciocinada" e "que os princípios que são aí estabelecidos para desenredar o que é natural do que não o é, são sólidos"[3]. O estabelecimento desta nova jurisprudência faz parte do esforço lnetamente realizado no século XVII para superar obstáculo metafísico interposto à constituição de uma ciência e de um pensamento fundamentados na razão. Constitui uma ilustração — a mais bela talvez — de uma crise de consciência, que é também, por imagem ao menos, crise de crescimento.

Em outras palavras, a exploração desta lenta mutação permite definir, em parte ao menos, o que se deve entender por progresso das luzes, não somente o progresso científico, a verdade das ciências com a qual se encantou o século XVIII; não somente os debates de idéias a que cada grande filósofo traz sua contribuição, discutindo e ultrapassando seus predecessores, mas tomadas de consciência mais amplas que recolocam em questão os modos de pensar e de sentir, as estruturas mentais arraigadas, constitutivas das visões de mundo herdadas de um passado longínquo e reconhecidas por certos grupos e mesmo por todo o conjunto da sociedade. O abandono pela magistratura das acusações de feitiçaria delineia precisamente uma revisão desta ordem; uma representação do mundo onde os homens vivem cotidianamente vigiados em seus menores gestos pelo Deus do juízo final, ajudados por este mesmo Deus que é Deus da bondade, e cotidianamente atacados pelo Príncipe das Trevas, é substituída nestes meios por uma outra concepção, na qual a vigilância se torna mais distante e a intervenção de Deus ou do Demônio infinitamente mais rara. Deus e Satã são, certamente, inseparáveis nesta visão do mundo: é a razão pela qual os magistrados normandos viam na nova jurisprudência um atentado aos próprios princípios da religião. Sem dúvida, eles pensavam, também, nas negações mais categóricas dos libertinos que, no segredo de suas confidências mais recônditas, podiam sussurrar a inexistência de Deus e do Diabo. Mas, convém ater-se ao caminho intermediário, defendido por Jacques d'Autun ou Malebranche assim como por André du Val; ele representa, aquém das divagações heterodoxas ainda reservadas a um pequeno grupo, a mutação essencial. Pois, mesmo nesta perspectiva, a mudança é fundamental; Deus e Satã deixam de intervir cotidianamente no curso natural das coisas e na vida ordinária dos homens; esta representação restitui ao homem e à natureza uma autonomia que a confusão admitida outrora entre o natural e o sobrenatural tornava impossí-

---

3. R. P. Le Brun «Jugement de l'Academie Royale des Sciences, enregistré le 17 decembre 1701», n.º 228 da Bibliografia, (parte do livro não paginada).

vel. Entretanto, é a intervenção diabólica que é negada com maior vigor, já que é dela que se trata a todo instante nas denúncias, nos processos e nos debates e já que é ela que é mais imediatamente temida.

A refutação do obstáculo metafísico se traduz, pois, em um recuo de Satã, em uma retração da intervenção freqüente do Demônio neste mundo. O que não significa simplesmente o abandono de uma concepção, em parte animista da física e a elaboração de uma outra concepção onde as causas naturais representam o papel mais importante. O debate não foi somente um confronto entre homens de ciência, ávidos de explicações mais sólidas, melhor fundamentadas ou demonstradas. As célebres reuniões que prepararam a fundação da Academia de Ciências poderiam introduzir aqui uma imagem falsa. Qualquer que tenha sido o papel desempenhado pelos sábios nesta transformação, pelo seu sentido das comparações — senão das experiências possíveis — (a cujo respeito a correspondência de Mersenne e Peiresc a propósito da possessa de Sens forneceu um belo exemplo), é preciso ainda integrar nesta demonstração uma outra dimensão: o recuo de Satã é também, e talvez principalmente, um recuo do medo. A confiança nestas explicações "que não ultrapassam as forças da natureza" possui um fundamento afetivo essencial: uma espécie de "generosidade" humana nutre a audácia desses pensadores preocupados em esgotar o campo das explicações naturais ao nível do raciocínio humano, antes de invocar a intervenção das "potências invisíveis". A atitude humana — intelectual e afetiva ao mesmo tempo —, à qual renunciam os meios mais esclarecidos, é — este caso-limite é particularmente probante — a do Padre Surin, o diretor espiritual de Joana dos Anjos, perpetuamente angustiado, em contínua luta com o Tentador, até encontrar-se fisicamente extenuado e doente, a ponto de deixar apreensivos por várias vezes os superiores de sua ordem. Situada aquém desta angústia, a recusa metafísica permanece realmente, para estes contemporâneos de Claude Pellot e P. Lalemant, como uma vontade de explicar os seres e as coisas, que rejeita os fantasmas aterrorizantes estreitamente ligados a uma visão tradicional do destino humano. Contra os delírios do imaginário que engendram erros e medos ao mesmo tempo, estes meios esclarecidos afirmam uma serenidade: outros terrores (sociais) podem habitá-los tomando lugar dos anteriores e alimentando novas angústias. Mas eles conseguiram dominar seus pavores diabólicos.

Não sem dificuldades, é preciso sublinhá-lo ainda, o declínio dos processos de feitiçaria após os grandes escândalos foi o lento processo através do qual se exprime uma conquista difícil; neste grupo social particularmente apto para acolher uma tal inovação, as hesitações e os recuos dubitativos foram mais freqüentes de que as adesões maciças, francas e entusiásticas. Dentre estes magistrados cujo modo de vida, cujas relações os situam, na época, no centro da vida erudita, o novo caminho se impôs a duras penas; e aos mais irredutíveis foi a autoridade monárquica que acabou impondo esta nova jurisprudência cuja explicitação era de resto tão delicada que não pôde ser colocada preto no branco nem pelo Parlamento parisiense, seu iniciador, nem pelo chanceler ou pelo rei em seu Conselho. Cerca de meio século — ou seja, no tempo humano da época, mais de uma geração — foi necessário para que prevalecesse em seu meio esta concepção nova das relações entre os homens, o mundo e Deus. A amplitude dos problemas que suscitava assim, a simples recusa de processar um camponês acusado de ter matado uma cabra por causa de um pacto diabólico, foi por certo uma causa essencial desta lentidão: muitas disputas eruditas (sobre o frio do ar, a causa dos ventos do mar, as águas minerais...) que preocuparam os companheiros de Renaudot em suas conferências do **bureau d'adresses** não punham em questão, como estes processos, toda a ordem do mundo; não respondiam a esta questão que os demonólogos e seus adversários não cessaram de virar e revirar: a quem se deve atribuir os fatos que excedem manifestamente as forças da natureza? A análise científica, racional, destes fenômenos, instituiu-se lentamente porque era preciso ultrapassar obstáculos enormes e apegar-se a todas as possibilidades: reinterpretar as formulações do Antigo Testamento condenando à morte os mágicos no tempo de Moisés e restaurar a prática discreta do exorcismo; inventar uma observação atenta das possessas e de suas "contorsões" para reconhecer males de espírito e "moléstias de mãe", lá onde testemunhas pouco exigentes preferiram ver a mão do Diabo; e renunciar a consultas médicas com o fim único de procurar marcas insensíveis, impor ao inventário das provas judiciárias um rigor que permitisse eliminar os boateiros, o rumor público e a "má fama", para estabelecer uma qualificação precisa dos crimes: renunciar definitivamente ao julgamento final de Deus, a prova pelo banho... Esses magistrados das cortes supremas, que assim corrigiram seus métodos de investigação e de julgamento, nutriram sua especulação de um conhecimento médico mais seguro, de uma informação mais ampla sobre os textos sagrados e sobre os comentários dos teólogos, ocupam, portanto, um lugar de primeiro plano no progresso da racionalidade na França do século XVII: sua nova interpretação das possessões e dos fantasmas sabáticos é de fato um esforço racional — científico, no sentido pleno da palavra

— para compreender os fenômenos tradicionalmente explicados de maneira unívoca pela ação exclusiva do Demônio. As dificuldades encontradas nessa conquista ilustram o quanto um tal procedimento coletivo só pode se afirmar e se consolidar muito lentamente, à custa de rodeios e hesitações duradouras: ela permaneceu precária e contestada por muito tempo, mesmo enquanto vinha ganhando novos partidários. É toda a enorme distância que separa a busca individual de um Montaigne, que sabia "conservar a razão" para si somente, e a aventura coletiva, que representa, segundo a expressão de Gaston Bachelard, uma "revolução espiritual".

COLEÇÃO DEBATES

1. *A Personagem de Ficção*, A. Rosenfeld, A. Candido, Décio de A. Prado, Paulo Emílio S. Gomes.
2. *Informação, Linguagem, Comunicação*, Décio Pignatari.
3. *O Balanço da Bossa e Outras Bossas*, Augusto de Campos.
4. *Obra Aberta*, Umberto Eco.
5. *Sexo e Temperamento*, Margaret Mead.
6. *Fim do Povo Judeu?*, Georges Friedmann.
7. *Texto/Contexto*, Anatol Rosenfeld.
8. *O Sentido e a Máscara*, Gerd A. Bornheim.
9. *Problemas de Física Moderna*, W. Heisenberg, E. Schrödinger, Max Born, Pierre Auger.
10. *Distúrbios Emocionais e Anti-Semitismo*, N. W. Ackerman e M. Jahoda.
11. *Barroco Mineiro*, Lourival Gomes Machado.
12. *Kafka: Pró e Contra*, Günther Anders.
13. *Nova História e Novo Mundo*, Frédéric Mauro.
14. *As Estruturas Narrativas*, Tzvetan Todorov.
15. *Sociologia do Esporte*, Georges Magnane.
16. *A Arte no Horizonte do Provável*, Haroldo de Campos.
17. *O Dorso do Tigre*, Benedito Nunes.
18. *Quadro da Arquitetura no Brasil*, Nestor Goulart Reis Filho.
19. *Apocalípticos e Integrados*, Umberto Eco.

20. *Babel & Antibabel*, Paulo Rónai.
21. *Planejamento no Brasil*, Betty Mindlin Lafer.
22. *Lingüística. Poética. Cinema*, Roman Jakobson.
23. *LSD*, John Cashman.
24. *Crítica e Verdade*, Roland Barthes.
25. *Raça e Ciência I*, Juan Comas e outros.
26. *Shazam!*, Álvaro de Moya.
27. *Artes Plásticas na Semana de 22*, Aracy Amaral.
28. *História e Ideologia*, Francisco Iglésias.
29. *Peru: Da Oligarquia Econômica à Militar*, Arnaldo Pedroso D'Horta.
30. *Pequena Estética*, Max Bense.
31. *O Socialismo Utópico*, Martin Buber.
32. *A Tragédia Grega*, Albin Lesky.
33. *Filosofia em Nova Chave*, Susanne K. Langer.
34. *Tradição, Ciência do Povo*, Luís da Câmara Cascudo.
35. *O Lúdico e as Projeções do Mundo Barroco*, Affonso Ávila.
36. *Sartre*, Gerd. A. Bornheim.
37. *Planejamento Urbano*, Le Corbusier.
38. *A Religião e o Surgimento do Capitalismo*, R. H. Tawney.
39. *A Poética de Maiakóvski*, Bóris Schnaiderman.
40. *O Visível e o Invisível*, M. Merleau-Ponty
41. *A Multidão Solitária*, David Riesman.
42. *Maiakóvski e o Teatro de Vanguarda*, A. M. Ripellino.
43. *A Grande Esperança do Século XX*, J. Fourastié.
44. *Contracomunicação*, Décio Pignatari.
45. *Unissexo*, Charles Winick.
46. *A Arte de Agora, Agora*, Herbert Read.
47. *Bauhaus — Novarquitetura*, Walter Gropius.
48. *Signos em Rotação*, Octavio Paz.
49. *A Escritura e a Diferença*, Jacques Derrida.
50. *Linguagem e Mito*, Ernst Cassirer.
51. *As Formas do Falso*, Walnice N. Galvão.
52. *Mito e Realidade*, Mircea Eliade.
53. *O Trabalho em Migalhas*, Georges Friedmann.
54. *A Significação do Cinema*, Christian Metz.
55. *A Música Hoje*, Pierre Boulez.
56. *Raça e Ciência II*, L. C. Dunn e outros.
57. *Figuras*, Gérard Genette.
58. *Rumos de uma Cultura Tecnológica*, Abraham Moles.
59. *A Linguagem do Espaço e do Tempo*, Hugh M. Lacey.
60. *Formalismo e Futurismo*, Krystyna Pomorska.
61. *O Crisântemo e a Espada*, Ruth Benedict.
62. *Estética e História*, Bernard Berenson.
63. *Morada Paulista*, Luís Saia.
64. *Entre o Passado e o Futuro*, Hannah Arendt.
65. *Política Científica*, Darcy F. de Almeida e outros.
66. *A Noite da Madrinha*, Sergio Miceli.
67. *1822: Dimensões*, Carlos Guilherme Mota e outros.
68. *O Kitsch*, Abraham Moles.
69. *Estética e Filosofia*, Mikel Dufrenne.
70. *Sistema dos Objetos*, Jean Baudrillard.
71. *A Arte na Era da Máquina*, Maxwel Fry.

72. *Teoria e Realidade*, Mario Bunge.
73. *A Nova Arte*, Gregory Battcock.
74. *O Cartaz*, Abraham Moles.
75. *A Prova de Gödel*, Ernest Nagel e James R. Newman.
76. *Psiquiatria e Antipsiquiatria*, David Cooper.
77. *A Caminho da Cidade*, Eunice Ribeiro Durhan.
78. *O Escorpião Encalacrado*, Davi Arrigucci Junior.
79. *O Caminho Crítico*, Northrop Frye.
80. *Economia Colonial*, J. R. Amaral Lapa.
81. *Falência da Crítica*, Leyla Perrone Moisés.
82. *Lazer e Cultura Popular*, Joffre Dumazedier.
83. *Os Signos e a Crítica*, Cesare Segre.
84. *Introdução à Semanálise*, Julia Kristeva.
85. *Crises da República*, Hannah Arendt.
86. *Fórmula e Fábula*, Willi Bolle.
87. *Saída, Voz e Lealdade*, Albert Hirschman.
88. *Repensando a Antropologia*, E. R. Leach.
89. *Fenomenologia e Estruturalismo*, Andrea Bonomi.
90. *Limites do Crescimento*, Donella H. Meadows e outros.
91. *Manicômios, Prisões e Conventos*, Erving Goffman.
92. *Maneirismo: O Mundo como Labirinto*, Gustav R. Hocke.
93. *Semiótica e Literatura*, Décio Pignatari.
94. *Cozinhas, etc.*, Carlos A. C. Lemos.
95. *As Religiões dos Oprimidos*, Vittorio Lanternari.
96. *Os Três Estabelecimentos Humanos*, Le Corbusier.
97. *As Palavras sob as Palavras*, Jean Starobinski.
98. *Introdução à Literatura Fantástica*, Tzvetan Todorov.
99. *Significado nas Artes Visuais*, Erwin Panofsky.
100. *Vila Rica*, Sylvio de Vasconcellos.
101. *Tributação Indireta nas Economias em Desenvolvimento*, John F. Due.
102. *Metáfora e Montagem*, Modesto Carone.
103. *Repertório*, Michel Butor.
104. *Valise de Cronópio*, Julio Cortázar.
105. *A Metáfora Crítica*, João Alexandre Barbosa.
106. *Mundo, Homem, Arte em Crise*, Mário Pedrosa.
107. *Ensaios Críticos e Filosóficos*, Ramón Xirau.
108. *Do Brasil à América*, Frédéric Mauro.
109. *O Jazz, do Rag ao Rock*, Joachim E. Berendt.
110. *Etc... Etc... (Um Livro 100% Brasileiro)*, Blaise Cendrars.
111. *Território da Arquitetura*, Vittorio Gregotti.
112. *A Crise Mundial da Educação*, Philip H. Coombs.
113. *Teoria e Projeto na Primeira Era da Máquina*, Reyner Banham.
114. *O Substantivo e o Adjetivo*, Jorge Wilheim.
115. *A Estrutura das Revoluções Científicas*, Thomas S. Kuhn.
116. *A Bela Época do Cinema Brasileiro*, Vicente de Paula Araújo.
117. *Crise Regional e Planejamento*, Amélia Cohn.
118. *O Sistema Político Brasileiro*, Celso Lafer.
119. *Êxtase Religioso*, Ioan M. Lewis.
120. *Pureza e Perigo*, Mary Douglas.
121. *História, Corpo do Tempo*, José Honório Rodrigues.
122. *Escrito sobre um Corpo*, Severo Sarduy.

123. *Linguagem e Cinema*, Christian Metz.
124. *O Discurso Engenho*, António José Saraiva.
125. *Psicanalisar*, Serge Leclaire.
126. *Magistrados e Feiticeiros na França do Século XVII*, Robert Mandrou.
127. *O Teatro e sua Realidade*, Bernard Dort.
128. *A Cabala e seu Simbolismo*, Gershom G. Scholem.
129. *Sintaxe e Semântica na Gramática Transformacional*, A. Bonomi e G. Usberti.
130. *Conjunções e Disjunções*, Octavio Paz.
131. *Escritos Sobre a História*, Fernand Braudel.
132. *Escritos*, Jacques Lacan.
133. *De Anita ao Museu*, Paulo Mendes de Almeida.
134. *A Operação do Texto*, Haroldo de Campos.
135. *Arquitetura, Industrialização e Desenvolvimento*, Paulo J. V. Bruna.
136. *Poesia-Experiência*, Mario Faustino.
137. *Os Novos Realistas*, Pierre Restany.
138. *Semiologia do Teatro*, J. Guinsburg e J. Teixeira Coelho Netto.
139. *Arte-Educação no Brasil*, Ana Mae Barbosa.
140. *Borges: Uma Poética da Leitura*, Emir Rodríguez Monegal.
141. *O Fim de Uma Tradição*, Robert W. Shirley.
142. *Sétima Arte: Um Culto Moderno*, Ismail Xavier.
143. *A Estética do Objetivo*, Aldo Tagliaferri.
144. *A Construção de Sentido na Arquitetura*, J. Teixeira Coelho Netto.
145. *A Gramática do Decamerão*, Tzvetan Todorov.
146. *Escravidão, Reforma e Imperialismo*, R. Graham.
147. *História do Surrealismo*, M. Nadeau.
148. *Poder e Legitimidade*, José Eduardo Faria.
149. *Práxis do Cinema*, Noël Burch.
150. *As Estruturas e o Tempo*, Cesare Segre.
151. *A Poética do Silêncio*, Modesto Carone.
152. *Planejamento e Bem-Estar Social*, Henrique Rattner.
153. *Teatro Moderno*, Anatol Rosenfeld.
154. *Desenvolvimento e Construção Nacional*, S. N. Eisenstadt.
155. *Uma Literatura nos Trópicos*, Silviano Santiago.
156. *Cobra de Vidro*, Sérgio Buarque de Holanda.
157. *Testando o Leviathan*, Antonia Fernanda Pacca de Almeida Wright.
158. *Do Diálogo e do Dialógico*, Martin Buber.
159. *Ensaios Lingüísticos*, Louis Hjelmslev.
160. *Semiótica Russa*, Boris Schnaiderman.
161. *Tentativas de Mitologia*, Sergio Buarque de Holanda
162. *O Realismo Maravilhoso*, Irlemar Chiampi
163. *Salões, Circos e Cinemas de São Paulo*, Vicente de Paula Araujo.
164. *Sociologia Empírica do Lazer*, Joffre Dumazedier.

Este livro foi impresso na

POLIGRÁFICA LTDA

Av. Guilherme Cotching, 580 - S. Paulo
Tels.: 291-7811 — 291-1472
Com filmes fornecidos pela Editora